Le Routard

Lot, Aveyron, Tarn

Directeur de collection et auteur
Philippe GLOAGUEN

Cofondateurs
Philippe GLOAGUEN
et Michel DUVAL

Rédacteurs en chef adjoints
Amanda KERAVEL
et Benoît LUCCHINI

Directrice de la coordination
Florence CHARMETANT

Directrice administrative
Bénédicte GLOAGUEN

Directeur du développement
Gavin's CLEMENTE-RUÏZ

Direction éditoriale
Catherine JULHE

Rédaction
Isabelle AL SUBAIHI
Mathilde de BOISGROLLIER
Thierry BROUARD
Marie BURIN des ROZIERS
Véronique de CHARDON
Fiona DEBRABANDER
Anne-Caroline DUMAS
Géraldine LEMAUF-BEAUVOIS
Olivier PAGE
Alain PALLIER
Anne POINSOT
André PONCELET

Conseiller à la rédaction
Pierre JOSSE

2016

hachette

Remarque importante aux hôteliers et restaurateurs

Les enquêteurs du *Routard* travaillent dans le plus strict anonymat. Aucune réduction, aucun avantage quelconque, aucune rétribution n'est jamais demandé en contrepartie. Face aux aigrefins, la loi autorise les hôteliers et restaurateurs à porter plainte.

Avis aux lecteurs

Le Routard, ce n'est pas comme le bon vin, il vieillit mal. On ne veut pas pousser à la consommation, mais évitez de partir avec une édition ancienne. Les modifications sont souvent importantes.
Les réductions accordées à nos lecteurs ne sont jamais demandées par nos rédacteurs afin de préserver leur indépendance. Les hôteliers et restaurateurs sont sollicités par une société de mailing, totalement indépendante de la rédaction, qui reste donc libre de ses choix. De même pour les autocollants et plaques émaillées.

Avec routard.com, choisissez, organisez, réservez et partagez vos voyages !

✓ Rejoignez la plus grande communauté francophone de voyageurs : plus de **2 millions** de visiteurs !
✓ Échangez avec les routarnautes : forums, photos, avis d'hôtels.
✓ Retrouvez aussi toutes les informations actualisées pour choisir et préparer vos voyages : plus de 200 fiches pays, une centaine de dossiers pratiques et un magazine en ligne pour découvrir tous les secrets de votre destination.
✓ Enfin, comparez les offres pour organiser et réserver votre voyage au meilleur prix.

Pictogrammes du *Routard*

Établissements
- Hôtel, auberge, chambres d'hôtes
- Camping
- Restaurant
- Boulangerie, sandwicherie
- Glacier
- Café, salon de thé
- Café, bar
- Bar musical
- Club, boîte de nuit
- Salle de spectacle
- Office de tourisme
- Poste
- Boutique, magasin, marché
- Accès Internet
- Hôpital, urgences

Sites
- Plage
- Site de plongée
- Piste cyclable, parcours à vélo

Transports
- Aéroport
- Gare ferroviaire
- Gare routière, arrêt de bus
- Station de métro
- Station de tramway
- Parking
- Taxi
- Taxi collectif
- Bateau
- Bateau fluvial

Attraits et équipements
- Présente un intérêt touristique
- Recommandé pour les enfants
- Adapté aux personnes handicapées
- Ordinateur à disposition
- Connexion wifi
- Inscrit au Patrimoine mondial de l'Unesco

Le *Routard* est imprimé sur un papier issu de forêts gérées.

Tout au long de ce guide, découvrez toutes les photos de la destination sur • *routard.com* • Attention au coût de connexion à l'étranger, assurez-vous d'être en wifi !

I.S.B.N. 978-2-01-912438-0

TABLE DES MATIÈRES

LA BOURIANE (LE QUERCY PÉRIGOURDIN)

LA VALLÉE DE LA DORDOGNE, DE SOUILLAC À ROCAMADOUR

LE CAUSSE DE GRAMAT, DE ROCAMADOUR À PADIRAC

LA VALLÉE DE LA DORDOGNE, DE CARENNAC À SAINT-CÉRÉ

DE SAINT-CÉRÉ À FIGEAC

LA VALLÉE DU CÉLÉ ET LE SUD DU CAUSSE DE GRAMAT

LA HAUTE VALLÉE DU LOT ET LE CAUSSE DE LIMOGNE

L'AVEYRON (LE ROUERGUE)

LE SÉGALA

DES GORGES DE L'AVEYRON À LA VALLÉE DU LOT

LE PAYS DE CONQUES ET DE MARCILLAC

LA VALLÉE DU LOT

LE CARLADEZ ET LA VALLÉE DE LA TRUYÈRE

L'AUBRAC

LA VALLÉE DE L'AVEYRON

LE PAYS DES GRANDS CAUSSES

Le causse du Larzac

LE PAYS DE ROQUEFORT

LA VALLÉE DU TARN

LE LÉVÉZOU

LE TARN

LA VALLÉE DU TARN

LE CARMAUSIN

LE PAYS DE CORDES-GRÉSIGNE

LE GAILLACOIS

LE VAL D'AGOUT

MAZAMET ET LA MONTAGNE NOIRE

CASTRES ET LE SIDOBRE

Recommandation à ceux qui souhaitent profiter des réductions et avantages proposés dans le *Routard* par les hôteliers et les restaurateurs.

À l'hôtel, pensez à les demander au moment de la réservation ou, si vous n'avez pas réservé, **à l'arrivée.** Ils ne sont valables que pour les réservations en direct et ne sont pas cumulables avec d'autres offres promotionnelles (notamment sur Internet). Au restaurant, parlez-en **au moment** de la commande et surtout **avant** que l'addition ne soit établie. Poser votre *Routard* sur la table ne suffit pas : le personnel de salle n'est pas toujours au courant et une fois le ticket de caisse imprimé, il est souvent difficile de modifier le total. En cas de doute, montrez la notice relative à l'établissement dans le *Routard* de l'année et, bien sûr, ne manquez pas de nous faire part de toute difficulté rencontrée.

☎ **112 :** c'est le numéro d'urgence commun à la France et à tous les pays de l'UE, à composer en cas d'accident, agression ou détresse. Il permet de se faire localiser et aider en français, tout en améliorant les délais d'intervention des services de secours.

LES COUPS DE CŒUR DU ROUTARD

Nous tenons à remercier tout particulièrement Loup-Maëlle Besançon, Thierry Bessou, Gérard Bouchu, François Chauvin, Grégory Dalex, Fabrice Doumergue, Cédric Fischer, Carole Fouque, Michelle Georget, David Giason, Claude Hervé-Bazin, Emmanuel Juste, Dimitri Lefèvre, Fabrice de Lestang, Romain Meynier, Éric Milet, Pierre Mitrano, Jean-Sébastien Petitdemange et Thomas Rivallain pour leur collaboration régulière.

Perrine Attout
Emmanuelle Bauquis
Jean-Jacques Bordier-Chêne
Michèle Boucher
Sophie Cachard
Caroline Cauwe
Lucie Colombo
Agnès Debiage
Jérôme Denoix
Tovi et Ahmet Diler
Clélie Dudon
Sophie Duval
Perrine Eymauzy
Alain Fisch
Cécile Gastaldo
Bérénice Glanger
Adrien et Clément Gloaguen
Bernard Hilaire
Sébastien Jauffret
Jacques Lemoine
Jacques Muller
Caroline Ollion
Justine Oury
Martine Partrat
Odile Paugam et Didier Jehanno
Émilie Pujol
Prakit Saiporn
Jean-Luc et Antigone Schilling
Alice Sionneau
Caroline Vallano
Camille Zecchinati

Direction : Nathalie Bloch-Pujo
Contrôle de gestion : Jérôme Boulingre et Alexis Bonnefond
Secrétariat : Catherine Maîtrepierre
Direction éditoriale : Catherine Julhe
Édition : Matthieu Devaux, Géraldine Péron, Olga Krokhina, Gia-Quy Tran, Julie Dupré, Jeanne Cochin, Emmanuelle Michon, Flora Sallot, Quentin Tenneson, Clémence Toublanc et Sandra Vavdin
Préparation-lecture : Muriel Lucas
Cartographie : Frédéric Clémençon et Aurélie Huot
Fabrication : Nathalie Lautout et Audrey Detournay
Relations presse France : COM'PROD, Fred Papet. ☎ 01-70-69-04-69. • *info@comprod.fr* •
Illustration : Anne-Sophie de Précourt
Direction marketing : Adrien de Bizemont, Lydie Firmin et Clémence de Boisfleury
Contacts partenariats : André Magniez (EMD). • *andremagniez@gmail.com* •
Édition des partenariats : Élise Ernest
Informatique éditoriale : Lionel Barth
Couverture : Clément Gloaguen et Seenk
Maquette intérieure : le-bureau-des-affaires-graphiques.com, Thibault Reumaux et npeg.fr
Relations presse : Martine Levens (Belgique) et Maureen Browne (Suisse)
Régie publicitaire : Florence Brunel-Jars. • *fbrunel@hachette-livre.fr* •

Remerciements

– Martine Bouchet et l'équipe du comité départemental du tourisme du Lot.
– Jackie Bru et l'équipe du comité départemental du tourisme de l'Aveyron.
– Christian Rivière du Comité départemental du tourisme du Tarn.
– Marielle Lacombe et l'équipe de l'office de tourisme vallée de la Dordogne.
– Eliza Monribot et l'équipe de l'office de tourisme de Gourdon.
– Hanne Sund Bon de l'office de tourisme de Figeac.
– l'équipe de la maison du tourisme de Rocamadour.
– Virginie Seguin, Magalie Duranceau et l'équipe de l'office de tourisme Grand Cahors.
– Émeline Chorrot, guide conférencière de Cahors.
– Murielle Mascheretti de l'office de tourisme de Puy-l'Evêque.
– Armand de Gérard et Jérémie Arnaud de la Villa Malbec, Union interprofessionnelle du vin de Cahors.

Ainsi que tous les offices de tourisme qui, année après année, nous apportent leur aide régulière. Qu'ils soient tous vivement remerciés !

IMPORTANT : DERNIÈRE MINUTE

Sauf rare exception, le *Routard* bénéficie d'une parution annuelle à date fixe. Entre deux dates, des événements fortuits (formalités, taux de change, catastrophes naturelles, conditions d'accès aux sites, fermetures inopinées, etc.) peuvent intervenir et modifier vos projets de voyage. Pour éviter les déconvenues, nous vous recommandons de consulter la rubrique « Guide » par pays de notre site • ***routard.com*** • et plus particulièrement les dernières ***Actus voyageurs.***

COMMENT Y ALLER ?

PAR LA ROUTE

– *Tarifs autoroutiers :* pour connaître le coût des différents tronçons autoroutiers, consulter le site ● *autoroutes.fr* ●

Le covoiturage

Le principe est simple, économique et écologique. Il s'agit de mettre en relation un chauffeur et des passagers afin de partager le trajet et les frais, que ce soit de manière régulière ou de manière exceptionnelle (pour les vacances, par exemple). ● *blablacar.fr* ●

EN TRAIN

Grandes lignes

Les différentes liaisons

Au départ de Paris

Gare Montparnasse ou gare de Lyon : pour les départs en TGV.

Gare d'Austerlitz : trains Corail, et notamment les trains de nuit.

➢ ***Paris-Toulouse :*** plusieurs trains directs ou via Bordeaux, Montpellier (TGV), Nîmes, Narbonne, Poitiers ou Brive-la-Gaillarde (Corail). Compter min 5h30. Un train de nuit tous les jours (Intercités).

Au départ de la province et de l'Île-de-France

Liaisons directes pour Toulouse au départ de Bordeaux et Montpellier (en 2h). Autres liaisons : Marseille et Poitiers (en 4h), Lille (en 8h), mais aussi depuis les gares de Massy, aéroport-Charles-de-Gaulle-TGV et Marne-la-Vallée-Chessy-TGV.

➢ Pour rejoindre les départements du Lot, de l'Aveyron et du Tarn, voir plus loin la rubrique « Comment circuler dans la région ? ».

Pour préparer votre voyage

– ***e-billet :*** réservez, achetez et imprimez votre e-billet sur Internet.

– ***m-billet :*** plus besoin de support papier, vous pouvez télécharger le code-barres de votre voyage correspondant à votre réservation directement dans votre smartphone, à l'aide de l'application *SNCF Direct*.

– ***Billet à domicile :*** commandez votre billet par Internet ou par téléphone au ☎ 36-35 *(0,34 €/mn, hors surcoût éventuel de votre opérateur)* ; la SNCF vous l'envoie gratuitement à domicile sous 48h, en France.

Pour voyager au meilleur prix

La SNCF propose des tarifs adaptés à chacun de vos voyages.

➢ ***Prem's :*** des petits prix disponibles

toute l'année, jusqu'à 90 jours avant le départ. Billets non échangeables et non remboursables (offres soumises à conditions). Impossible de poser des options de réservation sur ces billets : il faut les payer immédiatement.

➢ ***Les IDTGV :*** des prix mini, à saisir sur Internet uniquement.

➢ ***Les tarifs Loisirs***

Une offre pour programmer votre voyage tout en gardant des billets modifiables : ils sont échangeables et remboursables. Pour bénéficier des meilleures réductions, pensez à réserver vos billets à l'avance (les réservations sont ouvertes jusqu'à 90 jours avant le départ) ou à voyager en période de faible affluence.

➢ ***Les cartes de réduction***

Pour ceux qui voyagent régulièrement, profitez de réductions garanties tout le temps avec les cartes Enfant +, Jeune 12-17, Jeune 18-27, Week-end ou Senior + (valables 1 an).

Renseignements et réservations

– ***Internet :*** • *voyages-sncf.com* •

– ***Téléphone :*** ☎ *36-35 (0,34 € TTC/mn).*

– Également dans les gares, les boutiques SNCF et les agences de voyages agréées.

Comment circuler dans la région ?

Le réseau TER Midi-Pyrénées

SNCF et la Région Midi-Pyrénées proposent des tarifs régionaux pour voyager en train ou en car TER Midi-Pyrénées :

Avec le ***Pack Liberté,*** pour 20 €/an :

– 50 % de réduction sur les trajets en Midi-Pyrénées (hors trains à réservation obligatoire) les w-e, les jours de fête et pendant les vacances scolaires (toutes zones). Cette réduction est aussi applicable de 1 à 4 personnes accompagnant.

– 25 % de réduction les autres jours de l'année.

Et pour les moins de 26 ans, le ***Pack Liberté*** offre encore plus de réductions :

– 50 % de réduction tous les jours sur tous les trajets en Midi-Pyrénées.

– Un pack au prix de 15 € au lieu de 20 €.

Pour tous renseignements

■ ***TER Midi-Pyrénées :*** ☎ *0-800-31-31-31 (appel gratuit depuis un poste fixe).* • *ter-sncf.com/regions/midi_pyrenees/fr* • *ou application TER mobile.*

▲ **VOYAGES-SNCF.COM**

– Infos et résas depuis la France : • *voyages-sncf.com* • *et sur tablette et mobile avec les applis V. (trains) et V. Hôtels (hôtels).*

– Réserver un vol, un hôtel, une voiture : ☎ *0899-500-500 (1,35 € l'appel, puis 0,34 €/mn).*

– Une question ? Rubrique Contact ou au ☎ *09-70-60-99-60 (n° non surtaxé).*

Voyages-sncf.com, distributeur de voyages en ligne de la SNCF, vous propose ses meilleurs prix de train, d'avion, d'hôtel et de location de voitures en France et en Europe. Accédez aussi à ses services exclusifs : billets à domicile (en France), Alerte Résa, calendrier des prix, offres de dernière minute...

EN AVION

▲ **AIR FRANCE**

Rens et résas au ☎ *36-54 (0,34 €/mn – tlj 6h30-22h), sur* • *airfrance.fr* •, *dans les agences Air France et dans ttes les agences de voyages. Fermées dim.*

Air France propose à tous des tarifs attractifs toute l'année. Vous avez la possibilité de consulter les meilleurs tarifs du moment sur Internet, directement sur la page « Meilleures offres ET promotions ».

Le programme de fidélisation Air France-KLM permet de cumuler des *miles* à son rythme et de profiter d'un large choix de primes. Avec votre carte *Flying Blue,* vous êtes immédiatement identifié comme client privilégié lorsque vous voyagez avec tous les partenaires.
Air France propose également des réductions Jeunes. La carte *Flying Blue Jeune* est réservée aux jeunes âgés de 2 à 24 ans résidant en France métropolitaine, dans les départements d'outre-mer, au Maroc, en Tunisie ou en Algérie. Avec plus de 1 000 destinations, et plus de 100 partenaires, *Flying Blue Jeune* offre autant d'occasions de cumuler des *miles* partout dans le monde.

▲ HOP! AIR FRANCE
Rens et résas sur ● hop.com ● ou ● airfrance.fr ●, dans ttes les agences de voyages ainsi qu'aux centres d'appel ☎ 3654 (0,35 €/mn, tlj) ou ☎ 0892-702-222 (0,35 €/mn, tlj).
➢ Depuis *Castres,* vols directs vers Paris-Orly et vols saisonniers vers Ajaccio.
➢ Depuis *Rodez,* vols directs vers Paris-Orly.
➢ Depuis *Toulouse,* vols directs vers Lille, Lyon, Marseille, Nantes, Nice, Paris, Rennes, Strasbourg, et vols saisonniers vers Calvi et Figari.
➢ Depuis *Brive,* vols vers Ajaccio, Biarritz, Brest, Lannion, Lorient, Lyon, Montpellier, Mulhouse, Nantes, Paris-Orly, Pau, Perpignan, Luimper, Strasbourg et Toulon.

LOT, AVEYRON, TARN UTILE

Pour la carte des départements du Lot, de l'Aveyron et du Tarn, se reporter au cahier couleur.

Trois rivières, le Lot, l'Aveyron et le Tarn, traversent ces trois départements, naissant dans l'un d'entre eux, irriguant les autres... Trois vallées possédant ainsi nombre de traits communs et de riches différences.

Au commencement des temps, un combat de titans dans lequel l'homme n'avait pas encore son mot à dire s'est livré entre le vieux Massif central et ses cadets pyrénéen et alpin. La pression tectonique souleva et morcela les vénérables terres lissées par l'érosion, laissant derrière elle un formidable désordre de paysages contrastés.

Forêts austères du Sidobre aux étranges blocs de granit, reliefs escarpés de la Montagne Noire et des monts de Lacaune, solitude steppique des Grands Causses, dépouillement majestueux des pâturages de l'Aubrac, autant d'images éloquentes qui incitent à prendre la route.

Les pèlerins de Compostelle avaient déjà donné le ton. Jacquets d'hier, néocoquillards ou randonneurs pour le plaisir, tous convergent vers cette terre multiple où le détour est de rigueur. Chaque sentier est une nouvelle aventure, récompensant le téméraire de souvenirs impérissables : ici un buron noyé dans un océan d'herbe rase, là une ferme paisible coiffée de lauzes, plus loin une lavogne où s'abreuvent les brebis...

Profondément encaissées, ce sont les vallées aux méandres compliqués qui assurent la transition avec les pays de plaines et de collines. Le contraste est grand avec les jardins riants du Quercy où fleurissent les fameuses vignes de Cahors, ou avec les terres céréalières de l'Albigeois et du Castrais. Les villages et les petites bourgades abondent sur ces terres plus favorables à l'homme. Confluents commandant une voie d'accès, berges au relief avantageux, éperon facile à défendre, le moindre site privilégié porte une cité souvent d'allure médiévale, où les venelles sinueuses ourlées de maisons fleuries en vieille pierre de pays conduisent à de charmantes églises ornées de chapiteaux romans.

Le promeneur avisé reconnaîtra à l'occasion le plan en damier de la bastide, modèle urbain né au XIIIe s, représenté avec panache par Cordes-sur-Ciel, dans le Tarn, ou Villefranche-de-Rouergue, aux portes de l'Aveyron. Mais pour tous, la place du marché lovée en son sein est un cœur qui bat, le creuset où se mêlent toutes les facettes de l'âme du nord Midi-Pyrénées. Il faut se perdre parmi les étals et observer chaque producteur disposant religieusement ses produits comme autant de bijoux de famille. La diversité du pays s'exprime à travers l'abondance de produits locaux : la truffe, diamant noir du Quercy, les cabécous de Rocamadour ou encore l'incontournable roquefort. Si Charlemagne en appréciait l'onctuosité, nul ne conteste son statut d'empereur des fromages de France !

Inclinée au-dessus du Tarn comme une élégante sur son miroir, l'orgueilleuse cathédrale d'Albi rappelle aux impertinents la terrible leçon infligée par l'Église toute-puissante aux cathares. On ne voyage pas impunément dans le nord Midi-Pyrénées, marqué par 10 siècles de pèlerinage vers le tombeau de saint Jacques. Partout, l'histoire escorte le visiteur de ses hauts faits ou de ses anecdotes, réveillant les fantômes du passé. Terres de légendes aussi, où le diable guette le moindre faux pas. Ne dit-on pas que le gouffre de Padirac serait l'œuvre du maître des ténèbres ?

AVANT LE DÉPART

Adresses utiles

Comité régional du tourisme Midi-Pyrénées : *15, rue Rivals, CS 78543, 31685 Toulouse Cedex 6.* ☎ *05-61-13-55-55.* • *tourisme-midi-pyrenees.com* • *Lun-ven 9h-12h30, 14h-17h30.* Consulter le site internet, écrire ou téléphoner pour toute demande d'information. Édite et distribue un matériel touristique très intéressant, classé par thème, sur les 8 départements.

■ **Gîtes de France :** ☎ *01-49-70-75-85.* • *gites-de-france.com* • Les résas sont à faire auprès des relais départementaux des *Gîtes de France* (indiqués dans ce guide en introduction de chaque département).

Carte d'adhésion internationale aux auberges de jeunesse (carte FUAJ)

Cette carte vous ouvre les portes des 4 000 auberges de jeunesse du réseau *HI-Hostelling* International en France et dans le monde. Vous pouvez ainsi parcourir 90 pays à des prix avantageux et bénéficier de tarifs préférentiels avec les partenaires des Auberges de Jeunesse *HI*. Enfin, vous intégrez une communauté mondiale de voyageurs partageant les mêmes valeurs : plaisir de la rencontre, respect des différences et échange dans un esprit convivial. Il n'y a pas de limite d'âge pour séjourner en auberge de jeunesse. Il faut simplement être adhérent.

Renseignements et inscriptions

- **En France :** • *hifrance.org* •
- **En Belgique :** • *lesaubergesdejeunesse.be* •
- **En Suisse :** • *youthhostel.ch* •
- **Au Canada :** • *hihostels.ca* •

Si vous prévoyez un séjour itinérant, vous pouvez réserver plusieurs auberges en une seule fois en France et dans le monde : • *hihostels.com* •

Carte internationale d'étudiant (carte ISIC)

Elle prouve le statut d'étudiant dans le monde entier et permet de bénéficier de tous les avantages, services et réductions dans les domaines du transport, de l'hébergement, de la culture, des loisirs, du shopping... La carte ISIC permet aussi d'accéder à des avantages exclusifs (billets d'avion spécial étudiants, hôtels et auberges de jeunesse, assurances, cartes SIM internationales, location de voiture...).

Renseignements et inscriptions

– ***En France :*** ● isic.fr ●
– ***En Belgique :*** ● isic.be ●
– ***En Suisse :*** ● isic.ch ●
– ***Au Canada :*** ● isiccanada.com ●

BUDGET

Recommandation à ceux qui souhaitent profiter des réductions et avantages proposés dans le *Routard* par les hôteliers et les restaurateurs.

À l'hôtel, pensez à les demander au moment de la réservation ou, si vous n'avez pas réservé, **à l'arrivée.** Ils ne sont valables que pour les réservations en direct et ne sont pas cumulables avec d'autres offres promotionnelles (notamment sur Internet). Au restaurant, parlez-en **au moment** de la commande et surtout **avant** que l'addition ne soit établie. Poser votre *Routard* sur la table ne suffit pas : le personnel de salle n'est pas toujours au courant et une fois le ticket de caisse imprimé, il est souvent difficile de modifier le total. En cas de doute, montrez la notice relative à l'établissement dans le *Routard* de l'année et, bien sûr, ne manquez pas de nous faire part de toute difficulté rencontrée.

Nous vous indiquons ci-dessous l'échelle des tarifs auxquels nous nous référons pour le classement de nos adresses en France.

Hébergement

D'une manière générale, nous indiquons des fourchettes de prix allant de la chambre double la moins chère en basse saison à celle la plus chère en haute saison. Ce qui implique parfois d'importantes fourchettes de prix, pas toujours en adéquation avec la rubrique dans laquelle l'établissement est cité. Le classement retenu est donc celui du prix de la majorité des chambres et de leur rapport qualité-prix.
À noter que lorsque les lieux d'hébergement sont équipés d'un accès Internet et/ou wifi, nous le mentionnons sans autre précision.
Les tarifs des ***campings*** sont calculés sur la base d'un emplacement pour deux avec voiture et tente en haute saison. Ils sont classés en tête de rubrique « Où dormir ? ».
Les ***auberges de jeunesse*** et ***gîtes d'étape*** pratiquent en règle générale des tarifs « Bon marché » pour une nuitée en dortoir (avec ou sans les draps). Le tarif indiqué est celui du lit en dortoir et/ou parfois de la chambre double, quand il y en a.
En ***chambres d'hôtes,*** les prix sont donnés sur la base d'une chambre double. Ils incluent le petit déjeuner. Les cartes de paiement sont rarement acceptées. Dans le cas contraire, nous indiquons « petit déj en sus » et « CB acceptées ».
Concernant les ***hôtels,*** la base reste celle d'une nuit en chambre double (sans petit déjeuner), sauf exception, notamment pour les chambres familiales.
– ***Bon marché :*** jusqu'à 50 €.
– ***Prix moyens :*** de 50 à 80 €.
– ***Chic :*** de 80 à 120 €.
– ***Plus chic :*** de 120 à 150 €.

– ***Beaucoup plus chic :*** au-delà de 150 €.

Restos

Au restaurant, notre critère de classement est le prix du premier menu servi le soir (hors boissons). Les notions de « Prix moyens » ou « Plus chic » n'engagent donc que les prix. Autrement dit, certains restos chic proposant parfois d'intéressantes formules, notamment au déjeuner, pourront malgré tout être classés dans la rubrique « Plus chic ».
– ***Très bon marché :*** moins de 15 €.
– ***Bon marché :*** de 15 à 25 €.
– ***Prix moyens :*** de 25 à 35 €.
– ***Chic :*** de 35 à 50 €.
– ***Plus chic :*** plus de 50 €.

LIVRES DE ROUTE

– ***La Gantière,*** de Daniel Crozes (éd. Hachette, coll. Livre de Poche, 1999). De Roquefort à Millau en passant par New York, vous suivrez les pas d'Alice, jeune fille au caractère bien trempé qui a décidé de prendre son destin en main. Après la Grande Guerre, la petite piqueuse de gants deviendra femme d'affaires et nous fera découvrir la vie de sa région au fil de ses aventures.
– ***Voyage au cœur du Rouergue,*** de Pierre Le Coz (éd. Loubatières, 2003). Des terres âpres du nord de l'Aveyron à la douceur du pays d'Olt, du calcaire du Larzac au grès rose de la cathédrale de Rodez, du plat Ségala au Tarn fracassé, Pierre Le Coz a écrit un beau récit de voyage dans un style précis et poétique. Il s'agit d'une promenade littéraire et amoureuse en Rouergue, dans la tradition des philosophes itinérants du XIXe s. Un livre qui nous aide à mieux sentir et comprendre cette vieille province.
– ***Quercy, chroniques improbables,*** de Jean-Pierre Alaux (éd. Elytis, 2006). L'auteur vit de voyages et de reportages pour la presse épicurienne. Originaire de Cahors, installé dans le Bordelais, il a déjà publié de nombreux polars se déroulant dans le vignoble, notamment *Ne tirez pas sur le caviste* et *Sous la robe de Margaux.* Son Quercy à lui est un retour improbable et non définitif sur la région de son enfance qui puise ses racines dans le Quercy.
– ***Aveyron,*** de Philippe Gruat (éd. Christine Bonneton, 2005). Une dizaine de collaborateurs, la plupart originaires de ou vivant dans l'Aveyron, ont participé à cet ouvrage. Une bonne introduction à ce département, le plus « celtique » de la région Midi-Pyrénées. Dans la même collection, bien faite : *Lot* et *Tarn.*
– ***Le Lot,*** de Colette Chantraine-Zachariou et Hakim Ben Brahim (éd. Sud-Ouest, 2006). Les auteurs vivent dans le Lot. Elle est historienne de l'art, lui photographe plusieurs fois récompensé. Leur passion est communicative. De fait, ce livre marie la lumière et la mémoire, les composantes essentielles de cette terre si fréquentée et pourtant mal connue.
– ***Bonheurs d'enfance,*** de Christian Signol (éd. Hachette, coll. Livre de Poche, 1998). Dans ce roman autobiographique, l'auteur ressuscite son enfance perdue : défilés de saisons, de senteurs et de couleurs, la poésie de Victor Hugo et les visages de tous ceux qui animent le village de Sainte-Colombe. Exilé de son Quercy natal à 11 ans, il prendra conscience, en vieillissant, de tout ce qu'il a perdu : le(s) bonheur(s), tout simplement...
– À noter enfin, la collection thématique des ***éditions Privat*** et les nombreuses monographies des ***éditions Sud-Ouest.***

PERSONNES HANDICAPÉES

Le label Tourisme et Handicap

Ce label national, créé par le secrétariat d'État à la Consommation et au Tourisme en partenariat avec les professionnels du tourisme et les associations représentant les personnes handicapées, permet d'identifier les lieux de vacances (hôtels, campings, sites naturels, etc.), de loisirs (parcs d'attractions, etc.) ou de culture (musées, monuments, etc.) accessibles aux personnes handicapées. Il apporte aux touristes en situation de handicap une information fiable sur l'accessibilité des lieux. Cette accessibilité, visualisée par un pictogramme correspondant aux quatre types de handicaps (moteur, visuel, auditif et mental), garantit un accueil et une utilisation des services proposés avec un maximum d'autonomie dans un environnement sécurisant. Pour connaître la liste des sites labellisés : • *rendezvousenfrance.com* • (rubrique « Tourisme et Handicap »).

Par ailleurs, dans notre guide, nous indiquons par le logo les établissements qui possèdent un accès ou des chambres pouvant accueillir des personnes handicapées. Certaines adresses sont parfaitement équipées selon les critères les plus modernes. D'autres, plus simples, plus anciennes aussi, sans répondre aux normes les plus récentes, favorisent l'accueil des personnes handicapées en facilitant l'accès à leur établissement, tant sur le plan matériel que sur le plan humain. Évidemment, les handicaps étant très divers, des lieux accessibles à certaines personnes ne le seront pas pour d'autres. Appelez donc auparavant pour savoir si l'équipement de l'hôtel ou du resto est compatible avec votre niveau de mobilité.
Malgré les combats menés par les nombreuses associations, l'intégration des personnes handicapées à la vie de tous les jours est encore balbutiante en France. Il tient à chacun de nous de faire changer les choses. Une prise de conscience est nécessaire, nous sommes tous concernés.

SITES INTERNET

• ***routard.com*** • Rejoignez la plus grande communauté francophone de voyageurs ! Échangez avec les routarnautes : forums, photos, avis d'hôtel. Retrouvez aussi toutes les informations actualisées pour choisir et préparer vos voyages : plus de 200 fiches pays, une centaine de dossiers pratiques et un magazine en ligne pour découvrir tous les secrets de votre destination. Enfin, comparez les offres pour organiser et réserver votre voyage au meilleur prix.
Routard.com, le voyage à portée de clics !
• ***vins-gaillac.com*** • Tout sur les incontournables vins de Gaillac.
• ***aveyron.com*** • Un site complet et joliment conçu, qui fournit toutes les infos sur le département : histoire, nature, sport, gastronomie... et même sur les Aveyronnais à Paris !
• ***tourisme-lot.com*** • Pour tout connaître sur le Quercy : son histoire et son patrimoine, ses richesses culturelles, gastronomiques, les nombreuses balades... Multiples liens et rubriques.
• ***lespyrenees.net*** • Site généraliste avec toutes les infos pratiques et touristiques pour préparer son séjour en Midi-Pyrénées (sports d'hiver, randonnées, hébergements, etc.).

HOMMES, CULTURE, ENVIRONNEMENT

CHEMINS DE SAINT-JACQUES-DE-COMPOSTELLE

Les différents chemins de Compostelle convergent vers la côte galicienne espagnole et la cathédrale Saint-Jacques où sont conservées les reliques d'un des plus importants apôtres de Jésus, Jacques, mort en martyr vers l'an 35.
C'est en 800 qu'un ermite, guidé en songe par une étoile, retrouve le tombeau du saint. Le nom de Compostelle proviendrait d'ailleurs de *campus stellae* : champ d'étoiles... Dès le Xe s, des pèlerins en provenance de toute l'Europe viennent se recueillir sur ses reliques. Aujourd'hui encore, on assiste parfois à une certaine affluence sur les chemins en période de pèlerinage et pendant les vacances...
Au fil des ans, aux pèlerins se joignent amateurs d'art roman et férus de randonnées. Il faut dire que les chemins de Compostelle, cadre de ressourcement spirituel extraordinaire, sont aussi d'une beauté et d'un intérêt historique qui valent le détour : les échanges culturels et religieux, et la nécessité d'héberger un grand nombre de pèlerins ont favorisé dès le Moyen Âge le développement des villes et des monuments étapes sur le chemin.
Balisés en 1970 par la Fédération de randonnée pédestre, les quatre sentiers historiques français commencent respectivement à Vézelay, au Puy-en-Velay, à Tours (aujourd'hui à Paris) et à Arles. C'est d'ailleurs ce dernier chemin, connu sous le nom de *via Tolosana,* qui glorifie l'étape toulousaine et son impressionnante église Saint-Sernin. On a récemment remis à l'honneur certains itinéraires secondaires comme celui de Conques à Toulouse qui offre de belles découvertes en traversant le Tarn. Depuis 1998, le parcours est classé au Patrimoine mondial de l'humanité.
Que vous partiez à pied, à cheval ou à VTT, que vous marchiez tout le long de la route ou sur les derniers kilomètres uniquement, ouvrez grand les yeux pour ne pas rater les beautés croisées sur le chemin : une aubergiste super accueillante, une église romane perdue dans la campagne, les champs à perte de vue, et souvent de bien belles rencontres...
Pour plus de rens : ACIR Compostelle, 4, rue Clémence-Isaure, 31000 Toulouse. ☎ 05-62-27-00-05. • chemins-compostelle.com •

CUISINE

Les Trois Mousquetaires, Le Déjeuner de Sousceyrac (Pierre Benoit), la fameuse poule au pot du roi Henri IV... Allez-y franco ! Même sans le Périgord et le Béarn, ses annexes naturelles, la région Midi-Pyrénées constitue le saint des saints de la France gourmande. Ici, le moindre resto de campagne vous offre des ripailles pour trois fois rien. C'est que l'art de la table est inscrit dans les gènes : les paysans ont merveilleusement exploité leurs maigres ressources. Truffes, foie gras, cèpes, confit, cassoulet, roquefort, etc. Unie dans son abondance, la région se teinte de cuisines différentes, et les spécialités varient d'un village à l'autre. Voici les principales.

– ***Quercy :*** autour de Cahors, les contreforts du Massif central penchent vers l'Auvergne d'un côté – châtaignes, noix et noisettes (en vin et crème), tripes – et vers le Périgord de l'autre – soupes (tourin et garbure), truffes et oies, perdreaux, pastis (gâteau). Réjouissant et roboratif.

– ***Rouergue :*** plus auvergnat que le Quercy, l'arrière-pays de Rodez adore les jambons, tripes et tripoux, choux et châtaignes, mais n'en sacrifie pas moins à l'oie, lui aussi. Un seigneur : le roquefort.

– ***Aubrac :*** antichambre du Cantal, ce haut plateau possède à fond les classiques auvergnats – truffade, aligot, tripoux, chou farci, etc. –, et la richesse de ses pâturages donne un grand fromage, le laguiole.

Spécialités culinaires

– ***Agneau fermier du Quercy :*** la chair délicate de ce mouton « à lunettes » en a fait un vrai label !

– ***Aligot :*** purée de pommes de terre aillée, additionnée de tomme fraîche.

– ***Bougnette :*** la saucisse de Castres, fourrée de pain, d'œufs et hachis de poitrine de porc.

– ***Cabécou :*** rondelle de fromage de chèvre. À Rocamadour, on la pétrit avec du poivre et de l'eau-de-vie ; on la flambe aussi à l'armagnac.

– ***Canard :*** en confit, en magret, en foie gras, tout est bon dans le canard (gésiers, manchons, aiguillettes...), mais est-il utile de le rappeler ? De quoi s'en gaver, bien sûr, par ici. À ce petit jeu (de l'oie), le canard a même fini par régler son pas sur celui de sa consœur en ce qui concerne le foie gras.

– ***Cèpes :*** très appréciés partout.

– ***Estofinado :*** c'est le fameux stockfisch ou morue séchée, que connaissent bien les Niçois, ici préparé à la façon des gens de l'Aveyron.

– ***Fallette :*** poitrine farcie de lard, œufs et blettes. C'est l'étouffe-chrétien des montagnes aveyronnaises.

– ***Fouace :*** pain brioché parfumé à la fleur d'oranger.

– Côté ***fruits,*** quantité et qualité sont au rendez-vous. La variété aussi. Leur notoriété a même dépassé nos frontières. La ***reine-claude*** a d'ailleurs obtenu un Label Rouge.

– ***Gâteau à la broche :*** une spécialité rouergate, traditionnellement préparée pendant la période de Noël. La recette de la pâte est celle du quatre-quarts ; on la verse petit à petit sur un moule conique en superposant les épaisseurs de pâte, le moule tournant et cuisant à la chaleur d'un feu de bois. On voit parfois des pâtissiers ambulants en préparer sur les marchés du coin.

– ***Gâtis :*** brioche à la fondue de cantal et de roquefort, créée à Saint-Affrique.

– ***Jambon :*** celui des monts de Lacaune, dans le Tarn, à la frontière de l'Aveyron, rallie tous les suffrages.

– ***Laguiole :*** outre le coupe-chou auvergnat, la capitale des pâturages d'Aubrac produit un excellent fromage, sorte de cantal au goût fleuri.

– ***Melon du Quercy :*** un label qui se récolte sur le Quercy blanc, région de Montcuq et Castelnau-Montratier.

– ***Mourtaïrol :*** bouillon de poule au safran que les Quercynois versent sur des tranches de gros pain et mélangent.

– ***Noix :*** cette compagne des mauvais jours (pour le paysan) déborde des Causses quercynois et rouergats.

– ***Pastis*** (ou croustade, ou encore tourtière) ***:*** cette pâtisserie traditionnelle est une tarte élaborée à partir d'une pâte feuilletée très fine, fourrée aux pommes ou aux pruneaux – selon les recettes –, et relevée à l'armagnac. Le point commun avec la fameuse boisson ? L'origine du nom, qui veut dire « gâteau » en gascon.

– ***Roquefort :*** Rabelais le célébrait, Charlemagne en raffolait... On dit que l'auteur de cette pâte persillée fut un berger qui, ayant oublié son fromage de brebis dans un rocher fissuré du Larzac, le retrouva changé de goût. De fait, seules les caves du village de Roquefort-sur-Soulzon favorisent la moisissure *Penicillium roquefortis,* qui bleuit la tomme pendant les 3 mois d'affinage.

QUEL PASTIS !

Au VIIIe s, les Arabes d'Andalousie envahirent la Gascogne avant d'être vaincus par Charles Martel à Poitiers, en 732. Entre-temps, ils laissèrent deux souvenirs formidables : le fromage de chèvre et le sublime pastis dont certains prétendent que la pastilla marocaine en est l'origine : une pâte feuilletée mais dans laquelle on a remplacé le pigeon par de la pomme. Un délice.

– ***Safran du Quercy :*** se cultive dans les environs de Cajarc depuis que la plante (le *Crocus sativus*) a été introduite dans la région par les croisés. Pendant la période de la Renaissance, le coin en produisait en grande quantité. Un temps oubliée, la plante devient de nos jours une valeur sûre pour le département.

– ***Soupe albigeoise :*** choux, patates, navets, carottes, oignons et poireaux, une vraie potée pour le travail aux champs.

– ***Tripoux :*** ce fameux remontant auvergnat – tripes de mouton et farce cousues dans un boyau et cuites dans du vin blanc – serait né du côté d'Espalion.

– ***Truffade :*** en fait de truffes, une poêlée de patates, d'ail et de lardons, accompagnée de tomme fraîche. Les Aveyronnais ont la santé !

– ***Truffe :*** en Rouergue et Quercy (mais aussi en Gascogne), les marchés des villages débordent de petites caisses de crottin de cheval. Ce « crottin », c'est la truffe, « le diamant noir », un gros champignon souterrain de 10 à 100 g qui, extrait de sa gangue terreuse, révèle une couleur noire et un parfum d'une force bouleversante. La truffe se développe sur des sols calcaires, au niveau des racines de chênes rabougris et de noisetiers, parfois plantés là tout exprès en « truffières ».

Sur les marchés locaux, la truffe coûte environ 2,5 fois moins cher que chez le détaillant, mais si vous l'obtenez à ce prix, écrivez-nous ! Et attention aux vieilles truffes congelées, voire « truffées » de plomb ! Les gens de Souillac les préparent à la crème, comme des morilles. D'autres en omelette ou sous la cendre (40 mn enveloppées d'une barde de lard, sous papier d'argent). Plus les truffes sont coupées fin ou broyées, plus elles dégagent de saveur. Goûtez-les en salade d'œufs durs, après les avoir cuites au vin blanc, coupées en rondelles et arrosées d'huile de noix.

LE DÉCLIN DE LA TRUFFE

En un siècle, la production s'est effondrée pour deux raisons. Les truffières ont besoin de lumière. Le débroussaillage était assuré par les moutons et les chèvres. C'est de moins en moins le cas aujourd'hui. Enfin, les pluies sont nécessaires à certaines époques. Le réchauffement de la terre n'y contribue pas.

Pour être vraiment incollable sur les spécialités culinaires de la région, on vous invite aussi à lire la rubrique « Gastronomie » en introduction du chapitre sur l'Aveyron.

ÉCONOMIE

Qu'on se le dise, l'Aveyron, le Lot et le Tarn restent des départements à forte vocation agricole. Ils concentrent un peu plus de 40 % des exploitations de la région Midi-Pyrénées. Rien de bien surprenant, vu l'abondance de verts pâturages, de-

collines propices aux cultures céréalières, de vastes étendues de pelouses sèches qui font le bonheur des moutons et brebis. Sur les causses et la frange du Massif central (Aubrac, Ségala, monts de Lacaune), l'élevage est une valeur sûre : on y croise près de 80 % des ovins de Midi-Pyrénées. C'est l'Aveyron qui tient le haut de l'affiche avec un nombre de bovins (la fameuse race d'Aubrac), ovins et même équins. Le Lot, quant à lui, se distingue par une production élevée d'oies et de canards gras (près d'un million de becs par an !). Sur la zone ouest de la région, les cultures dominent (céréales, colza, tournesol et soja). Enfin, on ne serait complet, et Bacchus nous en voudrait, si les vignobles on omettait. La production des vins de Cahors (dans le Lot) et de Gaillac (dans le Tarn) est l'une des fiertés de la région. Les superficies des vignobles ont certes sensiblement diminué ces dernières années, mais on compense en augmentant la qualité.

Ces productions agricoles ont généré de multiples industries agroalimentaires : laiteries, fromageries (fromage de Roquefort dans l'Aveyron, cabécou de Rocamadour dans le Lot), confitures artisanales, etc. L'agroalimentaire s'impose aujourd'hui comme le premier secteur en termes d'emploi dans le Lot et l'Aveyron.

Secteurs industriels qui ont pris du galon : l'aéronautique avec *Ratier Figeac* et *Figeac Aéro* (production de pièces), l'industrie automobile avec *Robert Bosch France,* la métallurgie et la transformation des métaux. Ces activités se concentrent au nord du Lot et de l'Aveyron, le long de la « Mécanic Vallée ». Dans le Tarn, on évoquera plutôt le textile et le cuir, basés dans le sud autour de Mazamet, Graulhet et Castres. Enfin, n'oublions pas le travail de la pierre avec les granitiers du Sidobre. En revanche, la fermeture des mines de charbon a plongé Decazeville et Carmaux dans de sérieuses difficultés de reconversion.

ENVIRONNEMENT

La région est riche d'entités naturelles et de paysages étonnamment variés, souvent remarquables : pelouses sèches pâturées des Grands Causses dans l'Aveyron et dans le Lot, nombreuses vallées et gorges ou encore massifs forestiers des contreforts de la Montagne Noire, il y en a pour tous les goûts ! Vous l'aurez compris, la biodiversité y est très élevée.

Mais au-delà de ces données et dans cette région de forte tradition rurale, il ne faut pas perdre de vue que les équilibres naturels restent fragiles et que la région est confrontée à des problèmes d'environnement sérieux.

Certaines parties du territoire régional (causses du Quercy, Haut-Languedoc...) connaissent une forte déprise agricole et ont du mal à contenir l'enfrichement. Si les cours d'eau dévalant les pentes des premiers contreforts du Massif central sont d'excellente qualité, les choses se compliquent en aval... Villes et industries en partagent largement la responsabilité avec l'agriculture.

Pour finir sur une note positive et découvrir toutes les richesses naturelles de la région, on vous invite à lire la rubrique « Le parc naturel régional des Causses du Quercy » en introduction du chapitre sur le Lot.

GÉOGRAPHIE

Prenez une bonne vieille montagne au nord, chahutée par une plus jeune au sud. Ajoutez-y la rencontre entre deux tempéraments opposés, bien tranchés, celui du Massif central et celui du Bassin aquitain. Tracez des rivières qui dégringolent des hauteurs pour rejoindre doucement l'océan. N'oubliez pas de poser un œil, au loin, sur les rivages de la Méditerranée. Vous approchez là les secrets d'une région aux paysages fortement contrastés, qui oscillent entre ambiances de moyenne montagne et de plaines, qui se fragmentent en une infinité de pays, de bouts du

monde, dont l'homme a su exploiter courageusement les particularismes au cours des siècles.
Sous la poussée des Pyrénées, le socle du Massif central s'est donc soulevé et fracturé en plateaux cristallins – le Ségala – et autres petits massifs. Dans l'Aveyron principalement, c'est un jeu incessant de plaines agricoles, encore bocagères, ondulantes et interrompues par de profondes vallées dans lesquelles on s'enfonce par des routes en corniche. Les champs de seigle ne sont guère présents que dans la mémoire des anciens. Les châtaigneraies, en revanche, occupent toujours de larges étendues. À l'extrémité nord du département s'étend le plateau de l'Aubrac, avec ses paysages emblématiques balayés par la bise hivernale. Au sud du Tarn pointent deux vaisseaux : la Montagne Noire et les monts de Lacaune. Terres sauvages et discrètes, landes dénudées et archipels forestiers, ils protègent la région des influences méditerranéennes.
De part et d'autre, quelques zones en guise de traits d'union rapides (limargues, rougiers), puis changement radical de décor. Oubliés les paysages d'altitude et les roches cristallines. Le causse du Quercy dans le Lot (au nord-ouest) et les Grands Causses dans l'Aveyron (à l'est) sont plus rudes encore. C'était ici le royaume des drailles, ces chemins de cailloux où passaient en nombre les troupeaux. Dans le Lot prédominent les garrigues désertes dont les broussailles phagocytent murets, caselles et gariottes. Avec un sous-sol calcaire troué par des armées de rongeurs qui auraient délaissé leur bout de gruyère, l'eau ne reste pas en surface. Elle explore et façonne les grottes, les igues, les gouffres, les galeries souterraines pour ressurgir au sein de canyons profonds (Lot, Célé, Aveyron, Tarn...).
Bien entendu, ce monde souterrain excite historiens et préhistoriens.
Enfin, à l'ouest de la région, comme pour mieux reprendre son souffle, s'étendent de douces collines (Quercy blanc, Gaillacois, Castrais) qui annoncent la plaine toulousaine. Vignes sur les coteaux, céréales dans les vallons, bovins et volailles, les fermes s'en donnent à cœur joie et les marchés bourdonnent.

GRANDS SITES DE FRANCE

Attention, à ne pas confondre avec les Sites inscrits au Patrimoine mondial de l'Unesco (voir plus bas). La politique de « Grands Sites » fut initiée par la région en 2007 pour valoriser les grands sites touristiques de la région et les engager à ce titre dans une démarche de qualité. Qualité de préservation de l'environnement et d'accueil du public notamment. Ce programme est soutenu par l'Union européenne et la région compte actuellement 25 grands sites inscrits : villes, villages, sites naturels et ouvrages d'art. Certains sont aussi inscrits à l'Unesco.
Dans le Lot, l'Aveyron et le Tarn : Rodez, le viaduc de Millau, Conques, Najac, Villefranche-de-Rouergue, la Vallée de la Dordogne, Cahors, Figeac, Rocamadour, Saint-Cirq-Lapopie, Albi, Cordes-sur-Ciel.
Notez qu'il existe une application mobile officielle et gratuite, « Grands Sites Midi-Pyrénées » où l'on peut trouver une présentation de chacun des Grands Sites. Disponible sur iPhone et Android, vous y trouverez entre autres des suggestions variées (randos, activités), des fiches pratiques et un agenda culturel. Pour plus de renseignements : • *tourisme-midi-pyrenees.com* •

HABITAT

D'un département à l'autre, riches sont les différences : sols variés, matériaux nombreux et habitations singularisées. Silhouette d'un pigeonnier, ombre d'un porche, trésors cachés : qui sait ce que le promeneur avisé peut dénicher ? Quelques indices toutefois pour le guider.

Au pays des bastides

Avant d'aller se perdre dans la campagne, il est bon de commencer par une promenade dans les villes. Des villes pas comme les autres, fondées au Moyen Âge et que l'on appelle bastides. Présentes dans toute la région Midi-Pyrénées, celles du Rouergue sont parmi les plus recherchées. Alors comment sont-elles nées ? La forte croissance démographique et les désordres politiques qui caractérisent le début du XIIIe s dans le Sud-Ouest, mais aussi la nécessité de regrouper la population dans un même endroit et de mettre de l'ordre dans la vie économique, obligent le roi de France à faire preuve d'ingéniosité. Malin comme il est, il crée ces villes neuves souvent fortifiées, différentes des agglomérations de plan régulier, bénéficiant de franchises et destinées à promouvoir une économie d'échanges. Un quadrillage rectangulaire séparé par un réseau de voies strictement orthogonal, commandé par une belle place à arcades appelée les « couverts » ; pas de quoi s'égarer, à moins que ce ne soit pour admirer quelque trésor d'architecture dissimulé au coin d'une rue. Ces bastides, témoignages vivants d'un phénomène unique d'urbanisation médiévale, sont aujourd'hui bien protégées.

Au confluent des styles

Après cette flânerie urbaine, le promeneur appréciera l'air de la campagne, où se cachent d'autres trésors. D'abord, les « classiques » de l'architecture tarnaise, qu'une balade dans les coteaux devrait vous permettre de découvrir, là où les fermes, installées au creux d'un versant, au sommet d'un vallonnement, se dispersent. Au bout d'un long chemin de terre, le promeneur devra chercher un logis de plain-pied, couvert d'un grand toit à trois ou quatre pentes, faiblement incliné, descendant parfois très bas. Il pourra également traquer l'originalité, cette façade principale où les murs pignons sont ouverts par un long porche appelé « emban » ou « bolet », qui commande l'entrée du logis. Les murs sont d'abord en terre, pisé et brique crue associés au pan de bois – la terre argileuse est extraite sur place –, puis la brique cuite remplace ces matériaux. Une grande partie de ces bâtiments a une fonction agricole.
Dans les vallées, l'architecture rurale ne diffère guère de celle des pays de molasses où domine la brique cuite ou crue, bien devant le galet extrait des rivières ou le pisé. Dans cette partie du paysage, il est fréquent de croiser des tours incorporées aux façades ; un brin de noblesse dans un monde de buttes !
Après avoir traversé les coteaux, enjambé les vallées, qui sait si notre promeneur ne se retrouvera pas au pays des pierres, cette partie du bas Quercy caractérisée par la superposition de calcaires et de molasses, qui, en moyenne altitude, est appelée pays des Serres ? Qui dit autre sol dit autre type d'habitation. Là, les bâtiments d'exploitation, organisés en gros hameaux, entourent généralement une cour fermée. La pierre calcaire y abonde.
Voir aussi la rubrique « L'habitat quercynois » en introduction du chapitre sur le Lot.

HISTOIRE

L'histoire du Lot, de l'Aveyron et du Tarn est traversée par l'histoire de la région Midi-Pyrénées, voire du Languedoc, même si celle du Lot rejoint aussi celle de l'Auvergne.

Un conflit Nord-Sud

D'Allemagne en Italie, des Flandres au Languedoc, l'hérésie albigeoise a ses saints (les parfaits), son au-delà (la réincarnation), son sacrement (le *consolamentum*, accordé aux mourants) et des exigences d'égalité, de chasteté et de pureté totale

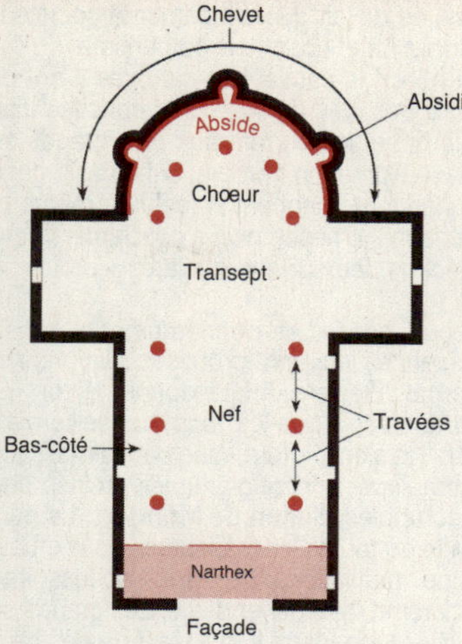

PLAN D'UNE ÉGLISE ROMANE

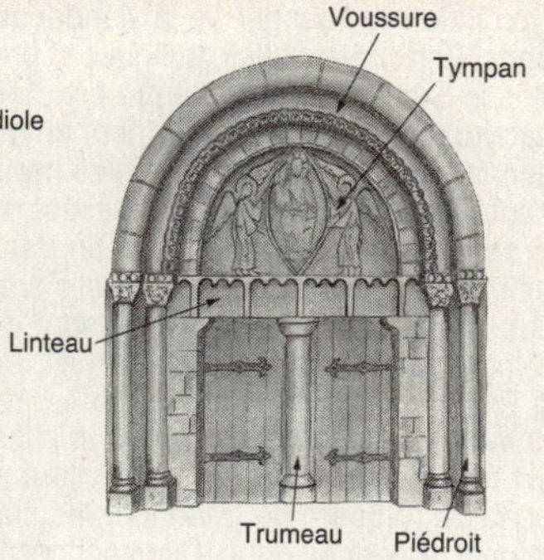

PORTAIL D'ÉGLISE ROMANE

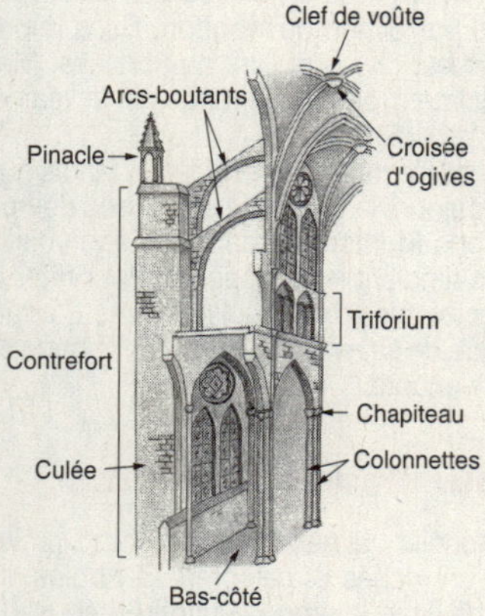

COUPE TRANSVERSALE D'UNE ÉGLISE GOTHIQUE

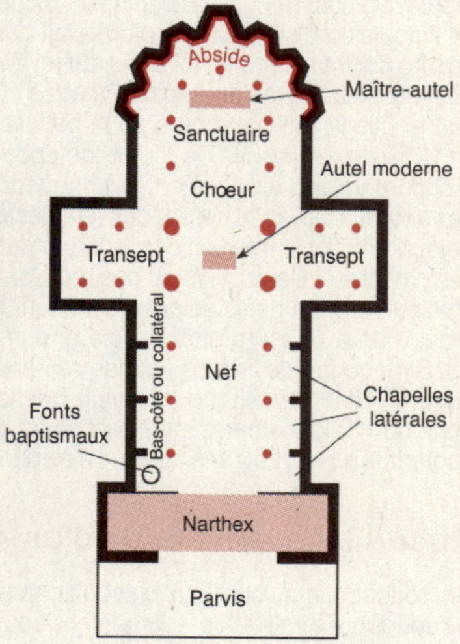

PLAN D'UNE ÉGLISE GOTHIQUE

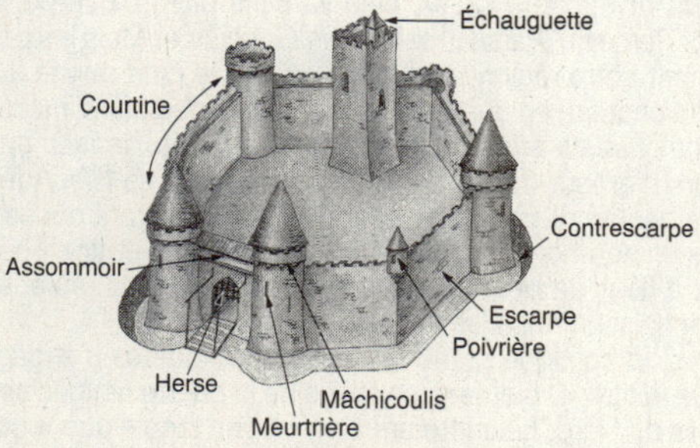

CHÂTEAU FORT

(interdiction de manger de la viande) que ne devait guère incarner la société du temps. Partout, au XIIIe s, évêques et princes luttent contre le catharisme.
Dans le Sud, beaucoup d'entre eux ont rejoint la cause. Les cathares y ont des châteaux, des hommes d'armes, et leurs évêques tiennent des conciles internationaux. Les missions envoyées par le pape se heurtent aux plus grands seigneurs. En 1202, son légat est assassiné. À Rome, on tremble. Si l'hérésie gagne les centres du pouvoir, c'est la fin des haricots. Innocent III (celui-là même qui parla d'autocratie pontificale, quelle ambition !) n'hésite plus à proclamer la croisade. Les seigneurs hérétiques sont déchus, leurs biens déclarés « proie ». Le premier qui passe n'a qu'à se servir.
En France du Nord, le message est reçu 5 sur 5. Les bonnes âmes s'arment, d'autant plus facilement que moult indulgences leur sont promises s'ils prennent part à la croisade. En 1209, première proie : Béziers. Il faut donner le ton. Les habitants refusent de dénoncer les cathares ? « Tuez-les tous, conseille aimablement le légat du pape, Dieu reconnaîtra les siens. » Terrorisée par ce massacre, Carcassonne tombe à son tour. Pour remplacer son seigneur, les croisés choisissent un chevalier sans peur et sans scrupules, **Simon de Montfort.** La partie va durer près de 50 ans. Un lent grignotage où toutes les ressources de la cruauté médiévale sont décuplées par le fanatisme : mutilations, bûchers, « accessoires » de l'Inquisition, une institution qui allait durer et faire parler d'elle. Les grands seigneurs occitans reçoivent l'appui du roi d'Aragon Pierre II, qui vient de défaire les Maures à Las Navas de Tolosa. Patatras ! Le comte de Toulouse et le roi d'Aragon (qui trouve la mort au cours de la bataille) sont taillés en pièces par les croisés en 1213 devant la ville de Muret, défendue par Simon de Montfort. Sans la protection catalano-aragonaise, le Languedoc est divisé et livré aux croisés. Mais pas soumis, car, sans cesse, des révoltes éclatent. Le roi de France devra venir en personne rafler la mise en confisquant tout le Midi.
Les cathares ? Ceux qui n'ont pas brûlé ont pris la route des Corbières, tandis que, plus au nord, de petits seigneurs mènent toujours la guérilla. Les croisés devront réduire un à un leurs nids d'aigle, y compris Montségur (dans l'Ariège voisin), « la Synagogue de Satan », où les cathares tenaient leurs conciles. Pour fêter sa prise en 1244, on allume un grand bûcher. Nobles, bourgeois et gens d'armes confondus, 225 cathares s'y jettent plutôt que de se renier. Tout est fini, le pape est content. Il a tort : 750 ans après, on en parle encore...

Quand les yeux beaux d'amour mourir faisaient...

Un troubadour, aujourd'hui, c'est un chansonnier qui ne passe pas chez Drucker. À l'époque – XIe et XIIe s –, ils étaient souvent riches et célèbres. Et nobles. Il y eut même un duc d'Orléans et un comte de Foix, le grand Gaston (Phébus). En fait, les troubadours donnaient le *la* de l'idéal aristocratique. Après le temps des rudes chansons de geste, le dernier raffinement consistait à vouer à sa dame un amour quasiment mystique. *No sex,* cela va sans dire ! L'Europe du Nord a eu Lancelot du Lac, Perceval *(Parsifal)* et la reine Guenièvre. Mais les pays de langue d'oc, spécialement notre région, sont ceux qui ont le plus donné. Les jongleurs, qui chantaient de château en château les hauts faits des paladins du cru, comme Guillaume de Toulouse (la prise d'Orange, le charroi de Nîmes), apprirent à fréquenter les cours d'amour du comte de Toulouse et de sa fille, Adélaïde de Burlats. Thèmes : la beauté d'une dame, la douleur du soupirant qui se morfond, les exploits réalisés en son honneur. Bref, l'amour, toujours, et une poésie allègre et jeune qui court à fleur de peau. Pastourelles, complaintes, sérénades, épîtres, mystères : ils connaissent tous les genres.
Mais dès le XIIe s, la politique prend le dessus : les poètes s'engagent, excitent les esprits contre le clergé, pleurent les morts de la guerre albigeoise et crient leur haine des croisés du Nord. Leur littérature va mourir, tandis que le souffle doré de la langue d'oc remonte vers le nord sous l'influence d'Aliénor d'Aquitaine.

Bastides : la psychose sécuritaire

Pas facile de cultiver son jardin entre le roi de France et le roi d'Angleterre, en pleine guerre de Cent Ans. Du grand au petit seigneur, temporel ou ecclésiastique, chacun s'employa donc à fonder de nouveaux villages, plus sûrs parce que fortifiés. Aux XIe et XIIe s, les abbayes créèrent des centres de peuplement et de défrichement appelés « sauvetés » et protégés des guerres par la paix de Dieu (interdiction de se battre le dimanche et les jours fériés).
Les bastides, elles, procédèrent d'une urbanisation systématique. Dans tout le Sud-Ouest, elles sont quelque 500 à avoir été édifiées aux XIIIe et XIVe s. Pour y attirer les manants, les seigneurs les paraient de noms magiques : Barcelone, Cologne, Pavie, Florence, comme on dirait aujourd'hui Beausoleil ou Mimosa-Plage. Lesdits manants s'y voyaient comblés d'avantages tels que le statut d'homme libre ou, comme le prescrivit Henri IV à Réalmont, l'exemption d'impôts, hormis « la langue de toute vache abattue, un pied pour chaque porc préparé, un pain sur 25 cuits au four communal ». Ce mouvement rejaillit sur les grandes villes, où les hobereaux durent se montrer plus accommodants en accordant des privilèges aux bourgeois. Curieux villages, en tout cas, que ces castelnaux, bastides et autres sauvetés. Ici, point de château, c'est le bourg tout entier qui serre ses maisons de poupée dans les remparts, selon un plan gracieusement géométrique qui, observé d'avion, offre de jolies vues aériennes.

Le GR 65 ou les chemins de Compostelle

En 1998, l'Unesco inscrivait les quatre chemins de Saint-Jacques-de-Compostelle sur la liste du Patrimoine mondial de l'humanité, faisant de la région une véritable terre bénie pour le pèlerin comme pour le touriste. Point de convergence des différents chemins français, on arrive du nord par Vézelay, Rocamadour ou Le Puy-en-Velay, ou de l'est par Arles... Quoi qu'il en soit, ces itinéraires jacquaires empruntent les plus belles routes de France. Chaque jour est l'occasion de visiter un joyau d'architecture médiévale. Chaque soir est l'occasion d'une halte dans un village préservé et de rencontres insolites. Le GR 65 est aujourd'hui l'un des chemins de randonnée les plus fréquentés de France. Sincèrement religieux, purement culturel ou simplement sportif, d'une traite ou par tronçons, à chacun sa démarche, son rythme et sa motivation... En tout cas, c'est une expérience inoubliable... De nombreux gîtes d'étape accueillent les randonneurs (piétons, voire cyclistes) ; d'autres, plus puristes, réservent leurs lits aux « vrais » pèlerins. Vous trouverez quelques adresses au fil des pages du guide, mais on vous conseille fortement de vous procurer la liste des étapes auprès des CDT (comités départementaux de tourisme) et offices de tourisme concernés. Voir aussi la rubrique « Le chemin des étoiles » dans le chapitre d'introduction du Lot.

Quelques dates importantes

– ***Ier s apr. J.-C. :*** toutes les villes gauloises se sont romanisées : Cahors, Auch, Eauze, Albi...
– ***IIIe s :*** Toulouse occupe la troisième place en Gaule. On n'oublie pas d'y persécuter les chrétiens : l'évêque saint Saturnin meurt attaché à la queue d'un taureau.
– ***Vers 420 :*** les Wisigoths s'emparent de Toulouse. Chance : ce sont les plus civilisés de tous les barbares. Et résistants : Théodoric (Dietrich) arrête même Attila. Le royaume wisigothique englobe bientôt l'Espagne et le Languedoc. Toulouse, qui a rang de capitale, vit un petit Siècle d'or.
– ***507 :*** Clovis annexe la région. Les Toulousains ne sont pas contents.
– ***721 :*** le comté franc d'Aquitaine s'est rendu indépendant. Il défend Toulouse contre l'Arabe Azama.
– ***767 :*** Pépin le Bref, maire du Palais franc, reprend Toulouse au successeur d'Eudes.

– ***XI*****e** ***s :*** la région se divise en comtés : Foix, Rouergue, Carcassonne et Toulouse, dont les comtes étendent bientôt leur influence sur tout le Midi.
– ***1099 :*** les Méridionaux sont à la pointe de la première croisade. Le comte de Toulouse refuse le trône de Jérusalem mais se taille un comté au Liban.
– ***1177 :*** Toulouse et Barcelone se disputent le Midi. Un des alliés de ce dernier, le vicomte de Carcassonne, est aussi protecteur des cathares. Le comte de Toulouse croit habile de dénoncer l'hérésie au pape. Mauvais calcul...
– ***1208 :*** un écuyer du comte de Toulouse assassine le légat du pape. C'est le début de la croisade. Les armées du Nord descendent exterminer les albigeois. Le comte de Toulouse va-t-il leur prêter main-forte ou bien secourir ses vassaux ? Il atermoie. Il y perdra ses États, qui reviendront dans l'escarcelle de Saint Louis. Peu à peu, la France que l'on connaît prend corps.
– ***1213 :*** bataille de Muret, gardée par les croisés. Défaite du comte de Toulouse, soutenu par le roi d'Aragon.
– ***1229 :*** les grands moyens sont mis en œuvre pour combattre l'hérésie albigeoise, avec la création de l'Université de Toulouse, parrainée par l'ordre des Dominicains, prompts à défendre l'orthodoxie. Ils y excellèrent, jusqu'à l'excès.
– ***XII*****e*****-XIII*****e** ***s :*** multiplication des bastides, castelnaux et sauvetés.
– ***Début du XIV*****e** ***s :*** guerre de Cent Ans, pestes, brigandages... Toulouse perd la moitié de sa population.
– ***1420 :*** Toulouse et le Languedoc sont les derniers fidèles du dauphin Charles. Jeanne d'Arc leur donnera raison.
– ***1444 :*** naissance du parlement de Toulouse. Il juge, administre et répartit l'impôt.
– ***1562 :*** la Réforme s'est enracinée à Castres, à Montauban et dans l'Ariège. L'expulsion des protestants de Toulouse donne le signal des guerres de Religion : 40 années de dévastations.
– ***XVI*****e** ***s :*** le pastel albigeois enrichit Toulouse. Il sera détrôné par une autre teinture, l'indigo des colonies.
– ***1629 :*** comme le roi enlève au parlement le droit de répartir les impôts, le Languedoc se soulève. Chef des émeutiers, le duc de Montmorency est décapité à Toulouse. Désormais, la région se tiendra tranquille, d'autant qu'à Alès, Richelieu a signé l'édit de grâce qui met fin au cycle infernal des guerres de Religion.
– ***Révolution :*** la région opte pour la Convention, sans excès.
– ***Décembre 2004 :*** ouverture du viaduc de Millau, le plus long pont en acier du monde, le plus haut pilier aussi...
– ***2005 :*** Pierre Soulages fait une donation de ses œuvres à la communauté de l'agglomération du Grand Rodez. Près de 500 pièces, dont les travaux préparatoires des vitraux de Conques.
– ***2008 :*** le président de région, Martin Malvy, initie une politique de « Grands Sites » visant à l'identification et la préservation des principaux sites touristiques. Une démarche soutenue par l'Union européenne.
– ***2010 :*** la vieille ville d'Albi est inscrite au Patrimoine mondial de l'Unesco.
– ***Août 2013 :*** jubilé de Rocamadour qui fête en grande pompe les 1 000 ans de son pèlerinage.
– ***Mai 2014 :*** ouverture du musée Soulages à Rodez.

LANGUES RÉGIONALES

Occitans contre Gascons

Occitania ! Pendant le conflit du Larzac, le bruit courut qu'une nouvelle nation d'opprimés se révoltait contre le centralisme jacobin. On chercha sur les cartes si quelque province à moitié étrangère du bout de l'Hexagone, comme le Pays basque, l'Alsace, la Corse ou la Bretagne, n'avait pas été annexée par mégarde. Et lorsqu'on découvrit qu'il s'agissait de 15 départements – 23 avec la Provence ! –,

cette cause éveilla moins de sympathie que les précédentes. Faudrait-il se passer des grands bordeaux, de l'aéronautique toulousaine, du pile-face à la Grande-Motte et des stages de tissage dans les Cévennes ? De Brassens et de Jaurès ? Il y en eut pour dire que l'Occitanie n'existait pas et que, en tout état de cause, sa diversité n'était pas moins grande que celle de l'Hexagone.
Et pourtant, l'Occitanie n'a manqué que d'un Bismarck pour exister. Sœur de la Catalogne, elle n'a épousé la France que par force. Chaînon manquant entre l'Espagne et l'Italie, c'est une de ces nations de soleil ombrageuses et volubiles, où l'on produit des vins lourds, des platanes, des saucisses et des peintres. Sa langue est un trésor : 160 000 mots, contre 30 000 au français. Mise en littérature par les troubadours, elle régna sur les cours d'Europe, et aujourd'hui encore, près de 10 millions d'Occitans la comprennent.
Littérature, solidarité urbaine, tolérance : l'Occitanie du XIe s était très en avance sur son temps. Trop, puisque sa complaisance envers les cathares signa sa perte. Francisé de force, l'Occitan libéral devint un Occitan turbulent. Guerres de Religion, camisards, Révolution, 1848, 1870, 1907 : chaque occasion lui fut bonne pour se révolter contre le mépris que ceux du Nord vouaient à sa nation.
Si la décentralisation a mis de l'huile dans les rouages, elle est loin d'avoir tout réglé, puisque l'essentiel des ressources occitanes – hier les mines, aujourd'hui l'aéronautique, l'immobilier touristique et certains vignobles – se trouve encore aux mains des « colons ». Hélas, cette noble cause ne s'en trouve pas moins divisée. Preuve de sa vitalité, la langue occitane a deux rameaux. Le languedocien, le plus pur, est parlé de Nîmes à Toulouse, où l'Institut d'études occitanes a réussi à imposer l'ex-« patois » comme épreuve facultative au baccalauréat. On parle ici *gafets* (gamins), *peillarots* (chiffonniers), *castagnes* et *tartaragnes* (vieilles filles). Le gascon, lui, s'est enrichi des dialectes basques des vallées pyrénéennes. Plus haché, martial, à l'unisson des fanfares du haut pays, les *bandas*, et des bruits de rapière. Si Toulouse est désormais la capitale universitaire de la langue occitane, les Gascons ne se le tiennent pas pour dit. Ils ont fondé, à Fleurance, la première université de gascon.

CÉLINE N'A PEUR DE RIEN !

Dans le passé, l'Occitanie a souvent été considérée comme menaçante pour le pouvoir royal. Mais la palme revient incontestablement à l'écrivain Céline qui considérait les Occitans comme des « bâtards méditerranéens dégénérés, félibres gâteux, parasites arabiques que la France aurait eu tout intérêt à jeter par-dessus bord » ! On pensait qu'il ne détestait que les juifs... Chaud devant !

PERSONNAGES

– ***Jean Calas*** *(1698-1762)* **:** de nos jours, ce père, jugé coupable d'infanticide, aurait été condamné à perpète. Mais on était en 1762 : Calas, de religion protestante, fut soumis à la torture et attaché sur une roue où on le bastonna à mort. Un procès douteux, ayant pour fond la chasse aux calvinistes et dénoncé par Voltaire (voir son *Traité sur la tolérance*). Le dernier grand scandale de l'Ancien Régime.
– ***Jean-François Champollion*** *(1790-1832)* **:** à 14 ans, le petit génie de Figeac parlait latin, hébreu et arabe. Premier décodeur des hiéroglyphes et grand voyageur, il fonda l'égyptologie française.
– ***Jean-François de Lapérouse*** *(1741-1788)* **:** un marin né à Guo, près d'Albi, ça fait sourire. Lapérouse explora une grande partie du Pacifique avant de s'écraser sur un récif.
– ***Jean-Louis Étienne*** *(né en 1946)* **:** ce natif de Vielmur-sur-Agout (Tarn) a fait des études de médecine, le tour du monde avec Tabarly, l'Everest, le pôle Nord à pied

et en solitaire, puis le pôle Sud à bord d'*Antarctica*... avant de se trouver un « pôle intérieur » (le nom de son bouquin) et de revenir à la case départ, son Tarn natal !

– ***Jean-Henri Fabre*** *(1823-1915)* **:** illustre inconnu en France mais véritable star au Japon, cet entomologiste est né à Saint-Léons dans l'Aveyron mais a passé toute sa vie, ou presque, dans le Vaucluse.

– ***Léon Gambetta*** *(1838-1882)* **:** recordman français des noms de place et d'avenue, ce natif de Cahors servit de symbole à la laïcité républicaine. Son existence d'opposant au Second Empire se conclut sur une note romanesque : la fuite de la capitale en ballon pendant le siège de Paris.

– ***François Girbaud*** *(né en 1942)* **:** l'acolyte de Marithé, avec qui il a lancé la célèbre marque de jeans Marithé + François Girbaud, est né à Mazamet (Tarn). Fils d'ouvriers, il se lance dans le dessin industriel avant de s'associer et que ses jeans délavés ne connaissent un succès phénoménal.

– ***Jean Jaurès*** *(1859-1914)* **:** généreux, pugnace, la langue bien pendue, ce natif de Castres était un Méridional pur jus. Ancien prof, tendance Jules Ferry, il devint député et défendit pêle-mêle Dreyfus, les mineurs de Carmaux et la paix. Assassiné en 1914, il ne connaîtra pas la guerre...

– ***Bernard Laporte*** *(né en 1964)* **:** ex-demi de mêlée professionnel, sélectionneur de l'équipe de France de rugby et aujourd'hui entraîneur du RC Toulon. N'oublions pas que cette forte tête née à Rodez a débuté sa carrière dans l'équipe de l'UA Gaillac.

– ***Cyril Lignac*** *(né en 1977)* **:** ce chef et présentateur d'émissions culinaires possède aujourd'hui plusieurs restaurants dans Paris, dont un étoilé. Il a fait son apprentissage à Rodez, sa ville natale, et a gardé de ses origines aveyronnaises un charmant petit accent.

– ***Joachim Murat*** *(1767-1815)* **:** c'est le seul roi de Naples né dans les Causses. Brave général, il aida Napoléon à prendre le pouvoir et épousa sa sœur. Les batailles lui sourirent, et il monta sur le trône de Naples, d'où la chute de Napoléon finit par l'éjecter.

– ***Françoise Sagan*** *(1935-2004)* **:** la célèbre romancière est née à Cajarc, dans le Lot, qu'elle quitte dès l'enfance pour Paris. *Bonjour Tristesse,* qu'elle écrit à 18 ans, est le début d'un succès retentissant. C'est dans le Lot, sur sa terre natale, que l'auteur à scandales a choisi d'être enterrée.

– ***Pierre Soulages*** *(né en 1919)* **:** c'est dans l'Aveyron que le peintre, natif de Rodez,réalise ses premières toiles. C'est pour qualifier ses œuvres abstraites que le terme « outre-noir » est utilisé. En 1994, Soulages achève les vitraux de l'abbatiale de Conques. La consécration arrive en 2014 avec l'ouverture du musée Soulages à Rodez, exposant l'exceptionnelle donation de l'artiste à la communauté d'agglomération du Grand Rodez : près de 500 œuvres et documents y sont abrités.

– ***Henri de Toulouse-Lautrec*** *(1864-1901)* **:** privé de chasse par son pied-bot, monsieur le comte (il possédait des terres près d'Albi) empoigna les pinceaux pour tracer de la bourgeoisie du temps un tableau sans complaisance.

– ***Victor, l'enfant sauvage*** *(vers 1790-1828)* **:** capturé en 1800 dans la forêt aveyronnaise, le Mowgli français fut pris en main par les autorités médicales. En 5 ans de dialogue, il livra les secrets de la conscience sauvage. Lucien Malson en a tiré un roman poignant.

SITES INSCRITS AU PATRIMOINE MONDIAL DE L'UNESCO

Organisation des Nations Unies pour l'éducation, la science et la culture

En coopération avec le centre du patrimoine mondial de l'UNESCO

Pour figurer sur la liste du Patrimoine mondial de l'humanité, les sites doivent avoir une valeur universelle exceptionnelle et satisfaire à au moins un des 10 critères

de sélection. La protection, la gestion, l'authenticité et l'intégrité des biens sont également des considérations importantes.
Le patrimoine est l'héritage du passé dont nous profitons aujourd'hui et que nous transmettons aux générations à venir. Nos patrimoines culturel et naturel sont deux sources irremplaçables de vie et d'inspiration. Ces sites appartiennent à tous les peuples du monde, sans tenir compte du territoire sur lequel ils sont situés.
Pour plus d'informations : ● *whc.unesco.org* ●
Pour les départements Lot, Aveyron, Tarn, sont concernés les ***chemins de Saint-Jacques-de-Compostelle*** (1998), le ***pont Valentré*** à Cahors (1998), la ***vieille ville d'Albi*** (2010), les ***Causses*** et les ***Cévennes*** (2011).

VINS ET ALCOOLS

Si les délices de la gastronomie de la région préfèrent les grands bordeaux, les petits vins locaux – gaillac, marcillac, fel et entraygues – jouent sur le même registre de goût, celui du terroir raffiné. Avec un seigneur obsédant, l'armagnac, issu d'un département voisin, le Gers.
– ***Cahors :*** qu'elles bronzent sur le bord du causse ou qu'elles se prélassent devant le Lot, les vignes de Cahors ont un sacré caractère ! Le malbec et le tannat sont là pour structurer ses vins, le merlot pour les assouplir. Plus on s'approche de Cahors, plus ils sont costauds (les Anglais les appelaient *Black Wines*) et gagnent à vieillir. Pour la finesse, voyez du côté de Soturac. Voir aussi la rubrique « Les vins de Cahors et du Lot » en introduction du chapitre sur le Lot.
– L'Aveyron n'est pas en reste : l'***entraygues-le-fel*** (l'un des plus petits terroirs viticoles de France), vin fin, rouge ou blanc, à boire frais. Sans oublier l'***estaing,*** rouges, blancs et rosés, parfumés. Vous ignorez le goût de la pierre à fusil ? Essayez ce blanc sec, cultivé en terrasses. Le ***marcillac,*** rouge ou rosé, a quant à lui des arômes de fruits rouges. Quant aux vins des *côtes-de-millau,* on apprécie leur caractère frais et fruité.
– ***Gaillac :*** on y trouve une grande variété de cépages (braucol, duras, mauzac, loin de l'œil...) et trois terroirs différents, ce qui explique que la région de Gaillac produise une grande diversité de vins – rouges, blancs secs, blancs doux, rosés, effervescents – en AOC gaillac. Découvrez le gaillac perlé et ses légères bulles, ou encore la méthode gaillacoise, seule AOC en vin effervescent du Sud-Ouest. Faites-vous plaisir avec ces vins à prix doux, d'autant qu'il y en a vraiment pour tous les goûts.

LE LOT (LE QUERCY)

ABC DU LOT

- *Nom :* le département doit son nom à la rivière Lot, affluent de la Garonne, née au mont Lozère.
- *Population :* 174 340 hab.
- *Superficie :* 5 216 km^2.
- *Densité :* 33 hab./km^2.
- *Préfecture :* Cahors (20 000 hab.).
- *Sous-préfectures :* Figeac et Gourdon.
- *Signes particuliers :* le Lot, à l'instar de la Dordogne, regorge de petites citadelles moyenâgeuses, de châteaux, d'abbayes et d'églises au charme patiné par les siècles. C'est aussi un territoire percé de grottes et de gouffres, dont Padirac, le plus grand d'Europe.

QUERCY BEAUCOUP

Historiquement, le Quercy est un « pays » comme le Périgord ou le Rouergue. Il fut amputé d'une bonne partie de son territoire lors de la création du département Tarn-et-Garonne. Le département du Lot actuel, si l'on veut être précis, correspond donc au haut Quercy.

Sur le plan géographique, le Quercy est une très vieille terre polie par l'érosion, dont une grande partie est recouverte par des causses, reliefs calcaires secs, très perméables, qui n'ont, le plus souvent, pas su retenir les couches de terre fertile, ni l'eau bien sûr. Cette eau, en disparaissant dans le sol, a creusé des grottes qui se sont parfois effondrées, comme à Padirac. Les causses les plus connus sont ceux de Martel, de Gramat et de Limogne.

Mais on y trouve aussi de véritables oasis. D'abord, des cuvettes creusées par les eaux puis recouvertes de limon fertile. Ensuite, et surtout, des vallées bucoliques creusées par les grandes rivières traversant le pays d'est en ouest : Lot, Célé, Dordogne, Cère, etc. De véritables « jardins », à la végétation souvent luxuriante : vignes, plantations de tabac, vergers.

Enfin, entre vallées et causses s'intercalent des régions aux sols de calcaire gréseux, moins perméables. De nombreuses forêts de châtaigniers et des pâturages apportent fraîcheur et verdure aux paysages. Et ici et là surgissent des villages de rêve, sortis directement du Moyen Âge, sans qu'ait changé

un bouton de porte. Ils portent des noms qui sonnent comme les pierres des causses ou le chuchotement des sources et des cours d'eau : Carennac, Loubressac, Cardaillac, Saint-Cirq-Lapopie, Autoire, Rocamadour, Martel, Espagnac-Sainte-Eulalie, Calvignac, Puy-l'Évêque, Souillac...

L'HABITAT QUERCYNOIS

Les maisons du Quercy sont considérées comme étant parmi les plus belles de France. Les blocs de calcaire blanc prennent au soleil des tons dorés, et leur agencement n'est que décrochements, angles multiples n'offrant prise à aucune monotonie. Les plus anciennes fermes sont même ornées de fenêtres à meneaux, linteaux ouvragés, portes à accolades.
Suivant les endroits, l'architecture rurale présente certains particularismes, mais on retrouve tout de même pas mal de points communs. L'habitation comprend en général deux niveaux. Au rez-de-chaussée, l'écurie ou l'étable, les chais, la remise. À l'étage, les pièces à vivre. La plus importante est la salle à manger, avec son traditionnel évier de pierre et sa grande cheminée, le *cantou,* autour de laquelle on se pressait, l'hiver, pour écouter des contes entre deux bols de soupe au pain fumante. L'accès s'effectue par un grand escalier de pierre extérieur protégé par un auvent (appelé *bolet* en Quercy). Il n'est pas rare que la bâtisse soit ornée d'un pigeonnier ; ce dernier a l'aspect d'une tourelle et se trouve parfois intégré au porche d'entrée de la ferme. Le toit le plus fréquent, à deux ou quatre grandes pentes, est couvert de petites tuiles brunes patinées ; quelquefois de tuiles « rouge canal » à la méditerranéenne ; plus rarement, de lauzes (plutôt vers l'Aveyron). Enfin, partout au hasard des causses nichent de nombreux pigeonniers de toutes formes et des cabanes en pierre sèche, anciens refuges de bergers, appelées ici *gariottes* ou *caselles.*

LE CHEMIN DES ÉTOILES

Le GR 65 (premier chemin de Saint-Jacques balisé en France et inscrit depuis 1998 au classement de l'Unesco) traverse le cœur du département. La plupart des pèlerins font la route à pied ou à VTT. Depuis Figeac, les pèlerins ont le choix entre la vallée du Lot (GR 65) et celle du Célé (GR 651) ; vous les retrouverez aussi bien à Cajarc qu'à Espagnac ou Marcilhac-sur-Célé. Ils rejoignent ceux venus de Rocamadour par le GR 6 à l'entrée du pont Valentré, à Cahors, avant de repartir pour Moissac. Si les gîtes d'étape, les chambres d'hôtes et l'hôtellerie rurale ont remplacé l'accueil fait dans les hôpitaux et les églises, les paysages et les sites sont souvent restés les mêmes que ceux traversés par les premiers pèlerins. Plein d'infos auprès de l'association :

■ ***Les Chemins de Saint-Jacques-de-Compostelle :*** *4, rue Clémence-Isaure, 31000 Toulouse.* ☎ *05-62-27-00-05.* ● *chemins-compostelle.com* ●

LE PARC NATUREL RÉGIONAL DES CAUSSES DU QUERCY

Créé en 1999, il s'étend sur près de 176 000 ha et regroupe 102 communes, plus de 30 000 habitants, 23 sites d'intérêt écologique exceptionnel, 27 circuits de promenade et randonnée balisés, 260 km de sentiers de grande randonnée, plusieurs sites dotés de circuits d'interprétation.

site inscrit au Patrimoine mondial de l'Unesco
A
B
1
2
3
4
Brive-la-Gaillarde
DORDOGNE
(24)
LOT- ET-
GARONNE
(47)
TARN-ET-GARONNE
(82)
Dordogne
Lot
LA BOURIANE
(LE QUERCY PÉRIGOURDIN)
LA VALLÉE DU LOT
LE QUERCY BLANC
Le Bugue
Les Eyzies
Sarlat
Le Buisson-Cussac
Cressensac
Sarrazac
Les Quatre-Routes-du-Lot
St-Denis-lès-Martel
Martel
Gluges
Floirac
Souillac
Mayrac
Creysse
Nadaillac-de-Rouge
St-Sozy
Meyronne
Lamothe-Fénelon
Masclat
Pinsac
La Treyne
Belcastel
Grottes de Lacave
Moulin de Cougnaguet
Calès
Milhac
Payrac
Les Prades
Grottes de Cougnac
Rocamadour
Couzou
Payrignac
Gourdon
Le Vigan
Seniergues
Montfaucon
Salviac
St-Chamarand
Vaillac
Labastide-Murat
Caniac-du-Causse
Cazals
Villefranche-du-Périgord
Peyrilles
Soulomès
Les Arques
Goujounac
Frayssinet-le-Gélat
Cassagnes
Bonaguil
Montcabrier
Martignac
Loupiac
Plage aux Ptérosaures
Boissières
Duravel
Puy-l'Évêque
Prayssac
Crayssac
Mercuès
Château de Roussillon
Grotte de Pech Merle
Bouziès
Vers
Fumel
Touzac
Soturac
Vire-sur-Lot
Anglars-Juillac
Luzech
Caïx
Caillac
Pradines
Lamagdelaine
St-Géry
St-Cirq-Lapopie
Grézels
Mauroux
Bélaye
Albas
St-Vincent-Rive-d'Olt
Douelle
Labéraudie
CAHORS
Floressas
Sauzet
Carnac-Rouffiac
Tournon-d'Agenais
Villesèque
Trespoux-Rassiels
Flaujac-Poujols
Laburgade
Concots
Aujols
Cremps
Cieurac
Gayrac
Montcuq
St-Cyprien
Boisse
Lalbenque
Brousse
Castelnau-Montratier
Flaugnac
Lauzerte
Montpezat-de-Quercy
Molières
Caussade
A 20
E 9
D 704
D 47
D 703
D 57
D 710
D 660
D 46
D 820
D 803
D 141
D 673
D 801
D 807
D 12
D 6
D 45
D 677
D 32
D 653
D 13
D 911
D 8
D 5
D 656
D 661
D 10
D 19
D 28
D 953
D 659
D 20
D 926
D 17
0
5
10 km

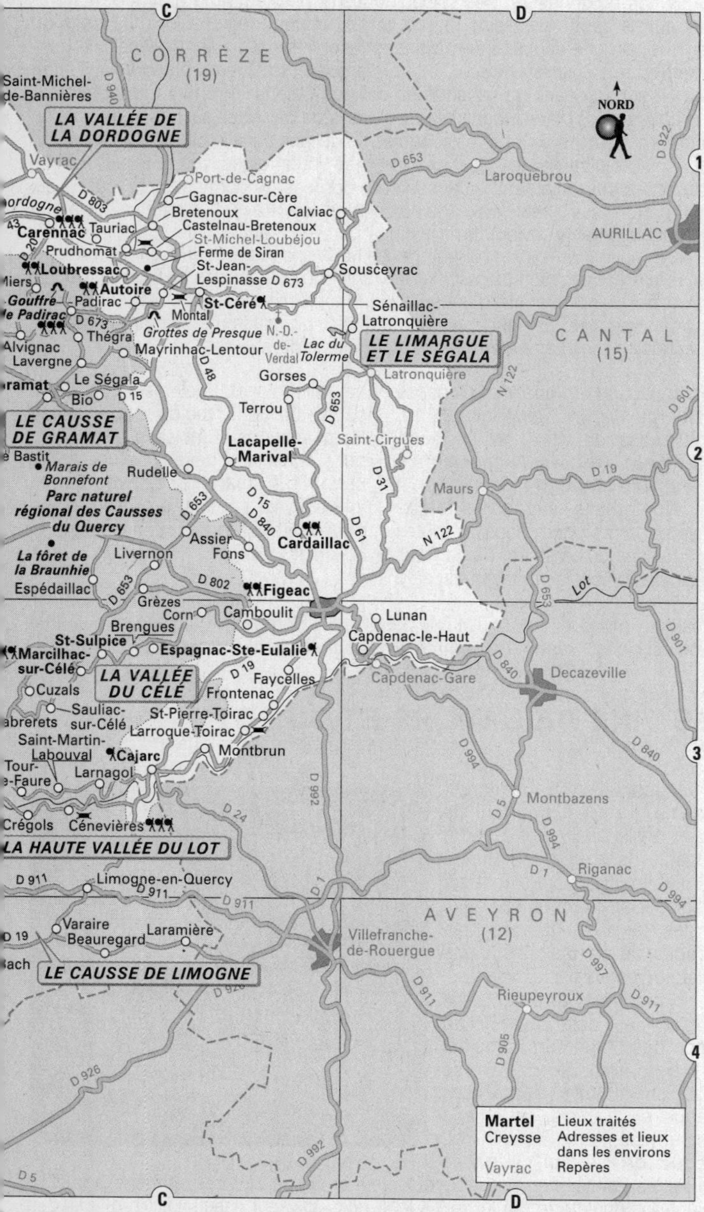
C
D
CORRÈZE (19)
Saint-Michel-de-Bannières
LA VALLÉE DE LA DORDOGNE
Vayrac
Dordogne
D 803
Carennac
Tauriac
Prudhomat
Loubressac
Miers
Gouffre de Padirac
Padirac
Autoire
D 673
Thégra
Alvignac
Lavergne
Gramat
Le Ségala
Bio
D 15
LE CAUSSE DE GRAMAT
Bastit
Marais de Bonnefont
Parc naturel régional des Causses du Quercy
La fôret de la Braunhie
Espédaillac
Livernon
Rudelle
Assier
Fons
D 653
D 802
Grèzes
Corn
Camboulit
Brengues
St-Sulpice
Marcilhac-sur-Célé
Espagnac-Ste-Eulalie
LA VALLÉE DU CÉLÉ
Cuzals
Cabrerets
Sauliac-sur-Célé
Saint-Martin-Labouval
Tour-de-Faure
Cajarc
Larnagol
Crégols
Cénevières
LA HAUTE VALLÉE DU LOT
D 911
Limogne-en-Quercy
Varaire
Beauregard
Laramière
D 19
Bach
LE CAUSSE DE LIMOGNE
D 926
D 5
D 992
Port-de-Cagnac
Gagnac-sur-Cère
Bretenoux
Castelnau-Bretenoux
St-Michel-Loubéjou
Ferme de Siran
St-Jean-Lespinasse
St-Céré
Montal
Grottes de Presque
Mayrinhac-Lentour
N.-D.-de-Verdal
D 48
Calviac
Sousceyrac
Sénaillac-Latronquière
Lac du Tolerme
LE LIMARGUE ET LE SÉGALA
Latronquière
Gorses
Terrou
Lacapelle-Marival
Saint-Cirgues
D 31
D 61
D 840
Cardaillac
Figeac
Lunan
Capdenac-le-Haut
Capdenac-Gare
Faycelles
Frontenac
St-Pierre-Toirac
Larroque-Toirac
Montbrun
D 24
D 1
Villefranche-de-Rouergue
D 653
Laroquebrou
NORD
D 922
AURILLAC
CANTAL (15)
N 122
D 601
D 19
Maurs
Lot
D 901
Decazeville
D 994
Montbazens
D 5
Riganac
AVEYRON (12)
D 997
D 911
Rieupeyroux
D 905
1
2
3
4
Martel Lieux traités
Creysse Adresses et lieux dans les environs
Vayrac Repères

LE LOT

Paradis des randonneurs, des spéléologues et permettant la pratique de nombreux autres sports de pleine nature, le parc naturel régional des Causses du Quercy recèle une diversité de paysages façonnés par un lien millénaire et permanent entre la pierre et l'eau. Si le Limargue et le Quercy blanc voient l'eau courir en surface dans un paysage de collines vallonné, il en va tout autrement sur le causse : les plateaux calcaires, couverts de pelouses sèches et de bois de chênes, sont percés de gouffres et criblés de dolines dans lesquels l'eau disparaît pour rejoindre d'immenses réseaux de rivières souterraines. Les quelques vallées verdoyantes qui traversent le causse sont bordées de corniches rocheuses qui offrent parfois un véritable paysage de canyons... Autre particularité : c'est là que l'on peut observer le ciel nocturne le plus « pur » de France.
Préserver, animer et valoriser le patrimoine naturel, culturel et humain de son territoire, telle est la vocation du parc naturel régional des Causses du Quercy. Depuis sa création, le parc a choisi d'encourager un tourisme de qualité, respectueux de l'environnement et des habitants. Aujourd'hui, il poursuit cette démarche grâce à son adhésion à la charte européenne du tourisme durable.

■ ***Parc naturel régional des Causses du Quercy :*** *11, rue Traversière, BP 10, 46240* ***Labastide-Murat.*** *☎ 05-65-24-20-50. • parc-causses-du-quercy.org • Lun-ven 9h-12h30, 14h-17h30 (17h ven).* Nombreuses brochures touristiques et cartes pour découvrir toutes les richesses du territoire, disponibles au sein des offices de tourisme du parc naturel régional. Également *Les Causseries,* un petit fascicule qui recense les animations organisées par le parc qui a également développé une application sur *smartphone,* avec cartes interactives, agenda, propositions de sentiers et visites... *(• m.parc-causses-du-quercy.org •).*

Signalons enfin que, depuis 2012, le bassin de la Dordogne, qui traverse en partie le Lot, est classé ***Réserve mondiale de biosphère*** par l'Unesco.

LES VINS DE CAHORS ET DU LOT

Vin à la réputation toujours grandissante, il revient pourtant de loin et a bien failli n'être qu'un souvenir dans nos mémoires. En 1878, le phylloxéra s'abat sur la région, détruisant en quelques années la quasi-totalité des cépages de cahors ; 2 000 ans d'histoire rongés par la maladie.
Le vin noir – par la couleur de sa robe – est déjà apprécié du temps des empereurs romains, au Ier s de notre ère. Il traverse les régions au VIIe s : saint Didier, évêque de Cahors, en envoie quelques bouteilles à saint Paul, évêque de Verdun. Il passe ensuite les frontières et se retrouve sur le marché de Londres, et même à la cour d'Henri II d'Angleterre, au XIIe s. Le « vin noir » devient ensuite le vin officiel des papes d'Avignon au XIVe s.
En 1850, c'est la gloire. Dans le monde entier (ou presque), on connaît et on boit ce fameux vin noir, riche et capiteux (à l'époque, on faisait encore chauffer le moût de raisin, ce qui lui donnait sa robe intense et ce goût de pruneau confit caractéristique).

LE CAHORS, VIN DE MESSE ORTHODOXE

Le tsar Pierre le Grand soignait son ulcère en buvant du cahors. Il en fit goûter au patriarche de Russie qui l'apprécia. Décision fut prise d'utiliser le breuvage comme vin de messe pour l'ensemble des églises de Russie. Cette obligation assura la fortune des vignerons pendant quelques siècles... jusqu'à la révolution russe. Pas étonnant qu'à Cahors les communistes soient minoritaires.

Un rêve qui tourne au cauchemar avec la tragédie du phylloxéra. Ruine des vignobles, exode massif, on croit le vin et la région perdus. C'était sans compter avec la détermination d'un petit groupe d'irréductibles vignerons, amoureux de leur terre et de leur vin. Plus de 70 ans d'efforts et de recherche furent nécessaires à la renaissance du vignoble (même si l'hiver 1956 détruisit à nouveau 95 % des pieds de vigne) et à la création de la Confrérie du vin de Cahors, en 1964. En 1971, le cahors entre à nouveau dans la légende et, avec un coup de pouce du président Pompidou, il obtient son label AOC. Les domaines se multiplient, les vignerons deviennent des récoltants-gestionnaires, mais la commercialisation ne suit pas. La confrérie choisit alors Alain-Dominique Perrin, l'ex-patron de *Cartier,* comme Grand Maître. La réputation redevient mondiale. Aujourd'hui, le cahors compte 180 domaines répartis sur 45 communes et 25 % de la production s'exporte.

Le cépage dominant (au moins 70 % pour prétendre à l'appellation) est le malbec. Le malbec est généralement associé au merlot, qui apporte de la douceur, et au tannat dont il tire son mordant. Cependant, de plus en plus de vignerons élaborent des cuvées 100 % malbec. Originaire du vignoble de Cahors, ce cépage internationalement connu (c'est celui des vins argentins notamment) exprime dans le vin de Cahors toutes ses qualités ainsi que celles de son terroir calcaire et du climat propice de la région, avec des printemps pluvieux, des étés chauds et des automnes secs.

En parcourant votre *Routard,* vous trouverez une petite sélection de vignerons qui nous ont plu pour leur travail, la qualité de leurs vins et leur accueil : les historiques bien sûr, mais aussi la jeune garde montante qui de plus en plus travaille en biodynamie. Mais il est certain que vous ferez, vous aussi, des trouvailles. Sachez cependant que le cahors recoupe une grande diversité de terroirs (haute vallée, vallée en bordure du Lot ou encore coteaux et plateaux), qu'il n'existe pas de classification officielle, et donc rien ne permet de les identifier sinon... leur prix. L'entrée de gamme consacre des vins jeunes, légers et fruités (parfum de fruits noir et rouge). En haut de gamme, plutôt des vins de garde, qui se bonifient avec le temps, aux arômes complexes et intenses d'épices, parfaits associés à du gibier, du bœuf et, du chocolat ! Les monocépages (100 % malbec) y sont légion. Entre les deux, le milieu de gamme (7-15 € env la bouteille) à la fois tannique, puissant et gourmand, est en parfaite adéquation avec la gastronomie locale. Il offre généralement le meilleur rapport qualité-prix. Un tuyau : les années 2000, 2005, 2009 et 2010 ont engendré les meilleurs millésimes. Profitez-en !

La richesse du vignoble lotois, ce sont aussi ses vins de pays qui se déclinent en rouge, rosé et blanc. Mais sachez que le Quercy (à cheval sur le Lot et le Tarn-et-Garonne) produit d'autres vins, tout à fait dignes d'intérêt, à commencer par le coteaux-du-quercy. Ce « petit » vignoble, décliné en rouge et en rosé, offre un vin bien équilibré, toujours agréable, et accompagne lui aussi merveilleusement les spécialités du terroir. Issu des mêmes cépages que le cahors, avec une dominante de cabernet franc, il offre une palette intéressante d'arômes fruités, souple en bouche et plus ou moins charnu.

Ne pas négliger non plus le petit « nouveau » du vignoble, le vin de pays de Glanes, dans la région de Saint-Céré, qu'une poignée de vignerons s'efforcent de faire renaître de ses cendres. Ils ne manquent ni de courage ni de talent...

Vous pouvez vous procurer la carte du vignoble et un livret répertoriant les différents producteurs dans la plupart des offices de tourisme du vignoble ou auprès de la ***Villa Cahors Malbec,*** *pl. François-Mitterrand à Cahors (dans les locaux de l'office de tourisme).*

Adresses et infos utiles

ℹ ***Lot Tourisme – Agence de Développement Touristique du Lot*** *(ADT) : 107, quai Cavaignac, BP 7, CS90007, 46001* ***Cahors*** *Cedex 9. Pas de tél grand public. ● tourisme-lot.com ● (site internet très riche, à visiter* *impérativement). Application smartphone • tourisme-lot.mobi •*

■ **Gîtes de France Lot :** *46000 Cahors.* ☎ *05-65-53-20-75. • gites-de-france-lot.fr •* Pour tout renseignement sur les gîtes ruraux, les chambres d'hôtes. Écrire ou téléphoner. Documenté et compétent.

■ ***Transports en commun :*** plusieurs compagnies se partagent la desserte en bus du département. Guide horaire complet sur le site internet du conseil général *• lot.fr •* Les villes de Cahors, Figeac, Gourdon et Gramat sont par ailleurs desservies par le train.

LE PAYS DE CAHORS ET DU QUERCY BLANC

CAHORS (46000) 20 000 hab. *Carte Lot, B3*

▸ Pour le plan de Cahors, se reporter au cahier couleur.

Préfecture du département, Cahors est la principale ville du Quercy. Elle fut originalement construite dans une large boucle du Lot, ce qui lui donne une douce allure de presqu'île. Cité ouverte sur le monde dès l'Antiquité, place financière puissante durant le Moyen Âge, elle sombra ensuite dans l'oubli et les méandres de l'Histoire. Aujourd'hui, on se plaît à redécouvrir son incroyable patrimoine architectural médiéval, circonscrit dans la partie est de la ville, en flânant de ruelle en placette jusqu'à déboucher sur les paisibles rives du Lot.

UN PEU D'HISTOIRE

D'abord importante ville gallo-romaine, la cité aurait été nommée *Divona Cadurcorum* en référence aux *cadourque,* une peuplade celte de la région qui fut l'une des dernières à résister à l'invasion romaine. *Cadurcorum* donna ensuite naissance à Cahors. Après la décadence de l'Empire romain, la ville subit les invasions barbares. Les outrages des siècles ont cependant laissé de-ci, de-là, quelques vestiges de l'époque romaine. Cahors se releva sous l'épiscopat de saint Didier (ou saint Géry). La cathédrale primitive cède la place au XIIe s à la nouvelle cathédrale dont l'autel est consacré en 1119 par Calixte II. Cahors était à l'époque un très puissant évêché mais une ville de taille moyenne protégée derrière son enceinte urbaine. Elle prit alors l'aspect qu'on lui connaît aujourd'hui, avec ses anciens quartiers. Cité commerçante florissante, la ville devint aussi une place financière importante où les puissants construisaient leurs palais urbains. Dans *La Divine Comédie,* Dante jette en enfer les « enfants de Sodome et de Cahors » !
Cahors est également la ville natale de ***Jacques Duèze,*** qui deviendra le second ***pape*** en Avignon en 1316, ***sous le nom de Jean XXII.*** Sous son pontificat, il enrichira Cahors de prestigieuses constructions et fondera l'université. ***De l'époque de la guerre de Cent Ans datent les grands vestiges de fortification de la ville*** (pont Valentré, la tour saint Jean et la muraille nord). La ville ne fut jamais prise et seul le traité de Brétigny, en 1360, la céda momentanément aux Anglais.
Le XVIe s vit la naissance de deux grands poètes : Olivier de Magny et, surtout, Clément Marot. Ce dernier, poète de cour de François Ier, se vit soupçonné de sympathies protestantes. Il séjourna même quelque temps en prison. Cet épisode lui inspira son œuvre maîtresse, *L'Enfer,* dénonciation de la justice de cette époque. Il finit par émigrer en Suisse, puis en Italie, où il mourut en 1544.

Pendant les guerres de Religion, Cahors demeura catholique contre Montauban, la protestante, et connut en 1560 le massacre des huguenots. ***En 1580, le futur Henri IV s'empara de la ville*** et la livra au pillage.
Aux XVIIe et XVIIIe s, la noblesse de robe, très présente en ville, construit de nombreux palais aux superbes portails finement ouvragés. Mais la prospérité est de courte durée, les tribunaux sont déplacés à Montauban et la ville s'endort sur ses lauriers.
À la veille de la Révolution, destruction des remparts ouest (à l'emplacement de l'actuel boulevard Gambetta). À l'aube du XIXe s, Cahors restait encore quasiment circonscrite à ses quartiers médiévaux. On bâtit de nouveaux quartiers (à l'ouest) sur les terrains autrefois dévolus aux cultures et aux couvents. L'arrivée du chemin de fer, paradoxalement, n'apporta ni progrès ni nouvelles industries. Au contraire, les activités traditionnelles (draperies) s'effondrèrent, au moment où son vin connaissait des débouchés aux quatre coins de l'Europe. Aujourd'hui, Cahors, ville paisible et sereine, possède toujours aussi peu d'industries.

Un boulevard pour Léon

En 1838, Cahors vit naître Léon Gambetta, fils de petits épiciers d'origine italienne. Sur la place Chapou (celle de la cathédrale), on voit encore, écrit sur un mur au-dessus d'une banque : « Bazar génois Gambetta Jeune et Cie ». Avocat et républicain convaincu, Gambetta utilise le prétoire sous Napoléon III pour attaquer le despotisme impérial. En 1870, il proclame la république et réussit à s'évader en ballon de Paris assiégé pour continuer le combat contre l'envahisseur prussien. Président de la Chambre, président du Conseil, il exerce une grande influence sur la vie politique française des premières années de la IIIe République, avant de mourir en 1882 des suites d'une maladie et d'un accident d'arme à feu.

CAHORS

Arriver – Quitter

➢ ***En train :*** depuis Paris : 5 trains directs/j. Compter au min 5h15 de trajet. Depuis Toulouse : 10 trains directs/j. Compter 1h15 de trajet.
➢ ***En avion :*** 3 liaisons/j. depuis Paris-Orly vers l'aéroport de Brive-Vallée de la Dordogne (Corrèze), situé à 100 km au nord de Cahors. • *aeroport-brive-vallee-dordogne.com* • Aéroport desservi par la compagnie *Hop !*, ☎ *0825-30-22-22.* • *hop.fr* • Possible également d'arriver par le sud (aéroport de Toulouse-Blagnac, env 110 km) ; liaisons plus nombreuses.

Adresses et infos utiles

ℹ ***Office de tourisme du Grand Cahors*** *(plan couleur B2)* **:** *villa Cahors Malbec, pl. François-Mitterrand.* ☎ *05-65-53-20-65.* • *tourisme-cahors.fr* • *Application smartphone* • *tourisme-cahors.mobi* • *Juin-sept, tlj en continu ; le reste de l'année, tlj sf dim et j. fériés.* Un office de tourisme dynamique qui organise, notamment en saison, un grand nombre de visites thématiques (payantes) : escapade vigneronne avec dégustation, jardins secrets, visites sensorielles en famille, histoire et patrimoine, également d'amusantes visites apéritives mêlant découverte du patrimoine et de la cuisine locale, balades nocturnes, etc. La brochure *Laissez-vous compter Cahors* les répertorie toutes. Bref, pas de quoi se tourner les pouces à Cahors. Équipe efficace.
ℹ ***Point d'information pont Valentré :*** *av. André-Breton (au pied du pont Valentré). Ouv juin-sept mer-sam ; juil-août tlj sf dim.*
– ***Wifi gratuit*** à l'office de tourisme et au point d'information du pont Valentré. Gratuit et sans limite de temps, fonctionne même le soir (devant les locaux, pas idéal mais bien pratique) lorsque

l'office est fermé.

■ ***Villa Cahors Malbec*** *(Union interprofessionnelle du vin de Cahors ; plan couleur B2,* ***1****) : pl. François-Mitterrand. ☎ 05-65-23-82-35. • vindecahors.fr • Ouv tte l'année lun-sam 11h30-13h30, 16h-19h ; tlj 11h30-19h du 15 juin au 30 sept.* La vitrine du vin de Cahors. Dégustations, rencontres avec des producteurs et plein d'infos sur le *vin noir.* Si vous souhaitez partir à la découverte du vignoble, demandez la carte et le livret des viticulteurs lotois. De bons outils. Voir aussi plus loin la rubrique « Où déguster du cahors ? ».

■ ***Épicerie de nuit*** *(plan couleur B2,* ***2****) : 42, rue de la Légion-d'Honneur. Tlj 20h-1h (2h en été).* Pour une urgence ou une fringale nocturne.

– ***Marché traditionnel :*** *pl. de la Cathédrale. Mer et – surtout – sam mat.* Classé parmi les 100 plus beaux marchés de France. À voir et à vivre absolument. Excellents produits. Sinon, *marché tlj sf lun et dim ap-m* aux ***halles.***

🅿 Plusieurs ***parkings payants*** en centre-ville. On peut sinon se ***garer gratuitement*** dans *le parc-relais Saint-Georges,* au pied du pont Louis-Philippe, de l'autre côté du Lot, à 5 mn de marche du centre *(hors plan couleur par B3).* Deux ***parkings gratuits*** *(Ludo-Rollès et Les Chartreux)* reliés au centre-ville par une navette gratuite.

Où dormir ?

Camping

⛺ ***La Rivière de Cabessut*** *(hors plan couleur par B1,* ***10****) : 1180, rue de la Rivière. ☎ 05-65-30-06-30. • contact@cabessut.com • cabessut.com • ♿ Accès : à 2,5 km env du centre ; passer le pont, puis longer le Lot en direction de Rodez. Bien indiqué. Ouv avr-fin sept. Emplacements tente 17 € ; mobile homes 230-590 €/sem. CB refusées. 113 empl.* 📶 En bordure de rivière, au calme, dans la verdure. Des emplacements bien délimités par de jolies haies parfaitement entretenues. Également quelques mobile homes dont certains (attention, deux d'entre eux ne possèdent pas de sanitaires), loués en formule 2 nuits hors juillet-août. Blocs sanitaires impeccables. Atmosphère familiale. Très calme : pas d'animations musicales. Belle piscine en bordure de Lot et jeux pour enfants. Petite épicerie et bar. Practice de golf et minigolf à côté.

Très bon marché

🏠 ***Auberge de jeunesse*** *(plan couleur A2,* ***11****) : résidence des Cordeliers, 222, rue Joachim-Murat. ☎ 05-65-35-64-71. • fjt46@wanadoo.fr • fjtcordeliers.jimdo.com • À 10 mn slt de la gare. Compter 16 €/pers, en dortoir et 20 € en chambre simple ou double ; petit déj 4 €. Repas en sem slt sur résa, 10 €. Carte FUAJ obligatoire. CB refusées. Parking gratuit. Attention, courant 2017, l'auberge agrandie intègrera les nouveaux locaux du CHAI (Centre d'hébergement et d'accueil international, à proximité du pont Valentré).* 💻 📶 Actuellement, dans une ancienne bâtisse du XVIIe s, avec un jardinet à l'arrière, 50 lits répartis en chambres de 2 à 6 lits (w-c pour certaines, douches communes pour toutes). Accueil sympa. Salle TV, bibliothèque, laverie et baby-foot...

De prix moyens à chic

🏠 ***Hôtel Jean XXII*** *(plan couleur B1,* ***12****) : 2, rue Edmond-Albe. ☎ 05-65-35-07-66. • hotel-jeanXXII@gmail.com • hotel-jeanXXII.com • Accueil 7h30-10h30, 16h30-20h. Fermé le dim soir. Double 69 € ; clim en sus. Petit déj-buffet 7,90 €.* 📶 Installé dans une section de l'ancien palais Duèze, cet hôtel simple et confortable dresse en bord de boulevard sa belle façade percée de fenêtres géminées. Les 9 chambres, pas immenses, sont plus banales mais se révèlent clean et fonctionnelles. Toutes donnent sur une ruelle tranquille à l'arrière. Accueil sympathique.

🏠 ***Hôtel de France – Hôtel Le Valentré*** *(plan couleur A2,* ***13****) : 252,* *av. Jean-Jaurès.* ☎ *05-65-35-16-76.* • *hdf46@wanadoo.fr* • *hoteldefrance-cahors.fr* • *Dans l'avenue menant à la gare, à deux pas du pont Valentré. Tte l'année. Double 61 €* (Hôtel Le Valentré) *et 80 €* (Hôtel de France). *Parking privé payant.* Deux hôtels en un, qui proposent près de 70 chambres. D'un côté, un 3-étoiles aux chambres modernes, spacieuses et confortables (clim, minibar, TV écran plat) ; de l'autre, un 2-étoiles aux chambres plus petites, plus simples mais fonctionnelles. Et d'un côté comme de l'autre, préférer les chambres à l'arrière, bien au calme. L'ensemble est très convenable, ce d'autant que les chambres ont été modernisées et que l'accueil y est aussi souriant que pro.

Hôtel La Chartreuse *(hors plan couleur par B3,* ***16****) : quartier Saint-Georges.* ☎ *05-65-35-17-37.* • *contact@hotel-la-chartreuse.com* • *hotel-la-chartreuse.com* • *De l'autre côté du Lot, par le pont Louis-Philippe. Doubles 76-100 € ; familiales 110-140 €. Menus 19 (en sem)-27 €. Parking.* Malgré sa vilaine façade bétonnée des années 1970, cet hôtel idéalement situé en bordure du Lot, est d'un grand confort. Chambres décorées dans un style très contemporain, avec parquet, lit *queen size,* couette douillette, clim, salle de bains moderne et balcon pour la plupart donnant sur la rivière. Belle piscine extérieure. Bonne table (cuisine traditionnelle régionale) également réputée avec un service, aux beaux jours, sur l'agréable terrasse en surplomb du Lot.

Grand Hôtel Terminus *(plan couleur A1,* ***14****) : 5, av. Charles-de-Freycinet.* ☎ *05-65-53-32-00.* • *terminus.balandre@wanadoo.fr* • *balandre.com* • *À 200 m de la gare. Congés : 15-30 nov. Doubles 65-115 € selon confort, étage et orientation ; suites 105-150 €. Parking.* Un bel établissement début XXe s, au charme désuet. C'est toujours la même famille qui, depuis sa création, perpétue de génération en génération une certaine idée de la tradition hôtelière et l'accueil y est sincèrement dévoué et efficace. Les chambres, vastes et cossues, toutes différentes, font oublier l'environnement un peu triste de la gare voisine. Une bonne raison pour ne pas sortir et rester dîner au *Balandre,* le très bon resto de l'hôtel (voir « Où manger ? »).

Où manger ?

De très bon marché à bon marché

Les Pizzas du Camion jaune *(plan couleur B2,* ***20****) : au fond du marché aux halles, à droite.* ☎ *05-65-22-14-79. Ouv mar-sam 8h-12h30, 15h-19h.* Seulement à emporter, un long choix de pizzas confectionnées sur place avec des produits frais exclusivement, de la classique jambon-fromage à la plus locale quercynoise (asperge-cabécou). Plus tous les jours, un plat cuisiné type lasagnes, *samosas, empanadas.* Bon point pour toutes les spécialités marocaines (pastilla, couscous et généreuses pâtisseries orientales) faites maison par l'une des associées. Un vrai bon plan à savourer dans un jardin, la ville n'en manque pas !

Le Bergougnoux *(plan couleur B2,* ***22****) : 77, rue Docteur-Bergougnoux.* ☎ *05-65-35-62-92. Tlj sf dim soir. Congés : 3 sem début janv. Résa indispensable. Menus 14 € (à midi) et 20 €.* Dans une ruelle étroite du vieux Cahors, un resto de poche que l'on se recommande dans le creux de l'oreille. Pas de carte, le choix est à l'ardoise pour une cuisine de marché variant au fil des saisons. Le patron est chaleureux et aime tailler la bavette avec ses clients. On a particulièrement aimé le copieux pot-au-feu de poisson et les desserts maison exposés sur le bar. Une petite adresse conviviale et économique, tout simplement bonne.

Le Dousil *(plan couleur B2,* ***23****) : 124, rue Nationale.* ☎ *05-65-53-19-67.* • *ledousil@orange.fr* • *Ouv tlj sf dim et lun soirs hors saison. Formule déj 11 €. Carte 15-20 €.* Sympathique bar à vins où l'on vient ripailler de grosses assiettes de charcuterie et fromage, ou de belles salades gourmandes.

Tapas pour les petits creux ou plat du jour pour les grosses faims, tout est bon pour accompagner la belle sélection de vin au verre, servi par un patron sommelier plein d'humour. La terrasse sur la ruelle piétonne est très prisée aux beaux jours. Au fait, le *dousil*, c'est le petit bout de bois qui servait à reboucher le trou fait dans le tonneau pour goûter le vin transporté sur les gabarres.

Cuisine Côté Sud *(plan couleur B2,* **25***) : 24, pl. Champollion. ☎ 05-65-53-15-16. • contact@cuisine-cotesud.com • Ouv slt au déj. Formules 19,25-25,20 €.* Côté... soleil pourrait-on dire car les préparations de ce chef traiteur réputé lorgnent du côté de la Méditerranée, tout en utilisant les produits du cru et de saison : agneau du Lot à l'aubergine façon moussaka, *involtinis* au chèvre et jambon de pays... Simple mais raffiné. Belle terrasse aux beaux jours. Vente à emporter également. Plus simple, juste au-dessus, à l'ombre d'une pergola, l'***Auberge des Gabarres*** sert une délicieuse cuisine de ménage *(menu ouvrier à 15 €).*

MetsSaisons *(plan couleur B2,* **21***) : 64, pl. de la Libération. ☎ 05-65-23-08-31. • metssaison@gmail.com • Lun-sam le midi, plus en été le soir jeu-sam. Tarte du jour 9,50 € ; formules 11,50-13,50 €.* 2 petites salles, toute simples, toute fraîches, et une grande terrasse qui prend ses aises à l'ombre sur la place. On s'y satisfait de bonnes tartes du jour nourries aux produits du marché, et servies avec salade, semoule et gaspacho. Pour le dessert, jolies verrines et pâtisseries maison poussent au péché. Un casse-croûte léger et coloré, idéal en été... comme en hiver, quand sonne l'heure des potages. Service sympa et vitaminé.

De prix moyens à chic

Le Marché *(plan couleur B2,* **26***) : 27, pl. Jean-Jacques-Chapou. ☎ 05-65-35-27-27. • restaurant.le.marche@cegetel.net • Tlj sf dim, et lun soir en basse saison. Congés : 12-20 avr, 19 oct-3 nov. Résa indispensable. Formules 20-25 € (déj) et 27 € (soir) ; menu-carte 42 €. Apéritif local offert sur présentation de ce guide.* Tenu par un couple accueillant pour qui la cuisine est avant tout un plaisir, ce resto au cadre résolument contemporain bouscule avec brio les habitudes culinaires cadurciennes. Cuisine de marché fraîche, légère et créative qui s'inspire, bien entendu, des produits régionaux mais qui s'autorise de nombreuses escapades hors des sentiers battus. Ardoise très intéressante au déjeuner. Quelques tables en terrasse.

L'Ô à la Bouche *(plan couleur B2,* **27***) : 56, allées Fénelon. ☎ 05-65-35-65-69. • loalabouche46@orange.fr • Tlj sf dim-lun. Fermé vac Pâques et Toussaint. Menus déj (en sem) 21,50-27 € ; autres menus 28-42 €.* Un resto qui porte bien son nom tant la carte est appétissante. Celle-ci mise sur une sélection de produits locaux, sérieusement choisis et cuisinés avec créativité. Bref, l'occasion de goûter un terroir habilement revisité. Accueil sympathique et service efficace dans une salle très contemporaine, un brin élégante, avec cuisine ouverte. Vaste terrasse ouverte quant à elle sur l'allée piétonne. Une jolie adresse dans l'air du temps.

Au Fil des Douceurs *(plan couleur A2,* **24***) : 32, av. André-Breton. ☎ 05-65-22-13-04. Tlj sf dim-lun. Congés : 3 sem janv, 2 sem juin. Formules déj (en sem) 14,90 €, carte 30-35 €.* L'un de ses principaux atouts est son agréable terrasse idéalement déployée face au pont Valentré. Cela dit on ne vient pas que pour ça, loin s'en faut ! La cuisine de terroir certes classique témoigne d'une bonne maîtrise. Et surtout, le chef, ex-pâtissier, mitonne chaque jour une sélection de douceurs qui valent à elles seules le déplacement : baba au rhum, chantilly et oranges confites, gâteau meringué, espuma menthe et glace menthe-chocolat...

Le Balandre *(restaurant du* Grand Hôtel Terminus *; plan couleur A1,* **14***) : 5, av. Charles-de-Freycinet. ☎ 05-65-53-32-00. • terminus.balandre@wanadoo.fr • Près de la gare. Tlj sf dim-lun et j. fériés. Congés : 2 sem en nov. Formule déj 22 € et le soir 42 €.* La salle a du charme avec ses beaux vitraux Art déco et ses tables espacées élégamment dressées. On sert ici une cuisine maison traditionnelle et raffinée qui picore dans tous les terroirs et témoigne d'un réel savoir-faire. Service classique et attentionné. Une valeur sûre qu'apprécie la clientèle d'affaire au déjeuner. Petite terrasse l'été.

Où dormir ? Où manger dans les environs ?

De bon marché à prix moyens

Le Clos Grand : *à Labéraudie, 46090* ***Pradines.*** *☎ 05-65-35-04-39. • reception@leclosgrand.fr • leclosgrand.fr • À env 3 km de Cahors. Sortir de la ville en direction de Luzech (par la D 8) ; puis fléché. Congés : 15 j. en janv, 3e sem de juin et 1 sem début oct. Doubles 48-60 € selon confort et saison. Formule 16,50 € (déj en sem), menus 25-33 €.* Petit hôtel calme et accueillant situé à deux pas de Cahors. Chambres simples mais bien tenues, avec balcon ou terrasse dans une annexe au fond du jardin. La plupart donnent directement sur la piscine. Resto traditionnel très correct, pour goûter aussi bien à une assiette du pêcheur qu'à une savoureuse grillade. Selon le temps, on choisira de s'installer près de la cheminée dans une salle rustique, dans la lumineuse véranda ou au jardin. Une chaleureuse affaire familiale.

De chic à plus chic

Les Hauts de Saulies : *lieu-dit Sauliez, 46090* ***Vers.*** *☎ 05-65-23-09-90. • leshautsdesaulies.fr • De Vers, prendre la route qui monte vers Cours, puis suivre fléchage. Ouv tte l'année. Doubles 100-140 €, table d'hôtes 25 € (vin compris).* Comment ne pas tomber sous le charme de cette imposante demeure du XVIIIe s entièrement rénovée dans un souci de démarche environnementale. 5 chambres modernes parfaitement équipées (clim, télé) et colorées (chacune porte le nom de sa couleur en brésilien) auxquelles on accède par un superbe escalier en noyer. Coup de cœur pour la Azul, orientée sud avec son accès privé et sa terrasse. Mais vous ne perdrez rien dans les autres ! Beau parc planté d'arbres centenaires, longue piscine, salle de sport mieux équipée que le Club Med gym et un intérieur élégant, pensé et décoré d'objets décoratifs et peintures éclectiques réalisées par Jair, artiste protéiforme. Ici, clairement, on privilégie le bien-être et le repos. L'accueil de Xavier et Jair y contribue largement. Mission réussie, tant il est difficile d'en repartir !

Le Vinois : *à* ***Caillac,*** *46140. Dans le bourg. À 15 mn env de Cahors en direction de Villeneuve-sur-Lot.* Voir plus loin « Mercuès. Où dormir ? Où manger dans les environs ? ».

CAHORS

Où manger une glace ? Où faire une pause sucrée ?

Autour des Plaisirs *(plan couleur B2,* ***30****) : 75, rue Maréchal-Joffre. Lun-sam 9h-19h (glaces à partir de 11h30). À partir de 2,20 € la boule.* À midi, on y mange des pâtes (des soupes en hiver). L'après-midi, on marque l'arrêt pour s'offrir une bonne glace artisanale, confectionnée avec des fruits frais, de l'eau de source pour les sorbets et du lait entier pour les crèmes glacées. Plus d'une vingtaine de parfums.

Le Jardin des thés *(plan couleur B2,* ***31****) : 12, rue Daurade. 06-89-05-62-47. • melimelothecafe.com • En saison ouv tlj sf dim. Jus bio 3,50 €, pâtisseries 1-4 €.* Coup de cœur pour ce salon de thé dont la terrasse fait face, sur une place piétonne, à un paisible square arboré. Du coup, on prend plaisir à paresser, abrité sous des parasols tonkinois pour la touche exotique, en sirotant un thé (excellents thés frappés maison), un grand crème ou un jus bio. Glaces artisanales, clafoutis, tartes (citron, mangue-banane) et autres pâtisseries maison complètent la courte carte. Accueil sympathique. Vente de thé au détail et d'objets décoratifs.

Où déguster du vin de Cahors ?

Villa Cahors Malbec *(plan couleur B2,* ***1****) : pl. François-Mitterrand. ☎ 05-65-23-82-35. • vindecahors.fr • Ouv tte l'année lun-sam 11h30-13h30, 16h-19h ; tlj 11h30-19h du 15 juin au 30 sept. À partir de 5 € (3 vins de 3 gammes différentes).* Armand et Jérémie, de l'Union interprofessionnelle du vin de Cahors, proposent, dans un cadre lounge, différents types de dégustations (3 ou 5 vins), richement commentées. Tous les domaines sont représentés ici sans parti pris, et aucun n'est commercialisé. Pour plus d'affinités donc, se rendre directement sur le domaine. Un point de départ obligatoire pour qui veut partir à découverte de ce vignoble...

Où boire un verre ? Où écouter de la musique ?

Cochon Tigre *(plan couleur B2,* ***35****) : 68, rue Pelegry. ☎ 05-65-23-95-75. • cochontigre@gmail.com • Ouv mar-ven 12h-minuit (21h30 mar).* En attendant un local plus grand et plus adapté aux soirées concerts, ce petit bar associatif fait le plein à l'heure de l'apéro et on y joue du coude jusque sur le trottoir où trône une poignée de tables. Belle sélection de bières dont l'artisanale Ratz, produite en Quercy.

Bar ouf *(plan couleur B2,* ***36****) : 10, rue Saint-James. ☎ 05-65-53-18-26. • barouf46@live.fr • Tlj sf dim-lun et j. fériés. Ouv dès 5h30 les jours de marché !* Un bar animé qui fait du *barouf* dans la ville ! Un bar de fou aussi, où les titis cadurciens se retrouvent pour en découdre avec la nuit. Ça se passe autant dans la rue qu'au bar, que l'on atteint certains soirs en jouant des coudes. Aux murs, série de tableaux de *gars qui s'marrent.* Fréquents concerts en fin de semaine. Vraiment sympa !

À voir

➢ La ville de Cahors est à l'origine d'une initiative récompensée par plusieurs prix : ***Les Jardins secrets.*** Il s'agit de 25 jardins publics ou privés, qui servent de fil conducteur à une découverte originale et poétique de l'architecture urbaine et du patrimoine naturel de la ville. Le secteur concerne la partie ancienne de la vieille ville et les abords du pont Valentré. Nous en citons quelques-uns ci-dessous. *Pour suivre l'ensemble de la balade, rens à l'office de tourisme (visites guidées et livret de parcours).*

Le pont Valentré *(plan couleur A2) :* situé à l'écart du centre, c'est l'image même de la ville. Il fut construit au XIVe s, au cours des guerres franco-anglaises, et présente une architecture de pont fortifié unique en France. Son système défensif est presque parfait : trois tours carrées de 40 m de haut, grandes arches gothiques, massifs avant-becs crénelés. Il fut si dissuasif que même les Anglais ne l'attaquèrent pas. Il est aujourd'hui rendu aux piétons et illuminé le soir. On le traverse pour suivre le chemin de Saint-Jacques-de-Compostelle. À 200 m du pont, en longeant la berge à gauche, pittoresque ***fontaine des Chartreux.*** C'est cette source jaillissant au creux de la falaise qui fut à l'origine de la création de la ville gallo-romaine.

UN PACTE AVEC SATAN !

On raconte que pour arriver à construire le pont Valentré, l'architecte dut pactiser avec le diable, auquel il tendit un piège au dernier moment. Pour se venger, celui-ci détruisit une partie de la tour située au milieu du pont. C'est pour immortaliser cette légende que le Malin fut sculpté dans la pierre de l'édifice, d'où son surnom de « pont du diable ».

– De l'autre côté du pont, la ***maison de l'Eau*** *(hors plan couleur par A2). ☎ 05-65-53-04-99. Juil-août et vac scol, tlj 10h-13h, 15h-19h ; le reste de l'année, slt l'ap-m ven-dim et j. fériés. GRATUIT.* Cette ancienne station de pompage du XIXe s a cessé son activité en 1971 mais a conservé sa machinerie d'origine. Espace d'interprétation et bornes multimédias sur le thème de l'eau. Expos temporaires également. Buvette au bord du Lot.

Le musée de Cahors Henri-Martin *(plan couleur A-B2)* **:** *792, rue Émile-Zola. ☎ 05-65-20-88-66. (accès partiel). Tte l'année, tlj sf mar 11h (14h dim et j. fériés)-18h. Fermé pour travaux. Réouverture en 2018.* Dans l'ancien palais épiscopal concordataire, le musée abrite une collection complète des œuvres de Henri Martin, portraitiste, paysagiste et décorateur (1860-1943).

La bibliothèque patrimoniale et de recherche du pays de Cahors *(plan couleur B2)* **:** *pl. François-Mitterrand, au-dessus de l'office de tourisme. ☎ 05-65-35-10-80. Ouv mar-jeu 14h-18h et le mat sur rdv. GRATUIT.* À l'étage d'un bâtiment classé de style néoclassique du XIXe s, auquel on accède par un magnifique escalier en bois ciré. Une seule et immense pièce, entièrement tapissée de hauts rayonnages de livres et cette odeur caractéristique des vieilles bibliothèques. Environ 45 000 documents anciens, manuscrits et imprimés datant du XVe s (incunables) à nos jours, et provenant pour la plupart des confiscations révolutionnaires. Le fonds est essentiellement consacré à l'histoire quercynoise avec des manuscrits en occitan. On y trouve entre autres les éditions anciennes du poète Clément Marot, première édition de *l'Encyclopédie* de Diderot et d'Alembert (1751), première édition des *Monuments de l'Égypte et de la Nubie,* dessins exécutés sous la direction de Champollion-le-Jeune (1845)...

QUELLE EST DONC CETTE ODEUR ?

Cire, amande, vanilline, et autres notes herbacées (écorce, feuilles mortes), si caractéristiques des odeurs de vieux grimoires, résultent en réalité de la décomposition des ouvrages. Ainsi, l'odeur varie en fonction des matériaux utilisés (encre, colle, reliure) et de l'ancienneté de l'ouvrage. Le livre électronique, lui, n'a pas d'odeur !

Le musée de la Résistance, de la Déportation et de la Libération *(plan couleur B1)* **:** *espace Bessières, pl. du Général-de-Gaulle. ☎ 05-65-22-14-25. Tlj 14h-18h ; le mat sur rdv ; fermé dim et j. fériés. GRATUIT.* Géré par une association. Ces Cadurciens défendent la mémoire comme ils ont défendu leur pays et font un incessant travail de recherche et d'archivage. Évocation de l'histoire de la Seconde Guerre mondiale et de ses incidences sur le plan local. Un vrai travail de bénédictin que ces panneaux où articles de presse, photos et lettres illustrent des textes manuscrits. Belle collection de souvenirs, armes et uniformes. Didactique et émouvant. Également une annexe en face, traitant des guerres coloniales (Indochine, Algérie...), et un historique du maréchal Bes.

Balade dans le quartier de la cathédrale *(plan couleur B2)*

La cathédrale Saint-Étienne *(plan couleur B2)* **:** édifiée entre le XIIe et le XIVe s à l'emplacement du sanctuaire de saint Didier. Cette première période romane vit l'apparition du système des files de coupoles, typique du style méridional (repris dans la région à Périgueux, Souillac, Agen et, plus loin, Angoulême). Cette véritable prouesse technique consistait à élever des coupoles de 18 m de diamètre à 32 m de haut, jusque-là dissimulées par un toit. L'architecte Abadie décide de les faire apparaître en 1875, accentuant ainsi les contrastes entre les

parties romanes et les parties gothiques. On remarquera bien sûr la façade occidentale, particulièrement massive.
– ***Le portail latéral nord :*** il date du XIIe s et s'apparente à la grande tradition de Moissac. Scène de l'Ascension du Christ entouré de deux anges expliquant le miracle aux apôtres. Juste en dessous, la Vierge. À gauche et à droite, petites scènes reproduisant le martyre de saint Étienne. En dessous, les apôtres, sagement rangés par paires dans leurs niches.
– ***Le portail sud*** *(pl. Chapou)* **:** pas aussi travaillé que le portail nord. Belle porte de bois surmontée d'une arcade trilobée romane, le tout dans le style limousin.
– ***L'intérieur de l'église :*** le caractère composite de la cathédrale est ici encore plus frappant. Remarquer le contraste entre la nef, large et claire, et le chœur, plus intimiste. Cette hétérogénéité est renforcée avec la rénovation du XIXe s. Une partie des fresques, restaurées façon « Viollet-le-Duc », annonce la mode encore balbutiante du néogothique, puis de l'Art nouveau. Heureusement, on peut encore admirer quelques authentiques peintures médiévales soigneusement restaurées, comme celle de la coupole *(Lapidation de saint Étienne)* ou les peintures murales figurant le péché originel. Autre motif d'étonnement, les vitraux de la nef, réalisés en 2012 par un artiste français, Gérard Collin-Thiébaut. Leur facture moderne peut dérouter, mais leurs thèmes restent pourtant des plus classiques, puisque puisés dans les Évangiles.
– ***Le cloître :*** une pure merveille. Chef-d'œuvre de l'art gothique flamboyant. Construit entre la fin du XVe s et le milieu du XVIe s. Travail extraordinaire de dentelle de pierre et d'ornementation, en particulier sur les voûtes à liernes et tiercerons ainsi que sur les portes flamboyantes.
– ***La chapelle Saint-Gausbert :*** *visible à l'occasion des visites guidées de l'office de tourisme.* Bel ensemble de peintures murales du XVIe s représentant le Jugement dernier. Ancienne salle capitulaire qui abrite également un petit ***trésor*** religieux et la relique de la Sainte Coiffe du Christ.

CAHORS

Juste en face de la cathédrale débute la pittoresque ***rue Delpech*** *(plan couleur B2),* avec ses hôtels particuliers, ses portails et ses maisons en encorbellement.

L'archidiaconé *(plan couleur B2)* **:** *accès par le n° 38 de la rue de la Chantrerie, ou par le cloître de la cathédrale.*
Remarquable ensemble de demeures Renaissance, avec un beau décor marqué par l'influence italienne. Porche d'accès à la cour, voûté d'ogives. Une fois entré, noter la riche ornementation d'un des linteaux et les grandes fenêtres à meneaux. Vue splendide sur le chevet de la cathédrale, au pied duquel s'étend un jardin potager.
En sortant par la rue de la Chantrerie, on découvre au n° 35, presque en face, le *grenier du Chapitre,* élégant édifice du XIVe s à doubles fenêtres géminées, abritant à l'étage une salle d'exposition temporaire d'art contemporain *(entrée par la rue Saint-James ; GRATUIT).* En remontant la rue de la Chantrerie, coup d'œil au jardin des simples, ***l'Herbularium,*** remis en culture à l'arrière de la cathédrale.

La rue Daurade *(plan couleur B2)* aligne une exceptionnelle rangée de demeures médiévales. Elle démarre ***place Champollion*** avec sa fontaine et ses façades restaurées, puis au n° 42, la *maison du Bourreau,* avec cinq fenêtres géminées. À côté, au n° 24, un autre élégant édifice à encorbellement. Au n° 12, une rare maison à pans de bois, datée de la fin du XIIIe s par dendrochronologie (étude des nervures de bois). En face, de l'autre côté de l'adorable square Olivier-de-Magny, construction d'un immeuble moderne intégrant des vestiges de l'ancienne église de la Daurade. Au n° 12 rue Clément-Marot, *maison natale du poète Olivier de Magny,* ami de Ronsard, secrétaire de Henri II. Au bout de cette rue, la ***place de la Libération*** *(plan couleur B2)* présente un élégant immeuble de 1642 (au n° 64). Porte de style classique et bel escalier à vis.

Emprunter la ***rue du Portail-Alban*** *(plan couleur B2).* Au n° 40 s'élève l'*hôtel d'Alamand,* datant du XVe s. Dans la cour, une tour avec trois baies ornées de roses sculptées. Dans le coin, quelques ruelles voûtées très anciennes. Paisible, presque mystérieuse *rue Fondue-Haute.* Au n° 194, hôtel particulier avec beau porche du XVIIe s.

Tourner ***rue Saint-André*** *(plan couleur B2).* Pas mal d'édifices présentant des détails insolites. Au n° 3 rue Saint-Pierre (maison d'angle), originaux abouts de solives. Au n° 96 rue Saint-André, belle et haute maison du XIIIe s, avec deux étages de fenêtres géminées.

Retour sur le parvis de la cathédrale et la ***place Chapou*** *(plan couleur B2).* À l'emplacement du *Crédit Agricole,* une vieille façade porte comme inscription « Bazar génois ». Ce magasin était celui du père de Gambetta, importateur de produits italiens... Sur la place voisine, l'ancienne ***Halle aux grains.*** Elle abrite désormais le marché couvert.

L'hôtel de Roaldès – Maison Henri IV *(plan couleur B2)* **:** *pl. Henri-IV (et quai Champollion). Rarement ouv (c'est une maison privée) ; rens à l'office de tourisme.* L'une des plus belles demeures du vieux centre (date du XVe s). Côté place, ravissante porte à accolade ornementée et fenêtres à meneaux (les tiges grimpantes le long de la porte sont typiques de l'époque). Côté quai, façade à colombages et *mirand* (galerie) couvrant le tout. La tour ronde daterait du premier logis, du XIIIe s.

CAHORS

Promenade dans le quartier des Badernes *(plan couleur B2-3)*

En partant de l'***hôtel de Roaldès*** *(plan couleur B2),* voici une superbe balade pour les passionnés d'architecture médiévale. *Badernes* – peut-être faut-il le préciser – voulait dire simplement « bas quartier ».

La rue Saint-James *(plan couleur B2)* **:** au n° 18, la *maison Manhol* (XVIIe s), avec une symétrie caractéristique des fenêtres. Au n° 27, accès au *grenier du Chapitre* (XIIIe s ; lire plus haut « L'archidiaconé »). Crochet par l'étroite venelle du ***Petit Mot,*** pour découvrir le minuscule mais coquet *jardin mauresque* du centre social, bercé par le glouglou d'un bassin.

La rue Nationale *(plan couleur B2-3)* était l'axe principal du quartier. C'est par là que s'effectuaient les entrées pompeuses des évêques. Au n° 53, à la hauteur de la halle, la *maison Guerre* (XVe s). Au n° 116, l'ancien hôtel de Marcilhac et son superbe *portail baroque.* Surmonté d'un oculus et d'un fronton, interrompu par deux volutes de pierre. Porte en bois richement sculpté de fruits et de fleurs typiques du naturalisme de l'époque baroque. Grandes arcades gothiques. Au n° 128, *maison romane,* l'une des plus anciennes de la ville.

Sur la gauche s'échappe la pittoresque ***rue Saint-Priest*** *(plan couleur B2),* avec notamment un bel édifice d'angle. Elle vient buter sur l'***église Saint-Urcisse,*** érigée au XIIe s *(ne se visite pas).* Porche trilobé dominé par une vierge à l'enfant. Sur la ***place Saint-Urcisse,*** surprenante horloge hydraulique, œuvre de Michel Zachariou.

Passage par la ***rue Lastié*** *(plan couleur B2),* l'une des ruelles les plus pittoresques du quartier. Aux nos 144 et 156, belles demeures de brique à pans de bois, fort bien restaurées. Au n° 117, la *maison Parasso* (XIVe s) et ses grandes baies rectangulaires à remplage. Au n° 35, splendide fenêtre du XIVe s. ***Place Saint-Priest,*** au n° 18, escalier extérieur du XVIIe s (dit « à la toulousaine »).

Retour sur la rue Nationale. Entre les rues Bouscarrat et Docteur-Bergougnoux, l'un des hôtels particuliers les plus remarquables : l'***hôtel d'Issala*** (XVe s).

Imposants contreforts, fenêtres à meneaux aux derniers étages, tourelle et portail du XVIIe s.
Toujours ***rue du Docteur-Bergougnoux*** *(plan couleur B2),* au n° 84, pittoresque ***escalier extérieur.*** Au n° 40, l'***hôtel de Lemozy*** présente d'admirables fenêtres Renaissance (très nette influence italienne).

Plus bas, ***rue du Cheval-Blanc*** *(plan couleur B3),* maison à encorbellement de pierre. En face, porte ogivale avec petits chapiteaux sculptés.

Rue Nationale encore *(plan couleur B2-3),* au n° 186, *maison Dominici.* Au n° 230, édifice du XIVe s. Au n° 286, *maison à pans de bois* du XVe s. Au n° 333, une intéressante tentative de fusion de l'ancien et du moderne. Sur la façade extérieure, fenêtres géminées. Entrer sous le porche pour découvrir comment l'architecte a intégré l'arche flamboyante et l'escalier à vis à la nouvelle construction, un ensemble de logements sociaux. Curieux faux lavoir et vrai vestige de mur médiéval à arcades gothiques. Presque un décor de théâtre !

Vagabondage dans le quartier des Soubirous *(plan couleur B1-2)*

Le nord de la ville médiévale s'étend le long de la rue des Soubirous (*soubirou* signifiant « supérieur »). Construit sur une falaise, côté Lot, avec un plan de rues plus étriqué. Quelques beaux édifices médiévaux, mais moins d'homogénéité. Beaucoup d'entre eux sont dissimulés par des constructions postérieures.

À l'angle du quai de Regourd et de la rue Pélegry s'élevait le ***collège Pélegry*** *(plan couleur B2),* du XIVe s. Créé initialement pour accueillir 13 étudiants pauvres, il devint, au XVIIIe s, l'un des plus importants collèges de la ville. On distingue encore sa tour hexagonale avec les fenêtres à meneaux.
Emprunter la ruelle du Four-Sainte-Catherine. On y trouve deux maisons-tours du XIVe s.

Remonter le quai de Regourd ; on distingue sur la gauche l'étrange masse du palais de Via, appelé ***château du Roi*** *(plan couleur B2),* avec son donjon rectangulaire. Rejoindre la rue du Château-du-Roi par l'étroite ruelle Devia en escalier. Elle longe un mur très imposant : le château abrite désormais la maison d'arrêt (façade XIXe s).

La rue du Château-du-Roi *(plan couleur B2)* **:** redescendre jusqu'à la ruelle du Four-Sainte-Catherine. Au n° 15, l'*hôtel de Bodosquier,* bel exemple d'architecture médiévale. Au n° 43, la *maison Beraldi.* Certains éléments de la façade datent du XIIe s. Au n° 58, *hôtel particulier* du XVIIe s. Portail baroque. Au passage, arpentez toutes les ruelles ou impasses perpendiculaires (appelées parfois *botes*). Vous découvrirez moult détails architecturaux insolites, petits jardins secrets, façades cachées d'hôtels particuliers, belles fenêtres sauvées dans des constructions postérieures.

L'hôpital de Grossia *(plan couleur B2)* **:** *102, rue des Soubirous.* Vestiges de la façade d'un hôtel, improprement appelé hôpital, du XIIIe s. Belles fenêtres. Sur le côté (50 m à droite) part l'étrange *bote de Fouilhac.* Limitée mais intéressante tentative de rénovation contemporaine. Sur une placette, fontaine musicale de Michel Zachariou. Elle ne fonctionne plus, malheureusement.
Tout au long de la rue des Soubirous, d'autres hôtels particuliers et palais.

Dans le prolongement de la rue des Soubirous, au n° 8 ***rue Saint-Barthélemy*** *(plan couleur B1),* superbe demeure à colombages avec encorbellement sculpté.

L'église Saint-Barthélemy *(plan couleur B1)* **:** *ouv dim en principe.* Date pour l'essentiel des XIVe et XVe s. Beau clocher gothique en brique et pierre. Joli panorama sur le Lot depuis le parvis.

Le palais Duèze *(plan couleur B1)* **:** en face de l'église Saint-Barthélemy s'élève cet élégant palais du XIVe s. Construit par Pierre Duèze, frère du pape Jean XXII. Dominé par la ***tour Jean-XXII,*** une haute tour crénelée à gros appareillage de pierre et fenêtres géminées.

L'Arc de Diane *(plan couleur A1)* **:** *av. Charles-de-Freycinet.* C'est le vestige le plus significatif des anciens thermes gallo-romains. On reconnaît nettement l'appareillage de galets et lignes de brique.

La Barbacane et la tour Saint-Jean, dite « tour des Pendus » (il n'y a jamais eu de pendus ! ; *plan couleur B1)* **:** notre itinéraire s'achève tout au nord, à ce corps de garde de l'ancienne enceinte (du XVIe s). En partant à gauche de la Barbacane, importants vestiges du rempart de ville. Le suivre jusqu'à la porte fortifiée Saint-Michel, dernière entrée de l'enceinte médiévale (elle s'ouvre aujourd'hui sur le cimetière).

À faire au départ de Cahors et dans les environs

CAHORS

➢ ***Balade vespérale le long du Lot :*** le soir, à la fraîche, promenade le long des berges aménagées, par exemple entre les ponts Valentré et Louis-Philippe. Si paisible. Un incontournable cadurcien.

➢ ***Balade au mont Saint-Cyr*** *(hors plan couleur par B3)* **:** à 6,5 km en direction de Lalbenque (fléché), superbe panorama de Cahors dans sa boucle. On peut y aller en voiture ou faire la belle promenade à pied *(compter 1h env aller-retour).* Le soir, la vue sur la ville illuminée est superbe. Aire de pique-nique.

➢ ***Balade en bateau sur le Lot :*** *embarquement à la base de Cahors, avec la compagnie* ***Les Croisières Fénelon,*** *près du pont Valentré.* ☎ *05-65-30-16-55.* • *bateau-cahors.com* • *De mi-avr à fin oct, tlj ; 4 départs/j en saison. Tarifs : 10 € ; enfant : 5 €. Durée : 1h20. Billet jumelé avec un tour commenté de la ville en petit train pour 14,50 €.* Le trajet fait le tour de la boucle de Cahors, avec passage de l'écluse de Coty. Également d'autres formules : croisière à Saint-Cirq-Lapopie ou découverte du vignoble avec déjeuner à bord.

■ ***Location de péniches habitables :*** ***Babou Marine,*** *port Saint-Mary.* ☎ *05-65-30-08-99.* • *baboumarine.com* • *Avr-début nov.* Pour une croisière de plusieurs jours sur le Lot, à votre rythme. Bateaux habitables pour 2 à 12 personnes, location au week-end ou à la semaine. Location de vélos (en sus) pour des escapades terrestres.

➢ ***L'Archipel du Grand Cahors*** *(plan couleur B1)* **:** *sur l'île de Cabessut (fléché). Navette gratuite depuis le centre-ville, départ de la mairie (arrêt « Ludo Rolles »).* ☎ *05-65-35-05-86. Ouv 20 juin-2 sept tlj 11h-20h. Entrée : 4,20 € ; réduc.* Belle piscine en plein air encadrée de pelouses. Plusieurs bassins, et un toboggan. De quoi rafraîchir les gosses ! Resto.

➢ ***Cap Nature :*** *chemin de l'île à* ***Pradines,*** *46090.* ☎ *05-65-22-25-12.* 📱 *06-30-99-31-26.* • *capnature.eu* • *À côté du stade municipal (parking gratuit). Ouv Pâques-Toussaint, tlj 13h-18h ; juil-août 9h30-20h. Résa vivement conseillée (nombre de places limité). Compter 10-20 € selon les activités.* Parcours acrobatiques en forêt, adaptés à tous les âges. D'autres activités également : *paintball,* course d'orientation, canoë-kayak, escalade. Détente et sensations fortes au programme ! Buvette, snack et coin pique-nique.

Fêtes et manifestations

– ***Cahors Juin Jardins :*** *début juin, pdt 1 sem.* Visites guidées des jardins secrets, jardins privés ouverts au public, animations.
– ***Festival Visages du Monde :*** *3 j. mi-juin (en principe).* Spectacles, concerts payants et gratuits, avec des artistes de renommée internationale.
– ***Lot of Saveurs :*** *w-e début juil.* Festival de la gastronomie. Concours de cuisine, repas proposés par de grands chefs...
– ***Cahors plage :*** *de mi-juil à mi-août 11h-20h. Au pied du pont Louis-Philippe. Accès gratuit.* Plage aménagée sur les berges du Lot, avec baignade surveillée, ski nautique, embarcations à pédales, initiation à la plongée... et même un miniparcours accrobranche. Nombreuses animations et buvette.
– ***Les Noctambulations de l'été :*** *mer soir en juil-août. Payant.* Visite aux flambeaux au cœur de la ville.
– ***Festival du Blues :*** *mi-juil, pdt 5 j.* • *cahorsbluesfestival.com* • Très bonne programmation. Un grand festival.
– ***Traces contemporaines :*** *3 j. fin sept.* • *tracescontemporaines.com* • Festival de danse à l'auditorium de Cahors.

LE QUERCY BLANC

Au sud de Cahors s'étend une région de grands plateaux calcaires blancs et assez arides, se prolongeant au nord du département du Tarn-et-Garonne. Doucement vallonné par endroits, ce Quercy blanc est encore semé de nombreux moulins à vent et petites chapelles romanes. Dans les couloirs fertiles le long des rivières, on y cultive des céréales, du tabac et du raisin chasselas. Un coin du Lot hors des sentiers battus.
La partie du Quercy blanc à l'est de la D 820 (Lalbenque, Aujols, etc.) est présentée à la fin du chapitre « Le Lot » (voir plus loin « La haute vallée du Lot et le causse de Limogne »).

CASTELNAU-MONTRATIER (46170)

À 25 km au sud-ouest de Cahors. Petite bastide avec ses demeures en calcaire blanc et une place à couverts. Belle *maison des Consuls* du XVe s, surmontée d'un beffroi de la mairie original, du milieu du XVIIIe s. À l'entrée du village, venant de Cahors, trois *moulins à vent* en ligne sur une butte.

Adresse et info utiles

Bureau d'accueil : *37, pl. Gambetta.* ☎ *05-65-21-84-39.* • *cc-castelnau-montratier.fr* • *Juil-août, tlj sf dim ap-m ; le reste de l'année, tlj sf dim.* Beaucoup de doc. Propose également de nombreuses animations en saison : visites commentées, circuits de randonnée à thème... Le dimanche à 11h en juillet-août, dans les caves situées sous le bureau d'accueil, dégustation de vins des coteaux du Quercy accompagnés de produits du terroir (melon, charcuterie, etc.). Excellent accueil.
– ***Marchés :*** *dim mat, tte l'année. Également un marché de producteurs en juil-août le mer 17h30-20h suivi d'un concert.* Idéal pour faire le plein de beaux produits du Quercy : melons, vins...
– ***Piscine :*** extérieure et chauffée avec jeux *(juil-août tlj).*

À voir dans les environs

- ***L'église romane de Russac :*** *à 3,5 km du village.* Vaut le détour pour ses ravissantes frises et fresques datant du XVIIe s, représentant saint Georges. Les clés sont en principe chez la voisine.
- ***Flaugnac*** *(46170) : à 5 km env de Castelnau.* Minuscule village perché sur son roc depuis le Moyen Âge. Ici, l'expression « Quercy blanc » prend tout son sens avec sa pierre blanche grisée...
- Plusieurs ***moulins*** dans le coin. Le moulin à vent de ***Boisse,*** à 7 km de Castelnau, est certainement le plus joli de tous.

MONTCUQ (46800) 1 260 hab. *Carte Lot, A4*

Charmant petit village, dont on se doit impérativement de prononcer le « q » final (on parle de la lettre). Daniel Prévost l'avait omis pour les besoins du *Petit Rapporteur* ; en souvenir la rue principale porte le nom de l'émission, avant de se transformer en rue Montmartre à mesure qu'elle monte vers l'église, en longeant au passage des demeures médiévales soigneusement restaurées. Au sommet du village se dresse un énorme *donjon* du XIIe s, haut de 24 m *(visite par la mairie tlj en été, 10h-12h30, 15h30-19h ; 3 € ; réduc).* **D'en haut, très belle vue panoramique ; dans les étages, petite expo historique. Enfin, on ne peut parler de Montcuq sans évoquer Nino Ferrer, lui qui était tombé amoureux de ce coin du Lot, auquel il rendit hommage dans sa chanson « Le Sud ». L'une de ses peintures est exposée dans la cage d'escalier de la mairie, et une expo permanente lui est consacrée à la médiathèque, à proximité de l'office de tourisme** *(ouv l'ap-m lun-ven, et le mat mer et sam. ☎ 05-65-20-34-37).* **Et si le Sud vous donne chaud, direction le plan d'eau de Saint-Sernin et sa plage de sable fin, à 3 km de Montcuq par la route de Fumel. Baignade surveillée en juillet-août** *(parking 3 €).*

Adresses et info utiles

ℹ ***Bureau d'accueil :*** *8, rue La Promenade. ☎ 05-65-22-94-04. • tourisme-montcuq.com • Avr-oct, tlj sf dim ap-m ; hors saison, ouv mar-jeu et sam mat.* Édite un petit guide historique illustré avec les édifices de la ville. Demander les fiches-jeu destinées aux enfants, pour explorer notamment l'amusant parcours botanique de Thouron ou suivre la visite découverte du village.

@ ***Internet :*** ***Espace Multimédia,*** *à la médiathèque. ☎ 05-65-20-34-37. Ouv l'ap-m slt (15h-18h), lun-mer et ven.*

– ***Marché :*** *dim mat, très populaire et vivant, mieux vaut y arriver de bonne heure. Également un marché de producteurs le jeu mat en juil-août.*

Où dormir ? Où manger ?

De bon marché à prix moyens

|●| ***Café de France :*** *5, pl. de la République. ☎ 05-65-22-52-07. Tlj 12h-14h, 18h30-20h. Menu du jour 16 €. Plats 12,50-22 €.* Dans une jolie salle style bistro d'antan rénové ou en terrasse sur la jolie place de village, carte de brasserie bien ancrée dans le terroir, agrémentée de plats thaïs qui font office d'*outsiders*... tels les Saint-Jacques ou le poulet au curry vert. Mention spéciale pour la carte de vins à prix d'amis. Produits frais de

saison. Ambiance décontractе.

🍴 🍷 ***Café du Centre :*** *6, pl. de la République. ☎ 05-65-31-84-64. Ouv tlj (sf dim soir hors saison). Service midi et soir en saison ; slt midi et ven-sam soirs hors saison. Formules 13 € (déj en sem) ; carte 15-20 €.* Un sympathique bistrot de village, flanqué d'une délicieuse terrasse ombragée. Beaucoup d'habitués qui viennent profiter de l'intéressant menu du jour ou tout bêtement se siffler un demi. Plats simples du terroir et belles salades de gésier, confit, fromage... Particulièrement appréciable les jours de marché.

De plus chic à beaucoup plus chic

🏠 ***Chambres d'hôtes The Four :*** *4, rue Montmartre. ☎ 05-65-21-23-08 ou 📱 06-62-36-12-44. • four.maisondhote@gmail.com • 4ruemontmartre.com • Face à la mairie. Doubles 135-185 € (certaines avec ventilo, slt). Table d'hôtes à partir de 4 pers : 55 €/pers (vin compris).* Au cœur du village, dans une demeure du XVe s, 4 chambres de charme à la déco résolument contemporaine, dignes d'un magazine de déco. Deux sont nichées en haut de l'escalier à vis du donjon, deux autres dans des bâtiments indépendants, côté jardin (l'une avec terrasse privative). Beau mariage de matériaux nobles et de mobilier design, linge de lit en lin et beaux objets décoratifs : le bon goût règne en maître. Une adresse luxueuse, forcément réservée aux plus fortunés.

LE QUERCY BLANC

Où dormir ? Où manger dans les environs ?

De prix moyens à chic

🏠 🍴 ***Auberge et chambres d'hôtes La Grange de Marcillac :*** *46800 **Saint-Cyprien**. ☎ 05-65-22-90-73. • grangedemarcillac@free.fr • lagrangedemarcillac.com • ♿ À 7 km sur la D 28, entre Montcuq et Saint-Cyprien, au pied du château. Resto fermé ts les midis. Doubles 66-76 €. Repas 25 €. Apéritif offert sur présentation de ce guide.* Un hameau et son château perdus au sommet d'une colline. 2 chambres d'hôtes à l'étage d'une ancienne grange, plus une 3e située au frais dans l'ancien fournil. C'est également une table remarquable, ouverte aux non-résidents. Mireille Pinatel organise à l'automne des stages de cuisine quercynoise (confit, pastis, mique...) et de découverte de la truffe ou du foie gras. Piscine dans un coin tranquille du jardin. Rando-étape et accueil de cavaliers.

🏠 ***Chambres d'hôtes Côté Granges :*** *le Bourg, 46140 **Carnac-Rouffiac**. ☎ 05-65-22-33-86 ou 📱 06-78-84-13-31. • cote.granges@yahoo.fr • cote-granges.com • ♿ À 10 km env de Montcuq, par la D 653 en direction de Cahors, puis la D 45 en direction de Puy-l'Évêque. Fermé de mi-oct à mi-fév. Doubles 68-78 € (dégressif à partir de 3 nuits).* Dans ce petit hameau aux maisons de pierre, une ancienne grange entièrement restaurée par un couple de nordistes tombés amoureux du coin, et on les comprend. Belles chambres confortables, avec une déco dans l'air du temps. On a un petit faible pour celle avec accès indépendant et terrasse privée. Piscine chauffée dans le jardin paysagé. Petit déj un peu faible à notre goût, dommage...

Manifestations

– ***Festival de la Chanson à texte :*** *3-4 j. fin juil.*
– ***La rue des enfants :*** *2e w-e de sept.* Spectacles de rue.

DANS LES ENVIRONS DE MONTCUQ

Brocante et antiquités : *à 3 km env de Montcuq, au château de* ***Gayrac,*** *46800. ☎ 05-65-31-82-06. Sur la route de Belmontet ; bien indiqué. Tlj 9h-18h (plus tard l'été).* Meubles régionaux, objets insolites, dentelles, tissus, livres... Un lieu en or, tenu par deux sœurs qui ont un goût affirmé !

LA VALLÉE DU LOT, DE CAHORS À DURAVEL

Les paysages le long du Lot évoquent tout sauf la monotonie. Ici, cet affluent de la Garonne se débarrasse de ses falaises, s'évase, prend du large, sans pour autant perdre ses promontoires et belvédères. Surtout, il musarde en d'incroyables méandres (appelés ici *cingles*). Une butte, un petit rocher de rien du tout, et hop, il en fait le tour. Jamais on n'a vu le Lot aussi indolent et paresseux. C'est là que l'on produit le célèbre cahors, l'un des vins les plus anciens de France.
Pour coller au Lot, rive sud (quitter la route principale), il est nécessaire d'avoir du temps devant soi. Des dizaines de petites routes adorables se perdent dans le vignoble. L'occasion d'admirer l'architecture vigneronne et de découvrir nombre de petits châteaux et maisons fortes.

DOUELLE

(46140) 794 hab. *Carte Lot, B3*

Ancien port d'embarquement du vin de Cahors, Douelle tient son nom du vocabulaire de la vigne – terme désignant une pièce de tonneau. À l'ouest du village, promenade très agréable le long du Lot qu'enjambe un vieux pont de brique désaffecté, désormais piétonnier. Paysage charmant avec, en toile de fond, le long du Lot, l'immense fresque contemporaine du peintre Chamizo. Peinte en 1992 et restaurée en 2010, elle retrace sur un mur de béton de 120 m de long et de 6 m de haut la mythologie du vin, d'une part, et d'autre part, l'histoire du vin de Cahors et le travail de la vigne. Signe qu'à Douelle, on entre dans le vignoble !

Adresse utile

■ ***Location de bateaux habitables :*** ***Le Boat,*** *au bout du vieux pont. ☎ 05-65-20-08-79. • leboat.com • Ouv avr-oct.* Location de bateaux sans permis à la semaine ou au week-end pour une balade pépère sur le Lot.

Où dormir ? Où manger ?
Où passer un bon moment ?

Camping de l'Écluse : *base nautique Antinéa, lieu-dit Le Payras. 06-67-27-83-04. Sur les berges du Lot (bien fléché du centre-ville). Ouv avr-oct. Compter 13,50 € pour 2 pers.* À quelques centaines de mètres du centre-ville et des commerces, ce petit camping modeste et ombragé de 17 emplacements jouit d'une situation plus que stratégique sur les rives du Lot. Petite restauration de bonne qualité sur place (snack au déj et plus élaborée le soir) et bonne ambiance. Un lieu très apprécié des autochtones qui profitent de la plage et des activités de la base de loisirs (*peda'lot*, location de vélos, canoës). Bref, un bon point de chute pour des vacances actives !

MERCUÈS (46090) 1 064 hab. *Carte Lot, B3*

Impossible d'échapper à son célèbre *château* ! Ses tours en poivrière se profilent depuis des siècles sur la rive nord. Accès de Cahors (par la D 911) ou par le pont de Douelle. Construit au XIIIe s et demeure des évêques de Cahors, il fut assiégé plusieurs fois par les deux camps pendant la guerre de Cent Ans, et incendié durant les guerres de Religion. Au XVIIe s, l'évêque du moment, ayant recueilli plusieurs centaines de personnes fuyant la peste, en profita pour faire reconstruire le château. Aujourd'hui, c'est devenu un luxueux hôtel Relais et Châteaux, doublé d'une table gastronomique étoilée, où vous pouvez simplement aller boire un verre, ne serait-ce que pour profiter de la vue en terrasse.

Où dormir ? Où manger ?

Chambres d'hôtes Le Mas Azemar : *rue du Mas-de-Vinssou. ☎ 05-65-30-96-85. 06-10-41-12-43. • masazemar@aol.com • masazemar.com • À 500 m du village, en direction de Caillac. Tte l'année. Double 117 €, 142 € pour 3 pers. Table d'hôtes, sur résa slt, 37 € ; menu gastronomique quercynois 43 €.* Au pied du château et au cœur des vignobles, un mas du XVIIIe s reconverti en demeure de charme. Au rez-de-chaussée, salon jaune, gai et lumineux comme les tournesols qui éclatent l'été sous ses fenêtres. À l'étage, chambres tout confort, classées 4 épis, toutes également superbes. Excellent petit déj et merveilleux dîner en perspective. Piscine chauffée. Jardin de roses et potager aussi utiles que décoratifs.

Où dormir ? Où manger dans les environs ?

Chambres d'hôtes chez Michel et Lydia : *lieu-dit Bertouille, 46150* ***Boissières.*** *☎ 05-65-21-43-29. • micheletlydia@orange.fr • micheletlydia.fr • À 7 km de Mercuès, traverser le pittoresque village de Boissières et monter sur la colline (fléché). Fermé de déc à mi-janv. Double 80 €. Table d'hôtes 30 € avec le vin.* Cette belle demeure à l'allure historique est en fait une maison moderne, construite en pierre du pays dans un style ancien. À l'étage, élégantes chambres le long d'une coursive extérieure ou dans le pigeonnier, avec une belle hauteur sous plafond. Toutes offrent beaucoup de confort. Belle terrasse dominant le parc où paissent des chèvres et grande piscine couverte chauffée toute l'année par un système géothermique. Les fins gastronomes ne manqueront pas la fameuse table de Michel et Lydia, un couple de bons vivants qui aiment faire goûter leurs produits maison. Ils organisent d'ailleurs des séjours gastronomiques autour de la truffe en saison. Une belle adresse, conviviale, chaleureuse et gourmande.

Le Vinois : *46140* ***Caillac.*** *Dans le bourg. ☎ 05-65-30-53-60. • contact@levinois.com • levinois.com • Hôtel ouv tlj. Resto fermé dim soir, lun-mar midi ; lun-mar de fin juil à mi-août. Congés : 15 j. en oct* *et 3 sem en janv. Doubles 86-160 € selon confort et saison ; petit déj 14 €. Menu déj (sf dim) 23 €, puis 39 €.* La terrasse et la déco branchée *black and white* tranchent avec l'épicerie-bureau de poste voisine. Au resto, le chef démontre un savoir-faire irréprochable. À sa manière, il nous fait partager deux passions, son Quercy et sa cuisine, qui redécouvre le terroir pour mieux l'embellir. On peut aussi y dormir. Les chambres à l'esprit contemporain offrent un confort parfait, et les proprios n'ont pas lésiné sur les moyens : meubles asiatiques, agréables salles de bains avec lavabo en pierre ou en verre, beaux tissus, TV écran plat. Piscine. Possibilité de cours de cuisine et de massages à tarifs préférentiels à l'institut d'à côté.

À faire

➢ ***Le circuit du château de Mercuès :*** *4,5 km ; env 1h15.* Au départ de la porte de l'Église. Petit sentier idéal en famille. Passe au pied du château et offre de beaux panoramas sur la vallée.

➢ ***Le circuit de Terre Blanc :*** *5,6 km (balisage vert) ; env 1h45.* Au départ de la rue du Marché, une boucle sur un sentier ombragé, qui suit les crêtes dominant le village. Belles vues sur le château et la vallée.

➢ ***Le circuit du château des Bouysses :*** *8 km ; env 2h15.* Au départ de la porte de l'Église, ce circuit vous fera découvrir les châteaux des Bouysses (musée-conservatoire) et de Lagrezette.

DANS LES ENVIRONS DE MERCUÈS

L'église romane de Caillac : *en principe, tlj 8h-18h, de mi-juin à fin sept ; sinon, clés en dépôt auprès de M. Miquel (☎ 05-65-53-15-09).* Intéressante pour son puissant clocher carré et le remarquable porche du XVIe s avec arc sculpté en damier, chapiteaux sur colonnes, encadrement ciselé de personnages (Adam et Ève) et motifs végétaux. À l'intérieur, belles fresques baroques – et même quelques bouts datant de l'époque romane.

Le château de Lagrézette : *à 3 km de Mercuès, en direction de Caillac (puis fléché). ☎ 05-65-20-07-42. • chateau-lagrezette.tm.fr • Ouv tlj 10h-19h.* Édifié à la Renaissance, c'est le domaine viticole d'Alain-Dominique Perrin, directeur de *Richemont International (Cartier, Lancel, Montblanc...).* Possibilité de visiter les chais et de déguster les vins.

CRAYSSAC (46150) 729 hab. *Carte Lot, B3*

Gentil village tout en hauteur, perdu dans les collines touffues du causse. Dans le bourg, ruines d'une église romane victime de la guerre de Cent Ans. Les alentours sont creusés de carrières de *platins*, grandes pierres plates qui étaient utilisées autrefois pour les toits et le pavage. Dans l'une d'elles fut découvert un site paléontologique exceptionnel, la Plage aux Ptérosaures.
De Crayssac part une superbe route en corniche (le col de Crayssac) vers Caïx et Luzech. Belvédère livrant un prodigieux panorama sur la boucle de

Parnac, considérée comme l'épicentre du vignoble de Cahors. À gauche, charmante vision du château de l'Angle, au bord du Lot. Au coucher du soleil, le paysage prend des teintes flamboyantes.

Où dormir ?

Chambres d'hôtes Le Clos du Mas de Bastide : *du bourg, en direction de Prayssac, prendre la 1re rue à gauche, puis encore à gauche devant l'Auberge des Vitarelles ; la maison fait l'angle 200 m après le camping Trigano. ☎ 05-65-30-18-33. • sophie.rouquie@gmail.com • closdumasdebastide.com • Congés : janv-mars. Doubles 99-132 € selon confort.* Dans l'enceinte d'une demeure du XVIIe s avec de beaux vitraux et une vue panoramique sur la vallée, 3 chambres cosy aménagées dans l'ancien four à pain, le cellier ou un bâtiment annexe face à la piscine. Déco de style classique, un brin rococo, drapée de toile d'inspiration Jouy. Nombreuses possibilités de balades dans les bois alentour, offrant de superbes points de vue.

À voir

La Plage aux Ptérosaures : *accès par la D 811 ; fléchage à droite un peu après l'embranchement pour Crayssac en allant vers Puy-L'Évêque. Rens auprès de l'office de tourisme du Grand Cahors, au ☎ 05-65-53-20-65. En saison ouv tlj sf ven-sam : 4 visites guidées 10h30, 14h30, 16h et 17h30. Hors saison, slt sur rendez-vous. Infos sur • plageauxpterosaures.com •* Le plus gros chantier paléontologique actuellement en France. Un site unique classé Réserve nationale d'intérêt géologique depuis juin 2015. Il y a 150 millions d'années, Crayssac était une plage sur laquelle vagabondaient toutes les bestioles de l'époque. Parmi elles, une trentaine d'espèces ont laissé leurs empreintes imprimées dans la vase, puis recouvertes par les marées successives, puis les couches sédimentaires. Dans cette ancienne carrière de pierres calcaires, il aura fallu 100 000 heures de fouilles minutieuses pour les révéler, mettre au jour ces pistes où passaient les ptérosaures, reptiles volants qui ont légué leur nom au lieu. Le site réserve encore bien des surprises aux chercheurs. En tout cas, les traces d'un des ptérosaures, baptisé Émile, a mis fin à une controverse scientifique. Ses empreintes le prouvent, ces drôles d'oiseaux (certains atteignaient tout de même 15 m d'envergure) ne marchaient pas sur deux pattes mais sur quatre. Et une grosse partie du travail des équipes de Crayssac consiste notamment à restituer les mécanismes de locomotion de ces ptérosaures. Après le visionnage d'un film de 30 mn, *À la recherche d'Émile* justement, on part traquer ces fameuses empreintes, guidé par un ancien fouilleur. Une exploration menée dans la pénombre, dans un cadre de fouilles, sous une structure protégeant le site des intempéries tout en favorisant des conditions idéales d'observation (en plein soleil, on ne verrait rien). La visite est aussi vivante que passionnante ! En 2017, le site devrait être transformé en centre d'interprétation, avec possibilité de visite libre.

QUAND LES POULES AVAIENT DES DENTS !

Les poules auront-elles un jour des dents ? Qui sait ? Ce qui est sûr, en revanche, c'est qu'elles en ont eu, ou du moins leurs lointains ancêtres dinosaures, dont certains ont laissé leurs empreintes à Crayssac. Nos cocottes possèdent même encore un gène réprimé qui, s'il était activé, leur ferait pousser une belle rangée de ratiches !

LUZECH

(46140) 1 670 hab. *Carte Lot, B3*

À 18 km de Cahors, c'est la partie du Lot la plus nonchalante et aussi l'une des plus spectaculaires. Pensez qu'il musarde pendant 5 km avant de finir sa grande boucle…
La ville fut l'une des quatre baronnies du Quercy, et Richard Cœur de Lion l'occupa en 1188. En 1209, après la défaite des albigeois, les évêques s'y installèrent durablement, assurant une dualité de pouvoir avec les seigneurs. Il y eut ainsi deux châteaux. Pendant la guerre de Cent Ans, Luzech, bien fortifiée, résista à tous les assauts anglais.

LUZECH, CITÉ D'IRRÉDUCTIBLES ?

Une indication précieuse, mentionnée par César dans la Huitième Guerre des Gaules*, sur l'étroitesse de la boucle décrite par une rivière, a longtemps fait croire que la ville de Luzech pourrait être la fameuse Uxellodunum, la dernière cité gauloise à avoir vaillamment résisté aux armées invincibles du premier empereur de Rome en l'an 59 apr. J.-C. Des fouilles réalisées en 2001 prouvent que le site se trouverait en réalité au Puy d'Issolud, entre Martel et Vayrac.*

Dominé par deux hautes collines et une tour imposante, le Lot se replie ici sur lui-même, créant un isthme de 90 m de large, le passage le plus étroit de tout le parcours du Lot. Dans le passé, d'ailleurs, un canal reliait les deux bords du « cingle » et permettait aux bateaux de gagner une journée de voyage. Comblé dans les années 1950, c'est la « rue-place » du village, où se tient le petit marché fermier du mercredi matin.

Adresse utile

🅸 ***Bureau d'information :*** *90, pl. du Canal. ☎ 05-65-20-17-27 et 05-65-21-37-63. • tourisme-lot-vignoble.com • Juin-sept, tlj sf dim ; le reste de l'année, se renseigner.*

Où dormir ?

Gîte d'étape L'Oppidum : *av. Henri-Pélisoté. ☎ 05-65-30-72-32 (mairie). • commune.luzech@wanadoo.fr • ville-luzech.fr • Tte l'année (chauffé). Compter 10-12 €/pers ; loc de draps : 3,10 €.* 4 chambres de 1 à 8 lits superposés. Coin cuisine et salle à manger avec cheminée.

Où dormir ? Où manger dans les environs ?

Camping La Tuque : *à La Tuque, 46140* ***Bélaye.*** *☎ 05-65-21-34-34. • info@campinglatuque.fr • campinglatuque.fr • Accès : à 17 km de Luzech par la D 8 jusqu'à Bélaye ; à 4 km de Bélaye (fléché, mais pas facile à trouver). Ouv de fin avr à mi-sept. Emplacements tente 16,50-27 € ; chalets, mobile homes, gîtes et safari lodges 245-905 €/sem. CB refusées. 75 empl.* Très beau camping, impeccablement tenu, dans un environnement forestier de 9 ha et très isolé. D'autant plus plaisant qu'il se mérite ! Piscine (avec toboggan), tennis, petite épicerie, bar, resto, minigolf, animations pour les enfants… L'un des plus beaux campings du Lot, dirigé par un couple de Hollandais accueillant. Clientèle essentiellement hollandaise en été. Piscine.

Camping Les Berges de Caïx – restaurant d'Oltitude Aux Quatre Vins : *base nautique de* ***Caïx*** *(centre-ville).* ☎ *05-65-21-07-86.* • *caixbasenautique.fr* • *À 2,5 km par la D 9 direction Crayssac. Avr-oct. Resto ouv tlj en juil-août 9h-21h30. Env 13 € pour 2. Plats 12-19 €.* Petite aire de camping contre le parking, basique mais ombragée. À côté, au resto, entre cuisine de terroir, spécialités du monde et salades composées, on trouve toujours de quoi se remplir l'estomac à bon compte. Bons produits, bonnes préparations. Fait carton plein les fin de semaine lors des soirées thématiques (apéros concerts, soirées 80's, moules-frites...) où l'on joue aisément les prolongations sur la grande terrasse au bord de l'eau.

De prix moyens à plus chic

Auberge de la Tour : *133, Grand-Rue.* ☎ *05-65-36-90-05.* • *info@aubergedelatour.com* • *aubergedelatour.com* • Au cœur de ce petit village de 500 âmes (et quelques) l'*Auberge de la Tour* fait office de point de ralliement. Sa terrasse abritée le long de la route est bien appréciable aux beaux jours, et du petit déj au dîner, le service tourne bien. Cuisine régionale fraîche, simple et généreuse en parfaite adéquation avec les prix démocratiques. Dans les étages, les chambres, modestes mais ripolinées, sont bien calmes, y compris celles qui donnent côté rue. Les nouveaux propriétaires, arrivés de Bretagne, se donnent du mal pour faire revivre cet établissement qui vaut bien une halte. Piscine à l'arrière.

Les Hauts d'Albas : *lieu-dit* ***Bos del Pech, 46140 Albas.*** *06-72-89-30-61 ou 06-83-80-14-44.* • *contact@les-hautsdalbas.com* • *les-hautsdalbas.com* • *(1 yourte). À 8 km d'Albas. Du centre, prendre la D 37 direction Sauzet, puis fléchage sur la droite après env 5 km. Tte l'année. Compter 227-806 € (2 nuits min et 4 nuits en juil-août). Tarif dégressif selon nombre de nuits.* *Une bouteille de vin (2 nuits min) offerte sur présentation de ce guide.* Isolé sur un promontoire, un village de yourtes hyper confortables, pour moitié cachées dans un sous-bois. Rien à voir avec l'hébergement spartiate à la mongole, ici chaque yourte est compartimentée (2 chambres), tapissée de bois clair et dotée de tout le confort moderne : clim réversible, cuisine équipée, salle d'eau avec douche à l'italienne, un salon TV en mezzanine, et une terrasse. Toutes sont coiffées d'un dôme translucide, pour noyer son regard dans les étoiles. Pour compléter, 2 piscines – dont une en intérieur –, une salle commune avec billard et jeux de société, et un petit terrain multisports pour taper la balle. Vraiment chouette et excellent accueil !

Où acheter un bon cahors ?

La région de Luzech regroupe une douzaine de domaines viticoles. Toutes les infos et les coordonnées sont disponibles auprès de l'office de tourisme.

Domaine du Capelanel : *Fages, 46140* ***Luzech.*** *06-81-62-66-48. Ouv tlj sur rendez-vous 9h-19h.* Depuis 1878, la famille Dauliac produit sur l'exploitation du 100 % malbec. Le sol sidérolithique (riche en fer), rare sur la région de Cahors, donne au malbec toute sa finesse. Deux cuvées phares : la *Rangée du curé* en moyenne gamme, et la *cuvée Titouan* élevée dans des amphores en terre qui a le mérité de révéler le fruit et accentuer ce goût de terroir.

Château les Croisille : *Fages, 46140* ***Luzech.*** ☎ *05-65-30-53-88.* *06-72-31-02-71.* • *lescroisille.com* • *Ouv tlj sans rdv 9h-19h en saison estivale ; fermé dim hors saison.* Les époux Croisille ont créé ce domaine, dans un joli hameau de 4 maisons avec joli point de vue, en 1979. Ils travaillent aujourd'hui en famille et produisent des vins bio rouges, blanc et rosé aux goûts typiques des terroirs desquels ils sont issus. Ne pas manquer le *Divin*

PLANS ET CARTES EN COULEURS

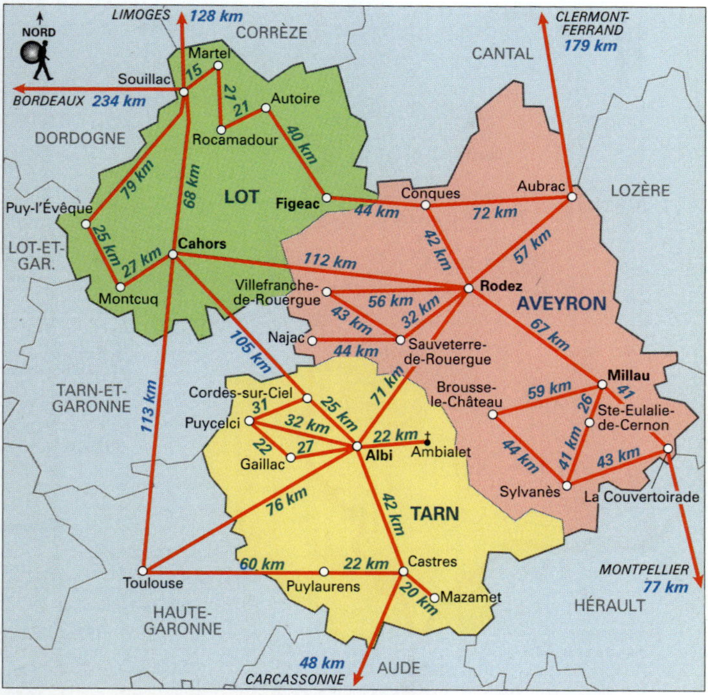

DISTANCES PAR LA ROUTE

SOMMAIRE

LE LOT, L'AVEYRON ET LE TARN

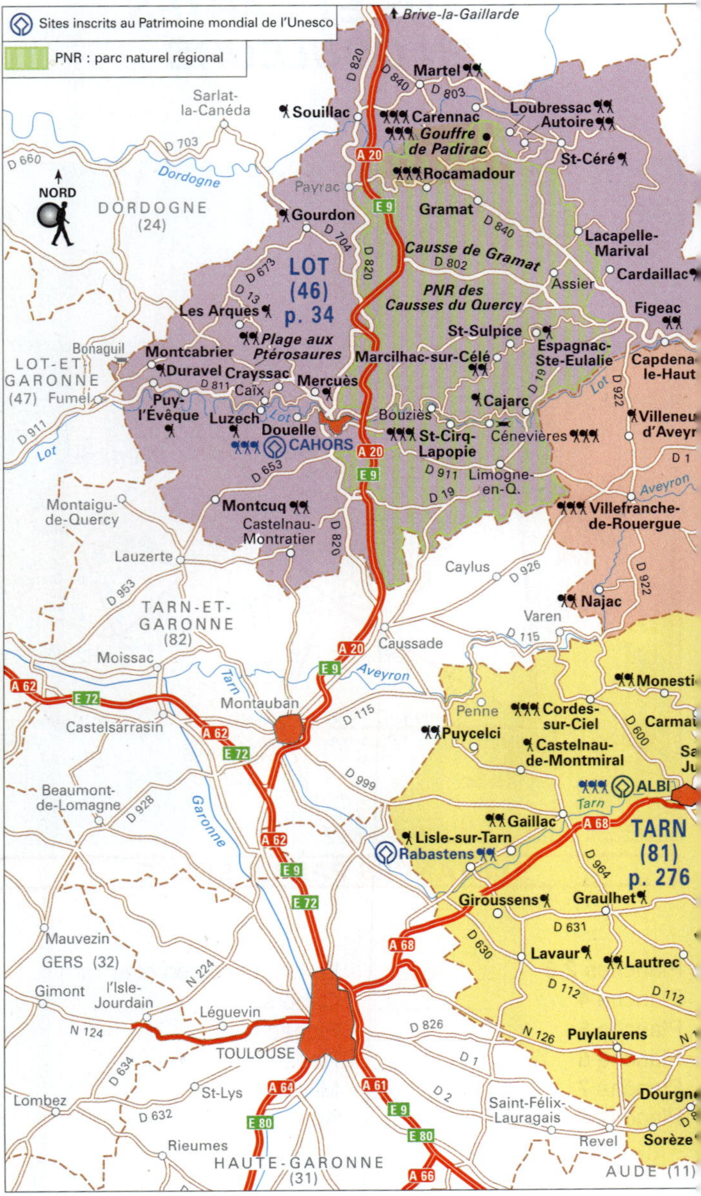

LE LOT, L'AVEYRON ET LE TARN

CAHORS

Adresses utiles

- Office de tourisme du Grand Cahors
- 1 Villa Cahors Malbec
- @ 2 Épicerie de nuit

Où dormir ?

- 10 La Rivière de Cabessut
- 11 Auberge de jeunesse
- 12 Hôtel Jean XXII
- 13 Hôtel de France – Hôtel Le Valentré.
- 14 Grand Hôtel Terminus
- 16 Hôtel La Chartreuse

Où manger ?

- 14 Le Balandre
- 20 Les Pizzas du Camion jaune
- 21 MetsSaisons
- 22 Le Bergougnoux
- 23 Le Dousil
- 24 Au Fil des Douceurs
- 25 Cuisine Côté Sud
- 26 Le Marché
- 27 L'Ô à la Bouche

Où manger une glace ? Où faire une pause sucrée ?

- 30 Autour des Plaisirs
- 31 Le Jardin des thés

Où déguster du vin de Cahors ? Où boire un verre ? Où écouter de la musique ?

- 1 Villa Cahors Malbec
- 35 Cochon Tigre
- 36 Bar ouf

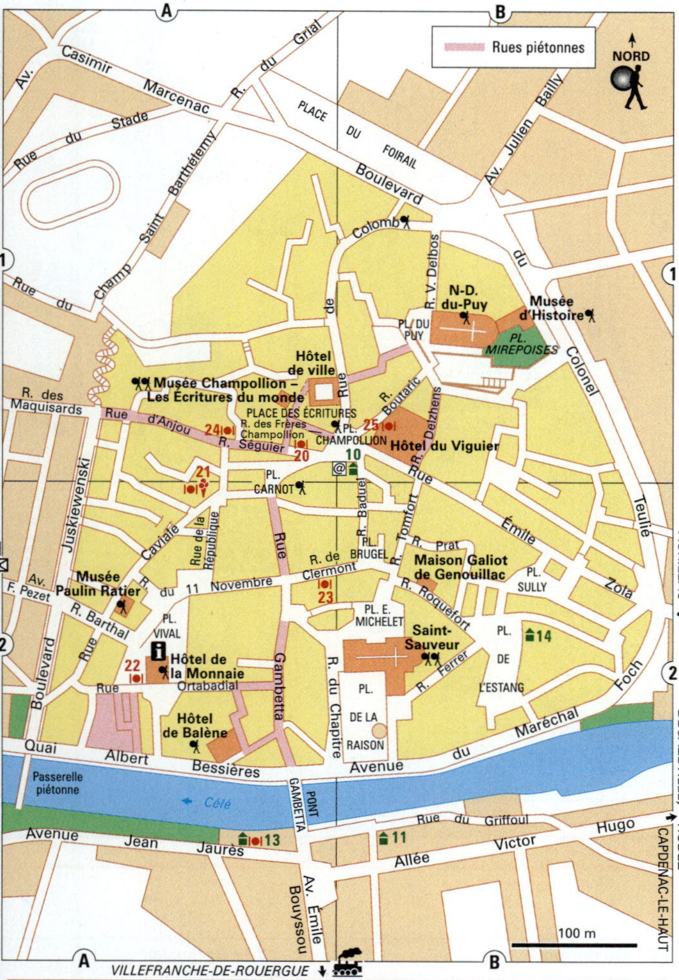

FIGEAC

■ **Adresses utiles**

ℹ Office de tourisme
@ 1 Espace Jeune Intercommunal et Bibliothèque intercommunale

Où dormir ?

10 Hôtel Le Champollion
11 Hôtel des Bains
13 Grand Hôtel Le Pont d'Or
14 Hôtel le Quatorze

Où manger ? Où prendre une glace ?

20 Les Anges Gourmands
21 L'Été indien
22 Mémé du Quercy
23 La Cuisine du marché
24 La Puce à l'oreille
25 Restaurant La Dînée du Viguier

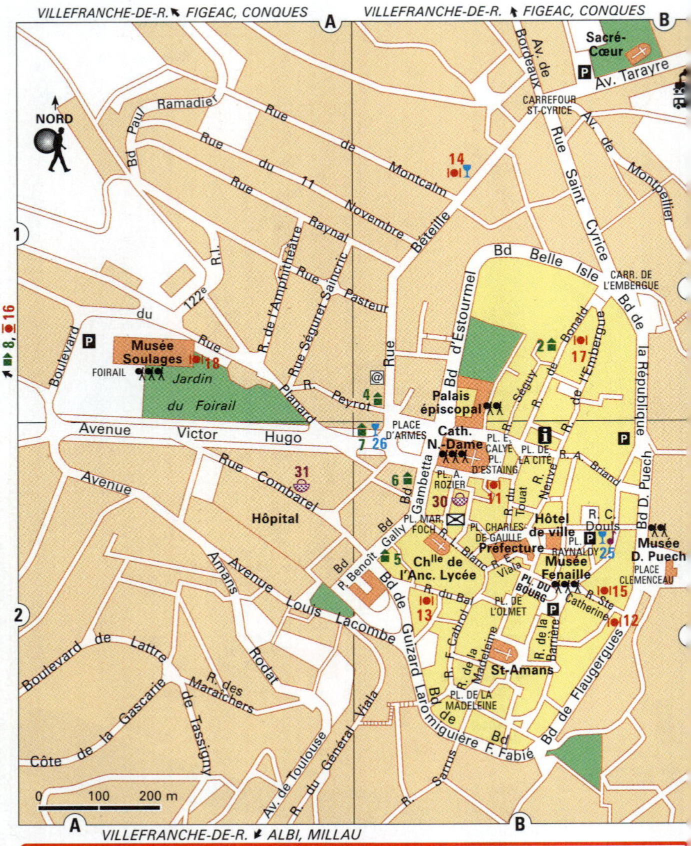

RODEZ

Où dormir ?

1 Camping municipal de Layoule
2 Foyer Sainte-Thérèse
4 Hôtel du Midi
5 Hôtel de la Tour Maje
6 Hôtel Biney
7 Hôtel Mercure Rodez-Cathédrale
8 La Ferme de Bourran
9 Auberge de jeunesse – Résidence des Capucines

Où manger ?

11 La Gargouille
12 La Maison de Cécile et Aimé
13 Le Bistroquet
14 Le Divan
15 Les Arômes
16 Les Jardins de l'Acropolis
17 Goûts et Couleurs
18 Café Bras

Où boire un verre ? Où sortir ?

14 Le Divan
25 Café Saint-Just
26 Café Le Broussy

Achats

30 Le Couteau de Laguiole
31 Les Délices de Louise

MILLAU

Adresses utiles

1 Office de tourisme de Millau Grands Causses
2 Maison du Parc régional des Grands Causses
@ Internet

Où dormir ?

1 Gîte des Grands Causses
2 Hôtel des Causses
3 Hôtel Emma Calvé

Où manger ?

2 L'Ardoise
10 La Mangeoire
11 Le Bouche à Oreille
13 Le Capion

Salon de thé

20 Pâtisserie-salon de thé Zeste

Où boire un verre ?

21 Café de la Perle

Achats

31 L'atelier du gantier
32 Causse

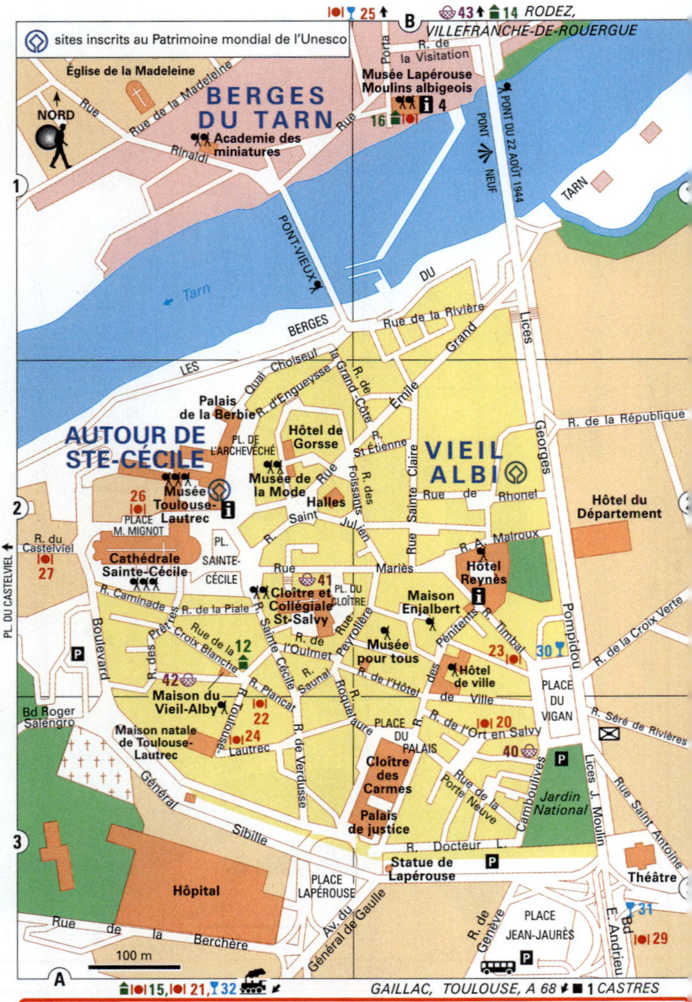

ALBI

■ **Adresses utiles**

- Offices de tourisme
- 1 Location de VTC
- 4 Comité départemental de tourisme

Où dormir ?

- 10 Albirondack Park
- 12 Hôtel Saint-Clair
- 13 Hôtel Les Pasteliers
- 14 Hôtel Cantepau
- 15 Hôtel d'Orléans
- 16 Hôtel Mercure Alby, Cité épiscopale

Où manger ?

- 15 Restaurant Le Goulu
- 20 Le Tournesol
- 21 Chez Yvette
- 22 Le Solelhou
- 23 Lou Sicret
- 24 Le Lautrec
- 25 La Table du Sommelier
- 26 Restaurant Le Chistera
- 27 Le Clos Sainte-Cécile
- 29 L'Épicurien

Où boire un verre ? Où sortir ?

- 30 Grand Café Le Pontié
- 31 The O'Sullivans's
- 32 L'Estabar

Achats

- 40 Michel Belin
- 41 Alby Foie Gras
- 42 L'Artisan Pastellier
- 43 Poterie d'Albi

Croisille moult fois récompensé qui fait aujourd'hui la renommée de la maison.
Clos Trotteligotte : *Le Cap Blanc, 46090* ***Villesèque.*** *06-74-81-91-26. • clostrotteligotte.com • Ouv 9h-12h30, 14h-18h30. Mieux vaut tél avt de passer.* Emmanuel et Émilie Rybinski travaillent sur une seule parcelle (un clos), sur un terroir d'altitude (le Causse) argilo calcaire rouge, riche en fer, qui donne à leur vin toute sa caractéristique. Fraîcheur, élégance et soupçon de minéralité donc pour ces vins bio cultivés en bio-dynamie et élevés en jarre de terre. Leur fameux *K-2* est un 100 % malbec élu depuis 3 ans dans les 100 meilleurs vins du monde aux États-Unis. Goûter également le *K-Libre,* un 100 % chenin.
Château Combel-la-Serre : *Cournou, 46140* ***Saint-Vincent-Rive-d'Olt.*** *☎ 05-65-30-71-34. 06-75-01-50-28. • combel-la-serre.com • Ouv lun-ven 9h-12h, 14h-18h ; sur rdv le w-e.* Un autre domaine familial tenu par Jean-Pierre et Julien Ilbert, père et fils, passé en mode biologique depuis 2 ans. Produisent des assemblages et cuvées parellaires sur 3 cuvées en 100 % malbec. Des vins frais et digeste comme ces cuvées *Château* et *Aux Cerisiers.*
Mas del Perie : *le bourg, 46090* ***Trespoux-Rassiels.*** *☎ 05-65-30-18-07. 06-86-66-10-74. • masdel perie.fr • Ouv tlj 9h-12h, 14h-18h.* Un domaine récent crée par Fabien Jouves en 2006 sur les plus hauts terroirs de l'appellation cahors. On y trouvera des vins naturels cultivés en bio-dynamie, différemment racés selon les parcelles et les assemblages. La cuvée *Les Escures* plaît bien. Quant à la cuvée *Amphore* elle est vinifiée dans de vieilles amphores italiennes.
Domaine Campoy : *Les Pradelles, à* ***Flaujac-Poujols*** *46090. ☎ 05-65-35-07-95. 06-99-95-15-80. • domaine-campoy.fr • Ouv 9h-12h, 14h-19h. Sur rdv le dim.* À l'extrémité est de la zone d'appelation cahors, Christophe Campoy produit, en respect du terroir, du malbec et du chenin 100 %.
Domaine Lafon : *à* ***Caïx*** *(46140). Dans le centre (bien indiqué), juste à côté de la base nautique. ☎ 05-65-20-14-97. Ouv 9h-19h. Visite sur rdv.* Les Lafon connaissent leur métier et ils l'aiment. Cette famille de vignerons possède un réel savoir-faire. Cave de présentation et de dégustation.
Château Les Grauzils : *au lieu-dit Gamot, à env 3 km de Prayssac (46220) ; bien fléché. ☎ 05-65-30-62-44. Tte l'année, tlj sf dim.* Philippe Pontié perpétue la lignée née en 1880. Le vin, ici, est une affaire de famille et de tradition. Il a souvent été primé, et on peut vous assurer que sa réputation n'est pas usurpée.
Château d'Anglars *(46140) : domaine d'Anglars, 46140* ***Anglars-Juillac.*** *☎ 05-65-36-28-93. • ferme-departementale-vindecahors.com • Visite sur rdv (hors période de vendanges).* Dans cette ferme expérimentale du vin de Cahors se poursuivent des expériences aussi bien sur les produits de traitement, le travail en barrique ou l'assemblage du vin. En somme, ce qui vise à améliorer la qualité du vignoble. Organise aussi des dégustations. Expos.

À voir

Circuit d'interprétation qui parcourt la ville, avec bornes explicatives devant chaque bâtiment méritant votre attention.

La maison des Consuls : *rue de la Ville.* Superbe demeure du XIIe s. Grande arche gothique de pierre, surmontée d'un premier étage en brique avec fenêtres romanes géminées.
La maison accueille également une partie du ***musée Armand-Viré*** (l'espace archéologique, l'espace ammonites et l'ichnospace). *Entrée : 3 € par section ; 5 € pour le billet combiné des 3 « musées » de la ville ; gratuit moins de 12 ans.*
– ***L'espace archéologique :*** *juin-sept, tlj sf dim.* Expose les découvertes des fouilles archéologiques effectuées sur l'oppidum de l'Impernal et les alentours. Objets

datant du Paléolithique à la période gallo-romaine : silex, céramiques, parures, pointes de flèches, pièces de monnaie, etc.
– ***L'espace des ammonites :*** *visite guidée mer ap-m (juil-août).* Cette salle présente des ammonites issues des causses jurassiques supérieurs du Quercy. Pour comprendre leur évolution sur près de 10 millions d'années.
– ***L'Ichnospace :*** *fait partie du musée Armand-Viré ; au-dessus de la médiathèque, rue de la Ville. ☎ 05-65-30-58-47 (rens) et ☎ 05-65-20-17-27 (office de tourisme). Visite guidée slt (résa et retraits des billets à l'office de tourisme), en été mar-ven, 2 à 3 visites par jour.* Musée consacré aux traces de dinosaures. Présentation moulage de 60 m² d'une piste d'empreintes de dinosaures.

Musée La Planète des Moulins : *quai Émile-Gironde. 06-80-83-24-24. • laplanetedesmoulins@wanadoo.fr • Visite guidée slt (sur résa) en juil-août lun-ven, 15h30-18h. Tarif : 3 €.* Évocation du travail des hommes pour apprivoiser les énergies naturelles, à travers une étonnante collection de maquettes animées par l'eau et le vent.

Quelques rues particulièrement pittoresques comme la ***rue des Mariniers,*** qui permettait d'arriver directement sur les berges du Lot en passant sous la route. La *porte du Capsol* (XIIᵉ s), en brique, était une porte intérieure pour le péage sur le poisson (le « capsol »). Pour finir, on arrive à la *porte de Ruffier,* donnant accès au donjon. À droite, escalier et sentier.

Le donjon : édifié au XIIᵉ s, c'est l'unique vestige du château épiscopal, haut de 25 m. Du donjon, continuer à grimper la colline au-dessus de la centrale électrique, pour arriver au ***point de vue de l'Impernal*** et à l'oppidum gallo-romain, dont il reste quelques pierres visibles sur le parcours d'un sentier fléché. Belle vue sur les méandres du Lot et la vallée. Redescendre pour arpenter le faubourg du Barry. Au passage, quelques ruines de l'ancien château des seigneurs (en contrebas de celui des évêques).

Le faubourg du Barry : dans le prolongement de la Grand-Rue, de l'autre côté de la place. Intéressant, car il a conservé intégralement son plan de lotissement médiéval (ruelles partant en impasse sur les côtés). Nombreux détails architecturaux à saisir au passage, comme les *obrades,* ces grandes ouvertures en ogive des boutiques, avec pierres plates pour commercer. Tout au bout, l'*église Saint-Pierre,* du XIVᵉ s, remaniée au XIXᵉ s.

Au fond de la boucle, petite ***chapelle Notre-Dame-de-l'Île,*** construite en 1505. Demander la clé à l'office de tourisme. Ravissant portail de style flamboyant.

À voir, à faire dans les environs

Saint-Vincent-Rive-d'Olt *(46140) : rive sud du Lot.* Joli village blotti autour du ruisseau de Bondoires. Quelques moulins, dont le *Moulin-Bas* avec un double escalier. *Église Saint-Vincent,* du XVᵉ s. Porche Renaissance. À l'intérieur, beau mobilier : retables baroques, chaire, porte du baptistère sculptée, bénitier du XVIIᵉ s. Demander les clés à Mme Tardieu, la voisine, ou à la mairie. *Château* du XVIIIᵉ s à l'entrée du village. Monter à la *croix de Cavanié* pour le panorama extra sur le cingle de Luzech.

Caïx *(46140) :* rattaché à la commune de Luzech, Caïx est un village vigneron typique, posté tout en bas de la côte de Crayssac. Église du XIIᵉ s, croix du XVIIIᵉ. Au-dessus, ***le château de Caïx*** *(ouv 15 avr-15 oct, tlj sf dim et j. fériés ; visite guidée slt à 15h. Rens et résa : ☎ 05-65-20-13-22. Tarif : 7 €),* datant du XVIIᵉ s, appartient à la reine du Danemark, dont le mari est un Lotois. Dans les caves voûtées, présentation de la collection privée d'Arts premiers asiatiques et africains, ainsi qu'un ensemble de jades chinois.

– ***Base de loisirs CopaCaïxBana :*** *à Caïx.* Aire de jeux, pique-nique, locations de canoës kayaks et buvette en bord de plage de sable *(surveillée en juil-août).* Également un camping et un resto (voir plus haut « Où dormir ? Où manger dans les environs de Luzech ? »).

Albas *(46140) : rive sud du Lot. À 4 km de Luzech.* Pittoresque village fortifié accroché à la falaise. De par sa position défensive, il fut une des résidences privilégiées des évêques de Cahors (au XVIe s, l'un d'eux y séjourna si longtemps que ses fidèles de Cahors, irrités, l'avaient surnommé Monseigneur d'Albas !). Seule l'*église* du XIXe s détonne un peu (mais beau presbytère du XVe s, ancien palais épiscopal). *Maison-tour* du XIVe s et vieille porte de ville.

Où voir un spectacle dans le coin ?

L'Œil du Silence : *domaine d'Anglars, 46140* ***Anglars-Juillac.*** *☎ 05-65-36-23-76. • loeildusilence.com • À env 10 km de Luzech.* Un lieu insolite sous la direction de la dramaturge Anne Sicco. Imaginez, en pleine campagne, un centre de création, de formation et de réflexion théâtrales. Des chantiers et ateliers réservés aux professionnels, et de nombreuses représentations au cours de l'année (programmation sur le site). Une initiative à saluer et à encourager.

PUY-L'ÉVÊQUE

(46700) 2 300 hab. *Carte Lot, A3*

Comme Luzech, Puy-l'Évêque fut une importante cité médiévale, qui occupait une position extrêmement stratégique du Lot sur l'isthme d'un cingle. Ses vieilles demeures, ses prestigieux manoirs reliés par des volées d'escaliers dégringolent en rangs serrés vers le Lot avec une merveilleuse homogénéité. Son charme est resté intact.

Située sur une colline, la ville s'appela d'abord *Puech,* ce qui signifie en celte « sur une hauteur » (comme *puig* ou *puy*). Elle épousa la cause cathare. Vaincue par l'évêque de Cahors, elle ont alors nommée Puy-l'Évêque. Pendant la guerre de Cent ans (de 1346 à 1441), la ville changea cinq fois de propriétaire. Durant les guerres de Religion, les troupes protestantes s'y cassèrent les dents (l'église reçut au moins cent boulets de canon, les traces sont encore visibles). Pendant la Révolution, Puy-l'Évêque prit le nom de Puy-Libre, et ensuite Puy-sur-Lot avant de reprendre, sous Napoléon Ier, son ancien (et actuel) nom.

Adresses et info utiles

Office de tourisme intercommunal de la Vallée du Lot et du Vignoble : *12, Grand-Rue. ☎ 05-65-21-37-63. • info@tourisme-lot-vignoble.com • tourisme-lot-vignoble.com • Juil-août tlj ; sept à juin, du lun au sam midi, fermé sam ap-m et dim.* Organise des visites commentées de la ville pour les individuels *(juil-août mer et ven mat ; 3 €).*

La Cave des Vignerons de Puy-l'Évêque : *14, Grand-Rue. ☎ 05-65-24-38-47. À côté de l'office de tourisme. Mai-oct, lun-ven 10h-12h30, 14h30-19h ; le w-e, boutique ouv selon la présence de vignerons.* Dégustation-vente de vins des producteurs de Puy-l'Évêque dans un beau caveau. Dégustation des produits locaux (foie gras et fritons) en plus des crus en juillet-août, le jeudi à 18h.

■ On trouve en ville ***tous les services*** (supermarchés, station-service, banque, poste).

– ***Marché :*** *mar mat, pl. de la Truffière.*

Où dormir ? Où manger ?

Campings

Camping Les Vignes : *lieu-dit* ***Le Méoure.*** *☎ 05-65-30-81-72. 06-88-10-83-01. • contact@camping-lesvignes.fr • camping-lesvignes.fr • Accès : à 3 km du centre-ville ; prendre la direction de Vire-sur-Lot, puis, avt de traverser le Lot, fléché sur la gauche. Ouv d'avr à fin sept. Prix tente : 11,10-18,70 € selon saison. Également loc de gîtes (300-620 €/sem). 115 empl. Réduc de 10 % sur l'emplacement camping sur présentation de ce guide.* Très bien situé (au milieu des vignes et au bord du Lot !), très bien ombragé et parfaitement tenu. Emplacements spacieux délimités par de belles haies. Bon confort et bons équipements : ping-pong, kayak, volley-ball, location de vélos, etc. Également une piscine chauffée, mais possibilité de baignade (et de pêche) dans le Lot. Resto sur la plage. Point de départ de nombreuses excursions. Le GR 36 passe dans le secteur. Épicerie, salle de jeux, bibliothèque. Piscine.

L'Évasion : *D 28. ☎ 05-65-30-80-09. • evasion@wanadoo.fr • lotevasion.com • Accès : par l'autoroute jusqu'à Cahors, puis la D 911 pour Puy-l'Évêque ; à Puy-l'Évêque, prendre la rue qui monte en face de la mairie, puis fléché. Ouv 1er avr-30 sept (loc tte l'année). Prix tente 23-30 € selon saison. Loc chalets et mobile homes 250-960 €/sem. 20 empl. Kir offert en juil-août au restaurant ; 1 menu-enfant offert pour tout repas au restaurant sur présentation de ce guide.* Dans un complexe comprenant un camping et un village-club doté de chalets très confortables et de mobile homes. Situé au sommet d'une colline dans un magnifique bois de pins, chênes et châtaigniers. Pas mal d'activités sportives à pratiquer (foot, volley, basket, etc.). Animations en juillet et août. Espace aquatique chauffé avec bassin d'eau vive, rivière et cascade. Resto et snack. Possibilité de pêcher au lac de Cassagnes à 3 km.

De bon marché à prix moyens

Hôtel Henry : *rue du Docteur-Rouma. ☎ 05-65-21-32-24. • contact@hotel-henry.com • hotel-henry.com • À l'entrée de la ville, en bas de Puy-l'Évêque. Fermé 2 sem en janv et 2 sem en nov. Doubles 42-54€. Menus 13 € (déj en sem)-27 €. Parking. Kir maison sur présentation de ce guide.* Hôtel traditionnel, simple et confortable. Chambres rénovées, climatisées et surtout à prix modérés. Préférer celles avec balcon ou terrasse donnant sur le petit jardin fleuri, beaucoup plus calme. Cuisine locale au resto.

Les Dodus en Ville : *11, rue Marcouly (dans le haut du village). ☎ 05-65-22-91-82. • melaubourg@live.fr • Fermé mer soir, dim-lun. Formule en sem 15 € ; menu-carte le soir env 25 €.* Un minuscule bistrot d'aujourd'hui dans un décor d'hier, avec tables en Formica et vieille réclame pour habiller un pan de mur. On y pioche à l'ardoise une petite cuisine maison, simple et fraîche, privilégiant les produits de saison. Accueil décontracté de Mélanie, clientèle mélangée de copains, touristes et habitués. Quelques tables se serrent sur le trottoir pour prendre le frais.

Chic

Hôtel Bellevue – Restaurant Côté Lot : *pl. de la Truffière. ☎ 05-65-36-06-60. • hotelbellevue.puyleveque@wanadoo.fr • hotelbellevue-puyleveque.com • Resto fermé lun (hors saison dim soir-lun et mer soir). Congés : nov-fév. Doubles 76-96 € selon confort ; familiales 3 pers 96-116 €. Menus (déj en sem) 19,50 €, puis 26-34 €. Café offert sur présentation de ce guide.* Sur les hauteurs de la ville, le réputé hôtel *Bellevue* embrasse, de ses salles arrière, le Lot et les plaines avoisinantes. La vue est saisissante, le soir surtout au coucher du soleil. Une vue dont disposent certaines chambres avec balcon. Déco contemporaine différente dans chacune. Les plus chères sont particulièrement spacieuses. Au resto, délicieuse cuisine du moment, légère et parfumée, à juste titre très réputée. La grande salle panoramique fait heureusement oublier le mobilier de cantine d'entreprise. Service également sous l'élégante véranda, côté place. Accueil exceptionnel.

Où dormir ? Où manger dans les environs ?

Chambres d'hôtes Moulin de Clédelle : *chez Michel Borredon, 46700* ***Loupiac.*** *☎ 05-65-30-83-39. À env 3 km de Puy-l'Évêque ; prendre direction Cahors, puis suivre Loupiac, sur la gauche. Ouv 15 mars-15 nov. Double avec sdb 46 € ; familiale 51 €. Parking privé. Apéritif et boîte de pâté offerts sur présentation de ce guide.* Une adresse à la ferme avec poules et canards qui déambulent dans la cour. 3 chambres simples, avec entrée indépendante, dont une sympathique familiale en duplex.

Chambres d'hôtes Coulou : *lieu-dit Le Coulou, 46700* ***Grézels.*** *☎ 05-65-22-45-88. 06-64-39-19-98. • chambres-hotes-lot-charme.com • À env 10 km de Puy-L'Évêque ; en arrivant par la D 8, tourner sur la D 28 direction Boulve juste avt d'entrer dans Grézels ; au hameau Saint-Jean, prendre à droite et grimper ; arrivé sur le plateau, tourner à gauche le long des vignes puis suivre le fléchage. Doubles 65-95 € selon chambre et saison. Attention, chambres louées en théorie en gîte en juil-août (sf dispo dernière minute). Table d'hôtes 25 € vin compris (sur résa). 10 % de réduc sur le prix de la chambre, tte l'année, sur présentation de ce guide.* Isolée au sommet d'une colline, cette ancienne ferme superbement rénovée abrite 4 chambres claires et confortables avec salle d'eau privée, chacune jouant de ses particularités. Celle située dans l'ancien chai s'ouvre sur une terrasse privée, alors que sa voisine loge au frais dans l'ancienne cave voûtée. Dans celle de l'étage on profite d'une grande terrasse suspendue face à la vallée. L'ancien four à pain a, quant à lui, été converti en studio, avec mezzanine et kitchenette. Enfin, dans une seconde bâtisse niche un grand gîte s'ouvrant sur un jardin, avec 3 chambres et cuisine équipée. Autour, tout n'est que nature sagement domestiquée. Grande piscine aussi, entourée d'herbe grasse où se déploient des transats. Une adresse de charme, loin du fracas du monde.

Restaurant Le Caillau : *lieu-dit Le Caillau, 46700* ***Vire-sur-Lot.*** *☎ 05-65-23-78-04. • info@lecaillau.com • Par la D 5, direction Mauroux. Ouv tlj sf dim soir, lun soir et mar hors saison. Formule déj 13,50 €. Carte 25-30 €. Résa préférable.* Dans un ancien domaine viticole entouré de vignes, le *Caillau* surprend autant par la déco « countryside » (les propriétaires sont anglais et ont aménagé la grange ouverte sur l'extérieur de façon très cosy) que la créativité de la cuisine. Produits de saison et de terroir sont revisités avec ingéniosité par un chef qui ne manque pas de ressource et bouscule ainsi les codes de la gastronomie lotoise ! Burger d'agneau extra. Un rapport qualité-prix épatant, ce d'autant que les plats sont généreusement servis. Service parfait. Un sans-faute qui mérite largement le détour.

Restaurant Le 14 : *14, pl. d'Istrie,*

46220 ***Prayssac.*** *☎ 05-65-36-04-86. À 5 km de Puy-l'Évêque. Dans le centre, face à l'hôtel de ville. Tlj sf dim-lun ; ouv slt à midi hors saison. Menus 14-32 €.* Un resto-salon de thé installé au cœur d'un magasin de déco ! Le cadre est gai comme le chant du rossignol et coloré comme un tableau de Vasarely. La cuisine est fraîche et simple (salades, assiettes gourmandes, grillades), avec quelques propositions singulières comme la pastilla au confit de canard. Assiettes composées originales, réussies et suffisamment copieuses pour un repas. En été, joli patio ombragé. Très bon accueil.

Voir aussi plus bas « Où acheter un bon cahors ? », le ***Château de Chambert*** à ***Floressas.***

Où acheter un délicieux gâteau aux noix ?

Pâtisserie Franck Tonel : *49, rue Ernest-Marcouly. ☎ 05-65-21-32-56. • patisserie-tonel@orange.fr • patisserie-tonel.fr •* Le gâteau aux noix est une spécialité de région que l'on trouve dans de nombreuses pâtisseries. Franck Tonel, maître-artisan, en réalise une version d'après la recette originale, dont il s'enorgueillit d'être le seul détenteur. Fi de ces batailles, avouons que celui-ci se défend plus que bien ! Les noix quasi confites forment un caramel au goût unique et à la texture fondante. Existe aussi agrémenté d'écorces d'oranges (excellent), de framboises ou de pruneaux. Le danger : l'addiction. Qu'à cela ne tienne, les petites merveilles peuvent être expédiées, si vous souhaitez en commander.

Où prendre un verre ?

L'Astrolabe : *La Cale. ☎ 05-65-22-24-50. • astrolabe46d@yahoo.fr • Tlj sf mer en saison ; slt le soir jeu-dim le reste de l'année.* Un rade sympathique proposant pas moins d'une trentaine de bières, et profitant d'un emplacement et d'une terrasse de choix, face au Lot et au soleil couchant. De temps en temps, quelques concerts (jazz, blues, etc.) ; en principe, 1 vendredi sur 2. Sinon, pour tuer le temps, billard, fléchettes et baby-foot. Fait également restaurant (surtout des tapas).

Où acheter un bon cahors à Puy-l'Évêque et dans les environs ?

Le Clos Triguedina : *Les Poujols, 46700* ***Vire-sur-Lot.*** *☎ 05-65-21-30-81. • jlbaldes.com •* Tout simplement un des plus prestigieux cahors. Les générations précédentes ont largement contribué au renouveau du vignoble, et aujourd'hui, la relève a toujours le même souci d'excellence. Et comme les prix sont restés très raisonnables, on se permet de vous le recommander chaudement. Les amateurs de vins capiteux pourront tenter le *New Black Wine,* hommage aux anciens et prestigieux vins de Cahors. Du velours noir aux arômes de fruits confits compotés... Petit rappel : à consommer avec modération !

Château de Chambert : *Les Hauts Coteaux, 46700* ***Floressas.*** *☎ 05-65-31-95-75. • chambert.com • À 10 km env de Puy-l'Évêque.* L'un des grands domaines du vin de Cahors qui a obtenu de nombreuses médailles et distinctions. Réputé notamment pour son travail en biodynamie. Visite guidée des chais sur rendez-vous suivie d'une dégustation. Le propriétaire a eu la bonne idée d'ouvrir dans une dépendance un bistrot-bar à vins *(tlj 9h-19h),* joliment aménagé. Planches de fromages de chez *Marty* (la star des fromagers à Cahors), de charcuteries sélectionnées avec soin, et proposées en accords mets et vins. Autres planches variées, snacks et salades (légumes bio). Sans oublier les délicieuses pâtisseries. Une bonne occasion de goûter « en situation » les vins de la propriété, mais également d'autres terroirs (sélection pointue).

Château Pineraie : *au lieu-dit **Leygues,** Puy-l'Évêque. ☎ 05-65-30-82-07. • chateaupineraie.com •* Les sœurs Anne et Emmanuelle Burc, 6e génération de la famille, ont repris l'exploitation et travaillent en culture raisonnée. Elles produisent 3 cuvées : le *Château Pineraie* et *La cuvée des Dames,* composées de 85 % de malbec et de 15 % de merlot, qui renferment toute la typicité du cahors ; et *L'Authentique,* 100 % malbec, devenu un classique incontournable, vendu dans de nombreux pays.

Château tour de Miraval : *Miraval, 46800 **Saint-Matré.** 06-86-05-89-74. • chmiraval.fr • Ouv tlj 10h-18h.* Évelyne Levy a repris avec enthousiasme et sens du partage l'exploitation de sa grand-mère, qui la tenait elle-même de ses grand-parents ! Vin rouge uniquement en production biologique produit sur un terroir argilo-calcaire. Évelyne ne ménage pas ses efforts pour produire notamment cette cuvée *Perle noire* 100 % malbec ou la *Cuvée Rachel,* cuvée de femmes présentée de façon non traditionnelle dans une bouteille de bourgogne. Pas mal non plus, la cuvée *Quatuor,* qui ne sort que les bonnes années et donne un vin particullièrement long en bouche.

À voir. À faire

Balade en gabare électrique sur le Lot : *Gabare Copeyre. ☎ 05-65-20-03-25. • gabare-copeyre.com • Ouv Pâques-Toussaint. Durée 1h ou 2h. Compter 10-16 € selon le parcours (dégustation de vin de cahors comprise) ; enfant 7-15 €.* Sous l'apparence d'une gabare d'autrefois, un bateau électrique moderne, pouvant recevoir jusqu'à 50 personnes pour une balade silencieuse au fil du Lot. Plusieurs thématiques selon horaires de départ et deux circuits dont un (le plus long) avec passage d'écluse. Possibilité de location de canoës.

Porcelainier Virebent : *rue de l'Usine. ☎ 05-65-36-46-31. • virebent.com • Visite libre et gratuite. Ouv tte l'année 10h-12h, 14h-19h, plus le dim 15 mai-15 oct.* Cette manufacture créée en 1924 fabriquait des composants électriques en porcelaine avant sa reconversion dans les arts de la table. Reprise par un couple de designers parisiens, la manufacture connaît un regain de créativité (pièces contemporaines vendues entre autres à la galerie Sentou à Paris). Beau choix à la boutique, dont des pièces de 2d choix à tarifs bradés. L'espace muséographique, installé autour du vieux four à charbon montre les différentes étapes de la fabrication artisanale de la porcelaine et de la faïence, de la matière première à la pièce finie. Très peu d'explications, poussiéreux et circuit pas clair, dommage.

L'église Saint-Sauveur : édifiée au XIVe s. Clocher-porche massif avec tourelle ronde sur le côté. Splendide portail flamboyant (classé Monument historique). Sur le tympan, *Crucifixion* et gracieuse *Vierge à l'Enfant.* Beau chevet gothique flamboyant avec balustrade ajourée. Le poste d'observation avec l'élégante échauguette carrée au coin rappelle que l'église fut aux avant-postes du système de défense.
À gauche, dans le cimetière, sous un baldaquin de pierre, un *calvaire* du XVe s au coup de ciseau assez archaïque.

Le donjon : *pl. de la Truffière (à côté de l'hôtel de ville).* Imposant vestige du château des Évêques. Haut de 23 m, il date du XIIIe s et répondit aux mêmes buts défensifs que celui de Luzech. Bel appareillage de pierre. Ne se visite pas.

Entre le donjon et la rivière, on éprouve un réel enchantement à parcourir les ruelles reliées par des escaliers et tournant en anneaux circulaires le long de la

pente. Concentration maximale de nobles manoirs qui, vu la place restreinte, furent édifiés serrés les uns à côté des autres.
Emprunter la *rue du Fort* au pied du donjon. On longe le ***château de l'Ychairie,*** du XIVe s, ancienne salle d'audience des vassaux. On arrive vite à l'ancienne ***chapelle des Pénitents*** avec son petit campanile et son écusson sculpté. Continuer la *rue Bovila* jusqu'à cette étrange sculpture sur un linteau de porte : un bateau au-dessus d'une accolade (avec une croix comme ancre ou gouvernail). Plus loin, le ***château Bovila*** présente un beau linteau faisant référence aux pèlerins de Saint-Jacques-de-Compostelle. Beaucoup d'édifices n'ayant pas encore été restaurés, l'usure du temps et la maladie de la pierre ajoutent un côté pathétique au plaisir de la découverte. Là, sur une autre porte, des mains semblent sortir du mur ! Descendre l'escalier de la chapelle des Pénitents pour arriver, ***place de la Halle,*** à la plus belle porte Renaissance du quartier (XVe s). Tout autour, d'autres hôtels particuliers et demeures médiévales construits sur les anciens remparts du XIIIe s. *Place Guillaume-de-Cardaillac,* on est dominé par l'énorme masse des demeures. Impressionnante maison forte avec tours rondes. Pittoresque *ruelle des Cloutiers* menant au Lot. *Place de la Cale,* belle vue d'ensemble. *Ruelle des Clédelles,* porte de ville et ancien ruisseau menant à un moulin du XVIIe s.

DANS LES ENVIRONS DE PUY-L'ÉVÊQUE

Martignac *(46700)* **:** *à 3 km de Puy-l'Évêque.* Ce petit village, sur la route de Puy-l'Évêque à Cassagnes, mérite largement le détour. Dans l'*église* romane du village *(ouv tlj 10h-18h), fresques médiévales* (du XVe s ; en fait, des peintures à la détrempe) absolument remarquables. Sur le mur de gauche en entrant, curieuse scène évoquant les péchés capitaux avec le diable et des monstres. Dans le chœur, à gauche, *Mise au tombeau.* Jolies grisailles, à la mode flamande ou italienne, plutôt rares dans nos contrées... Bien plus rare encore, sur la voûte, *Dieu le Père en majesté.* Sur le mur de droite (au-dessus du confessionnal), *Couronnement de la Vierge* et *Saint Pierre,* patron de l'église. Petit descriptif disponible sur place.

DURAVEL (46700) 957 hab. *Carte Lot, A3*

Encore un village typique des bords du Lot, avec sa belle église et ses grosses maisons quercynoises autour.

Adresse utile

Bureau d'information : *pl. de la Mairie. ☎ 05-65-24-65-50 et 05-65-21-37-63. • tourisme-lot-vignoble.com • Juil-août, tlj sf dim 9h30-13h, 14h-18h ; le reste de l'année j. et horaires restreints.* Livret de visite de l'église disponible.

Où dormir ? Où manger dans les environs ?

Camping

Camping Le Clos Bouyssac : *au lieu-dit Bouyssac, 46700* ***Touzac.*** *☎ 05-65-36-52-21. • camping.leclosbouyssac@wanadoo.fr • leclosbouyssac.eu • Accès : par la D 811 ; à 1,5 km de Touzac. Ouv 1er avr-30 sept. Emplacements tente env 25 € pour deux selon saison. Loc chalet, mobile homes et bungalows toilés 439-739 €/sem. 85 empl.* Cadre boisé, donc ombragé, au bord du Lot.

Très confortable. Location de kayaks. Le GR 652 passe à proximité. Piscine.

De prix moyens à chic

Hostellerie Le Vert : *46700 Mauroux.* ☎ *05-65-36-51-36.* • *info@hotellevert.com* • *hotellevert.com* • *À 10 km env au sud de Duravel, sur la D 5 (route de Tournon-d'Agenais). Resto ouv ts les soirs sf jeu. Fermé nov-mars. Résa conseillée. Doubles 85-130 € selon confort et saison. Menu 32-38 €.* Un vrai coup de cœur pour cette superbe demeure quercynoise en pleine campagne, dans un cocon de verdure magnifiquement entretenu. Verger, piscine chauffée. Quel calme ! Vastes chambres de style rustique-chic réparties entre la bâtisse principale et l'annexe. Excellent confort. Table réputée où l'on sert une cuisine de marché légèrement créative. L'été, petits déj (excellents) et repas sont servis en terrasse ; du pur bonheur ! Accueil pro, tout à fait charmant.

Où acheter un bon cahors ?

Le Clos du Chêne : *à env 1 km du bourg (bien indiqué).* ☎ *05-65-36-50-09.* • *closduchene-cahors.fr* • Vignoble de 17 ha, exploité depuis 4 générations par la même famille. Produisent également un côtes-du-lot rosé.

Château La Gineste : *chemin de la Gineste, à 1 km du bourg.* ☎ *05-65-30-37-00.* • *chateaulagineste.free.fr* • Vin bio bien vinifié, de bonne structure. Vieux millésimes disponibles. Également des vins rosés monocépages, auxerrois ou merlot.

Le Clos d'un jour : ☎ *05-65-36-56-01.* • *leclosdunjour.fr* • *À env 2 km de Duravel par la D 811 direction Puy-l'Évêque, puis fléché sur la gauche.* Stéphane Azémar, ancien architecte, a l'originalité d'élever une partie de sa production bio en jarre de terre cuite de 140 l. L'oxygénation du vin est idéale et lui offre toute sa rondeur.

À voir

L'église : *demander la clé à l'office de tourisme ou au resto de la mairie.* Édifiée au XIe s et considérablement remaniée aux XIVe et XIXe s. Cela dit, elle a belle allure avec ses remparts dégagés et son remarquable chevet dont il faut détailler les fines sculptures de la corniche. À l'intérieur, on découvre une magnifique **crypte** préromane. Petite salle avec double rangée de colonnes. Chapiteaux au dessin très rustique mais fort bien exécuté. L'un d'eux est orné d'un paon. De l'ensemble se dégage une grande harmonie. S'attarder aussi sur les beaux chapiteaux historiés de l'abside. Thèmes classiques de l'époque : l'Enfer, punition de la cupidité, dragon terrassé, supplice de saint Pierre, etc. Bas-relief gallo-romain dans la nef. Derrière l'autel, sarcophage contenant les restes de trois saints orientaux, Hilarion, Agathon et Poémon. Au Moyen Âge, ils furent l'objet d'un important pèlerinage. Tous les 5 ans, le 21 octobre, le sarcophage est ouvert au public pendant un mois pour permettre de contempler les « corps saints de Duravel » momifiés. Prochaine cérémonie prévue en 2020.

Quelques ***demeures médiévales*** dignes d'intérêt à Duravel : en face du chevet de l'église, un superbe manoir du XVIe s (harmonieuse perspective des toits). Dans le même bloc que l'église, voir encore le *château du Viguier* (sur les hauteurs du village), le *logis du Prieur* (à deux pas) et diverses maisons du XVe s.

Manifestations

- **Foire aux fleurs :** *3e w-e d'avr.*
- **Foire aux vins et produits régionaux :** *les 14 et 15 août.*

LA BOURIANE (LE QUERCY PÉRIGOURDIN)

On n'est guère loin de Villefranche-du-Périgord et de Sarlat. Belle terre rouge, collines boisées (châtaigniers et fougères), entrecoupées de vertes vallées. Paysages doucement accidentés de Montcabrier à Gourdon, parsemés de coquets villages.

MONTCABRIER (46700) 375 hab. *Carte Lot, A3*

Petite bastide créée par Philippe le Bel en 1297. L'archétype du joli village quercynois, dont la bastide est bien organisée avec ses rues parallèles qui s'entrecroisent autour d'une place carrée, bordée de belles façades médiévales avec arcades et cornières en encorbellement (à noter, les escaliers dans les entremis, séparant les habitations). Superbe *église Saint-Louis* du XIVe s, dont le clocher domine la place centrale. Mur à six arcatures et élégant portail rayonnant, intégrant une rosace. La balade dans le village révèle de fort belles demeures médiévales : le *presbytère,* la *maison* dite *de la cour de justice,* avec son échauguette du XVIe s, l'ancienne *maison de la jugerie* (fenêtre Renaissance). Également, vestiges de l'enceinte, remparts, tour d'angle, porte fortifiée (XIVe s) et point de vue sur la vallée de Thèze.

Où dormir ? Où manger à Montcabrier et dans les environs ?

Campings

Camping Le Carbet : *D 673, lieu-dit La Barte, 46700* ***Cassagnes.*** *☎ 05-65-36-61-79. 06-12-61-83-07. • campingcarbet@wanadoo.fr • camping-le-carbet.fr • Accès : par la D 673 entre Gourdon et Fumel ; à 9 km de Montcabrier. Ouv de mi-avr à mi-sept. Emplacements tente 12,50-17,50 € ; mobile homes 205-535 €/sem ; caravanes : 270-320 €/sem. 29 empl.* Des emplacements en terrasses, ombragés et dispersés dans une forêt de 3 ha sur une colline surplombant le plan d'eau. Vente de permis de pêche. Piscine chauffée.

Camping Moulin de Laborde : *D 673. ☎ 05-65-24-62-06. • moulindelaborde@wanadoo.fr • moulindelaborde.eu • Accès : par la D 673 entre Gourdon et Fumel, à 2 km du bourg de Montcabrier. Ouv de mai à début sept. Emplacements tente 20,64-25,80 €. CB refusées. 90 empl. Réduc : forfait 16 € pour 2 pers, en mai-juin et du 25 août au 8 sept sur présentation de ce guide.* Un camping confortable et très bien entretenu dans un environnement verdoyant, avec un beau moulin du XVIe s. Pas de locatif, du bonheur pour les campeurs ! Resto, épicerie et tipis indiens pour les enfants. Possibilité de belles randonnées dans la région (GR 36 et GR 652). Lac de Cassagnes à proximité (pêche). Piscine.

De bon marché à prix moyens

Chez Odette et Roger Lemozy : *Mérigou, 46700 Montcabrier. ☎ 05-65-36-53-43. • roger-lemozy@orange.fr • gite-merigou-lot.com • À 2,5 km de Montcabrier ; depuis la D 673 reliant Fumel à Frayssinet, suivre la direction de Sauveterre ; après le pont, prendre la 2e à droite ; c'est 1,5 km plus loin. Double 40 €. Repas le soir 14 €. Gîtes 5-8 pers 350-1 000 €/sem. Une bouteille* *d'apéritif maison offerte pour un séjour de plusieurs nuits sur présentation de ce guide.* Ferme perchée sur une colline boisée, à l'écart de tout passage. Odette et Roger, retraités agricoles d'une hospitalité hors pair, proposent des chambres d'hôtes à la ferme ainsi que 2 gîtes ruraux dans des maisons de caractère. Piscine près du grand gîte, dans le hameau (également accessible aux locataires des chambres d'hôtes).

Chambres d'hôtes Le Clos de la Thèze : *La Thèze, 46250* ***Frayssinet-le-Gélat.*** *☎ 05-65-36-65-39. • closdelatheze@free.fr • closdelatheze.fr • À 12 km env de Montcabrier ; par la D 660 en direction de Villefranche-du-Périgord, puis la D 28 (fléché). Fermé de fin oct à début avr. Double 55 €, 75 € pour 3 pers.* Au sein d'un charmant petit hameau et à deux pas de leur ferme, un couple d'agriculteurs a aménagé une maison d'hôtes avec 3 chambres de bon confort (salle de bains privée, parquet flottant, anciens meubles de famille ou plus contemporains). L'ensemble est scrupuleusement tenu, et la tondeuse est régulièrement passée dans le jardin attenant où une poignée de transats vous tendent les bras. Bon petit déjeuner sucré-salé avec gâteaux, laitages, brochettes de fruits, confitures, magrets séchés... faits maison. Un bon rapport qualité-prix.

Aux Délices de La Serpt : *ferme de La Serpt, 46250* ***Frayssinet-le-Gélat.*** *☎ 05-65-36-66-15. • mfsoulie46@orange.fr • Par la D 660 en direction de Villefranche-du-Périgord, puis la D 28 (fléché). Fermé dim soir-lun et à midi jeu et sam ; sur résa. Une double avec sdb et TV 40 €, petit déj inclus. Menus 16-27 € (apéritif, vin et café compris).* Belle ferme de 1730, avec pigeonnier, située dans un hameau. Salle à manger agréable, parfaite pour apprécier une solide cuisine de terroir. Les menus comprennent fromage, dessert, etc. Spécialités maison (uniquement sur commande) : poule au pot, oie au cahors, rôti de magret au foie, mique levée... Bon accueil. Vente de conserves. Une chambre également mais très simple.

Hostellerie de Goujounac : *dans le bourg, 46250* ***Goujounac.*** *☎ 05-65-36-68-67. • info@goujounac.com • goujounac.com • À 15 km env de Montcabrier, sur la D 660 en direction de Cahors. Tlj sf dim soir-lun, plus mar hors saison. Fermé déc-fév. Double env 62 €. Triple 76 €. Menus 15 € (déj sf dim), puis 24,50-35 €.* Un petit hôtel-restaurant situé au cœur d'un joli village de pierre blanche. On vient s'y sustenter d'une cuisine traditionnelle, en profitant de la fraîcheur de la pergola de chèvrefeuille avec sa fontaine qui glougloute, à moins d'opter pour la salle rustique. Également 5 chambres à l'étage, et un jardin à l'arrière. Une adresse tenue par un sympathique couple de Néerlandais, bien pratique pour faire une pause dans ce coin du Lot assez pauvre en établissements.

À voir. À faire

Le musée Le Livre et la Lettre : *en face de l'église. 06-32-02-31-51. • lelivreetlalettre.com • D'avr à mi-sept mar-dim 11h-19h ; de mi-sept au 31 mars jeu-dim 10h-18h. Entrée : 3 € ; tarif réduit 2 €. Visite guidée 5 €.* Dans l'ancienne épicerie aux arcades du XVIe s, intéressante collection privée d'un libraire parisien, qui retrace l'histoire du livre au cours des siècles. Reliures, enluminures, incunables du XVe s, ouvrages de calligraphie, de typographie et des documents manuscrits satiriques comme le testament d'Hitler et de Mussolini.

➢ Beau ***sentier de randonnée*** de 12 km en partant de l'église du village, empruntant pour moitié le GR 652, à faire à pied ou à VTT. Balisage rouge et blanc sur le GR, bleu et blanc sinon. On suit des sentiers ombragés très sympas, en longeant des *gariottes* et un moulin à eau. *Rens auprès du bureau d'information à Duravel : ☎ 05-65-24-65-50.*

Manifestation

– ***Marché de producteurs :*** *en juil-août, ven à partir de 18h.*

LES ARQUES (46250) 180 hab. *Carte Lot, A3*

Petit village merveilleux, perché au-dessus d'un vallon entouré de taillis et de forêts de chênes. Deux rangées de maisons, allant de l'ancienne école à la place de l'Église. C'est aux Arques que le sculpteur Ossip Zadkine s'est installé. Il a su s'intégrer à la vie villageoise d'une manière incroyable. Tous les anciens se souviennent de lui. Ce qui explique que la mairie se soit battue avec le conseil général du Lot pour respecter la volonté de l'artiste : la création d'un *musée Zadkine* aux Arques.

Info utile

– Ce modeste village, dont le centre compte à peine 20 habitants, perpétue sa vocation culturelle en accueillant, à l'année, une résidence d'***artistes-plasticiens,*** qui exposent leurs travaux dans les villages du coin de juillet à mi-septembre. *Rens : ☎ 05-65-22-81-70. • ateliersdesarques.com •*

Où dormir dans les environs ?

Chambres d'hôtes La Caminade : *chez M. et Mme Gau, 46250* ***Cazals.*** *☎ 05-65-21-66-63. • contact@lacaminade.com • lacaminade.com • À 7 km env des Arques ; à l'entrée de Cazals, prendre la 1re à droite (fléché). Ouv tte l'année sur résa. Doubles 88-98 € selon saison ; suites 98-120 €.* Dans l'ancien monastère du village, sur les hauteurs, 4 chambres de caractère, décorées avec beaucoup de goût. Accueil charmant et site vraiment superbe. Au cœur d'un jardin fleuri et paisible, piscine extérieure d'eau salée chauffée. Une adresse de charme. On peut prendre ses repas à l'auberge du village.

Où manger ?

La Récréation : *à l'entrée du bourg. ☎ 05-65-22-88-08. Tlj sf mer (et jeu en basse saison). Fermé de mi-nov à mi-fév. Menus 26 € (midi sf dim), puis 37-49 €. Apéro maison offert sur présentation de ce guide.* Une autre bonne raison de visiter Les Arques. Réservez une table, s'il fait beau, pour manger sur la petite terrasse ombragée dans l'ancienne cour de récréation du village. À moins que le temps ne vous incite à devancer la rentrée des classes et à vous installer à l'intérieur de l'ancienne école, au décor désormais contemporain. Quoi qu'il en soit, c'est une vraie cuisine plaisir qui vous attend dans ce lieu original. Spécialités de poisson, mais aussi d'excellentes viandes, le bonheur... Accueil très sympa.

À voir

L'église Saint-Laurent : Zadkine a grandement participé à sa restauration, en relevant des gravats ce qu'il restait d'un ancien prieuré du XIIe s longtemps abandonné. Trois œuvres du sculpteur ornent la place : *Les Lotophages* (1961), *L'Arbre des Grâces* (1962) et *L'Arlequin hurlant* (1956).

De la nef, rénovée au XIXe s dans le style néoroman, vous êtes attiré au-delà, vers le transept sur lequel s'ouvrent le chœur et ses deux absidioles du XIIe s dans une blancheur magique. Ne manquez pas de découvrir les bizarreries architecturales : l'entrée des absidioles est constituée d'un arc à l'oriental ou « outrepassé » (parce qu'il se prolonge au-dessous de l'horizontale), souvent utilisé dans les églises du Quercy. Drôle de courbure des voûtes latérales séparant le chœur des absidioles. Elles se terminent par une espèce d'amorce de spirale. Le terme consacré est « arc rampant en bec de corbin renversé ». Rien ne laisse indifférent, jusqu'aux chapiteaux étrangement sculptés, comme celui situé entre le chœur et l'absidiole de droite, représentant deux anges pourvus d'ailes de chauve-souris. Une scène énigmatique dont on ignore aujourd'hui encore la symbolique. Admirez la variété des motifs des chapiteaux dans le style mozarabe.
Dans la crypte, *pietà* de Zadkine en bois polychrome se tordant de douleur et de chagrin (même si, aux yeux de l'artiste, très choqué à son retour de la Première Guerre mondiale, elle symbolisait plutôt la mère patrie souffrant de la mort de son peuple).
Au-dessus du portail, un impressionnant *Grand Christ* sans croix, toujours de Zadkine, de 5,25 m de hauteur, taillé dans un orme du village dont les torsions puissantes infligent autant de tourments au Corps martyr. Le *Grand Christ* sans croix et la *pietà* furent exécutés aux Arques.

Le musée Zadkine : *en face de l'église. ☎ 05-65-22-83-37. • musees.lot.fr • Tlj sf lun : avr-oct, 10h-13h, 15h-19h ; hors saison, slt 14h-18h. Fermé janv et certains j. fériés. Entrée : 3 € ; réduc moins de 26 ans. Expo temporaire chaque année.*
Un musée aménagé dans une ancienne grange et situé à proximité de l'ancien atelier-résidence de l'artiste. Il abrite une petite partie de ses œuvres, mais très représentatives du style de Zadkine, caractérisé par un mélange de rigueur et d'exubérance. Il permet aussi d'admirer son talent de sculpteur en « taille directe », digne d'un artiste qui a su digérer le cubisme, travaillant sur des pièces de bois d'un seul tenant.
Zadkine naquit en 1890 en Biélorussie. En 1909, il vint s'installer en France et fréquenta le grand mouvement des Montparnos. Avec sa femme Valentine Prax, ils achètent en 1934 une maison aux Arques. C'est dans cet environnement naturel qu'il puisa son inspiration pour de nombreuses créations.
Les œuvres sont exposées sur deux niveaux. Collections de superbes *lithographies,* ainsi que quelques portraits en noir et blanc réalisés ici par le photographe Daniel Frasnay. Pierres (une *Diane* de 1927). Également quelques très beaux bronzes, dont le *Projet de monument pour une ville bombardée* (1953), un *Pomone* (1960) et les *Ménades* (1937). Au sous-sol, quatre sculptures monumentales, réalisées aux Arques, remplissent l'espace de la salle : l'*Homo sapiens* ; *Diane chasseresse,* en bois polychrome ; *Orphée,* inachevé, taillé dans le vif d'un grand orme ; *Daphné* (1939). Sur l'esplanade du musée, cinq sculptures de l'artiste. Deux autres sont exposées dans l'église Saint-Laurent (lire ci-dessus).

Les peintures murales de la chapelle Saint-André-des-Arques : *à 2,7 km du village, après avoir traversé la D 45 et la Masse. Demander la clé (contre une pièce d'identité) au musée Zadkine.* Perdue dans la verdure en haut d'une colline, cette petite église romane abrite de magnifiques décors pariétaux polychromes romano-gothiques (XIIIe-XVe s).

DANS LES ENVIRONS DES ARQUES

➢ ***Le sentier balisé de l'espace naturel sensible de la vallée de la Masse :*** *départ derrière le musée Zadkine (contourner la bibliothèque sur le côté droit). Brochure payante disponible au musée Zadkine ; également des fiches explicatives à* *insérer dans les bornes au cours de la balade.* Un sentier de 4,7 km qui pénètre au cœur du marais, grâce à un caillebotis longeant le ruisseau.

***Cazals** (46250) :* sur la route de Gourdon, un beau village. Ancienne bastide construite par les Anglais, avec une belle place centrale *(office de tourisme : ☎ 05-65-22-88-88 ; tte l'année : en été, tlj sf sam mat et dim).*
– Le musée des Vieilles Mécaniques : *☎ 05-65-20-29-68. • vieillesmecaniques.com • À la sortie du village en direction de Fumel. Juin-sept. En principe, jeu 9h-18h ; dim 10h-12h (hors saison sur résa). GRATUIT.* Dans un hangar, des dizaines de machines d'autrefois et de vieux tracteurs restaurés, sur place, par une poignée de bénévoles passionnés.

Musée agricole et de l'automobile : *à **Salviac** (46700), 7 km plus au nord, lieu-dit Pépy. ☎ 05-65-41-56-18. • musee-agricole-salviac.com • Tlj 10h-19h juil-août (visite guidée à 11h, puis 15h et 16h30) ; avr-juin et sept à mi-nov, 10h-12h, 14h-19h. Entrée : 8 € ; visite passion 12 € (démarrage des moteurs, etc. !) ; réduc.* Si vous en voulez encore, plus de 200 autos, motos, vélos, camions, tracteurs, objets usuels et machines agricoles. Impressionnante collection commentée d'anecdotes croustillantes par un guide jovial. Également une reconstitution d'une demeure d'antan, d'une ancienne école.

GOURDON

(46300) 4 638 hab. *Carte Lot, B2*

Petite cité médiévale qu'on aperçoit de loin, lovée sur sa butte. Capitale de la Bouriane et voisine du Périgord noir, ce fut une ville très importante au Moyen Âge. Richard Cœur de Lion s'en empara en 1189. On y compta jusqu'à quatre monastères, pillés et détruits par le célèbre capitaine huguenot Duras, en 1562. Pour avoir choisi le mauvais camp, c'est-à-dire contre Louis XIII, le seigneur de Gourdon vit son château complètement rasé en 1651. Enfin, les remparts furent abattus au XVIIIe s (à l'endroit du boulevard circulaire). Malgré ces coups durs, l'essentiel du vieux cœur de la ville demeure. Agréable et romantique balade dans les ruelles entourant la splendide église Saint-Pierre. Pas de commerce dans la ville close endormie, l'activité se concentre sur le boulevard circulaire qui la ceinture.

Adresses et info utiles

Office de tourisme : *rue du Majou, dans la ville close. ☎ 05-65-27-52-50. • tourisme-gourdon.com • Tlj sf dim (ouv dim mat 15 juin-15 sept). Visite guidée de la ville jeu à 16h en juin ; juil-août, visite sensorielle mar 17h et visite classique jeu 17h (à partir de 4 € ; réduc), visites aux flambeaux... Rallye des P'tits Bouts pour les enfants le mer à 15h en été (3 €).* Bonne documentation et fiches randos. Super accueil.

Gare SNCF : *rens au ☎ 36-35 (0,34 €/mn).* Ligne Toulouse-Paris.

@ ***Internet :*** ***Cyber-base,*** *96, bd Léon-Gambetta. ☎ 05-65-37-10-22. Dans la ville basse, à l'entrée de la ville. Juin et sept, ouv lun-mer et ven ap-m slt, le mat jeu. Juil-août, lun-ven 10h-12h30, 14h-17h. Accès gratuit.*

Location de vélos : ***Cycle Aubert,*** *73, av. Cavaignac. ☎ 05-65-37-07-55. Tlj sf dim-lun. Loc env 12 €/j.*

On trouve ***tous les services*** en ville (poste, banque, station-service, supermarchés).

– Marchés : *marché fermier, jeu mat en juil-août, pl. Saint-Pierre. Marché hebdo, sam mat tte l'année, pl. du Général-de-Gaulle. Foire les 1er et 3e mar de chaque mois, sur le tour de ville.*

Où dormir ? Où manger à Gourdon et dans les environs ?

Camping

⛺ ***Domaine Le Quercy :*** *lieu-dit Écoute-S'il-Pleut. ☎ 05-65-41-06-19. • domainequercy@orange.fr • domainequercy.com • ♿ Accès : à 1,5 km du centre-ville, direction Sarlat (fléché). Ouv de mi-avr à fin sept. Emplacements tente 12,85-25,20 €. Loc mobile homes, chalets, maisonnettes et bungalows toilés 231-903 €/sem. 160 empl. Réduc de 50 % sur la 2e sem (hors juil-août).* Camping de qualité, bien ombragé, confortable et fort bien situé. Piscine chauffée avec toboggan, pataugeoire pour enfants et tennis (payant). Équitation à proximité. Location de vélos. Animations en saison. Accès direct à la plage de la base de loisirs en contrebas. Restauration sur place.

De bon marché à prix moyens

🏠 🍽 ***Hôtel La Promenade :*** *48, bd Galiot-de-Genouillac. ☎ 05-65-41-41-44. • la.promenade.gourdon@orange.fr • lapromenade-gourdon.fr • Doubles 64-78 €.* 📶 Central mais pas bruyant puisque les 10 chambres donnent sur le jardin public et non pas côté rue. Elles sont d'ailleurs avenantes et coquettes avec leur déco déclinée en plusieurs thématiques (marine, zen, britannique). Bar et resto au rez-de-chaussée.

🏠 🍽 ***Chambres d'hôtes La Métairie des Songes :*** *lieu-dit Flagel, à env 4 km de Gourdon. ☎ 05-65-32-19-33. • newton.lmds@orange.fr • lametairie-gourdon.com • En direction de Fumel-Salviac, passer la zone commerciale, puis prendre la D 39 à droite au niveau du magasin de foie gras Godard et suivre le fléchage. Congés : 12 nov-15 mars. Doubles 60-85 € ; familiales 88-106 €. Table d'hôtes 32 €, vin compris.* 📶 Dominant une vallée verdoyante, belle bâtisse restaurée recelant 4 chambres confortables et élégamment meublées à l'anglaise. Après une quinzaine d'années passées dans les cuisines d'un resto gastronomique londonien, Mark propose une table d'hôtes d'exception dans un cadre raffiné.

🍽 ***Restaurant Mourguès :*** *sur la pl. du village, 46310* ***Peyrilles.*** *☎ 05-65-31-01-05. • vero.babet@gmail.com • À 18 km env au sud de Gourdon, par la D 12. Hors saison, slt à midi en sem, plus sam soir et dim midi ; en été, tlj midi et soir. Congés : 3 sem en juin et 3 sem en oct. Menu déj (en sem) 12 € ; autres menus 17,50-27,50 € ; carte env 20 €. Apéritif offert sur présentation de ce guide.* Les lecteurs en quête d'authenticité ne rechigneront pas à faire un petit détour pour un copieux repas dans cette rustique auberge de village. Le mercredi midi, on vient de loin pour goûter à la mique levée, une soupe aux choux avec petit salé et pain cuit dans le bouillon, qui suit une grosse assiette de charcuterie, avant de passer au fromage puis au dessert maison. Et le tout pour 12 €, vin compris, s'il vous plaît ! Accueil plein d'humour et de générosité de Jean-Claude et Véronique, particulièrement pour les nouveaux venus. Un coup de cœur.

🏠 ***Chambres d'hôtes Le Paradis :*** *la Ferme du Paradis, route de Salviac. ☎ 05-65-41-09-73. 📱 06-72-18-05-44. • chambresduparadis@gmail.com • chambresduparadis.com • À 1,5 km de Gourdon, dir Fumel-Salviac ; fléché au niveau du rond-point de la zone commerciale (Intermarché) ; c'est à 200 m. Tte l'année. Double 58 € (56 € à partir de 3 nuits).* 📶 Maison récente bordant un camping, bien isolée de la zone commerciale par d'efficaces rideaux d'arbres. Agréables chambres. Petite piscine couverte. Petit déj avec de bons gâteaux maison ! Frigo, micro-ondes, plancha et vaisselle à disposition. Excellent accueil.

Chic

Le Moulin des Fumades : *46300 Payrignac (traverser le village puis suivre le fléchage). ☎ 05-65-41-04-70. 06-28-06-81-72. • viltardisabelle@gmail.com • lemoulindesfumades.com • À 5 km de Gourdon, par la D 704 direction Sarlat puis la D 47. Double 85 €.* Au milieu des prés, dans la longue grange attenante à la ferme rénovée, Isabelle et son mari proposent 3 belles chambres aux teintes contemporaines, toutes avec TV et salle de bains privée. L'une est mansardée ; une autre aligne 2 lits jumeaux ; la 3e, la plus agréable, s'ouvre sur une petite terrasse nichée sous une treille. Salon commun avec kitchenette. S'il fait beau, on prend son petit déj sous les arbres, au bord de la grande piscine, avant d'aller visiter le moulin à huile de noix du domaine, remis en état. Et il tourne.

Où prendre un verre ?

Café Divan : *pl. de la Libération. ☎ 05-65-41-09-89. Tlj jusqu'à 23h (2h en été).* Bar traditionnel avec baby-foot et grand écran qui chauffe la salle les soirs de match. Beaucoup d'habitués qui ne décollent pas de la terrasse, lieu stratégique incontournable pour humer l'ambiance de la ville. Concerts certains vendredis d'été. Accueil jeune et sympa.

Où acheter un bon cahors ?

Le vignoble Roch : *Maillol-Haut. ☎ 05-65-41-39-69. 06-63-31-41-74. • vignoble-mc-roch.jimdo.com • À 4 km env du centre de Gourdon ; prendre direction Fumel (D 673) ; après le concessionnaire Peugeot, suivre Maillol-Haut (sur la gauche). En juil-août, visite et dégustation gratuites mar et ven 18h ; sur rdv le reste de l'année.* Un vigneron qui produit un vin de grenier : la vendange est séchée sur un lit de paille pendant plusieurs semaines avant le pressurage, puis vinifiée en fût d'acacia. Visite intéressante des chais pour découvrir cette technique qui remonte au Moyen Âge et qui a bien failli disparaître. Sur place, également, un gîte de 12 personnes, avec piscine, parfait pour des vacances vertes.

LA BOURIANE

Où acheter du bon foie gras dans les environs ?

Ferme de Peyres (Monique, Yves et Jordane Thocaven) : *Peyres, 46300 Le Vigan. ☎ 05-65-41-28-63. • fermedepeyres@yahoo.fr • fermedepeyres.fr • Ouv tte l'année, lun-sam 9h-12h30, 14h30-18h30. Visite de la ferme et dégustation gratuite en juil-août, mer-jeu à 17h30.* À la ferme de Peyres, entre oie et canard, à vous de choisir ! Foie gras d'oie et de canard, cou farci au foie d'oie ou de canard, confits, rillettes, gésiers de canard confits, fritons, terrine aux deux magrets, terrines aux noix, au rocamadour, au pain d'épice au chocolat (originale et très goûteuse !), au foie gras et figues, magret fourré au foie gras de canard, magret fumé, cassoulet. Miam !

À voir

L'église Saint-Pierre : puissante construction commencée en 1302. Façade avec galerie à mâchicoulis et tours fortifiées hautes de 35 m. Portail à voussures ogivales sur colonnettes ornées de petits chapiteaux finement sculptés. À l'intérieur, nef unique d'une grande ampleur. Voûte à croisée d'ogives avec médaillon. Dans l'abside, hautes baies intégrant des fragments de vitraux du XIVe s (s'amuser à les retrouver). Tout autour du chœur, superbes boiseries dorées du XVIIe s. Arcades des chapelles toutes curieusement de formes et de tailles différentes. Dans la chapelle de la Vierge, remarquable panneau décrivant la Vierge et l'Enfant Jésus tendant un rosaire à sainte Catherine et à saint Dominique. Dans la première chapelle à gauche, de style flamboyant, jolie porte et frise à mi-hauteur. Vieux bénitier du XVIIe s sur cariatide.

Tout le quartier autour de l'église est digne d'intérêt, on pourra suivre le fléchage des 2 balades piétonnes (dépliant à retirer à l'office de tourisme). En face, la ***mairie,*** élégant édifice du XVIIe s avec rez-de-chaussée sur arcades voûtées servant de halle. Nombreuses belles maisons anciennes. Escaliers menant à la plate-forme où s'élevait le château. Bien entendu, magnifique ***panorama*** à 360° sur les alentours, et même des tables de pique-nique pour casser la croûte face à la vue.

Derrière l'église, place des Marronniers, la ***maison natale de la famille Cavaignac.*** Magnifique porte Renaissance (encadrement et porte sculptés).

Parcourir les *rues du Corps-Francs-Pommies, Sourde, du Cardinal-Farinié* et surtout la ***rue du Majou,*** ancienne rue principale de la ville, pour ses nobles demeures médiévales. Noter, au n° 17, la *maison du Sénéchal* (XVIe s), en restauration (projet de centre d'interprétation du patrimoine) ; au rez-de-chaussée, c'était une échoppe de drapier avec de larges ouvertures. À l'étage, belles fenêtres à meneaux. En bas de la rue du Majou, porte fortifiée et petite chapelle.

CHACUN SON COMBAT !

La famille Cavaignac est célèbre à Gourdon. Jean-Baptiste Cavaignac, député, termina sa carrière comme conseiller de Napoléon Ier. Son premier fils, Godefroy, fameux journaliste républicain, créa la Société des droits de l'homme. En revanche, son second fils fut le sinistre sabreur, général de son état, et massacreur du peuple parisien lors de la révolution de 1848.

L'église des Cordeliers : *sur le bd circulaire. Expos temporaires en été.* Ancienne chapelle de couvent. Impossible d'échapper au si peu esthétique clocher longitudinal du XIXe s. Mais à l'intérieur, on retrouve la pureté de l'architecture gothique. Fort belle cuve baptismale du XIVe s.

La chapelle Notre-Dame-des-Neiges : *à env 1 km de la ville. La route part devant l'*Hostellerie de la Bouriane *; après être passé sous un pont, embranchement à 200 m ; là, prendre à droite.* Dans un environnement bucolique à souhait, une adorable chapelle, lieu de pèlerinage depuis le XIIe s pour sa source miraculeuse. Reconstruite après les guerres de Religion. Beau linteau sculpté sur le côté et porche baroque. À l'intérieur, sublime retable baroque (si l'église est fermée, vous pouvez demander les clés à la maison juste à côté).

Fêtes et manifestations

- ***Fête de la Saint-Jean :*** *4 j. fin juin, sur tt le bd circulaire.* Fête foraine avec concerts et feux d'artifices.
- ***Festival Léo Ferré :*** *3 j. mi-juil.* Un festival de mots, de chansons et de poésie. Concerts, conférences, expos...
- ***Rencontres estivales :*** *en juil. Rens : ☎ 05-65-41-20-06.* Festival de musique.
- ***Festival Happy Days Music :*** *3e sem de juil.* Master class et concerts en soirée dans les villages avoisinants.
- ***Les Médiévales :*** *le 1er w-e d'août.* Reconstitution historique qui anime tout le village : jeux médiévaux, jongleurs, chants et danses ; marché d'artisans-créateurs,

village de vieux métiers (vanniers et tailleurs de pierre en action), animations nocturnes...

– ***Fête du Pain :*** *le 15 août, au lieu-dit La Fontade.* Animations pour les enfants, fabrication de pain, marché fermier...

DANS LES ENVIRONS DE GOURDON

Les grottes de Cougnac : *46300* ***Payrignac.*** *☎ 05-65-41-47-54. • grottesdecougnac.com • À 3,5 km de Gourdon, en direction de Sarlat (panneau sur la droite). Juil-août, tlj 10h-18h ; Pâques-début juil et sept, tlj 10h-11h30, 14h30-17h ; oct-début nov, tlj sf dim 14h-16h. Fermé le reste de l'année. Entrée : 8 € ; 5,50 € pour les 5-12 ans ; réduc. Durée de la visite : 1h15 (prévoir une petite laine).* Ces grottes valent autant pour la beauté de leurs concrétions (impressionnant plafond de fistuleuses) que pour la qualité de leurs peintures. En 1952, des prospections aboutissent à la salle des fresques préhistoriques, avec bouquetins, cervidés, mammouths et plusieurs représentations humaines, parmi les plus vieilles représentations pariétales connues (et surtout une des rares accessibles au grand public). Elles dateraient de 25 000 à 14 000 ans av. J.-C. Buvette et tables de pique-nique sur place.

LA VALLÉE DE LA DORDOGNE, DE SOUILLAC À ROCAMADOUR

Terre de contrastes. En 10 mn, on change de paysage. De larges vallées veloutées succèdent aux gorges abruptes, des causses rugueux prolongent une plaine verdoyante...

SOUILLAC (46200) 3 670 hab. *Carte Lot, B1*

La petite ville de plaine, porte de la vallée de la Dordogne, s'est construite autour de son abbaye. Fondée par saint Géraud d'Aurillac, Souillac connut deux temps forts : l'occupation anglaise et les saccages des guerres de Religion (c'est une habitude en Quercy !). On y fait aujourd'hui une étape pour sa belle église Sainte-Marie, son fameux musée de l'Automate et son agréable centre médiéval rendu aux piétons.

Adresses et infos utiles

Office de tourisme : *bd Louis-Jean-Malvy (D 820). ☎ 05-65-33-22-00. • vallee-dordogne-rocamadour.com • À côté du Grand Hôtel. Tlj sf dim ap-m en été, dim avr-oct, (fermé w-e hors saison).* Visite guidée de l'abbatiale de juin à septembre, les mardi et vendredi à 11h *(gratuit).* Dépliant pour visite libre.

Gare SNCF : *rens au ☎ 36-35 (0,34 €/mn).* Ligne Toulouse-Montauban-Castres-Brives.

Internet : ***Cyberbase,*** *18, av. de Sarlat. ☎ 05-65-37-89-58. Mar-ven 9h-12h, 14h-18h ; sam 10h-12h. GRATUIT.*

On trouve ***tous les services*** en ville (poste, banque, station-service, supermarchés).

– ***Marché :*** *ven mat. Marché de producteurs le mer en juil-août, à partir de 17h.*

Où dormir ? Où manger à Souillac et dans les environs immédiats ?

Campings

⩓ ***Flower Camping Les Ondines :*** *à* ***La Borgne.*** *☎ 05-65-37-86-44. • camping.les.ondines@flowercampings.com • camping-lesondines.com • ♿ Accès : à 500 m de la ville. Ouv de mai à fin sept. Emplacements tente 12-27,90 € selon saison ; mobile homes et bungalows toilés à partir de 2 nuits 36-117 €/nuit. 233 empl.* En bordure de la Dordogne. Gros camping aux emplacements bien ombragés et au frais. Location de VTT et de canoës-kayaks à la base de loisirs *Quercy Land*, juste en face. Piscine chauffée avec pataugeoire. Pétanque et aire de jeux pour les enfants. Snack.

⩓ ***Camping La Verte Rive :*** *route de Pinsac,* ***Pinsac.*** *☎ 05-65-37-85-96. • camping-laverterive@orange.fr • camping-laverterive.com • ♿ Accès : à 3,5 km de Souillac, en direction de Pinsac et Lacave. Ouv d'avr à fin sept. Emplacements tente 15-18 € selon saison ; mobile homes, bungalows et chalets 280-670 €/sem. 65 empl.* Un camping tout en longueur, blotti au sein d'un vallon parfaitement ombragé. Tout au bout, une plage au bord de la Dordogne. C'est là que sont les meilleurs emplacements. Atmosphère très familiale, salle de jeux (billard, ping-pong, flipper, baby-foot, salle TV). Piscine chauffée. Snack-bar. Location de vélos (prestataire extérieur) et de canoës.

De bon marché à prix moyens

🏠 |●| ***Grand Hôtel :*** *1, allée de Verninac. ☎ 05-65-32-78-30. • grandhotel-souillac@wanadoo.fr • grandhotel-souillac.com • ♿ Congés : de mi-janv à mi-fév. Doubles 50-62 € selon confort ; triple 78 € ; quadruple 98 €. Menus 12,50 € (déj en sem), puis 19,50-26 € et carte.* 💻 📶 Hôtel historique de bonne tenue, avec de nombreuses chambres d'un bon rapport qualité-prix, plus ou moins spacieuses. Certaines s'ordonnent autour d'un atrium. Simple mais propre, et depuis le dernier étage, avec un peu de chance, on peut avoir une vue sur les coupoles de l'abbatiale. Les chambres donnant sur l'arrière sont plus tranquilles. Côté resto, grande salle aux murs colorés, véranda et terrasse ombragée sur la rue. Cuisine classique.

|●| ***Le Beffroi :*** *6, pl. Saint-Martin. ☎ 05-65-37-80-33. • giorgi.marco@aliceadsl.fr • Tlj sf dim. Formules 11-13 € (déj en sem) ; menus 22-28 €.* Idéalement posté sur la mignonne place Saint-Martin, au pied du beffroi de l'ancienne église, le traditionnel bar-brasserie, où se sustenter pour pas cher d'une honnête cuisine régionale, sans envolées mais sans truquage, en témoignent les bonnes frites maison. Longue salle aux teintes mauve, et surtout 2 grandes terrasses, la plus agréable sous une glycine centenaire. Simple et sans chichis, sympathique en somme.

De prix moyens à chic

🏠 ***Chambres d'hôtes Le Clos Fleuri :*** *149, route de Sarlat. ☎ 05-65-37-68-25. 📱 06-11-87-07-50. • jojoetminouche@yahoo.fr • À 2,5 km env du centre-ville, sur la gauche, direction Sarlat. Ouv de Pâques à fin oct. Double 75 €, suite 100 € (dégressif dès la 2e nuit).* 📶 Un beau vieux corps de ferme dont la cour est aménagée en place de village à l'ancienne avec son vieux bistrot, sa mairie, son épicerie, son bureau de poste PTT... La maison d'hôtes, indépendante, recèle des chambres de couleurs différentes et confortables. L'une est située à l'étage de la maison des propriétaires. Vaste salon commun avec cheminée, billard et jeux à dispo. Grand jardin avec un étang, un coin transat et une petite plage aménagée pour faire trempette dans la Dordogne.

Le Pavillon Saint-Martin : *5, pl. Saint-Martin. ☎ 05-65-32-63-45. • contact@hotel-saint-martin-souillac.com • hotel-saint-martin-souillac.com • ♿ En plein centre-ville. Doubles 55-81 € ; familiales 4-5 pers 99-115 €. Parking. Réduc de 10 % sur le prix de la chambre (hors juil-août) sur présentation de ce guide.* Un très bel hôtel installé dans une ancienne maison de notaire royal du XVIe s. Au choix, des chambres romantiques à souhait ou d'autres au look plus moderne (murs bardés de bois et tissus aux couleurs pimpantes). Bon petit déj, servi dans une belle salle voûtée en brique. Excellent accueil. Une adresse de charme à prix très raisonnables !

Hôtel Le Quercy : *1, rue de la Recège. ☎ 05-65-37-83-56. • reservation@le-quercy.fr • le-quercy.fr • À deux pas du centre-ville mais dans un quartier calme, au bord de la rivière. Fermé de mi-nov à mi-mars. Réception à l'hôtel-restaurant* La Vieille Auberge *à côté (même proprio). Doubles 70-78 €. Parking privé payant. Réduc de 10 % sur le prix de la chambre, sur présentation de ce guide.* Un bâtiment des années 1970 sans charme évident ; en revanche, les chambres contemporaines sont confortables, avec balcon (sauf au dernier étage). Piscine avec transats pour buller et petit jardin avec jeux pour les enfants.

La Vieille Auberge : *1, rue de la Recège. ☎ 05-65-32-79-43. • contact@la-vieille-auberge.com • la-vieille-auberge.com • Fermé déc-janv ; resto fermé lun midi, plus dim soir hors saison. Double 78 € selon saison ; petit déj 12 €. Formules déj en sem 17-20 € ; menus 26-36 €. Parking gratuit, garage couvert payant. Réduc de 10 % sur le prix de la chambre sur présentation de ce guide.* Géré par le sympathique propriétaire de l'hôtel mitoyen *Le Quercy*. On vient pour le meilleur resto de la ville ! Une cuisine de terroir finement travaillée suivant le fil des saisons, avec un confit de canard exceptionnel. Une bien bonne adresse. Pour dormir, préférez les chambres du *Quercy*.

Où dormir ? Où manger dans les environs ?

Camping

Camping du Domaine de la Paille Basse : *à* **La Paille Basse.** *☎ 05-65-37-85-48. • info@lapaillebasse.com • lapaillebasse.com • ♿ Accès : A 20 sortie 55 (Souillac) ; de Souillac, depuis la D 820, prendre direction la gare, puis 1re à droite (fléché ensuite sur 9 km par la D 165 vers Salignac). Ouv de mi-mai à mi-sept (à partir de Pâques pour les loc). Emplacements tente 15-29,90 € selon saison ; mobile homes 250-1 170 €/sem. 288 empl.* Une hostellerie de plein air au milieu de plusieurs dizaines d'hectares de bois et collines. Calme assuré. Très confortable. Très bien ombragé. Les emplacements A et B sont plus grands. Piscine avec toboggans, tennis, petite ferme d'animaux pour les enfants, vaste salle TV dans une grange. Location de vélos. Resto, bar, grande épicerie, marché de producteurs certains jours... Animations l'été. Pêche et voile à 5 km. Mention très bien ! Piscine.

De prix moyens à très chic

Hôtel-restaurant Chastrusse : *46350* **Nadaillac-de-Rouge.** *☎ 05-65-37-60-08. • chastrusse.francis@wanadoo.fr • hotel-restaurant-chastrusse.com • ♿ À 11 km de Souillac, par la D 820 direction Cahors, puis la D 105 à droite ; l'hôtel est à l'entrée du bourg. Resto ouv slt le soir. Congés : de mi-nov à fin mars. Double 58 € ; familiale 76 €. Carte env 20 €.* Coquette demeure en pierre du pays, très fleurie et au calme. Elle abrite une auberge familiale aux chambres simples, à la déco passée de mode, réparties dans différents bâtiments. Terrasse ombragée extrêmement agréable. Bonne cuisine traditionnelle : pâté de foie truffé, escargots farcis, confit de canard, etc. Tout cela, bien sûr, selon votre appétit et votre bourse.

À voir

L'abbatiale Sainte-Marie : *tlj 8h30-18h30. De mi-juin à mi-sept, visite commentée gratuite mar et jeu 11h.*
Édifiée au XIIe s, cette église est l'un des plus beaux édifices romans du Quercy. Ancienne église abbatiale en forme de croix latine avec abside et absidioles rayonnantes. La tour-porche date, quant à elle, du XIe s. À l'intérieur, une audacieuse file de coupoles, dans la tradition de Cahors et Périgueux. Le chœur avec ses chapelles, ses petites ouvertures au-dessus, son impressionnante croisée du transept, le tout rythmé par des colonnes à chapiteaux, dégage une très grande harmonie. L'absence de mobilier religieux intempestif contribue à l'épurement des lignes, à l'unité de style. Dans les bras du transept droit, beau meuble sculpté. Dans la nef, à droite, immense *Christ* de Chassériau. Sur le même bas-côté, un polyptyque du XVIe s représentant les mystères du Rosaire. La nef se termine par une abside plus sombre, agrémentée de trois chapelles rayonnantes. Des stalles en noyer de forme circulaire délimitent autour du chœur le déambulatoire. À la croisée du transept et dans les absidioles, beaux chapiteaux aux motifs variés, tantôt décoratifs avec des palmes et palmettes, tantôt historiés.
Mais le must de Sainte-Marie, ce sont les **vestiges d'un portail** resté inachevé, dont les éléments ont été montés à l'intérieur de l'église.
– *La plaque décorative :* en forme de triptyque, avec saint Benoît et saint Pierre encadrant le relief illustrant la légende de Théophile. Ce diacre signa un pacte avec Satan (couple à gauche), le liant à lui (couple à droite). Mais une fois repenti, Théophile supplia Marie de le sauver des mains démoniaques. Elle s'exécuta et prit le pacte à Satan pour le lui remettre (ce qu'il voit en songe au-dessus).
– *Le prophète Isaïe :* il semble esquisser un pas de danse, enveloppé dans un ample manteau aux bordures décorées et particulièrement ouvragées.
– *Le trumeau :* encastré dans un pilier, un autre chef-d'œuvre de sculpture dans la tradition de Moissac. Il était destiné à soutenir le linteau de l'ancien porche. Quant à sa signification, certains avancent l'idée d'une allégorie du péché et de ses conséquences. Mais il s'agirait plus vraisemblablement d'une liberté d'artistes, influencés par les manuscrits irlandais et orientaux qui circulaient à l'époque. Sur le côté droit, les couples enlacés incarnent le péché véniel. Sur la face principale, les scènes fantastiques où s'entremêlent monstres et animaux extraordinaires symbolisent les souffrances qu'endurent les pécheurs. Tout en haut, on voit un personnage aux prises avec un fauve et un oiseau de proie lui dévorant le foie, un Prométhée chrétien en quelque sorte. Sur le côté gauche, une scène biblique : la rédemption des péchés par le sacrifice d'Abraham. Selon la volonté divine, Abraham tient son fils Isaac par les cheveux, prêt à le sacrifier, lorsqu'un ange vient du ciel et retient son geste.

L'ancienne église Saint-Martin : victime des guerres de Religion, il n'en reste que le clocher-porche gothique éventré et un tympan roman représentant le Christ en majesté entouré de la Vierge et d'un moine. Accueille des expos temporaires (fermé dimanche hors saison).

La vieille ville : au no 16 *place de la Nau,* noter sur la façade les symboles du pèlerin de Saint-Jacques : la gourde, la coquille, le bâton. Pittoresque *rue de l'Orbe* qui a quasiment conservé son aspect médiéval. Passages habités et passerelles relient les maisons des deux côtés de la rue. Peu de pans de bois ou d'encorbellements, mais plutôt de robustes maisons en pierre avec d'élégants encadrements de porte. Charmante *place du Puits* avec sa vieille fontaine et de coquettes demeures autour. De la place du Puits, s'engager dans la *rue Juillet* d'où partent d'étroites ruelles (rues du Lavoir, du Pressoir, Bénétou). Arrivée à la *place des Toiles.* Au no 10, *rue de la Halle,* le splendide édifice à ouvertures ogivales abrite aujourd'hui un espace culturel. Au dernier étage, fenêtres géminées. Belle halle en pierre du XIXe s avec, sur le côté, des mesures à grain.

Le musée de l'Automate : *pl. de l'Abbaye. ☎ 05-65-37-07-07. • musee-automate.fr • Juil-août, tlj 10h-12h30, 14h-18h ; avr-juin et sept-oct, tlj sf lun 10h-12h, 15h-18h ; le reste de l'année, tlj sf lun-mar et certains j. fériés 14h30-17h30. Entrée : 7 € ; réduc.* Cette collection nationale installée dans une ancienne manufacture de tabac forme le plus important musée d'Europe dans ce domaine. Jouets mécaniques essentiellement issus des ateliers *Roullet-Decamps* et toute l'histoire de l'automate, du premier datant d'avant 1870 jusqu'au milieu du XXe s. Présentés par thème, avec une certaine prédilection pour tout ce qui touche à l'univers du cirque, du spectacle, des magiciens et, plus largement, au monde de l'enfance. Les automates que l'on voit fonctionner par intermittence sont électriques. Quant aux automates mécaniques, les plus anciens, ils illustrent la vie quotidienne à la fin du XIXe et au début du XXe s. De belles surprises comme l'irrésistible *Rieur* de 1930 ou *le petit jardinier*, premier automate et emblème de la maison. On adore l'automate créé à partir des dessins d'Albert Dubout pour les grands magasins : *La pêche sous-marine*. Dans un autre genre, la scène du métro au Palais Royal est une réussite ! Beaucoup de magie et de poésie ! Une visite à faire en famille. Expos temporaires également et boutique.

Le musée de la Vieille Prune – Distillerie Louis Roque : *41-43, av. Jean-Jaurès (av. de la Gare). ☎ 05-65-32-78-16. • lavieilleprune.com • Tte l'année, lun-ven 8h30-12h, 14h-17h30 (17h ven). GRATUIT (visite guidée et dégustation). Dernier départ 1h avt la fermeture.* Une vieille dame célèbre, qui méritait bien d'entrer un jour au musée. Cette célébrissime bouteille de prune à l'étiquette écrite à la plume d'oie vous dit sûrement quelque chose. Sinon, découvrez-la, à l'issue d'une visite instructive et savoureuse des chais. La balade permet de voir le personnel de la maison refaire les mêmes gestes qu'autrefois, du remplissage à l'étiquetage manuel des bouteilles. Belle collection de vieux alambics remontant jusqu'à 1880. Créée en 1905, la distillerie produit aujourd'hui 100 000 bouteilles par an. On peut évidemment en acheter sur place.

Manifestation

– ***Festival de Jazz :*** *la 3e sem de juil (mar-dim). Rens : • souillacenjazz.fr •* Des pointures s'y produisent chaque année.

MARTEL

(46600) 1 530 hab. *Carte Lot, B1*

À 15 km au nord-est de Souillac, une bourgade médiévale parmi les mieux préservées, et dont l'architecture est l'une des plus homogènes de la région. À ce titre, c'est un des sites majeurs. Délicieuse balade, donc, dans cette cité aux sept tours, à travers des ruelles étroites bordées de remarquables petits palais et de belles maisons anciennes aux arcades ogivales. Quant au nom de Martel, la légende veut que la cité en ait hérité de Charles, qui aurait fondé la ville à la suite d'une nouvelle défaite des Sarrasins dans la région.

Adresse et info utiles

Office de tourisme : *cour de la Raymondie. ☎ 05-65-33-22-00. • vallee-dordogne-rocamadour.com • Tlj sf dim ap-m juil-août ; avr-oct, fermé dim, hors saison fermé dim-lun.* Service billetterie, notamment pour les grottes de Lacave (réduction). Boutique.

– ***Marché traditionnel :*** *mer et sam mat, sous la halle.*

Où dormir ? Où manger ?

De bon marché à plus chic

▲ |●| ***Auberge des 7 Tours :*** *av. de Turenne. ☎ 05-65-37-30-16. • auberge7tours@wanadoo.fr • auberge7tours.com • Fermé déc-fév. Resto ouv tlj sf sam midi, et ven soir, ainsi que dim soir hors saison. Résa souhaitée. Doubles 50-70 € selon confort. Midi sem, menu 13,50 € ; menus 21-31 €.* À 100 m du centre, un petit hôtel classique avec des chambres rénovées et gentiment personnalisées, les moins chères avec w-c sur le palier. Cuisine familiale côté resto, s'appuyant largement sur le terroir. Belle salle lumineuse et terrasse panoramique aux beaux jours.

▲ |●| ***Le Relais Sainte-Anne :*** *rue du Pourtanel. ☎ 05-65-37-40-56. • relais.sainteanne@wanadoo.fr • relais-sainte-anne.com • ♿ Fermé de mi-nov à début avr. Resto ouv le soir et dim midi. Doubles 80-185 € ; suites également. Petit déj 13 €. Menu du marché 28 €, carte env 50 €.* Des chambres de charme (clim dans certaines) dispersées dans le parc paysagé d'un ancien orphelinat de jeunes filles, autour d'une belle chapelle et d'une piscine chauffée. Toutes différentes, certaines avec terrasse privative, elles offrent un grand confort et une excellente literie. Cuisine gastro confectionnée par un chef talentueux, servie au jardin ou dans une salle chaleureuse autour d'une cheminée. L'adresse chic de la ville.

▲ ***Chambres d'hôtes la Devinie :*** *rue de l'Église. 📱 06-61-10-62-97. • sylvie.pivaudran@la-devinie.com • la-devinie.com • Doubles 90-120 € ; 140 € pour 4 pers.* Au cœur de la ville médiévale, la majestueuse demeure se cache derrière de hauts murs. 4 chambres élégantes et confortables, où plancher et poutres d'origine sont élégamment mis en valeur. Jardins suspendus sur le rempart et bassin de rafraîchissement. Une belle adresse de charme.

|●| ***Au Hasard Balthazar :*** *rue Tournemire. ☎ 05-65-37-42-01. • conserves.des.bouriettes@wanadoo.fr • Juil-août, ouv mar soir-dim soir ; fermé de mi-sept à mars ; le reste de l'année, ouv mer soir-dim midi. Formule déj 18,50 € (sf dim) et menu 27,80 € ; carte env 40 €.* L'endroit le plus sympa de Martel, tant pour la déco rustique, chic et bohème (bobo, en somme !) que pour le contenu des assiettes, du terroir pur jus. La famille produit ses conserves de canard pendant l'année et, en saison, ouvre cet estaminet dans le vieux Martel. Pâtés en tout genre, grosses salades ou plats plus élaborés, la gamme reste large. Gros efforts sur le choix des produits, ainsi que sur l'accueil, souriant... Voilà qui fait plaisir ! En été, quelques tables installées dans une ruelle pavée et ombragée par une treille. Petite boutique au rez-de-chaussée.

|●| ***Le Petit Moulin :*** *rue Droite. 📱 06-59-59-27-66. Tlj. Menu env 25 €. Carte 20-30 €.* Oh, la jolie adresse qui peut s'enorgueillir de rassasier ses convives du matin au soir dans son resto/bar à vins/épicerie ! Pas de fausse note pour le cadre bistrotier vitaminé, ni pour les produits, fermiers et locaux. Du simple, mais du bon (avec des parents agriculteurs, Adrien, le propriétaire, a été à bonne école), et une large sélection de vins, vendus à prix propriété une fois acquitté le droit de bouchon. Pour un apéro ou un petit creux, des charcuteries de chez Laborie (qui fournit aussi Ducasse s'il vous plaît), du foie gras maison et des fromages au lait cru bien entendu. Le genre d'adresse où l'on prend vite ses habitudes !

|●| ***Saveurs des Halles :*** *rue Sans-Lys, pl. des Halles. ☎ 05-65-37-35-66. Fermé mer-jeu. Congés : 12 nov-31 janv. Menus 28-70 €.* Alexis, un jeune chef créatif, propose une cuisine tout en saveur à partir des classiques locaux, et s'autorise de belles échappées autour du poisson. Agréable terrasse sur la place des Halles. Une table qui s'est taillée une belle réputation.

Où dormir ? Où manger dans les environs ?

De bon marché à prix moyens

Ferme-auberge Le Moulin à Huile de Noix : *route de Bretenoux, au lieu-dit* ***Les Landes,*** *46600 Martel. ☎ 05-65-37-40-69. À 2,5 km de Martel, sur la route de Saint-Céré/Bretenoux (fléché sur la gauche). Ouv Pâques-Toussaint, sur résa. Fermé dim soir et lun. Formules 19-25 €. Menu 22 € (menu unique au printemps et en automne). CB refusées. Café offert sur présentation de ce guide.* Ce moulin à huile de noix est récent, mais les propriétaires ont retrouvé les recettes de fabrication d'antan pour le faire tourner selon les traditions locales. Il fonctionne le mardi et le jeudi après-midi en juillet et août, et produit 1 litre d'huile pour 5 kg de noix. Dans le relais de charme du XIVe s attenant, vous mangerez dans une grande salle rustique sur de vastes tables en chêne. Cuisine généreuse, tournant – on vous le donne en mille ! – autour de la noix. Vinaigrette et sauces, gâteau et soufflé glacé aux noix. Accueil familial.

Chambres d'hôtes Les Hauts de Louchapt : *à* ***Baboyard,*** *46600 Martel. ☎ 05-65-32-59-73. 06-24-05-14-72. • leshauts.delouchapt@free.fr • chambres-hotes-lot.com • À 4 km du village : prendre la direction de Saint-Céré, puis, à 1 km, bifurquer à gauche ; discrètement fléché ensuite. Tte l'année. Doubles 64-76 € selon saison ; familiales 75-92 €. Repas 24 €.* Isolée au milieu des chênes et des murets de pierre, une ancienne ferme avec 4 chambres à l'entrée indépendante. Déco fraîche, simple et mignonne. Toutes donnent sur une terrasse d'où la vue sur le vallon est particulièrement apaisante. Piano et billard dans la salle à manger, frigo à disposition. Piscine. Accueil discret de Marie. Difficile de trouver plus au calme...

Chambres d'hôtes de Saint-Julien : *lieu-dit Saint-Julien, 46110* ***Les Quatre-Routes-du-Lot.*** *☎ 05-65-32-11-82. 06-86-21-19-93. • josette.chaboy@orange.fr • cafecouette-st-julien.com • À 9 km de Martel, à la limite de la Corrèze. Aux Quatre-Routes, suivre direction Brive ; juste après le pont de la voie ferrée, prendre à gauche, puis 1re à droite (fléché ensuite). Fermé oct-mars. Doubles 50-62 €. Réduc de 5 % sur le séjour sur présentation de ce guide.* Dans une ravissante maison aux robustes murs de pierre, 3 chambres confortables et joliment décorées, toutes avec salle d'eau et coin terrasse. Que des bonnes surprises, et les moins chères ne déméritent pas ! Cuisine à disposition. Terrasse surplombant un vallon, glycine et rosiers fleurissant le jardin. Un endroit mimi comme tout.

Hôtel-restaurant de La Bonne Famille : *46600* ***Sarrazac*** *(au bourg). ☎ 05-65-37-70-38. • hotel.restaurant@labonnefamille.fr • labonnefamille.fr • À 12 km de Martel ; en direction des Quatre-Routes (fléché sur la gauche). Tte l'année, tlj (sf dim soir hors saison). Doubles 60-62 € ; familiales 95-100 €. Menus 13,50 € (déj en sem), puis 20-45 €. Café offert et réduc de 10 % sur le prix de la chambre (slt 1er au 22 déc et 2 janv-31 mars) sur présentation de ce guide.* Une adresse au calme, entre Martel et Brive. Ici, on est cordon-bleu depuis 4 générations. C'est Jean-Baptiste, agrégé de mathématiques qui a repris le flambeau, épaulé par ses parents. Cuisine traditionnelle améliorée, joliment amenée. Chambres simples (certaines sont climatisées) mais de bon aloi. Par contre, salles de bains vraiment exigües. Pour se dégourdir, piscine chauffée et tennis à 500 m dans les bois. Une adresse attachante.

Les Voyageurs : *en face de la gare, 46600* ***Saint-Denis-lès-Martel.*** *☎ 05-65-32-46-15. • lesvoyageurs46@gmail.com • lesvoyageurs46.com • Double 65 €.* Dans un minuscule hameau, 4 chambres d'hôtes pleines de souvenirs de voyages, malheureusement en bord de route. Accueil plein d'entrain, *gay friendly.*

Chic

Chambres d'hôtes Les Hauts des Magrières : *Les Magrières, 46600 Martel. ☎ 05-65-37-03-67.*

06-76-74-25-03. • lesmagrieres46@yahoo.com • lesmagrieres.fr • De Martel, prendre la D 840 sur 1,8 km direction Gramat puis voie sans issue à droite. Au bout de la route goudronnée, prendre le chemin (très accidenté) de droite. Au bout à droite. Double 125 €. Cette vue majestueuse sur la Dordogne en contrebas, c'est sur le causse que les propriétaires sont venus la chercher ! Pour avoir le plaisir de surplomber la rivière et de planter leur regard à des kilomètres à la ronde, sur cette nature sauvage. Avec son architecte de mari, la pétulante Nathalie s'est lancée dans une extension ultra contemporaine de la bergerie, et accueille ses hôtes dans 2 superbes chambres avec pierre au sol, vastes volumes et vue dégagée. Modernes et élégantes, elles sont décorées avec les œuvres d'art de la famille, associant harmonieusement l'ancien et le moderne. Piscine avec vue sur la vallée... Difficile de repartir !

Maison d'hôtes la Bruyle : *Colonjac, 46110* ***Saint-Michel-de-Bannières****. ☎ 05-65-37-48-03. • contact@labruyle.com • labruyle.com • À 11 km de Martel par la D 803. Doubles 75-110 €. Table d'hôtes 30 € (certains soirs).* Un charme indéniable émane de cet ancien relais de chevaux : épais murs de pierre, poutres, grande cheminée. D'emblée, on se sent à l'aise dans cette atmosphère rustique et chic. 4 chambres spacieuses, la plus grande avec un lit de 180 cm. Celle située sous les combles est certes plus petite, mais très intime. Accueil plein de chaleur des propriétaires qui se démènent pour satisfaire leurs hôtes. Leur généreuse cuisine en est bien la preuve ! Grand jardin avec piscine. Une bouffée d'oxygène !

À voir

Arrivée classique par la place Gambetta et le fossé des Cordeliers. En effet, tout le boulevard circulaire est l'ancien fossé comblé. Vestiges significatifs de l'enceinte tout autour (surtout côté fossé des Capitani).

La tour de la Prison *(Tournemire)* **:** *au milieu de l'esplanade.* Imposante. Bel appareillage de pierres. À côté, élégante fenêtre à meneaux sculptés.

L'hôtel de la Raymondie : *accès sur la pl. Henri-Ramet.* Véritable forteresse édifiée à la fin du XIIIe s par Bernard Raymondi, fils de Raymond IV, vicomte de Turenne. Rue Sans-Lys, beau rythme d'arcades, de style roman tardif, surmontées de magnifiques fenêtres à rosaces sculptées en pierre. Beffroi haut de 32 m. L'hôtel abrite aujourd'hui la mairie et l'office de tourisme. Accès par la ***place des Consuls*** (place de la Halle). Grande halle couverte du XVIIIe s, avec une charpente rayonnante en châtaignier posée sur des piliers de pierre. Dans la rue Tournemire, remarquer la belle fenêtre de style gothique, ornée d'une rosace quadrilobée.

Dos à la mairie, on trouve à droite de la place l'*hôtel de la Monnaie* (avec tour à échauguette). À gauche, la ***maison Fabri,*** du XVe s, avec sa tour ronde. C'est là que mourut, en 1183, Henri, le fils aîné du roi d'Angleterre, frère de Richard Cœur de Lion, traqué et épuisé, après sa révolte contre son père. À l'entrée de la rue Mercière, *tour de l'hôtel de Linars.* De l'autre côté de la mairie, *hôtel de Chauffour,* du XVIe s. En le contournant, vous parvenez à l'énorme *tour des Pénitents.*

Rue Droite, derrière la maison Fabri, maison à colombages, puis la *tour* et l'*hôtel de Briance, dit « Vergnes-de-Ferron »* (portail à colonnes corinthiennes et fronton sculpté).

Continuer la rue Droite vers l'***église Saint-Maur*** *(ouv 9h-17h ; jusqu'à 20h en été),* qui était naguère intégrée aux remparts de la ville. Superbe édifice gothique, du XIVe s, au chevet fortifié. Imposant clocher-porche de 40 m à contreforts et étroites meurtrières. Sous le porche, intéressant tympan roman appartenant à l'église précédente *(Jugement dernier).* Large nef unique qui, contrairement aux autres églises de la région, n'a pas de bas-côtés et se termine par un chevet plat et non par une abside. Grand vitrail de chœur du XVIe s et série de panneaux peints du XVIIIe s. Chaire en bois sculptée. Sur le flanc droit de l'église, importants vestiges du rempart.

Revenir dans le centre par la ***rue de l'Église.*** Au passage, une des rares maisons à colombages de la ville. Rue de la Bride, *maison* et *tour de Mirandol* (bel hôtel particulier). Arrivée sur le *couvent des Mirepoises* (cour Renaissance).

De l'autre côté du fossé des Cordeliers, ***tour des Cordeliers*** (vestiges d'un couvent) et, vers la droite, le *grenier d'Abondance* (de style Renaissance) qui servait à stocker de la nourriture pour les pauvres.

Reptiland : *à la sortie de Martel, sur la D 840 vers Figeac, au lieu-dit* ***Puy-Lombry.*** *☎ 05-65-37-41-00. • reptiland-le-renouveau.fr • Juil-août, tlj 10h-18h. Le reste de l'année, tlj sf lun 10h-12h, 14h-18h ; ouv j. fériés. Fermé de déc jusqu'aux vac de fév. Entrée : 9,50 € ; 6 € pour les 4-12 ans.* Plusieurs centaines de reptiles vivants présentés à la lumière du jour. Lézards, serpents, tortues, scorpions, araignées et même des crocos !

À faire

➢ ***Chemin de fer du haut Quercy « Le Truffadou » :*** *☎ 05-65-37-35-81. • trainduhautquercy.info • ♿ À la gare de Martel. Juil-août, tlj départ à 11h, 14h30 et 16h ; avr-juin et sept, 1 départ mar et jeu à 14h30, 3 départs le dim (tél pour horaires des trains supplémentaires). Trajet : 1h env l'A/R. Billet : 8-10,50 € selon le train (Diesel ou à vapeur) ; 5-6,50 € pour les 4-11 ans. Accès musée : 1 €. Réduc sur présentation de ce guide.* Voyage commenté à bord de voitures ouvertes, à la découverte des merveilleux paysages de la vallée de la Dordogne et de la riche histoire de cette ligne de chemin de fer mise en service à la fin du XIXe s. Superbe parcours panoramique en corniche et sur la falaise. Également un musée d'anciens objets ferroviaires à l'étage du hall voyageurs.

Fêtes et manifestations

– ***Bals du mercredi soir :*** *mer soir (donc !) en juil-août, pl. de la Halle. GRATUIT.*
– ***Festival mexicain et latino :*** *1er w-e de juil.* Martel se met littéralement à l'heure latino ! Musiques, danses...
– ***Festival de Bandas :*** *le w-e autour du 14 juil.* Fanfares, fiesta et bamboula ! Concours pour remporter les *Marteaux d'or.*
– ***Fête des Tondailles :*** *1 j. mi-juil.* Concours de tonte de mouton. Grand banquet campagnard. Ambiance sympa.
– ***Brocante :*** *le dernier dim de juil.*
– ***Festival de la B.D. :*** *fin juil.*
– ***Fête votive :*** *le w-e après le 15 août.* Bal, concours de boules...

DE MARTEL À ROCAMADOUR

Oubliez la D 840, la route directe. Mieux vaut musarder sur les petites routes des falaises en bordure de la Dordogne, qui effectuent d'incessants sauts-de-mouton entre collines et rivière, découvrant à chaque fois des points de vue époustouflants... Dans ce carré Martel-Souillac-Payrac-Rocamadour, vous trouverez de vraies bonnes adresses pour résider et de beaux villages à visiter. Alternative utile en haute saison pour éviter les embouteillages de Rocamadour.

Adresse utile

■ ***Compagnie Sports Nature :*** *au lieu-dit Gluges, 46600* ***Martel.*** *☎ 05-65-32-27-59. • compagnie-sports-nature.com • Autre point d'accueil au Camping du Port (voir ci-après « Où dormir ? Où manger en chemin ? »). Ouv de mi-juin à fin sept.* Descente de la Dordogne et circuits découverte en canoës-kayaks, *stand up paddle,* spéléo, canyoning, escalade, VTT. Bivouac possible. Pour faire le plein d'activités sportives !

Où dormir ? Où manger en chemin ?

Campings

⛺ ***Camping Les Falaises :*** *au lieu-dit Gluges, 46600* ***Martel.*** *☎ 05-65-37-37-78. • contact@camping-lesfalaises.com • camping-lesfalaises.com • ♿ Accès : à 5 km de Martel sur la droite (avt le pont). Ouv de mi-juin à début sept. Emplacement tente en hte saison 12,90 €. 47 empl.* Fort bien situé. Bel environnement arboré et emplacements agréables qui s'étendent jusqu'en bordure de rivière. Pas de locatif. Bien ombragé. Barbecue. Plage aménagée, baignade, pêche. À proximité immédiate de *Port Loisirs.* Resto à proximité, buvette.

⛺ ***Camping Le Pic :*** *46200* ***Mayrac.*** *☎ 05-65-32-25-04. • info2016@campinglepic.com • campinglepic.com • À 4 km du bourg direction Baladou, puis à droite sur la D 33. Ouv de mi-juin à fin sept (tte l'année pour les gîtes). Emplacement tente 13,40-17,20 €. Loc gîtes, mobile homes, bungalows et chalets 250-640 €/sem.* 📶 Dans une vallée sauvage et isolée, un beau petit camping, bucolique, tranquille et familial, étagé sur 4,5 ha à flanc de colline, dans la forêt. Tout est mignon, même les sanitaires, installés dans une bâtisse ancienne en pierre. Piscine avec toboggan en spirale. Billard, baby-foot, pétanque. Snack en juillet-août, avec soirée moules-frites le mardi et barbecue le jeudi. Spa, sauna. Que du calme sinon, à peine troublé par quelques lamas, ânes et chèvres. Bon accueil.

⛺ ***Camping du Port :*** *46600* ***Creysse.*** *☎ 05-65-32-20-82. • contact@campingduport.com • campingduport.com • ♿ Accès : par la D 23 ; sortie 54 autoroute Paris-Toulouse ou sortie 55 autoroute Toulouse-Paris. Ouv de fin avr à fin sept. Emplacements tente 16-19,50 €. Loc mobile homes et Tithomes 190-650 €/sem. 100 empl.* 📶 Magnifique environnement au calme parfait. Terrain ombragé en bordure de la Dordogne. Esprit safari avec des tentes luxueuses et des cabanes lodges sur pilotis. Épicerie. Belle plage et grande piscine. Différentes activités sportives proposées sur place (canoë, escalade, spéléo, etc.) et nombreuses animations gratuites (dont la pêche pour les enfants). Bar, avec animations et petite restauration, ouvert de 20h à minuit en été. Location de vélos. Piscine.

⛺ ***Camping La Rivière :*** *au Bougayrou, 46200* ***Lacave.*** *☎ 05-65-37-02-04. • contact@campinglariviere.com • campinglariviere.com • ♿ Accès : par l'A 20, direction « Grottes de Lacave », puis sur la droite prendre direction « Saint-Sozy-Grottes de Lacave » ; ou par la D 23. Ouv de mai à mi-sept. Emplacements tente 14,20-24 € selon saison. Hébergements locatifs 260-795 €/sem. 110 empl. Réduc de 5 % sur les séjours sur présentation de ce guide.* Entre Rocamadour et Sarlat, au bord de la Dordogne. Il y a d'ailleurs une plage aménagée. Grand parc ombragé et plat. Restauration ; animations en saison. Piscine chauffée. Ambiance familiale et conviviale : minigolf, ping-pong, terrain de volley, balançoires et jeux enfants.

⛺ ***Camping municipal Beauregard :*** *le port de* ***Pinsac.*** *☎ 05-65-37-06-02. • contact@campingduport.com • Accès : par la D 43 depuis Souillac ; à 600 m du village, en direction de Lacave. Ouv de juin à fin sept. Emplacement tente 10,50 € en hte saison. 40 empl.* Au bord de la Dordogne, au pied des falaises, des emplacements bien ombragés mais aucun équipement. Épicerie à 800 m. Baignade, pêche et canoë. Le GR 6 passe dans le coin.

Prix moyens

Hôtel-restaurant Grangier : *46200* ***Saint-Sozy.*** *☎ 05-65-32-20-14. • info@hotel-grangier.com • hotel-grangier.com • Au cœur du village. Fermé lun et mar midi. Congés : fév. Doubles 67-77 €. Suites 89-115 €. ½ pens intéressante. Menu 19,50 € ; carte env 40 €. 10 % de réduc sur le prix de la chambre sur présentation de ce guide.* La bonne affaire familiale qui propose des chambres confortables, sobres et refaites à neuf pour certaines, à bon prix. Également des suites spacieuses, dont une avec terrasse privative. Mais la surprise la plus agréable se trouve dans les assiettes, avec une cuisine à base de produits régionaux, là encore à des prix fort raisonnables. La carte est succincte, mais tout est fait maison. En été, tables installées au cœur du jardin, sous les mûriers. Piscine à débordement.

Le Petit Relais : *46350* ***Calès.*** *☎ 05-65-37-96-09. • contact@hotel-petitrelais.fr • hotel-petitrelais.fr • Tlj en saison. Congés : 15 nov-15 mars. Doubles 69-75 € ; familiales 84-96 €. Menus 28,50-34 €.* L'auberge de village récemment rénovée, comme on les aime ! Chambres modernes et confortables, décorées avec goût. Dans les assiettes, belle cuisine régionale soignée et copieuse. On se régale ! Piscine et terrasse pour profiter des beaux jours.

Hôtel-brasserie de Lacave : *le Bourg, 46200* ***Lacave.*** *☎ 05-65-37-87-06. • hotel-brasseriedelacave@wanadoo.fr • hotel-brasseriedelacave.fr • Dans le village, face aux grottes. Congés : 1er nov-28 fév. Doubles avec TV 50-60 €. Menu 15 (déj)-28 € ; carte env 20 €.* Sympathiques chambres fraîchement rénovées. Toutes disposent d'une salle de bains et d'un balcon donnant sur le jardin et la piscine, au loin. Une étape touristique à prix raisonnable. Cuisine régionale sans grand relief servie en salle ou en terrasse. À l'arrière, grand jardin avec trampoline.

De chic à beaucoup plus chic

Hôtel-restaurant La Terrasse : *46200* ***Meyronne.*** *☎ 05-65-32-21-60. • terrasse.liebus@wanadoo.fr • hotel-la-terrasse.com • Doubles 90-140 € ; familiales 4 pers 165-240 €. Menu déj 23 €, puis 33-58 €.* Ancienne résidence d'été des évêques de Tulle, ce château en surplomb de la Dordogne a du caractère. Pierre, poutres, cheminées, lits à baldaquin... Rien ne manque au décor moyenâgeux. On a un faible pour les chambres dans la tour, avec vue imprenable sur la rivière et les falaises. Piscine extérieure chauffée. Au resto, menus régionaux servis dans la salle ou mieux, en terrasse.

Le Pont de l'Ouysse : *46200* ***Lacave.*** *☎ 05-65-37-87-04. • marketing@lepontdelouysse.com • lepontdelouysse.com • Par la D 43, à une dizaine de km de Rocamadour et de Souillac ; à la sortie de Lacave, direction Sarlat. Ouv 28 mars-2 nov. Fermé lun (ouv lun soir en saison) et mar midi. Doubles 108-187 € selon saison ; petit déj 17 €. Menu déj 40 €, puis 60-89 € ; carte 70-120 €.* En bord de rivière, et le chemin, comme le temps, s'y arrête : autant dire calme absolu garanti. Maison de charme, au pied de la falaise et du château de Belcastel, proposant des chambres douillettes et charmantes. Grand jardin avec une terrasse agréable l'été. Très belle piscine. Cuisine signée Daniel et Stéphane Chambon, un pur délice, tant ce duo père-fils fait preuve d'imagination. Une référence régionale, d'ailleurs ! Le dîner sous les marronniers, avec le bruit et la fraîcheur de l'eau pour vous accompagner (sans parler d'un bon cahors), est un grand moment à partager.

À voir

Gluges *(46600)* **:** adorable hameau caché au pied de hautes falaises à pic. Petite *église* romane du XIIe s. En face, le très beau *cirque de Montvalent.* Suivre à droite vers Creysse la belle route qui longe la falaise.

Creysse *(46600)* **:** joli village en bordure de la Dordogne. Ici, la noix est dans son royaume depuis l'ouverture d'une station expérimentale qui lui est dédiée ! Vestiges du *château* du XVIe s tout en haut sur un roc. Grosse tour avec clocher à bulbe. Petite *église* du XIIe s (ancienne chapelle du château), qui présente un très rare chevet à deux absides jumelles. Petite *halle* aux piliers de pierre. Plus loin, à ***Saint-Sozy,*** manoir du XVIe s. Jolie route jusqu'à ***Pinsac,*** où l'on retraverse la Dordogne.

Belcastel : en marge de la route vers Rocamadour, l'un des paysages les plus romantiques de la région. Le *château* en à-pic de la falaise, au confluent de la Dordogne et de l'Ouysse, bénéficie d'un site admirable. Au jour déclinant, la plus belle image de la journée.

Le château de La Treyne : *sur la commune de* ***Lacave*** *(à 4 km env du village, en direction de Pinsac). ☎ 05-65-27-60-60. • chateaudelatreyne.com • Visite guidée des jardins à la française et de la chapelle (expos temporaires) juil-août, tlj sf mar 10h-19h (sinon visite libre). Entrée : 5 € ; gratuit moins de 12 ans.* Domine orgueilleusement le paysage en aplomb de la rivière. C'est aujourd'hui un hôtel-resto de luxe.

Les grottes de Lacave *(46200)* **:** *dans le village de* ***Lacave.*** *☎ 05-65-37-87-03. • grottes-de-lacave.com • Ouv tlj 11 fév-11 nov et 26-30 déc ; avr-juin et fin août-sept, 9h30-12h, 14h-17h30 ; juil-août 9h30-18h ; 11 fév-fin mars, oct-11 nov et 26-30 déc, 10h-12h, 14h-17h. Entrée : 10 € ; 6 € pour les 4-13 ans ; réduc sur Internet et de 2 € sur présentation de ce guide. Durée de la visite : 1h30 (départ ttes les 30 mn).* Belles grottes découvertes au début du siècle dernier. Départ en petit train, pour la plus grande joie des enfants. Succession de salles alignant des concrétions aux formes les plus étranges. *Salle du Grand Dôme,* de 60 m de haut. Curieuse *colonne aux pattes d'araignée.* Pour finir, la *salle des Merveilles* offre effectivement le merveilleux spectacle de ses concrétions brillant de mille feux sous les effets d'un jeu de lumière noire.

Préhisto Dino Parc : *à 2 km de Lacave, en direction de Gramat-Rocamadour. ☎ 05-65-32-28-28. • prehistodino.com • Ouv avr-nov et vac scol. Juil-août, tlj 10h-20h ; avr-juin, sept-nov 10h-19h (18h oct-nov) ; le reste de l'année, se rens. Entrée : 7,80 € ; 4 € pour les 5-13 ans.* Espace ludique pour petits et grands. Ce n'est pas *Jurassic Park,* les bébêtes ne bougent pas, au grand désespoir des enfants. Malgré tout, cela reste la plus impressionnante reconstitution grandeur nature d'animaux préhistoriques en Europe. Également une reconstitution d'un village du Néolithique.

Le moulin fortifié de Cougnaguet : *à 1 km de* Préhisto Dino Parc, *en direction de Gramat-Rocamadour, fléché sur la droite. ☎ 05-65-32-63-09. • cougnaguet.com • Visite (avec démonstration et mouture) d'avr à mi-oct, 10h-12h, 14h-18h (17h en oct). Entrée : 4,50 € ; 2,50 € pour les 6-15 ans ; réduc.* Beau moulin fortifié (XIVe s), coincé entre l'Ouysse et les rochers, bâti par les moines cisterciens pour nourrir les pèlerins. Sympa et très bucolique. Visite commentée avec mise en fonctionnement des quatre meules, puis petite dégustation d'alcool de prune et de noix dans l'habitation du meunier à l'étage.

LE CAUSSE DE GRAMAT, DE ROCAMADOUR À PADIRAC

Rocamadour, c'est déjà le causse de Gramat, mais tellement lié d'un point de vue touristique à la vallée de la Dordogne que l'on comprend l'hésitation des professionnels du tourisme local, qui ne savent plus comment se situer. Pourtant, qu'importent les classements, on change bien de paysage. Fini les berges verdoyantes, place aux plateaux calcaires parcourus de troupeaux de chèvres, semés de murets et *cazelles* (cabanes de berger) en pierre sèche, creusés de ces rivières souterraines qui donnèrent naissance au tonitruant gouffre de Padirac. Vous voilà entré de plain-pied dans le parc naturel régional des Causses du Quercy.

ROCAMADOUR (46500) 653 hab. *Carte Lot, B2*

Un des sites les plus visités de France, c'est tout dire ! Et ça ne date pas d'hier. Fréquentée en son temps par le gratin médiéval, Rocamadour fêtait en 2013 les 1 000 ans de son pèlerinage. C'est qu'il faut bien l'avouer, le lieu est vraiment exceptionnel. On a beau être largement prévenu, que l'on arrive du sud par Couzou ou du nord par L'Hospitalet, on ressent le même choc émotionnel devant la grandeur du spectacle. Défiant les lois de l'équilibre, sanctuaire troglodyte et superbes maisons médiévales agrippées au roc dévalent une immense falaise dominant les gorges de l'Alzou. Au fond, dans une profusion de verdure, serpente la rivière. Cela étant dit, si vous préférez la solitude des vierges forêts à la foule, évitez Rocamadour en pleine saison, ou alors visitez la cité tôt le matin ou au crépuscule.

UN PEU D'HISTOIRE

On pense qu'un tel lieu dégageant autant de spiritualité devait connaître depuis longtemps déjà un petit **culte marial.** On évoque même le culte primitif d'une déesse païenne, remontant à la préhistoire. La tradition préfère attribuer la naissance du pèlerinage à la peur que suscita l'an 1000 et à la découverte d'un cadavre au pied de la chapelle troglodytique, un jour de 1166. Intact (d'après les textes !), il ne pouvait s'agir que d'un saint ! On le baptisa **Amadour,** ce qui signifie « serviteur de Marie », référence à un vieil ermite qui avait autrefois, dit-on, vécu dans cette même grotte... Les bénédictins de Tulle ayant pris possession du sanctuaire, **un pèlerinage commença à se développer,** qui connut rapidement un grand succès dans toute l'Europe.

Du XIIe au XIVe s, Rocamadour connut son âge d'or. Souverains et saints s'y précipitèrent : le roi d'Angleterre Henri II Plantagenêt – souverain de la région –, Thomas Becket, Saint Louis, Philippe le Bel, Charles VI et Charles VII, Jean le Bon, saint Antoine de Padoue, Louis XI, etc. La petite cité se fortifia et se

couvrit d'édifices religieux. Au cours de cette période, elle ne souffrit que du pillage du prince Henri, fils d'Henri II d'Angleterre (et frère de Richard Cœur de Lion), qui vola la célèbre Durandal, l'épée de Roland.
Dès le XVe s les grands pèlerinages passant de mode, Rocamadour commença à décliner, réduisant le pèlerinage à un petit culte local pendant quelques siècles. C'est à partir de **1858 que débutent les restaurations du sanctuaire de Rocamadour,** dans un style néogothique troubadour que l'on peut observer aujourd'hui encore.

VOL PLANÉ

La légende l'affirme, l'épée fichée dans le rocher à Rocamadour n'est autre que la mythique Durandal, l'épée du non moins mythique Roland. Pour qu'elle ne tombe pas entre les mains des Sarrasins lors de la défaite de Roncevaux, Roland tenta de la briser sur un rocher, mais c'est le roc qui se fendit, créant au passage la brèche de Roland, près du cirque de Gavarnie. Roland jeta alors Durandal de toutes ses forces, si fort qu'elle vint se planter quelques centaines de bornes plus loin, au-dessus de la chapelle Notre-Dame de Rocamadour, où elle est toujours visible aujourd'hui (et sacrément rouillée).

Adresse et infos utiles

i ***Office de tourisme de la vallée de la Dordogne :*** *à* ***L'Hospitalet.*** ☎ *05-65-33-22-00.* • *valleedordogne-rocamadour.com* • *Juil-août, tlj 9h30-19h. Bureau fermé janv-mars et nov-déc.* Bonne documentation sur la région, et visite ludique de Rocamadour pour les enfants (document). Également un bureau à l'hôtel de ville, au cœur de la cité médiévale *(plus petit mais ouv tlj, tte l'année).*

Stationnement et accès

Ne pas tenter d'entrer dans la vieille ville en voiture, l'accès n'est autorisé qu'aux clients des hôtels. On vous conseille de vous garer en haut, au niveau du château (parking gratuit), de descendre à pied (env 15 mn) via le sanctuaire et de remonter en ***ascenseur.***

■ ***Pour le parking,*** 3 options :
– à l'entrée basse du village près de la porte du Figuier (payant) ;
– en bas, dans la vallée (gratuit). De là, marche pour rejoindre la cité (ça grimpe) ou petit train effectuant la navette *(avr-sept, 10h-19h30, ttes les 15 mn ; tarifs : 2,50 € l'aller ou 3,50 € A/R ; réduc enfants)* ;
– en haut, au niveau du château (gratuit). C'est là qu'il y a le plus de places, et c'est l'option qu'on vous recommande. *En juil-août ainsi que ponts de mai, dim en juin, 1er-13 sept et 20 sept (Mongolfiades), bus-navette entre la pl. de l'Europe, la porte du Figuier et le château ttes les 30 mn 12h-18h30. Tarifs : 3 € l'aller ou 4 € A/R ; réduc enfants.* Du château, on peut aussi emprunter le ou les ***ascenseurs*** ; mais ça revient cher, surtout en famille.

■ ***Les ascenseurs :***
– le *1er ascenseur* effectue le trajet cité-sanctuaires. *Fonctionne en juil-août 9h-20h ; hors saison, 9h-18h. Compter 2,10 € l'aller ; 3,10 € l'A/R* (mais franchement, vous ratez une des plus jolies parties du village !) ;
– *l'ascenseur incliné* vous épargne la remontée par le chemin de croix pour relier le château. *Fonctionne tte l'année sf janv (9h-22h en été). Compter 2,60 € l'aller ; 4,20 € l'A/R. Une formule à 8,80 € inclut la visite guidée.*

■ ***Toilettes publiques :*** plusieurs, notamment au niveau des ascenseurs. *Accès payant : 0,50 €.*

Où dormir ? Où manger ?

Dans la cité

Prix moyens

Le Terminus des pèlerins : *rue Principale, pl. de la Carretta. ☎ 05-65-33-62-14. • contact@terminus-des-pelerins.com • terminus-des-pelerins.com • Congés : nov-avr. Double 65 €. Formules et menus 19-39 €. Apéritif offert sur présentation de ce guide (pour un menu du pèlerin).* Accueil sympathique et service efficace pour ce charmant hôtel situé dans la rue principale. Une douzaine de chambres bien entretenues à défaut d'être à la dernière mode. On a bien aimé celles qui donnent sur la vallée, mais la vue sur le sanctuaire n'est pas mal non plus. Au resto, cuisine de bonne tenue, mettant à l'honneur le canard et les produits du terroir. Depuis la terrasse, on surplombe la vallée.

Envies de Terroir : *rue de la Couronnerie. ☎ 05-65-33-67-38. • enviesdeterroir46@orange.fr • Tlj sf ven soir hors saison. Congés : de mi-nov à mi-fév, mais ouv 27 déc-5 janv. Assiette express 14 €. Carte env 30 €.* Sympathique resto au cadre contemporain, prolongé d'une agréable terrasse suspendue au-dessus de la vallée. Cuisine de terroir convaincante, avec quelques bonnes surprises, comme la souris d'agneau confite, pour ceux qui se lassent du canard. Glaces. Excellent accueil, plein d'humour et d'énergie. Pourvu que ça dure...

Les Jardins de la louve : *pl. Hugon. ☎ 05-65-33-62-93. • rocamadour.lesjardinsdelalouve@orange.fr • Tlj. Congés : de mi-nov à mi-mars. Formules 15-21 €. Menus 20-30 €. Apéritif (2 pers max) offert sur présentation de ce guide.* Une adresse touristique mais néanmoins sérieuse. Dans l'assiette, des salades, pizzas, omelettes ou une cuisine de terroir correcte. Suffisant pour venir profiter de la belle terrasse ombragée qui domine la vallée. Pour les jours moins cléments, salle rustique avec cheminée. Pub en sous-sol.

Chic

Hôtel-restaurant Le Beau Site : *cité médiévale. ☎ 05-65-33-63-08. • info@bestwestern-beausite.com • bestwestern-beausite.com • Fermé de mi-nov à mi-fév. Doubles 105-170 €. Plat du jour 9,50 € à la brasserie, sinon menus 19,50 € (déj en sem), puis 26-36 € ; carte env 40 €. Parking privé. Réduc de 10 % sur le prix de la chambre sur présentation de ce guide (non cumulable).* Au cœur de Rocamadour, *Le Beau Site* porte un nom de circonstance : de certaines chambres, vue enivrante sur le sanctuaire accroché à sa falaise. Cet hôtel-restaurant, qui appartient à la famille Menot depuis cinq générations, fournit des prestations d'excellente qualité. Réception et salons meublés haute époque. De taille variable, toutes les chambres sont climatisées et très bien tenues. Certaines sont décorées avec des meubles de style, d'autres sont mansardées, celles au-dessus du resto sont plus modernes et il y a aussi des chambres familiales (avec mezzanine). Au resto *Jehan de Valon,* considéré par beaucoup comme la meilleure table de la cité, cuisine du terroir goûteuse, délicate et parfumée, servie par un personnel compétent, discret et souriant. Terrasse joliment aménagée sous les tilleuls en été.

Près de L'Hospitalet

Campings

Ferme des Campagnes : *Les Campagnes. ☎ 05-65-33-62-54. • ferme-des-campagnes@wanadoo.fr • ferme-des-campagnes.com • Accès : à 1 km de Rocamadour par la D 247, direction Souillac. Ouv 10 avr-15 oct. Emplacement tente 10 € selon saison. Loc mobile homes et bungalows toilés 290-450 €/sem. CB refusées. 50 empl.* Si c'est une aire naturelle, c'est aussi un camping à la ferme de 3 ha, sec mais bien ombragé. Barbecue à disposition. Possibilité d'y prendre le petit déj. Court de tennis à 1 km, jeux pour enfants. Vente des produits de la ferme et d'assiettes-repas. Accès à Rocamadour par un sentier pédestre.

Camping Les Cigales : *L'Hospitalet. ☎ 05-65-33-64-44. • camping.cigales@orange.fr • camping-cigales.com • Accès : à 600 m de la maison du tourisme, direction Gramat. Ouv avr-sept. Emplacements tente 17-22 € selon saison. Loc mobile homes, bungalows et roulottes 229-835 €/sem. 100 empl.* Un grand camping sur 3 ha, plus ou moins ombragé mais bien équipé (écran géant, jeux pour enfants, trampolines, château gonflable, ping-pong, terrain multisports). Beaucoup de locatif. Animations, ateliers et sorties canoë en juillet-août. Piscine chauffée de mi-mai à mi-sept. Snack et pizzas maison.

De bon marché à prix moyens

Amadour Hôtel : *L'Hospitalet. ☎ 05-65-33-73-50. • contact@amadour-hotel.com • amadour-hotel.com • Proche de l'office de tourisme. Doubles 49,50-69 €.* Une étape fonctionnelle et confortable à défaut d'être charmante. Chambres standard bien équipées et climatisées. Les plus chères ont un balcon. Une adresse pratique avant tout, au personnel sympathique.

Au Panorama : *L'Hospitalet. ☎ 05-65-40-67-36. Tout proche de l'hôtel Amadour. Ouv tlj mars-oct. Menus 17,80-24,80 €.* Un resto bonne franquette qui n'abuse pas de sa situation centrale pour tirer sur la corde. Pas de vue vertigineuse sur la vallée, mais une terrasse plaisante sous les tilleuls, un peu proche de la route toutefois. Généreuses salades repas, assiettes de brasserie, galettes et crêpes. C'est bon, pas compliqué, et le service est avenant.

Le Roc du Berger : *route de Padirac (D 673), Belveyre (à env 1,5 km de Rocamadour). ☎ 05-65-33-19-99. • rocduberger@wanadoo.fr • ♿ Tlj de fin mars à fin oct. Résa conseillée. Formule 14 €. Menus 19-28 € et carte.* Ce gros chalet installé à quelques encablures de Rocamadour est assurément l'adresse la plus sympa du coin. Entre le resto et la ferme-auberge, on y déguste des produits du terroir. Agneau du Quercy, cabécous, charcuterie... tout provient des producteurs voisins et copains. On s'installe sur la grande terrasse au milieu des chênes et on se régale de grillades saisies d'une main de maître. Les amateurs choisiront directement l'assortiment de viandes grillées... Aire de jeux pour les enfants et enclos de biquettes. Vraiment une bonne adresse !

De prix moyens à chic

Le Troubadour : *à Belveyre (D 673). ☎ 05-65-33-70-27. • hoteltroubadour@wanadoo.fr • hotel-troubadour.com • À 800 m de L'Hospitalet en direction de Martel et d'Alvignac. Congés : de mi-nov à mi-fév. Resto ouv slt le soir. Doubles 69-120 € selon confort et saison. Loc de gîtes 4-5 pers dans les environs 350-1 150 €/sem. Menu 32 €.* Cette grande maison en pierre blanche du XVIIIe s, à l'écart de la route, est une aubaine pour ceux qui ne veulent pas subir les délires estivaux de Rocamadour. Une dizaine de chambres coquettes calfeutrées derrière d'épais murs de pierre qui maintiennent la fraîcheur en été. Celles du rez-de-chaussée s'ouvrent sur la piscine chauffée, avec vue dégagée sur le causse. Billard dans l'ancien fournil. Cuisine traditionnelle servie dans la salle de resto climatisée ou en terrasse. Une adresse au charme certain.

Les Esclargies : *route de Payrac, à 100 m de la corniche. ☎ 05-65-38-73-23. • infos@esclargies.com • esclargies.com • ♿ Congés : du 20 déc à mi-fév. Doubles 79-150 € selon confort et saison ; petit déj (un brunch !) 12 €. Réduc de 10 % sur le prix de la chambre en basse et moyenne saison pour les résas passées en direct, sur présentation de ce guide.* Un établissement récent, à l'architecture particulièrement réussie, qui s'est glissé au sein d'une chênaie... De la pierre, du bois, de grandes vitres pour une luminosité optimale : on est au cœur d'une belle nature, et cette nature est au cœur de l'hôtel. Des chambres au confort parfait, spacieuses et climatisées, avec vue sur la campagne. Un accueil sans reproche. Salle du petit déj donnant sur un parc à l'arrière. Piscine chauffée. Propose également des « randocroquis », des stages de 5 jours qui conjuguent randonnées et cours d'aquarelle ou de dessin en compagnie d'un peintre. Une belle adresse !

Où dormir ? Où manger dans les environs ?

Camping

Aire naturelle Chez Gaby : *au lieu-dit* ***Magès.*** *☎ 05-65-33-65-17. • campingchezgaby@free.fr • Accès : à 2 km de Rocamadour, sur la D 32 vers Couzou. Ouv d'avr à mi-nov. Emplacement tente en hte saison 10 € ; caravane 120-200 €/sem. CB refusées. 25 empl.* Retraités mais pas inactifs, ces anciens agriculteurs mettent à la disposition des campeurs un champ avec sanitaires simples. Salle à dispo dans une petite grange. On domine les vallées de l'Alzou et de l'Ouysse. Vue superbe sur le causse.

De bon marché à prix moyens

Hôtel du Château : *46500* ***Alvignac.*** *☎ 05-65-33-60-14. • hotel-duchateau@wanadoo.fr • hotelduchateaualvignac.com • (resto). À 6 km env de Rocamadour ; à mi-chemin entre Rocamadour et Padirac. Fermé de mi-oct à mi-avr. Selon saison, doubles 52-66 € avec douche ; familiales 79-100 €. Menu 13 €. Café offert sur présentation de ce guide.* Dans le centre du village, une bâtisse à la façade entièrement recouverte de vigne vierge. Certes, il ne reste rien de l'ancien château, mais l'établissement propose des chambres simples, propres, sympathiquement relookées et à prix tassés. Au resto, une bonne cuisine traditionnelle. Tenu par un jeune couple aimable. Piscine dans le jardin.

Chez Ernestine : *Grand-Rue, 46500* ***Alvignac.*** *☎ 05-65-10-89-12. • chezernestine46@gmail.com • Fermé de mi-nov à mi-mars et lun hors saison. Menus 19,50-27 €. Carte 20-30 €.* Y'a d'la joie chez Ernestine ! Dans la sympathique salle avec ses nappes vichy, en terrasse (sur la rue), dans les assiettes et sur les visages ! Les jeunes qui ont repris l'affaire mettent tout leur talent dans leur cuisine pour régaler leurs clients. Ils apportent au terroir un saupoudrage de fantaisie et de légèreté. Vite, à quand le prochain repas ?

De chic à plus chic

Chambres d'hôtes Le Ryokan : *au lieu-dit* ***Magès.*** *☎ 05-65-11-63-67. • leryokan@free.fr • leryokan.com • À 3,5 km de Rocamadour, sur la D 32 vers Couzou (fléché). Ouv d'avr à mi-nov. Doubles 62-70 €, suites 74-95 € (dégressif dès la 2e nuit). Gîtes 2-6 pers 300-620 €/sem. Accès piscine payant.* Perdue dans un hameau dominant la vallée, une grange si bien rénovée qu'elle n'a rien de rustique. On y trouve 2 chambres avec accès indépendant, baptisées « Kyoto » et « Saïgon » en écho à leur déco d'inspiration asiatique, élégante et épurée. La seconde, en duplex, est installée dans le pigeonnier. Belle salle de bains design, mobilier rapporté de voyages et œuvres de création (Philippe est steward, Aurélie designer). Terrasse privative offrant une vue dégagée. Dans l'ancien four à pain, adorable petit *cocon* avec chambre en mezzanine. Piscine à débordements chauffée au milieu de la grande étendue d'herbe rase.

Hôtel-restaurant Les Vieilles Tours : *à* ***Lafage,*** *46500 Rocamadour. ☎ 05-65-33-68-01. • les.vieillestours@wanadoo.fr • vtrocamadour.com • À 3 km de L'Hospitalet, par la D 673 en direction de Gourdon (fléché sur la droite). Resto ouv le soir slt (résa conseillée). Fermé Toussaint-Pâques. Doubles 83-154 €, familiales 100-172 €. Menus 30-40 €.* Un splendide manoir des XIIIe-XVIIe s, transformé en hôtel cosy avec parc et piscine. Une quinzaine de chambres spacieuses, réparties dans plusieurs bâtiments. Mention spéciale pour la suite logée dans la tour. La table, d'inspiration régionale, délicieuse et raffinée, vaut vraiment le détour. Belle terrasse, avec une vue qui porte à 30 km par temps clair. Accueil courtois et charmant. Une adresse élégante pour s'adonner au farniente dans les règles de l'art !

Domaine de la Rhue : *à 6 km de Rocamadour. ☎ 05-65-33-71-50. • domainedelarhue@wanadoo.fr • domainedelarhue.com • Par la D 673 (direction Martel), puis la D 840 (direction Brive) et à gauche à 1 km. Congés : oct-avr. Doubles 95-135 € selon saison.* Manoir du XIXe s au milieu d'un beau domaine en pleine nature. Anciennes écuries transformées avec goût en maison d'hôtes chic et rustique tout à la fois. On aime tout : l'ambiance détendue, le cadre chaleureux avec profusion de bois et de pierre, les grands volumes. 5 chambres spacieuses avec vue, toutes différentes, paisibles et confortables. Piscine et baptême de l'air en montgolfière. Une adresse élégante.

Où prendre un verre ? Où voir un spectacle ?

Côté Rocher : *rue Roland-le-Preux (rue principale). ☎ 05-65-10-93-39. • coterocher.com • En été, tlj sf mer à 21h30 ; en moyenne saison, tlj sf lun-mar ; en hiver, ven-sam à 21h et dim à 15h. Fermé janv. Sur résa, possibilité de billet combiné resto-spectacle. Entrée : 15 € (plus pour soirées « tête d'affiche ») ; réduc. CB refusées.* Après quelque temps passé dans l'émission *Bouvard du Rire*, Corinne Delpech a posé ses valises dans son village natal pour ouvrir un vrai café-théâtre. Au programme : humour, comédie et musique. Un endroit intime et chaleureux, avec une terrasse face au rocher pour prolonger la soirée autour d'un verre en compagnie des artistes. Un pari audacieux mené d'une main de maître par Corinne, et c'est le seul café-théâtre du Lot ! Bravo !

Les Jardins de la Louve : *voir « Où dormir ? Où manger ? Dans la cité ». De mi-mars à mi-nov, tlj à partir de 22h.* Sympathique pub au rez-de-chaussée du resto, donnant sur une terrasse au bord de la vallée pour prendre le frais.

À voir

Le sanctuaire

– Si vous avez un peu de temps, on vous conseille la ***visite guidée*** proposée par l'office de tourisme du lundi au vendredi en été *(6 € ; gratuit jusqu'à 12 ans)* qui vous permet d'accéder au sanctuaire. Des bénévoles qui dépendent d'un abbé proposent également des visites axées sur la religion. En visite libre (et gratuite), seules sont accessibles la *chapelle Notre-Dame* et la *basilique Saint-Sauveur (tlj 8h-20h env).*

– ***La chapelle Notre-Dame et le crypte saint-Amadour :*** c'est le cœur de la cité sainte. Reconstruite au XVe s et agrandie au XIXe s. À droite du beau portail flamboyant (XVe s), vestiges de peintures murales de la même époque, évoquant le *Dict des trois morts et des trois vifs*. À côté, dans le rocher, le *tombeau de saint Amadour,* où fut retrouvé le corps intact du saint. Au-dessus, épée plantée dans le roc et qui serait, selon la légende, la fameuse Durandal. En face du portail, en haut, vestiges d'une peinture murale représentant l'Annonciation et la Visitation ; au registre inférieur, une fresque du XIVe s représentant saint Christophe, patron et protecteur des voyageurs.
À l'intérieur, *Vierge noire* datant du XIIe s, objet de la ferveur des pèlerins. Elle serait à l'origine de plusieurs miracles et impose le respect. Quelques éléments insolites,

comme cette cloche pendue au plafond qui daterait du VIIIe ou du IXe s (et aurait sonné d'elle-même pour annoncer les miracles), ces fers de prisonniers libérés, et deux bateaux ex-voto de marins sauvés.

– **_La basilique Saint-Sauveur :_** du XIIe s, elle jouxte la chapelle Notre-Dame. Deux nefs accrochées à la falaise sont séparées par une rangée de hauts piliers. Grand christ du XVIe s. Au-dessous, la *crypte Saint-Amadour,* où était conservé le corps du saint. Magnifique orgue suspendu (construit dans la région en 2013) en forme de proue de navire, dont les 1 400 tuyaux font vibrer la pierre de la basilique.

NOTRE-DAME DES MARINS

Située à 200 km de la mer, la Vierge noire est bizarrement honorée par les matelots depuis des siècles. On la prie lors des tempêtes et les miracles sont, dit-on, nombreux. Les ex-voto de maquettes de bateaux dans la chapelle en sont la preuve. On a même bâti deux autres églises en son honneur (à Camaret en Bretagne et à Québec) pour que la Vierge soit facilement accessible aux gens de mer.

– **_La chapelle Saint-Jean-Baptiste,_** du XVe s, lourdement rebâtie au XIXe. Puis la **_chapelle Saint-Blaise,_** du XIIIe s. Quant à la **_chapelle Sainte-Anne,_** rebâtie au XIXe s, elle a récupéré un portail du XVe s provenant d'une abbaye de la région.

– **_La chapelle Saint-Michel :_** à l'extérieur, une fresque du XIIe s, d'inspiration byzantine, représente l'Annonciation à Marie et la Visitation. À l'intérieur, une autre fresque du XIIIe s figure un Christ en gloire.

La ville basse

➢ Visite guidée payante de la cité médiévale *(en juil-août ; rens auprès de l'office de tourisme).* Des panneaux explicatifs donnent également des détails sur les bâtiments les plus marquants. Possibilité de faire une **_excursion de nuit en petit train,_** face au site illuminé *(tlj Pâques-sept ; ☎ 05-65-33-65-99 ; • lepetittraindero camadour.com • Adulte : 5 € ; ½ tarif enfant 5-12 ans ; départ de la porte du Figuier).*

La porte du Figuier : c'est l'entrée de la ville. Elle date du XIIIe s. De là part l'unique rue de Rocamadour, qui se termine *porte Basse.* De nombreuses maisons présentent encore de belles fenêtres à meneaux et arcades médiévales. Au centre, la *porte Salmon,* qui possède toujours sa tour.

La mairie : installée dans une belle demeure (ancien palais de la Couronnerie) dont le rez-de-chaussée date du XIIIe s et la façade du XVe s. Élégantes fenêtres à meneaux. À l'intérieur, exposition de tapisseries de Jean Lurçat. Une tapisserie, réalisée spécialement pour la ville, est mise en lumière et commentée *(tarif visite : 2 € ; rens à l'office de tourisme de la cité médiévale).*

La porte Hugon (XIIIe s) mène au vieux *quartier du Coustalou.* Peu avant, on arrive *place de la Carretta,* d'où part le *grand escalier* vers les sanctuaires. Les 144 premières marches étaient autrefois gravies à genoux par les pèlerins. Elles aboutissent à la *rue de la Mercerie,* la plus ancienne de la ville. *Maison de la Pomette,* remaniée au XVe s, avec fenêtres à meneaux.

À voir encore

Les remparts du château : *en haut de Rocamadour, au niveau du château. ☎ 05-65-33-23-23. Tlj 9h-19h. Accès : 2 €.* Depuis le sanctuaire, on y accède par un chemin de croix serpentant à flanc de falaise (ou par l'ascenseur, pour ceux qui refusent de faire pénitence). Remparts édifiés au XIVe s. Vertigineux surplomb au-dessus du sanctuaire et de la cité, et superbe panorama sur le causse de Gramat et le canyon de l'Alzou. Le château, construit, lui, au XIXe s, ne se visite pas.

La borie d'Imbert : *à 3 km de Rocamadour ; depuis L'Hospitalet, prendre la D 247 en direction de Souillac (fléché). ☎ 05-65-33-20-37. • laboriedimbert.com • Pâques-Toussaint, tlj 10h-19h ; le reste de l'année, sur résa pour les groupes. GRATUIT. Pour la* Maison de Justine *: 5 € ; 3 € 5-15 ans ; gratuit moins de 5 ans.*
La visite comporte trois parties bien distinctes : la *Maison de Justine* (la seule partie payante), un sentier de découverte et une chèvrerie qui produit du rocamadour. Cette borie (terme désignant une ferme dans le Quercy), restaurée par les personnes handicapées d'un institut voisin, plonge les visiteurs dans le monde rural du début du XXe s. On visite la maison familiale, guidé par la voix et la mémoire de Justine, qui vécut là après la mort de ses fils tués à la guerre de 14-18. Des effets spéciaux discrets et vraiment bien faits donnent vie à l'ensemble. C'est touchant. Dans la maison à côté, on assiste à la fabrication du pain par Janissou, le mari de Justine. Également un jardin potager avec ses légumes d'autrefois. Petit crochet par la basse-cour, où l'on croise des brebis, ânes, poules, cochons... Enfin, on peut se promener sur le causse, le long d'un sentier de découverte de 1 km, « Le chant des pierres » (en accès libre), ponctué de panneaux d'interprétation.
Cette visite, familiale par excellence, oscille entre nostalgie et mémoire. C'est aussi un fabuleux espace de sensibilisation à l'environnement, au lien intime tissé entre l'homme et le paysage...

À l'accueil, vente de produits fermiers, de quoi préparer un bon pique-nique que l'on peut manger sur place.
– En face de la ferme, la *chèvrerie-fromagerie* est ouverte tous les jours de l'année *(10h-19h)* ; visite libre et gratuite, traite des chèvres et fabrication du rocamadour... Animations (en été) et dégustations.

Le Rocher des Aigles : *près du château. ☎ 05-65-33-65-45. • rocherdesaigles.com • Avr-sept, 2-4 démonstrations/j. selon mois de rapaces et de perroquets en vol. Entrée : 9,80 € ; 6 € moins de 13 ans.* Un spectacle présentant une variété impressionnante d'aigles, faucons, vautours, perroquets... et des gens motivés et passionnés, qui délivrent de vrais messages (écologie, respect, etc.). En bonus, lors du dernier spectacle, on voit aussi chouettes et hiboux. C'est le plus grand centre de reproduction d'Europe.

Spectacle Équestre Durandal : *près du château, à côté du Rocher des Aigles. 06-19-39-18-00. • rlproductions.fr • En juil-août, tlj à 15h et 17h ; en sept, show le w-e slt (mêmes horaires). Fermé le reste de l'année. Tarif : 10 € ; 7 € 4-14 ans.* Spectacle équestre de 45 mn revisitant la légende de l'épée Durandal, avec cascades, joutes, combats à pied...

La Forêt des Singes : *juste avt d'arriver à Rocamadour en venant de Gramat. ☎ 05-65-33-62-72. • la-foret-des-singes.com • Pâques-Toussaint. Juil-août, tlj 9h30-18h30 ; le reste de l'année plus aléatoire : se renseigner. Entrée : 9 € ; 5-14 ans : 5,50 € ; gratuit moins de 5 ans.* Pas moins de 150 singes en liberté, tous de la même race : les magots, ou macaques de Barbarie. On observe les singes... et les macaques nous singent ! Toujours beaucoup de succès auprès des enfants, surtout lors du nourrissage (chaque heure).

La grotte des Merveilles : *à côté de la maison du tourisme de L'Hospitalet. ☎ 05-65-33-67-92. • grottesdesmerveilles.com • Avr-juin et sept-Toussaint, tlj 10h-12h, 14h-18h (17h oct-nov ; dernier départ) ; juil-août, tlj 9h30-19h. Entrée : 7 € ; 5-11 ans 4,50 €.* Une jolie petite grotte découverte en 1920. Quelques (discrètes !) peintures rupestres (chevaux, cerf, félins, mains en négatif) mais visite commentée intéressante.

La maison des Abeilles : *à 300 m du site de Rocamadour, face à La Forêt des Singes. ☎ 05-65-33-66-98. • abeilles-rocamadour.com • Avr-sept, tlj 10h-12h, 14h-19h. GRATUIT.* Un petit espace pour enrichir ses connaissances sur la vie des abeilles et le métier d'apiculteur. Film, salle d'expo avec des ruches derrière une baie vitrée, jeux et animations. Boutique proposant tout ce que l'on peut produire avec du miel et vente de pain d'épice artisanal.

Manifestations

– ***Fête du Fromage :*** *le dim de Pentecôte.* Une palette de fromages fermiers (brebis, vache, chèvre) réunis autour de l'AOC rocamadour, ce petit fromage au lait de chèvre qui a du caractère. Concours de fromages fermiers, animations musicales, déjeuner champêtre...
– ***Festival de Rocamadour :*** *en août. • rocamadourfestival.com •* Essentiellement tourné vers la musique sacrée.
– ***Rassemblement de montgolfières :*** *le dernier w-e de sept.* Magnifique !

GRAMAT

(46500) 3 545 hab. *Carte Lot, C2*

Un point de chute pratique que cette ville-carrefour du parc naturel régional des Causses du Quercy, postée sur la D 840 à mi-chemin entre Martel et Figeac, et à quelques encablures de Rocamadour. Plusieurs vestiges du passé à voir à Gramat : la *tour de l'Horloge,* ancien beffroi de la ville ainsi que la halle en pierre et brique.

Adresses et info utiles

Office de tourisme de la vallée de la Dordogne : *pl. de la République. ☎ 05-65-33-22-00. • vallee-dordogne-rocamadour.com • Tte l'année : tlj sf dim (ouv dim mat en juil-août), fermé dim-lun en hiver.*

Gare SNCF : *rens au ☎ 36-35 (0,34 €/mn).* Ligne TER Rodez-Figeac-Brives.

Internet : ***Espace multimédia*** *à la médiathèque, av. Paul-Mazet. ☎ 05-65-38-84-63. Mar et jeu 10h-12h ; mer et sam 10h-12h, 13h30-18h ; ven 13h30-15h, 17h-18h ; fermé dim-lun.*

– ***Marchés :*** *mar et ven mat, tte l'année, pl. de la Halle. Foire les 2ᵉ et 4ᵉ jeu mat du mois.*

Où dormir ? Où manger ?

Bon marché

Le Heurtoir rouge : *3, rue Notre-Dame (dans le centre). ☎ 05-65-40-97-45. • marcpavageau@yahoo.com • le-heurtoir-rouge-gramat46.fr • Congés : nov-mars. Double 45 €.* Dans une maison de ville au vénérable parquet lustré, deux chambres simples mais claires et fraîches, partageant la salle d'eau (w-c indépendants). Agréable terrasse-jardin à l'arrière, donnant sur l'église. Accueil vraiment sympa de Marc, qui propose, tout sourire, un petit déj qu'il qualifie d'« étoffé », avec fromage, charcuterie, yaourt... Un bon rapport qualité-prix.

Aux Volets blancs : *34, av. Louis-Mazet. ☎ 05-65-33-70-96. • auxvoletsblancs.nuxit.net • auxvoletsblancs@hotmail.fr • Double 48 € ; familiale 80 €. Table d'hôtes 20 €.* À côté de la gare, la maison des charmants propriétaires est une étape où repos et gentillesse vont de pair. À l'étage, 3 chambres bien tenues et coquettes avec salles de bains spacieuses. Pratique pour les familles, 2 chambres communiquent entre elles. Surtout, Marie-Josée et sont mari se plieront en quatre pour vous rendre le séjour agréable.

De prix moyens à plus chic

Hôtel du Centre : *pl. de la République. ☎ 05-65-38-73-37. • le.centre@wanadoo.fr • lecentre.fr • ♿ Sur la place principale. Tlj sf ven soir, sam et dim soir de mi-nov à début fév. Doubles env 65-81 €, ½ pens 75 €/pers. Formules 14-16,90 € (déj en sem), menu 25,90 €.* Un très bon hôtel à la façade *seventies,* qui propose des chambres entièrement refaites avec soin dans un style contemporain zen. Vue sympathique sur les toits depuis le Velux des chambres du 2e étage. Un rapport qualité-prix excellent et aucune impasse sur le confort : clim, veilleuses pour bouquiner, grande télé, salles de bains modernes. Cuisine également convaincante, à base de bons produits locaux. En prime, accueil enthousiaste d'un couple de Bretons tombés amoureux de la région.

Le Relais des Gourmands : *2, av. de la Gare. ☎ 05-65-38-83-92. • relais-des-gourmands@orange.fr • relais-des-gourmands.com • Face à la gare. Fermé lun midi en été, dim soir et lun hors saison (sf résa). Doubles 72-89 € ; familiales 84-125 €. Formule 17,50 € (déj en sem), menus 20-44,50 €. Réduc de 10 % sur le prix de la chambre (sf w-e de fête et juil-août) sur présentation de ce guide.* Légèrement excentré, mais devant la gare, l'hôtel-restaurant est installé dans une grande maison avec piscine et bar extérieurs. Au 1er étage, chambres classiques et confortables, rénovées. Ping-pong et balançoire, les enfants seront ravis. Le resto s'est fait une belle réputation dans la région. Cuisine de terroir créative. Large palette de vins à prix raisonnables. Terrasse ombragée.

Où dormir ? Où manger dans les environs ?

Chambres d'hôtes Moulin de Fresquet : *à Gramat. ☎ 05-65-38-70-60. 📱 06-08-85-09-21. • info@moulindefresquet.com • moulindefresquet.com • À 2 km env du centre-ville. Sortir de la ville par la D 840 en direction de Figeac et prendre le petit chemin au niveau du grand rond-point (fléché). Congés : 15 oct-15 avr. Doubles avec sdb 83-99 € ; suite 119 €.* Moulin à eau quercynois entouré d'un grand parc, avec 3 chambres et 2 suites, très confortables et au charme romantique. Un véritable havre de paix. Accueil soigné.

Au Coin des Granges : *lieu-dit Le Theil, 46500* ***Bio.*** *☎ 05-65-10-68-15 ou 📱 06-80-88-76-40. • contact@aucoindesgranges.com • aucoindesgranges.com • À 8 km de Gramat par la D 15 ; fléché à droite de la mairie de Bio. Chambre 65 €, cabane dans les arbres env 100 €, roulottes 120-210 € le w-e selon saison ; gîtes 340-625 €/sem. Table d'hôtes 27 €.* Une adresse originale, multipliant les hébergements atypiques. D'abord, à l'étage d'une grange superbement restaurée, de belles chambres d'hôtes avec accès indépendant et vaste salon commun. Ensuite, dans le parc de 2 ha, de belles roulottes impeccablement aménagées, et une cabane confortable (jusqu'à 4 pers), logée à 5 m de hauteur entre 2 chênes séculaires. Tables de pique-nique sur la pelouse tondue de près, balançoires. On est séduit par le souci de perfection de Sylvie et Jean-Paul, tant dans l'aménagement des lieux que dans l'accueil. En prime, une belle piscine et une table d'hôtes exceptionnelle. Un franc coup de cœur !

Chambres d'hôtes Le Clos du Chevalier : *46500* ***Le Bastit.*** *☎ 05-65-38-77-51. • leclosduchevalier@orange.fr • leclosduchevalier.fr • À 9 km de Gramat par la D 807 en direction de Cahors. Doubles 69-89 € ; familiales 3-5 pers 99-149 €.* Un monument historique. Cette belle demeure seigneuriale aux allures de manoir fut, au Moyen Âge, une commanderie templière étendant sa domination sur une grande part du Quercy. Récupérée ensuite par les hospitaliers, elle était, au XVe s, plus riche que l'évêché de Cahors ! Elle abrite aujourd'hui 2 belles chambres d'hôtes, alliant confort moderne (bonne literie, douche à l'italienne) et charme des vieilles pierres. Celle située à l'étage communique avec une 2e chambre où peuvent loger jusqu'à 3 enfants. Immense jardin à l'avant, avec piscine. Petit déj copieux, avec confitures et gâteaux maison, œufs, charcuterie, etc. Frigo, micro-ondes et jeux de société à disposition.

Chambres d'hôtes du domaine du Cloucau : *chez Francine Bougaret, route de Cahors-Gourdon, 46500 Gramat. ☎ 05-65-33-76-18. • lecloucau@orange.fr • domaineducloucau.com • À 4 km par la D 807, fléché à droite. Ouv Pâques-Toussaint. Chambres 85-95 € selon taille, suites familiales 135 €.* Une poignée de chambres pleines de charme, avec accès indépendant, classées 4 épis. L'authenticité du site – une jolie demeure quercynoise du XVIIe s – et la gentillesse naturelle des propriétaires renforcent d'emblée le sentiment de bien-être. Belle et grande piscine, jardin bien entretenu et fleuri. Madame est décoratrice, et ça se voit ! Petit déj revigorant avec confitures et pain aux noix maison.

Où acheter de bons produits ?

Épicerie fine de Mme Pégourié : *pl. de la Halle. ☎ 05-65-38-71-09. Tlj sf dim ap-m 8h30-12h15, 14h-19h.* Depuis des lustres, cette délicieuse dame propose dans son magasin une foule de bons produits de producteurs locaux qu'elle a vu grandir (charcuterie, fromage, conserves, morilles, cèpes, vins...). Un lieu attendrissant, hors du temps, qui embaume le café torréfié, le salers et le saint-Nectaire fermier.

Manifestations

– **Les Musicales du Causse de Gramat :** *juin-nov. ☎ 05-65-33-22-00. • lesmusicalesducausse.fr •* Une demi-douzaine de concerts de musique classique et récitals.
– **Grande brocante et vide-greniers :** *14-15 août.*

DANS LES ENVIRONS DE GRAMAT

Le parc animalier de Gramat : *à 2 km env de Gramat ; prendre la route de Gourdon, puis fléché sur la gauche à la sortie de Gramat. ☎ 05-65-38-81-22. • gramat-parc-animalier.com • (et parcours adapté pour pers malvoyantes). Pâques-sept et vac scol de la Toussaint, tlj 9h30-19h (18h vac scol de la Toussaint) ; le reste de l'année, 14h-18h. Juil-août, repas des loups tlj à 11h30, des ours à 14h30, des wapitis à 16h et des loutres à 17h. Entrée : env 11 € ; 6,50 € pour les 5-14 ans.* Sur 40 ha, 1 000 animaux d'Europe en semi-liberté : loups, lynx, bisons, ours, loutres... et quelques spécimens rares de poules ou de porcs, parce qu'il n'y a pas que les espèces sauvages qui sont en voie de disparition ! De fin août à octobre, on y entend le brame des cervidés.

Le centre de formation des maîtres-chiens de la Gendarmerie : *Le Ségala. ☎ 05-65-10-14-30. Suivre le fléchage « École de gendarmerie ». Démonstrations jeu 15h de mi-juin à fin août. GRATUIT.* Pour découvrir un univers plutôt fermé, celui des chiens qui parfois sauvent des vies.

Réserve naturelle régionale du marais de Bonnefont : *à* ***Mayrinhac-Lentour.*** *06-78-00-93-07. • rnr-maraisdebonnefont.fr.fr • À 7 km de Gramat, en direction de Saint-Céré, tourner à droite (fléché) ; c'est 3,5 km plus loin. GRATUIT. Sur résa, visites guidées juil-sept, mar-jeu (tarifs : 5 € ; réduc ; gratuit moins de 4 ans) ; également des balades nocturnes (à la lampe de poche !) et des ateliers pour enfants.* Dans cette zone de transition entre causses et premiers contreforts du Massif central, il s'agit d'un des rares espaces humides du Lot (roselières, zones tourbeuses). Nombreuses espèces inféodées à ce type de milieu. On se balade sur des pontons. Panneaux d'interprétation. Aire de pique-nique agréable au départ du sentier.

➢ Le ***sentier du GR 6*** relie Gramat à Rocamadour.

➢ ***Le canyon de l'Alzou :*** sentier balisé ENS (Espace naturel sensible). Voir les ruines des moulins du Saut et de Tournefeuille. Fiches-rando disponibles à l'office de tourisme.

SUR LA ROUTE DE PADIRAC

➢ Vous traverserez une jolie région de bocage vallonnée, où s'égaillent minuscules hameaux et très anciennes et rudes fermes quercynoises.
Si vous musardez, voici ce que vous découvrirez au hasard des taillis, haies et bosquets : à ***Lavergne** (46500),* à la lisière du village, un curieux *pigeonnier-porche* de l'époque médiévale. Au centre du village, petite *église* romane avec un clocher-mur et un portail parcouru par une suite de modillons représentant des têtes d'hommes ou d'animaux. À l'intérieur, l'abside en cul-de-four est d'époque, mais pas le lustre en cristal au-dessus de la tribune.
À ***Thégra** (46500), château* du XVe s dans le pittoresque village, avec tours en poivrières. Dans l'*église,* chaire en pierre du XVIe s et crypte.

LE GOUFFRE DE PADIRAC (46500) *Carte Lot, C1*

L'une des plus grandes curiosités géologiques françaises. Situé à 2,5 km au nord du petit village de Padirac, peuplé de 200 âmes.

Où dormir ?

Camping

Camping Le Ventoulou : *Ventoulou, 46500* ***Thégra.*** *☎ 05-65-33-67-01. • contact@leventoulou.com • camping-leventoulou.com • Accès : à 2 km du village de Padirac ; par la D 673, direction Saint-Céré, puis, 800 m plus loin, bifurquer à droite (D 60), direction Mayrinhac-Lentour. Ouv avr-oct. Emplacements tente 19-28 € selon saison. Loc mobile homes, chalets, cottages et bungalows toilés 260-931 €/sem. 70 empl. Frais de dossier offerts sur présentation de ce guide.* Un camping agréable de taille très raisonnable (2 ha), bien ombragé et au calme. Les emplacements pour les tentes d'un côté, les mobile homes au fond. Aussi 2 roulottes toilées. Atmosphère très familiale. Piscine chauffée (couverte hors saison), épicerie, resto, ping-pong, terrain multisports. Quelques activités et animations en été. Très bon accueil.

De bon marché à plus chic

Chambres d'hôtes à la ferme de la Treille : *chez Marie-Joëlle et Philippe Lescale, 46500* ***Padirac.*** *☎ 05-65-33-67-57. À 1 km du village en direction du gouffre, tourner à gauche ; c'est un peu plus loin. Tte l'année sf Noël-Jour de l'an. Double 45 € ; familiales 50-57 €*

(3-4 pers). Dans un bâtiment indépendant situé au cœur de son exploitation laitière, la famille Lescale propose 4 chambres carrelées, avec salle de bains. Basiques mais tout à fait satisfaisantes vus les prix serrés, et cela à proximité du célèbre gouffre ! Animaux acceptés.

Chambres d'hôtes et roulottes La Grange de Penot : *lieu-dit Penot, 46500* ***Padirac.*** *☎ 05-65-38-13-42. • bruno.rasse@wanadoo.fr • chambredhote-padirac-rocamadour.com • Entre le village et le gouffre, fléché à droite. Chambre 78 €, roulottes 86-136 € selon période (plus petit déj 7 €) pour 4 pers. Apéritif offert sur présentation de ce guide.* 4 chambres confortables installées dans une grange soigneusement restaurée avec terrasse privative et 6 roulottes dans une clairière paysagée. Piscine et possibilité de balade avec les ânes. Idéal pour un séjour en famille au calme. Tenu par un couple très accueillant.

Où dormir dans les environs ?

Camping Le Pigeonnier : *46500* ***Miers.*** *☎ 05-65-33-71-95. • camping-le-pigeonnier@orange.fr • campinglepigeonnier.com • Accès : à 4 km de Padirac, en direction de Carennac. Ouv avr-sept. Emplacements tente : 13,50-17,20 € selon saison ; mobile homes 235-729 €/sem. 45 empl. Café offert sur présentation de ce guide.* Surplombant le charmant village de Miers, un camping familial tranquille et bien entretenu. Des emplacements bien ombragés autour d'un joli pigeonnier et de la maison des proprios. Piscine chauffée, jeux pour enfants.

Chambres d'hôtes Le Vieux Séchoir : *chez Josiane Lavergne, à Grèzes, 46500* ***Miers.*** *☎ 05-65-33-68-33. • levieuxsechoir@wanadoo.fr • levieuxsechoir.com • À 1,5 km de Miers, route de Gramat. Double 51 €, 73 € pour 4. Un pot de confiture offert sur présentation de ce guide.* 4 chambres coquettes de belles dimensions, installées dans un beau corps de ferme typiquement quercynois, à l'étage de l'ancien séchoir à tabac du grand-père jouxtant la maison d'habitation. Chaque chambre dispose d'une salle d'eau privée avec w-c séparés. Accueil très convivial. Petit déj servi dans la cour en saison, à l'ombre des platanes centenaires. Cuisine, barbecue, balançoire. Un excellent rapport qualité-prix.

À voir

Le site : *☎ 05-65-33-64-56. • gouffre-de-padirac.com • Ouv Pâques-Toussaint, dernière admission 1h30 avt la fermeture du site. Horaires fluctuants, voir sur le site. La résa en ligne est vivement conseillée, on évite alors la queue aux caisses. Sinon, venir avt 10h, à l'heure du déjeuner ou après 17h. Entrée : env 10,50 € ; 4-12 ans 7 €. Visite d'env 1h30. Films et photos interdits pdt la visite guidée. Parking gratuit.*

Padirac accueille près de 400 000 visiteurs par an ! L'entrée n'est pas donnée, mais descendre dans le gouffre vaut vraiment la peine. De l'extérieur, la large cavité (35 m de diamètre) au dessus de laquelle on

SAUVÉS DU GOUFFRE

Selon la légende, saint Martin, le Salvateur, rencontra, en lieu et place du futur gouffre de Padirac, Satan escorté des pécheurs condamnés à l'enfer ! Le diable, joueur, lança un défi au bon saint. En échange de la rédemption des âmes, il devait franchir un gouffre que le diable fit apparaître d'un coup de pied. Saint Martin pria Dieu et franchit le gouffre avec sa mule. Furieux de sa défaite, Satan disparut en enfer par le gouffre qu'il avait créé... Les âmes furent alors sauvées. Et ensuite, on a interdit la fumette.

peut se pencher est déjà impressionnante. Comme pour toute grotte, pensez à prendre un pull : il fait 13 °C constants, et la visite est particulièrement humide. Il faut dire qu'on descend 103 m, par des escaliers ou des ascenseurs (même prix). Il s'agit d'un puits naturel provoqué par l'effondrement de la voûte d'une immense grotte. Connu depuis longtemps, le gouffre ne fut pourtant exploré qu'en 1889 par Martel, le père de la spéléologie moderne. À la fin du XIXe s, Padirac recevait ses premiers touristes.
Après avoir atteint le fond du gouffre à proprement parler s'ensuit un long voyage dans les entrailles de la terre, à pied et en barque sur une rivière. Celle-ci mesure de 6 à 10 m de large entre des falaises atteignant parfois 60 m de haut. Au *lac de la Pluie,* on peut admirer la *Grande Pendeloque,* immense stalactite haute de 60 m et qui descend jusqu'au niveau de l'eau, ainsi que la *Grande Colonne* (ou *Grand Pilier*), haute de 75 m. *Salle des Grands Gours,* la rivière s'ouvre en une série de bassins créés par des barrages de concrétions. Pour finir, dans la *salle du Grand Dôme,* la voûte de 94 m est l'une des plus hautes d'Europe. À ce niveau, on trouve d'autres concrétions étonnantes, en forme de piles d'assiettes. On grimpe alors par une passerelle qui révèle de superbes points de vue sur les lacs, avant de retourner aux barques et à la rivière.
– Restos sur place, et possibilité de ***pique-nique*** dans le parc situé face au gouffre. Tables sous les arbres, pelouses et buvette.

Insectopia : *à Padirac, derrière l'entrée du gouffre. ☎ 05-65-33-76-76. • insectopia.fr • Ouv avr-Toussaint, tlj 10h-18h. Entrée : 6,50 € ; enfant 3,50 €.* Un espace éducatif et interactif dédié aux insectes. Projection de documentaires, d'extraits de films d'horreur kitsch, et possibilité d'entrer dans le pavillon des papillons.

À voir dans les environs

L'archéosite des Fieux : *à* ***Miers*** *(46500), à 4 km de Padirac. Sortir de Miers direction Carennac, puis poursuivre sur 2 km (fléché). 06-16-26-74-35. • archeositedesfieux.com • Ouv Pâques-Toussaint. Juil-août, tlj 10h-19h ; vac Pâques 10h-18h ; vac Toussaint 10h-17h ; hors vac scol, mer, sam-dim et j. fériés 10h-17h. Fermé du 1er au 15 oct. Entrée : 7,50 € ; enfant 5,50 € (gratuit jusqu'à 5 ans).* Site archéo-ludique, conçu autour d'une cavité karstique utilisée par nos ancêtres d'il y a 80 000 ans comme piège naturel pour chasser de gros animaux. On jette un œil au chantier de fouilles et aux moulages des ossements qui y furent découverts (mammouth notamment), avant de s'essayer aux ateliers participatifs, pour apprendre à tailler des silex, à faire du feu, à chasser au propulseur ou à peindre comme les graffeurs néanderthaliens. Rigolo. Le site recèle également une grotte ornée découverte en 1964, mais elle ne se visite pas.

LA VALLÉE DE LA DORDOGNE, DE CARENNAC À SAINT-CÉRÉ

CARENNAC

(46110) 395 hab. *Carte Lot, C1*

L'une des jolies petites cités médiévales comme la région sait nous en offrir. Ce n'est que festival de toits de toutes les formes, de toutes les pentes, de décrochements et d'angles impossibles, dans un joyeux désordre architectural. Tours, tourelles et cheminées viennent en prime brouiller les lignes.

Carennac est d'ailleurs labellisé parmi les « Plus Beaux Villages de France ». C'est aussi un « site clunisien ». Et si cela ne suffisait pas, son église et sa *Mise au tombeau,* chef-d'œuvre de la sculpture gothique, valent à elles seules le détour.

UN PEU D'HISTOIRE

Saccagé par la guerre de Cent ans mais épargné par les guerres de Religion grâce aux lignes de fortification, le prieuré passa dans les mains de la grande famille des Salignac de La Mothe-Fénelon. Avant de devenir archevêque de Cambrai, le célèbre Fénelon lui-même le dirigea de 1681 à 1695. Il y écrivit, entre autres, dit-on, *Les Aventures de Télémaque.*

Adresses utiles

Office de tourisme : *cour du Prieuré. ☎ 05-65-33-22-00. • vallee-dordogne-rocamadour.com • Tte l'année : nov-mars fermé dim ; en saison, tlj.*

Gare SNCF : *à* ***Saint-Denis-lès-Martel,*** *à 10 km de Carennac. Rens : ☎ 05-65-32-42-08 ou ☎ 36-35 (0,34 €/mn).* Ligne Brive-Figeac.

Où dormir ? Où manger ? Où boire un verre à Carennac et dans les environs ?

Camping

Camping L'Eau Vive : *à 1 km du village, en direction de Saint-Céré. ☎ 05-65-10-97-39. 06-64-69-79-89. • info@dordogne-soleil.com • camping-lot-eauvive.com • Accès : à 1 km du village, en direction de Saint-Céré. Ouv mai-sept. Emplacements tente 12,90-21,80 € selon saison ; bungalows toilés et mobile homes 4-6 pers 34-118 €/nuit. 100 empl.* Camping verdoyant, ombragé et plutôt calme. Certains emplacements sont au bord de la rivière. Location de canoës, terrain multisports, boulodrome, ping-pong et piscine.

De bon marché à prix moyens

Hostellerie Fénelon : *rue Principale, dans le village. ☎ 05-65-10-96-46. • contact@hotel-fenelon.com • hotel-fenelon.com • Doubles 59-71 €. Menus 15 € (midi sem) puis 19-34 €.* Idéalement placé au cœur du village, en surplomb de la Dordogne et dans un environnement calme, cet hôtel traditionnel propose des chambres agréables à la déco vieillotte, avec vue sur la rivière pour les plus chères. Repas en terrasse aux beaux jours ou dans l'agréable salle à manger avec poutres et cheminée. Piscine.

Le Pourquoi Pas : *46600* ***Floirac.*** *☎ 05-65-32-46-79. • lepourquoipas46@gmail.com • À 8 km de Carennac par la D 43. Tlj sf sam midi et dim-lun hors saison, le midi 11h-15h et le soir à partir de 18h. Congés : 1 sem en fév et 10 j. en sept. Café offert sur présentation de ce guide.* Un bled oublié sur une départementale longeant la Dordogne. Et là, comme tombé du ciel, un authentique bistrot belge alignant à la carte 110 références de bières ! Une bonne mousse vaut bien quelques kilomètres... Même des crêpes pour contenter les jeunes, qui viennent en habitué. Terrasses.

À voir

Le château des Doyens – Espace patrimoine : *dans l'enceinte du prieuré, à côté de l'église. ☎ 05-65-33-81-36. Juil-sept, tlj (sf le mat sam-dim) 10h-12h, 14h-18h ; Pâques-fin juin et oct-Toussaint, en principe mar-ven (se renseigner). GRATUIT.* Surplombant la rivière, il a fort belle allure avec ses élégantes tourelles en encorbellement et ses fenêtres à meneaux. Il date en grande partie du XVIe s. Fénelon, qui fut doyen de Carennac, y aurait écrit *Télémaque*. Aujourd'hui, il accueille l'*Espace patrimoine* du « pays d'art et d'histoire » de la vallée de la Dordogne lotoise (voir les « Adresses utiles » en début de chapitre sur le Lot). Propose, d'avril à novembre, des visites guidées, des animations, des conférences et des ateliers (gratuits ou payants ; certains sur résa). Expo permanente sur le patrimoine géologique, géographique, architectural et artistique de ce coin du Quercy. Également des expos temporaires. Au 1er étage, exceptionnel plafond peint à la française datant du XVIIe s (et une envoûtante odeur de cire !).

L'église Saint-Pierre : *à côté de l'office de tourisme.* On y parvient par une porte de l'enceinte du prieuré. Déjà, de loin, à travers la porte, apparaît le magnifique portail. Église du XIIe s, de style roman. Tympan particulièrement remarquable, influencé par l'art de Moissac et de Cahors, représentant le Christ en majesté avec les symboles des évangélistes. Sur les deux registres, remarquer les apôtres conversant deux à deux. Très grande finesse d'exécution. Noter la petite frise avec les animaux. Narthex ouvert à colonnes, particulièrement original.

Le cloître et la salle capitulaire : *à côté de l'office de tourisme. En été, tlj 9h30-12h45, 14h-18h45 ; sept-début nov et avr-juin, tlj sf dim mat 10h-12h, 14h-18h. Entrée : 3 € ; réduc ; gratuit moins de 14 ans. Jetons d'accès en vente à l'office de tourisme.* Cloître composite conjuguant deux styles : une galerie romane avec colonnes géminées et trois autres de style gothique flamboyant (sacrément amochées lors de la Révolution !). Petite mais plutôt massive tour du Trésor du XVe s. Large escalier à vis menant à la galerie du 1er étage. Joli portail d'entrée de la salle capitulaire, de style gothique, avec colonnettes et chapiteaux à mi-hauteur. À l'intérieur, bas-reliefs et, surtout, une splendide *Mise au tombeau* en pierre (autrefois polychrome) de la fin du XVe s, œuvre d'un atelier ayant travaillé à Cahors et à Cadouin. S'attarder sur le visage empreint de douleur de la Vierge.

Fête

– ***Fête de la Prune Reine-Claude dorée de Carennac :*** *1er ou 2e lun d'août.* Pour célébrer la tradition de la culture de la prune. François Ier offrit la reine-claude (du nom de sa femme) aux moines de Cluny, qui vinrent la cultiver dans ce coin perdu du Lot.

DANS LES ENVIRONS DE CARENNAC

L'église Saint-Martial de Tauriac *(46130)* **:** *tlj 8h-18h. Si l'église est fermée, vous trouverez les clés à la mairie ou chez M. Thierry Oubreyrie (06-77-44-91-71).* Cette église fut reconstruite au XVIe s (le clocher est beaucoup plus récent). Mais c'est l'intérieur qui vaut le détour : de splendides fresques murales et sous voûtes (classées Monument historique) représentant des scènes bibliques. Ces détrempes ont été réalisées dans un style populaire et naïf, sans doute sous le règne de François Ier, en pleine Renaissance, bien que les influences médiévales soient encore flagrantes. Au hasard des figurations, on retrouve les 16 prophètes, les 12 sibylles, la passion du Christ, la création du monde, la chute d'Adam et Ève...

LOUBRESSAC (46130) 430 hab. *Carte Lot, C1*

Encore un fort beau village médiéval fortifié, lui aussi classé parmi les « Plus Beaux Villages de France ». Accroché de façon pittoresque sur le bord d'un plateau, il livre un panorama unique sur les vallées alentour. *Château* des

XVe et XVIIe s, avec échauguette, dominant le paysage (ne se visite pas). Les maisons aux belles pierres de calcaire blond piquetées de massifs de fleurs présentent une remarquable homogénéité. *Église* des XIVe et XVIe s avec portail Renaissance massacré par les huguenots, mais il subsiste les jolies petites frises en écailles de poisson et coquilles Saint-Jacques.

Où dormir ? Où manger ?

Camping La Garrigue : *à Croix-de-la-Balme. ☎ 05-65-38-34-88. • infos@camping-lagarrigue.com • camping-lagarrigue.com • Accès : à 150 m du village. Ouv avr- sept. Emplacements tente 13,50-17 € selon saison ; mobile homes 170-590 €/sem. 50 empl. Frais de résa offerts sur présentation de ce guide.* Un petit camping familial aux emplacements en paliers dans la forêt. Plutôt bien ombragé et bien équipé. Ping-pong et jeux enfants. Pas d'animations ici, on recherche avant tout le calme. Snack et pizza maison le soir. Belle piscine.

Le Relais de Castelnau : *à l'entrée du village. ☎ 05-65-10-80-90. • rdc46@orange.fr • relaisdecastelnau.com • Congés : nov-Pâques. Doubles 75-125 €. Menus 18,50-29,50 € ; carte env 35 €. (réception).* L'emplacement de l'hôtel, face à la vallée, est bluffant ! Si vous en avez les moyens, privilégiez donc les chambres avec la vue grandiose et le château de Castelnau-Bretenoux au loin. Confort indéniable, mais plutôt standard. Tennis, belle piscine sur la terrasse panoramique et resto correct.

À voir dans le coin

La ferme de Siran : *à 4 km de Loubressac (fléché). ☎ 05-65-38-74-40. De mi-juil à fin août et vac scol, tlj sf sam 11h-18h30 (le reste de l'année, sur rdv). Vac scol 14h-18h. Tarif : 4 € ; 2,50 € enfant.* Gaëlle et Julien Taillefer ont la passion de la chèvre angora, cette jolie biquette originaire de Turquie, dont les poils bouclés produisent le mohair. C'est la seule exploitation de ce type dans le Lot. Visite de la bergerie, vidéo expliquant le processus de fabrication de la laine. Les chèvres sont très dociles, et les enfants sont ravis... Boutique avec, bien entendu, des pelotes de laine, mais aussi des tapis, chaussettes, écharpes, etc. Buvette l'été, sous les parasols.

DANS LES ENVIRONS DE LOUBRESSAC

PRUDHOMAT (46130)

Petit village dominé par le château de Castelnau. Église collégiale du XVe s. Stalles sculptées de la même époque, vitraux Renaissance et jolie statuaire.

Où dormir ? Où manger ?

Les Remparts : *au pied du château de Castelnau. ☎ 05-65-38-52-88. Ouv tlj sf mar hors juil-août. Fermé Toussaint-Pâques. Menu 15 € midi sem puis 21,50-35 €.* La vaste terrasse ombragée qui s'étire devant le château jouit d'un emplacement exceptionnel. Plats de brasserie, burgers, pizzas et menus roboratifs servis avec efficacité malgré l'affluence. Très correct sans être inoubliable. Par contre, la vue panoramique sur la campagne quercynoise, elle, est un must, en particulier au crépuscule. Jeux enfants à côté, bien pratiques pour ceux qui ne tiennent pas à table.

Chambres d'hôtes La Grange des Manoques : *Les Granges. ☎ 05-65-38-16-70. • jmverlhac@orange.fr • grangedesmanoques.com • À 2,5 km de Prudhomat, en direction de Saint-Céré (fléché sur la gauche). Fermé oct-avr. Double 80 € ; 155 € pour 4 pers (chambres communicantes).* Un ancien hameau agricole du XIXe s, blotti au cœur d'un écrin de verdure. Dans l'étable, 4 chambres spacieuses, rustiques et chic avec pierres apparentes. Chacune a sa terrasse privée et un coin salon. L'ancien fournil, qui conserve toute son authenticité, sert de salle pour le petit déj. Quant à l'ancienne bergerie, elle a été convertie en salon-bibliothèque avec TV et coin cuisine. Piscine pour se relaxer, au calme parfait, et accueil aimable de Jean-Louis, le discret propriétaire jeune retraité.

À voir

Le château de Castelnau-Bretenoux : *en surplomb du village et de la bastide de Bretenoux. ☎ 05-65-10-98-00. • castelnau-bretenoux.monuments-nationaux.fr • ♿ (en partie). Tlj sf certains j. fériés : mai-juin, 10h-12h30, 14h-18h30 ; juil-août, 10h-19h ; sept-avr, 10h-12h30, 14h-17h30 (fermé mar oct-mars) ; la billetterie ferme 1h avt. Entrée : 7,50 € ; tarif réduit 4,50 € ; gratuit moins de 18 ans et moins de 26 ans (UE). Visite commentée le matin en juil-août. Parking 2 € en juil-août.*
L'un des plus beaux châteaux forts du Lot. Édifié aux XIIe et XIIIe s pour surveiller quatre provinces : le Périgord, le Limousin, l'Auvergne et le Quercy. De forme triangulaire avec moult tours rondes. Donjon carré à mâchicoulis de 30 m de haut. On peut visiter la tour d'artillerie du XVe s. Depuis la terrasse, panorama exceptionnel sur le paysage du haut Quercy.
En piteux état après avoir subi moult vicissitudes (Révolution, incendie, etc.), le château fut racheté en 1896 par le ténor Jean Mouliérat, qui le restaura. À la différence de Maurice Fenaille au château de Montal, Jean Mouliérat cultivait un certain goût (et un goût certain) pour le décor... Il achetait, entassait, accumulait... Sa chambre en est un parfait exemple : trois tables, une vingtaine de chaises, toutes dépareillées, etc. Styles et époques cohabitent dans une délicieuse cacophonie. On retrouve tout le côté kitsch du néogothique. Notamment les magnifiques retables et triptyques religieux qui décorent la salle à manger. Voir aussi la grande salle de l'aile sud-ouest, avec accès au balcon d'honneur du XVIIe s.
– Nombreuses expositions d'avril à octobre. En outre, le château accueille certaines des représentations lyriques du festival de Saint-Céré (voir plus loin).

BRETENOUX (46130)

Joli village traversé par la Cère. Ancienne bastide du XIIIe s. Voir la *maison des Consuls,* les vieilles demeures à arcades, à colombages et en encorbellement, la *porte de la Guierle,* etc. Premier centre européen de la confiture industrielle, avec deux grandes marques : *Andros* et *Boin.* Balade sympa au bord de la Cère, jusqu'à l'île Bourgnatelle.

Adresse utile

Office de tourisme : *av. de la Libération. ☎ 05-65-33-22-00. • vallee-dordogne-rocamadour.com • Tte l'année ; fermé dim ap-m en été ; et tt le dim le reste de l'année. Visite guidée de Bretenoux en été (6 € ; gratuit moins de 12 ans), et chasse au trésor pour les enfants (document gratuit).*

Où dormir ? Où manger dans les environs ?

Hostellerie Belle Rive : *Port-de-Gagnac, 46130* **Gagnac-sur-Cère.** *☎ 05-65-38-50-04. • hostelleriebellerive@yahoo.fr • bellerive-dordogne-lot.*

com • À 4,5 km de Bretenoux par la D 14. Resto fermé ven soir, sam midi et dim soir de Pâques à mi-juil et de fin août à Toussaint ; de mi-juil à fin août fermé slt sam midi ; en hiver fermé w-e. Congés : vac de Noël. Chambres 75-110 €, familiale 150 €. Menus 17 € (en sem), puis 26-31 €. Face à la rivière, le site est on ne peut plus agréable. Les chambres sont ravissantes et pour la plupart entièrement rénovées. Toutes sont différentes, toutes donnent sur la Cère. Murs et meubles peints au pochoir donnent à l'ensemble une touche fraîche et champêtre. Côté resto, cuisine traditionnelle de bon aloi (foie de canard poêlé aux fruits de saison, rognons de veau au thym, ris de veau en cocotte...), à déguster sur la terrasse aux beaux jours.

AUTOIRE (46400) 350 hab. *Carte Lot, C1-2*

Un autre parmi les « Plus Beaux Villages de France », une douzaine de kilomètres avant Saint-Céré. À découvrir surtout de la petite route venant de Loubressac ou de Padirac (sinon, ne pas oublier de remonter la vallée pour le point de vue). Étagé au fond d'une large vallée, dominé par des rocs saillants, resté en dehors du temps, Autoire présente une homogénéité architecturale quasi parfaite. Nobles demeures médiévales et vieilles granges de pierre aux tuiles sombres patinées (en grande majorité du XVIe s). Toits à quatre pentes agrémentés de lucarnes ouvragées, gracieuses tourelles et poivrières particulièrement remarquables. Rues abondamment fleuries, jardins exubérants, façades couvertes de vigne vierge en prime. *Église* du XIe s aux arches romanes et aux lignes très pures, avec chapiteaux originaux en forme de « ronds de serviette » ciselés d'entrelacs et chœur en cul-de-four percé de trois baies romanes. À côté de l'église, élégant *manoir* aux multiples décrochements de toits, tours et tourelles (aujourd'hui la mairie).
Si vous venez de Saint-Céré, remontez la vallée, qui devient de plus en plus étroite, les falaises calcaires remplaçant progressivement les pâturages. Beau panorama du *cirque d'Autoire*. Cascade qui tombe de 30 m. Sur la falaise à gauche, les ruines du *château des Anglais* taillé dans la falaise, souvenir de la guerre de Cent Ans.

Où dormir ? Où manger ?

■ |●| ***Auberge de la Fontaine** : dans le bourg. ☎ 05-65-10-85-40. • auberge.de.la.fontaine@orange.fr • auberge-de-la-fontaine.com • Hors juil-août, fermé dim soir-lun (mar-jeu repas sur résa slt). Double 58 €. Formule 13,50 € (déj en sem) ; menus 21,50-28 €.* Belle maison traditionnelle, proposant une dizaine de chambres pimpantes. Derrière les fourneaux, le jeune cuistot s'applique à travailler de manière assez originale une cuisine de terroir, nourrie de produits frais et joliment présentée. Également de grandes salades-repas et de solides assiettes découverte. Salle à manger d'un rustique agréable et terrasse en bord de rue, devant la fontaine du village. Bon accueil. Une adresse charmante.

SAINT-CÉRÉ (46400) 3 515 hab. *Carte Lot, C1*

À la croisée de plusieurs itinéraires, à proximité de nombreux sites, voilà une petite ville populaire lovée au cœur d'un grand bassin fertile, au pied d'un château en ruine. Si la Bave – douce rivière au nom pour le moins évocateur – y prend toujours ses aises, les petits bras d'eau qui sillonnaient autrefois le

centre ont depuis été couverts. Saint-Céré n'en a pas perdu son charme pour autant, de remarquables hôtels particuliers et bâtisses anciennes témoignant de son passé florissant.

Adresses et infos utiles

Office de tourisme : *13, av. François-de-Maynard, sur la pl. principale. ☎ 05-65-33-22-00. • vallee-dordogne-rocamadour.com • Ouv lun-sam 9h30-13h, 14h-18h30 ; fermé dim et j. fériés sf le mat en été. En juil-août, visite guidée de la ville le jeu (6 € ; gratuit moins de 12 ans).*

Gare SNCF : *à Bretenoux-Biars, à 8 km. Rens : ☎ 36-35 (0,34 €/mn).* Ligne Brive-Aurillac.

On trouve ***tous les services*** en ville (banques, poste, station-service, supermarchés, hôpital, etc.).

– ***Marché :*** *sam mat, sous la halle, et dim mat, pl. de la République.*

Où dormir ? Où manger ?

Camping

Camping Le Soulhol : *quai Auguste-Salesses. ☎ 05-65-38-12-37. • info@campinglesoulhol.com • campinglesoulhol.com • Accès : par l'A 20, sortie 52 ou 54 ; à 500 m env (fléché). Ouv d'avr à fin sept. Emplacements tente 16,40-17,40 € selon saison ; mobile homes et gîtes 217-529 €/sem. 110 empl.* Un camping de 4 ha, tout en longueur et au bord de l'eau, plutôt bien ombragé, avec de grands emplacements. Piscine et pataugeoire chauffées. Pas de services superflus, et pas d'animations, pour préserver le calme. Tennis à proximité.

De bon marché à prix moyens

Le Victor Hugo : *7, av. des Maquis. ☎ 05-65-38-16-15. • vichugostcere@wanadoo.fr • hotelsaintcere.com • Au bord de la rivière, dans le centre. Doubles 63-69 €. Formule déj en sem 13,90 € ; menus 18,90-36 € ; carte env 45 €. Garage payant. Apéritif offert sur présentation de ce guide.* Jolie demeure fleurie, en pierre et colombages. Chambres agréables et tout confort (clim), arrangées dans un style contemporain. Certaines donnent sur la rivière, d'autres sur un vaste patio ouvert. Toutes sont au calme. Belle cuisine inventive, inspirée du terroir et parfois agrémentée de touches asiatiques. 2 terrasses en été. Accueil fort sympathique. Une bonne adresse !

Hôtel de France : *139, av. François-de-Maynard. ☎ 05-65-38-02-16. • lefrance-hotel@wanadoo.fr • hotel-de-france-saint-cere.fr • À 100 m du centre, direction Aurillac. Resto fermé à midi lun, ven, sam et j. fériés, plus ven soir hors saison. Doubles 58-66 € ; familiales 81,50-102 €. Formules 16-22 € (déj en sem), menu 28 € qui change tlj ; carte env 45 €. Parking. Apéritif maison offert sur présentation de ce guide.* Bâtiment moderne franchement pas très esthétique, mais chambres confortables, dont certaines avec balcon donnent sur un grand jardin fleuri et verdoyant, avec piscine chauffée. Privilégiez donc celles-ci plutôt que celles sur la rue, assez passante. Excellente cuisine au resto. Sa star, le magret de canard habillé d'une sauce variant avec les saisons. Accueil chaleureux et attentif.

Pizzeria Le Mercadial : *4, pl. du Mercadial. ☎ 05-65-38-35-77. Ouv tlj en saison. Hors saison, fermé jeu soir, dim soir et lun. Formule déj 11 € (pizza et café), puis 16-19 €.* On ne se fait pas prier pour goûter aux généreuses pizzas à la farine de châtaigne qui changent du régime quercynois ! Aussi des plats du jour variés, des pâtes et des produits du terroir qui côtoient des spécialités transalpines toujours fraîches et gourmandes. En plus, belle terrasse sur la place piétonne.

🍽 ***L'Instant T :*** *3, pl. du Mercadial. ☎ 05-65-10-66-82. Tlj sf dim et lun midi (en saison) ; fermé le soir lun-mer hors saison. Formules déj en sem 12-13,50 € ; carte env 25 €. Café offert sur présentation de ce guide.* Ce resto qui, aux beaux jours, étale sa terrasse sur la plus belle place de Saint-Céré (piétonne), s'efforce de sortir de l'incontournable canard. À midi, l'imbattable menu joliment travaillé côtoie une petite restauration simple mais fraîche (belles salades, tartes, tartines, plat du jour). Intérieur à la tonalité rustique et patio à l'arrière.

Où dormir ? Où manger dans les environs ?

🏠 🍽 ***Hôtel-restaurant Les Trois Soleils :*** *au lieu-dit Marot-Bas, 46400* ***Saint-Jean-Lespinasse.*** *☎ 05-65-10-16-16. • lestroissoleils@wanadoo.fr • 3soleils.fr • ♿ À 2 km env de Saint-Céré, au pied du château de Montal, à côté du golf. Resto fermé dim soir-mar midi hors saison, slt lun midi avr-fin sept. Congés : déc-janv, dernière sem de mars et dernière sem de sept. Doubles 99,50-141 €. Menus 35 € (déj en sem), puis 54-82 €. Café offert sur présentation de ce guide.* Un hôtel dans un parc de 6 ha, avec piscine, au calme. Moderne et cossu, il est avant tout destiné à ceux qui privilégient le confort et qui en ont les moyens... Chambres spacieuses avec terrasse ou balcon. Lumineuse salle des petits déj ouverte sur le jardin. Côté resto, Frédéric Bizat réinvente à sa façon la cuisine du pays et sert des plats de haute volée.

À voir à Saint-Céré et dans les environs

👁👁 ***La place du Mercadial*** *(pl. de l'Hôtel-de-Ville)* **:** bordée de maisons à colombages, voici la très vénérable place médiévale du marché, au charme incontesté. On y trouve de remarquables édifices comme la *maison des Consuls,* qui occupe tout un côté. Harmonieuse construction alliant façade de pierre, encorbellement, colombages à remplage de brique et beau toit à la Mansard (presque en pagode !). Sur le côté gauche part la ***rue de l'Hôtel-de-Ville.*** À quelques mètres, dans un renfoncement, belle série de fenêtres Renaissance, avec tourelle en encorbellement ouvragée.
À l'angle de la rue Pasteur et de la place, la *maison Jean-de-Séguier* (XVe s). Elle possède encore son *taoulié* (ou « pierre à poissons »), sur lequel les poissons étaient vendus.
De l'autre côté de la place, la ***rue de l'Olié*** présente une belle unité architecturale. À l'angle avec la rue Saint-Cyr, *hôtel Miramon* (XVe s) avec tourelle d'angle en encorbellement. En continuant la ***rue Saint-Cyr,*** on tombe sur l'arrière d'un hôtel Louis XIII (classé Monument historique). Le petit *passage des Fossés* permet ensuite d'en admirer la façade principale : balcon à balustres et à clocheton, belle série de lucarnes.
À l'angle des rues Saint-Cyr et Mazel, *hôtel d'Ambert* (XVe s), l'un des plus séduisants de la ville.
Enfin, ***place Jean-Jaurès,*** *maison Queyssac* (XVIIe s) reconnaissable à son toit aux très nombreuses lucarnes.

👁 ***Rue Pasteur,*** de l'autre côté de la rue de la République, un autre *taoulié* (au coin avec la rue Centrale). Au bout de la rue Pasteur, si la vieille auberge du XVIIIe s a fermé ses portes, les deux *passages à arcades* au niveau de la Bave existent toujours. Ils permettaient aux chevaux de poste ou de diligence de s'abreuver. Du pont, vision romantique sur la Bave, le vieux Saint-Céré, le *quai des Récollets.*

👁 Ensuite, on retraverse la Bave au petit pont, jusqu'aux *rues Faidherbe* et *Paramelle.* Après avoir passé la *maison de Longueval* (XVe s) avec tourelle, on parvient à l'*église Sainte-Spérie* (XIIIe s). Reconstruite après les dégâts des guerres de

Religion. Clocher-porche du XVIIIe s, de style classique. Dans la chapelle de droite, intéressante Nativité. Place de l'Église, *hôtel de Puymule* (XVe s). Ouvertures de style flamboyant.

Les tours de Saint-Laurent et l'atelier-musée Jean-Lurçat : *à **Saint-Laurent-les-Tours,** à 2 km env de Saint-Céré, sur la colline dominant la ville. ☎ 05-65-38-28-21. Prendre la direction de Bretenoux ; fléché au rond-point de l'hôpital. Possibilité d'y aller à pied par un petit sentier qui part dans la ruelle (rue des Hortes) située derrière l'office de tourisme (compter 20 mn env). Musée ouv tlj sf lun avr-sept, 10h30-12h30, 14h30-18h30. Entrée : 4 € ; réduc.* Vestiges du château de Turenne. Un donjon du XIIe s, l'autre du XIVe s. C'est dans ce château, reconstruit au XIXe s dans un style néogothique, que Jean Lurçat (1892-1966) s'installa à la fin de la dernière guerre. L'artiste laisse derrière lui une œuvre considérable, réunie aujourd'hui en un superbe musée. On mesure combien ce cadre exceptionnel fut propice à l'inspiration de Lurçat. Tapisseries, bien sûr, dont il fut le maître incontesté, mais aussi dessins, aquarelles, peintures, gravures, céramiques. Expos temporaires dans la tour du XIVe s.

Le château de Montal : *46400 **Saint-Jean-Lespinasse.** ☎ 05-65-38-13-72. • montal.monuments-nationaux.fr • À 2 km de Saint-Céré, sur la route de Gramat. **Attention :** fermé pour travaux jusqu'à l'été 2016, se rens au ☎ 05-65-38-13-72.* Le plus bel exemple d'architecture Renaissance du Quercy, dans la tradition des châteaux français de cette époque. Dans un beau site verdoyant et vallonné, ce château fut édifié au début du XVIe s par Jeanne de Montal pour son fils parti à la guerre. Celui-ci ne revint jamais, et les deux autres ailes ne furent jamais construites. À la fin du XIXe s, le château fut racheté par un marchand de biens qui le démantela et le vendit en pièces détachées. Il a fallu la patience du propriétaire suivant, le célèbre mécène et amateur d'art Maurice Fenaille, pour que le château reprenne forme et vie. Il rechercha et racheta pièce par pièce chacun des éléments d'origine. Le château est aujourd'hui sous la responsabilité du Centre des monuments nationaux. Pour l'anecdote, *La Joconde* y fut cachée en 1943 avant de retrouver sa place au Louvre à la fin de la guerre.

Les grottes de Presque : *à 3 km de Saint-Céré, en direction de Gramat. ☎ 05-65-40-32-01. 📱 06-70-53-82-87. • grottesdepresque.com • De mi-fév à juin et sept-Toussaint, ouv 9h30-12h, 14h-18h ; juil-août, 9h30-18h30. Entrée : 8 € ; 7-11 ans 4 € ; gratuit moins de 6 ans. Visite env 40 mn.* Grotte longue de 250 m, présentant une succession de pittoresques concrétions. Nombreuses colonnes stalagmitiques de 8 à 10 m de haut.

Manifestation

– ***Festival de Saint-Céré :*** *de fin juil à mi-août. Rens : ☎ 05-65-38-28-08. • festival-saint-cere.com •* Ce festival musical éclectique se déroule dans plusieurs lieux prestigieux : château Jean-Lurçat, églises et château de Castelnau. Récitals, opéras, opérette, chanson, jazz...

DE SAINT-CÉRÉ À FIGEAC

LE LIMARGUE ET LE SÉGALA

Se confondant en partie au nord avec la vallée de la Dordogne, le Limargue est une longue bande de terre entre Saint-Céré et Figeac. Ni causse aride

ni région de forêt, il s'agit plutôt d'un genre de bocage, alternant bois, bosquets, riches cultures et prairies. À l'est du Limargue, aux confins du Quercy, s'étend le Ségala, un avant-goût du Cantal. Collines plus élevées, terres beaucoup plus rudes où poussent en majorité landes à bruyère et châtaigniers, qui annoncent déjà le paysage cantalou. Peu d'hommes, seulement des hameaux agricoles égarés au détour d'étroites départementales. Le blé ne se plaisant guère dans cette terre pauvre, on y fit croître le seigle (à l'origine du nom *Ségala*).

SOUSCEYRAC (46190)

Le gros bourg de la zone, posté à 15 km de Saint-Céré. Ancien village fortifié dont subsistent quelques vestiges, comme la *porte Notre-Dame.* Dans les environs, nombreux exemples de belle architecture rurale quercynoise. À 1 km, *château de Grugnac,* petit et trapu, avec de grosses tours à mâchicoulis.

Adresse utile

Office de tourisme : *pl. de l'Église. ☎ 05-65-33-22-00. ● vallee-dordogne-rocamadour.com ● Ouv en juil-août lun-ven 9h-13h ; fermé le reste de l'année.* Propose des randonnées pédestres et des visites de la ville.

Où dormir ? Où manger à Sousceyrac et dans les environs ?

Au Déjeuner de Sousceyrac : *au centre du village. ☎ 05-65-33-00-56. ● p.lagnes@laposte.net ● Resto fermé dim soir-lun. Congés : de fin nov au 1er janv. Résa indispensable. Double 60 €, familiale 3 pers 70 €. Formule déj 30 € ; menus 40-70 € ; carte env 80 €.* Faites donc une halte pour marcher sur les traces de l'écrivain Pierre Benoit dont le roman *Le Déjeuner de Sousceyrac* se déroule ici même. Mais surtout pour savourer la cuisine élégante et raffinée de Patrick Lagnès, dans une salle rustique et chic, avec pierres aux murs et poutres au plafond. Il s'agit, tout simplement, de l'une des meilleures tables de ce coin du Lot. Agréables chambres rénovées et colorées à l'étage. Terrasse.

Hôtel Le Ranfort : *à Pont-de-Rhodes, 46190* ***Calviac*** *(sur la D 653). ☎ 05-65-33-01-06. ● annie.delbert@orange.fr ● Tlj sf ven hors saison. Double avec TV 58 €. Menus 22 € (en sem)-36 €.* Un ancien relais de diligence de 1845, isolé et des plus sympathique, séparé du Cantal par le ruisseau qui coule aux pieds de l'hôtel. Une dizaine de chambres rénovées, avec vue sur la campagne. Le resto propose une bonne cuisine de terroir. Piscine chauffée et terrain de pétanque. Une adresse au calme, parfaite pour les familles.

Hôtel-restaurant Colombié : *46210* ***Gorses.*** *☎ 05-65-40-28-02. ● eliane-bazerque-hotelrestaurant@wanadoo.fr ● hotel-colombie.com ● À 12 km env de Sousceyrac et à 4 km du lac du Tolerme. Fermé le soir ven et dim hors saison. Doubles 59-63 € ; familiales 72-91 €. Formule déj en sem 11,50-14,50 €, puis menus 25-34 € ; carte env 30 €. Apéritif maison et 10 % de réduc sur le prix de la chambre (hors juil-août et j. fériés) offerts sur présentation de ce guide.* Un hôtel en plein cœur du Ségala, tenu de mère en fils par une famille qui sait recevoir. Chambres confortables, réparties sur plusieurs bâtiments, dont 3 plus spacieuses, vraiment belles, au bout du jardin, face à la piscine. À table, cuisine d'inspiration régionale qui a pris son envol avec la nouvelle génération. Des pointes d'originalité agrémentent les plats, pour le plus grand plaisir des yeux et des papilles. Terrasse aux beaux jours. Une bonne adresse.

À faire dans les environs

– ***Le lac du Tolerme :*** *à **Sénaillac-Latronquière**, à 8 km au sud de Sousceyrac. Infos : ☎ 05-65-40-31-26. • letolerme.fr • Parking payant juil-août (6 €/j, 2 entrées aux toboggans incluses).* Lac de 38 ha (le plus grand du Lot !), bordé d'un sentier courant sur 5 km. Activités nautiques de début juillet à fin août : baignade surveillée, toboggans géants, pêche, canoë-kayak, sentier botanique, etc. Aviron toute l'année. Et pour qui veut grignoter au bord de l'eau, 2 restos : les *Rives du Tolerme* (à savoir : remboursement du parking sur présentation de la facture du resto) et *La Presqu'île,* sur la rive opposée à la plage.

Camping du Tolerme : *au **lac du Tolerme.** ☎ 05-65-40-21-23. • campingdutolerme46@gmail.com • camping-du-tolerme.com • Ouv mai-sept. Emplacement tente en hte saison 11,30 € ; mobile homes 279-495 €/sem. CB refusées. 37 empl. Réduc de 10 % sur les emplacements en basse et moyenne saison sur présentation de ce guide.* Au bord du plus grand lac du Lot (38 ha de surface et 5 km de rives), un petit camping très nature, avec accès à la plage tout proche. Des emplacements ombragés séparés par des haies et entourés d'arbres. Paisible et familial : balançoire, ping-pong, terrain de volley.

LACAPELLE-MARIVAL (46100) 1 350 hab. *Carte Lot, C2*

À 3 km de la D 840, à 20 km au nord de Figeac. Un petit village fondé au XIIe s qui se laisse parcourir tout en douceur. Place du Fort, ancienne porte fortifiée du village avec une imposante tour ronde qui servait de tour de guet. Jolie halle du XVIe s dont la charpente est en châtaignier.

Adresse utile

Office de tourisme : *pl. de la Halle. ☎ 05-65-40-81-11. • tourisme-figeac.com • Tte l'année mar-sam ; juil-sept tlj 9h-12h30, 15h-19h.* Demander le fascicule *Les Clefs de Lacapelle-Marival* pour la visite du village en suivant le parcours balisé.

Où dormir ? Où manger dans le coin ?

Gîte d'étape La Halte : *pl. de la Halle, à Lacapelle-Marival. 06-13-50-55-07. • lahaltedelacapelle@yahoo.fr • Ouv Pâques-Toussaint. Accueil à part de 16h. Nuitée 23 €/pers, draps et petit déj inclus.* Au centre du bourg, dans une grande maison de village, un gîte agréable, rénové et très bien tenu, proposant 10 couchages en lits individuels, répartis en 2 chambres au 1er et 2e étage. Le vénérable plancher d'origine a de la gueule. Belles salles d'eau avec de grandes douches à l'italienne. Vaste salle commune avec cuisine équipée, machine à laver et sèche-linge (payant). Cour à l'arrière.

Auberge de la Forge : *46120 **Terrou.** ☎ 05-65-38-45-14. • aubergedelaforge@gmail.com • À 12 km de Lacapelle-Marival. Tlj sf dim soir et lun ; hors saison, fermé aussi le soir mar-jeu. Formule déj en sem 12,90 € ; menu*

19 € ; carte env 25 €. Postée à la jonction de 2 routes oubliées, une auberge de village comme on n'en fait – presque – plus. Une salle rustique, une pergola ombragée et, dans l'assiette, une bonne petite cuisine maison, simple et familiale, bâtie sur des produits locaux et de saison. Le menu du midi est une vraie aubaine, avec soupe, charcutaille, plat du jour, fromage, dessert. De quoi entraîner jusqu'ici une ribambelle d'habitués. Bonne ambiance, relax et conviviale, distillée par le jeune couple maître des lieux.

À voir

Le château : *dans le centre. ☎ 05-65-40-85-93. Ouv juil-août slt, tlj 10h30-12h30, 15h-18h30 (fermé le mat début juil et fin août). Entrée gratuite pour l'expo temporaire, avec accès à quelques salles du château. Sinon, visites guidées tlj sf mar mat (1 le mat et 2 l'ap-m). GRATUIT. Visite guidée payante : 3,50 € ; réduc ; gratuit moins de 12 ans. Durée : 1h15.* Imposant château édifié par le seigneur de Cardaillac au XIIIe s qui connut de nombreuses modifications jusqu'au XVIIe s. Intéressant plafond peint dans le donjon. Fresques du XVIe s et une salle aux boiseries du XVIIIe s. La visite guidée permet également d'accéder au chemin de ronde d'où la vue sur le village et les environs est remarquable. Expos temporaires.

DANS LES ENVIRONS DE LACAPELLE-MARIVAL

RUDELLE *(46120)*

Au bord de la D 840, insolite *église-forteresse* du XIIIe s. Avec ses créneaux, elle ressemble plus à un gros donjon qu'à une église.

ASSIER *(46320)*

À la frontière du causse de Gramat, en plein Limargue, juste après avoir quitté le Ségala. C'est là qu'on mesure l'étonnante rapidité des changements de paysages. Accès par la D 653 peu après Le Bourg (sur la D 840). Assier mérite vraiment le détour, pour son château et son église, œuvres d'un célèbre seigneur de la Renaissance, Galiot de Genouillac.

1515

Galiot de Genouillac, assez mégalo, chef de l'artillerie de François Ier, fut considéré comme l'un des principaux artisans de la victoire de Marignan pour avoir utilisé massivement, et pour la première fois, le canon lors d'une bataille. Couvert d'honneurs et d'argent, il entreprit donc, dans le modeste village d'Assier, la construction d'édifices dignes des châteaux de la Loire. Ben voyons !

Adresse utile

Office de tourisme : *route de Lacapelle. ☎ 05-65-40-50-60.* Bien documenté. Fiches de rando sur l'ensemble du secteur.

Où manger ?

L'Assiérois : *pl. de l'Église. ☎ 05-65-40-56-27. Fermé dim soir-lun, ainsi que mer soir hors juil-août. Au déj, menu 14 €. Le soir, 31-42 €.* Devant l'église, le resto du village prodigue une excellente cuisine, raffinée de surcroît. À midi, c'est ambiance bistrot dans la salle coquette ou sur la charmante terrasse ombragée. Le menu ouvrier donne déjà un aperçu du talent du chef, qui régale bon nombre d'habitués. En été, quelques plats traditionnels accompagnés de délicieuses pommes soufflées viennent compléter l'intéressant menu. Le soir, changement de registre, pour une cuisine gastro inventive et joliment travaillée.

À voir

Le château : *☎ 05-65-40-40-99. • assier.monuments-nationaux.fr • Tlj sf mar (tlj juil-août) 10h-12h30, 14h-18h45 (17h30 sept-avr) ; fermeture de la billetterie 45 mn avt. Entrée : 3 € ; tarif réduit 2,80 € ; gratuit moins de 26 ans (UE).* Construit autour de 1515, le château se composait initialement de quatre corps de bâtiment superbement décorés, avec tours d'angle. Les matériaux de trois ailes furent vendus à des entrepreneurs par le duc d'Uzès. Il reste quand même une aile, témoignage unique de la magnificence du château. Si la façade extérieure présente déjà un intéressant décor (portail de type classique avec une niche au-dessus qui abritait la statue équestre du grand maître de l'artillerie), la façade intérieure est la plus richement ornée. Fenêtres à pilastres et chapiteaux, frises courant entre les étages et rappelant les fonctions de Galiot de Genouillac : armes, boulets, canons, scènes des travaux d'Hercule évoquant son héroïsme, etc. À l'intérieur, bel escalier voûté d'ogives. Dans la cour, une installation contemporaine symbolisant, par de grandes structures métalliques, les ailes aujourd'hui disparues.

L'église : *en principe ouverte tlj, sinon voir à la mairie (☎ 05-65-40-57-97).* Architecture plutôt originale. Entièrement édifiée à la gloire de Galiot de Genouillac. Façade triangulaire à élégants contreforts et portail classique. Au-dessus, la Vierge reçoit d'un ange l'épée de Galiot. Une frise consacrée aux exploits de notre maître artilleur court à 2,50 m du sol sur une grande partie de l'église. À l'intérieur, le panégyrique à la gloire du fondateur de ces lieux continue. Tombeau dont Galiot de Genouillac assura lui-même la conception de son vivant. Au-dessus du gisant, un Galiot triomphant, représenté en tenue de guerre, bien entendu ! Au plafond, magnifique et rare voûte en étoile (on n'en connaît que deux exemplaires au monde). Belle clôture en bois également. Galiot mourut en 1546, à 81 ans. Il eut des funérailles modestes, puisque la messe ne fut célébrée que par 500 prêtres...

CARDAILLAC

(46100) 580 hab. *Carte Lot, C2*

À 10 km au nord de Figeac, Cardaillac, classé parmi les Plus Beaux Villages de France, est l'une des portes d'entrée du Ségala. C'est aussi le berceau de l'une des plus grandes familles du Quercy. Au XIIe s, Cardaillac fut une très importante ville fortifiée, comme en témoignent de nombreux et imposants vestiges. Au XVIIe s, la cité étant une place forte protestante, Richelieu démantela une grande partie de ses remparts. Aujourd'hui, c'est un village paisible au riche patrimoine architectural et ethnographique.

– ***Visites contées :*** *juil-août, jeu 15h (ou 16h, se renseigner). Rdv au niveau du fort. 06-85-70-06-64. GRATUIT.* En costume d'antan, dame Béatrice (bénévole passionnée) retrace les grandes lignes de l'histoire de Cardaillac, dont elle connaît aussi les menus détails. Ludique pour les enfants et fort instructif pour tous.

Où dormir ?

Au Relais des Conques : *rue des Conques. ☎ 05-65-40-17-22. • contact@relais-des-conques.fr • relais-des-conques.fr • Double 49 € ; suite 75 € ; 24 €/pers sup. Repas 15-25 €.* Pour humer la quiétude de ce bourg médiéval sans se presser, le mieux est d'y passer la nuit. L'accueillant Jacky propose 4 chambres mignonnes comme tout. 3 d'entres elles se partagent la salle de bains, et l'une a son lavabo. La suite permet de loger enfants ou amis dans l'immense salon et dispose d'une salle de bains privée, ainsi qu'un lit de 160. La table d'hôtes (sur réservation) révèle les talents de cuisinier du propriétaire. Aux beaux jours, repas servis sur la terrasse qui surplombe la ruelle piétonne.

À voir

Le Musée éclaté : *pl. de la Tour. ☎ 05-65-40-10-63. • musee-eclate-cardaillac.fr • Juil-août, visite guidée slt, tlj sf sam à 15h ; le reste de l'année, sur rdv. Entrée à l'appréciation des visiteurs.* Ce musée est une idée géniale d'une poignée d'habitants amoureux de leur village et de leur patrimoine culturel. Visite guidée à travers les ruelles pour découvrir la maison du sémalier, son atelier, l'étuve à pruneaux, le séchoir à châtaignes, le four à pain, la vieille école, etc. Meubles, outils, objets domestiques demeurent où ils ont toujours vécu. On dirait presque que le fabricant de comportes (récipients pour vendangeurs) vient juste de quitter sa maison, ou le vieil instituteur de sortir de sa classe. Commentaires enthousiastes et accueil chaleureux. Venez vous « éclater » dans ce « grand petit musée » qui permet de porter un regard nouveau sur le travail des hommes.

Le jardin médiéval : *dans le village. Entrée libre.* Jolie petite balade bucolique au sein de ce jardin parfaitement entretenu. Nombreuses plantes médicinales, toutes étiquetées, et potager médiéval.

Le quartier du fort : intéressante balade pour découvrir de belles maisons anciennes accrochées à un éperon rocheux. Procurez-vous le fascicule *Les Clefs de Cardaillac,* disponible dans le bureau d'infos touristiques du village ou dans les offices de tourisme du coin. Itinéraire bien balisé et commenté, aussi nous contenterons-nous de signaler les points forts : le pittoresque *puits* de la place *del Manganel,* l'impressionnante *tour de l'Horloge* du XIIIe s qui servit de prison (en réfection), la *tour ronde* du XVe s (ancienne tour d'escalier transformée en habitation), la *tour de Sagne,* édifice typique de défense, de 21 m de haut. Ne pas manquer d'y grimper pour la vue. Vous remarquerez que la porte est très haute. Elle est à la hauteur des remparts, qui ont été ensuite démantelés. La promenade en contrebas du fort donne une vision pittoresque du village.

Les autres rues du village : nombreux clins d'œil architecturaux (vénérables fenêtres et lucarnes, portes ogivales, vieux balcons, etc.). Belles demeures en encorbellement dans la *rue Cap-del-Castel,* prolongée par la *rue Beauvert* et la rue Marquèze.

FIGEAC

(46100) 9 800 hab. *Carte Lot, C2-3*

Pour le plan de Figeac, se reporter au cahier couleur.

Deuxième ville du Lot, petite perle à l'extraordinaire patrimoine architectural, Figeac s'étage sur deux petites collines au bord du Célé. C'est un véritable

enchantement que de parcourir son centre médiéval le nez en l'air, en détaillant les façades sculptées, tourelles, fenêtres ouvragées, blasons et, surtout, les *solelhos,* ces greniers ouverts utilisés comme séchoirs (denrées, draps, etc.), aujourd'hui très prisés pour l'habitat.

LA VILLE NATALE DE CHAMPOLLION

Figeac s'enorgueillit d'avoir donné naissance à Jean-François Champollion, le 23 décembre 1790. Extrêmement doué (mais pas forcément bon élève !), celui-ci était déjà capable de parler le latin à 9 ans et l'hébreu à 13 ans ! Encore lycéen, il commença à étudier les hiéroglyphes égyptiens. Puis il monta à Paris pour étudier les langues orientales. C'est à partir de la **célèbre pierre de Rosette,** découverte lors de la campagne d'Égypte de Bonaparte, que Champollion perça le secret de ces mystérieuses inscriptions.

PIERRE SAVANTE

La pierre de Rosette comportait le même texte transcrit en trois écritures (en grec, en démotique et en hiéroglyphes), ce qui permit à Champollion une fructueuse étude comparative et le décryptage des fameux hiéroglyphes. Il établit ainsi que c'était une écriture assez complexe, basée sur trois éléments : figuratif, symbolique et phonétique. Il fut élu à l'Académie en 1831 et mourut un an après, à 42 ans.

Il laisse derrière lui deux grandes œuvres posthumes, une *Grammaire égyptienne* et un *Dictionnaire égyptien,* qui firent universellement autorité. Sa **maison natale** accueille aujourd'hui un remarquable musée (*Le musée Champollion – Les Écritures du monde* ; lire plus loin « À voir »), à ne manquer sous aucun prétexte !

Adresses et infos utiles

Office de tourisme *(plan couleur A2)* **:** *pl. Vival, dans l'hôtel dit « de la Monnaie ». ☎ 05-65-34-06-25. • tourisme-figeac.com • En été, tlj 9h-19h ; le reste de l'année, tlj sf dim (ouv dim mat mai-juin et sept).* Beaucoup de documentation. Équipe dynamique et efficace.

– ***Visites guidées de la ville :*** *juil-août, départ de l'office de tourisme tlj à 16h30 ; avr-juin et sept-oct, sam à 16h30. Participation : 6 € ; gratuit moins de 12 ans.* Nombreuses visites thématiques, se renseigner.

– La ville de Figeac fait de réels efforts dans l'accueil de nos chers bambins. De multiples activités, tant culturelles que sportives, leur sont proposées (ateliers sur l'Égypte, ateliers sur le patrimoine, sorties pêche, à VTT, initiations diverses...). *Guide junior* et *Pitchouguide* disponibles à l'office de tourisme.

Gare SNCF *(hors plan couleur par A2)* **:** *rens au ☎ 36-35 (0,34 €/mn).* De la gare, nombreux cars pour toutes les directions. Trains pour Paris, Toulouse et Clermont-Ferrand.

@ **Internet : Espace Jeune Intercommunal** *(hors plan couleur par A2,* **1***), av. Philibert-Delprat. ☎ 05-65-11-09-43. Ouv l'ap-m lun-ven. GRATUIT. Également à la* **Bibliothèque intercommunale** *(hors plan couleur par A2,* **1***), 2, bd Pasteur. ☎ 05-65-34-66-77. GRATUIT.* **Maison de la Formation,** *6, av. Bernard-Fontanges. ☎ 05-65-34-44-56. Ouv lun-ven 8h30-12h, 13h30-17h30. Compter 1 €/h. 30 mn gratuites également à* **l'office de tourisme.**

– ***Marché :*** *sam mat.*

– ***Foire :*** *2ᵉ, 4ᵉ et 5ᵉ sam de chaque mois.*

– ***Marchés nocturnes :*** *à 3 reprises en juil-sept.* Produits et artisanat du terroir.

Où dormir ?

De bon marché à prix moyens

Hôtel Le Champollion (plan couleur B1, **10**) **:** *3, pl. Champollion.* ☎ *05-65-34-04-37.* • *hotelchampollion@orange.fr* • *Tte l'année, tlj. Double avec sdb 59 €. Garage pour vélos.* Bar-hôtel idéalement situé au cœur de Figeac. Des chambres claires, spacieuses et sobres, une literie de qualité, TV écran plat, clim. Certaines ont vue sur la place. Entretien impeccable et ambiance joviale. Bar très sympa, avec agréable terrasse animée à toute heure. Rapport qualité-prix plus que correct et accueil vraiment extra.

Hôtel des Bains (plan couleur B2, **11**) **:** *1, rue du Griffoul.* ☎ *05-65-34-10-89.* • *figeac@hoteldesbains.fr* • *hoteldesbains.fr* • *Doubles 52-80 € ; familiales 4 pers 76-99 €.* Comme amarré aux rives du Célé, cet ancien établissement de bains publics a été transformé en un hôtel tout confort. Une vingtaine de chambres chaleureuses et rénovées qui offrent, pour la plupart, une belle vue sur la rivière. Certaines ont un balcon, et la plupart ont un lit de 160. Clim pour tout le monde. Celles au dernier étage, mansardées, possèdent un petit supplément de charme et les moins chères sont au rez-de-chaussée, même côté rivière. À vous de choisir ! Agréable terrasse en surplomb de l'eau pour le petit déj. Accueil sérieux et aimable. Les cyclotouristes sont les bienvenus.

De chic à plus chic

Grand Hôtel Le Pont d'Or (plan couleur A2, **13**) **:** *2, av. Jean-Jaurès.* ☎ *05-65-50-95-00.* • *contact@hotelpontdor.com* • *hotelpontdor.com* • *Tte l'année, sf vac de Noël pour le resto. Doubles 78-160 € selon confort et saison ; petit déj 12 €. Formules 13-15 € (déj en sem), menus 23-35 €.* Surplombant le Célé, cet immeuble du XIIIe s, relais de poste jusqu'en 1920, fut transformé par la suite en maison dite « de passage », ce qui fit la fortune de la mère maquerelle des lieux. D'où ce nom de « Pont d'Or »... Aujourd'hui, l'ambiance a bien changé, puisque l'établissement fait partie de la chaîne *Best Western*. Bon confort donc, chambres spacieuses et modernes, même si quelque peu standardisées. Les plus chères, pas forcément plus grandes que les autres, s'ouvrent sur un balcon donnant sur la rivière. Piscine, sauna, fitness. Fait aussi bar et brasserie avec terrasse romantique en surplomb de l'eau.

Hôtel Le Quatorze (plan couleur B2, **14**) **:** *14, pl. de l'Estang.* ☎ *05-65-14-08-92.* • *infos@le-quatorze.fr* • *le-quatorze.fr* • *Doubles 75-95 €.* Blotti derrière la vigne-vierge et un jardin intérieur, un charmant petit hôtel de 14 chambres aux tonalités douces, qui privilégient les matériaux naturels. Spacieuses, elles sont meublées sobrement sans que rien ne manque au confort. Bons produits locaux au petit déj.

Où manger ? Où prendre une glace ?

De bon marché à prix moyens

Les Anges Gourmands (plan couleur A1, **20**) **:** *4, rue Séguier.* ☎ *05-65-34-08-01.* • *lesangesgourmands@orange.fr* • *Tlj sf dim-mar hors saison. Formules et menus 10,90-19,50 € (apéro et verre de vin inclus).* Au cœur de la zone touristique, petit resto à la déco auréolée d'anges, et prolongé de quelques tables déployées dans la ruelle entre les halles et la place Champollion. Une 2e salle permet d'augmenter le nombre de couverts en été. Salades, assiette du terroir, tartine Poilâne avec du cabécou et du magret... Pratique et pas cher pour un déjeuner sur le pouce.

L'Été indien (plan couleur A2, **21**) **:** *37, rue Caviale.* *06-47-70-14-53.*

Tlj sf lun. Crêpes et glaces 2-5 €. Formules 8,50-14,50 €. Café offert sur présentation de ce guide. Ambiance psychédélique dans cette petite crêperie colorée, où se poser à toute heure pour grignoter une bonne galette de riz, de sarrasin ou de pois chiche sans gluten, un plat du jour sain, ou s'offrir une glace artisanale. Informel et sympa, comme le prouve l'accueil tout sourire.

Mémé du Quercy *(plan couleur A2,* **22***) : 1, pl. Vival. ☎ 09-83-55-06-07. • figeac.memeduquercy@orange.fr • Fermé mer et janv-fév. Carte env 25 €.* Sur la ravissante place Vival, ce restaurant-boutique est une association de producteurs. Juste une douzaine de tables intérieures et une terrasse, où il fait bon déguster foie gras et produits du terroir de qualité. La carte est succincte, gourmande et 100 % quercynoise. À arroser d'un vin de cahors, bien entendu. Accueil attentionné.

De prix moyens à chic

La Cuisine du marché *(plan couleur A2,* **23***) : 15, rue de Clermont. ☎ 05-65-50-18-55. • lacuisinedumarchefigeac@orange.fr • Tlj sf dim et lun midi. Formule 19 € (déj en sem), menus 32-52 €.* Une cuisine de marché qui revisite les standards régionaux en leur offrant de la légèreté. Mi-cuit maison de lobe de foie gras, *parrillada* de poissons sauvages, et quelques envolées lyriques sucrées... Le tout est préparé dans une cuisine ouverte sur la salle par un chef espagnol créatif. Bel accueil également. Une bonne adresse.

La Puce à l'oreille *(plan couleur A1,* **24***) : 5-7, rue Saint-Thomas. ☎ 05-65-34-33-08. • pucealoreille@orange.fr • Fermé lun (tte l'année) et dim soir (hors saison). Congés : 10 j. en juin et 3 sem en nov. Formule 16 € (déj en sem), menus 23-42 €.* Dans une belle demeure du XVe s, une salle médiévale avec mezzanine et élégantes ouvertures ogivales, donnant sur un frais jardinet aux murs tapissés de verdure. Très beaux volumes et cheminée magistrale dans une demeure du XVe s. Un cadre bourgeois pour une cuisine de terroir joliment revisitée et bien présentée.

Restaurant La Dînée du Viguier *(plan couleur B1,* **25***) : 4, rue Boutaric. ☎ 05-65-50-08-08. • contact@ladineeduviguier.fr • ♿ Fermé sam midi et lun (plus dim soir hors saison). Congés : 3 sem janv-fév et 15-30 nov. Résa conseillée. Intéressante formule à 22 € (déj en sem), menus 32-76 €. Apéritif offert sur présentation de ce guide.* Depuis le XIIe s, le château du Viguier du Roy semble veiller avec bienveillance sur le cœur de la cité médiévale. Intérieur chic mais pas snob et tables installées au cœur d'un patio intime aux beaux jours (réservez car il y a peu de place). Cuisine traditionnelle de haute volée ; c'est tout simplement la meilleure table de la ville.

Où dormir ? Où manger dans les environs ?

De bon marché à prix moyens

Le Relais Saint-Jacques : *La Cassagnole, 46100* **Faycelles.** *☎ 05-65-34-03-08. • jesus.gomez.46@orange.fr • cassagnole.com • ♿ À 3 km du village, fléché. Compter 13-15 €/pers en dortoir, une chambre double à 37 €, 2 chambres d'hôtes à 54 € et 6 €/pers pour camper ; petit déj et panier pique-nique (sur résa) 6 € ; loc de draps 4 €.* Gîte destiné essentiellement aux pèlerins en route pour Compostelle, ainsi qu'aux randonneurs. D'une capacité totale de 40 places, soit en grand dortoir, soit en minidortoir de 3-4 lits, soit en chambres doubles. Possibilité de planter sa tente sur le terrain mais en dépannage seulement. Accueil de chevaux.

La Caselle d'Hôtes : *46100* **Faycelles.** *☎ 05-65-34-05-68. • lacasselledhotes@gmail.com • lacasselledhotes.com • À 8 km de Figeac par la D 662. Tte l'année. Compter 58 € pour 2 ; 75 € pour 3. Café offert sur présentation de ce guide.* Une chambre toute mignonne, installée dans une *caselle*, un ancien abri de berger circulaire joliment rénové, et désormais prolongé d'une salle d'eau. 2 lits de 90 cm côte à côte, micro-ondes, cafetière, TV. Jardin privatif à l'arrière, avec table et transats. Également une 2de chambre, moins chère, attenante à la maison principale mais avec entrée indépendante, et plutôt réservée aux marcheurs. 3 lits individuels dont 2 superposés, salle d'eau, petite terrasse. Une halte vraiment tranquille. Bon accueil de Caroline.

La Belle Époque : *Le Coustal, 46100* ***Camboulit*** *(sur la D41 en direction de Boussac). ☎ 05-65-40-04-42. • la.belle-epoque@orange.fr • domainelabelleepoque.com • À 8 km de Figeac, en direction de Cahors par la vallée du Célé. Ouv mai-oct ts les soirs et dim midi. Doubles 69-92 € selon confort. Menus 25-48 €.* Un resto de campagne aménagé dans une ancienne grange qui a conservé ses poutres et murs de pierre. Tenu par un couple qui fait tout pour bien accueillir et rassasier sainement ses hôtes. En été, terrasse sous les platanes, piscine. Agréable coin salon avec piano pour les virtuoses. À l'étage, 5 jolies chambres avec accès indépendant et une familiale sous les combles, avec lits en duplex. TV. L'une d'entre elles, sous les combles, est beaucoup plus spacieuse.

De prix moyens à chic

Les Jardins de la Contie : *La Contie, 46100* ***Lunan.*** *06-11-64-78-57. • contact@lacontie.com • lacontie.com • À 6,5 km de Figeac. Prendre la D 840 vers Capdenac, puis à gauche par la D 2 (fléché). Ouv avr-oct. Doubles 75-85 €.* Plus qu'une maison, c'est en fait un petit hameau du XIVe s aux vieilles bâtisses en pierre que Sabine et Ken ont restauré. 2 chambres d'hôtes, dont l'une installée dans une ancienne chapelle et 3 maisons d'hôtes (pour 2 à 4 personnes) qui peuvent être loués à la semaine. La rénovation a parfaitement préservé l'authenticité des lieux sans rien sacrifier au confort. Belle piscine à débordement en plein champ. Accueil exemplaire des maîtres des lieux, qui seront de bon conseil pour vos escapades dans le coin. Une belle adresse, vraiment.

Le Relais de la Tour : *pl. Lucter, 46100* ***Capdenac-le-Haut.*** *☎ 05-65-11-06-99. • lerelaisdelatour@wanadoo.fr • lerelaisdelatour.fr • À 7 km de Figeac. Fermé ven soir, sam midi et dim soir. Congés : vac scol fév et Toussaint. Doubles 67-93 €, petit déj inclus. Formules déj 11-14 € (en sem), menus 16-29 €.* Un emplacement de choix dans ce ravissant village, et pas de concurrence : c'est le seul hôtel. Belle déco, sobre, moderne et chaleureuse. Les chambres sont réussies, tout comme la salle de resto. Belle cuisine régionale. Terrasse sur la place principale du village.

Le Hameau du Quercy : *Saint-Jean, 46160* ***Frontenac.*** *06-60-10-98-30. • contact@hameauduquercy.com • hameauduquercy.com • À 13 km de Figeac par la D 662. Double 102 € ; familiales 118-145 €.* Un petit havre de paix que cet ancien hameau posté à l'entrée de la vallée du Lot, et entièrement rénové avec beaucoup de goût sans y perdre son cachet ancien. Au choix, 2 chambres indépendantes, dont une peut convenir à une famille (mezzanine), toutes deux avec terrasse privée. Atmosphère sobre et élégante, les pierres apparentes voisinant avec des meubles et éléments de décor façonnés pour la plupart par des artisans du cru. Belle piscine naturelle, filtrée par un bassin de plantes. Vaste jardin travaillé selon les principes du feng shui. Petit déj frais et soigné.

Chambres d'hôtes du domaine de la Piale : *chez Adeline et Bertrand Spindler, 46100* ***Fons.*** *☎ 05-65-40-19-52. • info@domainedelapiale.com • domainedelapiale.com • À 11 km de Figeac. Sur la D 840, suivre la direction de Gramat, puis tourner sur la D 148 en direction de Fons, puis sur la D 21 en direction de Reyrevignes. Tte l'année. Doubles 70-125 € selon confort et saison (2 nuits min juil-août), accès au spa en sus. Gîte 4 pers 500-1 200 €/sem.* Une demeure splendide du XVIIIe s : simple, rustique, rénovée avec goût, où murs en pierre et mobilier contemporain se côtoient harmonieusement. Dans la grange à foin, 2 chambres indépendantes de plain-pied avec terrasse commune.

La maison principale abrite 2 suites avec un chaleureux salon joliment meublé dans chacune, et des lits ultra larges. Piscine et spa dans le jardin. Une véritable adresse de charme et de caractère au milieu d'une belle nature. Pas de table d'hôtes, mais le resto *La Halle,* au village, est très correct (☎ 05-65-40-06-49) et il est évidemment possible de pique-niquer dans l'immense jardin.

À voir

Figeac, c'est avant tout la poésie urbaine, le romantisme de ruelles médiévales quasiment homogènes. De nuit, c'est encore plus magique. Sachez d'ailleurs qu'il existe, en saison, des ***visites nocturnes aux flambeaux.*** En collaboration avec le réseau national des « Villes et pays d'art et d'histoire », la ville propose des ***visites guidées*** de grande qualité, animées par des guides conférenciers *(6 €).* Sinon, procurez-vous à l'office de tourisme la brochure *Les Clés de Figeac,* avant de partir à la découverte du riche patrimoine de la ville (également une version pour les enfants).

L'hôtel dit « de la Monnaie » *(plan couleur A2)* **:** *pl. Vival.* Siège de l'office de tourisme (mêmes horaires donc), c'est le point de départ naturel de la balade. Bel édifice du XIIIe s. Détaillez les fenêtres, d'un grand intérêt. Celles situées au nord, place Vival, datent du XIIe s. Ce sont des baies triples à motifs végétaux, animaux et humains, remployées sur cet édifice. Les fenêtres sud, côté rue Ortabadial, datent, comme la façade, du XIIIe s. Nommée par erreur « hôtel de la Monnaie », cette maison appartenait en fait à un particulier. À l'intérieur, très belles portes d'anciens hôtels Renaissance.

Tout autour de la ***place Vival,*** nombreuses demeures intéressantes, notamment au n° 33, rue Ortabadial. Ensuite, rue Balène, allez admirer l'*hôtel d'Auglanat.* Porche profond en anse de panier du XIVe s, surmonté d'un tympan (avec blason et guirlande de lierre) et d'une tourelle en encorbellement jaillissant de la façade. Sous le toit, le traditionnel *solelho* (mot occitan, prononcer « soleilo »). À 20 m, l'***hôtel de Balène*** *(plan couleur A2)* présente un porche à profondes voussures et de grandes baies à remplages. À l'angle de la place Barthal et de la rue Caviale, belle *maison Day-Lostanges* (XVIIe s).

La rue Caviale : très pittoresque. Bordée de prestigieux hôtels particuliers et de passages voûtés (rue porte Garine) ; au n° 30, Louis XI aurait séjourné en 1463. Remarquer aussi une maison du XIIIe s restaurée au n° 24. Au n° 16, les passionnés d'aviation pourront marquer l'arrêt au minuscule ***musée associatif Paulin-Ratier*** *(plan couleur A2. • ratier.org • Ouv juil-sept, lun-ven 15h-19h, sam 10h-12h, 15h-19h ; le reste de l'année, ouv slt sam 10h-12h, 14h30-18h (15h-19h avr-juin). GRATUIT).* Y sont alignées comme à la parade des hélices en bois, fabriquées par les usines Ratier, établies à Figeac depuis 1919. À voir également, une voiture à pédale, la « citroënette ». Sous-traitant des grands groupes de l'aéronautique, les usines Ratier produisent aujourd'hui encore du matériel de pointe, pour Airbus notamment.

MA PETITE ENTREPRISE

Ébéniste de formation, Paulin Ratier se lança en 1910 dans la production d'hélices pour avions. En 1914, quand la guerre éclata, il se retrouva mobilisé, comme la plupart de ses ouvriers. Mais l'armée française avait besoin de l'entrepreneur, qui devint fournisseur officiel de l'aviation militaire. Pour le reste de la guerre, le soldat Paulin Ratier reçut alors comme affectation de travailler dans sa propre entreprise...

La place de la Halle *(pl. Carnot ; plan couleur A1-2)* **:** autrefois, la place principale de la cité. À découvrir, si possible, animée par le marché des producteurs venus du pays alentour, le samedi matin. Cette halle métallique du XIXe s a remplacé l'ancienne halle en pierre. Sous les toits des bâtiments encadrant la place s'ouvrent les fameux *solelhos,* qui servaient à entreposer les vivres ou à faire sécher le linge. À l'angle nord-ouest, belle maison avec tourelle, longtemps attribuée à un armurier de Louis XIV. Par un passage côté nord de la place, on accède à la rue Séguier. Au milieu de la rue, ensemble de trois façades avec consoles en bois sculptées. Face à celles-ci, la rue de la Monnaie présente, au no 1, une ravissante porte à accolade ornée d'un blason, et des symboles du soleil – ou d'une rouelle – et de la lune.

La rue Séguier et la place Champollion *(plan couleur A-B1)* **:** jalonnée de nobles édifices (avec tour ronde au no 5), la rue Séguier aboutit à la délicieuse place Champollion (ancienne place Haute). Au no 4 se trouve la maison dite « du Griffon », du XIIe s, aujourd'hui la plus ancienne de la ville. Au no 5, belle maison avec fenêtres gothiques. Dans une impasse, on trouve la maison natale de Champollion (des XIIe et XVIIIe s).

Le musée Champollion – Les Écritures du monde *(plan couleur A1)* **:** *pl. Champollion. ☎ 05-65-50-31-08. • musee-champollion.fr • Juil-août, tlj 10h30-18h30 ; avr-juin et sept-oct, tlj sf lun 10h30-12h30, 14h-18h ; le reste de l'année, tlj sf lun 14h-17h30. Congés : 1er janv, 16-31 janv, 25 déc. Tarifs : 5 € ; réduc ; gratuit moins de 12 ans et pour ts 1er mer de chaque mois sf juil-août ; billet jumelé avec le musée d'Histoire ou l'expo temporaire 7 € (9 € pour les 3) ; audioguide 3 € ; livrets-jeux pour enfants 0,50-1,50 €. Juil-août, visite guidée à 10h30 2 fois/sem (9 € ; réduc enfants ; résa conseillée) ; aussi des animations et ateliers pour enfants 2 fois/sem à 10h30 (5 € pour 7-12 ans ; résa conseillée).* Installé en partie dans la maison natale de l'illustre savant, le musée rend hommage, comme il se doit, au travail et au génie de Jean-François Champollion. Mais ses collections se sont considérablement élargies. Elles abordent désormais la fabuleuse aventure des écritures du monde, depuis l'apparition du cunéiforme en Mésopotamie jusqu'à l'écriture numérisée en usage de nos jours (soit près de 5 300 ans d'histoire !). Une fois n'est pas coutume, le musée s'admire d'abord de l'extérieur, avec sa double façade qui est une véritable œuvre d'art ! À travers les portes en ogive et les fenêtres de la façade historique, on perçoit un mur-rideau constitué de panneaux de verre enserrant une feuille de cuivre sur laquelle figurent près de 1 000 caractères d'écritures de toutes les cultures du monde. À l'intérieur, huit salles distribuées sur quatre niveaux, avec un agencement résolument contemporain, où les couleurs et la lumière créent des atmosphères intimes. Grâce à des bornes interactives notamment, le musée évoque l'apparition de l'écriture en plusieurs endroits du monde, son évolution au gré des échanges humains (routes des marchands, conquêtes guerrières, travail des scribes, etc.). Si vous vous sentez l'âme d'un Champollion, sachez que plusieurs écritures sur la planète restent encore à déchiffrer ! En exposition, plus de 600 objets, dont plusieurs pièces particulièrement remarquables comme le *Livre des morts* de la défunte Nériou (IIIe s av. J.-C.), un coran d'Andalousie des XIIe-XIIIe s, des livres manuscrits sur bois, parchemin, ou encore sur feuilles de palmier, etc. Après un voyage à travers les millénaires, la visite s'achève par le salon de lectures électroniques, histoire de se remettre de plain-pied dans le XXIe s ! Belles expos temporaires également, dans l'annexe du musée.

ATTENTION AUX PROVERBES !

Un vieux dicton égyptien prétend que « Celui qui boit l'eau du Nil est certain d'y revenir. » Champollion n'aurait pas dû suivre cette bêtise : il est mort d'une bilharziose à 42 ans !

La place des Écritures *(plan couleur A1)* **:** au bout de la rue des Frères-Champollion se trouve cette œuvre de Joseph Kosuth. Au sol, une magnifique réplique de la pierre de Rosette, agrandie à l'extrême et taillée dans le granit noir. Choc des matières, des époques, des couleurs. Et pourtant, quelle harmonie ! Installée en 1990 pour célébrer le bicentenaire de la naissance de Champollion, cette place des Écritures est devenue le symbole de la ville.

La rue de Colomb *(plan couleur A-B1)* **:** à l'entrée de la rue, l'*hôtel de ville,* installé dans un édifice des XIIIe, XVIIe et XIXe s, qui abrite l'espace Patrimoine (voir ci-dessous). Au no 21, l'*hôtel d'Arnaldy,* du XVIIIe s (jolie cour). Ne pas rater, rue Maleville, l'*hôtel de Laporte,* du XVIIe s. Passage voûté, petite tourelle encastrée dans un angle. Vous n'êtes plus très loin des importants vestiges des remparts de la ville (à l'esplanade du Calvaire).

L'espace Patrimoine *(plan couleur A1)* **:** *dans l'hôtel de ville, 5, rue Colomb. ☎ 05-65-50-05-40 (service du Patrimoine). Avr-début juil et 22 sept-oct, tlj sf lun 14h-18h ; début juil-21 sept, tlj 10h-12h30, 14h-18h ; nov-mars, sur résa. GRATUIT.* Dans le cadre du label « Ville et Pays d'art et d'histoire », exposition permanente sur l'histoire et l'architecture de la ville, pardi ! Accueille également des expos temporaires.

L'église Notre-Dame-du-Puy *(plan couleur B1)* **:** *ouv lun-mar et jeu-ven 10h-17h ; mer 10h-12h ; fermé sam-dim. En hauteur, sur la colline du Puy.* Depuis le parvis, beau panorama sur les toits aux tuiles sombres et patinées. L'église date des XIIIe et XIVe s. Détruite aux deux tiers en 1622, lorsque les catholiques reprirent la ville aux protestants, elle fut reconstruite au XVIIe s, dans l'esprit de la Réforme catholique. Portail du XIVe s, où l'on notera les animaux sculptés tout autour. À l'intérieur, on retrouve des vestiges de l'édifice gothique dans l'abside et les absidioles (jolis chapiteaux sculptés), ainsi que de belles peintures murales du XVIIe s. L'ample nef est fermée par un majestueux retable en noyer terminé en 1696. De la terrasse, partent de vénérables ruelles aux longs murs cachant des jardins secrets, comme la *rue Delzhens.* Très romantique la nuit. Pavée de galets ronds, elle est bordée de nobles édifices. Premier d'entre eux, l'***hôtel du Viguier*** (fermé), dont on remarque la tour du XIVe s et, coté rue Émile-Zola, la superbe façade alignant les fenêtres aux chapiteaux sculptés.

Le musée d'Histoire – salons du Collège du Puy *(plan couleur B1)* **:** *derrière l'église Notre-Dame-du-Puy, accès par la rue Delbos. ☎ 05-65-34-06-25. Tlj juil-août 14h30-18h30 (visite pour les groupes sur résa le reste de l'année). Entrée 3,50 € ; réduc ; billet jumelé avec le musée Champollion ou son expo temporaire 7 € (9 € pour les 3). Visite guidée 1 fois/sem en été et à certaines dates en avr-mai et sept-oct, se renseigner.* Situés dans l'ancienne résidence du prieur de l'église, ces deux salons réalisés vers 1690 présentent un remarquable décor de panneaux peints, entièrement restaurés. La plus grande pièce empile trois séries de frises : scènes presque sépia illustrant la vie quotidienne en bas, scènes de bataille au centre, et scènes bibliques en haut. Dans l'autre salon, des paysages, dans le style des maîtres hollandais et italiens de l'époque. Dans une pièce attenante, petit cabinet de curiosités abritant une collection hétéroclite d'outils préhistoriques, fossiles, objets religieux et cadeaux offerts au président Pompidou (selles d'apparat, défense d'ivoire finement sculptée...). On y trouve même un crapaud-buffle naturalisé ! Enfin, dans le couloir, quelques toiles lotoises du peintre catalan Pierre Daura (1896-1976), voguant entre fauvisme et cubisme.

D'autres rues où il fait bon flâner le nez en l'air. Comme la ***rue Gambetta,*** rue commerçante de la vieille ville. Magasins s'insérant dans de grandes arcades médiévales. Puis la *rue Tomfort,* aboutissant ***rue Roquefort.*** Là, découvrez les restes élégants de la *maison de Galiot de Genouillac,* grand maître artilleur de François Ier (voir « Assier »). Elle fut très abîmée au XIXe s. Belle tour en encorbellement. ***Rue de Clermont,*** maison de la fin du XIIIe s au no 17. ***Place Sully,*** emplacement d'une maison attribuée au ministre d'Henri IV (détruite).

L'église Saint-Sauveur *(plan couleur B2) : tlj 9h-18h.* Elle dépendait de l'abbaye de Conques, puis de Cluny. Romane dans sa partie basse, elle présente une voûte du XVIIe s. La façade actuelle date du XIXe s. Portail nord du XIIIe s (particulièrement usé et mutilé). À l'intérieur, gros piliers romans. En bas de la nef, anciens chapiteaux romans transformés en bénitiers. Mais le bijou de Saint-Sauveur, c'est la *salle capitulaire* du XIIIe s, transformée aujourd'hui en chapelle et autrefois ouverte sur le cloître (place de la Raison). Un pur chef-d'œuvre ! Très belle retombée de voûtes d'ogives. Somptueuse décoration de panneaux de bois sculpté du XVIIe s, illustrant la Passion. Sur le mur du fond, à gauche, *Descente de croix,* et à droite, *Mise au tombeau,* œuvres assez remarquables. Devant l'autel *la Cène* et panneau du *Songe prémonitoire de l'Enfant Jésus.*

À faire

– ***Base de loisirs du domaine du Surgié :*** *à 1,5 km de la ville, en bord de rivière, dans un grand parc. Prendre la direction de Rodez-Decazeville, puis fléché sur la gauche. Ouv de mi-mai à mi-sept.* Immense plan d'eau (baignade interdite), bordé de grasses pelouses ombragées. Location d'embarcations à pédales et de canoës. Resto et bar. Également un ***espace aquatique*** avec piscine à vagues et toboggan *(☎ 05-65-34-18-76 ; tlj juil-août 11h-19h ; tlj de mi-mai à juin et sept 15h (ou 16h)-19h ; 6,50 € ; enfants 3,50 €.),* et un ***parc de loisirs*** avec structures gonflables, trampolines, minigolf *(tlj juil-août ; mer et w-e en juin).*
– ***Canoë-kayak et VTT :*** *avec l'office intercommunal des sports. ☎ 05-65-34-52-54. Plan d'eau du Surgié en juil-août ; 2, av. du Général-de-Gaulle le reste de l'année.* Descente du Célé en été (s'il y a assez d'eau). Location de VTT hors saison.

Fêtes et manifestations

– ***Services culturels de Figeac :*** *2, bd Pasteur. ☎ 05-65-34-24-78. • culture-figeac-cajarc.com •* Programme musical et théâtral de qualité (et gratuit !) les mardis l'été.
– ***Salon des collectionneurs :*** *jeudi de l'Ascension. ☎ 05-65-50-01-46.*
– ***Cinétoile sous les étoiles :*** *cinéma gratuit en plein air juil-août dans différentes communes des environs.*
– ***Noctambules :*** *rencontres cinématographiques début juil.*
– ***Festival de Théâtre :*** *de fin juil à début août. Rens : ☎ 05-65-38-28-08. • festivaltheatre-figeac.com •*
– ***Rencontres musicales de Figeac :*** *6-20 août. • festivaldefigeac.com •* Concerts et récitals de musique classique.

DANS LES ENVIRONS DE FIGEAC

Capdenac-le-Haut : *à 7 km de Figeac. Se procurer le fascicule « Les Clefs de Capdenac-le-Haut » au petit office de tourisme au pied du donjon.* Petit village, fier de faire partie des « plus beaux villages de France », édifié sur un promontoire qui domine un méandre du Lot. Superbe panorama. Possibilité de visiter le donjon *(☎ 05-65-38-32-26 ; ouv avr-Toussaint sf dim en oct ; 2,50 € ; réduc).* Voir également les 2 bassins de la *fontaine romaine,* accessibles par un escalier de 135 marches, de l'autre côté des ruines du château. Dans le village, un bon resto, *Le Relais de la Tour* (voir « Où dormir ? Où manger dans les environs ? », plus haut).

LA VALLÉE DU CÉLÉ ET LE SUD DU CAUSSE DE GRAMAT

Né dans le Cantal, le Célé s'est enfui en douce dans le Quercy. Il va paisiblement suivre une large vallée encadrée de hautes falaises calcaires, dans lesquelles la route se creuse d'étroits passages. Bordant la rivière, glissent des paysages sereins parsemés de boqueteaux, bois, prairies, cultures de maïs et de tabac, et de quelques arpents de vigne. Peu de villages, des petits hameaux, des grandes fermes, des moulins. Une sorte de « vallée heureuse », en dehors du temps, lieu de villégiature antistress idéal pour quelques jours.

➢ La balade commence réellement à ***Corn,*** ancien village fortifié (vestiges d'un *château* du XVe s). Belle architecture rurale qui vous donne un aperçu de ce qui vous attend ensuite. Au loin, le *château de Goudou.* En face s'élève celui de *Roquefort* (XVIIe s).

Adresse et info utiles

■ ***Kalapca Loisirs :*** *Conduché, 46330* ***Bouziès.*** *☎ 05-65-24-21-01.* • *kalapca.com* • VTT, canoë, escalade, spéléo, randonnée, canyoning, course d'orientation, etc. De la simple location de matériel à l'activité encadrée, en initiation ou en perfectionnement, à la journée, à la demi-journée ou en stage, sur place ou en circuits itinérants.

– ***Les Chemins qui parlent :*** un ensemble de chemins pédestres à parcourir dans les vallées du Lot et du Célé, muni d'une fiche technique (prix symbolique), ou de l'application Cahors Tour pour smartphones. *Rens : office de tourisme de Saint-Cirq-Lapopie (☎ 05-65-31-31-31).*

ESPAGNAC-SAINTE-EULALIE

(46320) 92 hab. *Carte Lot, C3*

Un village adorable, construit autour d'un ancien prieuré de chanoinesses augustines créé au XIIIe s par Aymeric d'Hébrard, évêque de Coimbra au Portugal. L'endroit était tellement idyllique qu'il prit comme nom « Val-Paradis ». Vestiges de la muraille qui protégeait le prieuré, ainsi que de divers bâtiments, malgré la guerre de Cent Ans, qui fut terriblement destructrice. Le clocher à la forme quasi unique est particulièrement remarquable : tour surmontée d'une pièce en encorbellement de bois avec toit octogonal. Le tout forme un ensemble très gracieux ressemblant plus à un élégant pigeonnier qu'à un clocher médiéval. Baignade possible dans la rivière (non surveillée), au niveau du pont sur la D 41.

Où dormir ? Où manger ?

Gîte d'étape communal : *dans le village, au bord du GR 651. ☎ 05-65-11-42-66.* • *giteespagnac@orange.fr* • *Ouv avr-oct. Compter 12,25 €/pers en dortoir et 30,50 € pour 2 pers pour une chambre. Draps et serviettes 6 €. CB refusées.* Une vingtaine de places réparties sur 3 gîtes. 2 dortoirs de 8 lits et 3 chambres de 3 lits avec sanitaires privatifs dans la vieille tour du prieuré datant du XIIe s. Salle commune avec cuisine et courette pour prendre ses repas. Magnifique ! Possibilité de prendre un repas paysan à ***l'Hôte gourmand*** *(résas : ☎ 05-65-11-41-50, Mme Seutto).*

Chambres d'hôtes Les Ânons du Célé : *hameau de Sainte-Eulalie, à 2 km avt le village d'Espagnac. ☎ 05-65-50-26-57. • lesanonsducele@free.fr • lesanonsducele.free.fr • Mars-oct. Doubles 52-65 € selon chambre ; 80 € pour 3. Repas 22 €, tt compris. Un pot de confiture offert sur présentation de ce guide.* Dans le séchoir à tabac d'une ferme quercynoise datée de 1868, 5 chambres mansardées au mobilier chiné, dont une avec entrée indépendante et terrasse privative. 2 autres chambres logent dans l'ancienne grange. La table met à l'honneur les produits du potager, l'agneau du voisin et le veau au safran (de culture). Pain et brioche maison au petit déj. Accueil tout sourire d'Isabelle, d'Yves et de leurs ânons.

Où dormir dans les environs ?

Campings

Camping Le Moulin Vieux : *lieu-dit Le Moulin-Vieux, 46320* ***Brengues.*** *☎ 05-65-40-00-41. • lemoulinvieux@gmail.com • camping-lemoulinvieux.com • Accès : à 1,5 km après Espagnac par la D 41. Ouv de mi-avr à début oct. Emplacements tente 11,85-14,85 € ; mobile homes ou caravanes (2-4 pers) 285-555 €/sem. Possibilité d'hébergement à la nuitée avec ½ pens à 40 €/nuit. Tente associative 5 pers (14 €/pers/nuit). 81 empl.* Très bien situé, au bord du Célé (accès direct). Au-delà de la verdoyante pelouse tondue de près, de vastes emplacements en bordure de rivière, sous les arbres. Très calme et bucolique à souhait. Piscine, minigolf, brasserie et jeux : balançoire, baby-foot, billard, ping-pong, terrain de foot, badminton, volley, trampoline... Terrain plat et dégagé, bien pratique pour ne pas perdre les enfants de vue. Location de canoës. Excellent accueil.

Le Nid vert : *Les Vignes du château, 46320* ***Brengues.*** *☎ 09-51-65-35-15. Dans le village, prendre la D 38 vers Grèzes et continuer tt droit sur la voie réservée aux riverains. • lenidvert@free.fr • lenidvert.com • Ouv juin-août. Compter 86 € pour 2, 105 € pour 4. Panier repas 8 €.* C'est sur un promontoire dominant la vallée, à proximité de leur maison, que Dominique et Nathalie ont installé dans la forêt 2 superbes tentes d'hôtes de 20 m² chacune. Pas question de faire l'impasse sur le confort, rien ne manque : lit douillet, mobilier en harmonie avec la nature, électricité, jolie salle d'eau avec douche et toilettes sèches et même des transats sur la terrasse qui prolonge la tente. Charmant et romantique à souhait. Chapeau bas aux charmants propriétaires, qui ont tout fait eux-mêmes ! Idéal pour déconnecter.

À voir

L'église Notre-Dame-du-Val-Paradis et le prieuré : *ouv slt pdt la visite guidée particulièrement vivante tlj en été 10h30 et 17h30. Durée : env 45 mn. Tarif : 2 € ; gratuit moins de 14 ans. Hors saison, téléphoner avt : ☎ 05-65-40-06-17 (Mme Bonzani).* Entrée de l'église par un portail du XIIIe s (avec feuilles de figuier et de lierre). Charmant cimetière rongé par les lichens et se confondant avec la falaise. À l'intérieur de l'église, une particularité : chœur très haut, église très courte. Plafond recouvert de lambris. Plusieurs tombeaux, dont celui d'Aymeric d'Hébrard, et de Hugues de Cardaillac. Le gisant de sa femme a les pieds posés sur un coussin.

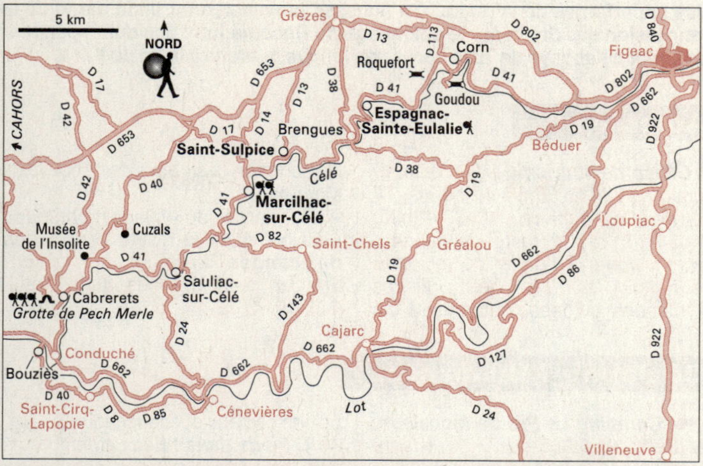

LA VALLÉE DU CÉLÉ

SAINT-SULPICE

(46160) 145 hab. *Carte Lot, C3*

Vieux village accroché à la falaise. Pittoresques maisons là aussi, certaines épousant littéralement le roc. Église toute de simplicité et d'humilité. Voûte en berceau fait de briquettes. Une curiosité : le confessionnal creusé dans le mur et communiquant avec une cellule derrière.

Où dormir ?

⛺ ***Camping Le Célé :*** *au bourg. ☎ 05-65-40-87-55. • contact@camping_du_cele.fr • camping-du-cele.fr • ♿ Ouv mai-sept. Emplacement tente 11,85 € en hte saison. Loc de caravanes et tipi (tél pour devis au 📱 06-29-46-48-22). CB refusées.* Petit camping plus ou moins ombragé, bien tenu et agréablement étendu au bord du Célé. Vue sur la falaise et les habitations troglodytiques d'un côté, sur la rivière de l'autre. Il est d'ailleurs possible de pêcher et de se baigner, au pied d'un joli pont ancien. Piscine (payante). Petite aire de jeux, snack-buvette, épicerie de dépannage, resto au village. Le GR 65 passe dans le coin. Location de canoës et de vélos. Accueil familial sympa.

MARCILHAC-SUR-CÉLÉ

(46160) 190 hab. *Carte Lot, C3*

Au cœur de la vallée, dominé par de hautes falaises, ce village, pelotonné autour de ses magnifiques ruines, est un lieu de résidence particulièrement agréable. Ce fut, au XIe s, à l'image de Conques, une des abbayes les

plus importantes de la région. Sa richesse provenait en grande partie de la concession des droits sur le pèlerinage de Rocamadour. Elle dut cependant les céder à l'abbaye de Tulle après une longue querelle à la fin du XIIe s.

Adresse utile

Office de tourisme : *dans la maison du Roy. ☎ 05-65-40-68-44. Tlj de début juil à mi-sept 10h30-12h30, 14h30-17h30 ; le reste de l'année, se renseigner à l'office de tourisme de Figeac (voir plus haut).* Visites et balades guidées, notamment via l'association des « amis de l'Abbaye de Marcilhac ».

– À la sortie du village, baignade possible dans la rivière et ***location de canoës*** avec *Passion Aventure (au resto Ô Pieds dans l'eau). 06-10-73-73-12.*

Où dormir ? Où manger ?

Camping Le Pré de Monsieur : *au bourg. ☎ 05-65-40-77-88. • lepredemonsieur@gmail.com • camping-marcilhac.com • Accès : par la D 41. Ouv avr-sept. Emplacements tente 11,54-12,75 € selon saison. Bungalows toilés, roulottes et caravanes à louer 200-400 €/sem (loc à la nuitée également). 53 empl.* Sympathique camping familial de 2 ha, au bord de la rivière, face à la falaise. Grands emplacements, on ne se marche pas dessus. Calme, ombragé par des peupliers et bucolique. Petite piscine hors d'eau, tennis (prix modique), et resto (menu pèlerin copieux et économique).

Ô Pieds dans l'Eau : *à l'embarcadère des canoës, à la sortie du village. 06-20-78-27-67. • contact@location-canoe-cele.com • location-canoe-cele.com • Juil-août, tlj (sf en cas d'orage). Assiettes ou plats 10-20 €. CB refusées. Café offert sur présentation de ce guide.* Pour un repas sur le pouce (salades, grillades...), à prendre sur la sympathique terrasse d'une cabane au bord de l'eau. Ambiance très nature et accueil chaleureux. Location de canoës sur place.

À voir

L'abbaye St-Pierre : *visite en accès libre. Pour l'église, visite guidée slt (avec le village), par l'office de tourisme (de mi-juil à début sept, le jeu soir ; 5 € ; réduc). Se procurer le fascicule « Les Clefs de Marcilhac », disponible à l'office de tourisme.* On distingue nettement les deux parties qui la composent :

– ***Les ruines romanes :*** dominées par le clocher carré fortifié. Le portail sud présente un tympan de l'époque carolingienne, assez rare, provenant d'une église antérieure. *Christ en majesté* encadré par les symboles du Soleil et de la Lune, anges portant les instruments de la Passion, plus saint Pierre et saint Paul. Bien que très en ruine, la partie romane dégage encore beaucoup de noblesse avec ses arches suspendues dans l'air et ses gros piliers.

– ***L'église gothique,*** du XVe s, a été édifiée sur une autre partie romane. Nef à trois travées d'une grande ampleur. Chœur rythmé par un déambulatoire. Voûtes en ogive étroites. Très intéressant mobilier : dans le transept droit, retable du XVIIe s. Boiseries illustrant la vie du Christ (Adoration des Rois mages, la Cène, le Lavement des pieds, le Baiser de Judas, etc.) ou de la Vierge. À gauche de l'autel, fresques murales datant du XVIe s. En entrant à gauche, très belle chaise de l'évêque (en dessous, une tête d'ange). Chaire à prêcher originale en bois (avec des pieds et non suspendue comme d'habitude). Quant aux nouveaux orgues, ils pourraient être point de départ d'une restauration dont l'église a bien besoin. Remarquable vestige de la période romane : la ***salle capitulaire,*** du XIIe s, d'une seule portée en grandes croisées d'ogives. Trois grandes baies ornées de chapiteaux finement ciselés aux motifs d'animaux et de végétaux. Horloge de l'ancien clocher.

Le village : quelques maisons très anciennes. L'une d'elles, à colombages, aurait accueilli Henri IV en 1580 (reconnaissable à son linteau décoré du monogramme du Christ). On l'appelle la ***maison du Roy*** et se situe au cœur de l'enceinte abbatiale. Elle abrite un petit ***musée d'Art sacré*** *(au-dessus de l'office de tourisme, mêmes horaires d'ouverture ; participation libre),* où sont exposées les statues qui décoraient l'intérieur de l'église, dont un *saint Jacques* du XVe s. Enfin, ne pas manquer de faire le tour de l'abbaye et de l'église en passant sur les berges verdoyantes du Célé. De la place des Platanes, vue sur le donjon.

DANS LES ENVIRONS DE MARCILHAC

SAULIAC-SUR-CÉLÉ (46330)

Vieux village dont certaines maisons sont plaquées contre la falaise. Quelques *grottes fortifiées* dans cette dernière, où la population se réfugiait pendant les guerres. *Château de Saint-Geniès* (XVIe s). Petite *chapelle Notre-Dame-de-Roc-Traoucat.*

Où dormir ? Où manger ?

Lodges du Mas de Nadal : *Mas de Nadal. Depuis le village, suivre le fléchage. ☎ 05-65-31-20-51. ● lodges@masdenadal.com ● masdenadal.com ● Ouv avr-oct. Emplacement tente 25 € pour 2. Nuit en lodge 2 pers 35-92 € selon confort et saison. Lodge 4 pers 93-140 €. 25 €/pers en tente collective. Au resto, menu 19 €.* Dépaysement assuré dans cette surprenante vallée du Célé qui prend ici des airs de safari ! Dans un esprit *Out of Africa,* sur un immense terrain, 24 superbes lodges que Philippe et Myriam, voyageurs dans l'âme, ont fait venir d'Afrique du Sud. Le charme opère déjà dans les plus petits (les dômes), de 25 m² quand-même (2 lits simples). Les familles ont carrément 2 chambres séparées et un confort luxueux ! Pour tous, un aménagement sans faille, des couleurs naturelles et une terrasse extérieure en bois. On serait à peine surpris de voir surgir un lion du bush quercynois ! Accueil charmant et sincère, pour ne rien gâcher. Aucun détail ne laisse à désirer, jusqu'aux espaces de farniente avec canapés. Piscine chauffée à débordement et resto sur place.

À voir. À faire dans les environs

L'écomusée de Cuzals : *à 5 km env de Sauliac, en direction de Cahors (fléché). ☎ 05-65-31-36-43. ● musees.lot.fr ● Juil-août, tlj 10h-19h ; mai-juin et sept, mer-dim 14h-18h. Entrée : 4 € au lieu de 5 € sur présentation de ce guide ; tarif réduit 2,50 € ; gratuit moins de 12 ans. Animations quotidiennes (visites commentées, démonstrations...) ; en juil-août, un métier d'autrefois à l'honneur chaque jour lun-ven (atelier gratuit pour les enfants, mer ap-m), se renseigner pour le programme.*
Cet immense musée ethnographique étend sur 20 ha ses espaces thématiques illustrant les évolutions de la vie rurale dans le Quercy (machines agricoles, vie domestique, ruche d'observation, etc.). À découvrir également, une reconstitution d'une chaumière de l'Ancien Régime et une ferme du début XXe s dans laquelle le temps semble s'être arrêté. Selon les jours, de nombreux artisans travaillent

devant les visiteurs (sabotier, tisserande, imprimeur, maréchal-ferrant, tailleur de pierre, boulanger, etc.). Très pédagogique.

Bistrot dans le château (juillet-août), et possibilité de pique-nique.

■ ***Location de canoës-kayaks : Nature et Loisirs,*** *base d'Anglanat, sur la D 41. ☎ 05-65-30-25-69. • nature-et-loisirs.net • Ouv tte l'année. Résa recommandée. Prix selon distance parcourue. Aire de pique-nique et buvette sur place.*

CABRERETS *(46330)*

Au confluent du Célé et de la Sagne, agréable village dominé par le *château de Gontaud,* des XIVe et XVe s (mais très restauré au XIXe s). Sur la grande falaise de Rochecourbe s'accrochent les ruines troglodytiques du *château des Anglais* (ou *château du Diable*). Édifié au XIIIe s, il servit de refuge aux pillards des grandes compagnies pendant la guerre de Cent Ans.

Adresse utile

Point infos touristiques : *devant la mairie. Tlj juil-août. Le reste de l'année, s'adresser à l'office de tourisme de Saint-Cirq-Lapopie (☎ 05-65-31-31-31).*

Où dormir ? Où manger ?

Camping

Camping Le Cantal : *au bord de la rivière, D 41. ☎ 05-65-31-26-61 (mairie). • commune-de-cabrerets@orange.fr • Accès : par la D 41. Ouv de mi-avr à mi-oct. Emplacement tente 9,50 €. CB refusées. 40 empl.* Peu équipé mais à proximité des grottes, au calme et au frais, au pied des falaises et près du Célé. Pêche et baignade possibles. Épicerie au village à proximité.

De prix moyens à plus chic

Auberge de la Sagne : *route de la Grotte-de-Pech-Merle. ☎ 05-65-31-26-62. • contact@hotel-auberge-cabrerets.com • hotel-auberge-cabrerets.com • À la sortie du village en direction de la grotte. Tlj (résa indispensable en été). Congés : 15 oct-10 avr. Double 59 € ; familiales 75-90 €. Formule et menus 16-19 € ; carte env 26 €. Parking.* Paisible petit hôtel dans la verdure, proposant 8 chambres avenantes avec douche à l'italienne et terrasse ouverte sur le jardin à l'arrière. Pas de TV, mais une belle piscine. En salle ou sur la belle terrasse ombragée, généreuse cuisine traditionnelle préparée avec soin par un jeune restaurateur-artisan consciencieux. Penser à réserver et vérifier les horaires de service (très réduits).

Chambres d'hôtes atypiques Le Bout du Lieu : *le Bout-du-Lieu. ☎ 05-65-21-48-97. 06-80-42-46-47. • yp.bessac@laposte.net • chambrehoteatypique.com • Face au camping municipal de Cabrerets. Doubles 90-160 € (dégressif dès la 2e nuit). Table d'hôtes : 20 €.* Dans une surprenante maison d'architecte à flanc de colline dominant le Célé, des chambres atypiques, accessibles par une drôle de passerelle extérieure, et même une troglodytique recouverte de lichen et de branchages. Les lits sont ronds pour la plupart, l'un d'eux est suspendu ! Une chambre ouverte à 360° dispose d'une salle de bains entièrement vitrée, une autre est creusée dans la roche... Le propriétaire a laissé aller son imagination débordante. Sur un promontoire du jardin, il a également installé un double tipi d'Indien avec salle de bains intégrée et sauna à côté. Original encore, un cabanon, en paille et bambou. Un hébergement hors norme, de grand confort, offrant beaucoup de poésie.

La Roue : *dans le bourg, au bord de la Sagne. ☎ 05-65-22-91-79. Ouv tlj en saison, tte la journée. Menus 22,80-25,90 €.* Au cœur du village, une adresse vitaminée, où l'animation va bon train. La cuisine ouverte laisse apercevoir le chef, jamais en panne d'imagination. Une cuisine inventive donc, qui s'autorise quelques embardées malicieuses au-delà du terroir. En terrasse sous les arbres ou en bordure de rivière, l'attente semble moins longue.

À voir dans les environs

La grotte de Pech Merle : *☎ 05-65-31-27-05. • pechmerle.com • À 3 km après le village de Cabrerets. Ouv 6 avr-11 nov, tlj 9h15-17h (vente des billets). Nombre de visiteurs limité (résa conseillée en juil-août par Internet), mais on peut tenter sa chance. Soyez matinal, c'est parfois complet en tt début d'ap-m, et sachez qu'il y a moins de monde le w-e, notamment le sam. Entrée (le prix du billet inclut la visite de la grotte et celle du musée) : 11 € ; 7 € pour les 5-14 ans. Durée : env 1 h. Pensez à prendre une petite laine.*

L'une des grottes préhistoriques les plus importantes de la région Midi-Pyrénées. Visite incontournable. D'abord, parce qu'il ne s'agit pas d'un fac-similé et que les occasions de visiter des grottes originales sont rares. Et surtout, parce que, sur près de 1 km de galeries, on peut admirer des fresques rupestres absolument remarquables : mammouths, bœufs, bisons. Dans la *salle des Disques,* empreintes de pas humains (notamment ceux d'un enfant). Et enfin, le panneau le plus célèbre de Pech Merle, la *fresque des Chevaux ponctués.* Des mains « au pochoir » les entourent.

– Avec la grotte (billet jumelé), visite du ***musée Amédée-Lémozi*** : *même période d'ouverture que la grotte.* Musée de préhistoire très intéressant par sa présentation didactique. Du Paléolithique à l'âge du fer, armes, ornements, objets domestiques et d'art provenant de nombreux gisements du Quercy (grottes, dolmens, divers tumuli). Trois expositions et projection d'un film documentaire de 20 mn sur la grotte.

Bar et snack sur place.

COUPS DE CANNE À PECH MERLE

Le poète de L'Amour fou, André Breton, qui aimait parcourir le causse à la recherche de débris néolithiques, se laissa aller à caresser les fresques de la grotte de Pech Merle. Il s'en retira les mains pleines de peinture, et ce moment d'émotion lui valut les coups de canne du gardien.

Le musée de l'Insolite : *à 3 km de Cabrerets, sur la D 41, en direction de Sauliac. ☎ 05-65-30-21-01. • museedelinsolite.com • Ouv juil-août, tlj 9h-13h, 14h-20h ; avr-juin et sept, voir le site. Participation 3 €/pers.* Une petite maison adossée au pied de la falaise comme un repaire d'ermite, qui s'avère être en réalité une véritable caverne d'Ali Baba. Depuis 20 ans, Bertrand Chenu récupère les vieux objets usagés, accidentés ou défigurés par le temps, les rebuts de la société de consommation et les éléments que la nature a délaissés. Beaucoup d'humour, tantôt provocant, tantôt corrosif, un zeste d'inspiration farfelue, pas mal de jeux de mots, une bonne dose de poésie, et voilà l'inutile détourné, l'objet transformé en créature fantastique, en œuvre d'art qui fait rire, grincer des dents ou qui émeut tout simplement. Un endroit hors du commun, classé *Monument hystérique* ! Également une galerie avec des sculptures en vente. Au bout du jardin, un escalier mène à l'atelier de lithographie de son voisin Michel Herbaut. Amis photographes, abstenez-vous de dégainer d'office votre appareil : le droit à l'image n'est pas pris à la légère !

LE SUD DU CAUSSE DE GRAMAT

Avant d'aborder la haute vallée du Lot, petit détour par le sud du causse – dit « de Gramat » ou encore « causse du parc naturel régional du Quercy » – pour ceux qui veulent mieux connaître cet aspect très caractéristique du Quercy. C'est le plus étendu de la région, le plus sauvage et le moins peuplé. Vous serez surpris par la diversité des paysages qui, en quelques kilomètres, peuvent varier du calcaire le plus aride aux collines boisées, en passant par des poches fertiles et vertes et de grandes landes caillouteuses. Le muret de pierre sèche, fruit d'un savoir-faire ancestral, est l'élément fort du paysage.

LA FORÊT DE LA BRAUNHIE

À une vingtaine de kilomètres au nord de Cabrerets. Vastes landes pauvres où ne poussent que de petits arbres, chênes nains, genévriers, épineux, églantiers. La Braunhie (prononcez « braugne ») est le royaume des orchidées, des papillons, du grand lézard ocellé et du circaète jean-le-blanc (race apparentée aux aigles). Les cours d'eau ont disparu dans le calcaire pour créer un fascinant réseau souterrain. Nombreuses grottes, dolmens et vestiges mégalithiques, comme le dolmen de Planagrèze. Et au milieu, la plus grande forêt du causse. Celle-ci a été classée « espace naturel sensible » et deux circuits d'interprétation ont été créés.

CANIAC-DU-CAUSSE *(46240)*

Porte d'entrée à la forêt de la Braunhie. L'église du village abrite une *crypte* romane du XIIe s. Si elle est fermée, demander à la maison à côté du monument aux morts. À voir aussi, *La ferme du Bouch,* élevage de canards avec dégustation et vente à la ferme *(chez Bernadette Vaquié : ☎ 05-65-31-01-20 ou 📱 06-83-51-93-91).*

À voir dans les environs

Le gouffre de Planagrèze : *au milieu d'une lande sauvage, à 2,5 km de Caniac (bien indiqué).* Profond de 270 m, avec une rivière souterraine à 110 m. Bien entendu, interdiction formelle de descendre, mais panneau explicatif fort bien fait. Beau dolmen à 150 m, en droite ligne du petit passage créé dans le mur de pierre, à côté du panneau.

ESPÉDAILLAC *(46320)*

Entre Caniac-du-Causse et Livernon. En plein causse. L'herbe pousse même dans les rues. Là aussi, de remarquables maisons.

Où dormir ? Où manger à Espédaillac et dans les environs ?

Auberge Beauville : *au cœur du village. ☎ 05-65-40-55-62. • stephane.rossignol785@orange.fr • Fermé dim soir et lun en été, ts les soirs hors saison. Menus (vin compris) 13,50 € (déj sf dim). CB refusées. Café et digestif offerts sur présentation de ce guide.* Vieille auberge tout en pierre.

Atmosphère familiale à souhait, beaucoup d'habitués. Repas vraiment copieux dans la pure tradition régionale (potage, entrée, plat, fromage et dessert, pour 12,50 € vin compris !). Du gibier en saison et un far levé (un peu comme la *mique*) certains jours. Petit détour tout à fait sympathique !

Le Grézalide : *le Bourg, 46320 Grèzes. ☎ 05-65-11-20-40. • chateaugrezes@wanadoo.fr • grezalide.com • À 4 km env d'Espédaillac. Resto ouv ts les soirs. Congés : de mi-oct à Pâques. Doubles 85-105 € selon confort et saison. Résa conseillée au resto. Menus 26-45 €. Une séance de sauna à infra-rouge offerte sur présentation de ce guide.* Au cœur du parc naturel des Causses du Quercy, une belle bâtisse du XVIIe s transformée en hôtel. Vaste gamme de confort et de prix, avec, à l'écart, un bâtiment récent proposant des chambres un peu moins chères. Toutes portent le nom d'un peintre du XXe s. Ici, le développement durable et la protection de l'environnement ne sont pas de vains mots (panneaux solaires, pas d'utilisation de produits chimiques pour l'entretien, réserve d'eau de pluie pour l'arrosage du jardin, tri sélectif). Petit parcours aménagé pour la découverte des orchidées en saison. Piscine, sauna. Au resto, les produits du terroir sont à l'affiche, comme il se doit. Également une très belle galerie d'art-salon de thé ouverte l'après-midi.

À voir dans les environs

***L'église de Livernon** (46320) :* possède le plus beau clocher roman de la région, à bandes lombardes. À la fois rythme et harmonie des ouvertures. Tourelle ronde sur le côté, toit à double décrochement. À l'intérieur, voûte en berceau et coupole à la croisée du transept. Trois élégantes baies à colonnettes dans le chœur.

SOULOMÈS (46240)

Tout petit village. Quelques maisons anciennes, mais surtout une *église d'ancien prieuré* intéressante, abritant des fresques murales du XIVe s.

LABASTIDE-MURAT (46240)

Ancienne bastide royale, aujourd'hui grosse bourgade située au centre du Lot, au cœur du parc naturel régional des Causses du Quercy, sur la route Cahors-Rocamadour. Village natal de Joachim Murat (1767-1815), beau-frère de Napoléon Ier, maréchal d'Empire, roi de Naples. Artisan de la victoire de Marengo en 1800, de la prise de Madrid (et de la terrible répression illustrée par Goya) en mai 1808. En 1812, il était commandant en chef de l'armée de Russie. À la chute de Napoléon, il tenta de reconquérir son royaume mais il fut pris et fusillé au Pizzo (en Italie), en octobre 1815.

Adresse utile

Office de tourisme : *Grand-Rue. ☎ 05-65-21-11-39. • tourisme-labastide-murat.fr • Juil-août, tlj sf ap-m sam-lun ; le reste de l'année, fermé w-e, 2e et 4e lun du mois et j. fériés.*

Où dormir ? Où manger ?

Hôtel-restaurant La Garissade : *pl. de la Mairie. ☎ 05-65-21-18-80. • hotel@garissade.com • garissade.com • Tlj. Fermé de* *début oct à début avr. Doubles env 78 € ; familiales 93-99 €. Le midi, restauration légère (salades, potages, etc.) autour du bar. Le soir, menus 23-33 €. 10 % de réduc sur le prix de la chambre sur présentation de ce guide.* Un amour de petit hôtel aux chambres rénovées et confortables, avec chacune sa couleur. Cuisine authentique, qui ne triche ni avec les produits ni avec les saveurs. On vient en voisin, en habitué ou même parfois de fort loin pour se refaire une santé, en accompagnant le dîner de vins facturés à prix doux. Bien bel accueil.

À voir

Le château : du plus pur style Empire, ça va de soi. Joachim le fit construire pour son frère André.

Le musée Murat : *pl. de Tolentino, à côté de l'église. ☎ 05-65-35-23-63. Ouv de mi-juil à mi-sept, tlj sf mar 10h-12h, 15h-18h ; sur résa le reste de l'année. Entrée : 3 € ; réduc.* L'auberge où naquit Murat a été transformée en petit musée-souvenir avec documents, témoignages et mobilier de l'époque. Visite guidée possible ; se renseigner.

JUSTICE EXPÉDITIVE

Devenu malgré lui roi de Naples – il lorgnait plutôt sur l'Espagne –, Murat appliqua une politique de répression impitoyable contre le brigandage qui ravageait la région. À peine un bandit était-il capturé qu'il était fusillé contre le mur le plus proche. Quant aux brigands notoires, il ordonna qu'on les promène en ville leurs mains coupées pendues autour du cou. Pas étonnant dès lors que, lorsqu'il tenta de reconquérir son royaume récupéré par les Bourbons, la population l'accueillit avec réserve...

MONTFAUCON (46240)

Le village est en fait une ancienne bastide du XIIIe s, perchée sur une colline. Rues bien alignées au cordeau. Dans l'église, de superbes retables du XVIIe s. C'est dans ce village que Léon Gambetta a passé 2 ans, au petit séminaire.

Où dormir dans les environs ?

Domaine de la Faurie : *lieu-dit La Faurie. ☎ 05-65-21-14-36. • contact@camping-lafaurie.com • camping-lafaurie.com • Accès : depuis l'A 20, sortie 56 ; au rond-point, prendre la direction de Saint-Germain-du-Bel-Air, puis faire 5 km (fléché sur la droite). Ouv de début avr à fin oct. Emplacements tente 15-25,30 € selon saison. Loc chalets, mobile homes et bungalows toilés 329-700 €/sem. 70 empl. Réduc de 10 % sur présentation de ce guide.* Un adorable camping en pleine nature, comme on en rencontre peu ! Des espaces fleuris, une volière, un jardin de buis, un boqueteau de chênes avec petits murets carrément génial pour planter sa tente à l'écart, un corps d'ancienne ferme où sont organisées des soirées conviviales. Restaurant, bar, nouveau snack de style très contemporain avec terrasse offrant une belle vue dégagée. Accueil décontracté et très sympa. Boutique de produits locaux et dégustations. Organise des randos, etc. Plein de sentiers de rando aux alentours. L'un des plus beaux campings du Lot ! Piscine.

LA HAUTE VALLÉE DU LOT ET LE CAUSSE DE LIMOGNE

De Cahors à Capdenac, le Lot se faufile entre de hautes falaises, coincé entre les causses de Gramat et de Limogne. Bien plus encaissé qu'en aval de Cahors, il a dû tailler ici son cours à travers le calcaire, obligeant les hommes à percher leurs villages au sommet des rochers, voire en certains endroits dans la roche, forçant la route à se frayer par endroits un passage à même la pierre. Parfois, un méandre rompt l'unité du paysage et une des falaises cède la place à une large plaine sur la rive. Les paysages de ce côté-ci du Lot sont variés et les villages médiévaux, lovés dans des écrins de verdure, définitivement charmants.

SAINT-CIRQ-LAPOPIE (46330) 207 hab. *Carte Lot, B-C3*

À l'instar d'André Breton, qui « a cessé de se désirer ailleurs » lorsqu'il a découvert « Saint-Cirq » (prononcer Saint-Cir), difficile de ne pas tomber amoureux de ce merveilleux village, considéré comme l'un des plus beaux de France (allez, ex æquo avec Conques !). D'une homogénéité architecturale quasi parfaite, il s'agrippe à une falaise de 100 m de haut, dégringolant dans le Lot. Un paysage de carte postale qui attire les foules en saison.
Site défensif, Saint-Cirq connut une histoire agitée. Contre Gaiffier, duc d'Aquitaine, au VIIIe s, ce fut la dernière cité conquise par le roi Pépin. Pendant la guerre de Cent Ans, Saint-Cirq resta fidèle à la France. Ce fut une importante ville médiévale, dominée par un ensemble de châteaux et de maisons fortes des familles Gourdon, Cardaillac et Lapopie. Au XIIIe s, la cité connut son âge d'or avec, outre le commerce, des artisans réputés comme les *roubinetaïres* (fabricants de robinets de tonneau), les chaudronniers (ou *peyroliers*) et les peaussiers. Les ruelles du village portent encore les noms de ces corps de métiers qui firent sa renommée. Entre 1341 et 1390, la cité changea trois fois de mains. Pendant les guerres de Religion, Cardaillac, l'un des seigneurs de Saint-Cirq, devint le leader de tous les huguenots de la région. L'autre seigneur des lieux, Jean de Saint-Sulpice, resta catholique. Ils se mirent cependant d'accord pour épargner à Saint-Cirq les horreurs de la guerre. Henri de Navarre (futur Henri IV), moins motivé, s'empara cependant de la ville et fit démolir le château le plus important.

Adresses et infos utiles

Office de tourisme : *pl. du Sombral. ☎ 05-65-31-31-31. • saint-cirqlapopie.com • Avr-oct, tlj ; nov-mars, tlj sf dim-mar (vac de Noël et d'hiver ouv mar-dim).* Fournit un petit guide de visite du village (gratuit). Sinon, ***visites guidées*** l'été mardi et vendredi à 11h. Autres visites thématiques et familiales sur demande.
– ***Stationnement :*** plusieurs parkings, tous payants en saison de 9h à 19h (forfait journalier), puis gratuits jusqu'à 21h (stationnement de nuit interdit). Le P1 près de la halte nautique (gratuit), les P2 et P3 *(3 €/j.)* sont situés 1 km env avant d'arriver dans le village en venant de Tour-de-Faure. Le P4, le plus proche du bourg, est posté juste au-dessus du village *(4 €/j. ; CB acceptées).* Le P5 se trouve 350 m plus loin

(3 €/j. ; avoir la monnaie). Des parkings P2, P3 et P5, navette en été pour le village.

@ ***Internet :*** *à la* ***bibliothèque*** *à* ***Tour-de-Faure.*** *☎ 05-65-21-23-92. Mer 16h-18h, sam 10h-12h. GRATUIT. Wifi au bar-resto* Le Lapopie *dans le centre de Saint-Cirq (ouv avr-oct) et à* ***l'office de tourisme.*** *GRATUIT.*

– ***Marché de producteurs :*** *pl. du Sombral, mer 16h-20h en été.*

– ***Théâtre de plein air de la Maison de la Fourdonne :*** *dans le bourg. ☎ 05-65-31-21-51. • maisondelafourdonne.com •* L'été, propose régulièrement des spectacles, concerts et siestes musicales.

Où dormir ? Où manger ?

Campings

Camping de la Plage : *au pied du village de Saint-Cirq, en bordure du Lot. ☎ 05-65-30-29-51. • camping-laplage@wanadoo.fr • campingplage.com • Ouv d'avr à fin sept. Emplacements tente 17-23 € selon saison. Loc tentes-lodges 52 €/nuit ; mobile homes et chalets 640-780 €/sem. 120 empl.* Un camping familial aux emplacements confortables dans un cadre verdoyant en bordure de Lot. Très bien tenu. Emplacements tous agréables, mais coup de cœur pour les nos 11 à 20 bien ombragés tout près de l'accès à la plage de Saint-Cirq (surveillée en saison). Aire de jeux, animations artistiques, pêche, canoë, toboggans, trampolines... beaucoup d'équipements et des concerts en saison. Resto de qualité proposant des produits locaux et bio, et d'excellentes pizzas. Ouvert aux non-résidents.

Camping La Truffière : *route de Concots (D 42), lieu-dit Pradines. ☎ 05-65-30-20-22. 06-17-70-73-59. • contact@camping-truffiere.com • camping-truffiere.com • Accès : de Cahors, D 911 vers Rodez et tourner à Concots ; à 3 km de Saint-Cirq. Bien fléché. Ouv de début avr à fin sept. Emplacements tente 18-23 € selon période ; chalets 290-795 €/sem selon capacité, saison et orientation. 96 empl.* Sur le causse, au-dessus de Saint-Cirq-Lapopie. De l'espace, de la verdure et de l'ombre au sein d'une vaste chênaie. Ensemble parfaitement intégré dans son environnement. Piscine chauffée, tennis de table, vaste aire de jeux pour enfants et plein d'activités dans le secteur (canoë, spéléo, escalade, etc.). GR 36 à proximité. Un camping très « family friendly » ; du reste, les familles sont regroupées et les gamins se font plein de copains ! Snack (salades, pizzas) et épicerie.

De bon marché à prix moyens

Le Saint-Cirq Gourmand : *grand route, à gauche sur la route qui monte au village. ☎ 05-65-35-30-30. • contact@lou-pastis.fr • Ouv tte l'année, lun-ven 10h18h ; également les w-e et j. fériés en hte saison. Formules 9,80-15,80 €. Jus frais à base de fruits de saison.* Ouvert en continu, cet adorable salon de thé au décor campagnard régale de salades, sandwichs, quiches et tartes à consommer sur place ou à emporter. Tout est frais et maison. Côté douceurs, délicieuses gaufres mais ne pas manquer le traditionnel pastis quercynois, un gâteau feuilleté aux pommes, arrosé d'un soupçon de vieille prune et confectionné par le papa d'Adeline (voir sa boulangerie à Cajarc). Aux beaux jours on se pose sur la terrasse aux tables nappées de toiles cirées rétro, avec vue saisissante sur Saint-Cirq.

Le Cantou : *rue de la Pelissaria, dans le bas du village, après l'église. ☎ 05-65-35-59-03. • basilic-et-chocolat@live.fr • En principe, tlj sf dim soir-lun hors vac scol. Congés : nov-mars inclus. Menus 14-25 € ; carte 25-30 €.* Ancienne demeure aux robustes murs de pierre, dissimulant une petite salle rustique doublée de 2 terrasses, l'une suspendue au-dessus de la ruelle, l'autre, plus intime, lovée dans une cour à l'arrière. On y sert sans se prendre la tête une

LA HAUTE VALLÉE DU LOT ET LE CAUSSE DE LIMOGNE

sympathique cuisine d'aujourd'hui, de celles qui connaissent leur terroir mais savent aussi lui donner un coup de frais, oser de nouvelles associations de goûts. Le tout à un prix vraiment raisonnable, surtout si l'on opte pour la formule à l'ardoise. Jolis desserts enfin, et glaces artisanales.

L'Oustal : *dans le bas du village, juste au-dessus du Cantou. ☎ 05-65-31-20-17. Formules 14,50-18 € (déj), menus 20-25 €.* Que ce soit à l'ardoise au déjeuner ou à la carte, les plats servis mettent à l'honneur une cuisine locale et de saison (salades estivales durant les étés chauds, assiettes plus roboratives autrement) judicieusement teintée d'une pointe de créativité. Assiettes généreuses, produits frais et accueil adorable. Un petite resto franchement sympathique tenu par un jeune couple méritant. Mention spéciale enfin pour la petite terrasse discrète, en surplomb, qui fait office de mirador avec sa vue dégagée sur le bas du village.

De prix moyens à chic

Le Gourmet Quercynois : *rue de la Peyrolerie, au-dessus du musée du Vin, dans le haut du village. ☎ 05-65-31-21-20. • legourmetquercinois@hotmail.fr • Tlj. Congés : 2 premières sem de déc et janv. Une pléiade d'assiettes gourmandes et menus 15,80-27,80 €.* Belle maison du XVIIe s avec sol en terre cuite, cheminée Louis XIV et 2 agréables terrasses ombragées par une glycine, pour apprécier une cuisine de terroir revisitée. On recommande particulièrement la copieuse assiette du chef, où le canard est servi dans tous ses états. Mention spéciale également pour les desserts. Très bon accueil.

Chambres d'hôtes La Treyne : *chez Agnès Dadoun, pl. de Carol. ☎ 05-65-31-49-10. 06-12-29-76-55. Dans le bas du village, en contrebas de l'église. Fermé l'hiver. Doubles 80-100 € selon vue et période.* Dans sa superbe (et on pèse nos mots !) demeure médiévale, Agnès propose 3 chambres, dont 2 s'ouvrent sur un balcon offrant une vue imprenable sur la vallée du Lot. Fenêtres à meneaux, grandes cheminées, beaux parquets, murs aux teintes chaudes. Bref, beaucoup d'authenticité. Prendre le petit déj en terrasse, lorsqu'il fait beau, est un pur moment de bonheur ! Accueil simple et sympa. Une vraie adresse de charme, qui n'en met pas plein la vue (sauf depuis la terrasse et les balcons !).

Auberge du Sombral : *pl. du Sombral. ☎ 05-65-31-26-08. • aubergesombral@gmail.com • lesombral.com • En face de l'office de tourisme. Ouv 1er avr-11 nov, tlj le midi plus le soir ven-sam (fermé mar hors saison). Résa conseillée. Doubles 80-85 € selon taille ; également une plus étroite à 60 €. Menus 17-25 € (déj), puis 31 € et carte.* Une auberge charmante au cœur du village, avec un haut toit à 4 pentes. Une dizaine de belles chambres rénovées et agréablement meublées, aux teintes douces et chaleureuses. Et le resto n'est pas en reste ! Salle cosy et coquette où l'on déguste une cuisine travaillée et bourgeoise. Le choix n'est pas vaste, peut-être, mais c'est pour mieux garantir la fraîcheur des produits locaux. L'agneau du Quercy est particulièrement recommandable. Une affaire familiale solide !

Où dormir ? Où manger dans les environs ?

À Tour-de-Faure (2 km est)

Hôtel Les Gabarres : *au lieu-dit Le Roucayral, 46330 **Tour-de-Faure.** ☎ 05-65-30-24-57. • contact@hotellesgabarres.com • hotellesgabarres.com • À 3 km de Saint-Cirq, à gauche, juste avt le pont. Ouv de mi-avr à fin oct. Doubles 62-72 €, studios avec kitchenette et familiales 94-108 €. Réduc de 10 % sur le prix de la chambre (hors juil-août) pour une résa en direct sur présentation de ce guide.* Un hôtel assez banal de l'extérieur, quoique sa façade couleur terre de Sienne interpelle. Chambres standardisées, simples et pas très grandes, mais fonctionnelles et agrémentées de quelques touches décoratives de bon ton. Toutes sont dotées de terrasse privative, mais seule une moitié d'entre elles ouvrent sur la piscine de l'hôtel et offrent une vue aérée sur la vallée.

Hôtel Le Saint-Cirq : *au lieu-dit Le Mas, 46330* ***Tour-de-Faure.*** *☎ 05-65-30-30-30. • contact@hotel-lesaintcirq.com • hotel-lesaintcirq.com • Face au village de Saint-Cirq-Lapopie. Congés : janv. Doubles 78-190 €, familiales 118-198 €.* Un vrai hôtel de charme, sur un coteau du Lot, offrant une vue exceptionnelle sur Saint-Cirq. 25 chambres de caractère et de grand confort, avec clim, chaîne hi-fi (mais pas de TV), et terrasse privative pour la plupart. Beau mariage de mobilier design et de brocante, ciel de lit et baignoire double pour les plus luxueuses. Piscine chauffée dans le jardin paysager et un nouvel espace bien-être avec piscine couverte, hammam et spa. Excellent et copieux petit déj-buffet. Prêt de vélos et de barques. Service de navette pour dîner au *Gourmet Quercynois* (voir plus haut « Où dormir ? Où manger ? »). Une totale réussite que cet hôtel impeccablement tenu !

Chambres d'hôtes Maison Redon : *au lieu-dit La Combe, 46330* ***Tour-de-Faure.*** *☎ 05-65-30-24-13. • patrice@maisonredon.com • maisonredon.com • À 4 km env de Saint-Cirq ; à Tour-de-Faure, prendre la route à gauche de la mairie ; c'est à 100 m. Ouv de Pâques à mi-oct. Doubles 74-84 € selon saison (20 €/pers suppl.).* Belle demeure du XVIIIe s, confortable, calme et cossue, avec une très belle piscine dans le parc. Les 5 chambres, classées 3 épis et pouvant accueillir de 2 à 3 personnes, sont toutes à l'étage. Également un nouveau gîte dans le jardin, loué à la semaine en saison. Teintes claires, déco sobre et soignée. Une bonne adresse pleine de sérénité à quelques minutes de Saint-Cirq-Lapopie.

Pizzeria L'Oïlo : *lieu-dit L'Île, 46330* ***Tour-de-Faure.*** *☎ 05-65-24-78-91. Ouv mars-oct, mar-dim 12h-14h, 18h-minuit (service jusqu'à 22h-22h30 en saison selon affluence). Fermé lun (sf été) et sam midi. Pizzas au feu de bois 9,50-12 €.* Le cadre à lui seul justifie le déplacement tant la vue sur le village de Saint-Cirq agrippé à son éperon rocheux est saisissante. Effet garanti, en particulier le soir, lorsque le soleil couchant donne à la pierre cette couleur ocre rouge si chatoyante... Mais la bonne réputation de *L'Oïolo* dépasse les frontières du village par la souplesse des horaires de service, les tables dans le jardin, l'atmosphère jeune et enthousiaste, et les concerts du vendredi soir. Et comme les pizzas se défendent bien, on y revient ! Excellents cocktails.

À Bouziès

(4,7 km nord-ouest)

Chambres d'hôtes Le Rucher de Pech Larive : *46330* ***Bouziès.*** *☎ 05-65-30-20-93. • pechlarive@gmail.com • lerucherdepechlarive.com • À 5 km env de Saint-Cirq, par la D 40. Avr-Toussaint. Doubles 45-55 € selon confort ; gîte 4 pers 250-300 €/sem. Petit déj bio.* Sur leur exploitation certifiée « Agriculture biologique » et isolée au milieu des chênes, Véronique et José produisent confitures, pain d'épice, miel, compotes, sirops, etc. Dans une ancienne grange en pierre, légèrement à l'écart, ils ont aménagé 3 chambres agréables dont 2 mansardées à l'étage (sanitaires communs). La 3e, plus chère, dispose de sa propre salle d'eau, d'une kitchenette et d'une petite terrasse (barbecue possible), louée à la semaine en été. Cuisine et salle à manger à dispo pour quelques euros de plus. L'ensemble est alimenté par l'énergie solaire. Idéal pour se mettre au calme et décompresser, sans vider le porte-monnaie. Super accueil !

Les Deux Vallées : *gare de Conduché, 46330. ☎ 05-65-24-58-92. • info@les2vallées.com • Résa préférable le soir en saison. Congés de nov à mi-fév. Ouv tlj midi et soir mai à fin sept (sf dim soir mai-juin) ; plus restreint le reste de l'année. Formules déj sem 9,80-10,80 €, 18-23,50 € le soir.* À la jonction des vallées du Lot et du Célé, ce café-bar-brasserie a pris place dans les locaux d'une ancienne gare. Déco vieux-bistrot rétro en salle, et plus original, tables étalées sur les anciens quais de gare aux beaux jours avec vue sur les falaises. Cuisine traditionnelle locale et bistrotière, proposée dans différentes formules humoristiques : TGV pour un déj rapide, TER pour la découverte du terroir... À agrémenter d'une sélection de crus locaux.

À Saint-Martin-Labouval (6,4 km est)

Chambres d'hôtes Le Mas de Redoules : *Nougayrac, 46330* ***Saint-Martin-Labouval.*** *06-31-79-63-86. • info@masderedoules.com • masderedoules.com • À env 9 km de Saint-Cirq. Congés : déc-mars. Double 60 €, suite familiale 110 € (4 pers).* Après avoir vagabondé un peu partout, Marie, une Aveyronnaise, et Antoine, débarqué d'Irlande, ont posé leurs bagages au fin fond du Quercy, dans une authentique bâtisse vieille de 200 ans isolée dans les collines. Entièrement rénovée et agrandie par leurs soins, cette belle propriété en pierre et aux volets bleus comprend 3 chambres doubles et 1 suite familiale, simples mais confortables de style rustique chic. Sans compter la cuisine d'été au bout du jardin, et la terrasse. Le cadre est idéal pour déconnecter et offre en prime une vue imprenable sur la vallée du Lot.

Le Clos de la Roseraie : *le bourg, 46330* ***Saint-Martin-Labouval.*** *☎ 05-81-22-91-72. 06-08-74-18-82. • closdelaroseraie@aol.com • closdelaroseraie.com • À 6,5 km de Saint-Cirq par la D 662. Ouv de mi-mars à mi-nov. Compter 72-97 € pour 2 selon chambre et saison ; familiales 155-175 €.* Au cœur d'un petit jardin luxuriant amoureusement entretenu, dans la dépendance en vieilles pierres d'une maison de 1879, 4 chambres sur le thème du voyage et des destinations fétiches des propriétaires. Si on aime bien la Conemara pour sa jolie vue sur jardin, on a un faible pour India, la moins chère car petite, en rez-de-jardin avec terrasse privative. Piscine, jaccuzi, et une multitude de recoins où s'isoler dans le jardin. Agréable salon commun. Accueil charmant de Jocelyne et d'Éric.

À Cénevières (à 7,7 km à l'est)

Camping municipal Le Grand Pré : *Grand-Pré, à* ***Cénevières*** *46330. ☎ 05-65-31-28-16 (mairie). 06-02-23-64-70. • camping@cenevieres.fr • cenevieres.fr • ♿ Par la D 8, puis la D 662 direction Saint-Martin-Labouval. Ouv juin-fin sept. Emplacement tente en hte saison 13,10 €. CB refusées. 16 empl.* Au bord de l'eau et d'un terrain de foot, à proximité du fameux château (à ne pas manquer !). Calme et bien ombragé. Possibilité de pêcher dans le Lot et plein d'activités dans un court périmètre.

– Voir aussi nos adresses à Vers, dans les environs de Cahors.

À voir

Le village : du rouge, de l'ocre, du rose orangé, toutes les nuances de gris et les taches multicolores des roses trémières. Tel apparaît Saint-Cirq quand le regard saisit dans son ensemble les petites maisons qui grimpent au flanc de la colline dans un infatigable assaut. Puis ce sont les détails qui émerveillent : telle petite maison haute et droite, telle fenêtre dans un toit, tel seuil de porte, tel balconnet, et puis les nombreuses façades en encorbellement, les fenêtres à meneaux, les ouvertures en accolade. Il faut prendre le temps de détailler les maisons une à une *(guide de visite libre disponible à l'office de tourisme).* Saint-Cirq-Lapopie est un miracle d'équilibre reconstitué. Peut-être, parfois, aimerait-on plus de vie dans le village l'hiver et moins de monde dans les ruelles l'été, investies par les amoureux de l'authentiquement beau et les inévitables boutiques de créateurs. Beau panorama sur la vallée depuis le roc dominant le bourg, là où se dressait jadis le château.

L'église : plutôt banale, elle fut édifiée au XVIe s sur les vestiges de l'église antérieure. Ainsi découvre-t-on à droite une abside romane. Bas de colonne et chapiteau sculptés. Copie d'un fragment de fresque du XIIIe s *(la Cène).*

Le musée Rignault : *dans le bas du village. ☎ 05-65-31-23-22. Fin mars-oct, tlj sf mar 10h-12h30, 14h30-18h (19h en juil-août). Entrée : 2 €.* Une belle surprise que ce musée qui présente les pièces de collections particulière de l'artiste et amateur d'art Émile Joseph (dit Rignault), dans sa maison. Masques africains, statues Renaissance, tableaux, meubles... présentés par roulement dans le cadre d'expositions temporaires. Depuis les jardins et les terrasses, belle vue sur la vallée du Lot.

La maison Breton : *sur une petite place, dans le bas du village, sous le musée Rignault. Ne se visite pas.* Ancienne auberge des mariniers cette imposante maison, pas encore rénovée, est la plus ancienne du village avec sa tour carrée originale du XIIe s. Elle appartint d'abord au peintre quercynois Henri Martin, avant d'être rachetée par André Breton, chef de file des surréalistes, qui y invitait sa communauté poétique. Revendue depuis, l'association La Rose Impossible tente de racheter le bien (inabordable !) pour le dédier à nouveau à la création artistique.

Pour barboter dans le Lot, ***plage surveillée*** en été à la Halte nautique, située au pied du village, avant le pont. Plusieurs autres plages – surveillées ou non – jusqu'à Larnagol, en remontant vers Cajarc. Pour plus de prudence, voir le site • *valleedulot.com* • pour les lâchers d'eau du barrage de la Truyère en Auvergne.

DANS LES ENVIRONS DE SAINT-CIRQ-LAPOPIE

Quercy Terre d'Arômes : *Les Bories, 46330* ***Crégols.*** *☎ 05-65-24-79-32. • quercy-terre-arome.com • À 7 km de Saint-Cirq-Lapopie (fléché à partir du pont de Saint-Cirq-Lapopie). En juil-août, vente à la ferme, tlj sf sam 10h30-18h30 et visites gourmandes à 11h (5 € adultes ; 3 € 6-12 ans). Visites possibles aussi le reste de l'année sur résa (à partir de 12 pers).* Sur son exploitation agricole bio, Catherine Calvet cultive et récolte le safran, le *Crocus sativus,* cette petite fleur mauve originaire du Cachemire et du Népal, autrefois très connue pour ses vertus médicinales et tinctoriales, et aujourd'hui très prisée pour l'épice qu'elle produit. La floraison ne dure que 10 jours (vers mi-octobre). Sa récolte est un véritable travail d'orfèvre ! Avec une passion communicative, Catherine vous explique tout sur cette belle plante. Petite boutique.

➢ ***Le chemin de halage de Saint-Cirq à Bouziès :*** départ au pied du village, face à l'écluse. Compter 2h30 pour parcourir les 15 km aller-retour le long du Lot (rive gauche) par un agréable chemin de halage bien entretenu, autrefois emprunté par les bœufs tirant les gabarres chargées de vin de cahors. Une partie du parcours est creusée dans le roc. Après l'écluse de Ganil et avant d'arriver au parking de Bouziès, bas-relief de 30 m de long sur le flanc de la falaise, œuvre réalisée par le sculpteur Daniel Monnier. En été, possibilité de faire le trajet simple (aller ou retour) ***en bateau,*** avec *Lot Croisières* *(voir ci-dessous).*

➢ ***Balades en bateau sur le Lot*** (*Lot Croisières*) ***:*** *de* ***Bouziès*** *(à 4 km de Saint-Cirq), embarquement devant l'*Hôtel des Falaises *; de* ***Saint-Cirq,*** *à la Halte nautique. ☎ 05-65-31-72-25. • lot-croisieres.com • Avr-oct. Départ ttes les 30 mn en juil-août. Croisière avec aller simple au départ de Saint-Cirq-Lapopie ou de Bouziès (1h15 env ; départs 10h15-17h30 en juil-août). Compter 11 € ; enfant 8 €. Résa fortement conseillée en juil-août. Croisières thématiques et loc de bateaux sans permis. Loc de vélos. Agréables buvette et tables de pique-nique des deux points de départ.* Superbe balade, au rythme paisible du Lot, à travers des paysages très variés alternant falaises ocre et blanches et douces collines boisées. Le tout saupoudré de beaux villages et châteaux de rêve.

➢ ***Kalapca Loisirs :*** *au pied du pont de Conduché, à* ***Bouziès,*** *sur la D 41. ☎ 05-65-24-21-01. • kalapca.com •* Pour une descente du Lot ou du Célé en

canoë-kayak ou toute autre activité sportive dans les environs. Voir « Adresse et info utiles » au début du chapitre « La vallée du Célé et le sud du causse de Gramat », plus haut.

Le château de Cénevières : *☎ 05-65-31-27-33. • chateau-cenevieres.com • Mai-sept, visite guidée de 1h, sans rdv, tlj sf dim mat 10h-12h, 14h-18h ; avr et oct-début nov, 14h-17h. Entrée : 7 € ; réduc. De mi-juin à oct, visite nocturne le mer soir (20h30) : les hôtes, en tenues d'époque, vous font découvrir les lieux à la chandelle. Concerts classiques occasionnels et expos temporaires.*

Très belle façade, côté Lot, à 70 m de hauteur, sur un roc à pic. Le site fut de tout temps un poste d'observation fortifié. Ce fut aussi l'un des derniers points de résistance de Gaiffier, duc d'Aquitaine, à Pépin le Bref (le premier fédérateur de la France). Un premier château fut construit au XIIIe s par les Gourdon en prévision des attaques anglaises. Le gros donjon est l'unique vestige de cette époque.

C'est au XVIe s que Cénevières connut son apogée avec Flottard de Gourdon (quel beau nom !), ami de Galiot de Genouillac, le grand maître d'artillerie de François Ier. Il avait d'ailleurs participé aux grandes batailles de Ravenne, Marignan et Pavie, et épousé, en 1531, Marguerite de Cardaillac (l'une des grandes familles de Saint-Cirq, avec les Gourdon). C'est à cette époque que Cénevières fut magnifiquement reconstruit selon le style Renaissance. Antoine de Gourdon succéda à son père en 1561 et rejoignit la cause des huguenots. C'est d'ailleurs dans son château que Henri de Navarre (futur Henri IV) prépara l'attaque de Cahors, en mai 1580. Aujourd'hui, le château, privé, est toujours habité. Il appartient à la même famille depuis 1793.

DU VIN POUR CALMER LES ARDEURS INCENDIAIRES

Pendant la Révolution française, le château de Cénevières échappa à l'incendie grâce à un coup de génie de son intendant. Les révolutionnaires, venus de Cajarc pour le brûler, se virent ouvrir toutes grandes les portes de la riche cave par l'intendant. Cela ne les empêcha pas de piller le château et de l'abîmer un peu, mais c'était un moindre mal !

– ***Le donjon carré :*** gros donjon sur l'aile gauche, datant du XIIIe s (mais fenêtres du XVIe s). Le reste date de la Renaissance. Lucarnes joliment ouvragées. Façade fortifiée à mâchicoulis, mais portail au décor raffiné.

– ***Les appartements :*** remarquables. Très beau mobilier d'époque. On doit à une gouttière bouchée par des feuilles de platane la découverte des peintures de la Renaissance (datant de 1530). Quelques années plus tard, rebelote ! Une deuxième fuite de gouttière permit de mettre au jour des fresques uniques, représentant Istanbul ! Cheminée monumentale, belles poutres peintes. Étrange cabinet d'alchimie, décoré de fresques du XVIe s. Dans la cuisine, table à gibier du XVIe s, très travaillée. Tapisseries très anciennes. Bibliothèque des Gourdon et documents originaux sur la Révolution française. Au rez-de-chaussée, impressionnant cellier du XIIIe s. Et quantité de choses insolites. Élégante terrasse avec galerie donnant sur le Lot.

CAJARC

(46160) 1 130 hab. *Carte Lot, C3*

Ancienne ville épiscopale, Cajarc présente un mignon centre-ville de forme ovale, tassé autour de l'église et bordé d'un boulevard « circulaire » alignant cafés, commerces et restos remarquables (une chance pour les gourmets !). Enfin, si la ville est modeste, elle a pourtant vu passer quelques célébrités : Françoise Sagan y est née le 21 juin 1935 et y a passé une grande partie de son enfance ; Pompidou venait s'y mettre au vert, sans oublier Papy Mougeot du *Schmilblick* de Coluche...

OR ROUGE

Cajarc est la capitale du safran du Quercy, une culture relancée en 1997 et qui occupe une soixantaine de producteurs sur seulement 3 ha. Un travail d'une extrême précision puisque entièrement réalisé à la main, de la cueillette des fleurs au prélèvement de l'épice qu'elles renferment. 200 fleurs donnent à peine 1 g de safran.

Adresse et info utiles

Office de tourisme : *pl. du Foirail, dans l'enceinte de la chapelle néogothique Sainte-Madeleine. ☎ 05-65-40-72-89. Mai-oct, tlj sf dim ap-m (tlj juil-août) ; avr, slt l'ap-m (fermé dim) ; le reste de l'année, s'adresser à l'office de tourisme de Figeac.* Demander le livret *Les clefs de Cajarc* pour une visite libre.

– **Activités nautiques :** *au plan d'eau. Rens au 07-77-22-10-76.*

– **Marchés :** *mer et sam (bio) 8h-13h.*

Où dormir ? Où manger ?

Bon marché

L'Auberge du pont : *16, av. Coluche. ☎ 05-65-40-67-84. • auberge.cajarc@gmail.com • À la sortie de Cajarc, près du... pont, pardi ! Formules déj sem (obligatoire) 10-13 €. Menu du terroir 19,50 € dim et j. fériés.* Il aura fallu qu'un lecteur avisé nous informe de sa trouvaille pour que l'on prenne place dans cette cantine populaire totalement relookée. Murs gris et lie-de-vin, portraits à l'huile (en vente) de stars du cinéma. Une auberge bien dans son temps mais qui pratique des prix d'avant-guerre. La cuisine de tradition régionale, solide et généreuse, met bien entendu le canard à l'honneur. Exceptionnelle formule déj incluant un copieux buffet de hors-d'œuvres. Accueil extra. Seul bémol, la petite cuvée spéciale « Auberge du Pont » n'est pas un cahors !

De prix moyens à chic

Hôtel-restaurant La Ségalière : *à la sortie de Cajarc sur la route de Capdenac, sur le GR 65. ☎ 05-65-40-65-35. • hotel@lasegaliere.com • Resto avr-oct ts les soirs et à midi les dim et j. feriés (jeu-lun en juil-août). Doubles 68-122 € selon saison. Menus 27-35 €.* Un environnement verdoyant (beau parc) et une superbe piscine font vite oublier l'architecture de l'établissement (genre cube de béton des années 1970). Cela dit, le bâtiment a depuis été rénové, de même que les chambres aussi agréables que confortables (épaisses literies, clim et bonne insonorisation). La plupart ont une terrasse, sauf les moins chères, avec vue plongeante sur la piscine. Au resto, carte légère au déjeuner et cuisine du terroir réussie à déguster en terrasse. Excellent petit déj-buffet. Une excellente adresse aux portes de l'Aveyron.

L'Allée des Vignes : *32, bd du Tour-de-Ville, à Cajarc. ☎ 05-65-11-61-87. • alleedesvignes@gmail.com • Ouv tlj sf dim soir, lun-mar (plus mer en basse saison). Congés : janv. Formules déj sem 18,50-21 € ; menus 26-33 € (déj), jusqu'à 65 €. Café offert sur présentation de ce guide.* Pour rompre avec les codes traditionnels du gros repas lotois, un jeune chef plein de talent et de créativité bouscule le terroir sans perdre de vue l'incontournable canard. Une cuisine gastro récréative servie en plats ou demi-plats, dans une salle cosy ou en terrasse dans la jolie cour. Fait également salon de thé en journée, avec mignardises gourmandes.

Le Jeu de Quilles : *7, bd du Tour-de-Ville. ☎ 05-65-33-71-40. Ouv tlj sf dim-lun 12h30-14h, 19h30-21h. Menus 24-35 € midi et soir. En hiver, formule déj 15 € (verre de vin compris). Résa indispensable.* Une halte gourmande que ce bistrot-bar à vins qui joue à fond la carte du bistronomique. Sur ardoise, une cuisine du moment, à partir de produits de saison, essentiellement locaux et bio. Un résultat convaincant avec des assiettes simples mais raffinées, et d'intéressantes associations qui changent des traditions locales. Belle carte de vins. Le patron tient sa bonne réputation du temps où il œuvrait à Limogne et l'on constate vite que les fidèles n'ont pas hésité à le suivre. Service alerte et agréable terrasse.

Où dormir dans les environs ?

Camping

Camping Les Cournoulises : *46160* **Montbrun.** *06-15-53-00-58. • lescournoulises@sfr.fr • lescournoulises.perso.sfr.fr • À 6 km de Cajarc par la D 662 direction Figeac. En contrebas de la route, juste avt la voie ferrée. Ouv fin mai-sept. Emplacement tente 12,10 € en hte saison ; forfait 4 pers 52-65 €/nuit en tipi (250-315 €/sem); 40-50 € pour 2 en tente trappeur (petit déj compris). Sur présentation de ce guide 5 % de réduc sur le prix du séjour.* Au pied de hautes falaises, en bordure du Lot, un grand pré accueillant une quarantaine d'emplacements dans l'herbe, entre arbres et bosquets de bambous. Également des tipis, équipés de 5 petits lits, pour jouer les tribus indiennes. Pour ceux qui préfèrent les cow-boys, de grandes tentes trappeur hyper confortables. Coin pour la baignade, un autre pour la pêche, location de canoës. Petite épicerie de dépannage, bon snack, et petit déj sur demande *(4,50 €).* Accueil sympa de Yannick qui veille au bon entretien général, et rencarde les clients sur les balades et lieux de baignades. Un plan nature bien tranquille.

Camping du Ruisseau du Treil : *au village de* **Larnagol.** *☎ 05-65-31-23-39. • contact@lotcamping.com • lotcamping.com • Accès : à 9 km de Cajarc par la D 662 ; à l'entrée du village, à droite. Ouv de mi-mai à mi-sept. Emplacements tente 16-20 € selon saison. Loc caravanes, mobile homes 295-675 €/sem et 1 bungalow toilé 275-550 €/sem. CB refusées. 49 empl. Réduc de 10 % en hte saison et 15 % en basse saison, sur présentation de ce guide, à la résa.* Tenu par un couple britannique, un petit camping confidentiel, familial et ombragé. Beaux emplacements, notamment les nos 38 à 44 bien agréables, sous les arbres. 2 petites piscines et baignade possible dans le Lot, situé à deux pas. Terrains de sport (volley, foot, ping-pong, boulodrome...). Bar-resto.

Chic

Domaine Le Broual : *Le Broual, à* **Saint-Pierre-Toirac** *(46160). ☎ 05-65-40-35-13. • info@domainelebroual.com • domainelebroual.com • Doubles 110-130 €. Gîtes 4-6 pers 490-1 390 € sem ; loc possible en formule 3 j. (sf juil-août) 300-600 €.* Des rives de la Loire... à celle du Lot, il n'y a qu'un pas, franchi par Antoine et Virginie, conquis par ce superbe domaine. On l'est tout autant, scotchés du reste par la qualité de la restauration ! Dans la grange, à l'imposante toiture en forme de coque de bateau inversée, deux chambres et deux gîtes conjuguent convivialité (confort douillet) et art de vivre (déco stylée, jolies parures de draps). Le style contemporain fait ici bon ménage avec poutres et vieilles pierres. Petit déj servi dans le jardin aux beaux jours. Belle piscine. Un lieu qui invite au repos. Et ça tombe bien, Antoine, en qualité de stomatothérapeute (il vous expliquera !) propose des massages dans le pigeonnier.

Où acheter de bons produits ?

Boulangerie-pâtisserie Lagarde : *pl. du Foirail. ☎ 05-65-40-69-23.* C'est ici que M. Lagarde confectionne un pastis dont lui seul à la secret : une pâte fine et croustillante, généreusement fourrée de pommes fondantes et arrosée d'une pointe de vieille prune. On se l'arrache. Mieux vaut venir tôt ou aller le déguster chez sa fille au *Saint-Cirq-Gourmand* à Saint-Cirq-Lapopie.

Les Fins Gourmets : *pl. du Foirail. ☎ 05-65-40-69-98. Ouv mar-sam 9h-12h, 15h-19h, dim 9h-12h.* Quatre producteurs associés du Quercy proposent leurs spécialités de canard moult fois médaillées. Nourri au bon grain et au grand air, le canard répond à tous les engagements du produit de qualité. Cru, cuit, cuisiné... goûtez ce magret de canard au piment d'Espelette ou plus simplement ces carcasses qui se grignotent à l'apéro avec les doigts ! Également un choix varié de produits régionaux.

À voir

La maison de l'Hébrardie : jolies fenêtres gothiques (anciens vestiges du château du XIIIe s).

La maison des Arts Georges-Pompidou – centre d'art contemporain : *134, av. Germain-Canet. ☎ 05-65-40-78-19. • magp.fr • ♿ L'été, tlj sf lun 11h-19h ; le reste de l'année, tlj sf lun 14h-18h ; fermé nov-avr. GRATUIT.* Espace d'expositions temporaires consacré à l'art contemporain.

Le Musée ferroviaire : *halle à marchandise, à la gare. ☎ 05-65-40-57-90. En principe, de juil à mi-sept, tlj sf dim-lun 15h30-18h30. GRATUIT.* Tout sur les trains (ou presque) : la signalisation, le matériel de téléphonie, etc.

Fêtes et manifestations

- ***Africajarc :*** *4 j. fin juil. • africajarc.com •* Beau festival consacré à l'Afrique.
- ***Marché des Potiers :*** *3e w-e de juil.*
- ***Salon de la B.D. :*** *un w-e fin sept.*
- ***Fête du safran :*** *un w-e fin oct.* Visite d'une safranière, suivie d'une démonstration d'émondage, et rencontre de producteurs de fromages fermiers à base de safran.

À voir dans les environs

Le château de Larroque-Toirac : *à 13 km à au nord-est de Cajarc en direction de Figeac. 📱 06-12-37-48-39 ou 📱 06-60-08-80-10. • chateautoirac.com • Juil-sept, tlj 10h30-12h, 14h-18h. Visite nocturne costumée les mar en août (20h30). Mai-juin et oct, w-e et j. fériés 14h-18h. Entrée : 6 € ; 2 € enfant ; gratuit moins de 4 ans.* Ce logis seigneurial, agrippé à la falaise, et flanqué de deux tours circulaires des XIIe et XVe s appartenait aux Cardaillac. À l'intérieur, belles cheminées, cuisines d'origine, fresques et mobilier intéressant. Les souterrains, les salles troglodytiques, la chapelle dans la falaise fascinent petits et grands. Jardins en terrasses.

***Saint-Pierre-Toirac** (46160) :* *à 14,5 km de Cajarc, peu après le village de Larroque-Toirac.* Joli village un peu en surplomb, qui possède une remarquable **église** romane du XIIe s, fortifiée au XIVe s. L'église ressemble à un gros donjon carré avec mâchicoulis et grands créneaux, auquel on aurait accolé une toute petite abside. À l'intérieur, nef séparée en trois travées. Énormes piliers carrés. Anges sur les croisées d'ogives. Ne pas manquer non plus les remarquables chapiteaux. Au-dessus, une salle où toute la population pouvait se réfugier.

LE CAUSSE DE LIMOGNE

Causse, toujours, pour terminer cette balade à la découverte du parc naturel régional des Causses du Quercy. Une balade qui prend ici volontiers des couleurs hivernales, pour cause de... truffes ! La région abrite de très jolis villages que trop souvent les voyageurs semblent bouder. C'est le moment d'y aller !

LIMOGNE-EN-QUERCY (46260)

Paisible et authentique village en pierre blonde. Petit *musée d'Art et Traditions populaires* dans les locaux de la Maison du pays de Limogne (entrée libre).

Adresse et infos utiles

***Office de tourisme** dans la **Maison du pays de Limogne :** 55, pl. d'Occitanie. ☎ 05-65-24-34-28. • lalbenque.net • En été, tlj sf dim ap-m ; hors saison, mar-dim mat.* Bonne doc et accueil dynamique. À l'étage, musée d'Arts et Traditions populaires et expos *(GRATUIT).*

– ***Marchés :*** *dim mat. Marché aux truffes d'été (dim mat de mi-juin à mi-août, pl. d'Occitanie) et d'hiver (ven mat à 10h30 précises déc-début mars, pl. de l'église).*

– ***Station-service.***

Où dormir ? Où manger ?

***Chambres d'hôtes La Hulotte :** au lieu-dit Mas-de-Games. ☎ 05-65-31-58-51. • chambreslahulotte@orange.fr • chambreslahulotte.com.fr • À 3 km du village : prendre la direction de Cajarc, puis, à 2 km, fléché sur la droite. Congés : de mi-nov à mi-fév. Double 68 € ; familiales 3 pers 90-116 €. Réduc de 10 % sur présentation de ce guide.* Une maison au sein d'un petit hameau perdu au beau milieu du causse, des chênes et des murets de pierre. Claudine et Lionel y ont aménagé 4 chambres avec accès indépendant, dont 2 se partagent une salle de bains. Déco colorée et joyeuse. Cuisine et barbecue à disposition pour préparer ses repas. Le jardin fleuri semé de transats donne à l'ensemble un petit côté cottage. Une adresse au charme simple à 180 pas (!) du GR 65 (le chemin de Saint-Jacques-de-Compostelle). Un p'tit coup de cœur.

À voir. À faire à Limogne et dans les environs

– ***Truffes Passion :*** *151, chemin du Joncas. 06-21-52-77-70. • truffespassion.com • Démonstrations de recherche de truffe ven 10h30 sur résa (plus lun 17h et mer 18h de mi-juil à mi-août). Tarif : 6,50 € ; réduc. Durée : 1h30. De déc à fin mars, formule visite de la truffière + accompagnement sur le marché aux truffes le ven à 10h (10 € ; durée : 2h30). Possibilité de repas autour de la truffe.* Sur une ancienne truffière, Marie-France, une passionnée, fait découvrir l'univers de la trufficulture et commente le travail du chien à la recherche du précieux champignon.

Les phosphatières du Cloup d'Aural : *46230* ***Bach.*** *06-03-93-45-91. • phosphatieres.com • Juil-août, 1 visite/h tlj 11h-18h ; avr-juin et de sept à mi-nov, visites tlj à 15h et à 16h30. Tarif : 7 € ; réduc. Réduc de 1 € sur présentation du guide.* Dans un triangle délimité par Cajarc, Cahors et Bruniquel dans le Tarn-et-Garonne, le sol est calcaire et l'eau a creusé de multiples trous. Avec le temps, certains d'entre eux se sont naturellement comblés, ensevelissant animaux et végétaux et formant ainsi des phosphatières. À la fin du XIXe s, elles donnèrent lieu à une importante activité minière. Le site du Cloup d'Aural fait partie de ces anciennes exploitations de phosphate. Au cours de la visite guidée, on descend au fond de l'ancien petit gouffre dans lequel se développe une végétation très particulière, contraste saisissant avec la surface du causse. La visite en elle-même n'a rien de très impressionnant, mais l'intérêt majeur de ce phénomène naturel des phosphatières réside dans les fossiles mis au jour. Soit près de 600 espèces animales recensées dans le secteur. Phénomène unique en milieu continental, les phosphatières ont enregistré de manière continue l'évolution des animaux et des climats sur près de 32 millions d'années ! Autour courent différents sentiers thématiques (paléontologie, flore du causse...) en visite libre.

Auberge Lou Bourdié : *46230* ***Bach,*** *à deux pas de l'église. ☎ 05-65-31-77-46. Ouv ts les midis sf mer et sam. Formules 15-18 € (en sem), menus dim 29-45 €. CB refusées. Apéritif maison offert sur présentation de ce guide.* La bonne auberge de campagne, tenue par Monique Valette, avec sa pure cuisine traditionnelle familiale, son cadre rustique et ses menus bien consistants (potage, entrée, plat, fromage ou dessert !). Le dimanche, c'est jour de ripaille, avec le menu à 26 €. Ici, toute la famille met la main à la pâte ! Un endroit où bien manger et générosité ont un sens. Accueil adorable.

Le château de Couanac : *46260* ***Varaire.*** *☎ 05-65-31-52-32. Visites guidées, en juil-août slt, tlj 10h-12h, 14h-18h (fermé dim mat). Tarif : 5 € ; enfant 3 € ; gratuit jusqu'à 7 ans.* Bâti entre le XIIe et le XVIe s, ce château privé, classé aux Monuments historiques, est ouvert depuis peu à la visite. Deux corps de logis, dont l'un est flanqué de deux tours, l'une ronde, l'autre carrée. Chapelle romane.

Laramière *(46260) :* le village abrite l'ancien ***prieuré Notre-Dame-de-Laramière.*** *Rens à l'office de tourisme (☎ 05-65-24-34-28). • laramiere.new.fr • Visites guidées (1h30) de juil à mi-sept tlj sf mar à 10h30, 14h30 et 16h. Tarif : 6,50 € ; gratuit moins de 15 ans.* Fondé en 1145 par le moine Bertrand de Grifeuilles (venu de Charente), sur les vestiges d'un temple gaulois surplombant le gouffre du Rausel. Le bâtiment, privé, conserve quelques éléments gothiques de l'époque médiévale. En chemin, arrêt possible à ***Beauregard*** *(46260),* ancienne bastide où se dresse une halle du XIVe s.

Concots *(46260) :* village typique du causse de Limogne, organisé autour d'un ancien *donjon* du XIIIe s.

LALBENQUE *(46230)*

C'est la capitale de la truffe noire. De décembre à mi-mars, ne pas manquer le *marché de la truffe* le mardi après-midi à 14h. L'église du village recèle un superbe retable du XVIIe s. Tabernacle de bois doré. Panneaux sculptés polychromes avec angelots tout autour du chœur.
À la sortie du village, place du Mercadiol, vers Aujols, splendide *croix de chemin* en pierre sculptée du XVIIIe s. Beau pigeonnier rond également, dressé au milieu des prés.

Adresse utile

Office de tourisme Lalbenque-Limogne : *pl. de la Bascule. ☎ 05-65-31-50-08. • lalbenque.net • Ouv lun-sam mat (plus dim mat* *juil-août).* Organise des journées truffes sur résa de décembre à fin février-début mars *(10 €/pers).*

Où dormir ? Où manger à Lalbenque et dans les environs ?

De bon marché à prix moyens

Gîte de Poudally : *mas de Vers. ☎ 05-65-22-08-69. • manu.elsa@poudally.com • poudally.com • À 2,5 km du village, en direction de Cremps (fléché sur la gauche). À deux pas du GR 65. Fermé 1 sem fin juin-début juil. Compter 12-20 €/pers en chambre 2-6 pers ; petit déj 5 € ; loc de draps 3,50 €. Repas env 15 € ; panier pique-nique 5 €. Sirop offert à l'arrivée, sur présentation de ce guide.* Au milieu du causse, parmi les pierres, les genévriers et les chênes, Elsa et Manu ont fait de cette ancienne ferme en pierre un très joli gîte moderne. Une chambre pour 2 personnes a même été aménagée dans l'ancienne porcherie ! Sinon, chambres-dortoir de 2 à 4 lits. Belle déco contemporaine. Grand jardin semé de transats. Propose différentes activités : rando-photos, VTT, séjours autour de la truffe, balade en *randoline* tirée par un âne, sorties nature en collaboration avec le parc naturel régional, etc. Petite épicerie de dépannage, cuisine commune, lave-linge. Accueil de cavaliers.

Chambres d'hôtes chez Louis et Nicole Couchoud : *mas de Cérès, au lieu-dit* **Fournets.** *☎ 05-65-24-79-20. • louis.couchoud@orange.fr • chambres_hotes_lot.monsite-orange.fr • À 7,5 km de Lalbenque ; prendre la direction de Limogne-en-Quercy (D 19), puis, à 6 km, tourner à droite, direction Saint-Hilaire (D 99) ; ensuite, c'est fléché. Tte l'année. Résa obligatoire. Doubles avec douche et w-c 52-57 €. Repas 21 €.* Dans une ferme isolée en pleine campagne. Accueil des chevaux et des pèlerins, le chemin de Saint-Jacques passant tout près de là. 2 chambres dans un bâtiment indépendant et une suite dans la maison des propriétaires. Dans les assiettes, on retrouve de nombreux produits bio cultivés sur l'exploitation.

Chic

Chambres d'hôtes La Vayssade : *205, chemin de la Vayssade, chez Joëlle et Pierre Baysse. ☎ 05-65-24-31-51. • jpbaysse@lavayssade.com • lavayssade.com • À 500 m du village (fléché). Doubles 87-100 € selon saison. Table d'hôtes 29 € tt compris. Prêt de VTT.* L'ancienne grange de la propriété familiale a été transformée en maison d'hôtes de charme et de caractère. Charpente ancestrale et murs de pierre soutiennent une mezzanine contemporaine appuyée sur des poutrelles métalliques. La confrontation des styles est totalement réussie. Installées sur la mezzanine, les 5 chambres donnent sur la pièce commune. Douillettes à souhait, elles sont beaucoup plus classiques mais tout aussi charmantes, et chacune est équipée d'une douche balnéo ! Alors à vous de choisir : les massages hydrauliques... avant ou après le plongeon dans la piscine ?

Chambres d'hôtes Lou Repaou : *46090* ***Aujols.*** *☎ 05-65-22-03-47. • info@lourepaou.fr • lourepaou.fr • À 8 km env de Lalbenque, par la D 10 ; dans le village. Doubles 112-132 € (balnéo ou hammam). Repas 28-38 € selon menu.* Après avoir fait le tour du monde, Odile et Nano se sont posés ici, au sein de cette ancienne ferme quercynoise du XIXe s. Avec beaucoup de sobriété, dans le plus grand respect du lieu et de son esprit, ils ont aménagé 5 chambres spacieuses, qui évoquent des pays lointains (Pérou, Mali, Népal, Australie), sans oublier la Quercynoise. Piscine au fond du petit jardin. Sur réservation, soins du corps et balades à cheval.

À voir dans les environs

Aujols *(46230)* **:** immense et pittoresque *lavoir* autour d'une mare. À croire que chaque femme du village possédait sa pierre à laver.

Laburgade *(46230)* **:** adorable petit village à l'étonnante concentration de *puits.* Plus d'une douzaine sur quelques centaines de mètres. Ils datent de la Révolution, sont alimentés chacun par une résurgence différente et non par la même nappe. Une curiosité.

Le château de Cieurac *(46230)* **:** *☎ 05-65-31-64-28. • chateaudecieurac.com • En principe, visite guidée (1h), en juil-août tlj sf lun 14h-18h, mais tél avt de passer. Entrée : 7,50 € ; réduc.* Château du XVe s classé Monument historique, avec meubles et tapisserie des XVe et XVIIe s. Jolies fenêtres à double meneau et très bel escalier à vis sculpté en sous-volée. Dans le parc, jardins à la française et un moulin à vent intact, classé lui aussi Monument historique. Un peu plus au sud, l'*ancien prieuré de Pauliac* (du XVe s également).

L'AVEYRON (LE ROUERGUE)

ABC DE L'AVEYRON

- *Nom :* il vient de la rivière Aveyron, affluent du Tarn.
- *Population :* 275 890 hab.
- *Superficie :* 8 735 km² (5ᵉ département français).
- *Densité :* 32 hab./km².
- *Préfecture :* Rodez (23 790 hab.).
- *Sous-préfectures :* Millau et Villefranche-de-Rouergue.
- *Principaux secteurs d'activité :* 57 % dans le tertiaire et 15 % dans l'industrie, un joli taux de 10 % pour l'agriculture.
- *Signes particuliers :* le département possède 10 villages classés « Plus Beaux Villages de France », ce qui le met au 1ᵉʳ rang national. C'est aussi une terre de contrastes climatiques : au mois d'avril, il n'est pas rare de subir une tempête de neige sur l'Aubrac et de se balader en tee-shirt à Millau.

Pris entre l'Auvergne au nord et le Languedoc-Roussillon à l'est et au sud, l'Aveyron, ancien Rouergue, profite des contrastes et influences de ces différentes régions françaises : du côté de Villefranche, on découvre que le Quercy n'est pas loin ; d'Entraygues à Laguiole dans l'Aubrac, on fait plus que loucher vers l'Auvergne ; du côté de Millau et du haut de son célèbre viaduc, on se sent aux portes de la Méditerranée. Cette diversité est sensible jusque dans le climat : chaleur au sud et fraîcheur au nord.

Mais le département est plus qu'une terre de contrastes. L'altitude varie de 144 à 1 463 m. D'une ville à l'autre, on passe d'un plateau désertique (le Larzac) à une vallée verdoyante où sillonnent des rivières poissonneuses (Tarn, Aveyron, Lot), on croise des vignobles (Le Fel, Millau, Marcillac), de grandes zones vallonnées comme le Lévézou, et des plateaux volcaniques (Aubrac) succédant à des gorges abruptes.

Beaucoup d'Aveyronnais sont partis conquérir le monde. Ces émigrants sont pour la plupart des familles issues du nord du département et de l'Aubrac. Traditionnellement bien implantés dans la « limonade » ou la restauration, ils ont tissé d'excellents réseaux de relations. Très nombreux dans la capitale, ils se regroupent en un grand nombre d'amicales au sein d'une fédération nationale très active. Ils possèdent leur journal, *L'Aveyronnais,* leur paroisse et leur banque.

L'Aveyron a connu une époque de désertification, endiguée par le développement d'activités comme celle des fameux couteaux de Laguiole (qui ont

vu leur fabrication relancée), ou l'élevage des non moins célèbres vaches d'Aubrac, devenu part intégrale de la renaissance non seulement économique mais aussi culturelle. Le tourisme intelligent est la preuve certaine d'une constante dans ce beau département : mettre en avant la richesse culturelle et géographique du pays. Riche en découvertes et doté d'un accueil touristique jeune et dynamique, voici un coin de France bien attachant.

De nombreuses activités ont trait à la nature et ses grands espaces, précieusement préservés. Peu de grandes villes, des milliers de kilomètres de cours d'eau, de vastes étendues, une végétation dense et verdoyante comme au pays de Roquefort, encore si sauvage...

Les villages ressemblent à des cités de contes de fées, par leur histoire et leur beauté, livrant au visiteur de fascinantes demeures médiévales quasi intactes (Belcastel, Peyrusse-le-Roc, La Couvertoirade, Conques, Najac, Brousse-le-Château, Castelnau-Pégayrols...). L'Aveyron a su préserver son caractère d'authenticité que l'on retrouve jusque dans le moindre village : marchés comme autrefois, produits du terroir à l'ancienne, troupeaux de brebis ou vaches immobilisant la circulation. On traverse donc le département d'étonnement en surprise... L'Aveyron, c'est le tourisme moderne, vivant, au service des traditions d'antan et garantissant un vrai dépaysement ! Sans oublier le musée Soulages à Rodez, suite à la donation de l'artiste et de son épouse : environ 500 œuvres, soit l'une des plus conséquentes accordées par un artiste de son vivant.

UN PAYS 100 % SPORT ET NATURE

Avec le parc naturel des Grands Causses couvrant près d'un tiers du département, l'Aveyron vit en harmonie avec la nature. Grandes forêts, nombreuses vallées et gorges sauvages (la Truyère, la Dourbie, le Tarn, le Lot, l'Aveyron, le Viaur). Avec plus de 7 000 km de cours d'eau, c'est aussi un paradis pour les pêcheurs. Les amateurs d'escalade ou de parapente se réjouiront en découvrant des spots bénéficiant d'encadrements très professionnels. Pays de randonnées, on y trouvera des parcours pour tous les niveaux le long des *marnes* du pays de Roquefort jusqu'au chemin de Saint-Jacques-de-Compostelle. Même en gastronomie, on reste nature ici. Après une partie de *quilles* (la pétanque locale, avec ses billes de bois), tentez l'expérience des *burons,* ces maisonnettes en pierres prises dans les prés de l'Aubrac, où l'on prépare l'aligot sur un coin de table. Convivialité garantie !

DES ROUTES POUR DÉCOUVRIR UN AUTRE AVEYRON

Pour les curieux, l'Aveyron peut se découvrir sous différents axes ou thèmes. Des routes de découverte sont mises en avant (demander la documentation aux offices de tourisme) pour approcher le département différemment : les pèlerins et randonneurs pourront emprunter les bien jolis chemins qui mènent à Saint-Jacques-de-Compostelle, en passant par Aubrac, Espalion, Conques ou Decazeville. Plein d'infos auprès de l'association *Les Chemins de Saint-Jacques-de-Compostelle* : *4, rue Clémence-Isaure, 31000 Toulouse. ☎ 05-62-27-00-05.* • *chemins-compostelle.com* • Les amoureux d'histoire suivront la « route des Seigneurs du Rouergue » et découvriront plus de 20 châteaux (à travers tout le département) dotés d'animations médiévales pour tous les âges. On suivra, au choix, la route des plus belles « bastides du Rouergue », à l'ouest, ou celle des « remparts du Larzac » sur les traces des sites templiers, au sud. On notera que 10 villages possèdent le label décerné aux « Plus Beaux Villages de France », et à

Soyez dans le vrai !
AVEYRON
VIVRE VRAI
Viaduc de Millau
Plus haut pont du monde
Graphisme : C. Sabathier / CDT 12 - Photo : © D. Jamme pour CEVM Millau
www.tourisme-aveyron.com

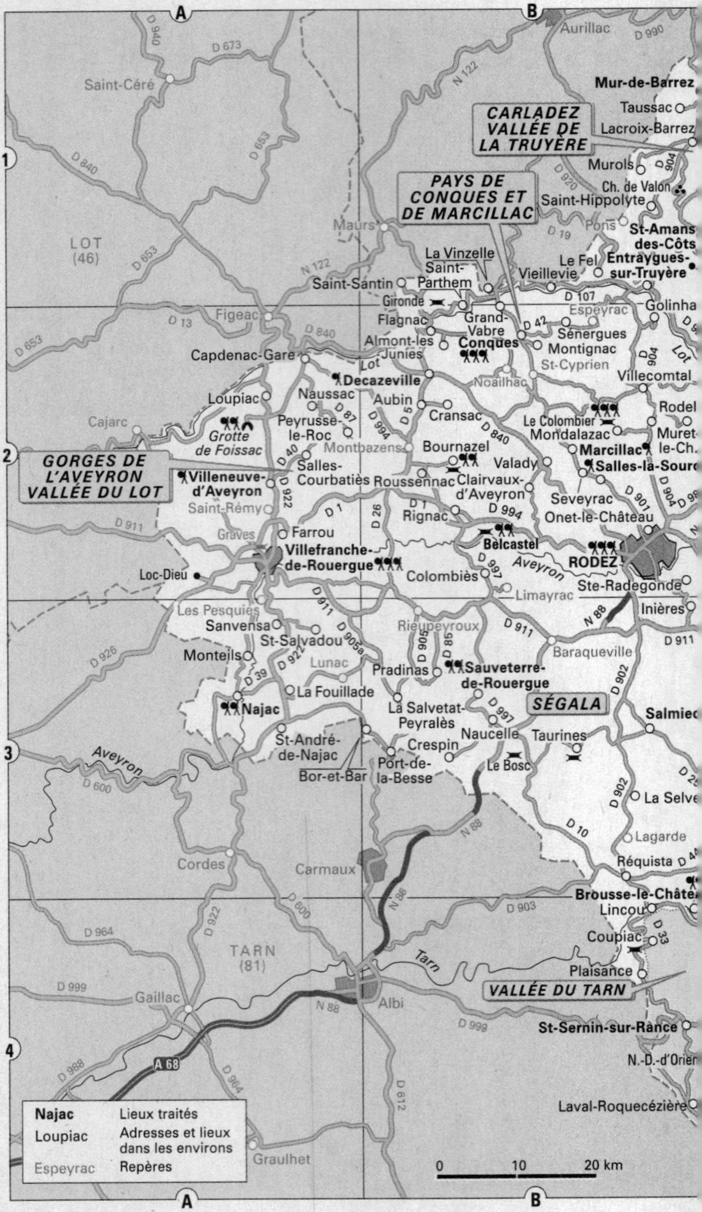
A
B
1
2
3
4
Aurillac
D 990
D 940
D 673
Saint-Céré
N 122
Mur-de-Barrez
Taussac
CARLADEZ
VALLÉE DE
LA TRUYÈRE
Lacroix-Barrez
D 653
D 840
Murols
D 904
Ch. de Valon
D 920
PAYS DE
CONQUES ET
DE MARCILLAC
Saint-Hippolyte
LOT
(46)
Maurs
Pons
D 19
St-Amans-des-Côts
D 653
N 122
La Vinzelle
Saint-Parthem
Le Fel
Entraygues-sur-Truyère
Vieillevie
Saint-Santin
D 107
Gironde
Golinhac
Figeac
D 13
Flagnac
Grand-Vabre
Espeyrac
D 653
D 840
D 42
Sénergues
Almont-les-Junies
Conques
Montignac
Capdenac-Gare
Lot
St-Cyprien
D 904
Lot
Decazeville
Noailhac
Villecomtal
Loupiac
Naussac
Aubin
Cajarc
D 87
D 5
Cransac
Rodel
Peyrusse-le-Roc
D 994
D 840
Le Colombier
Grotte
de Foissac
Montbazens
Mondalazac
Muret-le-Ch.
Bournazel
Marcillac
D 40
GORGES DE
L'AVEYRON
VALLÉE DU LOT
Salles-Courbatiès
Valady
Salles-la-Source
Villeneuve-d'Aveyron
Roussennac
Clairvaux-d'Aveyron
D 922
D 901
D 904
Saint-Rémy
D 1
D 26
D 1
D 994
Seveyrac
Onet-le-Château
D 911
Rignac
Farrou
Graves
Belcastel
Villefranche-de-Rouergue
Aveyron
RODEZ
Loc-Dieu
D 997
Colombiès
Ste-Radegonde
D 911
Limayrac
Les Pesquiès
N 88
Inières
Sanvensa
D 905a
Rieupeyroux
D 911
D 911
St-Salvadou
D 905
D 85
Baraqueville
D 926
Monteils
D 922
Lunac
Pradinas
Sauveterre-de-Rouergue
D 902
D 39
La Fouillade
SÉGALA
Najac
La Salvetat-Peyralès
D 997
Salmiech
St-André-de-Najac
Naucelle
Taurines
3
Crespin
Aveyron
Le Bosc
Port-de-la-Besse
Bor-et-Bar
D 600
D 902
La Selve
N 88
D 10
Lagarde
Cordes
Carmaux
Réquista
D 600
N 88
Brousse-le-Château
D 903
Lincou
D 964
D 922
D 33
TARN
(81)
Coupiac
Tarn
Plaisance
D 999
VALLÉE DU TARN
Gaillac
N 88
Albi
D 999
St-Sernin-sur-Rance
N.-D.-d'Orient
A 68
D 988
D 964
D 612
Laval-Roquecézière
Najac
Lieux traités
Loupiac
Adresses et lieux dans les environs
Espeyrac
Repères
Graulhet
0
10
20 km

C
D
CANTAL
(15)
Chaudes-Aigues
Thérondels
Brommat
Ste-Geneviève-sur-Argence
Cassuéjouls
Soulages-Bonneval
Laguiole
Curières
Méjanassère
Montpeyroux
Aubrac
Nasbinals
St-Chély-d'Apcher
Aumont-Aubrac
NORD
AUBRAC
VALLÉE DU LOT
St-Chély-d'Aubrac
Brameloup
Estaing
Bonneval
Bessuéjouls
Espalion
Flaujac
Castelnau-de-Mandailles
St-Côme-d'Olt
Mandailles
Roquelaure
St-Geniez-d'Olt
Lassouts
Ste-Eulalie-d'Olt
Marvejols
Mende
Lot
LOZÈRE
(48)
Montrozier
Gages
Laissac
VALLÉE DE L'AVEYRON
Recoules-Prévinquières
Sévérac-le-Château
Florac
Tarn
Le Vibal
Pont-de-Salars
Vézins-de-Lévézou
Parc naturel régional des Grandes Causses
Gorges du Tarn
Lac de Pareloup
St-Léons
Micropolis
LÉVÉZOU
Mostuéjouls
Boyne
Rivière-sur-Tarn
Peyreleau
Meyrueis
Salles-Curan
Comberoumal
Castelnau-Pégayrols
St-Beauzély
Compeyre
Chaos de Montpellier-le-Vieux
Paulhe
Millau
VIADUC
La Roque-Ste-Marguerite
St-Véran
Gorges de la Dourbie
Revens
Villefranche-de-Panat
Ladepeyre
Peyre
Comprégnac
Creissels
Jassenove
St-Rome-de-Tarn
La Jasse
Cantobre
GARD
(30)
St-Jean-du-Bruel
La Blaquière
Montredon-du-Larzac
St-Victor-et-Melvieu
Mélac
Nant
PAYS DES GRANDS CAUSSES
Montméjan
Roquefort-sur-Soulzon
La Cavalerie
Le Vigan
St-Izaire
St-Affrique
Ste-Eulalie-de-Cernon
Sauclières
Tournemire
Viala-du-Pas-de-Jaux
La Salvetat
Causse du Larzac
St-Étienne-de-Naucoules
St-Paul-des-Fonts
La Couvertoirade
Ch. de Montaigut
St-Jean-d'Alcas
Cornus
St-Félix-de-Sorgues
Montlaur
Fondamente
Gissac
Latour-sur-Sorgues
Sylvanès
Montagnol
Ancienne abbaye
Camarès
Belmont-sur-Rance
Cénomes
Tauriac-de-Camarès
Brusque
St-Sever-du-Moustier
HÉRAULT
(34)
Lodève
1
2
3
4

L'AVEYRON

juste titre. Des routes des producteurs de vin, fermiers, artisans potiers, gantiers, verriers ou sculpteurs existent aussi.
On apprécie les efforts mis en place par le département pour faire partager les sites touristiques en famille. *Infos sur le site : • tourisme-aveyron.com •*

UN PEU D'HISTOIRE

On observe les premiers peuplements dans cette région de 130 000 à 35 000 ans av. J.-C. Les Ruthènes, fier peuple celte, ont laissé près de 500 dolmens et tumulus, témoignant d'une longue présence en terre rouergate. C'est après la défaite de Vercingétorix qu'ils connurent l'occupation romaine.
Puis le Rouergue s'affirma comme une grande terre de christianisation. **Fondation de Conques sous Charlemagne,** qui devint l'une des plus importantes étapes du pèlerinage vers Saint-Jacques-de-Compostelle. La guerre de Cent ans y engendra de nombreux dégâts avant de faire place à une certaine prospérité aux XVe et XVIe s avec le développement architectural de Millau et Rodez. **La province du Rouergue sera rattachée à la Couronne par Henri IV en 1607.** En 1643, soulèvement massif des fameux « croquants » de Villefranche contre la famine et l'exploitation. À la Révolution, le pays prend le nom d'Aveyron.
En 1800, on découvrit près de Saint-Sernin-sur-Rance le célèbre « enfant loup », qui passa les 11 premières années de sa vie dans la forêt. François Truffaut s'inspira de cette histoire pour tourner *L'Enfant sauvage* en 1969.
Au XIXe s, l'économie aveyronnaise fut relancée, même si le département reste fondamentalement rural, grâce à des débuts d'industrialisation (création du bassin de Decazeville, gantiers de Millau) et une nette amélioration des rendements agricoles, due aux engrais.
Puis, **l'exode rural reprit le dessus,** et l'Aveyron vit une nouvelle fois partir ses habitants vers la capitale, puis au-delà des océans jusqu'en Californie et dans la pampa argentine (avec le village de Piguë, fondé en 1884 à la suite d'une vague d'immigration d'une quarantaine de familles, menée par Clément Cabanettes, originaire d'Ambec). Certains revinrent au pays après avoir fait fortune.

Adresses utiles

■ ***Comité départemental du tourisme de l'Aveyron :*** *17, rue Aristide-Briand, BP 831, 12008* ***Rodez*** *Cedex. ☎ 05-65-75-40-12. • tourisme-aveyron.com •* Pour toute information concernant les hébergements, les sites, les activités dans le département. À disposition, un magazine découverte contenant toutes les informations culturelles du département : sites incontournables, animations, balades en famille... Et bien entendu, des guides « Hébergements » (campings et hôtels). Avis aux cyclistes, renseignez-vous sur le circuit qui sillonne les plus beaux villages de l'Aveyron.

■ ***Gîtes de France :*** *les terrasses de Bourran, 2, rue de Dublin, bâtiment C, 12000* ***Rodez.*** *☎ 05-65-75-55-60. • gites-de-france-aveyron.com •* Gîtes, chambres d'hôtes, fermes-auberges...

■ ***Bienvenue à la ferme :*** *Chambre d'Agriculture de l'Aveyron, Carrefour de l'agriculture, 12026* ***Rodez*** *Cedex 9. ☎ 05-65-73-79-01. • bienvenue-a-la-ferme.com/aveyron •* Gîtes, chambres d'hôtes, fermes-auberges, campings...

■ ***Clévacances :*** *17, rue Aristide-Briand, BP 831, 12008* ***Rodez*** *Cedex. ☎ 05-65-75-55-88. • clevacances-aveyron.fr •* Central de réservation pour les locations de meublés ou de chambres chez l'habitant.

■ ***Comité départemental de la randonnée pédestre de l'Aveyron :*** *17, rue Aristide-Briand, BP 831, 12008* ***Rodez*** *Cedex. ☎ 05-65-75-54-61. • aveyron.ffrandonnee.fr •* Excellentes brochures sur le sujet, nombreux topo-guides sur l'ensemble des GR et chacune des régions du département (pour tous les niveaux).

■ ***ADALPA, Association départementale de loisirs de plein air :*** *165 route de Bougaux, Gages, 12630* ***Montrozier.*** *06-76-82-97-05.* • *info@adalpa.com* • Un service spécifique aux activités de plein air, notamment les séjours pour les enfants et les classes nature.

RODEZ

(12000) 23 790 hab. *Carte Aveyron, B2*

▸ Pour le plan de Rodez, se reporter au cahier couleur.

Prise dans un écrin de verdure et une boucle de l'Aveyron, dominant la région du haut de sa colline à 627 m d'altitude, la capitale du Rouergue a connu une histoire en dents de scie. L'antique cité gallo-romaine de *Segodunum* occupait, sur sa colline, une position stratégique de la plus haute importance, au point d'être une ville carrefour de commerce d'où l'on venait depuis l'Espagne. Après un Moyen Âge mouvementé, la ville connut à nouveau, aux XVIe et XVIIe s, une grande prospérité, dont témoignent aujourd'hui la magnifique cathédrale et les nombreux hôtels particuliers. Comtes, riche bourgeoisie commerçante et évêques se partagèrent le pouvoir. Puis, aux XVIIIe et XIXe s, Rodez sombra quasiment dans l'oubli. La vie quotidienne au XXe s fut donc assez calme jusqu'aux années 1960, où la ville connut une surprenante explosion urbaine. Jean Moulin, le célèbre résistant, fut préfet de Rodez de 1937 à 1939. Un médaillon rappelle son souvenir à l'ancien hôtel Lenormand-D'Ayssènes, en centre-ville.

Aujourd'hui, passé les zones commerciales au pied de la vieille ville, on découvre une agréable cité où il fait bon flâner. Cité en quête de l'histoire, avec sa somptueuse cathédrale et son surprenant musée Fenaille, petite merveille en Rouergue. On note aussi un riche patrimoine architectural construit entre les XIVe et XVIIe s. Les visiteurs découvriront avec curiosité et plaisir les intelligentes tentatives de rénovation urbaine des vieux quartiers populaires... Places restaurées, ruelles aménagées... et l'ouverture, depuis 2014, d'un prestigieux musée Soulages. Sa construction a engendré un réaménagement harmonieux de l'espace du jardin du Foirail et de l'esplanade qui le précède en ouvrant largement la perspective vers la cathédrale Notre-Dame. Rodez a aussi le mérite d'être un point de chute très central dans le département, ce qui permet de sillonner facilement les grands points touristiques aveyronnais.

Arriver – Quitter

En bus

Gare routière *(hors plan couleur par B1) : 25, av. du Maréchal-Joffre. ☎ 05-65-68-11-13. Terminal des bus à côté de la gare SNCF ; billetterie aux guichets de la SNCF.* Possibilité de forfaits touristiques à la journée sur toutes les lignes du département.

➢ Nombreuses liaisons intérieures et avec les départements limitrophes : Millau, Lodève, Montpellier, Villefranche-de-Rouergue et Cahors, Carmaux, Albi, Gaillac et Toulouse, Caussade et Montauban, Mende. Toutes les infos à la gare routière.

En train

Gare SNCF *(hors plan couleur par B1) : 25, av. du Maréchal-Joffre. ☎ 36-35 (0,34 €/mn).*

➢ Liaisons avec Paris, Brive, Toulouse et Millau.

En avion

✈ ***Aéroport de Rodez-Marcillac :*** *☎ 05-65-42-20-30.* • *aeroport-rodez.fr* •

➢ Plusieurs A/R par jour de et pour Paris *(compagnie Hop ! Air France : ☎ 0892-702-222 ; 0,35 €/mn).*
➢ Plusieurs liaisons internationales hebdomadaires avec Ryanair. • *ryanair.com* • La compagnie dessert Londres-Stanstead et Bruxelles-Charleroi.
Taxis : Taxis Nuçois, *📱 06-07-19-32-98.*
■ ***Location de véhicules : Hertz*** *(à l'aéroport et en ville ☎ 05-65-78-04-90),* ***Europcar*** *(☎ 05-65-42-16-77),* ***Ada*** *(☎ 05-65-78-16-62),* ***Rent a car*** *(☎ 05-65-67-12-00),* ***Sixt*** *(☎ 05-65-42-72-33),* ***Avis*** *(☎ 05-65-68-00-66).*

Adresses et info utiles

RODEZ

ℹ ***Office de tourisme*** *(plan couleur B2) : 10-12, pl. de la Cité. ☎ 05-65-75-76-77. • tourisme.myrodez.fr • Sept-juin, tlj sf dim (ouv dim en juil-août) ; ouv les j. fériés sf 1er janv, 1er mai, 25 déc.* Plan de la ville (gratuit) et excellent choix de brochures, dont un agenda de l'été, consacré au calendrier des fêtes, festivals et visites organisées en ville durant l'été. Intéressantes visites guidées thématiques de la ville (6 €/pers), pour enfants et adultes, visites nocturnes.
– ***Marchés :*** *mer et sam mat pl. du Bourg, sam pl. de la Cité, ven ap-m pl. du Sacré-Cœur.* Un vrai marché traditionnel comme on n'en voit plus beaucoup, avec des produits du terroir, de la ferme, canards, œufs... le tout avec l'accent occitan.

Où dormir ?

Sa situation centrale dans le département fait de Rodez un point de départ idéal pour rayonner aux alentours. La qualité de l'offre hôtelière, en centre-ville et autour, conforte ce choix. Rodez a connu ces derniers temps un étonnant renouveau en matière d'hébergements touristiques : établissements rénovés, qualité de l'accueil, choix de l'offre... Ami routard, ne passez pas (si vite !) votre chemin. Mais attention, justement, au passage (la première semaine de juillet) du rallye du Rouergue, dont équipes et spectateurs occupent toutes (ou presque) les chambres de la ville.

Camping

⛺ ***Camping municipal de Layoule*** *(hors plan par B1,* ***1****) : rue de la Chapelle. ☎ 05-65-67-09-52. 📱 06-81-95-42-19. • camping.municipal@mairie-rodez.fr • ♿ Accès : au pied de la ville (à 1 km) ; bien fléché en direction de Sévérac-le-Château. Ouv de mai à fin sept. Emplacement tente en hte saison 8,80 € ; caravane 103,60 €/sem ou 18,80 €/nuit (forfait 3 pers). 88 empl.* Environnement bucolique et agréable, au bord de l'Aveyron. Bien simple, mais correctement équipé et calme. De plus, le GR 62 passe dans le coin : idéal pour rayonner.

Prix moyens

🏠 ***Foyer Sainte-Thérèse*** *(plan couleur B1,* ***2****) : 21, rue de Bonald. ☎ 05-65-77-14-00. • contact@fjt.fr • fjt-rodez.com • ♿ Nuitée 20-29,90 €/pers, petit déj et sdb compris + achat de la carte membre obligatoire : env 4 € (valable 3 mois). Double env 60 €. Tarifs dégressifs à partir de 4 nuits. Repas (sur résa slt le w-e) : env 8,60 € et cuisine à dispo.* Dans une rue piétonne du vieux centre, un foyer de jeunes travailleurs installé dans une belle demeure ancienne (ancien *Hôtel de France* du XVIIIe s), bien restaurée. Locaux sans charme en revanche, chambres pas bien grandes, mais l'ensemble est particulièrement bien tenu. Accueil souriant
🏠 ***Hôtel du Midi*** *(plan couleur B1,* ***4****) : 1, rue Béteille. ☎ 05-65-68-02-07. • contact@hotel-rodez.com • hotel-rodez.com • Doubles 50-78 € selon confort et saison. Parking privé payant.* Un petit hôtel rénové, en plein centre et bourré d'habitués, la

plupart représentants de commerce. Chambres pas immenses mais nickel, et salles de bains neuves. Très calmes à l'arrière. Resto sur place. Les mêmes patrons possèdent, juste en face, l'***Hôtel Concorde,*** intégralement refait dans un style contemporain ; jolies teintes parme dans certaines chambres. Même confort pour une gamme de prix similaire, même clientèle. Simple et sans façon ; bon rapport qualité-prix.

De prix moyens à chic

Hôtel de la Tour Maje *(plan couleur B2,* ***5****) : 1, bd Gally. ☎ 05-65-68-34-68. • tourmaje@orange.fr • hotel-tour-maje.fr • À côté du parking Foch. Fermé pour les fêtes de fin d'année. Doubles 85-125 € selon confort et saison ; suites pour 1-4 pers 99-160 €.* Hormis les vestiges des remparts de la vieille cité – cette ancienne tour médiévale (XIVe s) dans laquelle ont été aménagées les suites –, l'imposante bâtisse extérieure ne laisse en rien présager le charme des lieux. L'hôtel a été récemment rénové dans un style inspiré des nouvelles tendances par ses jeunes propriétaires. Chambres modernes et confortables (moquettes épaisses, couettes, clim...), certaines avec vue sur la cathédrale. Également 3 suites familiales. Accueil particulièrement attentionné, excellent petit déj et situation exceptionnelle. Un tiercé gagnant !

Hôtel Biney *(plan couleur B2,* ***6****) : rue Victoire-Massol. ☎ 05-65-68-01-24. • hotel.biney@wanadoo.fr • hotel-biney.com • Entre la cathédrale et l'office de tourisme ; indiqué au fond d'un passage. Ouv tte l'année. Doubles 70-85 € ; petit déj 12 €. Réduc de 10 % sur le prix de la chambre sur présentation de ce guide.* Un discret petit hôtel tout confort, en plein cœur de Rodez. Au calme et donnant sur une cour-jardin bien fleurie en saison. Hammam et sauna (payants). On apprécie les prestations, l'accueil et la proximité du centre-ville. Chambres en partie rénovées. Copieux buffet au petit déj.

Plus chic

Hôtel Mercure Rodez-Cathédrale *(plan couleur B2,* ***7****) : 1, av. Victor-Hugo. ☎ 05-65-68-55-19. • h7013@accor.com • mercure-rodez-cathedrale.com • À l'angle de la pl. d'Armes, face à la cathédrale. Doubles 98-130 €. Nombreuses promos sur Internet. Apéritif offert sur présentation de ce guide.* Cette vénérable institution hôtelière, sise dans un bâtiment Art déco classé, a fait peau neuve. Boiseries, vitres aux découpes géométriques et mosaïques sont d'époque. En revanche, côté chambres, on a misé sur le design contemporain. Style épuré, couleurs froides ponctuées de touches franches et colorées, salles de bains modernes. Enfin, un luxe qui n'est pas des moindres, toutes les chambres sont climatisées. Dans le salon bar, belles fresques murales de Maurice Bompard, artiste aveyronnais. Un bel établissement qui plaira autant aux cadres d'affaires qu'aux tourtereaux en goguette !

La Ferme de Bourran *(hors plan couleur par A1,* ***8****) : quartier de Bourran. ☎ 05-65-73-62-62. • contact@fermedebourran.com • fermedebourran.com • Doubles 99-200 € selon confort et saison ; petit déj 14 €. Tarifs plus intéressants le w-e et réduc suivant longueur du séjour. Parking privé. Apéritif offert sur présentation de ce guide.* Une petite enclave verdoyante au milieu de ce quartier d'affaires excentré et sans charme. Quant à la ferme, elle n'en a que le nom puisqu'il s'agit d'une élégante bâtisse rosée, de style florentin, dotée d'une terrasse ensoleillée, avec un beau mobilier en rotin. À l'intérieur, 7 chambres de charme au confort haut de gamme (écran LCD, lecteur DVD, coffre-fort, clim, etc.) et superbe déco aux lignes pures et contemporaines. Salles de bains somptueuses notamment. L'une des chambres possède une terrasse privée. Un bel hôtel de charme qui distille une atmosphère intimiste, cultivée par la quiétude des lieux et la délicatesse du service. Pour une étape romantique et gourmande, il est bon de savoir que les propriétaires possèdent le *Vieux Pont* à Belcastel

(1 étoile au *Michelin*) et proposent des plateaux-repas préparés par le chef *(sur résa, env 30 €/pers)* ; sinon, *Les Jardins de l'Acropolis* (voir « Où manger ? »), excellente table, est à quelques pas de là.

Où manger ?

Rodez regorge de petites adresses vraiment sympas pour le déjeuner. Produits frais, accueil agréable, prix serrés... En revanche, les restos ouverts le soir ne sont pas légion ; et ceux qui le sont ont une vocation plus gastronomique. Il est indispensable de réserver sa table, en particulier en saison. Enfin, bon à savoir, à part quelques exceptions figurant dans notre sélection, le lundi reste un jour de fermeture sacré, toute l'année...

Bon marché

La Gargouille *(plan couleur B2,* ***11****) : 1, pl. d'Estaing. ☎ 05-65-68-87-16. Ouv le midi sf dim ; fermé dim, lun et j. fériés hors saison. Résa conseillée. Assiettes complètes 15-18 € ; formule et menu 15-20 €.* Le genre d'adresse idéale, en centre-ville, pour se repaître, après une bonne visite de la cathédrale, d'une généreuse assiette ibérique, océanique ou aveyronnaise (et tant d'autres sur la carte !), agrémentée d'un petit vin (sélection courte mais judicieuse). Vaste choix de tartines aussi : au confit de poire et foie gras, fenouil-basilic et filets d'anchois ; des planches de jambon de Bayonne, etc. Succès mérité.

La Maison de Cécile et Aimé *(plan couleur B2,* ***12****) : 2, bd Flaugergues. ☎ 05-65-69-57-97. Tlj sf dim 12h-18h et soir jeu-sam. Formule et carte 15 €. Café offert sur présentation de ce guide.* Cuisine sucrée-salée, choix de tartes salées, salades, assiettes composées et douceurs dont un fameux moelleux au chocolat... servis dans un nouveau cadre fort plaisant. Et, parce que la maison fait salon de thé, large choix de boissons chaudes, crêpes et glaces servies à toute heure.

Le Bistroquet *(plan couleur B2,* ***13****) : 17, rue du Bal. ☎ 05-65-68-74-75. Dans une rue piétonne du centre. Tlj sf dim, lun et j. fériés. Congés : 1 sem à Pâques, 2 sem fin août. Formule déj 13,50 €. Menus 16,50-19,50 €. Café offert sur présentation de ce guide.* Une petite adresse sympa dans un cadre contemporain, chaleureux. Tables en bois clair et grande cheminée, pour se repaître de tartes chaudes et de grillades au feu de bois, accompagnées d'une bonne salade. Quelques tables en terrasse dans la rue piétonne.

Le Divan *(plan couleur B1,* ***14****) : 71, rue Béteille. ☎ 05-65-68-63-30. • alainregourd@orange.fr • Tlj jusqu'à minuit, tte l'année. Formule déj 13 € ; menus 16-25 €. Apéritif maison offert sur présentation de ce guide.* Votre seule chance de vous restaurer tard en ville. Dans l'avant-salle, un bar à bières chaleureux et délicieusement bruyant (voir plus loin « Où boire un verre ? Où sortir ? »). À l'arrière, dans une salle sombre, on mange autour de grosses tables en bois rugueux, ou sur la terrasse-jardin. Sur le menu, une phrase de Stevenson : « Le voyage, ce n'est pas arriver, c'est parcourir le chemin. » Incroyable choix de 30 salades aux noms rigolos (« totoche », « poulaga », etc.) et pas moins de 50 pizzas. Également des plats de viande et des pâtes. C'est hyper copieux, très correct et à prix fort abordables. Quant aux vins, pas d'attentat au portefeuille non plus ! Pour agrémenter, vous aurez le meilleur du rock en fond sonore.

De prix moyens à chic

Les Arômes *(plan couleur B2,* ***15****) : 5, rue Sainte-Catherine. ☎ 05-65-87-24-41. • gregrichard@hotmail.fr • Tlj sf dim soir et lun. Formule 11,50 € et menu 13,50 € (déj en sem) puis 21-35 €.* Tenu par une jeune équipe qu'on a envie de soutenir, tant ils mettent de cœur à l'ouvrage : accueil attentionné et service efficace dans une petite salle contemporaine entre des murs du XVIe s. Et, dans les assiettes, une savoureuse cuisine de marché à des prix plutôt serrés.

Les Jardins de l'Acropolis *(hors plan couleur par A1,* ***16****) : rue d'Athènes, rond-point de Bourran. ☎ 05-65-68-40-07. • dominique.panis234@orange.fr • ♿ Dans le quartier de Bourran-Lagineste, par le viaduc de Bourran, depuis la N 88. Tlj sf dim et lun soir. Congés : 15 j. début août. Formules déj 18-21 € (en sem), menus 25-42 €, carte env 35 €. Café offert sur présentation de ce guide.* 3 grandes salles fort plaisantes, aérées et confortables. Tables bien séparées avec fleurs fraîches. Accueil affable, service sans reproche. Surprenant rapport qualité-prix de la formule du midi. Dominique Panis nous propose ici une cuisine personnelle et assez inspirée, à l'abri cependant d'innovations trop intempestives, s'appuyant avant tout sur une solide tradition. Carte des vins bien fournie.

Goûts et Couleurs *(plan couleur B1,* ***17****) : 38, rue de Bonald. ☎ 05-65-42-75-10. • infos@goutsetcouleurs.com • Dans une rue piétonne du vieux centre. Tlj sf dim-lun. Congés : 7-30 mars, 4-21 sept. Résa conseillée. Formule déj 33 € (en sem), menus 43-83 €.* Cadre aux tons pastel, tableaux culinaires aux murs, atmosphère moderne et chaleureuse, idéale pour dîner en amoureux. Saveurs multiples pour une cuisine ludique et contrastée. Service dynamique et décontracté. Vraiment un bon souvenir. Grande terrasse agréable à l'arrière.

Café Bras, au musée Soulages *(plan couleur A1,* ***18****) : jardin du Foirail. ☎ 05-65-68-06-70. • contact@cafebras.com • cafebras.fr • Mar-dim 12h-14h (résa très conseillée) et espace comptoir dès 9h30. Menu 3 services 31 €.* L'Aveyronnais Michel Bras ne pouvait être en reste dans la conception du musée Soulages qui s'est faite en harmonie totale avec l'architecture et l'esprit du lieu. Matériaux jouant sur la gamme des gris avec spectacle de la cuisine ouverte. Menu au déjeuner avec une entrée du jour surprise, un choix de 3 plats à l'inspiration du marché, suivi de fromages ou d'un dessert. En toute simplicité, un condensé de l'inventivité et du savoir-faire de l'équipe de Michel Bras, avec une mise en valeur des produits et recettes de sa région. Service attentif et accueil à la hauteur.

En complément, si vous n'avez pas réservé, le ***Comptoir*** accueille les visiteurs dès le matin pour prendre un en-cas : fouace, pascade et farçous, tripoux, œufs et charcuterie ; au déjeuner *(12h-14h)* un étonnant *miwan,* sur feuille plissée, et 2 couches de céréales bio agrémentées de petiteschoses succulentes, pour finir au goûter *(15h30-18h)* avec un copieux bourriol à base de seigle, de froment et de pomme de terre avec garniture sucrée. Une salle annexe est destinée à l'organisation de cours de cuisine.

RODEZ

Où dormir ?
Où manger dans les proches environs ?

Bon marché

Auberge de jeunesse – Résidence des Capucines *(hors plan couleur par B1,* ***9****) : 26, bd des Capucines, 12850* ***Onet-le-Château.*** *☎ 05-65-77-51-05. • laurence.meyronneinc@residence-les-capucines.fr • residence-les-capucines.fr • Au pied de la ville, près de la gare, à 3 km du centre. Prendre la direction d'Espalion et, au carrefour du supermarché, tourner à droite. Bus ligne C et D du centre-ville (près du musée), ligne S le soir. Tte l'année. Double 35,90 € avec petit déj. Plat du jour 6,80 €, formules env 8,60-12 €. 💻 Café offert sur présentation de ce guide.* Une AJ « haut de gamme » avec plusieurs choix de chambres, TV dans la salle commune et un agréable jardin avec terrain de volley-ball. Piscine à proximité.

De prix moyens à chic

Château de Labro : *Labro, 12850* ***Onet-le-Château.*** *☎ 05-65-67-90-62. • contact@chateaulabro.*

fr • chateaulabro.fr • Doubles 90-500 € selon confort, cabane dans les arbres 250 €. Table d'hôtes le soir sf dim-lun 29-43 €. Apéritif (vin du clos Labro) offert sur présentation de ce guide. Tout près du centre du vieux village d'Onet et son château (bien fléché), un domaine d'exception, isolé en pleine campagne. À part le bruissement du vent dans les arbres, pas un bruit : ici, on cultive le charme et la discrétion. Dans la demeure principale, 14 chambres, toutes superbes et différentes, romantiques en diable et somptueusement meublées façon Grand Siècle. Les tourtereaux apprécieront aussi passer la nuit dans la *Canopée*, perchée dans les branches. Tout luxe « à bord ». Comme dans l'ensemble des chambres, du reste, à un détail près : pas de télé, on est là pour s'enivrer du bruit de la nature ! Enfin, un appartement avec entrée indépendante, bien pratique pour les familles. Spa (nombreux soins, à réserver) et grande piscine au milieu des vignes ; le vin du domaine est servi à la table de *Labro'voir*, superbe décor de bistrot avec grandes baies vitrées et vue panoramique sur la campagne environnante. Une ambiance hors du temps...

Le Saloon Guest Ranch : *à Landrevrier, 12850* ***Sainte-Radegonde.*** *☎ 05-65-42-47-46. • contact@ranch-americain.com • ranch-americain.com • À 6 km à l'est de Rodez, direction Sainte-Radegonde, puis Landrevrier/Inières (indiqué). Resto ouv le soir sur résa slt (en saison, le midi 8 pers minimum). Double 80 € en ½ pens slt. Menu 25 € (le soir hors saison) et 35 € midi.* Un morceau d'Amérique en plein cœur de l'Aveyron ! Un *saloon* plus vrai que nature et 15 ha de terre aveyronnaise pour les chevaux. Un vrai dépaysement. À l'intérieur, on apprécie une déco recherchée : mobilier en acajou, tissus rouges « Far West » et au plafond, tapis, photos... Chambres tout équipées, spacieuses et au décor western plutôt luxueux. Piscine. Évidemment, on vit comme des cow-boys, à manger de la viande (une des meilleures du coin) grillée au feu de bois et à monter à cheval pour de belles balades... Accueil amical.

Où boire un verre ? Où sortir ?

Café Saint-Just *(plan couleur B2,* ***25****) : 23, rue Saint-Just. ☎ 05-65-42-54-63. • jerubio@wanadoo.fr • Tlj sf dim 7h-minuit.* Atmosphère tamisée, bar circulaire, vidéo... Fréquents concerts. Clientèle plutôt étudiante (jeune en tout cas !).

Café Le Broussy *(plan couleur B2,* ***26****) : 1, av. Victor-Hugo. ☎ 05-65-68-39-84. Juste en face de la cathédrale. Tlj sf dim jusqu'à 1h.* Un chef-d'œuvre de café Art déco pour les amateurs. À part le comptoir, quasiment tout est d'époque : les mosaïques de la façade (sur le sol, l'ancien nom : *Café Riche*), le sol en céramique, les verres de lampe, le plafond, certaines ferronneries. Les clients en apprécient tout à la fois le charme rétro et l'espace.

Le Divan *(plan couleur B1,* ***14****) : 71, rue Béteille. ☎ 05-65-68-63-30. Ouv tte l'année, tlj.* Bar à bières chaleureux et animé. Toujours plein. Décor de plaques publicitaires, lampes style Tiffany et *Eurosport* sur écran géant. Grand choix de bières à la pression ou en bouteille. Possibilité de se restaurer (voir plus haut la rubrique « Où manger ? »).

Achats

Le Couteau de Laguiole *(plan couleur B2,* ***30****) : 3, rue Penavayre. ☎ 05-65-68-69-31. Tlj sf dim 8h30-19h (lun 8h30-12h, 13h30-18h).* Pour ceux qui ne passent pas par Laguiole, ou ceux qui ont loupé le coche, cette boutique est une superbe vitrine des créations de la coutellerie *Forge de Laguiole*. On y trouve aussi les couteaux de la marque Le *Taureau* et les fameux *Nontron* (Périgord), deux fabriques de renom rachetées par *Forge de*

Laguiole. Grands classiques et superbes créations contemporaines, créées par des designers ou des chefs (étonnant couteau à fromage « designé » par Michel Bras), qui montrent la qualité du savoir-faire et la modernité de cet art ancestral. Excellent accueil.

Les Délices de Louise *(plan couleur A2,* ***31****)* **:** *14, rue Combarel.* ☎ *05-65-68-47-99.* • *les-delices-de-louise.com* • *Ouv mar-sam 9h30-13h30 et 16h-19h30.* La boutique-traiteur de Babeth et Flo se remplit dès le matin des odeurs et des saveurs de la cuisine aveyronnaise inspirée des recettes de leurs grands-mères : *farçous, fouaces,* soleils, choux farcis, tourtes au ris d'agneau ou au roquefort, pâtés en croûte au foie gras ou aux foies de volaille, rissoles à la viande... On retrouve souvent leurs produits en vente sur les marchés de la région. Possibilité de commande en ligne.

À voir

➢ Rodez se découvre de préférence à pied. On vous suggère donc le ***circuit piéton fléché*** (plan gratuit disponible à l'office de tourisme) ou les visites orchestrées par l'office de tourisme, notamment celle comportant la visite du clocher de la cathédrale, offrant un superbe panorama sur toute la région, jusqu'aux monts d'Auvergne *(en juil-août, lun-ven à 14h30 ; compter 1h30 ; 6 €).* Et si vous aimez les audioguides, vous pourrez partir à la découverte de la cathédrale *(3 € ; durée : 45 mn).*

La cathédrale Notre-Dame *(plan couleur B2)* **:** un des chefs-d'œuvre absolus du gothique en Midi-Pyrénées : 107 m de long sur 36 m de large. Le grès rouge (très friable, ce qui nécessite une restauration constante) apporte en outre une chaleur et une humanité considérables. Commencée au XIIIe s, elle ne fut achevée que trois siècles plus tard. Contrairement à d'autres édifices dont la construction dura également fort longtemps, elle présente une architecture assez homogène. Seules les deux tours de la façade ouest ne furent jamais vraiment terminées. Curieuse façade d'ailleurs, avec son air de forteresse, son absence de porche et de décor (à part la splendide rosace). Il faut dire qu'elle était intégrée dans les remparts et participait au système de défense.

Fascinant *clocher* de style gothique flamboyant, qui nécessita 13 années pour être élevé à 87 m de haut. Une anecdote : ce clocher fut à deux doigts d'être modifié en 1794. Des révolutionnaires proposèrent alors de remplacer la Vierge par la Liberté et les anges par quatre grandes figures de la Révolution française.

À l'intérieur, très grande ampleur de la nef prolongée par un chœur aussi long. Architecture assez dépouillée, pas de chapiteaux sur les colonnes. Magnifiques stalles sculptées où alternent thèmes profanes (animaux fantastiques) et religieux. Près de l'autel, une intéressante *Vierge à l'oiseau,* du XVIe s. Admirer également le superbe *buffet d'orgue,* du XVIIe s, en noyer. Tout en haut, *Vierge à l'Enfant* entourée d'évêques. Jetez un coup d'œil admiratif dans la chapelle du Saint-Sacrement (au bas de la tour nord-ouest), datant de la seconde moitié du XVIe s, constituée de deux travées et d'un plafond avec de superbes voûtes en nid d'abeilles que l'on trouve plus traditionnellement dans les châteaux du Val de Loire.

Enfin, ne surtout pas manquer, dans le chœur, les sept nouveaux vitraux contemporains commandés par le clergé. Tous sont l'œuvre de Stéphane Belzère, artiste au style contemporain qui remporta le concours qui fut ouvert pour la création de ces vitraux. *L'Eau – la Genèse,* sur fond bleu, représente le premier jour de la Création, au moment où apparaissent les premiers éléments de vie. Riche bestiaire aquatique ; *Le Feu,* d'un rouge ardent ; sur le vitrail de *L'Air,* beau contraste de couleurs entre le fond bleu et la représentation des saints dans des tons chauds rouge, orange et jaune. Bien que représentés sous forme de silhouettes, certains saints restent reconnaissables à leurs attributs (saint Denys décapité, sainte Agathe les seins arrachés, ou encore saint Michel terrassant le Dragon). *La Terre,*

dans les tons plus fondus de vert, évoque la généalogie du Christ. Et sur celui de *La Transfiguration* : le regard se porte irrésistiblement du bas sombre des ténèbres vers les tons rouge, puis jaune pâle de la lumière. Une prouesse technique, notamment en raison de la dimension des plombs. Enfin, magnifique vitrail évoquant les grands *sacrements* en langage des signes (tout en bas, les mains versant de l'eau pour le baptême), le tout baigné par le sang du Christ.
Voir aussi, dans la chapelle Sainte-Élisabeth, le vitrail offert par les prisonniers de guerre 1939-1945, qui évoque l'insoutenable vie dans les camps et, par là, leur combat pour la liberté. Réalisé par l'atelier Juteau de Chartres, il représente d'authentiques visages de prisonniers. Poignant de réalisme.

Le palais épiscopal *(plan couleur B1)* **:** *bd d'Estourmel. Face à la sortie de la cathédrale. Seule la cour du palais est accessible : tlj sf dim et certains sam.* Vous pouvez juste entrer dans la cour pour admirer l'ensemble. Fut reconstruit au XVIIe s sur les anciens remparts. Impressionnant ensemble qui démontre la vitalité religieuse de l'époque (l'Aveyron exportait ses prêtres en ce temps-là). Escalier monumental, à double volée, inspiré de celui de Fontainebleau.

Le musée Soulages *(plan couleur A1)* **:** *jardin du Foirail. ☎ 05-65-73-82-44. • musee-soulages.grand-rodez.com • Juil-août, lun 14h-19h et mar-dim 10h-19h ; mai, juin et sept, mar-dim 11h-19h ; oct avr, mar-ven 10h-12h, 14h-18h, w-e 11h-18h. Entrée : 9 € (billet unique donnant accès aux musées Fenaille et Denys-Puech) ; réduc ; gratuit moins de 18 ans.*
Né à Rodez en 1919, toujours en activité, Soulages est un peintre abstrait, grande figure de l'Art contemporain, surtout connu pour son travail sur la couleur noire et ses reflets (ce qu'il appelle l'« outre-noir »). Il a fait don, en 2005 et en 2012, à l'agglomération du Grand Rodez d'une majeure partie de son œuvre. 500 œuvres et documents dont des toiles (avec de rares œuvres de jeunesse, encore figuratives), une centaine de dessins (dont certains au brou de noix, les cartons, échantillons de verre, films et photos préparatoires à la réalisation des vitraux de Conques) et aussi de l'ensemble de ses lithographies, sérigraphies, gouaches, et eaux-fortes. Soit la plus grande collection Soulages au monde. À collection exceptionnelle, écrin inhabituel, selon les vœux de l'artiste : le projet a été confié à des architectes catalans de renom, Aranda, Pigem et Vilalta (RCR Arquitectes), qui ont imaginé un vaste espace monolithique d'acier Corten oxydable, rappelant le brou de noix, au cœur du jardin du Foirail. Les méthodes de l'artiste sont largement explicitées par la démonstration des outils nécessaires à la technique particulière pour travailler la matière noire : peinture acrylique, racloir, pinceau large, brosses, couteaux, lames... Chaque visiteur ne manque pas de s'approcher de côté ou de face pour découvrir les immenses panneaux striés où le noir scintille de mille façons sous l'éclairage. Avec son *outre-noir,* Soulages a renoué avec l'alliance archaïque du noir et des couleurs...
Et pour répondre à un autre souhait de Soulages (qui avoue détester les musées monographiques !), ce musée, lieu vivant à la fois élitiste et populaire, accueille également des expositions d'art contemporain et autres manifestations (rencontres, débats), ouvre sa bibliothèque au public et organise des ateliers à destination des jeunes, se posant ainsi comme le porte-drapeau de la revitalisation du département. La gestion du restaurant a été confiée, en « union libre » avec Soulages, à Michel et Sébastien Bras, autres artistes locaux ! (voir « Où manger ? »)

NOIR C'EST NOIR

Soulages s'est formé au contact de la matière brute, comme la pierre, la terre, les cailloux. Il a retenu des arbres leur architecture, mais sans leur feuillage. L'essentiel de sa peinture se trouve dans le déploiement des lignes verticales et horizontales et dans l'articulation des signes et de leur rythme. Étranger à la démarche intellectuelle, il s'est toujours laissé porter par une émotion créatrice spontannée.

Autour de la rue de l'Embergue (plan couleur B1-2)

La rue Séguy : étroite et pittoresque. Ruelle à gauche menant, rue Cambon, à l'un des plus beaux hôtels particuliers, la *maison Delauro,* du XVIe s. Splendide tourelle d'angle en brique et encorbellement sculpté. Cour intérieure restaurée. Au 12 bis, autre belle *maison,* avec cour intérieure et élégant portail d'entrée. Arrivée rue Saint-Vincent, donnant rue de Bonald. Au no 21, beau *portail.* Tout le quartier a conservé son caractère populaire.

L'espace public des Embergues : un étonnant exemple de restauration d'un vieux quartier. Avec des jardins, des terrasses au calme, de la verdure, le tout entouré de quelques maisons anciennes. Idéal pour les amoureux la nuit : recoins bucoliques, passages et couloirs rejoignant les rues avoisinantes.

Autour de la cathédrale (plan couleur B2)

La place Adrien-Rozier : *face au portail sud de la cathédrale.* À droite, à l'entrée de la rue Penavayre, *hôtel Molinier,* ancienne maison canoniale du XVe s. Portail en arc brisé avec demi-tourelles en encorbellement. Dans la cour, puits sculpté. Emprunter la *rue Cusset,* typiquement médiévale.

Le passage des Maçons : on aime ou on n'aime pas, mais voilà une façon originale d'aménager un centre commercial en sous-sol sur de vieilles structures.

À l'angle de la **place Charles-de-Gaulle** et de la **rue du Touat,** une belle maison XVIe s à pignons et encorbellement. Quatre larges fenêtres à meneaux, dont on a curieusement obturé une grande partie.

La rue du Touat : très commerçante. On y trouve la *maison de Guitard* (dite « *tour des Anglais* »). Au no 15 ter (angle rue Bosc), noble et haute bâtisse (en grès rouge) à fenêtres géminées, du XIVe s.

La maison de Benoît : *pl. d'Estaing.* Édifice du XVe s, au bel encorbellement de pierre et aux grandes fenêtres à meneaux. Entrer sous le porche pour voir la ravissante cour intérieure avec balcon à gargouilles et arches gothique flamboyant.

La chapelle des Jésuites : façade de grès rouge, de style classique, avec colonnes corinthiennes. Intérieur de style baroque. Ancienne chapelle du collège royal du XVIIe s. Des concerts y sont organisés.

La place du Bourg : quelques demeures anciennes, dont la magnifique *maison de l'Annonciation* du XVIe s, à l'angle de la rue Marie, notre préférée. Grandes fenêtres à meneaux et élégante tourelle d'angle sur cul-de-lampe. À l'angle de la rue Lebon, autre superbe demeure en encorbellement et colombages.

La place de la Cité : qui marque l'entrée dans la rue de l'Embergue, et où séjourna Chateaubriand à l'***Hôtel des Princes,*** en 1838.

La rue Sainte-Catherine : en face du no 5, belle maison médiévale. Au no 9, importante demeure bourgeoise en pierre, avec traces d'ouvertures gothiques. Continuer rue des Pénitents-Blancs et rue de la Barrière (au no 1, bel hôtel particulier avec hautes fenêtres à balustres).

La maison d'Armagnac : *pl. de l'Olmet.* Très belle résidence d'un riche marchand au XVIe s, mariant les styles gothique et Renaissance avec une intéressante ornementation de façade. Festival de meneaux et lucarnes. Noter aussi les personnages en médaillons. Rue d'Armagnac, d'autres imposantes maisons en encorbellement lui succèdent.

Prendre la petite rue Saint-Amans qui mène à l'***église Saint-Amans,*** la plus ancienne de Rodez. Bâtie au XIIe s, entièrement reconstruite au XVIIIe s. À l'intérieur, chapiteaux romans dignes d'intérêt. Tapisseries du XVIe s.

Les bords de l'Aveyron : il est possible de poursuivre cette balade jusque sur les bords de l'Aveyron, au lieu-dit Layoule, en contrebas de la ville. Jolie petite promenade aménagée, bordée d'arbres et de pelouse.

Le musée Fenaille *(plan couleur B2)* **:** *14, pl. Raynaldy. ☎ 05-65-73-84-30. • musee-fenaille.grand-rodez.com • Juil-août lun 14h-19h ; mar-dim 10h-19h. Mai, juin et sept-juin mar-sam 11h-19h ; dim 14h-19h. Oct-avr, mar-ven 10h-12h, 14h-18h ; sam 11h-18h ; dim 14h-18h. Entrée : 9 € (billet unique donnant accès aux musées Soulages et Denys-Puech) ; réduc ; gratuit moins de 18 ans.*
Ce musée présente la plus importante collection en Europe occidentale de *statues-menhirs,* dont « la dame de Saint-Sernin », la plus connue et si chère au peintre ruthénois Pierre Soulages. Tout partit de l'abbé Hermet qui, un jour de 1888, découvrit cette première statue et lui donna ce nom. Vieilles de près de 5 000 ans, ces œuvres, pour la plupart originaires du sud du département, restent encore une vraie énigme. Quelle civilisation peut bien en être à l'origine ? Petits menhirs joliment sculptés, se distinguent bien ceux illustrant un homme ou une femme (voire les deux ?) et où ne sont jamais représentées ni les oreilles ni la bouche. Et si vous avez une interprétation pour « l'objet » qu'on ne retrouve que sur les statues masculines, soyez le bienvenu !
Mais le musée Fenaille, ce n'est pas seulement une collection unique de statues-menhirs : trois autres étages retracent l'archéologie et l'histoire du Rouergue, aménagés dans l'*hôtel particulier de Jouéry.* Avec ses puits ornés, sa cour intérieure et ses galeries en bois, il fut légué par Maurice Fenaille (industriel, amateur d'art érudit et mécène), restauré et élégamment associé à l'architecture moderne de ce beau musée. Harmonieuse distribution de la lumière. Spacieux et esthétique, il peut se visiter à la carte selon son temps et ses envies. Quelques pièces exceptionnelles comme cette tablette à malédiction du Ier s avec ses formules magiques gauloises gravées à la pointe sèche, ce casque de cavalier de l'armée romaine, « l'enchaîné de Rodez » (énigmatique squelette d'un homme, remontant à l'Antiquité), portant un lourd collier de fer riveté et les poignets menottés, une superbe *Vierge de l'Annonciation,* des vitraux, le *Christ* de Bonnecombe, etc. Un petit bijou à ne manquer sous aucun prétexte ! Espaces interactifs et multimédia, dont une salle d'animations pour les enfants, et des livrets pour la découverte pédagogique. Auditorium et expositions temporaires.

Le musée Denys-Puech *(plan couleur B2)* **:** *pl. Clemenceau. ☎ 05-65-77-89-60. Mer-dim 14h-18h (plus mar juil-août). GRATUIT.* Musée de sculpture et de peinture présentant au rez-de-chaussée les œuvres des artistes aveyronnais les plus connus, notamment Maurice Bompard, Eugène Viala et Denys Puech, ancien directeur de la villa Médicis et Grand Prix de Rome en 1884, qui légua sa collection de sculptures à la ville. Aux autres étages, expos temporaires, notamment d'art contemporain, ou thématiques.

Fêtes et manifestations

– ***Festival occitan Estivada :*** *pdt 4-5 j. en été ; grande fête gratuite. Rens : ☎ 05-65-78-10-74. • estivada-rodez.eu •* Concerts, expositions, théâtre, produits du terroir et l'accent chantant !
– ***Festival folklorique international du Rouergue :*** *une dizaine de jours début août. ☎ 05-65-46-83-88. • festival-rouergue.com •* Depuis une cinquantaine d'années se tient en été un festival folklorique qui voit venir du monde entier des groupes à Rodez et dans une vingtaine de villes du département. De la

Biélorussie à l'Inde, de la Russie au Brésil, plus de 400 figurants pour un des plus anciens festivals de la région.

DANS LES ENVIRONS DE RODEZ

L'espace archéologique départemental de Montrozier : *à 15 km à l'est, route de Sévérac, 12630* ***Montrozier.*** *☎ 05-65-70-75-00. • musees.aveyron.fr • Dans le village. Avr, mar-ven 14h-18h ; mai-juin et sept, tlj sf lun 14h-18h ; juil-août tlj sf lun 10h-12h30, 13h30-18h30 ; oct et vac de Toussaint, mar-ven 14h-18h. Entrée : 3 € ; réduc ; gratuit pour les moins de 26 ans.* Musée vivant avec des collections tournantes sur le thème de l'histoire en pays de Rouergue. Animations pour jeunes et moins jeunes, visite des sites archéologiques proches (sur rendez-vous).

Les villages et églises fortifiées de ***Sainte-Radegonde*** et ***Inières*** : à 7 km de Rodez, en partant vers l'est, deux villages en pleine campagne ayant pour particularité de posséder deux imposantes églises fortifiées des XIVe et XVe s en parfait état, entourées de très vieilles et rudes maisons. Chemin de ronde, mâchicoulis et minitourelles en encorbellement. Belle *Annonciation* en calcaire à l'intérieur de l'église d'Inières (récupérer les clés à la maison juste à côté).

Le jardin des Bêtes : *12630* ***Gages.*** *☎ 05-65-42-66-40. • jardindesbetes.fr • À 11 km à l'est, direction Sévérac (indiqué). Avr-mai et sept, tlj 14h-19h ; juin-août, tlj 10h-20h ; oct, mer et sam 14h-19h selon météo ; vac Toussaint, tlj 14h-19h. Entrée : 12 €,; 6,50 € enfant ; réduc.* Petit parc animalier avec toutes sortes d'animaux (ouistitis, perroquets, kangourous...) qui amuseront les grands et surtout les petits. Labyrinthe végétal, village western et parcours miniature sur 250 m, reconstituant les villages du Rouergue, avec animation.

Le marché aux bestiaux : *le Foirail, 12310* ***Laissac.*** *☎ 05-65-70-71-30 (office de tourisme). • laissac-tourisme.com • À 25 km à l'est de Rodez. Le mar, visites guidées de mi-juin à sept, 7h45-9h45, vac de Pâques et de la Toussaint, 7h45-9h45. Départ ttes les 30 mn. Tarif : 3 € ; gratuit moins de 12 ans.* À moins d'être éleveur ou maquignon, il est bien difficile de saisir tout ce qui se joue sur un tel marché. Néanmoins, une visite permet de humer (dans tous les sens du terme !) un peu de l'ambiance de ce marché, l'un des plus importants de France. Un film présente d'abord le fonctionnement des transactions : très utile pour comprendre tout ce qui se passe avant que n'intervienne la *patcha,* ce claquement de mains qui scelle la vente. On découvre ensuite le foirail pour les bovins du haut d'une passerelle, avant de descendre visiter celui des ovins au ras des enclos.

LE SÉGALA

À l'ouest et au sud de Rodez, une région qui fut longtemps pauvre. La grande acidité des sols empêchait toute culture de céréales nobles, comme le blé. On se contentait d'y faire pousser le seigle (d'où le nom *Ségala*). Au cours de la première moitié du XXe s, la situation s'améliora avec la construction en 1902 du viaduc du Viaur, qui, en désenclavant la région, a notamment permis l'apport de chaux pour fertiliser les champs et diversifier les cultures. L'élevage se spécialisa aussi dans la production de qualité. Le plateau est profondément entaillé par des cours d'eau : Viaur, Céor, Lézert, Vayre, etc. Ainsi, après des passages relativement plats, la route plonge dans de pittoresques vallons verdoyants dominés par des éperons rocheux. On y trouve nombre de lieux tranquilles et peu touristiques, des sites remarquables comme Belcastel ou Sauveterre.

À votre disposition dans les offices de tourisme du secteur, un dépliant intitulé « La vie en Ségala », qui vous invite à découvrir le travail d'un chaisier, d'une conserverie, d'une ferme...

BELCASTEL

(12390) 250 hab. *Carte Aveyron, B2*

Un merveilleux – et discret – village, situé à mi-chemin de Villefranche et Rodez, un peu en marge de la D 994 (à 7 km au sud de Rignac). Un charme incomparable. Le village dégringole vers l'Aveyron, dans un désordre architectural et poétique absolu. Église du XVe s avec un gisant classé et un chemin de croix contemporain, ruelles avec leurs petits pavés ronds, solides demeures médiévales dans le beau grès local, superbe pont gothique ; au milieu, une croix du XIIIe s érigée là sur une table d'autel plus ancienne encore, pour apaiser les rivalités existantes entre les habitants d'un côté et de l'autre du pont... Et puis, au sommet du village, il reste encore le château qui se visite, ancienne propriété du célèbre architecte Fernand Pouillon (1912-1986), qui a notamment reconstruit une partie des immeubles du port de Marseille dans les années 1950.

Adresse et infos utiles

Point info tourisme : *☎ 05-65-64-46-11. • mairie-belcastel.fr • En juil-août, tlj 10-18h ; le reste de l'année, lun-sam (fermé 13h-14h) ; fermé Toussaint-fin mars.* Organise des visites guidées du village toute l'année dès 20 personnes (sur résa) : 2 €. Audioguide 2 €.

– ***Marchés de producteurs de pays :*** *certains ven soir en juil-août. Rens auprès de l'antenne.*

– **Gâteau à la broche :** *ts les ap-m en juil-août au centre du village.* Il faut voir la machine infernale qu'Éric Malle s'est fabriquée pour vous faire découvrir une spécialité aveyronnaise !

Où dormir ? Où manger ?

Camping

Camping municipal : *au bourg. ☎ 05-65-63-95-61. 📱 06-47-11-24-76. • camping@mairie-belcastel.fr • jean.bernarddenat@gmail.com • mairie-belcastel.fr • Accès : à 7 km au sud de Rignac, un peu en marge de la D 1. Ouv 1er avr-30 oct. Emplacements tente 11-13 € selon saison. 30 empl.* Site on ne peut plus agréable, au pied du village et face à lui, sur les bords de l'Aveyron (baignade et pêche possibles). À l'entrée, l'épicerie-resto, pas mal du tout : assiette de charcuterie, raviolis ricotta, rissole aux pruneaux... On peut y prendre juste un verre, une bière artisanale ou une limonade qui l'est tout autant. Bon accueil franco-italien.

Chic

Hôtel-restaurant du Vieux Pont : *près du pont. ☎ 05-65-64-52-29. • contact@hotelbelcastel.com • hotelbelcastel.com • Fermé dim soir-mar midi. Congés : 1er janv-15 mars. Résa conseillée. Doubles 110-118 €. Menus 35 € (déj en sem), puis 55-90 €.* Dans ce village, la maison d'enfance des sœurs Michèle et Nicole Fagegaltier est une adresse incontournable. Situé de l'autre côté de la rivière, en traversant le petit pont du XVe s, l'hôtel aménagé dans une ancienne grange n'a rien à envier à la table, qui reste une des meilleures de la région. Cuisine du marché et de saison, qui utilise le meilleur de l'Aveyron : agneau

Allaiton, bœuf fermier d'Aubrac, veau du Ségala, fruits de Pruines, etc. Chambres tout confort, élégantes, décor clair et soigné, plein de petites attentions.

Le 1909 : *près du pont également (Couderc). ☎ 05-65-64-52-26. • restaurant.le.1909@gmail.com • ♿ Juil-août tlj sf le soir ven et lun ; avr-nov le midi slt. Petite restauration : salades, plancha à la carte slt.* Resto à la grande salle un peu bruyante quand elle est pleine. Cuisine pour manger sur le pouce et l'après-midi crêpes et glaces. Quelques tables dehors devant le « travail », qui servait à ferrer les bœufs.

Où dormir dans les environs ?

Chambres d'hôtes Le Moulin de Limayrac : *Limayrac, 12240* **Colombiès.** *☎ 05-65-69-47-10. • mail@lemoulindelimayrac.com • lemoulindelimayrac.com • À 15 km sud de Belcastel par la D 285, puis la D 997 à gauche ; traverser Colombiès et prendre la D 85 à gauche. Congés : Toussaint-Pâques. Compter 65-75 € pour 2 ; familiales 85-105 €. Table d'hôtes 20 €. Gîtes 4 pers avec piscine privée 360-750 €. Boisson de bienvenue offerte sur présentation de ce guide.* Après de titanesques travaux de rénovation entrepris en respectant autant que possible l'environnement, Gordon et Guénaëlle ont redonné vie au moulin et proposent aujourd'hui 4 chambres (dont 3 familiales) avec une belle hauteur sous plafond et joliment décorées sur le thème des saisons. On entre par la spacieuse salle à manger, doublée d'un salon pour l'apéro, qui donne sur le petit jardin et quelques tables au bord du ruisseau. Également, à l'étage, un chaleureux salon aménagé autour du poêle et de tous les livres provenant de l'ancienne librairie du père de Gordon, qu'on traverse pour accéder aux chambres. Bref, une escale de caractère, avec au menu, de l'espace, du bien-être, et un bon petit déjeuner !

Résidence-club Le Hameau du Lac : *lieu-dit La Peyrade, 12390* **Rignac.** *☎ 05-65-63-34-42. • rignac@odalys-vacances.com • odalys-vacances.com • Compter 195-755 €/sem pour 4 pers selon saison, 220-880 € pour 6 pers selon saison. Piscine extérieure chauffée de mi-mai à fin sept.* Les appartements avec terrasse ou balcon sont répartis en îlots près d'un étang, à 600 m du centre du village et des commerces. L'endroit est calme et apaisant, éloigné des routes. Dommage que les appartements soient si proches les uns des autres. Parfait pour un séjour en famille, avec l'été des clubs enfants et ados gratuits, des animations gratuites en journée, ainsi que la présence d'un guide pour découvrir la région. Tennis et aire de jeux pour les enfants.

Chambres d'hôtes Le Mas de la Tourelle : *lieu-dit Le Garric, 12220* **Roussennac** *(commune de Bournazel). 06-75-29-92-27. • contact@mas-de-la-tourelle.com • mas-de-la-tourelle.com • À 10 km au nord de Belcastel, au rond-point de Rignac, prendre la D 994 direction Villefranche, à 4 km direction Roussennac puis, dans le village, D 658 direction Bournazel. Compter 65-75 € pour 2 selon saison, suites 90-100 €. Gîte loué à la sem ou au w-e suivant dispo : env 380 € le w-e, 500-1 400 €/sem. Apéritif offert sur présentation de ce guide.* Retour aux sources pour ce couple de Parisiens venus reprendre la ferme familiale. Monsieur élève des agneaux, Madame prend soin de ses hôtes et de l'entretien de sa maison, et ils partagent en commun un ravissant jardin minutieusement entretenu, une ferme de culture safranière (une occupation d'automne), une truffière (pour les longs hivers) et, accessoirement, 3 ravissantes petites filles qui ont prêté leur prénom aux chambres à l'étage : Noémie, Fanny et Manon. Elles sont charmantes, identiques (disposition, mobilier, coloris) et avec terrasse privative. Pas de jaloux. Au rez-de-chaussée, une superbe suite que l'on qualifierait de « nuptiale » tant elle est romantique : lit au milieu de la pièce, éclairage tamisé par le sol, voûtes de pierre et accès de plain-pied sur une large terrasse. Petit déj copieux et délicieux, servi sur la grande table de ferme du salon. Cuisine américaine parfaitement aménagée à dispo des hôtes. Superbe piscine avec chaises longues sous pergola et accueil des plus chaleureux. Une adresse coup de cœur !

À voir

Le château : *☎ 05-65-64-42-16. • chateaubelcastel.com • Accès par le haut du village. De sept à mi-nov et avr-juin, mar-dim 10h-13h, 14h-18h ; juil-août, tlj 10h-19h. Fermé de mi-nov à fin mars. Entrée : 7,50 € ; réduc. Visite libre, avec support écrit, ou guidée (1h).* Au sommet du village, dominant l'Aveyron et ses alentours, un château fort du haut Moyen Âge (Xe s). Visites guidées autour de l'histoire du château, de l'architecture et de sa restauration dans les années 1970 par l'architecte Fernand Pouillon (1912-1986), qui releva la ruine. Deux chapelles en son sein : l'une préromane (IXe-Xe s), l'autre du XVe s. Salle avec des chevaliers en armure et chevaux caparaçonnés. L'aménagement des passerelles et balcons permet de profiter des très beaux points de vue sur le village. Peut-être croiserez-vous, au détour d'une porte ou d'un couloir, la fameuse Dame en blanc qui hanterait le château... Expositions temporaires en saison.

La maison de la Forge et des Anciens Métiers : *ouv avr-oct. S'adresser au Point info tourisme (voir plus haut « Adresse et infos utiles ») pour demander son ouverture. Entrée : 2,50 € ; réduc ; gratuit pour les moins de 6 ans.* On peut y découvrir les outils des anciens artisans, forgeron, pêcheur, sabotier, une chambre et une cuisine typiques de l'habitat d'antan reconstituées, ainsi qu'une exposition des sylvistructures de Pierre Leron-Lesur, artiste sculpteur.

Fête

– ***Fête du village :*** *le 3e dim de juil. Rens : ☎ 05-65-64-46-11.* Spectacle son et lumière avec feux d'artifice. Une grande journée avec animations dans le village et spectacle en soirée *(compter env 4 €/pers).*

SALMIECH (12120) 730 hab. *Carte Aveyron, B3*

À 25 km au sud de Rodez. Agréable village à 600 m d'altitude, dans une boucle du Céor (affluent du Viaur). Ancienne ville de l'historique route du Sel (*Salmiech* signifie « le milieu de la route du Sel »). Bel environnement et air vivifiant, sentiers de randonnée balisés.

Adresse et infos utiles

Syndicat d'initiative : *à la mairie. ☎ 05-65-46-72-39. Ouv slt de mi-juil à mi-août.* Rens sur les circuits de randonnée pédestre ou à VTT.

– Dans le village, ***piscine*** chauffée *(ouv en juil-août),* ***aire de camping*** *(géré par la mairie),* un court de ***tennis*** et un centre équestre.

À voir à Salmiech et dans les environs

Le musée du Charroi rural : *☎ 05-65-74-23-55. Hors saison, sur rdv ; juil-août, tlj 11h-12h, 14h30-18h30. GRATUIT.* Installé dans l'ancienne église Saint-Firmin du XIXe s (qui n'a jamais été consacrée ; demandez à ce qu'on vous en raconte la raison), il présente l'histoire et la technologie de la roue. Notamment 30 véhicules à traction animale (XIXe et XXe s) caractéristiques de toutes les régions du Rouergue, ou plus insolites comme cette cabane de berger mobile et, bien sûr les outils des artisans travaillant à leur fabrication (charron, forgeron, etc.). Également outils des sabotiers, menuisiers, cordonniers, petit outillage agricole, etc. Films.

La tour de Peyrebrune : *à* ***Alrance,*** *à 13 km en direction du lac de Villefranche-de-Panat. Juil-août, tlj 14h-19h ; juin et sept, dim slt 14h-19h ; avr et oct, sur rdv au ☎ 05-65-46-46-05. Pèlerinage avec journée d'animations le dernier w-e d'août. Entrée : 2 € ; gratuit moins de 10 ans. Maison du patrimoine à côté avec entrée libre pour des expo avr-oct.* Une grande tour d'où l'on observe un beau point de vue sur toute la région, le Ségala et le Lévézou.

Le château de Taurines : *à* ***Taurines,*** *à 9 km à l'ouest de Salmiech, après Cassagnes-Bégonhès. ☎ 05-65-69-23-01 (mairie) et 05-65-74-28-47. 📱 06-17-27-12-72. Juil-août, tlj 15h-19h. Hors saison, sur rdv pour groupes slt. GRATUIT.* Au cœur d'un village, un château fort du XIIIe s qui a pour particularité d'avoir été restauré pendant 30 ans bénévolement par les habitants de Taurines épaulés par des compagnons : cherchez d'ailleurs la cocasse signature de ces derniers sur la gauche de la grande cheminée qu'ils ont recréée à l'identique... Bien que la forteresse ait été assiégée en 1574 par les catholiques, puis démolie en partie en 1830, il subsiste un escalier à vis d'origine et à noyaux ajourés, réalisé à l'époque par les compagnons du Devoir. Regardez la clef de voûte suspendue du 2e étage : c'est en revanche une création contemporaine de compagnons, et son décor retrace l'histoire de Taurines.
Après un travail colossal et de nombreux prix de restauration, le château accueille aujourd'hui un *centre d'art contemporain* (en partenariat avec le FRAC Midi-Pyrénées). Le château n'est d'ailleurs accessible que dans le cadre de ses expositions.
➢ Balade possible au départ du château.

SAUVETERRE-DE-ROUERGUE

(12800) 830 hab. *Carte Aveyron, B3*

Fondée en 1281 par Guillaume de Mâcon, sénéchal du Rouergue, cette bastide royale (classée parmi les « Plus Beaux Villages de France ») est un chef-d'œuvre d'équilibre urbain, au charme infini, avec ses maisons à colombages, vestiges de fortifications, douves, tours, portes de la ville... le tout construit autour d'une place à arcades. Tout comme Villefranche et Najac, Sauveterre fait partie du réseau « pays d'art et d'histoire des bastides du Rouergue » (voir plus loin). Aujourd'hui, le village abrite aussi un pôle d'art et d'artisanat regroupant une vingtaine de créateurs, qui ont leur atelier sur place ou dont les œuvres sont présentées dans l'espace d'exposition.
Pour l'anecdote, c'est aussi le village d'enfance de l'explorateur Lapérouse. Autre attrait, ses couteaux, moins connus que ceux de Laguiole. Ils sont pourtant plus anciens. Il s'en exportait jusqu'en Suisse dès le XVe s. De forme rustique et dans une gamme beaucoup moins variée que celle de ses collègues de l'Aubrac, le Sauveterre ne reste pas moins un couteau d'une exceptionnelle qualité.

Adresse et info utiles

Office de tourisme : *espace Lapérouse. ☎ 05-65-72-02-52. ● sauveterre-de-rouergue.fr ● sauveterre.free.fr ● Tlj en juil-août ; hors*

saison, mar-mer, ven-sam ap-m. On peut découvrir Sauveterre à travers une visite accompagnée, *Balade en Sauveterre (sur résa : 3 €)*, ou demander une petite doc *(0,50 €)*.
– ***Marché nocturne :*** *ven soir en été.*

Où dormir ? Où manger ? Où boire un verre à Sauveterre-de-Rouergue et dans les environs ?

Camping

Aire naturelle municipale du Sardou : ***Le Sardou,*** *espace Lapérouse.* *☎ 05-65-72-02-52 ou 05-65-47-05-32 (mairie). • mairiesauveterrerouergue@wanadoo.fr • sauveterre-de-rouergue.fr • Accès : à 300 m de la D 997. Ouv tte l'année. GRATUIT ! 12 empl.* Une poignée d'emplacements sur un carré de pelouse ; très basique. L'utilisation des sanitaires est possible du 1er mai au 31 octobre. Jetons à 2 € pour l'électricité et 1,50 € pour une douche chaude (douche froide gratuite), à acheter à l'office de tourisme.

LE SÉGALA

De bon marché à prix moyens

Au Berge du Viaur *(chambres d'hôtes, restaurant et café) :* *12440* ***Port-de-la-Besse.*** *☎ 05-65-81-80-43. • port-de-la-besse@wanadoo.fr • portdelabesse.com • À 8 km de La Salvetat-Peyralès. Resto tlj le midi sf mar (le soir, slt pour les hôtes en chambre). Double 48 €, lit suppl. 10 €. Menus 14,50-19 € (déj en sem), puis 19 € pour les pensionnaires le soir. CB refusées.* À l'entrée du pont enjambant le Tarn et marquant la frontière entre le Tarn et l'Aveyron, cette auberge nous a séduits par sa simplicité, son charme rural et son ambiance « pêcheur ». Les chambres ont de beaux volumes, sont coquettes et d'un très bon rapport qualité-prix. Accueil enthousiaste. Au resto, cuisine de terroir.

La Grappe d'Or : *bd Lapérouse, à Sauveterre. ☎ 05-65-72-00-62. • guy.gayubar@orange.fr • À deux pas de la place des Arcades. Resto ouv tlj. Congés : 20 déc-10 janv. Double 40 € avec douche. Menu 13-18 € ; carte env 17 €. Réduc de 10 % sur le prix de la chambre (avr-mai, sept-oct) sur présentation de ce guide.* Petit hôtel de village proposant une cuisine de pays, simple et roborative (confit de canard, tripoux du Rouergue, etc.). Bar ouvert au moins jusqu'à 23h en été. Peut-être tomberez-vous un jour de concours de coinche ! Également des tables dans un bien agréable jardin.

Chambres d'hôtes La Ferme des Tronques : *Les Tronques, 12440* ***La Salvetat-Peyralès.*** *☎ 05-65-81-81-34. • lestronques@cegetel.net • lestronques.net • Sur la D 649 (vers Bellecombe) ; bien indiqué. Compter 52 € pour 2. Yourte 75 € la nuit (4 pers avec petit déj, draps et linge de toilette). Dîner 20 €. Réduc de 10 % sur le prix de la chambre à partir de 2 nuits consécutives, hors juil-août, sur présentation de ce guide.* 5 belles chambres, de plain-pied et donnant sur les bois. Délicieuse cuisine maison avec veaux et volailles de la ferme et légumes du potager, à découvrir dans la vaste salle à manger, un peu sombre. Au fait, les tronques sont des arbustes épineux qu'on trouve un peu partout dans le coin.

Le Bar des Amis : *pl. des Arcades, à Sauveterre. ☎ 05-65-72-02-12. • sarlcoupat@sfr.fr • Tlj sf lun hors saison. Congés : de fév à début mars. Plat du jour env 10 €. Café offert sur présentation de ce guide.* Terrasse idéalement située sous les arcades et une carte de bières riche d'une trentaine de références dont une créée spécialement par et pour le patron, à base de seigle (ségala !) et de châtaigne. Quelques petites choses à grignoter (salades, pizzas, plats régionaux) pour accompagner.

Beaucoup plus chic

Auberge du Sénéchal : *à l'entrée du village. ☎ 05-65-71-29-00. • info@hotel-senechal.fr • hotel-senechal.fr • Hors saison, tlj sf lun,* *mar midi, dim soir et j. fériés ; juil-août, tlj sf le midi lun et j. fériés. Congés : de janv à mi-mars. Doubles 150-240 €. Menus 30 € (sf w-e) puis 52-120 € (dégustation). Apéritif offert sur présentation de ce guide.* Côté cuisine, Michel Truchon, le chef, maîtrise bien son sujet. Au final, une cuisine élégante et recherchée, qui laisse la tête et le corps en fête. Atmosphère classique, et belles chambres au sol en terre cuite et déco design, certaines avec une terrasse. Piscine et équipements de détente.

À voir. À faire

*** ***La place centrale :*** exceptionnellement grande pour une bastide, elle permet d'imaginer l'importance de la cité au Moyen Âge. Un vrai décor de théâtre ! Et le cœur battant de la bastide : la fin de la cuisson du pain dans le four communal y était cornée (annoncée par le bruit d'une corne), les unités de mesure-étalon ayant cours étaient accessibles à tous au centre de la place... Tous les styles, chaque maison possédant sa personnalité propre : arcades ogivales ou romanes, quelques couverts sur piliers de pierre. Façades à colombages ou en pierre, avec encorbellement, toits de lauzes, belles portes.
Jetez un coup d'œil sur la jolie courette à arcades avec balcon de pierre et de bois par le couloir qui longe l'office de tourisme. Adorable (c'est la mairie) ! Bel escalier à croisées d'ogives également.

** ***L'ancienne collégiale Saint-Christophe :*** construite au XIVe s sur un seul plan. Éclairage sous l'ange de l'entrée droite de l'église. Grand retable du chœur du XVIIe s et une trentaine de stalles du XVe. En face de la chaire en noyer sculpté du XVIe s, christ en bois du même siècle. Chef-d'œuvre du gothique méridional. Dans la première chapelle à droite en entrant, beau vitrail moderne et superbe Vierge en bois du XVIIIe s.

** Cette ville nouvelle du Moyen Âge comptait quatre portes et des douves qui cernaient son centre. Les douves sont devenues des pelouses, sauf une qui reste en eau. Il n'y a plus que deux portes : la ***porte Saint-Vital,*** en face de laquelle se trouve une croix du XIIIe s de toute beauté, et la ***porte Saint-Christophe.***

* ***La souche du tulipier de Marie-Antoinette :*** *face à la coutellerie.* Offert par Louis XVI et planté devant le temple de l'Amour dans le parc de Versailles, cet arbre historique n'a pas résisté à la tempête de l'hiver 1999. Mis en vente aux enchères, il a été racheté par le coutelier de Sauveterre, qui a offert la souche à la ville. Curieuse destinée pour un arbre !

** ***Le Pôle des métiers d'art :*** *adossé à la pl. des Arcades.* Relieur, coutelier, peintre, tourneur sur bois, lumigraphe (concepteur de luminaires), céramiste, forgeron, photographe, laqueuse. Les artistes et artisans sont nombreux à s'être installés dans ce « Plus Beau Village de France » qui fait office d'écrin à leur savoir-faire. Certains ont leur propre boutique-atelier, d'autres sont représentés dans le bel espace d'expo au-dessus de l'office de tourisme.

Manifestations

– ***Festival en Bastides :*** *la 1re sem d'août, à Villefranche, Najac, La Bastide-l'Évêque, Villeneuve, Rieupeyroux et Sauveterre. Infos auprès de l'association Espaces culturels villefranchois : ☎ 05-65-45-76-74. • espacesculturels@wanadoo.fr •* Festival des arts de la rue (théâtre, jonglerie, etc.).
– ***Fête du Melon et festival de l'Accordéon :*** *1er w-e de sept, à Jouels, à 4 km au nord de Sauveterre.* Accordéon et concours du plus gros mangeur de melon !

– ***Journées des Arts et Savoir-faire :*** *1er w-e d'oct.* • *espacelaperouse@aol.fr* • Expo et vente d'artisanat d'art.
– ***Festival Roots'ergue :*** *dernier sam d'oct, à la salle des fêtes.* Festival de musique jamaïcaine et reggae.
– ***Fête de la Châtaigne et du Cidre doux :*** *le dernier dim d'oct.*

DANS LES ENVIRONS DE SAUVETERRE

Le musée des Traditions agricoles du Ségala : *les Riales, 12240* ***Pradinas.*** *☎ 05-65-69-92-84 (mairie). À 12 km à l'ouest de Sauveterre juste à côté du parc animalier. Entrée : billet avec le parc animalier 12 € ; réduc.* Dans des locaux flambant neufs, ce musée agricole présente de nombreuses pièces rares dans une belle mise en valeur. On y découvrira une batteuse-trépigneuse, un curieux poulailler transportable, un métier à tisser le chanvre, une « amanadou » (à vous de découvrir ce que c'est !) et de nombreux autres outils qui ont fait l'histoire de l'agriculture locale.

Le parc animalier de Pradinas : *☎ 09-52-62-01-52.* • *contact@parcanimalierdepradinas.com* • *À 13 km à l'ouest de Sauveterre (indiqué à la sortie du village). Fermé de début nov à fin mars. Le reste de l'année, ouv tlj 10h-18h (19h juil-août). Animations à 15h dim et j. fériés et tlj vac scol. Entrée : billet avec le musée des traditions agricoles 12 € ; 7 € enfants 3-12 ans, réduc de 1 € pour une pers, sur présentation de ce guide. Visite libre ; compter min 2h. Les poussettes sont les bienvenues sur des chemins refaits.* Sur 15 ha, plus de 250 animaux habitent ce parc animalier. À l'origine parc d'élevage de daims, la commune en avait fait une réserve autour des cervidés, bovidés, loups, lynx, rapaces. Jean-Philippe Roman s'y est installé il y a une poignée d'années avec les ours, loups et autres rapaces qu'il dresse pour le cinéma et la publicité. Aire de pique-nique, snack.

Le château du Bosc : *Camjac, 12800* ***Naucelle.*** *☎ 05-65-69-20-83. Rejoindre Naucelle, passer la N 88, c'est indiqué à 2 km. Visite guidée (env 1h) tlj 10h-19h, tte l'année mais sur rdv en hiver. Entrée : 8 € ; réduc.* Vous voici dans la demeure familiale du célèbre peintre Toulouse-Lautrec. Sa charmante petite-nièce, Nicole-Bérengère, vous accueillera pour vous conter toutes les anecdotes qui habitent ce château médiéval resté dans la famille depuis 1180. Vous pouvez aussi voir gracieusement, dans une cave-galerie, une petite expo de cartes postales anciennes retraçant toute la vie du peintre. Possibilité de pique-niquer dans le jardin ou la cave-galerie. Une visite qui complète bien celle du beau musée consacré à Toulouse-Lautrec à Albi (compter une bonne ½ h de route).

La maison Jean Boudou – ostal Joan Bodon : *Lo Carrierat, 12800* ***Crespin.*** *☎ 05-65-42-16-53.* • *contact@ostal-bodon.com* • *À 14 km au sud de Sauveterre par la D 997 puis la D 58. Juin-août, ouv lun-ven 10h-12h30, 14h-18h30 et dim ap-m ; mai-juin et sept mer, jeu, ven, dim et j. fériés 14h-18h ; avr-oct sur rdv. Fermé nov-mars. Entrée : 6 € ; réduc. Gratuit moins de 12 ans.* D'emblée, on est surpris par la modernité qui émane de la vieille ferme de 1793 quand on la découvre. La maison natale de l'écrivain occitan, mort en 1975 en Algérie, a été ouverte au public après une importante rénovation et la mise en place d'une scénographie contemporaine : bandes son, sculptures, interactivité... Et le pouls occitan y bat plus que jamais puisque, en plus d'une immersion dans l'univers tantôt poétique, tantôt réaliste de Jean Boudou, représentations théâtrales, concerts ou bals y sont également programmés. On entre dans la maison, à la rencontre du romancier, poète, conteur, sympathisant communiste et catholique « enfariné » – on vous laisse découvrir ce dont il s'agit – qui, dès l'enfance, a ressenti la marginalité des siens ; une marginalité dont il semble avoir tiré profit puisqu'il écrira : « C'est sur la lisière que se trouve la liberté. » Dans chaque pièce de la maison est illustré un moment d'écriture. La visite est accompagnée, et c'est ce qui fait toute la différence. Un vrai dépaysement et une immersion ludique et touchante dans l'univers de Jean Boudou, qu'on ne quitte pas comme un inconnu.

➢ ***La route le long de la vallée du Viaur :*** *env 1h.* Départ depuis Lescure-Jaoul (près de Lunac). Suivre la chapelle de Murat par Cadoulette, puis Montou. On entre dans un paysage sauvage de petites routes fraîches et verdoyantes qui descendent vers le Viaur à travers les bois. On tombe alors sur les ruines du château de Roumegous, puis la chapelle de Murat, à laquelle on accède par un chemin de terre à pied (compter 15 mn) ou avec précaution en voiture. On découvre cette mignonne chapelle avec son petit cimetière abandonné et sa vue sur le château voisin. Ensuite, on longe le département du Tarn et la rivière du Viaur, où l'on pourra se laisser aller à une baignade sauvage (à ses risques et périls) par jour de grande chaleur, dans une eau pure et fraîche. Aire de pique-nique à la sortie du Roque. On remonte ensuite directement sur La Salvetat-Peyralès.

DES GORGES DE L'AVEYRON À LA VALLÉE DU LOT

Peu après La Salvetat-Peyralès, nous entrons dans le Rouergue occidental, aux confins de deux terroirs où le causse calcaire de Villeneuve se frotte au paysage plus modelé sur les bords des affluents de l'Aveyron. D'abord, des espaces assez plats où le chêne pubescent abonde ; puis une brutale plongée dans les lacets des gorges boisées et sauvages vers Najac, suivant les caprices des rus et des ruisseaux qui ont taraudé le plateau depuis des lustres.

Info utile

ℹ ***Le pays des Bastides du Rouergue :*** les sites de Villefranche, Najac, Villeneuve, Sauveterre, La Bastide-l'Évêque et Rieupeyroux appartiennent au réseau national des « Villes et pays d'Art et d'Histoire ». Ce label implique une mise en valeur et une animation du patrimoine par le biais de visites guidées thématiques et patrimoniales, assurées par des guides-conférenciers. Certaines de ces visites s'adressent plus particulièrement aux enfants. Renseignements auprès des offices de tourisme des villes et villages concernés, ou auprès de la *Maison du patrimoine* : *(rens : ☎ 05-65-45-74-63).*

NAJAC (12270) 745 hab. *Carte Aveyron, A3*

Aux confins du département entre le Tarn et le Tarn-et-Garonne, entre le Ségala et le Causse, c'est un charmant village de l'Aveyron (avec quelques façades non ravalées toutefois). Dans le passé, sa position stratégique, la plus imprenable de toute la région, suscita bien des convoitises. Quand on arrive du sud par la D 239 (venant de Saint-André-de-Najac), on comprend mieux. La forteresse s'élève sur une très haute colline enserrée dans une boucle de l'Aveyron et uniquement accessible par une étroite ligne de crête rocheuse sur laquelle s'étire la seule rue du village. Un îlot suspendu dans le ciel ! Paysage saisissant. Ce site, propriété des comtes de Toulouse, verrouillait toute la vallée. Rois de France et d'Angleterre, Albigeois, protestants, croquants, révolutionnaires de 1789, tous tentèrent de s'en emparer. En vain !

Adresses et infos utiles

Office de tourisme : *25, pl. du Faubourg (place principale, sous les arcades). ☎ 05-65-29-72-05. • infos@tourisme-najac.com • tourisme-najac.com • Oct-avr et vac de printemps, mar-sam 10h-12h30, 14h-17h ; mai-sept, lun-sam 9h30-12h30, 14h-18h, et dim mat, juil-août tlj (mer 19h). Fermé de janv à mi-fév.* Brochures, topoguides de randos et plans de ville avec parcours (et vues panoramiques) à disposition. Visites guidées du village de mi-juin à mi-sept *(mar 10h ; 3 € ; rdv devant l'office). Visites guidées aux flambeaux, juil-août, livret jeu « Le maître des secrets de Najac » (6-12 ans).*

Gare SNCF : *rens au ☎ 36-35 (0,34 €/mn) et 05-65-45-03-16.* Correspondance pour le train de Paris (via Figeac ou Villefranche) ; TER Najac, ligne Toulouse-Figeac-Aurillac.

AAGAC, base de pleine nature : *au fond du Camping Le Païsserou. ☎ 05-65-29-73-94. • aagac@wanadoo.fr • aagac.com •* Association pour l'animation des gorges de l'Aveyron et des Causses. Organisation d'activités sportives en extérieur (canoë, randos, VTT, parcours acrobatique dans les arbres, escalade...).

– **Marché :** *dim mat de mi-mai à mi-sept, pl. du Faubourg. Marché nocturne mer en juil-août.*

– **Brocantes d'été :** *14 juil et 15 août (ou la veille si dim).*

Où dormir ? Où manger ?

Bon marché

Camping Le Païsserou (ex-Les Clédelles) : *village de chalets du Pontet. ☎ 05-65-29-73-96. • info@camping-le-paisserou.com • camping-le-paisserou.com • Accès : par la D 39. Ouv mai-fin sept. Emplacements tente 11-19 € selon saison ; chalets 224-567 €/sem. 74 empl.* Au pied du château, au bord de l'Aveyron et sur le passage du GR 36, des emplacements « tente », délimités par des haies et ombragés, plus une vingtaine de bungalows en bois bien équipés (jusqu'à 6 personnes), et autant de chalets cette fois encore plus confortables et spacieux. Nombreuses activités familiales à proximité : accès gratuit à la piscine municipale, tennis, base de canoë-kayak, location de VTT, salle TV et un bar-resto où sont organisés des concerts en saison. Un vrai club de vacances ! Piscine.

Prix moyens

Le Belle Rive : *4, rue Roc-du-Pont. ☎ 05-65-29-73-90. • hotel.bellerive.najac@wanadoo.fr • lebellerive.com • Tlj sf lun midi en avr et oct et dim soir en oct. Congés : 1er nov-31 mars. Doubles 56-66 € selon vue et confort. Formules déj et menu en sem 7-14 €. Menus 19,50-38 €. Garage fermé. Café offert sur présentation de ce guide.* Un agréable hôtel dans un splendide cadre de verdure au pied du village, au calme (même si la voie ferrée n'est pas loin), dans l'un des méandres de la rivière. Un environnement propice au repos et à la détente : piscine et tennis donnent d'ailleurs à l'endroit un petit côté club de vacances familial pas désagréable. Chambres claires et plaisantes. Bonne cuisine traditionnelle. Très jolie terrasse aux beaux jours. Accueil affable et souriant.

Chic

L'Oustal del Barry : *2, pl. Sol-del-Barry. ☎ 05-65-29-74-32. • oustaldelbarry@wanadoo.fr • oustaldelbarry.com • À l'entrée du bourg. Tlj. Resto fermé le soir 11 nov-31 déc. Congés : hôtel de mi-nov à fin mars, resto de janv à fin mars. Doubles avec douche ou bains 58,50-80 €. Menu du jour env 15,50 €, formules 21,90 €, le soir 24,90-59.* Établissement bien plaisant par son accueil pro et chaleureux, son site, la qualité de sa cuisine et de son hôtellerie. Chambres récentes, impeccables et climatisées et, assez rare pour être souligné, un excellent petit déjeuner avec vue panoramique sur la vallée. Pour les repas, salle au cadre soigné avec vue sur le château illuminé, ou bien, en été, tables installées en terrasse à l'arrière. Dans l'assiette, une cuisine d'inspiration rouergate, à base de produits frais et de saison, extrêmement soignée mais que l'on peut tout aussi bien trouver inutilement compliquée. Voilà qui change en tout cas de l'ordinaire. Pour toutes ces raisons, une étape quasi incontournable dans le secteur !

Où dormir ? Où manger dans les environs ?

Campings

⛺ ***Camping Le Gourpassou :*** *ferme de Cessetières, 12270* ***Bor-et-Bar.*** *☎ 05-65-65-76-98. 📱 07-80-34-57-61. • contact@camping-legourpassou • camping-legourpassou.com • ♿ Accès : suivre Bar, puis continuer jusqu'à la rivière sur 1,5 km. Ouv avr-sept. Emplacement tente 11,10 € en hte saison ; chalets et mobile homes 180-410 €/sem, caravanes 220-250 €/sem. CB refusées. 39 empl.* La charmante famille Briane-Dezille vous accueille dans un petit camping tout en longueur, le long de la rivière et attenant à la ferme. Bien au calme puisque la petite route sinueuse se termine ici. Légumes du potager, confitures maison et miel du voisin sont vendus sur place. Et puis il y a la buvette, où l'on vous propose en pleine saison petit déjeuner, crêpes, frites, plats à emporter maison (certains jours, sur résa), préparés, dans la mesure du possible, avec des produits de la ferme. La vie ici est un long fleuve tranquille, proche de la nature, et l'atmosphère est conviviale, vous l'aurez compris. Escalade et *via ferrata* à deux pas (location de matériel au village).

⛺ 🍴 ***Domaine de Muret :*** *chez M. et Mme Larroque à* ***Saint-Salvadou*** *(12200). ☎ 05-65-81-80-69. 📱 06-72-48-11-02. • contact@campinglemuret.com • campinglemuret.fr • ♿ Accès : suivre le fléchage. Ouv début juin-fin août. Emplacements tente 14,50-18,50 € selon saison. Slt 4 mobile homes 38-87 €/nuit, 221-610 €/sem. 4 tentes équipées pour 4-6 pers et 470 €/sem. 44 empl. Apéritif de bienvenue offert sur présentation de ce guide.* D'un côté, le château familial avec chambres d'hôtes, de l'autre, un super camping nature, réservé essentiellement aux 40 emplacements « tente », sur un vaste terrain arboré et autour d'un étang avec jeux d'extérieur pour enfants. À l'entrée, le bistrot avec sa terrasse où l'on sert snacks et en-cas au déjeuner, carte plus élaborée le soir. Accueil adorable et familial.

De bon marché à prix moyens

🏠 ***Chambres d'hôtes chez M. et Mme Verdier :*** *lieu-dit La Prade-Basse, 12270* ***Najac.*** *☎ 05-65-29-71-51. • jp_et_m_verdier@hotmail.com • lapradebasse.com • À 3 km env de Najac. Sortir de Najac par la D 239, vers Saint-André-de-Najac ; à un carrefour, suivre la pancarte « La Prade-Basse ». Compter 45 € pour 2. 📶 Réduc de 10 % à partir de 3 nuits sur présentation de ce guide.* Jolie maison en pleine nature, qui propose une poignée de chambres d'hôtes agréables, avec salle d'eau et w-c privés. Cuisine à disposition. Accueil charmant.

🏠 🍴 ***Relais Mont Le Viaur :*** *12270* ***Saint-André-de-Najac.*** *☎ 05-65-65-08-68. • contact@montleviaur.fr • montleviaur.fr • À 7 km au sud-est de Najac sur la D 922. Double 64 €. Formule déj 13,50 € (en sem), menus 21,50-42 €. ½ pens demandée le soir dim-mar. Parking privé juste devant.* 📶 Hôtel, restaurant, supérette multiservice (presse), le *Relais Mont Le Viaur* est un lieu de vie et de passage ouvert à tous du matin au soir. D'où qu'on vienne, en traversant le petit carrefour où il se situe, impossible de louper cette imposante bâtisse en pierre claire du pays, habillée de volets vert tilleul. Le tout dans un superbe écrin de verdure. Côté hébergement, 7 chambres impeccables, climatisées et toutes neuves, donnant sur la vallée et agrémentées de terrasse privative. Au lever du soleil, ce n'est pas mal. Au soleil couchant, avec un apéro, c'est top ! Grande salle de restaurant de style rustique, aux teintes claires. Belle cuisine régionale réputée, assortie d'une carte de vins soignée. Accueil chaleureux et familial.

Crêperie La Châtaigneraie : *12270* ***Saint-André-de-Najac.*** *☎ 05-65-65-63-07. 06-27-05-34-84. De Saint-André, prendre la route qui descend vers le Viaur. Ouv juil-sept slt, tlj 12h-1h du mat (à partir de 18h le mar). Menu 12 €, carte env 15 €. Café offert sur présentation de ce guide.* Jolie vue en arrivant sur l'un des nombreux moulins qui jalonnaient autrefois le Viaur et la petite plage de Lagarde, très fréquentée depuis les années 1930. Les familles encore nombreuses viennent y pique-niquer le dimanche. Juste avant le pont, une petite clairière où sont installées les tables de la crêperie. Bonnes crêpes, repas thématiques et concerts tout au long de la saison. Un lieu vivant et fort sympathique !

Chambres d'hôtes la Serène : *Pont Jalbert, 12270* ***La Fouillade.*** *☎ 05-65-29-67-93. • la.serene@orange.fr • laserene.fr • À 11 km à l'est de Najac par la D 39 ; traverser La Fouillade et poursuivre sur la D 39, c'est fléché sur la droite, env 4 km plus loin. Congés : déc-janv. Compter 65 € pour 2. Familiale 105 €. Table d'hôtes 22 € tt compris. Un pot de confiture maison offert sur présentation de ce guide.* Jolie petite villa aux airs d'hier avec un grand jardin fleuri. Tranquille donc. D'autant qu'il n'y a ni wifi ni TV pour que les ondes ne viennent pas troubler votre sommeil ! Démarche donc plutôt écolo qu'on retrouve à la table d'hôtes : les légumes viennent du potager, cultivé sans produits chimiques. Chambres simplement mignonnes. Belle piscine. Et on est accueilli ici comme par des amis qu'on aurait quittés la veille.

Chambres d'hôtes La Ferme de Lacalm : *12200* ***Sanvensa.*** *☎ 05-65-29-81-63. • contact@ferme-lacalm.com • ferme-lacalm.com • À 10 km de Najac ; accès par la D 922, c'est fléché sur la droite, juste avt d'arriver sur Savensa. Ouv tte l'année. Compter 60 € pour 2. Table d'hôtes 21 € tt compris. Pot d'accueil offert sur présentation de ce guide.* Une gentille adresse toute simple, labellisée « Bienvenue à la ferme ». Vieille demeure de pierre offrant 4 agréables chambres, fraîches et coquettes, et un sympathique jardin pour se relaxer. Cuisine familiale à base des produits de la ferme et spécialité de gâteau cuit à la broche.

Chambres d'hôtes Le Domaine Le Muret : *12200* ***Saint-Salvadou.*** *☎ 05-65-65-69-74. • info@lemuret.com • domainelemuret.com • Très bien fléché depuis Saint-Salvadou. Compter 80 € pour 2 ; table d'hôtes 24 €. Apéritif offert sur présentation de ce guide.* Envie de camper (voir plus haut rubrique « Campings ») ou d'une chambre cosy ? De barboter et pêcher dans l'étang ou jouer les poissons dans la piscine ? D'un bon petit plat en table d'hôtes ? Bonne pioche, *Le Domaine Le Muret* réussit le pari du tout-en-un, géré, du cousin aux frères et sœurs et aux parents, par les membres d'une même famille. Atmosphère familiale donc et bon enfant, qu'on retrouve sur le domaine. 5 superbes et vastes chambres d'hôtes aménagées dans l'ancienne grange, une ferme fortifiée du XVIIIe s, dans un esprit rustico-provençal chic, agréables à vivre et avec vue sur la campagne. Dans l'autre aile, plus simple, un gîte *(8 pers).* À la table d'hôtes, Annette (la maman), passionnée de cuisine, concocte d'excellents petits déj, et des repas dans la grande tradition locale à base de produits du cru (tarte noix-roquefort, Parmentier de canard...). Enfin, une petite piscine avec barbecue et coin cuisine à dispo. Un lieu vraiment confidentiel, isolé mais en même temps pas si loin de grands sites touristiques ; autant dire que mettre le pied ici, c'est devenir un habitué...

Voir aussi plus loin **La Ferme de Carles** dans « Où déguster et acheter de bons produits ? ».

Où déguster et acheter de bons produits ?

Boulangerie-pâtisserie Hubert Delmur : *12270 Najac. ☎ 05-65-29-75-49. Tlj sf lun hors saison.* Najac a été classé « site remarquable du goût » pour sa fête de la Fouace, et ce boulanger la confectionne dans les règles de l'art, c'est-à-dire onctueuse à souhait et parfumée d'un soupçon de fleur d'oranger, tout au long de l'année. Ne pas se priver non plus des financiers nature ou au chocolat. Mortels à tous points de vue !

La Ferme de Carles : *12200 **Monteils,** entre Najac et Villefranche-de-Rouergue. ☎ 05-65-29-62-39. Ouv juil-août mar-jeu, lun soir et jeu soir. Sur résa pour les groupes le reste de l'année. Visite de la ferme obligatoire pour avoir droit au repas ! Attention, appelez afin de prévenir de votre arrivée. Menus 25-30 € ; enfants 5-12 ans : 12,50 € ; gratuit moins de 5 ans. « Pâté pour les amis » offert sur présentation de ce guide.* Carlou (comme l'appellent ses amis) est un véritable artiste et un personnage. Son métier lui tient à cœur. Il aime ses canards et vous fera partager sa passion. Comme tout artiste qui se respecte, il a réussi à imposer SA manière de faire ! Tous ses confits, ses fritons, etc., sont cuits au feu de bois dans de grandes marmites en cuivre. Dégustation mémorable, un verre de vin du pays à la main... Et puis, il a ouvert un autre resto dans sa ferme, une bonne table paysanne comme autrefois, copieuse et autour de bons produits.

À voir. À faire

Le faubourg : vaste esplanade sur les hauteurs de la ville, bordée d'un côté de maisons sur couverts de pierre des XVe et XVIe s, de l'autre de vénérables demeures fleuries. L'ensemble possède pas mal de charme. C'est aujourd'hui le cœur de Najac, mais c'était autrefois un faubourg.

L'ancien bourg : accès par le *Barriou* et la *rue du Bourguet* (piéton en juillet-août). Vue superbe sur la forteresse. Au passage, on croise quelques maisons à encorbellement et la fontaine monolithe du XIVe s. Au fond de la rue, *chapelle Saint-Barthélemy* du XIVe s et autres points de vue sur la forteresse et la vallée. Descendre la ruelle. On passe à gauche sous une ancienne porte de la ville, puis devant les ruines de la *maison du Gouverneur,* ancienne demeure seigneuriale, où Blanche de Castille aurait dormi. Au bout de la rue en pente raide, *maison du Sénéchal.* Aller jusqu'à la forteresse.

La forteresse royale de Najac : *☎ 05-65-29-71-65. Avr-Toussaint, tlj 10h30-13h, 15h-17h30 (18h30 juin ; 10h30-19h juil-août et 20h mer) ; fermé nov-mars. Entrée : 5 € ; réduc.* La forteresse fut édifiée en 1253 par les comtes de Toulouse, dont Alphonse de Poitiers, frère de Saint Louis, sur les soubassements d'un ancien château de la fin du XIIe s. D'architecture militaire, elle est constituée de trois enceintes successives avec un système de défense intérieur remarquable : aménagement subtil des archères (de 6,80 m, uniques au monde et permettant le tir de trois archers à la fois) et jeu compliqué des escaliers extérieurs obligeant les attaquants à franchir des passages étroits et fort bien défendus. Belles salles voûtées d'ogives, baies géminées, couloir secret, élégantes cheminées qui démontrent que les architectes de l'époque se préoccupaient aussi de l'esthétique. Également une grande maquette didactique accompagnée de plans d'architecture.
Boutique.

L'église Saint-Jean : *ouv au public mai-sept, tlj 10h (11h dim)-12h, 14h-18h ; avr et oct slt w-e et j. fériés.* Au cœur du village médiéval, au-delà de la porte de la Pique, du XIIIe s. Construite en 1258 aux frais des habitants (sur ordre de l'Inquisition) pour s'être convertis à l'hérésie cathare. Là aussi, son volume témoigne de l'importance de la ville à l'époque. Architecture très dépouillée. À l'intérieur, une originalité : les fenêtres en forme de trèfle, serties de vitraux du XIXe s, système d'ouverture quasi unique pour les églises du Moyen Âge. On y trouve quelques pièces rares du XIIIe s : derrière l'autel, une *croix reliquaire* en argent filigrané et un *porte-cierge* en ferronnerie de forme cylindrique. Statues en bois polychrome du XVIe s, christ d'origine catalane.

– ***Base de loisirs de Najac (AAGAC) :*** *rens et résas au ☎ 05-65-29-73-94. Ouv tte l'année.* Excellents encadrement et équipement pour les sports nautiques, canoë-kayak et rafting. Location de canoës-kayaks pour les randonnées libres. Également VTT, parcours acrobatique dans les arbres, randonnées pédestres ou aquatiques, *paintball.* Initiation et hébergement (camping et gîte d'étape). Avec, en amont, la base nautique de *Monteils* et, en aval, *Laguépie.* Descente en eau calme ou en eau vive suivant son expérience (retour assuré, bien entendu), etc.

Manifestations

– ***Salon du goût :*** *le 1er w-e d'avr.* Les producteurs de toute la France présentent leurs produits.
– ***Festival en Bastides :*** *la 1re sem d'août. Rens : ☎ 05-65-45-76-74. • espaces-culturels.fr •* Théâtre et art de rue à Villefranche, Najac, Sauveterre, Villeneuve, La Bastide-l'Évêque, Rieupeyroux.
– ***Fête de la Fouace :*** *à la Saint-Barthélemy (3e w-e d'août).*

VILLEFRANCHE-DE-ROUERGUE

(12200) 11 920 hab. *Carte Aveyron, A2*

La capitale du Rouergue occidental abrite l'une des plus séduisantes bastides de la région Midi-Pyrénées. On ne manquera pas le panorama sur la ville depuis le haut de la côte de Macarou (direction Rodez/Millau). Impressionnante masse de la collégiale émergeant de la forêt de tuiles rouges. Aujourd'hui ville active et colorée, elle révèle de nombreuses rues faites de vieux galets, impitoyables pour les talons aiguilles, aux noms pittoresques comme la rue des Pergameniers... du nom des anciens concepteurs de parchemins, et quelques belles bâtisses architecturales. À ne manquer sous aucun prétexte, le traditionnel marché du jeudi matin sur la place Notre-Dame !

UN PEU D'HISTOIRE

Bastide créée en 1252 par Alphonse de Poitiers, frère de Saint Louis (quel activiste !), elle obtint une charte de franchise et le **privilège de tenir foires et marchés,** ce qui lui fit acquérir très vite une réputation de grande place de commerce (toiles, draps, peaux, travail du cuivre et de l'argent). En 1369, la cité gagna en plus le droit de battre monnaie.
Si la ville s'enrichissait, en revanche, les campagnes connaissaient la misère. En 1643, plus de 10 000 paysans affamés, croulant sous les impôts divers, se révoltèrent. Ce fut le mouvement des « croquants du Villefranchois », l'une des plus importantes jacqueries du Midi. Bien sûr, comme beaucoup de révoltes paysannes, par manque de coordination et de direction, elle ne réussit pas à

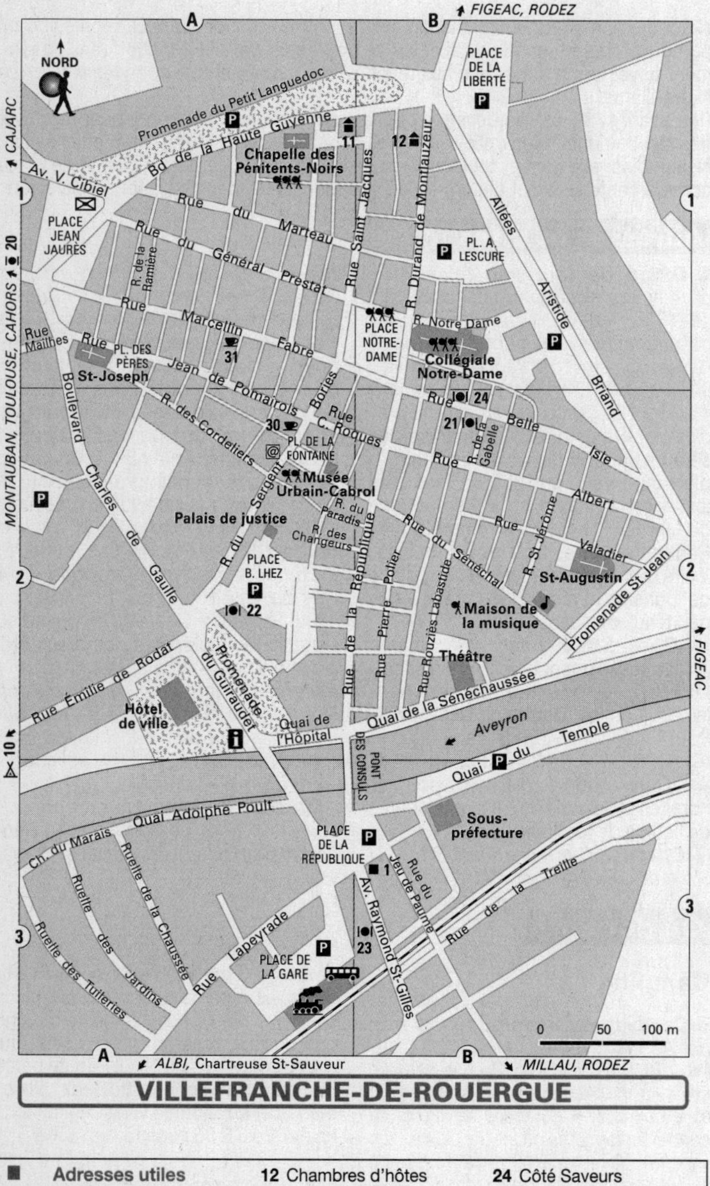

VILLEFRANCHE-DE-ROUERGUE

■ Adresses utiles

- Office de tourisme
- 1 Chrono Cycles
- @ Cyber Base

Où dormir ?

- 10 Camping du Rouergue
- 11 Hôtel Les Fleurines
- 12 Chambres d'hôtes La Maison Pago

Où manger ?

- 20 Le Bistrot
- 21 La Gabelle
- 22 L'Ardoise
- 23 L'Épicurien
- 24 Côté Saveurs

Où prendre le thé ? Où déguster une bonne pâtisserie ?

- 30 L'Amandier
- 31 Henry Passion-Chocolat

s'étendre ni à effectuer la jonction avec d'autres mouvements. La répression fut particulièrement sanglante. Nobles et bourgeois de Villefranche firent cruellement payer leur grande peur aux révoltés, qui furent pendus ou roués vifs, place Notre-Dame.
Peu avant 1789, la ville devint la capitale de la Haute-Guyenne... pour retrouver très rapidement l'anonymat à la Révolution, à cause de la départementalisation. Néanmoins, elle parvint toujours à conserver son rôle de pôle régional, de place commerçante active et désormais de ville touristique incontournable en Aveyron.

Adresses et infos utiles

Office de tourisme *(plan A2)* **:** *promenade du Guiraudet. ☎ 05-65-45-13-18. • tourisme-villefranche-najac.com • Avt le pont qui franchit l'Aveyron. Ouv tte l'année : lun-ven 9h-12h, 14h-17h (19h en été) et sam mat 9h-12h ; plus le sam ap-midi et dim mat en juil-août.* Organise des séjours randonnées clés en main, à pied ou à vélo, sur une ou plusieurs journées, et des visites thématiques de la ville : chartreuse, chapelle des Pénitents-Noirs, bastide et musée. Visite audioguidée au départ de l'office de tourisme et autoguidée grâce à des panneaux disposés en ville.

Gare SNCF *(plan A3)* **:** lignes Toulouse-Capdenac et Paris (Austerlitz)-Brive-Capdenac. Dessert également Aurillac, Carmaux, Decazeville. Pour Figeac, service de cars. *Infos et résas : ☎ 36-35 (0,34 €/mn).*

Gare routière *(plan A3)* **:** pour les horaires et liaisons de bus, rens auprès de l'office de tourisme.

Chrono Cycles *(plan B3,* ***1****)* **:** *3, av. Raymond-Saint-Gilles. ☎ 05-65-45-20-83. • chronocycles2@wanadoo.fr • Fermé dim-lun. Prévoir carte d'identité et caution de 250 €/vélo.* Une maison sérieuse qui loue pour quelques heures, à la journée ou à la semaine, de bons VTT pour découvrir la ville et ses environs, mais attention, ça grimpe pas mal dans certains coins. Antivol, kit réparation et sacoches fournis (pratique pour le pique-nique), mais prévoir un casque.

@ **Cyber Base** *(plan A2)* **:** *20 bis, rue Sergent-Bories. ☎ 05-65-81-16-13. • contact@ateliersdelafontaine.fr • Ouv mar-sam 10h-12h, 14h-18h, sf sam mat hors saison. Congés : 2de quinzaine d'août.* Bon matériel et nombreux ordi à dispo. *Compter 2 €/h la connexion.*

– **Marchés :** *important le jeu mat, pl. Notre-Dame et pl. de la Halle. Petit marché mar et sam mat sous les arcades, et dim mat pl. de la République.*

– **Foire :** *4e jeu du mois.*

– **Marchés de nuit :** *4 fois en hte saison (infos à l'office de tourisme).* Rencontre de producteurs du pays.

Où dormir ?

Camping

Camping du Rouergue *(hors plan par A2,* ***10****)* **:** *av. de Verdun, au* ***Teulel****. ☎ 05-65-45-16-24. • campingrouergue@wanadoo.fr • campingdurouergue.com • Accès : à 800 m du centre ancien, près du stade. Ouv avr-fin sept. Emplacements tente 12-15 € selon saison. Loc mobile homes, caravanes et bungalows toilés 150-470 €/sem selon période et nombre de pers. 98 empl. Réduc de 1 € tte l'année sur les emplacements sur présentation de ce guide.* Un beau terrain plat en bord de rivière, d'excellent confort, paisible et bien ombragé. Emplacements séparés par des haies, répartis sur 2 ha, avec 2 blocs sanitaires bien tenus. On ne se marche pas dessus mais on préfère ceux qui sont placés sous les tilleuls. Toute petite piscine à l'entrée, buvette, jeux, bibliothèque et location de vélos. Animations en été. Le GR 36 passe à proximité.

De prix moyens à chic

Hôtel Les Fleurines *(plan A1,* ***11****)* **:** *17, bd Haute-Guyenne. ☎ 05-65-45-86-90. • contact@lesfleurines.com • lesfleurines.com • À 5 mn à pied du centre-ville. Doubles 59-119 €, suites* *plus chères. Parking municipal gratuit juste en face.* Quelle belle surprise que cette vieille auberge réhabilitée en hôtel design par le fils du propriétaire du *Relais de Farrou*. Un décor inattendu dans cette petite cité paisible et hors d'âge... Seuls les murs XVIIIe ont été conservés, le reste a entièrement été repensé : 28 chambres de taille convenable (certaines, malgré tout, un peu petites), donnant côté rue mais avec un efficace double vitrage (et encore, on n'est pas au-dessus d'une autoroute), ou à l'arrière au-dessus d'une ruelle et sur l'adorable placette Saint-Jacques et la chapelle des Pénitents (la vue de la chambre no 16 est formidable). Les couloirs et murs foncés pourront surprendre, les lits ronds posés au milieu de la pièce faire perdre le sens du sommeil, mais tout le monde s'accordera à dire que l'accueil est adorable, l'entretien nickel et le confort optimal : écrans LCD, clim, sanitaires dernier cri. Spa. Le petit déj est servi dans une salle au décor *lounge* ou, aux beaux jours, sur la terrasse ombragée. Une totale réussite, compte tenu des prix.

Chambres d'hôtes La Maison Pago *(plan B1, **12**) : 29, rue Durand-de-Montlauzeur. ☎ 05-65-81-59-26. 06-83-50-22-93. • pierre@maisonpago.fr • maisonpago.fr • Compter 86-98 € pour 2. Garage privé payant.* Les chambres sont installées dans une ancienne conserverie (il faut le savoir, mais les accueillants proprios se feront un plaisir de vous raconter l'histoire de la maison !). Après avoir grimpé l'escalier se dévoilent 2 grandes terrasses où prendre son temps ou le petit déj, avec vue sur les toits de la bastide et le clocher de la collégiale. 3 chambres, de bonne taille (2 peuvent accueillir jusqu'à 4 personnes), joliment arrangées.

Où manger ?

Bon marché

Le Bistrot *(hors plan par A1, **20**) : 12, rue Jacques-Borelly. ☎ 05-65-81-13-89. • francoise.ceccato@wanadoo.fr • Dans la rue de l'ancienne* Banque de France. *Ouv à midi, tlj sf dim et j. fériés (sur résa le soir). Plat du jour 8 €, formule déj 11 € et menu 13 €. Café offert sur présentation de ce guide.* 2 salles assez banales avec banquettes de moleskine, quelques tables de marbre où célibataires et gens venus seuls mangent tous dans la même direction (la télé !). Mais on y trouve un accueil affable, une vraie clientèle ouvrière et populaire, fidèle à cette goûteuse cuisine de famille, servie généreusement. Menu du jour imbattable avec pichet de vin, fromage et dessert compris. Définitivement, notre cantine favorite à midi ! Salle climatisée.

La Gabelle *(plan B2, **21**) : 10, rue Belle-Isle. ☎ 05-65-45-57-13. • frederickolhmann@sfr.fr • Tlj sf dim-lun et j. fériés. Résa conseillée. Formules 9,50-11 €, carte env 15 €.* Une pizzeria courue à Villefranche, à l'ambiance chaleureuse, dans le style chaumière et poutres apparentes. Vaste choix de pizzas, bien sûr, mais aussi de pâtes fraîches, salades et grillades. Service rapide, excellent accueil. Petite terrasse sur ruelle piétonne.

L'Ardoise *(plan A2, **22**) : 8, pl. Bernard-Lhez. ☎ 05-65-45-30-85. • lardoise.vdr@gmail.com • Juste en face du palais de justice et du parking. Juil-août ouv tlj sf mer, hors saison tlj sf mar soir et mer. Formules déj 11,30-13,40 €, puis 25 €.* L'enseigne n'est pas bien vieille, mais elle affiche déjà complet certains jours et notamment les jours de marché. Jolie salle avec mobilier en bois et tissus de couleur, ou tables en terrasse (calme et ombragée). Mais ce qui plaît surtout, ce sont les formules « sur le gril », généreuses et à base de produits locaux : côte de bœuf de 2 kg (à partager, bien sûr !) du Rouergue, veau du Ségala, burger de canard aux cèpes... Également des *parrilladas,* des grosses salades à thème. Généreux, tout comme l'accueil gentil et souriant !

De prix moyens à chic

L'Épicurien *(plan B3, **23**) : 8 bis, av. Raymond-Saint-Gilles.*

☎ 05-65-45-01-12. • lepicurien-villefranche@orange.fr • ♿ Entre la gare et la pl. de la République. 2 entrées possibles : côté boulevard ou parking de la gare, où l'on peut d'ailleurs garer gratuitement son carrosse. Tlj sf dim soir et lun 12h-14h, 19h-22h (service tardif, rare et bien appréciable !). Formules déj 19,50-21 €, menus 31-45 €. Apéritif offert sur présentation de ce guide. L'une des tables les plus réputées du secteur, et pour cause : ici, on sait travailler les produits frais comme le poisson mais aussi le bœuf. Goûtez par exemple aux grenadins de lotte en croûte de pralines roses ou au tournedos de bœuf enrobé de noix de pécan. Un style, un savoir-faire et une pointe d'originalité perpétués par le chef. Le tout servi dans un décor boisé de vieilles poutres et une élégante vaisselle disposée sur des tables nappées. Bon choix de vins. Accueil très pro, pour finir.

Côté Saveurs (plan B2, **24**) : 5, rue Belle-Isle. ☎ 05-65-65-83-64. • cotesaveurs@orange.fr • ♿ En centre-ville. Ouv mar-sam et j. fériés, midi et soir. Congés : 1er-15 juil. Formule déj en sem 20 €, menus 31-60 €. Encore la preuve que Villefranche ne s'endort pas dans ses vieilles pierres : dans un cadre contemporain, élégant et intimiste (tons chocolat, mur de pierres et voûtes), le jeune chef concocte une cuisine de saison qui varie forcément en fonction du marché, mais aussi de son imagination. Et côté saveurs, justement, ses plats joliment présentés ne sont pas en reste. Raffinés, savoureux, créatifs, ils manquent cependant parfois (pour les gros appétits) d'un peu de consistance. La formule du déjeuner constitue une bonne alternative en terme de rapport qualité-quantité-prix ! Bon point pour la carte des vins, qui fait la part belle aux crus locaux et du Sud-Ouest.

Où dormir ? Où manger dans les environs ?

De prix moyens à chic

Chambres d'hôtes Le Mas de Comte : chez Agnès Jayr, Les Pesquiés, 12200 Villefranche-de-Rouergue. ☎ 05-65-81-16-48. • masdecomte@wanadoo.fr • masdecomte.free.fr • À 3 km au sud du centre-ville, route de Najac ou Laguépie (D 922). Congés : Toussaint-mars. Compter 60 € pour 2. Vieille maison en pierre recouverte d'une somptueuse glycine odoriférante et entourée d'un beau jardin. 3 chambres de charme, avec parties communes : salon, cheminée et petite cuisine.

Le Relais de Farrou : route de Figeac, 12200 **Farrou.** ☎ 05-65-45-18-11. • contact@relaisdefarrou.com • relaisdefarrou.com • ♿ À 3 km sur la route de Figeac. Resto tlj en saison, sinon, fermé sam midi, dim soir et lun. Doubles 84-122 € selon confort et saison. Formule déj 18 €, menus 25-50 €. Grand établissement ou petit complexe (c'est au choix) éminemment touristique, avec parc verdoyant et fleuri, piscine, sauna, salle de gym et même une piste d'hélicoptère. Alternez le repos avec les nombreuses activités qui vous sont proposées : tennis, minigolf, VTT, vélo, espace de jeux pour les enfants... En revanche, pour le charme, on repassera (surtout qu'on est en bord de route et à l'orée d'une mini-ZI). Mais la clientèle vient avant tout chercher un confort cossu et d'excellentes prestations, notamment au resto. Accueil à la mesure.

Où prendre le thé ? Où déguster une bonne pâtisserie ?

L'Amandier (plan A2, **30**) : 16, rue Sergent-Bories. ☎ 05-65-45-53-19. Tlj sf dim ap-m-lun. Voici le seul pâtissier de la ville qui fait du gâteau à la broche en forme de stalagmite, une spécialité du Villefranchois et du Ségala, traditionnellement confectionnée par les paysans. Autres spécialités : les rissoles aux pommes (ou aux pruneaux), la croquande et la fouace de campagne.

Henry Passion-Chocolat *(plan A1, **31**) : 21, rue Marcellin-Fabre. ☎ 05-65-45-01-48. À l'angle des Cazal. Tlj sf dim ap-m et lun. De juil à mi-août ouvert lun.* Le meilleur chocolatier de la ville, qui a obtenu plusieurs grands prix. Spécialité de thés également et de succulentes tartes aux fruits de saison.

À voir

– ***Visite guidée*** de la bastide, centre ancien, en juillet-août : du lundi au vendredi à 10h30 (départ de l'office de tourisme). ***Visite audioguidée*** toute l'année, aux jours d'ouverture de l'office de tourisme et ***visite autoguidée*** grâce aux panneaux disposés dans la ville.

La place Notre-Dame *(plan A-B1)* **:** le cœur de la ville médiévale. Une des plus harmonieuses que l'on connaisse. Entourée de couverts de pierre et de demeures hautes pour l'époque, qui témoignent vraiment de la grande richesse des marchands des XVe et XVIe s. Voyez la *maison* dite de Dardenne. À l'angle de la *rue de la République*, une belle porte Renaissance. Poussez-la pour découvrir, dans une petite cour, le merveilleux décor de la façade intérieure (balcons d'angle, fenêtres à meneaux, bustes sculptés des propriétaires (!), tourelle, etc.). Ne pas rater le coloré et pittoresque marché du jeudi matin, où l'on n'entend parler qu'occitan. Vous verrez danser les jets de la fontaine au son du carillon récemment restauré, un des plus grand de Midi-Pyrénées, dit-on.

La collégiale Notre-Dame (plan B1) **:** *visite guidée du clocher (2,50 €) en juil-août, tlj sf dim 10h-12h, 15h-18h.* La collégiale fut construite à partir de 1260 avec la belle pierre calcaire du pays et achevée seulement en 1519. D'allure éléphantesque, impressionnant *clocher-porche* de 59 m de haut, aux énormes piliers. À l'intérieur, harmonieuses proportions de la nef avec ses grandes arcades. Dans le chœur, certains vitraux datent du XVe s. Belles *stalles* d'André Sulpice, qui réalisa aussi celles de la cathédrale de Rodez, sur lesquelles il travailla plus d'une quinzaine d'années. Dans la chapelle du transept gauche, une *Visitation* en marbre, œuvre de Puget, près du chœur, et de superbes miséricordes.

À partir de la place Notre-Dame, quelques belles demeures à découvrir. Au nº 2 ***rue Marcellin-Fabre,*** splendide tourelle d'escalier au-dessus de la porte Renaissance. Tout à côté, en redescendant la ***rue du Sergent-Bories,*** au nº 2, magnifique tour d'escalier, du XVIe s, coincée dans un renfoncement. Pilastres et tympan, festival de pierre ciselée. Le sergent Bories (grand républicain, né à Villefranche) était l'un des quatre sergents de La Rochelle, et fut guillotiné en 1822 pour complot contre le roi.

Le musée Urbain-Cabrol (plan A2) **:** *pl. de la Fontaine. ☎ 05-65-45-44-37. Avr-juin et sept, mar-sam 14h-18h ; juil-août, mar-sam 10h-12h, 14h30-18h30. GRATUIT.* Dans un hôtel particulier du XVIIIe s, un intéressant musée régional. D'abord, une salle d'art premier océanien (canaque, samoan, etc.). Beau casse-tête *gi okonu* (sceptre de cérémonie de Nouvelle-Calédonie). Au 1er étage, deux salles présentant des expositions temporaires. Salle d'art baroque avec une toile représentant une procession de pénitents à Villefranche, diverses peintures et statues, et des bâtons de procession. Noter le « serpent », un curieux instrument de musique. Au 2e étage, la *salle Alibert,* consacrée à un grand médecin français originaire de la ville. Instruments de chirurgien et de dentiste du début du XIXe s, table d'accouchement, tableau (la *Leçon à l'hôpital Saint-Louis du docteur Alibert*). Présentation de quelques cas de maladies en estampes, diplômes... Au 3e étage, sous les combles, section ethnographique et intéressante reconstitution d'une cuisine régionale, objets domestiques divers, instruments agraires et la première « nasse à rats » jamais fabriquée.

L'ancienne chapelle des Pénitents-Noirs *(plan A1)* **:** *à l'angle du bd de Haute-Guyenne et de la rue des Pénitents-Noirs. ☎ 05-65-45-13-18 (office de tourisme). Avr-fin oct : mar-sam 14h-17h (tlj jusqu'à 18h, juin-sept) ; juil-août : tlj 10h30-12h, 14h-18h (non-stop de mi-juil à mi-août). Entrée : 4 € ; réduc ; gratuit moins de 12 ans.*
Édifiée en 1642. Surmontée d'un curieux clocheton. La confrérie des Pénitents noirs, fondée au début du XVIIe s, payait une cotisation annuelle permettant de secourir les malades, de pratiquer les inhumations, de veiller à l'administration du saint sacrement, etc. Elle était constituée, entre autres, de commerçants et de paysans souvent pauvres qui, au lieu de verser une participation pécuniaire, s'acquittaient eux-mêmes de ces tâches souvent ingrates.
Sa restauration récente lui a rendu tout son faste baroque, et un passionnant commentaire audio (et musical !) en détaille les richesses. Remarquables peintures sur le plafond de bois, de la seconde moitié du XVIIe s, figurant saints et anges. Belles clés de voûte dorées. Au centre de la coupole, le *labarum,* cette croix des Pénitents entourée de flammes. Imposant retable en bois sculpté doré, du début du XVIIIe s. Décor assez époustouflant, comme l'aimait le Grand Siècle. Belles copies du XVIIIe s de tableaux de Van Dick, Rubens...

La chartreuse Saint-Sauveur *(hors plan par A3)* **:** *à 500 m de la ville, route de Najac et d'Albi. ☎ 05-65-45-13-18 (office de tourisme). Mêmes horaires que la chapelle des Pénitents-Noirs. Entrée : 5 € ; réduc ; gratuit moins de 12 ans. Visite guidée en juil-août à 14h30, 15h30 et 16h30.*
L'un des plus importants édifices du Rouergue et chefs-d'œuvre de la ville. Sa construction débuta en 1451 grâce à la fortune d'un très riche négociant de Villefranche. Il ne fallut que 8 ans pour l'achever, ce qui explique l'unité quasi parfaite de l'ensemble. La chartreuse fut transformée en hôpital à la Révolution.
Aujourd'hui, on peut admirer la *chapelle* et ses vitraux du XVe s, les *stalles* d'André Sulpice, la *salle capitulaire* et le *petit cloître.* Quant au *grand cloître,* c'est un chef-d'œuvre de l'art gothique d'une certaine sobriété. Jeu et rythme superbes des claires-voies flamboyantes quand elles se superposent. Dans le réfectoire voûté d'ogives se trouve le clou de la visite, à savoir une splendide chaire du lecteur sculptée et faisant corps avec le mur ; c'est l'une des plus belles chaires gothiques de France. Salle d'exposition permanente sur l'ordre des Chartreux en France et dans le monde.

Musique

La maison de la Musique – Médiathèque de Villefranche-de-Rouergue *(plan B2)* **:** *rue du Sénéchal. ☎ 05-65-81-27-36. Mar 15h-18h30 ; mer 10h-12h, 14h30-18h30 ; jeu 10h-12h, (15h-18h30 bibliothèque slt) ; ven 14h30-18h30 ; sam 10h-16h30. Accès à la documentation jazz sur rdv slt.* Vous ne le savez peut-être pas, mais vous voici dans la municipalité la plus « jazzy » de France. Les noms d'Ella, Benny, Duke, Louis, etc. résonnent en ville. Effectivement, Villefranche a racheté en 1978 une extraordinaire collection de documents se rapportant au jazz, appartenant à Hugues Panassié, célèbre et respecté critique de jazz originaire de la région. Panassié fut le premier à travailler à la définition de ce nouveau genre musical. S'ajoutent à sa collection soigneusement conservée de nombreuses autres pièces, de toutes les mouvances et de tous les courants jazzistiques. On dénombre plus de 41 000 documents, sonores bien sûr mais aussi écrits, à la disposition des chercheurs et autres mélomanes. Collection considérée comme le deuxième fonds public français sur le jazz et dont la notoriété a depuis longtemps dépassé les frontières de l'Hexagone. Le secteur discothèque, en collaboration avec l'*Association Jazz Animation Rouergue,* produit et vend des CD, comme ces rarissimes enregistrements de V Discs ou les émissions radiophoniques « Jazz Panorama », véritables cours magistraux de « Maître Panassié ».

À faire

➢ ***Randonnées pédestres***

– Toute l'année, randonnées organisées dans la région par l'association *Lo Caminaïre (☎ 05-65-45-13-18).*

– *Sport et nature* (voir « Canoë kayak ») propose aussi des randonnées accompagnées à la journée, thématiques ou nocturnes.

– Quant à *Rouergue Tourisme Service,* il propose des randonnées en liberté à pied ou à vélo de 3 à 11 j., avec portage des bagages. *Rens office de tourisme : ☎ 05-65-45-13-18.* Possibilité de boucles à faire seul, grâce au topoguide *En pays villefranchois* en vente à l'office de tourisme et sur le site *• tourisme-villefranche-najac.com •*

– ***Canoë-kayak :*** ***Sport et nature,*** *chemin du Teulel à Villefranche. 📱 06-07-99-52-65. Également à la* ***base de loisirs de Najac.*** *☎ 05-65-29-73-94.*

– ***Aqualudis :*** *33, av. de Fondiès. ☎ 05-65-45-91-23. • villefranchederouergue.fr • En direction du camping. Ouv tte l'année, tlj. Entrée : 4,70 € ; réduc.* Centre nautique avec espace couvert « sport et détente » et un bassin sportif de 25 m de long, ainsi qu'un bassin ludique (banquettes massantes, rivière à contre-courant, jets d'eau, pataugeoire...). Sans oublier un vaste espace plein air comprenant deux bassins d'été et des espaces verts.

Manifestations

– ***Tout le monde chante contre le cancer en Aveyron :*** *mi-juil. Infos et résas auprès de l'office de tourisme.* Spectacles pour accompagner les enfants malades.

– ***Nuits musicales :*** *mi-juil. Infos et résas auprès de l'office de tourisme.* Concerts de musique classique organisés notamment dans la chapelle des Pénitents-Noirs et le grand cloître de la chartreuse.

– ***Festival en Bastides :*** *la 1re sem d'août. Rens : ☎ 05-65-45-76-74. • espacesculturels@wanadoo.fr • GRATUIT.* Animations théâtrales de rue sur les bastides de Villefranche, Villeneuve et Najac. Agenda complet sur le site *• tourisme-villefranche-najac.com •*

DANS LES ENVIRONS DE VILLEFRANCHE

Le château-abbaye fortifié de Loc-Dieu : *à env 10 km au sud-ouest par la D 926 puis la D 115 ; bien indiqué. ☎ 05-65-29-51-18. 📱 06-12-71-13-43. • abbayedelocdieu.com • Début juil-10 sept, tlj sf dim mat et mar 10h-12h, 14h-18h (les visites commencent tjrs à la demie de chaque heure). Entrée : 4 € et 2,50 € pour le parc (ouv tte l'année) ; réduc. Compter 1h de visite guidée (hors saison, sur rdv).* Ce fut la première abbaye cistercienne du Rouergue (1123), baptisée *Locus-Dei* (lieu de Dieu), d'où Loc-Dieu. Après les déboires de la guerre de Cent Ans, elle fut fortifiée puis transformée en château au XIXe s, sans perdre ses bâtiments monastiques, notamment son abbatiale du XIIe s et son beau cloître gothique. Fortement restaurée et remaniée dans un style néogothique un peu lourd (il n'est pas donné à tout le monde d'être Viollet-le-Duc), elle a malheureusement perdu sa belle unité. L'ensemble, entièrement classé, est entouré d'un grand parc romantique (40 ha). Pour la petite histoire, c'est ici qu'on cacha en 1940 les plus belles peintures du Louvre, dont *La Joconde.* Concerts en saison.

– À quelques kilomètres à l'ouest, dans le Lot, le *prieuré de Laramière,* vestiges d'un ancien monastère du XIIe s (voir « Le causse de Limogne » au chapitre « Le Lot »).

VILLENEUVE-D'AVEYRON ET LE LONG DE LA VALLÉE DU LOT (CAJARC-CAPDENAC)

(12260) 2 020 hab. *Carte Aveyron, A2*

Village aux belles couleurs, bien appareillé, ancienne sauveté fondée au XIe s, puis transformée en bastide du causse minéral. Entrée par une grosse tour-porte, nombreuses ruelles bien fraîches et une place centrale qui rassemble de solides demeures avec arcades gothiques sur pieds à contreforts.

Adresses utiles

ℹ ***Office de tourisme de Villeneuve :*** *bd Cardalhac.* ☎ *05-65-81-79-61. Lun-dim mat en juil-août. Fermé lun-dim. Horaires restreints hors saison.*

ℹ ***Office de tourisme du Pays capdenacois :*** *pl. du 14-Juillet, 12700* ***Capdenac-Gare.*** ☎ *05-65-64-74-87.* • *tourisme-figeac.com* • *Lun-sam soir en juil-août ; lun-sam midi hors saison ; lun fermé nov-mars.*

Où dormir ? Où manger autour de Villeneuve et de la vallée du Lot ?

Chambres d'hôtes La Maison de Louna : *12260* ***Salles-Courbatiès.*** ☎ *06-08-26-60-43.* • *petit_christine@hotmail.com* • *lamaisondelouna.com* • *À 6,5 km au nord-ouest de Villeneuve, par la D 40, direction Peyrusse-le-Roc. Dans le village, derrière l'église. Congés : 15 déc-15 mars. Compter 90-120 € pour 2 suivant la saison (en juil-août 2 nuitées min). Réduc de 10 % sur le prix de la chambre (15 sept-15 juin) sur présentation de ce guide.* Un haut portail en bois préserve l'intimité (quoique le village ne soit pas très passant) du jardin et des chambres. 3 seulement, dans des annexes de l'habitation principale : une en pierre et en duplex à partager en famille ou entre amis car les sanitaires sont communs, avec un coin terrasse privatif ; une autre en bois, dont la terrasse donne sur le jardin. Pas bien grand, mais déco charmante et chaleureuse, faite de bric et de broc, du métier des hôtes. Et le principe est celui du boutique-hôtel. Le mobilier est à vendre, ce qui plaît peut être emporté. Gros avantage, la déco tourne souvent. Mobilier et articles de type industriel essentiellement, mais on y trouve tout aussi bien de vieilles paires de skis en bois et des pancartes rétro. De l'autre côté du jardin, jacuzzi, salle de projection DVD et, en projet, un coin café-détente. Accueil simple et sympa. Ah, au fait ! Louna est la petite fille de la maison.

La Bastie d'Urfé : *La Bouriatte, Bez-de-Naussac, 12700* ***Naussac.*** ☎ *05-81-35-14-14.* • *hotel@labastiedurfe.com* • *labastiedurfe.com* • *À 14 km au nord de Villeneuve, par la D 40. Sur les hauteurs du village, bien fléché. Doubles 55-79 € selon saison ; une suite familiale 105-129 €*

selon saison. Formule en sem 14,50 €. Menus 21,50-28 €. Réduc de 10 % sur le prix de la chambre pour une résa en direct, sur présentation de ce guide. Détente, calme, repos : *La Bastie d'Urfé,* aux portes du Lot, est le lieu idéal pour lâcher prise : vue fantastique sur la campagne, des prestations bien-être comme le spa, la balnéo, les soins de beauté, et un vaste choix d'activités nature : practice de golf, VTT, équitation, randos... et une belle piscine. Cet établissement de charme dispose de 10 chambres joliment meublées, de style contemporain, aux literies impeccables et jets hydromassants dans les douches. Agréable salle de restaurant avec vitres panoramiques. Accueil parfait.

Le Mûrier de Viels : *12700 Loupiac.* ☎ *05-65-80-89-82.* • *mail@le-murier.com* • *le-murier.com* • *Accès par la D 86 entre Balaguier-d'Olt et Capdenac (venant de l'ouest, 2 km avt le carrefour avec la D 922). Sur la commune de Loupiac, côté bords du Lot ; indiqué. Congés : de mi-nov à fév. Doubles 65-140 €, chambres duplex et suites familiales 110-140 € ; gîte pour 5 pers 500-750 €/sem. Carte 30 € env. Apéritif offert sur présentation de ce guide.* Une adresse chic dans un cadre surprenant, petit havre de paix de grand confort, en pleine nature. Déco artistique, chambres de taille variable, soignées et élégantes (certaines avec mezzanine), disposées dans des bâtiments séparés, reliés par de petits chemins qui passent sous les arbres. Salle de resto très aérée et chaleureuse ; cuisine fraîche à base de produits bio dans la mesure du possible. Un seul programme : calme, détente et plaisir. Piscine, petite salle de sport...

À voir à Villeneuve et dans les environs

Intéressante ***église du Saint-Sépulcre,*** du XIe s, avec son clocher roman octogonal. Dans la chapelle de gauche, remarquables fresques du XIIe s figurant des pèlerins sur le chemin de Saint-Jacques-de-Compostelle. Dans la chapelle centrale à gauche, retable avec *Mise au tombeau* du XVIIe s. Dans la suivante, *pietà* en bois doré. Surtout ne pas manquer la remarquable *Vierge à l'Enfant* en bois doré polychrome du XVIe s, à gauche du chœur.

Maison de la Photo Jean-Marie Périer : *pl. des Conques.* ☎ *05-65-81-53-04. Ouv mar-dim 10h-12h30, 15h-18h30. Entrée : 5 € ; réduc. Gratuit moins de 12 ans.* Inaugurée en 2015, la maison de la Photo est dédiée au talentueux photographe, villeneuvois d'adoption. 180 tirages des années 1960 et 1970 immortalisant les grandes figures du rock sont exposés dans cette vénérable demeure du XIVe s.

Peyrusse-le-Roc *(12220) : à 20 km au nord-est de Villeneuve, direction Capdenac par la D 40. Point d'information ouv tlj sf lun ap-m en saison (☎ 05-65-80-49-33). Accès gratuit au site (compter 1h30 avec de bonnes chaussures de marche) ; un plan est disponible (3,50 €) au point info ou au café du village.*
Retour dans le passé ! Voici un site médiéval impressionnant de sept monuments dans ce vieux village isolé au charme conservé et joliment fleuri. Il étendait sa juridiction sur plus de 100 paroisses. Accroché à la montagne, il devait son importance à sa position stratégique et à des mines d'argent. Lorsqu'elles furent épuisées, la ville tomba en décadence et elle fut abandonnée au début du XVIIIe s.
Aujourd'hui subsistent quelques orgueilleuses ruines, deux belles tours se dressant dans le ciel, des vestiges de remparts, un petit sentier qui vous mènera à un jardin médiéval, et, au fil de la visite, les restes de l'ancienne église Notre-Dame, de la synagogue et de l'hôpital, une chapelle avec une belle *pietà* polychrome du XVe s, le *tombeau du Roi,* la porte ogivale fortifiée, le beffroi, la croix Saint-Georges, etc. Parcours assez émouvant.
Dans le village actuel, église du XVIIe s avec une jolie *Vierge à l'Enfant* en bois du XIIIe s.

– Le 2e week-end d'août est organisée la ***Fête d'Antan*** (démonstration de vieux métiers, spectacle, etc.) et le 1er week-end de septembre, un spectacle pyrosymphonique.

La grotte préhistorique de Foissac : *12260* ***Foissac.*** *☎ 05-65-64-77-04. • grotte-de-foissac.com • À 7 km au nord de Villeneuve, direction Figeac. Suivre Foissac sur votre gauche. Avr-mai et oct, ts les ap-m sf sam ; juin-sept, tlj 10h-11h30, 14h-18h (en continu en juil-août) ; sur rdv le reste de l'année. Visite guidée. Rens par tél pour les tarifs, env 9 €, réduc.* Pour découvrir la vie des hommes du Chalcolithique (3 000 ans av. J.-C.). Riches concrétions dans cette grotte qui servit d'abri et de nécropole à nos lointains ancêtres, poteries, sépultures, pointes de flèche en silex, empreintes de pied, etc. Prévoir un vêtement chaud.

DECAZEVILLE

(12300) 6 107 hab. *Carte Aveyron, B2*

Ancienne capitale du bassin minier du Rouergue. Depuis la fermeture des mines de charbon, la région se reconvertit doucement. Pourtant, la plus jeune ville d'Aveyron (créée en 1824 par le duc Decazes pour exploiter la houille et développer l'industrie sidérurgique) connut des jours meilleurs. Au début du XXe s, on y extrayait plus d'un million de tonnes de charbon annuellement, et l'industrie employait environ 10 000 personnes. Mais les mines souterraines fermèrent en 1966, et Decazeville perdit alors beaucoup d'emplois, que ne compensèrent pas les nouvelles implantations. Seul le site de La Découverte (mine à ciel ouvert) a été exploité jusqu'en 2001. Heureusement, la ville, en bordure du Lot, bénéficie du passage du GR 65 sur la route de Saint-Jacques-de-Compostelle, et a tracé quelques bons sentiers de randonnée (renseignements auprès de l'office de tourisme). De même que différents sites miniers absolument passionnants justifient tout à fait le détour, à commencer par le village voisin d'Aubin, à la « belle » homogénéité.
Curiosité du coin, on y mange traditionnellement l'*estofinado,* un plat délicieux à base de morue, pommes de terre, huile de noix, œuf, ail, persil. Vous nous direz que la morue ne se pêche pas dans l'Aveyron. Juste ! Ce sont des soldats de Louis XIV, originaires du Rouergue, qui rapportèrent le goût de la morue de leur expédition dans les pays du Nord. On raconte que les gabarriers laissaient traîner la morue à la remorque des barques qui remontaient le Lot depuis Bordeaux, et qu'elle arrivait ainsi dessalée.

Adresse et infos utiles

Office de tourisme : *sq. Jean-Ségalat. ☎ 05-65-43-18-36. • decazeville-tourisme.com • Tlj sf dim (de mi-juil à mi-août, ouv mat) et j. fériés.* Bonne documentation et ouvrages sur la région. Organise en été, sur résa, des visites et des randonnées à thème : découverte de l'histoire de la ville, patrimoine industriel et minier (musée de Géologie, site de la Découverte, etc.), chemin de croix de Gustave Moreau, visites d'entreprises et producteurs, etc.

Gare SNCF : *rens au ☎ 36-35 (0,34 €/mn).* Une liaison avec Paris depuis la gare de Viviez-Decazeville.

– ***Marchés :*** *mar pl. Cabrol et ven pl. Decazes.*

Où dormir ? Où manger à Decazeville et dans les environs ?

Franchement, pour dormir, même les amateurs de tourisme industriel auront intérêt à pousser un peu plus loin, là où l'herbe est un peu plus verte et la contrée plus riante... Vous trouverez bien sûr la liste des hébergements à l'office de tourisme, dans le cas où vous décideriez d'y faire étape.

Camping

▲ ***Flower Camping du Port de la Combe :*** *au bourg.* ☎ *05-65-64-10-08.* 📱 *06-12-09-69-36.* • *accueil@campingleportdelacombe.com* • *campingleportdelacombe.fr* • ♿ *Accès : A 75 vers Rodez puis Decazeville, prendre à droite direction Maurs. Ouv 1er avr-30 sept. Emplacements tente 13-26 € selon saison ; bungalows toilés et mobile homes 175-924 €/sem. 97 empl.* Un camping de bon confort, près d'un plan d'eau aménagé pour la baignade (piscine à proximité immédiate). Location de vélos, de canoës et d'embarcations à pédales. GR 65 sur la route de Saint-Jacques-de-Compostelle et bons sentiers de randonnée (rens auprès de l'office de tourisme). Piscine.

Prix moyens

I●I ***Auberge du Fort :*** *42, rue Alary, 12110* ***Aubin.*** ☎ *05-65-43-20-51.* • *contact@aubergedufort.com* • *Dans la ville haute, au pied du fort. Fermé dim soir et mer (plus mar soir hors saison). Résa conseillée : la salle est tte petite. Menus 14 € (déj en sem), puis 25-45 €.* Entre les solides murs de pierre d'une maison qui a autant de charme qu'elle accuse de siècles, une belle cuisine, bien d'aujourd'hui, au gré du marché et à prix serrés. Accueil amical et service impeccable. Jolie petite terrasse (service le soir seulement).

I●I ***Restaurant Carrier :*** *Courbiès, 12300* ***Almont-les-Junies.*** ☎ *05-65-64-10-41.* • *restaurant.carrier@orange.fr* • ♿ *À 11 km au nord-est de Decazeville. Tlj à midi slt. Formule 12,50 € (déj en sem) ; menus 14,50-24 €.* Ce qu'on appelle une institution. Pour le charme, avec cette bâtisse moderne, on repassera. Pour l'intimité, pareil : l'ambiance est ici plutôt aux grandes tablées qu'aux tête-à-tête amoureux. Mais si cette adresse de village, hors circuits touristiques, est plus que connue, c'est pour son *estofinado* (à volonté). L'occasion donc de goûter à ce plat emblématique du coin, entre autres spécialités locales.

À voir

★ ***L'église Notre-Dame :*** *pl. Wilson. Visite avec l'office de tourisme en été sur résa (compter 1h30 et 3 €).* Bâtie en 1847 et à l'allure extérieure anodine, cette église possède le seul chemin de croix « symboliste » au monde, qui plus est œuvre du célèbre peintre... Gustave Moreau. Quatorze toiles à lire comme une bande dessinée. De retour d'un voyage en Italie (on sent d'ailleurs l'influence de l'école italienne), Gustave Moreau aurait souhaité conserver l'anonymat. Autre richesse : les orgues classées et signées du célèbre facteur Cavaillé-Coll.

★ ***Musée du Patrimoine industriel et minier,*** *géré par l'Association de sauvegarde du patrimoine industriel du bassin de Decazeville (ASPIBD) :* ☎ *05-65-43-09-18, visite sur rdv suivant la disponibilité des bénévoles.* Gérée par une équipe dynamique qui maintient le souvenir du riche passé minier de la ville, l'*ASPIBD* se veut la mémoire de cette région qui, pendant près de 200 ans, a vécu au rythme de l'extraction du charbon. Archives, fichiers nominatifs, travail pour la protection et la reconversion des anciennes mines, mais aussi exposition de machines, outils, photos de l'épopée industrielle, reconstitution de 2 galeries de mine. Une association qui mérite qu'on la soutienne.

Le site de La Découverte et chevalement de mine : *très bonne visite organisée par l'office de tourisme en été slt et sur résa. Compter 2h30. Tarif : 5,50 € ; réduc.* Cette ancienne mine à ciel ouvert, aux dimensions exceptionnelles, fut la plus importante mine de houille de France. Le site est aujourd'hui réhabilité et offre l'occasion de découvrir le dernier chevalement de mine du coin qui vient d'être restauré : une impressionnante tour métallique qui abrite une cage d'ascenseur qui permettait de descendre les mineurs dans le puits de mine et d'en faire remonter le charbon.

Le musée de Géologie Pierre-Vetter : *av. Paul-Ramadier. ☎ 05-65-43-30-08. Tte l'année, mar-sam 10h-12h, 14h-18h (10h-12h30, 14h-18h30 juil-août). Entrée : 3,50 € ; réduc. Compter 1h de visite.* Pour tout connaître de la géologie aveyronnaise : fossiles, roches, minéraux, charbon. Les fossiles de plantes découverts dans la mine à ciel ouvert sont les vestiges d'une forêt tropicale vieille de 300 millions d'années, comme cet impressionnant tronc d'arbre fossilisé de 4 m de haut ! Maquettes. Ateliers pour enfants et sorties sur le terrain sur réservation.

Le monument aux morts : original car dédié aux morts de la guerre mais aussi à ceux du travail : chaque face comporte un médaillon en bronze d'André Galtié représentant la Paix, la Guerre, le Soldat, le Mineur. Sur le devant, trône une grande lampe de mineur.

DANS LES ENVIRONS DE DECAZEVILLE

AUBIN *(12110)*

À 4 km au sud de Decazeville, ancienne cité minière s'étendant tout en longueur, tel un village-rue, au pied de son vieux château. Sur la place principale, en face de la mairie et du musée, la statue de bronze du vieux mineur, emblème de la cité. Autre curiosité, l'école Jules-Ferry, totalement démesurée et d'ailleurs surnommée le « Palais scolaire », qui symbolise avec panache l'école de la IIIe République.

Syndicat d'initiative : *pl. Jean-Jaurès. ☎ 05-65-63-19-16. ● aubin12.com ● Du lun ap-m au sam midi.*

Le musée de la Mine Lucien-Mazars : *☎ 05-65-43-58-00. (accès partiel). Juil-août, tlj sf lun 10h-12h, 14h-18h ; juin et sept, tlj sf dim 14h-18h ; avr-mai et oct, mar, jeu et sam 14h-17h30. GRATUIT (libre participation pour soutenir l'association du musée).* Installé sur les lieux historiques de l'exploitation, ce musée regorge de documents d'archives, de photos, d'outils divers utilisés par les mineurs. Au rez-de-chaussée, histoire d'Aubin avant la révolution industrielle et de ses vagues d'immigration (1913 et 1936, les Espagnols ; 1917, les Russes blancs ; 1927, les Polonais, etc.). Tableau pédagogique des différentes crises, reprises économiques et autres déclins... Histoire du paternalisme patronal. À mi-étage, tous les outils, instruments de mesure, l'attirail du piqueur, boiseur, boutefeu, les modes d'exploitation, la descente au fond, carnets et livres d'ingénieur, bannières ouvrières, conquêtes sociales... Un tableau vivant et exhaustif de la mine. Au sous-sol, reconstitution d'une galerie montrant les différents types d'étayage utilisés et le travail des mineurs. Simulation d'un coup de grisou (presque comme si vous y étiez !). Vidéo.

L'église Notre-Dame d'Aubin : *visites guidées l'été (ven à 16h ; 3 € ; gratuit moins de 12 ans), organisées par le syndicat d'initiative : ☎ 05-65-63-19-16 ; le reste de l'année, possibilité de visite libre en demandant la clé au syndicat d'initiative.* Église romane remaniée en gothique (XIIe et XVe s), comme en témoigne le portail orné de feuilles de chou, presque aussi belles que sur les voussures du portail de la cathédrale d'Albi. Élégant clocher de forme octogonale. Bel intérieur où l'on peut voir un christ en bois polychrome du XIIe s. Vitraux du XXe s.

Les forges du Gua : les cheminées, construites il y a 150 ans, mesurent près de 50 m de haut et possèdent de belles têtes ouvragées. Elles ont été le lieu d'un événement tragique en 1869, à l'occasion d'un mouvement de grève des mineurs qui tourna en émeute, violemment réprimée par l'armée. Cet événement inspira un passage de *Germinal*, de Zola, et un poème à Victor Hugo, intitulé *Aubin, colères ouvrières* (1869). Visite guidée qui permet de découvrir tout le passé minier du Gua : les Arcades (ancien siège de l'administration des forges), l'école Jules-Ferry... *(mer à 16h en juil-août ; 3 € ; gratuit moins de 11 ans).*

L'église Notre-Dame-du-Gua : *ouv ven-dim 9h-18h (mars-oct).* Inscrite aux Monuments historiques, elle fut inaugurée en 1867. Les plans ont été réalisés par l'architecte Boileau qui s'inspira, pour les charpentes métalliques, des pavillons Baltard des anciennes Halles de Paris. Elles furent coulées aux aciéries et forges du Gua. L'intérieur abrite un remarquable chemin de croix et une reconstitution de la grotte de Lourdes, aménagée entre 1913 et 1916 de part et d'autre de l'entrée de la chapelle Notre-Dame-de-la-Piété.

Le fort et le vieil Aubin : *visite en accès libre tout l'année, visites guidées mar à 16h juil-août. Tarif : 3 € ; gratuit moins de 12 ans. Durée : 2h30. Infos auprès du syndicat d'initiative.* Quelques demeures anciennes intéressantes dans le vieil Aubin, là-haut, sur la colline. Notamment, rue Alary, *L'Auberge du Fort* (voir la rubrique « Où manger ? »). Un peu plus bas, la *maison « wisigothe »* à colombages et brique rouge. Voir aussi la *halle aux grains* et ses vénérables mesures médiévales. De la place Jean-Jaurès, abandonner la voiture et suivre à pied la rue Brassat jusqu'au fort d'Aubin. Circuit de découverte disponible au syndicat d'initiative.

L'église Notre-Dame-des-Mines : *au hameau de Combes. Tlj 9h-18h (digicode, demander au syndicat d'initiative).* Église en brique, construite et décorée dans un style Art déco tardif, elle mérite assurément le détour. À l'intérieur, des fresques splendides rendent hommage aux mineurs et au travail de la mine. Un petit fascicule met en lumière chaque détail du chœur ou du chemin de croix. Un bel exemple d'art socialo-religieux...

À voir. À faire encore dans les environs de Decazeville

➢ **Balade en bateau :** *rens à l'office de tourisme de Flagnac : ☎ 05-65-63-27-96. • contact@tourisme-valleedulot.fr • De mai à mi-oct, tlj sf lun ; départs à 11h45 (croisière-repas : env 35 €/pers) et 15h45 (croisière-découverte juil-août slt : 12 €/pers) de Flagnac.* Une agréable balade de 2h (3h avec le repas) avec le bateau *Olt* pour découvrir au fil de l'eau de superbes paysages. Restauration possible *(sur résa slt)* sur le bateau.

Cransac et ses thermes : *à 7 km de Decazeville. Rens : ☎ 05-65-63-06-80 (office de tourisme) ou 05-65-63-09-83 (établissement thermal).* L'utilisation des gaz chauds a fait de la ville de Cransac une station thermale unique en Europe pour le traitement des rhumatismes. C'est aussi la seule ville aveyronnaise à avoir un casino.

Le château de Bournazel *(12390)* **:** *à 15 km au sud-est de Decazeville. Juil-sept (journées plus vac scol de Pâques, w-e 1er mai, Ascension et Pentecôte, tlj sf mar 14h-19h (visite guidée slt). Rens sur les tarifs (env 6,50 €) : ☎ 05-65-80-81-99 ou 01-39-02-37-71. • chateau-bournazel.fr •* Ce beau château Renaissance du Rouergue, construit vers 1545 (contemporain du Louvre de Pierre Lescot) sur les

vestiges de l'ancien château, a été complètement restauré en 2011 donnant lieu à la découverte d'un rare escalier à cabinets et entreprenant une décoration à l'identique de l'originale. Sur la façade principale, fenêtres, pilastres, colonnes, frontons et frises s'équilibrent rigoureusement, tandis que sur l'autre aile, les références à l'Antiquité apparaissent plus ouvertement (grandes arcades et colonnes jumelées). Aussi, le jardin recèle des éléments du Moyen Âge très bien préservés.
– Et sinon, le syndicat d'initiative *(en saison, tlj sf lun 15h-18h30 ; ☎ 05-65-64-16-60 ; ● bournazel-aveyron.fr ●)* propose la visite du village médiéval de Bournazel par le biais d'audioguides ou d'un livret-visite *(en location 3 € ou 1,50 € !).*

Le château de Gironde : *à* ***Port-d'Agrès.*** *Route d'Aurillac, traverser Port-d'Agrès ; à 2 km, c'est indiqué sur la droite.* Château privé, mais on accède aux extérieurs, à la chapelle et surtout à la superbe vue sur la vallée du Lot. Face à la chapelle, un audioguide gratuit vous raconte la passionnante histoire du château et la vie des Gironde, seigneurs du coin qui donnèrent leur nom à la célèbre « embouchure » lors de la négociation avec les Anglais, au Moyen Âge, des territoires du Sud-Ouest. Mais la plus célèbre des familles qui habitèrent le château fut les Panassié : le père fit fortune dans le pétrole en Ukraine (il est enterré à côté de la chapelle), et le fils introduisit le jazz en France, puis vendit le château pour partir s'installer à Harlem, aux États-Unis.

Saint-Santin *(12300)* **:** village unique en France pour sa double identité, situé à cheval sur deux départements et deux régions : Saint-Santin d'Aveyron et Saint-Santin-de-Maurs, dans le Cantal. Le bourg comporte donc deux églises et deux mairies !

Terra Olt : *12300* ***Saint-Parthem.*** *☎ 05-65-64-13-22. ● tourisme-valleedu-lot.com ● Juin ouv mar-mer, sam-dim 14h-17h30, juil-août ouv tlj sf lun, plus le mat 10h-11h30 mar et jeu. Entrée : 4,50 € ; réduc.* Ce tout nouvel espace scénographique consacré au Lot a ouvert en 2014. Nom en occitan de la rivière du Lot, l'Olt est encore utilisé pour définir ses parties non navigables. Terra Olt convoque toutes les nouvelles technologies pour expliquer la géographie, la géologie, la vie autour de ce cours d'eau.

Camping de la Plaine : *au bourg. ☎ 05-65-64-05-24. ● infos@camping-laplaine.com ● camping-laplaine.fr ● Accès par la D 42. Ouv avr-fin oct. Emplacement tente 20 € en hte saison. Tentes équipées : 400-500 €/sem.* Sympathique camping familial au bord du Lot (baignade, pêche). Et on n'est pas les uns sur les autres. Sanitaires impeccables. Piscine.

Fêtes et manifestations à Decazeville et dans les environs

– ***Nuit du Jazz New Orleans :*** *le dernier ven de juin, à Decazeville. Rens auprès de l'office de tourisme.*
– ***Festival international de Pyrotechnie :*** *fin juil, à Decazeville.*
– ***Spectacle « son, lumière et gestes » :*** *12300* ***Flagnac.*** *À 6 km au nord de Decazeville. Rens et résa : ☎ 05-65-64-09-92. ● hierunvillage.com ● ou à l'office de tourisme de la vallée du Lot : ☎ 05-65-63-27-96.* Petit village au charme discret, surtout célèbre pour l'un des plus impressionnants « son et lumière » de Midi-Pyrénées *(plusieurs représentations fin juil-début août, env 18 €).* Un espace scénique de 200 m de long où un vieux bourg est reconstitué, 250 figurants et acteurs y participent (en grande partie des habitants de Flagnac). Ils vous font revivre l'histoire du village à coups d'effets spéciaux et de jeux pyrotechniques. Le spectacle a un côté naïf très attachant. À ne pas rater si vous êtes dans la région.

LE PAYS DE CONQUES ET DE MARCILLAC

Un pays pittoresque au relief plus marqué, vallonné de beaux villages et de coteaux. Le vallon de Marcillac est tapissé de vignes de cépage fer servadou (appelé ici le « mansois ») et produit l'un des quatre vins AOC du département. Ce sont les moines de Conques qui introduisirent dès le Xe s les vignes dans la région.

SALLES-LA-SOURCE (12330) 2 131 hab. *Carte Aveyron, B2*

À 10 km au nord de Rodez, ce joli village s'étage dans un site surprenant. C'est la fin brutale du causse Comtal. Une rivière tombe en cascade de façon spectaculaire devant une jolie grotte moussue. Adorable partie basse du village dans son écrin verdoyant. On y trouve la délicieuse *église Saint-Paul,* de style roman, aux proportions harmonieuses. Ici, les toits sont couverts de petites ardoises qui luisent au soleil. En écho au clocher conique de l'église répondent les poivrières du château.
– Infos : ☎ 05-65-67-25-52 (mairie). • salleslasource.fr •

Où dormir ? Où manger dans les environs ?

Prix moyens

Chambres d'hôtes La Carnicousie : *à* ***Seveyrac,*** *12330 Salles-la-Source. ☎ 05-65-71-80-61. 📱 06-30-00-43-81. • nanoumarcel@me.com • lacarnicousie.com • À env 12 km au nord-ouest de Rodez. Compter 56-60 € pour 2. Gîte pour 5-6 pers 230-460 €/sem. Réduc de 5 % à partir de 3 nuits sur le prix de la chambre d'hôtes sur présentation de ce guide.* 2 très agréables chambres d'hôtes dans une ravissante demeure traditionnelle en pierre. Accueil fort sympathique et copieux petit déj (ah, la confiture maison à la fleur de pissenlit !). Jardin fleuri bien au calme.

Auberge de la Frégière : *12330* ***Clairvaux.*** *☎ 05-65-72-71-40. • lafregiere@orange.fr • fregiere.com • ♿ En pleine campagne, au pied du très beau village de Panat. Rejoindre Nuces, puis direction Clairvaux ; indiqué sur la droite avt d'entrer dans Clairvaux. Resto fermé le soir lun-mar, hors saison midi et soir lun-jeu. Congés : janv-fév. Sur résa. Chalets-gîtes 4-6 pers 250-650 €/sem. Menus 22-39 €. Apéritif offert sur présentation de ce guide.* Dans un joli coin de campagne. Dans une salle forcément rustique ou en terrasse, des viandes cuites à la broche : porcelet, gigot d'agneau, chapon ou oie de Guinée, etc. Prix tout à fait raisonnables. Bonne réputation. Également centre équestre.

À voir

Le musée des Arts et Métiers traditionnels du Rouergue : *installé dans une ancienne filature du XIXe s. ☎ 05-65-67-28-96. Ouv avr et oct, mer-jeu et dim 14h-18h ; mai-juin et sept, tlj sf mar 14h-18h ; juil-août, mar-ven 10h-12h30, 13h30-18h30 ; sam-lun 13h30-18h30. Entrée : 4 € ; réduc ; gratuit moins de 26 ans. La carte Pass délivrée sur place permet d'obtenir un tarif réduit sur la visite d'un 2e musée et une gratuité sur le 3e musée (valable dans les musées* *de Montrozier et Espalion).* Musée intéressant et rustique, sur les arts et métiers du XVIIIe au XXe s, présentant des collections de machines, d'outils et d'objets appartenant au patrimoine agricole rouergat. Magnifique charpente en coque de bateau renversée. Quatre thèmes principaux : les machines d'autrefois (sous-sol) ; l'homme et le monde minéral (rez-de-chaussée) ; l'homme et le monde végétal (au 1er) ; enfin, l'homme et le monde animal (au 2[d]). Deux espaces supplémentaires présentent une cave de vigneron et une filature. Expo temporaire.

MARCILLAC

(12330) 1 672 hab. *Carte Aveyron, B2*

Petite capitale d'un vin AOC depuis 1990, au cœur d'une cuvette naturelle appelée le « vallon », région bien caractéristique. Ici, tout est rouge ou, plutôt, présente un formidable camaïeu de pourpres, lie-de-vin, brique, violacés, etc. Roche et terre confondues. Dans ce paysage accidenté, sur les pentes les mieux exposées, beaucoup de cultures sont protégées des vents glacés des plateaux. Comme à Salles-la-Source, il y règne une sorte de microclimat. Cette douceur a favorisé la production de fruits et, surtout, de la vigne.

Le marcillac fut longtemps apprécié dans tout le Midi. La crise du phylloxéra brisa complètement la production, entraînant presque la disparition du vignoble. Aujourd'hui, pourtant, le marcillac est revenu sur les tables de restaurant, les vignerons jouant résolument la carte de la qualité. Ce vin, très riche en tanin, possède en plus une certaine originalité : il dégage des arômes de framboise. Bien sûr, nul n'accompagne plus harmonieusement la cuisine rouergate et ses fameux tripoux...

Adresse et info utiles

i *Office de tourisme :* *52, tour de ville. ☎ 05-65-71-13-18. ● tourisme-conques.fr ● Juil-août, tlj ; hors saison, fermé le w-e.* Nombreuse doc sur le vallon, notamment circuits de randonnées et informations sur la Route des vins.

– ***Marché :*** *le dim mat tte l'année.* Marché traditionnel, animé et réputé. Idéal pour faire le plein de spécialités locales.

Où dormir ? Où manger dans le secteur ?

Hôtel-restaurant Picou : *15, av. Joseph-Vidal, 12580* ***Villecomtal.*** *☎ 05-65-44-60-28. ● marysepicou8@orange.fr ● chezpicou.fr ● Tlj sf le soir mer et dim hors saison. Congés : 1 sem en fév, 1 sem en oct. Doubles 33-42,50 € selon confort. Formule 9-12 € et menu 19 €.* Dans la rue principale, petit hôtel offrant une douzaine de chambres (les moins chères ont leurs sanitaires sur le palier), réparties entre la maison principale et une annexe très calme, en face dans le moulin. Pour se restaurer, cuisine familiale. Simple, populaire et authentique. L'ambiance n'est pas sans rappeler celle des pensions de famille d'antan.

L'Auberge du Château : *le bourg, 12330* ***Muret-le-Château.*** *☎ 05-65-47-71-57. ● info@laubergeduchateau.com ● laubergeduchateau.com ● (resto). Fermé mer et soir des lun-mar (ouv tlj juil-août). Congés : vac de fév et de Noël, resto fermé janv-fév. Doubles 72-87 €, suites 93-103 €. Formule 28 € (déj en sem), menus 28-65 €.* Tombés sous le charme de ce pittoresque village, les patrons ont quitté la région parisienne et posé ici leurs valises. Petit bourg tranquille, d'une belle homogénéité architecturale, tout en pierre blonde, sons de cloches, chants d'oiseau (et du coq !)... On les comprend ! Le temps s'est arrêté au-dessus de Muret-le-Château, et le même esprit de tranquillité règne dans les murs de cette petite auberge. 7 chambres parfaitement équipées et très joliment rénovées. Et un coup de cœur pour la suite familiale, vaste, lumineuse et labellisée « naturelle » en raison des matériaux utilisés (chanvre...). Bien bonne table également : salades « fraîcheur », menu végétarien, et plus gastronomique à base de produits locaux. Et puis un beau menu pour faire découvrir la gastronomie aux enfants. Piscine.

Auberge de l'Ady : *1, av. du Pont-de-Malakoff, 12330* ***Valady.*** *☎ 05-65-72-70-24. • auberge.ady@orange.fr • Dans le bourg ; parking sur la place de l'église. Fermé lun et le soir dim-mar (plus mer soir hors saison). Formule déj 18 €, menus 29-70 €. Un bon 50 € à la carte.* Derrière la façade de vieille auberge de pays se cache l'une des tables les plus en vue du moment en Aveyron. Cadre chic contemporain, tables nappées, jolies verreries, couverts design, fleurs fraîches... tout cela sied bien à la clientèle d'affaires, nombreuse au déjeuner. Mais que cela ne vous rebute pas, bien au contraire. Le service peut paraître ampoulé, mais il sait rester naturel et sympathique. Quant au 1er menu du midi, c'est déjà une explosion de saveurs à prix bien pacifique, le tout servi en 45 mn chrono ! Élaboré selon le marché du jour, il donne déjà un aperçu du talent de Cédric Gaston, le jeune chef qui remet savamment le terroir au goût du jour. Mises en bouche, mignardises généreuses complètent des menus déjà bien servis. Superbe carte des vins et quelques belles références locales. Mais ce qu'on apprécie, ce sont les menus servis en accord mets et vins. Une bonne surprise, comme on dit. C'est pourquoi il est prudent de réserver !

Où acheter du bon vin ?

Aux Quatre Coins des Terroirs : *19, tour de ville. ☎ 05-65-78-64-21. 06-73-81-73-48. • francisserieys@wanadoo.fr • Tlj en saison (sf lun ap-m hors saison) 8h30-12h30, 15h-19h30 (18h dim).* Derrière sa petite épicerie de village, Francis cache ses nectars, des vins de 13 producteurs locaux : le vin de Marcillac y figure en bonne place, mais on y trouve aussi le vin de Conques, une petite production quasi confidentielle que l'on retrouve à la carte de la maison *Bras.* Explications, conseils et dégustation. Livraison possible et tarifs à prix cave.

À voir

Le bourg présente de vénérables demeures faites de gros blocs de grès rouge, entourant l'église du XIVe s à clocher octogonal. Place des Pénitents, chapelle à tour ronde ajourée d'ouvertures romanes. Près de l'église, belle maison en encorbellement sculpté, à la charmante patine. Noter les caves aux étroites ouvertures.

Fête locale

– ***La Saint-Bourrou :*** *pdt le w-e de la Pentecôte.* Fête des vignerons, dégustation de vins de Marcillac (avec modération) et joyeuse bourrée.

DANS LES ENVIRONS DE MARCILLAC

VILLECOMTAL LA DISSIDENTE

Au moment de la signature du Concordat par Bonaparte et Pie VII, les prêtres de Villecomtal provoquèrent un schisme anticoncordataire, qui réunit nombre de fidèles. Pour assister aux offices religieux, et pour rappeler l'Ancien Régime dont ils se réclamaient, sans qu'ils soient vraiment royalistes, ils se poudraient avec de la farine (faute de poudre de riz). Ailleurs, on les surnommait « Les enfarinés ! »

La route des villages de Villecomtal, Rodelle et Muret-le-Château : une boucle d'une quinzaine de kilomètres à faire en voiture ou à vélo pour les plus courageux. ***Villecomtal,*** « la rouge », à 6 km de Pruines, fut fondée en 1295 par les comtes de Rodez et ne nécessita que 9 ans pour être achevée. De la muraille d'enceinte et du château, il ne reste que le donjon accolé au corps du logis, quelques vestiges des courtines flanquées de trois tours et, dans le village, *Lo Portal Bas,* une porte fortifiée donnant sur la rue principale. Quelques *calades* (ruelles) pittoresques, bordées de demeures anciennes.

➢ De Villecomtal, suivre la route de Muret, pour tourner à gauche par une jolie route en sous-bois, fraîche, calme et agréable. Quelques touches de lavande (ça sent le Midi) pour atteindre ***Rodelle,*** village en arête perché sur son rocher. De tout temps, verrou entre causse et vallon. Ancien roc occupé par les Gaulois, fortifié par les Romains. Objet d'un traité en 1239 entre le comte local et le comte de Toulouse. Louis XI tenta de s'emparer du château, lequel fut démoli en 1611. Le village actuel de Rodelle se construisit sur ses ruines. Imposante église avec clocher à peigne. Nombreuses très belles demeures de pierre et petite auberge à l'entrée. On monte ensuite sur un plateau avec son beau point de vue, pour suivre Lagnac et redescendre sur ***Muret-le-Château,*** dominé par un donjon du XVe s, ancienne seigneurie des évêques de Rodez. Continuer par la route de Rodez pour rejoindre Mondalazac et le château du Colombier.

Le château du Colombier : *Mondalazac, 12330 Salles-la-Source. ☎ 05-65-74-99-79. • colombier@thoiry.net • chateau-du-colombier.fr • ♿. À 7 km au nord de Salles-la-Source ; indiqué. Ouv Pâques-oct (vérifier sur le site internet les horaires, extrêmement variables) ; juil-août, tlj 10h30-19h30. Entrée : env 14,20 € ; 9,20 € pour les 3-13 ans.* Si l'on aime les animaux, l'histoire, les jardins et les jeux anciens, le château du Colombier (XIIIe-XIVe s) comblera toute la famille : un parcours en semi-liberté dans « le bestiaire vivant » pour découvrir ours, lions (au cœur de l'Aveyron !), loups, singes ou rapaces et lynx. Le « jardin d'Éden » véritable jardin médiéval, la roseraie et le labyrinthe ont obtenu le label « Jardin remarquable ». Le château moyenâgeux recèle des pièces scénographiées, notamment avec des personnages de cire, également un film-diaporama et une maquette explicative. Nombreuses animations et jeux médiévaux pour tous (échecs, jeux de dames, etc.).

CONQUES (12320) 300 hab. *Carte Aveyron, B2*

Tous les superlatifs ne suffiraient pas pour qualifier Conques. Peu de mots peuvent décrire l'émotion, le choc que l'on éprouve en arrivant pour la première fois. Et on veut de toute façon vous en laisser la surprise. On se contentera donc de dresser son palmarès (impressionnant) : grand site Midi-Pyrénées, patrimoine mondial et, bien sûr, l'un des « Plus Beaux Villages de France ».

Le village se love au creux d'une pente de la vallée de l'Ouche. À cet endroit, elle s'évase un peu plus, creusant une sorte de cirque en longueur rappelant la forme d'une coquille (*concha* en latin). Architecture du village d'une homogénéité quasi parfaite. Splendides demeures aux grosses pierres rougeâtres, toits de lauzes et une abbatiale, étape sur la route de Saint-Jacques-de-Compostelle, aux vitraux achevés en 1994 par le peintre Pierre Soulages.

UN PEU D'HISTOIRE

Conques doit son origine à ce flair invraisemblable des ermites et autres moines pour dénicher les sites les plus séduisants. À la fin du VIIIe s, un certain Dadon, justement ermite de son état, choisit cette « conche » pour y bâtir son nid (ah oui, il avait aussi découvert que le chant des oiseaux y était mélodieux !). Quelques moines, attirés pour les mêmes bonnes raisons, le rejoignirent.
Mais il manquait quelque chose à Conques, un plus qui attirerait les foules et lui assurerait prospérité ad vitam æternam. Une relique sainte, par exemple. Conques tenta donc plusieurs fois de s'en procurer. Sans succès. Jusqu'à ce qu'un moine réussisse à voler celle de **sainte Foy** (martyrisée au IVe s, à l'âge de 12 ans). Avant de commettre le rapt des fameuses reliques, il passa tout de même 10 ans au monastère d'Agen afin de gagner la confiance de ses supérieurs.
Plusieurs miracles qui suivirent l'arrivée des reliques à Conques engendrèrent un grand engouement pour la ville, qui devint un haut lieu de pèlerinage. C'est donc tout naturellement que l'abbaye se retrouva un peu plus tard sur la route du célèbre pèlerinage de Saint-Jacques-de-Compostelle. Conques fut choisie comme étape pour l'une des quatre routes françaises (la *via Podiensis,* celle venant du Puy-en-Velay). Les nombreux dons qui affluèrent enrichirent l'abbaye, qui put ainsi édifier sa magnifique abbatiale. Pendant les guerres de Religion, l'abbaye fut cependant incendiée par les protestants et sombra progressivement dans l'oubli. Au début du XIXe s, comme elle tombait en ruine, on envisagea même sa destruction. Ce fut l'infatigable Prosper Mérimée, alors inspecteur des Monuments historiques, qui sauva l'abbaye en la faisant classer.

Arriver – Quitter

➢ ***En voiture :*** même si, en Aveyron, tous les chemins mènent à Conques, on vous conseille d'arriver par la route de Noailhac (sauf si votre véhicule fait plus de 2 m de large). Vous aurez là une vue vertigineuse sur le village accroché à son roc et ferez une entrée triomphale (mais prudente !) par le petit pont dit « romain » (celui des pèlerins).
Laissez ensuite votre voiture à l'un des deux *parkings* situés à chaque entrée du village pour partir à l'assaut de la ville. Forfait parking *(mai-sept, 4 €)* valable pour la saison.

➢ ***En car :*** ***Transports Verdié,*** *☎ 05-65-77-10-55.* Trajet en période scolaire (sf w-e et j. fériés) à 16h30 de Rodez gare routière à Conques. De Conques à Rodez, départ le matin pl. de l'Étoile en période scolaire (sf w-e et j. fériés), direct lun, changement à Marcillac mar-ven. Trajet : 1h30.

➢ ***En train :*** les gares les plus proches sont celles de Saint-Christophe *(☎ 05-65-72-71-55)* et Rodez *(☎ 36-35).* Puis taxi jusqu'à Conques *(env 40 €).* De Saint-Christophe, liaison vers Conques pour certains trains. *Rens : ☎ 04-71-49-95-55 (**société Lample**). Résa 48h à l'avance.*

Adresse et info utiles

ℹ ***Office de tourisme :*** *rue du Chanoine-Bénazech. ☎ 05-65-72-85-00. • conques.fr • Ouv tlj (horaires différents selon saison).*

Bonne documentation sur les GR et la route de Saint-Jacques, et surtout de magnifiques brochures pour partir à la découverte de Conques et de ses merveilles. Le Service Patrimoine propose en saison des visites guidées de 45 mn *(4-4,50 €)* de l'abbatiale, de son tympan et de ses tribunes (à faire aussi en nocturne, à 21h30, avec illumination de l'église), et enfin du village (réservations à l'office). Objets tactiles à disposition des non-voyants.

Où dormir ? Où manger ?

Camping et gîte d'étape

Camping Beau Rivage : *fg de Conques, Moulin-Neuf. ☎ 05-65-69-82-23. 06-61-17-47-73. • camping.conques@wanadoo.fr • campingconques.com • Accès : par la D 901. Ouv 1er avr-30 sept. Emplacements tente 19,50-21,50 € selon saison ; mobile homes 280-560 €/sem. 60 empl.* Sur les bords du Dourdou, à 400 m du village. Le chemin de Saint-Jacques-de-Compostelle passe au bout du camping. Une soixantaine d'emplacements bien ombragés et en bord de rivière. Les mobile homes, eux, sont situés en bord de route (qui peut s'avérer passante en saison). Activités en tout genre : pêche, ping-pong... et une très grande piscine. Bien entretenu, grand confort et restauration possible à partir de juin. Idéal pour profiter quelques jours de Conques et des environs.

Prix moyens

Chambres d'hôtes La Maison des Sources : *au pied du village, dans le faubourg. ☎ 05-65-47-04-54. 06-19-49-23-92. • lamaison-dessources@orange.fr • lessourcesdeconques.com • En face du Restaurant Hervé Busset. Tlj sf mer. Compter 75 € pour 2 ; table d'hôtes 25 €. Parking privé. Apéritif offert sur présentation de ce guide.* Il règne un joyeux désordre dans cette petite maison flanquée à flanc de colline et dont le jardin aménagé de meubles de brocante surplombe la route. Maniaques obsessionnels, passez votre chemin ! 4 chambres (2 indépendantes et 2 qui se partagent une salle de bains), là encore meublées de bric et de broc, pas bien grandes mais charmantes. Accueil tout en douceur.

Chambres d'hôtes Le Chrismo : *pl. de la Basilique, au-dessus du magasin de souvenirs. ☎ 05-65-72-80-39. • ambperso@gmail.com • Congés : 11 nov-mars. Compter 59-69 € pour 2 selon saison ; appart 89-99 €.* Face à l'abbatiale, 2 mignonnes chambres d'hôtes pour profiter du village jusque tard le soir ou tôt le matin. On ne peut pas faire plus central. Excellent confort (congélateur, micro-ondes, TV, lave-linge, téléphone, etc.). Également un appartement familial tout équipé, avec vue sur la nature. Impeccable.

Auberge Saint-Jacques : *rue Gonzaque-Florens. ☎ 05-65-72-86-36. • info@aubergestjacques.fr • aubergestjacques.fr • À deux pas de l'abbatiale. Tlj sf dim soir et lun hors saison. Doubles 59-69 €. Formule brasserie 12 € (déj en sem) ; menus 19,90-42 € ; carte env 30 €.* Une adresse située dans le coin le plus touristique du village. Chambres propres. Brasserie aux grandes baies vitrées ouvertes en saison, et restaurant à l'étage (plus cher). Cuisine de terroir.

Beaucoup plus chic

Le Domaine de Cambelong – Restaurant Hervé Busset : *au pied du village, dans le faubourg. ☎ 05-65-72-84-77. • reservation@moulindecambelong.com • moulindecambelong.com • Fermé lun midi ; plus lun soir et à midi mar-jeu hors saison. Résa conseillée. Doubles 150-190 €. Menus 45 € (sf j. fériés)-105 €.* C'est l'un des derniers moulins à eau le long du Dourdou. Le cadre est enchanteur et les chambres à la hauteur, avec, pour certaines, un balcon surplombant la rivière. Une fois au bord de la piscine, on oublierait presque d'aller visiter Conques. Déco très contemporaine (les murs noirs, qui s'inspirent de l'œuvre de Soulages, peuvent surprendre) et confort 4 étoiles. La table, quant à elle, est l'une des plus prestigieuses du département. Élégante, raffinée, créative, elle sublime le terroir dont elle révèle la quintessence. Hervé Busset recherche l'excellence à l'état brut, c'est tout naturellement qu'il cuisine l'agneau Allaiton, la truite d'Estaing, le porc de Bigorre... Il cherche à surprendre (là encore) en agrémentant ses plats d'herbes sauvages et de légumes oubliés. Une cuisine d'évidence, comme il aime à la définir. Une magnifique expérience culinaire. Service à la hauteur des lieux.

Où dormir ? Où manger dans les environs ?

Camping et gîte d'étape

⛺ ***L'Étang du Camp :*** *Le Camp, 12320* ***Sénergues.*** *☎ 05-65-46-01-95. • info@etangducamp.fr • etangducamp.fr • ♿ Accès : attention, le camping n'est pas à Sénergues, mais à 5 km au nord, sur la D 242 (c'est très bien fléché). Ouv 1er avr-30 sept. Emplacements tente 12-15 €. Loc tentes safari 240-490 €/sem. Hébergement locatif en hte saison 490 €/sem. Caravanes 115,50-136,50 €/sem. 60 empl.* Camping tranquille, bien équipé, en pleine campagne et avec des emplacements de bonne taille, dont certains au bord de l'étang (où on peut pêcher). Tenu par une accueillante famille anglaise (*English breakfast*, d'ailleurs, pour ceux qui le souhaitent). Location de vélos.

🏠 ***Domaine de Sénos :*** *chemin de Compostelle, 12320* ***Sénergues.*** *☎ 05-65-72-91-56. • info@gites-aveyron.com • gites-aveyron.com • ♿ Sur le GR 65, à la sortie du village de Sénergues, à 9 km à l'est de Conques. Congés : de mi-nov à fin mars. Résa conseillée. Nuitée 17 €/pers pour les randonneurs de passage ; loc de draps env 3 € ; petit déj 5,50 € ; séjour en ½ pens slt 39 €/pers. 🖻 Café offert sur présentation de ce guide.* Une trentaine de lits en chambres de 2 à 5 personnes, pour ce gîte d'étape et de séjour installé dans une ancienne école religieuse remise à neuf. Quelques chambres avec bains. Accueil chaleureux. TV, terrasse, chaises longues, jeux pour enfants et vue sur toute la région.

De bon marché à prix moyens

🏠 🍽 ***Les chambres de Montignac :*** *12320* ***Montignac.*** *☎ 05-65-69-84-29. • mauryametal@yahoo.fr • À 2 km de Conques. Ouv Pâques-sept. Compter 53 € pour 2. Table d'hôtes le soir (sur résa) 20 € tt compris.* Une belle maison, attachante, dont la rénovation a été exclusivement réalisée avec des matériaux naturels. À la table d'hôtes, des plats qui ont pris le temps de mijoter, élaborés avec des produits naturels et de saison. Accueil simple et chaleureux.

🏠 🍽 ***Chez Marie :*** *12320* ***Grand-Vabre.*** *☎ 05-65-69-84-55. • chez.marie@wanadoo.fr • À 6 km par la D 901. Fermé le soir dim-jeu (sf juil-août). Résa conseillée. Menus 16-26 €.* Marie concocte des petits plats de terroir à des prix imbattables, et on n'est pas déçu. Le décor est simple, rustique, et la terrasse couverte permet de manger dans la verdure. Accueil aimable, plein d'attention. Les amateurs se laisseront tenter par un verre de Saint-Hervé, l'apéro du coin, à la fleur de sureau. Une bonne adresse de village, au service rapide.

Où acheter du vin de Conques ?

🧺 ***Le Colombier (Patrick Rols) :*** *sur les hauteurs du village. 📱 06-27-80-27-09. • rols_math@yahoo.fr • gaecrols@orange.fr • Mieux vaut téléphoner avt de se déplacer.* Sur ses quelque 6 ha, Patrick Rols cultive des vignes en agriculture biologique et produit un bon petit vin (rouge et blanc), Le Colombier, d'ailleurs labellisé vin de pays de l'Aveyron. Vente au chai (cave située sur le GR 65). En arrivant par la route, très jolie vue sur le versant couvert de vigne.

À voir

L'abbatiale Sainte-Foy : *Accès par la petite porte du parvis nord (rens au musée J-Fau). Visites guidées en saison par le Service Patrimoine, rens à l'office de tourisme. Visite libre sf pdt les offices : tlj à 7h30, 12h05, 18h (vêpres en sem, 17h dim) et 20h30 (complies, suivies du* Salve Regina *et de la musique d'orgue). Messe à 8h lun-sam et 11h dim, célébrée par les Frères prémontrés (ordre religieux fondé par saint Norbert en 1120, à Prémontré, près de Laon).*

Il y eut d'abord une petite chapelle, puis l'arrivée des reliques de sainte Foy nécessita la construction d'une première basilique, et au XIe s, le succès de Conques entraîna l'édification de l'actuelle abbatiale. Les matériaux utilisés composent une belle palette de couleurs : grès rouge et calcaire d'un beau jaune, alternant avec des blocs de schiste gris. Plan en croix classique, avec un transept plus long que la nef à cause de la configuration du terrain, qui ne rendit pas la construction aisée. Conques servit ensuite de modèle aux autres basiliques de pèlerinage (Saint-Sernin, Saint-Jacques). Le monument est aussi doté de vitraux contemporains de Pierre Soulages (1994) et a été inscrit au Patrimoine mondial de l'humanité par l'Unesco, au titre des chemins de Compostelle.

Le tympan de la façade principale

L'un des chefs-d'œuvre de l'église. La quasi-nudité de la façade permet de se focaliser dessus. C'est la traditionnelle représentation du *Jugement dernier.* L'artiste s'est inspiré de *l'Évangile selon saint Matthieu.* Les nombreuses scènes et divers personnages (124 au total) donnent un peu une impression de fouillis, mais c'est remarquablement composé, et jamais n'avait été atteinte une telle maîtrise du travail de la pierre.

Au centre trône le Christ en majesté, qui prononce son verdict : les élus sont à sa droite, au Paradis, clair et ordonné, qu'il désigne d'un geste de la main droite vers le haut ; les damnés sont à sa gauche, en Enfer, confus et violent, qu'il désigne d'un geste de la main gauche vers le bas. Derrière, des anges portent la croix, un clou et le fer de lance, évoquant la Passion. Un ange lui présente le Livre de Vie, tandis que des anges-chevaliers repoussent les démons en Enfer. À gauche, les élus marchent vers le Christ, conduits par les deux seuls personnages nimbés, sainte Marie et saint Pierre. Ils sont suivis par les grandes figures de l'histoire de l'abbaye : l'ermite Dadon (le fondateur) et Charlemagne. Sous le Christ, la pesée des âmes où l'archange saint Michel et un démon se défient du regard, pendant que ce dernier – détail curieux ! – appuie sur la balance en sa faveur. À gauche de cette scène, les morts sortent de leurs tombeaux, comme dans les séquences d'un film.

En dessous, c'est le Paradis ! Au centre siège Abraham et, de part et d'autre, des couples de personnages sous des arcades représentant la Jérusalem céleste. À droite, un ange accueille les élus au Paradis, tandis qu'un démon fait entrer les damnés à coups de massue dans la gueule de l'Enfer. Alors qu'Abraham trône sagement à gauche, Satan, assis sur un damné, inflige divers tourments aux pécheurs. Ces scènes sont intéressantes à détailler, car l'artiste a été visiblement inspiré pour imaginer le raffinement de ces supplices infernaux. Tout y est : la femme adultère avec sa poitrine dénudée, l'avare, pendu à gauche de Satan, la Colère, au-dessus de la gueule de l'Enfer, qui s'enfonce un couteau dans la gorge pendant qu'un démon lui dévore le cerveau (!), etc. Au-dessus, les souffrances vont de plus belle : on tue à la broche, on écorche vif et on pend par les pieds. Sur le linteau est gravée la phrase suivante : « Pécheurs, si vous ne réformez pas vos mœurs, sachez que vous subirez un jugement redoutable. » À bon entendeur...

L'intérieur
Vaisseau magnifique, tout de simplicité, d'harmonie et de verticalité (voûte plus haute qu'à Saint-Sernin, c'est tout dire). Les vitraux des 95 fenêtres et des 9 meurtrières ont été conçus par Pierre Soulages. Ils s'intègrent pleinement à l'ensemble : d'un blanc translucide, ils respectent l'unité du lieu, en évitant les effets de trouée. Ces vitraux agissent comme des réflecteurs et s'adaptent à la lumière naturelle : « Bleue le jour, rouge ou jaune au couchant ou au levant, ou même ocre ou grise lorsqu'elle reflète la couleur des pierres ou du toit », comme les décrit Soulages.
L'architecture est d'une grande pureté et d'une réelle majesté. Les tribunes s'ouvrent sur la nef par des baies géminées. On comprend mieux ici la démarche des architectes qui ont conçu l'intérieur en fonction de l'énorme flux des pèlerins. Ainsi, les deux portes sur la façade pour l'entrée et la sortie, canalisation des pèlerins par les bas-côtés, mouvement autour du déambulatoire pour pouvoir contempler les reliques de sainte Foy ; ainsi que la nef et surtout les deux bras du transept, de grande dimension, qui permettent à un maximum de fidèles d'assister à l'office, se tenant exactement sous la coupole. Cette dernière, l'une des plus majestueuses qu'on connaisse, éclaire admirablement le vaisseau. Remarquables grilles du chœur en fer forgé du XIIe s. Elles protégeaient à l'époque les précieux reliquaires du trésor de l'abbaye. Très beaux chapiteaux, tantôt décoratifs, tantôt historiés : entrelacs, palmettes, feuillages...
Essayez d'être seul au moment de visiter l'église (tôt le matin ou hors saison) pour ressentir l'impression de sérénité, d'émotion proche du recueillement. Tout simplement grandiose.

Le cloître
En contrebas, à droite face à l'abbatiale. Le grand cloître roman servit longtemps de carrière pour construire les maisons du village. Seules quelques petites arcades et baies géminées survécurent. On a pu reconstituer cependant le tracé des quatre galeries, et cela donne un peu une idée du plan du cloître.
L'ancien réfectoire des moines s'ouvre sur le cloître par des arcades géminées sur lesquelles on observe quelques chapiteaux parvenus jusqu'à nous. Motifs variés de feuilles à bec retourné, d'animaux, de moines bâtisseurs ou d'anges porteurs des Textes sacrés. Au centre du cloître, beau bassin en serpentine vert foncé. Il est décoré de colonnettes engagées aux chapiteaux sculptés de motifs végétaux, alternant avec de petits modillons représentant des figures humaines, animales ou encore imaginaires.
Après le cloître, ne manquez pas le cimetière, avec vue sur la vallée.

Le trésor et le musée J-Fau
Là encore, l'un des plus fascinants qui soient. *Ouv tte l'année : avr-sept, 9h30-12h30, 14h-18h30 ; oct-mars, 10h-12h, 14h-18h. Billet unique pour le trésor et le musée J-Fau : 6,20 € ; réduc.*
– ***Le trésor d'orfèvrerie :*** très riche collection d'orfèvrerie religieuse, à ne pas rater. Toutes ces merveilles ont failli disparaître pendant la Révolution, car, sous la Convention, on a cru bon de confisquer pour les fondre tous les objets en métal précieux. Heureusement, quelques Conquois ont caché le trésor sacré en laissant croire à un vol.
Nombreux reliquaires dont un curieux, dit *« A » de Charlemagne* (fin du XIe s), décoré de filigranes et de pierreries. Au sommet, à la place du gros cristal, était certainement logée à l'origine la relique, un morceau de la Vraie Croix. L'empereur, fondateur d'une vingtaine d'abbayes, aurait envoyé à chacune d'elles un reliquaire ayant la forme des lettres de l'alphabet. Conques fut donc la première fondée, témoignage de l'importance que Charlemagne lui accordait. Un autre, le *Reliquaire de Pépin,* de forme hexagonale, en or, décoré de filigranes, vermeil et émaux. Au centre, le Christ, entouré de la Vierge et de saint Jean. Au-dessus, le Soleil et la Lune, symboles de l'univers. Il a été monté vers l'an 1000 à partir de différents éléments datant du IXe s (la plus vieille pièce du trésor). Autre curiosité : la *lanterne de Bégon,* de la fin du XIe s, qui, par sa forme et par son iconographie, évoque le

triomphe du Christ sur la mort. Dans une autre vitrine, le *coffret-reliquaire de sainte Foy* (XIIe s) « dit de Boniface », en cuir clouté. Manuscrit du *Livre des Miracles,* écrit dès l'an 1013 par un Bernard, maître de l'école épiscopale d'Angers, auquel les moines et les pèlerins de Conques rapportèrent les miracles réalisés par sainte Foy. Enfin (le meilleur pour la fin !), la fameuse *Majesté de sainte Foy,* constellée de pierres précieuses (tête du Ve s, corps et siège du IXe, remaniés à la Renaissance). De nombreuses pierres sont gravées en creux (intailles) ou en relief (camées). Unique survivante de ce type de reliquaire de tout le Moyen Âge. Si l'on oubliait que sa fonction est avant tout d'abriter les restes de la sainte martyre, on penserait que c'est de l'idolâtrie !

– ***Le musée J-Fau :*** réparti sur trois niveaux. *À l'étage :* reconstitution d'une chambre de l'abbaye au XVIIe s, avec une admirable cheminée de bois ornée de médaillons sculptés et *Ecce Homo* au milieu. Un lit à baldaquin signé... Chirac. Dans une autre pièce, suite de sept tapisseries du XVIIe s consacrées à la vie de sainte Marie-Madeleine. *Au rez-de-chaussée :* statuaire de pierre, lutrin du XVIIe s. *Au sous-sol :* belle présentation du *Musée lapidaire.*

À voir encore

♥♥♥ ***Visite de la ville :*** prenez votre temps pour en découvrir le charme exceptionnel, à travers ruelles en pente et escaliers. La plupart des maisons, tournées vers le midi, possèdent deux entrées : celle du rez-de-chaussée sur la rue inférieure, l'autre au niveau de la rue supérieure ou d'un jardin. Ici, le schiste est roi. Il se retrouve dans tous les éléments de la construction du village, du pavage des rues aux toits de lauzes. Festival de lucarnes, clochetons, toits en saillie, décrochements, une joyeuse anarchie de lignes et de volumes. Et profitez-en pour faire la tournée des artistes et artisans d'art qui, tradition oblige, ouvrent leurs ateliers aux pèlerins et visiteurs (sculpteur, maroquinier, peintre, graveur...).
Au sud s'élève la *porte du Barry* (par la rue Charlemagne). De là, un sentier mène à la *chapelle Saint-Roch,* du XVIe s. Belle vue sur le village et les environs.

Manifestations

– ***Festival Conques, la lumière du Roman :*** *juil-août. Rens et résas :* ☎ *05-65-71-24-00.* De grands concerts de musique classique et sacrée jusqu'au répertoire contemporain sont organisés dans l'abbatiale ou l'auditorium du Centre européen et dans les églises ou châteaux du territoire. Acoustique formidable, atmosphère magique et spirituelle dans l'abbatiale.

– ***Festivités de sainte Foy :*** *un dim autour du 6 oct.* Procession religieuse, exposition de reliquaires dans l'église, dont la Majesté de sainte Foy.

DANS LES ENVIRONS DE CONQUES

♥♥ ***La Vinzelle*** *(12320) : à 15 km de Conques, sur la commune de* ***Grand-Vabre.*** Adorable petit village accroché à un éperon rocheux et sauvé de la désertification par ses habitants. Vénérables demeures de pierre rénovées, rues pavées, chemins refaits, atouts architecturaux remis en valeur : un beau boulot ! Voir la *fontaine Saint-Clair, lou trabal* (l'ancien ferrage des vaches), et, surtout, monter au *clocher,* indépendant de l'église. Panorama prodigieux sur le village et la vallée. Le clocher abrite la « Campana bella », une cloche de 1 250 kg, dont on imagine la somme d'efforts qu'elle demanda pour être amenée jusqu'en haut. En outre, le son se révéla tellement assourdissant pour les villageois qu'il fut décidé de la déplacer sur le rocher dominant le village. Il n'y a pas si longtemps, on la sonnait pour disperser les orages trop menaçants...

➢ Deux ***sentiers de balade,*** l'un de 30 mn (le Peyral), l'autre de 2h (pour bons marcheurs), permettent de découvrir d'autres merveilleux points de vue et de traverser massifs de bruyère et tonnelles de buis sauvage.

|●| ***Auberge du Peyral :*** *à La Vinzelle. ☎ 05-65-72-83-04. Tlj. Congés : oct-mars. Compter env 10 €.* De bonnes assiettes de produits régionaux, salades diverses, savoureux gâteau aux noix et coupes de glace. Sympathique auberge en balcon sur la vallée (pour le panorama, réserver impérativement les grosses tables en bois dehors).

DE CONQUES À ENTRAYGUES

Se rendre à ***Grand-Vabre*** *(12320)* d'abord. Sur place, un camping, si celui de Conques est saturé. Au bas du village, vieux pont des Pèlerins. Dans l'église gothique locale, bas-relief du XIVe s avec sainte Foy. Et n'oubliez pas de jeter un coup d'œil sur l'antique épicerie de la place centrale. Étonnant !
Au pont de Grand-Vabre, vous passez dans le Cantal sur la moitié du parcours (par la D 141) jusqu'à Entraygues. Itinéraire superbe. La vallée du Lot, véritable frontière entre Rouergue et Auvergne, a conservé ici tout son caractère sauvage, avec de fascinants paysages en enfilade. À ***Vieillevie*** *(15120),* château du XVe s qui contrôlait le trafic sur le Lot.

LE FEL (12140)

Avant Entraygues en venant de Conques. La route grimpe à travers des vignobles vers Le Fel, minuscule et adorable village de 145 habitants avec une rue unique et bien fleurie, où l'on fait un bon p'tit vin (encore méconnu mais de qualité). Un cadre qui a beaucoup de charme, avec vue imprenable sur le Lot. Rejoindre l'église de Roussy, à 900 m, pour un beau panorama. Circuit balisé dans le village.

Où dormir ? Où manger ?

🏠 |●| ***Auberge du Fel :*** *au centre du village. ☎ 05-65-44-52-30. • info@auberge-du-fel.com • auberge-du-fel.com • ♿ Resto ouv le soir, dim et j. fériés (en juil-août, en-cas à midi avec spécialités régionales). Congés : 12 nov-3 avr. Résa conseillée. Doubles 61-72 € selon confort et saison. Menus 22 € (en sem) puis 34 €. Café offert sur présentation de ce guide.* Auberge de montagne pleine de charme. Propose de coquettes chambres aux couleurs fraîches, arrangées avec goût et impeccables (certaines avec terrasse et vue sur la « montagne »). Cuisine familiale et traditionnelle à base d'herbes, de fruits et d'épices, réputée dans la région.

Achats

Poterie du Don : *le don du Fel, 12140 Le Fel. ☎ 05-65-54-15-15. • contact@ledondufel.com • ledondufel.com • Avr-sept, tlj 10h-18h30 (fermé 12h-14h le w-e) ; le reste de l'année, lun-ven 10h-18h, w-e 14h-18h.* Le site est à couper le souffle et l'architecture des lieux très moderne ! Très belle sélection de céramiques contemporaines. De renommée internationale, Suzy Atkins confectionne des pièces très originales, qui sont reproduites en série – mais avec passion – par ses employés. En même temps, elle crée ses pièces uniques, souvent décorées d'or. Stages de poterie.

LA VALLÉE DU LOT

ENTRAYGUES-SUR-TRUYÈRE

(12140) 1 265 hab. *Carte Aveyron, B1*

Important carrefour et centre touristique du nord de l'Aveyron, Entraygues (prononcer « Entrailles ») s'est édifié au confluent du Lot et de la Truyère (d'où son nom qui signifie « entre les eaux » en langue d'oc). De son riche passé, la petite ville a conservé son beau pont gothique et ses ruelles au tracé médiéval, bordées de demeures des XVᵉ et XVIIᵉ s. On dit que la reine Margot y aurait passé une nuit...

QUE BOIRE ?

La région, surnommée « le jardin de l'Aubrac » à cause de ses conditions climatiques favorables à la culture des vergers et des vignes, produit un bon vin de pays fort gouleyant : l'*entraygues-le-fel* (VDQS). Pas facile à trouver (la production est d'environ 120 000 bouteilles), c'est sur place qu'il faut le goûter. Avec 22 ha de vignobles et seulement 6 producteurs, c'est l'un des plus petits territoires viticoles de France. Il s'étale sur d'étroites terrasses de deux ou trois rangs de ceps. Dans le verre, un rouge bien charnu et fruité, et même du blanc et du rosé.

Adresses et infos utiles

Office de tourisme du pays d'Entraygues : *pl. de la République. ☎ 05-65-44-56-10. • tourisme-entraygues.com • En été, lun-sam, dim et j. fériés le mat ; hors saison, lun-sam (fermé lun mat oct-mars).* Organise des visites de la ville le jeudi en juillet-août, mais il existe aussi un circuit fléché, et un circuit enfants que l'on peut retirer à l'office. Serviable et compétent.

■ **ASV'OLT Canoë-Kayak :** *base de canoë en été à Entraygues (☎ 05-65-44-54-90) ou tte l'année à Vieillevie (à 10 km, côté Cantal ; ☎ 04-71-49-95-81). • asvolt.com •* Pour une descente tranquille le long du Lot et des vignobles de la région.

Cars Verdié : *☎ 05-65-77-10-55.* Service régulier Rodez/Espalion/Entraygues/Mur-de-Barrez.

Cars Laborie : *☎ 04-71-49-92-79.* Pour rejoindre Aurillac au départ de Montsalvy.

– **Marchés :** *quai du Lot ou pl. de la République, marché hebdomadaire ven mat tte l'année (tout petit marché mar mat en juil-août).*

– **Marché des producteurs de pays :** *mer soir (18h-21h) en juil-août.*

– **Marché artisanal** « les mardis du savoir-faire » : *de mi-juil à mi-août à partir de 17h.*

Où dormir ? Où manger ?

Camping

Camping municipal du Val de Saures : *au bourg. ☎ 05-65-44-56-92. • info@camping-valdesaures.com • camping-valdesaures.com • ♿ Accès : par la D 920 et la D 34. Ouv mai-fin sept (chalets à partir d'avr). Emplacements tente 11-19,50 € ; chalets en loc 273-721 €/sem. 126 empl.* Proche du centre-bourg, mais certains emplacements sont au bord du Lot. Épicerie et commerces dans le village. Piscine municipale, animations en été, tournois de foot et de ping-pong, et à

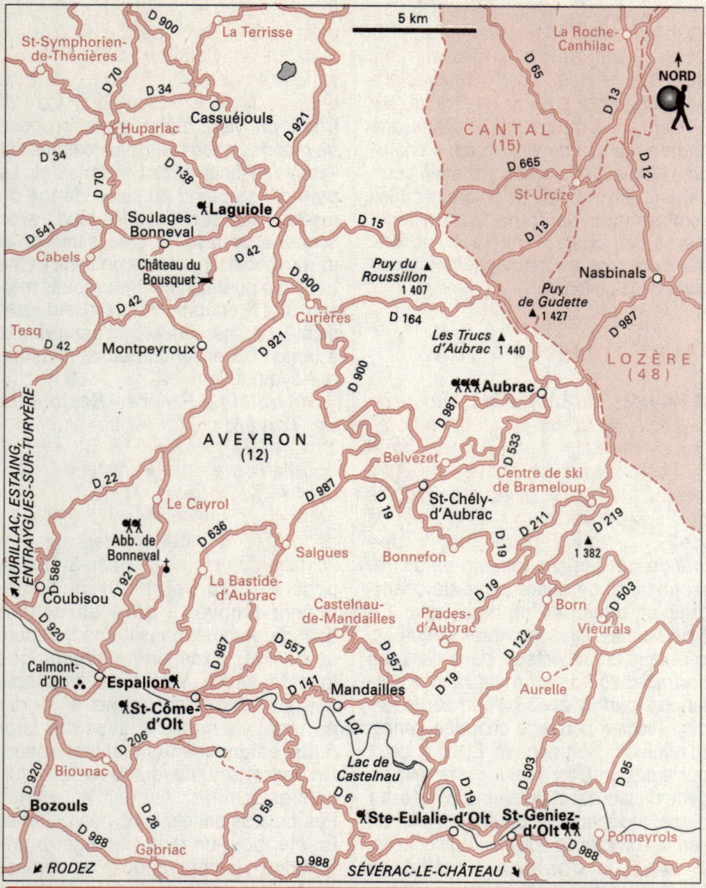

LA VALLÉE DU LOT ET L'AUBRAC

proximité, pêche, rando, tennis, équitation, etc. Un bon point, le camping est le premier de la région certifié par l'écolabel européen : ici, l'environnement n'est pas un vain mot !

Prix moyens

Les Deux Vallées : *7, av. du Pont-de-Truyère. ☎ 05-65-44-52-15. • hotel.2vallees@wanadoo.fr • hotel-les2vallees.com • Resto fermé ven soir, sam et dim soir oct-mars. Congés : 3 sem en fév, 1 sem à la Toussaint et 1 sem à Noël. Double 54 €. Menus 13,50 € (déj en sem), puis 19-34 €.* Une très bonne adresse. Chambres confortables. Au restaurant, cuisine de terroir fort bien maîtrisée, servie aux beaux jours en terrasse, ou dans la grande salle. Bon choix de vins à prix honnêtes.

Chambres d'hôtes Le Clos Saint-Georges : *chez Mme et M. Réthoré, 19, coteaux Saint-Georges. ☎ 05-65-48-68-22. • leclosstgeorges@orange.fr • leclosstgeorges.com • Du centre, direction Saint-Amans ; à droite après la poste, puis à gauche ; c'est tt en haut, sur une* *petite place. Congés : 15 nov-28 fév. Résa conseillée. Compter 70 € pour 2. Dîner sf dim en été 20 €, tt compris (sur résa). Réduc de 10 % sur le prix de la chambre à partir de 3 nuits, sur présentation de ce guide.* Dans une grande maison de vignerons, 4 chambres bien au frais, décorées avec goût, dans un style boisé et coloré. Accueil sympathique de toute la famille et même des chats. Potager à l'arrière, qui fournit les accompagnements des plats de la cuisinière.

De prix moyens à chic

Hôtel du Lion d'Or : *2, route de Laguiole. ☎ 05-65-44-50-01. • hotel.lion.or@free.fr • hotel-lion-or.com • Resto fermé lun et mer soir (hors juil-août). Congés : nov-mars. Doubles 56-76 €. Formule déj 13 € ; menus 19-37 €. Parking et garages.* Une grande bâtisse sécurisante en pierre, proposant une quarantaine de chambres et quelques studios pour 1 à 5 personnes. Des chambres décorées, certaines un peu kitsch, dans des tons parfois discutables mais bien entretenues (parfois avec balcon sur le jardin). Piscine couverte chauffée, tennis et minigolf. Bon accueil. Et pour ceux qui le désirent, il y a même une salle de gym, un jacuzzi et un sauna ! Resto sur place, indépendant de l'hôtel, où l'on sert une copieuse cuisine traditionnelle.

Chambres d'hôtes Le Petit Chou : *4, pl. de la République. ☎ 05-65-48-58-03. • info@lepetitchou.fr • lepetitchou.fr • En plein centre. Salon de thé avec petite restauration. Compter 80-90 € pour 2, suites familiales 110-120 €. Formule en sem 14,50 €, menu 33 €.* Ce *Ptit Chou,* qui vient d'être repris, propose de grandes chambres (plus calmes sur l'arrière) définitivement charmantes. Le petit déj se prend au salon de thé du rez-de-chaussée, ouvert à tous : avec scones et pâtisseries, glaces maison et un inévitable large choix de thés. Petite boutique pour acheter les produits maison : thé là encore, chutneys... Et juste à côté, *Le Chou Rouge,* un bar à vins et à tapas. Un ensemble aussi atypique que sympathique.

Hôtel La Rivière – Restaurant La Truyère : *60, av. du Pont-de-Truyère. ☎ 05-65-66-16-83. • info@hotellariviere.com • hotellariviere.com • Doubles 97-127 € selon confort et saison. Menus 32-36 € ; carte 50 €. Apéritif offert sur présentation de ce guide.* Beau 3-étoiles, posé au bord de la Truyère. Entièrement rénové, il offre un confort haut de gamme, dans un cadre épuré et design. Excellentes prestations (piscine, sauna, etc.). Excellente table aussi, mettant en scène le terroir de très jolie manière, avec des produits soigneusement sélectionnés. On regrette juste quelques complications inutiles. Accueil et service très professionnels mais pas guindés. En été, pour un déjeuner léger à prix tout doux, le chef propose en terrasse brochettes, grillades à la plancha et assiettes gourmandes.

Où dormir ? Où manger dans les environs ?

Campings et gîte

Camping municipal La Rivière : *à La Rivière-de-Pons, 12140 **Saint-Hippolyte.** ☎ 05-65-66-18-16. • campinglariviere12@gmail.com • camping-la-riviere.com • Accès : à 10 km au nord d'Entraygues, direction Saint-Hippolyte, indiqué sur la gauche. Ouv de mi-juin à mi-sept (chalets tte l'année). Emplacements tente 10-14 € selon saison. Également 11 chalets, dont un équipé pour les personnes handicapées, 169-553 €/sem. 36 empl.* En pleine nature, au frais et au calme, un agréable camping en bordure de rivière. Très bien ombragé. En saison, animations, randos, canoë, etc. Petits commerces au village situé à 500 m (alimentation, boulangerie, café). Piscine.

Pôle touristique Bellevue : *« Un point C tout », au bourg. ☎ 05-65-44-50-73. 06-89-55-46-32. • pole-bellevue12@orange.*

fr • golinhac-hebergements.com • ♿ Accès : à 8 km au sud d'Entraygues par la D 20 vers Bozouls. Ouv d'avr à mi-oct. Emplacements tente 11,50-18,50 € selon saison ; chalets 210-581 €/sem. 48 empl. Situé sur le GR 65, c'est à la fois un camping, un gîte d'étape avec 18 lits et un gîte équestre de 13 lits *(14,90 €/nuitée).* Possibilité de restauration. Piscine.

Prix moyens

Ferme du Battedou : *Le Battedou, 12140* ***Golinhac.*** *☎ 05-65-48-61-62. • lebattedou@wanadoo.fr • lebattedou.free.fr • À 10 km d'Entraygues. Prendre la route d'Estaing, puis tourner à l'usine (vers Golinhac), bien indiqué ; encore 2 km d'une jolie route escarpée dont on ne croit jamais voir la fin. À proximité du GR 416 et à 2 km du GR 65 (chemin de Saint-Jacques). Résa conseillée. Compter 58 € pour 2, petit déj compris ; 16 €/pers en dortoir ; 17 € pour 2 en camping ; gîtes 300-700 €/sem. Dîner (sur résa) 20 €. Réduc de 10 % sur le prix de la chambre hors saison à partir de la 2e nuit, sur présentation de ce guide.* Accueil des ânes et chevaux en pré. Découvrez ce pittoresque hameau en pleine nature sauvage, à l'image de la route qui y mène. Accueil fort sympathique de Carine et François. 3 chambres d'hôtes, un gîte d'étape dans une belle grange, des gîtes ruraux bien aménagés (de 2 à 10 personnes), un camping, le tout à prix intéressants. Piscine et sauna. Nombreuses activités. Excellente table d'hôtes, proposant une délicieuse cuisine régionale à partir des produits de la ferme (bio). Délicieux desserts maison.

Ferme-auberge et chambres d'hôtes de Méjanassere : *12140* ***Méjanassere.*** *☎ 05-65-44-54-76. • ferme-auberge-mejanassere.fr • Du centre d'Entraygues en venant d'Estaing, tourner à droite après l'*Hôtel du Lion d'Or, *sur la route de Laguiole ; poursuivre quelques km jusqu'aux vignes en terrasses. Juil-août : le midi sf mer et dim, le soir sf mar, jeu et sam, fermé les j. fériés ; hors saison sur résa. Compter 84 € pour 2 (tarif dégressif dès la 2e nuit). Menu unique 33 €, table d'hôtes 20 €. CB refusées. Digestif offert sur présentation de ce guide.* Très belle ferme sur les hauteurs d'Entraygues, avec un impressionnant panorama sur les vignobles. Table délicieuse dans une ambiance pleine de charme et bon enfant. Produits naturels souvent bio (pain à la farine bio cuit à l'ancienne), pièces rôties à la broche, saucisse fumée, etc. Herbes aromatiques du potager et vin maison (le patron est viticulteur). 4 superbes chambres d'hôtes et un gîte pour 1 à 5 personnes complètent l'ensemble, pour une étape ou un séjour de charme.

À voir. À faire

Le château *(privé) :* édifié au XIIIe s par Henri II, comte de Rodez. Les deux tours carrées à mâchicoulis datent de cette époque. Le corps de logis fut reconstruit au XVIIe s.

Les pittoresques ruelles du vieux centre : notamment la rue Basse. La rue Droite et la rue du Chemin-de-Ronde sont parallèles. De nombreux cours et passages communiquent. La belle demeure Renaissance en pierre et à colombages (celle-là même qui aurait accueilli la belle Margot) abrite un très bel atelier de poterie.

Le pont médiéval sur la Truyère : construit au XIIIe s. Un des plus élégants qu'on connaisse. Un autre, le *pont Notre-Dame,* sur le Lot.

La petite chapelle du Pontet : *à 600 m env par les bords du Lot.* Louis XI s'y arrêta pour prier alors qu'il allait se battre contre le comte d'Armagnac.

Point de vue et belvédère du Calvaire : *à 2 km du centre-ville, route d'Aurillac.* Beau point de vue dominant la ville et le confluent du Lot et de la Truyère.

➢ ***Randonnées et balades à VTT :*** avec le GR de pays « Lo Camin d'Olt » (topoguide FFRP, réf. 1 200). Avis aux bons marcheurs, deux boucles de 55 km et 62 km permettent de découvrir les gorges de la Truyère et la vallée du Lot (+ 10 promenades et randonnées de 3,6 km à 12 km). Et pour les amateurs de VTT, pas moins de 11 circuits et 210 km de pistes pour explorer les gorges et les vallées.

ESTAING

(12190) 612 hab. *Carte Aveyron, C2*

Pittoresque bourgade édifiée au confluent du Lot et de la Coussane. Pendant huit siècles fief de la famille d'Estaing, qui s'illustra dans l'histoire du Rouergue et de la France à travers de nombreux personnages militaires et religieux. Citons, parmi les plus célèbres, Tristan d'Estaing, qui se distingua à la bataille de Bouvines, le cardinal Pierre d'Estaing, François, évêque de Rodez au XVIe s, et Charles-Henri, amiral et commandant de la flotte française envoyée pour soutenir la guerre de l'Indépendance des États-Unis. Son fier et beau château domine le village, affrontant la concurrence de l'église paroissiale voisine. Rues pavées de gros galets ronds du pays.

Adresse utile

ℹ ***Office de tourisme :*** *24, rue François-d'Estaing ; au rdc de la mairie. ☎ 05-65-44-03-22. • ot-estaing@orange.fr • Tlj en juil-août sf dim mat ; fermé dim le reste de l'année.* 💻

Où dormir ? Où manger ?

Camping

⛺ ***Camping municipal La Chantellerie :*** *rives du Lot. ☎ 05-65-44-72-77 (en saison) ou 05-65-44-70-32 (mairie, hors saison). 📱 06-86-77-27-20. • commune-estaing@orange.fr • Accès : à 1,5 km du bourg par la D 167. Ouv mai-fin sept. Emplacement tente en hte saison 10,50 € ; mobile homes 4-6 pers 200-250 €/sem. CB refusées. 60 empl.* Au creux d'un vallon et au bord d'un ruisseau, un camping tout ce qu'il y a de plus champêtre, à l'atmosphère familiale. Vaste terrain herbeux et plat avec des emplacements non matérialisés et ombragés, et un grand champ où là encore les emplacements sont libres. Accès à la rivière pour la pêche. Commerces, terrain de sport et piscine à proximité. Village à 15 mn à pied par un petit chemin.

Prix moyens

🏠 🍽 ***Aux Armes d'Estaing :*** *1, quai du Lot. ☎ 05-65-44-70-02. • remi.catusse@estaing.net • estaing.net • Sur les rives du Lot, face au pont. Tlj sf dim soir et lun hors saison. Congés : de fin oct à mi-mars. Doubles 55-70 €. ½ pens (souhaitée en été) 56-65 €/pers. Formule déj en sem 13 €. Menus 21-50 €. Apéritif maison offert sur présentation de ce guide.* Tenu par la même famille depuis 3 générations. Hôtel de tourisme traditionnel, avec ce charme intemporel qu'ont parfois les hôtels de campagne. Une douzaine de chambres à la déco gentiment désuète mais bien équipées, dans le bâtiment principal. Annexe impeccable à côté pour les randonneurs : 18 chambres pimpantes et rénovées pour la grande majorité. Au resto, agréable salle à manger, petit bout de terrasse (côté rue...) et jolie cuisine qui accommode au goût d'aujourd'hui les produits du pays. Fort bon accueil et service charmant.

Auberge Saint-Fleuret : *19, rue François-d'Estaing. ☎ 05-65-44-01-44. • info@auberge-st-fleuret.com • auberge-st-fleuret.com • Resto fermé à midi lun-mer. Congés : 15 oct-15 avr. Résa conseillée en saison. Doubles 50-58 € selon confort et saison. Menu 19 € (en sem), carte env 30 €.* La maison, au premier abord, apparaît quelque peu banale. Mais tout ce qui ne se voit pas de l'extérieur se trouve à l'intérieur. Chambres vraiment agréables (surtout celles donnant sur l'arrière) et régulièrement rénovées. Derrière, un grand jardin avec piscine. Salle de resto chaleureuse et fleurie, avec terrasse, où l'on vous servira une belle cuisine résolument traditionnelle. Carte de salades pour les déjeuners estivaux et beaux desserts. Prix vraiment raisonnables.

À voir. À faire

L'église : édifiée au XVe s sur une crypte, face au château (les deux pouvoirs !). Accès par un escalier monumental. On y vient pour les *reliques de saint Fleuret,* évêque de Clermont au VIIe s, mort à Estaing. Pas moins de six ravissants retables. Devant l'église, une admirable *Crucifixion* gothique avec mise au tombeau.

Le château : *☎ 05-65-44-72-24. Mai-juin et sept, tlj sf dim-lun 9h30-12h30, 14h-18h (ouv dim en sept) ; juil-août, tlj sf lun 10h30-12h30, 14h-19h ; 1er-15 oct, mar-sam 9h30-12h30, 14h-18h. Entrée : 6 € ; 10 € en visite guidée.* Sa construction s'est échelonnée sur plusieurs périodes, du XIIe s à nos jours. Toujours en cours de restauration, il est ouvert au public en saison. Il a fort jolie allure ; on le croirait sorti tout droit d'un conte de fées. Le château est toujours la propriété de notre ancien président VGE, dont le père avait « relevé » le nom d'Estaing dans les années 1920... Mais reprendre un titre éteint ne transmet pas la noblesse. Mince alors !

Le pont gothique : il date du XVIe s et porte la statue de François d'Estaing, évêque de Rodez, et la célèbre croix en fer forgé.

La maison de la Vigne, du Vin et des Paysages d'Estaing : *L'Escaillou, 12190* ***Coubisou.*** *☎ 05-65-44-04-42. • cave.vigneronsdolt@wanadoo.fr • Sur la D 920, en direction d'Espalion. Juin-sept, tlj sf dim et j. fériés 10h-12h30, 15h-18h30 ; oct-mai, mar, mer, ven et sam 10h-12h30, 14h-18h.* Les Vignerons d'Olt, la cave coopérative d'Estaing qui produit un très bon VDQS, vous accueille dans ses locaux doublés d'un (tout) petit espace muséographique. Surtout, on peut y voir une très belle vidéo consacrée au travail de la vigne et aux *coustoubis* (comprendre « les gens du vin »).

– Quoi de plus agréable qu'une baignade au bord du Lot ? Eh bien, à Estaing, la ***piscine municipale,*** ouverte en saison seulement car découverte, épouse la rive de la rivière et offre une vue panoramique sur le château. On y passerait bien la journée !

Fêtes et manifestations

– ***Le son et lumière d'Estaing – 1 500 ans d'histoire :*** *de mi-juin à mi-sept, le mer soir à la tombée de la nuit.*
– ***La Saint-Fleuret :*** *le 1er dim de juil.* Grande procession historique et religieuse avec plus de 150 figurants en habits d'époque. Superbe feu d'artifice tiré depuis les berges du Lot.

– ***La nuit lumière :*** *le 15 août.* Beau spectacle en perspective, avec plus de 3 000 bougies pour éclairer et sublimer le château et ses alentours. Là encore, clôture de la fête par un grand feu d'artifice.
– ***Les Médiévales :*** *le 2e w-e de sept.* La ville se pare aux couleurs du Moyen Âge et vit au rythme des seigneurs, marauds et ribaudes... Musique médiévale, ripailles, animations diverses et « challenge médiéval ».

ESPALION (12500) 4 360 hab. *Carte Aveyron, C2*

Situé dans une petite plaine, sur le chemin de Compostelle, Espalion se trouve opportunément à la frontière des pentes boisées du causse du Comtal et des premiers bocages et pâturages qui annoncent l'Aubrac, tout en offrant le climat quasi méditerranéen de la vallée du Lot. Ville carrefour entre le Rouergue et l'Auvergne, qui, pour les pèlerins, représentait le premier sourire du Midi, après la traversée des rudes monts d'Aubrac. Ce fut l'une des premières villes en France à bénéficier de l'éclairage (en 1888 !).

Adresses et info utiles

Office de tourisme d'Espalion : *23, pl. du Plô. ☎ 05-65-44-10-63. • tourisme-espalion.fr • Juil-août, lun-sam et dim mat ; sept-juin, tlj sf dim ; horaires légèrement réduits oct-avr. Très dynamique.*

Bus depuis la gare routière de Rodez : *2 allers-retours/j. tte l'année, sf w-e et j. fériés. Compter 40 mn de trajet.*

Base de canoë-kayak « Élan » : *06-79-24-95-59. Ouv slt juil-août, sinon sur résa.*

Où dormir ? Où manger ?

Camping

Camping Le Roc de l'Arche : *au Foirail. ☎ 05-65-44-06-79. • info@rocdelarche.com • rocdelarche.com • Accès : par l'A 75, sortie 42 Sévérac-le-Château, prendre la N 88 direction Laissac/Rodez, puis à Laissac prendre la D 28 direction Gabriac/Espalion. Ouv début mai-début sept. Emplacements tente 13,50-20 € selon saison ; mobile homes 285,60-567 €/sem selon saison. 95 empl. Réduc : frais de dossier offerts en mai, juin et sept sur présentation de ce guide.* Bien situé, au bord du Lot, entre forêts de l'Aubrac, lacs de Castelnau et de Lassouts, et sur le chemin de Saint-Jacques. Ambiance familiale. À proximité, commerces, minigolf, kayak, escalade, équitation, etc. Piscine.

De prix moyens à chic

Hôtel de France : *36, bd Joseph-Poulenc. ☎ 05-65-44-06-13. Fax : 05-65-44-76-26. • contact@hoteldefrance12.fr • hoteldefrance12.fr • ♿ Dans le centre-ville, à côté de la mairie. Tte l'année. Doubles 49-60 €. Petit déj-buffet 7,50 €.* Détrompez-vous, derrière la façade un poil austère d'hôtel classique se cachent 23 chambres lumineuses, entièrement refaites dans un style moderne, et desservies sur 3 niveaux par un ascenseur. Déco sobre dans l'ensemble, mais tenue impeccable et accueil adorable par une équipe jeune et naturelle. Brasserie au rez-de-chaussée.

Le Méjane : *8, rue Méjane. ☎ 05-65-48-22-37. • lemejane@wanadoo.fr • Entre le pont médiéval et le musée du Scaphandre. Fermé dim soir,* *lun et mer hors saison. Congés : janv. Résa conseillée, même au déj. Menus 19,50 € (déj en sem), puis 29-60 €.* Excellente adresse en ville, qui propose une cuisine savoureuse, imaginative et subtile, toutefois bien ancrée dans son terroir, comme le précisent les menus intitulés « goûts d'ici et d'ailleurs » : carpaccio de jarret de porc, cœur de rumsteck et jus de jambon à l'échalote. Et un joli choix de desserts. La formule déj, avec amuse-bouche, est d'un rapport qualité-prix épatant et l'accueil d'une rare gentillesse. Un regret : il n'y a pas de terrasse ; mais au moins, la salle est climatisée.

À voir

Le pont Vieux : du XIe s. Autour, de pittoresques demeures à galeries et balcons de bois se reflétant dans l'eau : ce sont les anciennes tanneries. Depuis le pont, belle vue sur les ruines du château de Calmont-d'Olt. Plus loin, le ***château*** Renaissance appelé le ***Vieux-Palais*** (à voir depuis l'esplanade du Foirail), projetant dans l'eau son ombre élégante. Bâti sur un promontoire rocheux, il présente une belle série de fenêtres à meneaux encadrées par une tour, une loggia et une grosse échauguette. Lieu d'accueil des artistes et d'expositions temporaires. Ne se visite pas.

Voir aussi la ***chapelle des Pénitents,*** *29, rue du Plô. Ouv Pâques-Toussaint : mar-sam 14h30-18h30, plus lun et ven 10h-12h en juil-août.* Construite dans un style typiquement baroque, à partir des pierres d'une tour du pont Vieux. Vient d'être entièrement rénovée.

Le musée du Scaphandre et des Arts et Traditions populaires Joseph-Vaylet : *38, rue Droite. ☎ 05-65-44-09-18. • musee.aveyron.fr • Juin-sept, tlj sf lun 10h-12h30, 14h-18h ; le reste de l'année, rens à l'office de tourisme. Entrée : 4 €, couplé avec le musée du Rouergue (voir ci-après) ; gratuit moins de 26 ans. Compter 1h de visite.* Installés dans l'ancienne église Saint-Jean-Baptiste (XVe s) flanquée d'une drôle de façade néogothique, voici deux musées pour le prix d'un. L'un présente un intérieur rouergat, bric-à-brac de mobilier, objets domestiques, jouets, curieuse collection de 300 bénitiers de chevet. L'autre, à côté, nous éclaire sur l'origine et l'histoire du scaphandre. Surprenant de découvrir que cette invention avait d'abord été étudiée pour être utilisée dans les mines et non sous l'eau. Il faut dire que Benoît Rouquayrol et Louis Denayrouze, les inventeurs, sont natifs d'Espalion. Ce sont eux aussi qui inspireront en partie Jules Verne pour écrire le roman *Vingt Mille Lieues sous les mers* (nos deux ingénieurs y sont d'ailleurs mentionnés). Belle collection de 200 pièces, unique en son genre, pour les passionnés : maquettes et le premier scaphandre en cuivre. Et savez-vous pourquoi le commandant Cousteau portait un bonnet rouge ? En souvenir des bagnards qui donnèrent leur vie lors des premiers essais de scaphandrier, et qui portaient sur les ports un bonnet rouge pour qu'on puisse les distinguer des civils.

Le musée du Rouergue : *pl. Frontin. ☎ 05-65-44-19-91. Juin-sept, mar-jeu 10h-12h30, 14h-18h, ven-dim ap-m slt. Entrée : 4 €, couplé avec le musée du Scaphandre (voir ci-dessus) ; gratuit moins de 26 ans.* Installé dans les anciennes prisons de la ville. Construit en 1838, ce fut le premier bâtiment cellulaire de France. Il fut fermé en 1933, date de la centralisation des prisons en France. Il est aujourd'hui musée des Mœurs et Coutumes du Rouergue. On y découvre de belles collections d'objets en cuivre, d'objets religieux, de costumes traditionnels, de terres cuites depuis l'époque gallo-romaine jusqu'à nos jours.

L'église de Perse : *à 1 km de la ville. Suivre la direction du camping* Le Roc de l'Arche, *c'est indiqué. Tte l'année, tlj 9h-18h (système de bouton-poussoir).* Qui aurait pu deviner que se nichait là l'une des plus ravissantes églises romanes de la région ? Bel appareillage de grès rouge. Chevet surmonté de son clocher-peigne, que l'on peut apprécier en contrebas. Mais le must de l'église, c'est l'admirable *portail sculpté,* côté cimetière. Le tympan représente la Pentecôte, et le linteau évoque l'Apocalypse et le Jugement dernier. C'est sans doute lui qui a valu à cette toute petite église d'être choisie par l'Unesco comme jalon pour son classement des Chemins de Compostelle.

Manifestation

– ***Festival de la Randonnée de pleine nature :*** *14 juil-15 août, dans le territoire du haut Rouergue. Rens et inscriptions : ☎ 05-65-44-10-37. • festirando.fr •* Un mois de randonnées en tout genre. Programme auprès des offices de tourisme de la région.

DANS LES ENVIRONS D'ESPALION

Le château de Calmont-d'Olt *(12500) : ☎ 05-65-44-15-89. À la sortie d'Espalion en direction de Rodez, puis indiqué sur la droite. Juil-août, tlj 10h-19h ; mai-juin, tlj sf mer 10h-18h ; vac de Pâques et de Toussaint, tlj sf jeu 14h-18h. Entrée : env 8 € en été ; 5,50 € le reste de l'année ; réduc. 10 % de réduc sur présentation de ce guide.* Dominant toute la région avec son superbe panorama, voici le château et la visite qui vous « catapultent dans le Moyen Âge ». Édifié aux XIe et XIVe s, il a appartenu aux puissants seigneurs de Calmont. Une enceinte flanquée de huit tours l'entoure complètement. Autour du château ont été reconstituées des machines de guerre infernales du Moyen Âge (catapulte, archerie, couillard), animées par des « chevaliers ». Combats, techniques de défense... dans une ambiance conviviale et familiale. Nombreuses animations et spectacles pour les plus jeunes, avec un diplôme de Chevalier à la clé.

L'église Saint-Pierre de Bessuéjouls *(12500) : à 4 km au sud d'Espalion, à Saint-Pierre, juste avt Bessuéjouls. Tlj, tte l'année 9h-18h (système de bouton-poussoir).* Perdue dans la campagne, elle se trouve en prenant la petite route passant derrière la mairie. Dans un environnement verdoyant, cette petite église présente une grande originalité : elle cache dans son clocher roman une exquise *chapelle aérienne* cubique en pierre rose du XIe s, à laquelle on accède par un escalier très étroit. La surprise est totale. À l'origine, cette chapelle s'ouvrait sur la nef par deux baies qui ont été murées par la suite. En vogue pendant la période carolingienne, ce type de construction de chapelle haute n'existe plus en France, à de très rares exceptions près. Heureusement la chapelle a été conservée lors de la reconstruction de l'église au XVIe s. Magnifiques chapiteaux à décortiquer des yeux. Il s'agit, là encore, d'un jalon de la route pour Saint-Jacques-de-Compostelle.

L'abbaye de Bonneval : *☎ 05-65-44-01-22 (boutique). ☎ 05-65-44-24-49. À 7 km au nord d'Espalion, route de Laguiole ; à 3,5 km, indiqué sur la droite. Tte l'année.* Au fin fond d'une vallée, une surprenante abbaye de l'ordre cistercien, fondée en 1147, qui ne se visite pas mais qui abrite des religieuses qui ont transformé le lieu en... chocolaterie depuis 1878 ! Ça sent à des kilomètres à la ronde, et on ne s'en plaint pas quand on arrive dans leur petite boutique où elles vous présentent leur gamme de tablettes. Fabriqué avec du cacao fourni par des moines camerounais, ce chocolat à l'ancienne est un régal.

Flaujac *(12500) : à 2 km, route de Saint-Côme, sur la gauche.* Détour pour découvrir un petit village médiéval peu connu et plein d'authenticité, avec sa bâtisse principale trapézoïdale de 71 m de long, le fort de Flaujac et ses mâchicoulis.

LA VALLÉE DU LOT

BOZOULS (12340) 2 723 hab. *Carte Aveyron, C2*

À 9 km au sud d'Espalion, une pittoresque bourgade bâtie sur le pourtour du *trou de Bozouls*, une des curiosités géologiques les plus étranges de la région. Sur la rive droite, le « nouveau Bozouls » ; sur la rive gauche, le village médiéval, où il faut aller pour voir ses maisons bâties sur le rebord de la falaise et sa belle petite église qui fait la nique au vide depuis des siècles.

Adresses et info utiles

Office de tourisme : *2 bis, pl. de la Mairie. ☎ 05-65-48-50-52. • bozouls.com • Ouv 15 juin-15 sept, tlj sf dim mat ; le reste de l'année, ouv mar-sam.* Propose un guide de visite et plan pour descendre dans le *trou* à pied. Topo-guide de 24 randos (7 €). En été, possibilité de visite guidée du site géologique et de l'église Sainte-Fauste *(mar ; 2 €).*

Base ULM : *route d'Espalion. ☎ 05-65-48-86-52. • gapulm.free.fr • Ouv tte l'année.* Initiation, baptême, promenades pour survoler la région et le *trou de Bozouls.*

– **Marché nocturne :** *dernier sam de juil.*

– **Marché hebdomadaire :** *jeu mat.*

Où dormir ? Où manger à Bozouls et dans les environs ?

Prix moyens

Le Belvédère : *11, route du Maquis-Jean-Pierre. ☎ 05-65-44-92-66. • contact@belvedere.bozouls.com • belvedere-bozouls.com • Sur la route de Saint-Julien. Resto tlj sf lun-mar ; hors saison dim soir, lun. Congés : 7-25 mars et 14 nov-9 déc. Doubles 72-89 € selon confort et saison. Formule 29 € (déj en sem), menus 35 (en sem)-83 €.* Surplombant le fameux *trou de Bozouls*, ce gentil hôtel de campagne a connu une belle mutation. La déco des chambres n'est pas folichonne (même si elles commencent à être rénovées), mais c'est frais, propre, tout à fait recommandable. Et la vénérable salle à manger vient d'être rafraîchie. Guillaume Viala est passé chez Michel Bras, où il a appris la modestie et le respect du produit... Il propose une cuisine de terroir fine, raffinée et savoureuse : personnelle mais authentique. Il est évidemment très vigilant sur la qualité des produits, c'est ainsi que vous pourrez déguster ici le rare agneau Allaiton, réservé aux meilleures tables. Et ici, l'envie de faire plaisir se manifeste par quantité de petits détails : un accueil particulièrement enjoué et chaleureux, et un petit déj digne d'un palace.

À la Route d'Argent : *route d'Espalion, à Bozouls. ☎ 05-65-44-92-27. • yves.catusse@wanadoo.fr • laroutedargent.com • Resto tlj sf dim soir-mar midi (fermé slt lun midi en juil-août). Congés : janv-fév. Doubles avec w-c et douche ou bains et jacuzzi 60-70 €. Menus 22 € (sf dim)-49 €. Café offert sur présentation de ce guide.* Si la situation et la façade sont peu avenantes, l'ensemble a été repensé et relooké. Résultat, l'adresse s'avère une étape agréable sur la route de l'Aubrac. Le resto permet de découvrir une belle carte pleine de produits frais, achetés au marché de Rodez, et préparés avec un savoir-faire certain. Du solide, du pro et un excellent rapport qualité-prix. Service efficace et souriant. Des chambres modernes et bien équipées (certaines avec jacuzzi), ainsi qu'une piscine pour compléter le tout. On est moins fan de l'annexe mais les chambres y sont d'un confort irréprochable.

Chic

Chambres d'hôtes Les Brunes : *Les Brunes, 12340 Bozouls. ☎ 05-65-48-50-11. • lesbrunes@wanadoo.fr • lesbrunes.com • En venant d'Espalion, suivre la D 920 en direction de Rodez, puis, au croisement de Bozouls, la D 988 ; après 3,5 km, prendre l'embranchement des Brunes sur la droite. Ouv tte l'année (sur résa). Compter 92-158 € pour 2 selon saison (tarif dégressif avec la durée du séjour). Apéritif offert sur présentation de ce guide.* Monique, parisienne à la retraite, et le gentil Oscar (et Topaze, sa comparse), qui monte la garde, reçoivent dans cette belle bâtisse au calme avec vue sur la campagne. Des chambres pleines de goût, à la déco soignée, avec poutres, porte en bois, et de doux noms en souvenir des prés alentour. Superbes escalier et âtre. Ah, on s'habitue vite aux *Brunes* !

À voir

Le belvédère dominant le **trou** depuis la place de la mairie, au bout du village moderne. Le « trou » se révèle être un site géologique majeur, une sorte de canyon en fer à cheval, creusé dans le calcaire tendre du causse. Au fond coule le Dourdou, qui s'écoule par deux cascades. Ce cirque, aux parois quasiment verticales, mesure 400 m de diamètre et près de 100 m de profondeur.

Terra Memoria : *allée Paul-Causse. ☎ 05-65-44-69-27. • terramemoria.fr • Accès par l'office de tourisme. Mêmes horaires que l'office de tourisme ; fermé 15 nov-15 fév. Entrée : 5,90 € ; réduc.* Expo thématique permettant de se familiariser et de décrypter les paysages du Rouergue. Belvédère avec vue panoramique sur le *trou.* Très intéressant et très ludique (les enfants ont leur propre niveau de lecture et peuvent apprendre en s'amusant). Dommage que le prix prohibitif réserve la visite aux plus passionnés.

On accède au ***vieux bourg,*** de l'autre côté du précipice, à pied par la route des écoliers descendant au fond du ravin et remontant en face.

Spectaculairement située à la pointe du promontoire le plus avancé, ***l'église Sainte-Fauste,*** vénérable et élégant édifice roman du XIIe s en grès rose. Très belle vue sur le chevet aux lignes harmonieuses. À l'intérieur, sur le porche d'entrée, malgré la faible luminosité, on peut voir *La Luxure* (il n'en reste pas grand-chose) et *L'Ange de l'Annonciation.* La nef voûtée en berceau plein cintre comporte cinq chapelles ajoutées aux XVe et XVIe s, ce qui explique leurs voûtes en ogive. Elles s'ouvrent sur des bas-côtés étroits. Non, ce n'est pas une illusion d'optique, les piliers sont légèrement inclinés vers l'extérieur. À l'origine, le toit était couvert de lourdes lauzes et les piliers finirent par fléchir. On leur substitua donc une toiture plus légère. Fort beaux déambulatoire et chapiteaux.

Fête et manifestations

- ***Semaine Raoul Cabrol :*** *mi-juin.* Manifestation autour de la caricature.
- ***La trail du Gourg d'Enfer :*** *le 1er mar d'août.* Course pédestre de 15 km. Avis aux routards sportifs !
- ***Fête du 15 août :*** foire aux produits régionaux et artisanaux, brocante. Soirée paella, feu d'artifice.

SAINT-CÔME-D'OLT (12500) 1 260 hab. *Carte Aveyron, C2*

Olt, comme Lot ! Eh oui, tout simplement... Très vieux village médiéval fortifié, qui présente l'intérêt d'avoir été fort peu rénové. Ruelles, anciennes maisons, une curieuse église, rien que de l'authentique. C'est ce qui lui doit de figurer parmi les « Plus Beaux Villages de France » (ce qui, à notre avis, est un tout petit peu excessif). C'est aussi une halte sur le chemin de Saint-Jacques-de-Compostelle, en venant du Puy-en-Velay (et passant par Conques).

Adresse utile

Point Info Tourisme : *pl. du Château-de-Castelnau. ☎ 05-65-48-24-46 (en été). Ouv slt de la dernière sem de juin à la 2ᵉ sem de sept : tlj sf dim et jeu ap-m ; le reste de l'année, rens auprès de l'office d'Espalion.* Plan historique gratuit avec circuit à travers le village.

Où dormir ? Où manger à Saint-Côme et dans les environs ?

Camping et gîte d'étape

Camping Belle Rive : *rue du Terral. ☎ 05-65-44-05-85. 06-98-22-91-59. • bellerive12@orange.fr • camping-bellerive-aveyron.com • Accès : à 4 km d'Espalion par la D 8 ; à la sortie du village, vers Mandailles. Ouv d'avr à fin sept. Emplacements tente 13-14,20€ selon saison ; caravane 241,50 €/sem. CB refusées. 71 empl.* Fort bien situé, en bordure du Lot, non loin des forêts de l'Aubrac, des lacs de Castelnau et de Lassouts, et du chemin de Saint-Jacques-de-Compostelle. Jolie pelouse et pas mal d'ombrage. Animations. À proximité, plan d'eau aménagé, pêche, baignade, canoë, tennis, etc.

Gîte d'étape del Roumiou : *rue Crémade. 06-35-59-16-05. • gitesaintcome@gmail.com • gitedelromiou.com • Dans le centre. Sur le chemin des GR 6, GR 65 et GR 620. Ouv avr-oct, hors saison sur résa. Nuitée 13 €, petit déj 5 €. Repas du soir 13 € et panier pique-nique 7 €.* Un gîte d'étape séduisant car installé dans une splendide demeure médiévale rénovée, avec une tour hexagonale percée de fenêtres à accolades. Une vingtaine de lits répartis en 3 dortoirs.

Bon marché

Auberge du Lac : *12500* ***Mandailles.*** *☎ 05-65-48-90-27. • contact@aubergedulac-mandailles.fr • aubergedulac-mandailles.fr • À 6 km à l'est de Saint-Côme ; dans le village, en contrebas de l'église. Congés : de mi-déc à mi-mars. Double 68 €. Menus 14,50-23,90 €. Apéritif maison offert sur présentation de ce guide.* Une poignée de chambres, entièrement rénovées et à la déco à thème ; superbe et inattendu ! Coup de cœur pour la « Buron de l'Aubrac ». À table, gentille cuisine familiale et ambiance animée côté bar. Si le temps le permet, profiter de la terrasse à l'arrière, qui offre une vue imprenable sur le lac.

À voir

L'église : édifiée au XVIᵉ s, elle possède un rare clocher flammé en vrille. Beau porche sculpté et, surtout, remarquable porte Renaissance avec figures et blasons ciselés (datée de 1532). Le parvis est pavé de galets représentant une coquille Saint-Jacques.

Nombreuses ***venelles et demeures*** du XVe au XVIIe s tout autour de l'église. Jolie promenade à faire dans le centre du village pour découvrir d'anciennes maisons (brochure auprès du Point Info Tourisme) ou encore les trois portes fortifiées. À voir aussi, le tracé circulaire des anciens fossés.

DANS LES ENVIRONS DE SAINT-CÔME

➢ ***La boucle de Saint-Côme à Mandailles :*** de Saint-Côme, suivre Roquelaure, où l'on découvre à 3 km le ***clapas de Thubiès,*** c'est-à-dire les restes d'une coulée de lave fossilisée. Vraiment surprenant ! La route monte ensuite vers le village de ***Roquelaure*** avec son château et un panorama sans fin sur la vallée du Lot, Saint-Côme et l'Aubrac. On poursuit vers Lassouts pour découvrir au loin, sur la droite, une église esseulée nichée sur une colline. Au bout de la route, un carrefour sans indication ; tourner à gauche jusqu'à ***Lassouts*** pour découvrir un petit village joliment restauré. Poursuivre direction Saint-Côme où, à 2 km, on suivra la petite route à droite qui mènera au ***lac de Castelnau.*** En repartant, passer un deuxième barrage, tourner à droite à sa sortie afin d'atteindre le pied du village de ***Mandailles,*** un bien beau petit village construit sur une arête rocheuse. Prendre dans le centre l'unique rue qui monte (ça grimpe sec !) jusqu'en haut et l'*Auberge du Lac* (voir plus haut la rubrique « Où dormir ? Où manger à Saint-Côme et dans les environs ? »). On retrouve l'axe Saint-Côme – Saint-Geniez.

SAINTE-EULALIE-D'OLT (12130) 330 hab. *Carte Aveyron, C2*

Ce joli village en bord de rivière, aux maisons construites en galets du Lot, décorées de jardinières de géraniums, est d'une belle homogénéité, ce qui justifie pleinement son inscription aux « Plus Beaux Villages de France ». D'anciens moulins, quelques splendides demeures Renaissance et une belle église avec sa place de village constituent l'essentiel de son patrimoine. Mais on craque d'abord pour son atmosphère et son charme, fait de petits riens. Aux XVIIe et XVIIIe s, ce fut une petite cité prospère grâce à la fabrication du drap. Elle survit aujourd'hui grâce au tourisme tandis que quelques artisans tentent d'animer les lieux.

Adresse utile

ℹ ***Point Accueil Tourisme :*** *Eulalie d'Art, Espace Louis-Marcilhac.* ☎ *05-65-47-82-68.* ● *sainteeulaliedolt.fr* ● *Tlj sf sam juil-août, fermé w-e hors saison.* Petit circuit à retirer. Possibilité de visite guidée toute l'année sur rendez-vous ou les lundi et vendredi à 17h en juillet-août.

Où dormir ? Où manger ?

Au Moulin d'Alexandre : *dans le bourg.* ☎ *05-65-47-45-85. Fax : 05-65-52-73-78.* ● *moulin.alexandre@wanadoo.fr* ● *aumoulindalexandre.fr* ● *Fermé le soir et sam midi Toussaint-Pâques. Congés : 1 sem vac de fév, 1 sem mi-juin et 10 j. en oct. Doubles 50-55 €. Menus 14 € (déj en sem), puis 24-30 €. CB refusées. Parking. Digestif maison offert* *sur présentation de ce guide.* Dans un cadre charmant et reposant. Installé, comme son nom l'indique, dans un ancien moulin du XVIIe s. Chambres plutôt coquettes. La cuisine est à prix raisonnables et la terrasse ombragée bien agréable.

SAINT-GENIEZ-D'OLT (12130) 2 000 hab. *Carte Aveyron, C2*

Paisible et agréable bourgade sur le Lot, qui fut au XVIIIe s la capitale du drap en Rouergue. On y trouvait aussi beaucoup de tanneries. Subsiste donc un beau patrimoine architectural, une nature préservée et une vie villageoise s'écoulant au doux rythme de la rivière. Dans la région, on cultivait (jusque dans les années 1960) un fruit délicieux, la *sannié,* à mi-chemin entre la fraise des bois et la fraise de culture. Jolie anecdote : lors d'une inondation terrible du pays, deux enfants furent sauvés par une marmotte. Dès lors, on les appela les marmots. Plus tard, tous les habitants de Saint-Geniez furent surnommés ainsi. Aujourd'hui, une statue, au pont Vieux, évoque cette légende.

Adresse utile

Office de tourisme : *Le Cloître. ☎ 05-65-70-43-42. • st-geniez-dolt.com • Juil-août, tlj. Le reste de l'année, tlj sf dim.* Durant l'été, la ville propose tout un programme d'activités « tourisme vert ».

Où dormir ? Où manger ?

Campings

Camping La Boissière : *route de Pomayrols. ☎ 05-65-70-40-43. 06-07-25-08-62. • accboissiere@tohapi.fr • tohapi.fr • ♿ Prendre l'A 75, sortie 41 ; à 500 m du centre-ville, sur la route de Pomayrols. Ouv de mi-avr à fin sept. Emplacements tente 30-40 € selon les sem en hte saison. Également des bungalows toilés, mobile homes et chalets (prix très changeants, il vaut mieux consulter le site internet).* Familial et très confortable. Piscine chauffée. Emplacements ombragés au bord du Lot. Lac à 2 km (baignade, pêche, kayak). Piscine.

Camping-village Le Marmotel : *à* **La Salle,** *route de Prades. ☎ 05-65-70-46-51. • info@marmotel.com • marmotel.com • ♿ Prendre l'A 75, sortie 41 ; près du bourg, sur la D 988. Ouv de mi-avr à mi-sept. Emplacement tente 13-32 € selon saison ; bungalows, mobile homes et chalets 259-1 137 €/sem selon taille et période.* Luxueux camping en pleine nature. Certains emplacements de camping ont même des sanitaires privés ! Et puis, excusez du peu, on y trouve 2 belles piscines climatisées avec un toboggan, de nombreuses animations pour les enfants, des activités sportives, et encore une restauration, des soirées à thème, etc. Le tout bien ombragé et au bord du Lot. Lac à 3 km.

Prix moyens

Hostellerie de la Poste : *3, pl. du Général-de-Gaulle. ☎ 05-65-47-43-30. • hotel@hoteldelaposte12.com • hoteldelaposte12.com • ♿ Dans la rue principale menant au Lot. Congés : Toussaint-Pâques. Doubles 52-82 € selon saison. Formules et menus 24-48 €. Apéritif maison offert sur présentation de ce* *guide.* Traditionnel hôtel de village comprenant une partie ancienne (beaux meubles patinés par le temps, atmosphère chaleureuse et confortable) et une annexe moderne. Chambres plaisantes et bien équipées. À table, cuisine régionale, savoureuse et réputée, servie en salle ou sur la terrasse dans la verdure. Piscine. Vieillissant.

Plus chic

Château de la Falque : *route de Prades. ☎ 05-65-62-45-60. • contact@lafalque.fr • chateau-lafalque.fr • À l'entrée de la ville en arrivant de Sainte-Eulalie. Congés : 15-30 nov et 3 janv-10 fév. Doubles 90-130 €, familiales 160-200 €. Pas de resto. Sur présentation de ce guide, 1h offerte à l'espace détente (spa, sauna, hammam).* D'abord couvent, puis pensionnat pour jeunes filles de bonne famille et enfin demeure privée, le domaine de la Falque renaît sous les traits d'un élégantissime hôtel de charme. Superbe bâtisse en pierre et chambres en rez-de-jardin desservies par les couloirs de l'ancien cloître. Épais murs de pierre, vastes volumes dans les chambres : on ne se marche pas dessus et le calme est assuré. Superbe déco contemporaine dans les suites, et thématique du voyage dans les chambres dites « classiques » : Chine, Afrique, Orient... avec un faible pour la Maroc ! Pour compléter, un spa proposant une large gamme de soins... Une belle combinaison de simplicité et d'élégance.

À voir. À faire

L'église des Pénitents : *rue de l'Hôtel-de-Ville.* Ancienne église d'un couvent d'augustins (du XIVe s). Le magnifique *triptyque* représentant les Rois mages, restauré, est visible lors des visites guidées. Jetez également un œil aux pierres tombales, fort intéressantes pour les noms, les initiales et surtout les symboles des vieux métiers qui y sont gravés. Le cloître, à l'extérieur, abrite l'office de tourisme et la cité administrative.

L'hôtel particulier de Ricard : *rue Hygonnet, à 20 m de la pl. du Marché.* Bel édifice du XVIIe s en forme de U sur cour. Il est aujourd'hui reconverti en résidence de tourisme. En face, maison médiévale à pignons, avec l'espace coupe-feu caractéristique.

L'église paroissiale : *de l'autre côté de la rivière.* Reconstruite aux XVIIe et XVIIIe s. Elle y gagna un bel escalier à double révolution et une rampe à balustres. Juste sur la droite, beau portail du XVIIe s.

La chapelle des Pénitents-Noirs : *4, rue du Cours.* Magnifique plafond peint sur bois datant du XVIIIe s. Transformée en auditorium. Visible lors des visites guidées (renseignements à l'office de tourisme).

Fêtes et manifestations

Outre les manifestations sportives qui ont lieu ici (comme *La marche de l'Estive,* en mai, ou la course cyclosportive *La Marmotte d'Olt,* 2e w-e de juin), citons :
- ***Festival Tango :*** *fin mai.* La mère de Carlos Gardel serait native du coin...
- ***Fête de l'Estive :*** *le w-e proche du 25 mai.*
- ***Marchés nocturnes :*** *5 en tt, juin-août.*
- ***Festival de Musique de chambre en Vallée d'Olt :*** *la 2de quinzaine de juil.*
- ***Fête de la race bovine Aubrac :*** *2e mer d'août.*

LE CARLADEZ ET LA VALLÉE DE LA TRUYÈRE

Dans la partie la plus septentrionale de l'Aveyron, entre l'Aubrac et le Cantal, se cache le Carladez, région la plus secrète du département, trait d'union avec le Cantal voisin et les volcans d'Auvergne. Un coin de France plutôt perdu, qui revendique son (relatif) isolement et a réussi à en faire un atout touristique. Comment ne pas tomber amoureux de ces petits villages encore hors du temps, où l'on a l'impression que la vie coule plus lentement qu'ailleurs ?
Le Carladez longe la rivière de la Truyère pour s'étendre au nord de Mur-de-Barrez jusqu'à Entraygues au sud. Région de retenues d'eau et poumon électrique pour le département avec quelques barrages importants, elle recèle aussi des paysages sauvages et s'avère un pays de nature et de randonnées. En 1995, lors d'un congrès sur la protection du ciel nocturne, on a appris que le Carladez était la région des plus belles nuits noires. D'ici, on peut observer les étoiles comme nulle part ailleurs en France. Point de halo de lumières parasites. Histoire de s'allonger dans un champ une nuit d'été pour surprendre des étoiles filantes et faire un vœu !

MUR-DE-BARREZ (12600) 880 hab. *Carte Aveyron, B1*

Capitale du Carladez, Mur-de-Barrez est un bon point de chute pour sillonner les environs. Belle petite ville au sommet d'une colline à 800 m d'altitude, dominant toute la région sur 360°. À noter que pendant presque 150 ans, jusqu'à la Révolution, le comté était sous l'administration des comtes de Monaco ! Effectivement, Louis XIII, pour compenser la perte de terres en Italie, avait remis en 1643 le Carladez au prince monégasque. La tour de Monaco trône d'ailleurs encore en centre-ville et, en 2014, Mur-de-Barrez a reçu la visite du prince Albert, la première d'un membre de la famille de Monaco depuis 1643...

Adresse et infos utiles

Office de tourisme : *12, Grand-Rue. ☎ 05-65-66-10-16. • carladez.fr • Juil-août, lun-sam, dim et j. fériés le mat ; hors saison, lun-ven oct-mai.* Très serviable. Vous obtiendrez ici toutes les infos sur les *Sentiers de l'Imaginaire* (voir plus loin). Point accueil au château de Valon (voir plus loin) de Pâques à la Toussaint, également.

– ***Marché :*** *jeu mat, pl. de Monaco.*

Où camper ?

Camping

Camping La Source : *presqu'île de* **Laussac.** *☎ 05-65-66-05-62 ou 05-65-66-27-10 (hors saison). • info@camping-la-source.com • camping-la-source.com • Accès : A 75 Saint-Flour, D 921, puis D 990 Pierrefort, puis D 34 Paulhenc, D 34 presqu'île Laussac. Ouv de fin mai à début sept. Emplacements tente 13-26€ selon saison. Loc mobile homes, chalets, bungalows toilés et même apparts*

196-854 €/sem. 108 empl. Un camping au bord de la retenue d'eau de Sarrans (35 km de long), sur 4 ha, à la limite du Cantal, très étendu donc. Piscine chauffée avec toboggan, snack (pizzas maison) et nombreuses activités. On peut même choisir son ombrage, proche ou éloigné des activités. Pain livré à l'emplacement le matin. Frigos à louer (réserver). Piscine.

À voir. À faire

L'église Saint-Thomas-de-Canterbury : des XIIe et XVIIe s. Noter le beau portail orné d'une statue de saint Thomas en bois. Jetez un coup d'œil à la curieuse corniche avec ses figurines. À l'intérieur, on retrouve le gris austère de la pierre du Nord et on distingue bien les deux étapes de construction. Chapiteaux stylisés et chœur en berceau. Plafond en trompe l'œil et retable baroque avec colonnes torses couvertes de pampres. À droite de la nef, beau jubé restauré en bois sculpté et, unique en France, un gisant en clé de voûte au-dessus de la tribune.

Le vieux Mur-de-Barrez : petite promenade de 30 mn à travers les ruelles de la ville avec ses vieilles maisons, la tour de Monaco et l'église Saint-Thomas. Après une visite de l'église, emprunter la *rue de la Berque,* qui mène à une vieille porte de ville. Tout le long, ruelles où pèsent d'étonnants silences... Au passage, on peut visiter la *chapelle des religieuses de Sainte-Claire.* Très belle copie du Crucifix de saint Damien, dont l'original, datant du XIIe s, se trouve à Assise (en Toscane). Il s'agit de la représentation du Christ la plus répandue dans le monde. Ça donne envie d'aller voir l'original...
On parvient à l'*esplanade du Château.* Superbe panorama sur la forêt de lauzes du village et les montagnes environnantes. Au *36, Grand-Rue,* anciennes fenêtres à meneaux. Observer le crépi qui laisse apparaître de curieuses petites figures. À côté, au nº 34, une minuscule demeure se paie un énorme balcon à balustres. Toujours Grand-Rue, au nº 16, la magnifique façade Renaissance de la *maison de Canilhac* (1575). Élégantes arches et double rangée de grandes fenêtres à meneaux. Au nº 12, la *maison de l'histoire* avec ses scènes médiévales reconstituées.

DANS LES ENVIRONS DE MUR-DE-BARREZ

➢ ***Les Sentiers de l'Imaginaire :*** six balades thématiques, faciles et gratuites sur le territoire de Mur-de-Barrez (« Le Moyen Âge d'Histoire en histoires »), ainsi que dans les villages de ***Murols*** (« De feu et de vent »), ***Taussac*** (« La forêt magique »), ***Thérondels*** (« Et l'homme créa la prairie »), ***Brommat*** (« Au fil de l'eau ») et ***Lacroix-Barrez*** (« Du magma à la pierre »). Ces sentiers sont ponctués de rencontres magiques et dévoilent peu à peu leurs mystères, tandis que l'on avance, guidé par des personnages poétiques et farceurs. Animations et rendez-vous festifs en saison, mais sentiers accessibles toute l'année.

■ ***Aloa Nature :*** *12420* ***Sainte-Geneviève-sur-Argence.*** *☎ 05-65-66-48-19. 06-30-06-47-32. ● aloa-nature.fr ● Ouv vac scol et w-e de Pâques à la Toussaint (slt en été pour l'équitation).* Une ferme équestre qui organise, sur résa, de nombreuses formules de sorties en pleine nature, encadrées par des moniteurs d'État : canyoning, accrobranche, escalarbre, *via ferrata,* équitation, escalade...

■ ***Natura Bien-Être :*** *12600* ***Brommat.*** *☎ 05-65-66-22-11. ● naturabienetreen carladez.com ● Tlj vac fév-Toussaint.* Centre de remise en forme après une bonne journée de rando ou d'équitation dans la nature du Carladez : bains bouillonnants, jets, douches horizontales, hammam, sauna, salle de musculation...

LE CARLADEZ ET LA VALLÉE DE LA TRUYÈRE

SAINT-AMANS-DES-CÔTS

(12460) 770 hab. *Carte Aveyron, B1*

Entre Aubrac, vallée du Lot et gorges de la Truyère, à une vingtaine de kilomètres au sud de Mur-de-Barrez. Saint-Amans est une ville en pleine nature, entourée de lacs (lacs de La Selves, de Saint-Gervais, de Montézic et de Couesque), où l'on vient respirer l'air pur. Dans l'*église* du XVe s, très haut retable (classé) de 1626, représentant le Rosaire entouré des mystères. Superbe route le long de La Selves, de Saint-Amans à Entraygues.

Adresse et infos utiles

Office de tourisme : *rue Principale. ☎ 05-65-44-81-61. ● aubrac-viadene.com ● Ouv tte l'année tlj sf dim (juil-août, ouv dim mat).* Bonne doc. Visites guidées d'une collection minéralogique.

– ***Marché des producteurs de pays :*** *jeu mat.*

– ***Brocante et vide-greniers :*** *3e mer de juil et 2e mer d'août.*

Où dormir dans les environs ?

Camping Tohapi Les Tours : *Village Center, au lieu-dit **Les Tours**. ☎ 05-65-44-88-10. ● acctours@tohapi.fr ● tohapi.fr ● Accès : après Saint-Amans, D 97 puis D 599. Ouv fin avr-fin sept. Emplacements tente 17-31 € (avec électricité) selon saison. Également mobile homes et maisonnettes à louer 231-705,60 €/sem. 275 empl.* Au bord du lac de la Selves, au sud de Saint-Amans-des-Côts. Bien ombragé. Région propice aux balades hors des sentiers battus. Si vous réservez, demandez les plus belles places, en bord de lac. Possibilité de location à la nuitée à partir de 2 nuits. Piscine.

DANS LES ENVIRONS DE SAINT-AMANS-DES-CÔTS

Le saut du Chien : *à 6 km de Saint-Amans, près du lac de Montézic.* Une succession de cascades dans un chaos granitique où coule le ruisseau la Plane. Petit sentier pédestre et botanique longeant les cascades et menant à deux belvédères ainsi qu'au pied d'un rocher en forme de tête de chien (sic !).

Le site de Bez-Bédène : *à 6 km au sud de Saint-Amans, route d'Entraygues-sur-Truyère.* Magique ! Ce site pittoresque élevé sur un piton rocheux au milieu d'un cirque boisé mérite assurément le détour. Quelques maisons, un prieuré fondé par saint Gausbert au XIe s et un vieux pont qui enjambe la Selves. En été, possibilité de visite d'une salle de classe reconstituée du début du siècle dernier, ainsi que du retable sculpté (XVIe s) à l'intérieur de l'église *(rens à l'office de tourisme de Saint-Amans).*

Le château de Valon : *à 10 km au nord de Saint-Amans, route de Lacroix-Barrez. Rens : ☎ 05-65-66-22-36 ou 05-65-66-10-16 (office de tourisme de Mur-de-Barrez). ● contact@carladez.fr ● Ouv Pâques-Toussaint. Entrée : 3 € ; réduc ; gratuit moins de 8 ans. Visites guidées (5 €) et animations enfants (5 €).* Après avoir descendu la jolie route à travers les bois qui mène au bord de la Truyère, on se retrouve au pied du village de Valon et du château (XIIe s) du même nom, avec sa tour carrée. Sur une seule rue, un merveilleux petit village fleuri, plein de charme, pour une promenade médiévale des plus agréable.

L'AUBRAC

◗ Pour la carte de l'Aubrac, se reporter à la carte « La vallée du Lot et l'Aubrac » dans la partie « La vallée du Lot »

Un morceau d'Auvergne en région Midi-Pyrénées : voilà l'Aubrac aveyronnais. L'esprit auvergnat, mais le cœur méridional. Ce bout du monde, à 1 000 m d'altitude, vous récompensera de son accès difficile. Là-haut, ce ne sont que vastes prairies vert plomb, grattées par les nuages, où des pistes poussiéreuses conduisent à quelque buron abandonné. Basalte et herbe nue, ce morceau de lune où des milliers de fleurs peuvent éclore en un jour est aussi la patrie du laguiole, un fromage cousin du cantal.
Ni parc ni réserve naturelle, chacun se débrouille comme il peut pour sauver cette terre ancestrale de l'oubli. Un bout du monde donc, mais dont les habitants furent parmi les premiers à conquérir Paris à l'époque des bougnats, des loufiats, des porteurs d'eau et des limonadiers. L'Aubracois va facilement vers la capitale, où il a souvent un cousin, patron de brasserie... Parmi ceux-ci, un dénommé Cazes devint le patron de la brasserie *Lipp* dans les années 1930 et fit de son établissement une des adresses les plus célèbres de Paris. Et depuis quelques années, certains reviennent au pays.

LA FÊTE DE LA TRANSHUMANCE

Chaque année autour du 25 mai, quand la campagne est en fleurs, les troupeaux de vaches (race aubrac croisée avec la charolaise) sortent de leur étable après un hiver long et rigoureux. Les bêtes montent sur les dômes de l'Aubrac, où elles passeront l'été dans les hauts pâturages. C'est la transhumance. Elle dure en général une quinzaine de jours. Un dimanche est consacré à cette fête haute en couleurs, dernier vestige d'un mode de vie ancestral. Les vaches portent des sonnailles autour du cou. On leur accroche des fanions et des drapeaux tricolores, des bouquets de fleurs, des branches de genévrier, des rameaux de houx au-dessus des cornes. Ainsi parées, les bêtes cheminent sur les routes et les chemins jusqu'à Aubrac, où elles sont rassemblées dans un enclos. Un jury agricole décerne alors un prix (une grosse clarine) au plus beau troupeau. Dans les burons et les auberges du pays, on célèbre l'événement en préparant des kilos d'aligot dans une ambiance chaleureuse. Le reste des troupeaux est transporté à bord de camions. Ça va plus vite.

L'ALIGOT, SPÉCIALITÉ DE L'AUBRAC

C'est le copieux plat traditionnel des bergers : grosse purée de pommes de terre mélangée à du lait, du beurre, de la crème et du lard fondu. On ajoute, bien sûr, de la tomme fraîche qui fait « filer » cette épaisse pâte blanche. On le prépare en hiver comme en été. L'idéal consiste à déguster l'aligot dans un buron avec des bergers.

LES BURONS D'AUBRAC

Dans les années 1930, on en comptait encore 300 dans la montagne, tels des petits repaires de pierre noyés sous la neige de l'hiver. Aujourd'hui, il n'en reste plus que quelques-uns.

Appelé aussi « mazuc » en Aveyron, le buron abrite deux ou trois pièces exiguës : l'une où les bergers dorment, une autre où l'on fabrique la fourme ou la tomme, et une troisième pour stocker les fromages.

Randonnées

■ ***Aubrac Randonnées :*** *route de Malbouzon, 48260* ***Nasbinals.*** *06-07-08-66-04.* ● *aubrac.rand@wanadoo.fr* ● Randonnées pédestres à thème : flore, ornithologie, patrimoine. Également VTT, raquettes et ski de fond, traîneaux à chiens. Très sympa et compétent.

LAGUIOLE

(12210) 1 250 hab. *Carte Aveyron, C1*

De généreux pâturages et des collines arrondies entourent ce bourg-refuge perché à 1 042 m, sur un plateau à vaches. C'est la « capitale » de l'Aubrac aveyronnais (par opposition à l'Aubrac lozérien), un bout du monde où il fait vraiment bon poser son sac après la traversée des solitudes venteuses. La langue est encore charmante. L'habitant est rude mais chaleureux. Un prestigieux restaurant, tenu par un génie du pays, des couteaux chic et rustiques, une petite station de ski ont assuré à Laguiole (prononcez « laïole ») une réputation nationale, voire internationale.

LE FROMAGE DE LAGUIOLE

Avec les couteaux et l'aligot, c'est la grande spécialité locale. D'un poids d'environ 40 kg, ce fromage à pâte pressée (non cuite) a un ancêtre prestigieux : la fourme, élaborée naguère dans le secret des burons d'Aubrac. Il jouit d'une appellation d'origine contrôlée et obéit à des règles strictes. N'est pas laguiole qui veut. Seulement 24 communes peuvent se targuer de chérir les vaches dont le lait sert à son élaboration. Les vaches doivent vivre à plus de 800 m d'altitude, il s'agit d'ailleurs de l'un des critères de l'AOC.
Le laguiole est aujourd'hui fabriqué en laiterie. La coopérative fromagère *Jeune Montagne,* sur la route de Saint-Flour, perpétue cette vieille tradition et ouvre ses portes tous les jours au public (voir plus loin).
La tomme fraîche mélangée à une purée de pommes de terre se mange en aligot. Le fromage AOC Laguiole, nécessitant 4 mois d'affinage, peut se déguster avec la fouace, moelleuse et parfumée, ou avec de la saucisse à l'ancienne, que l'on peut trouver en ville.
On retient aussi le petit fromage, l'*Ecir en Aubrac,* au bon lait cru de vache, qui se fait dans une ferme à Curières (à 5 km de Laguiole) et que l'on peut trouver sur quelques marchés.

L'ÉPOPÉE DES COUTEAUX DE LAGUIOLE

L'abeille, le taureau et l'espadon, ce pourrait être le titre d'une nouvelle fable. Eh non ! Il s'agit en vérité des trois signes distinctifs de ces superbes couteaux du terroir, à la fois élégants et pratiques. Certains racontent que c'est Napoléon III qui autorisa les premiers couteliers du village à prendre l'abeille comme label de qualité, en remerciement de leur bravoure pendant les guerres du Second Empire. Et le taureau ? Il symbolise la marque du laguiole. L'espadon enfin ? C'est la forme générale du couteau, lame ouverte. Profil effilé, dessin élégant, manche fin et élancé, lame pointue...

Montés à la main et composés de matériaux de grande qualité (attention aux mauvaises productions !), les mitres et les rivets sont en laiton (le prix du couteau varie selon le nombre de mitres). La lame, à l'origine en acier, est aujourd'hui le plus souvent en inox.

L'histoire de ce couteau ressemble à une petite épopée. Tout commença au début du XIXe s. L'ancêtre du couteau actuel, le *capuchadou,* aux allures de poignard et avec une lame fixe, était souvent utilisé pour la cuisine. En 1829, Pierre-Jean Calmels, un artisan du village, eut l'idée de concevoir un nouveau couteau, pliable cette fois, que les buronniers de l'Aubrac pourraient glisser dans le fond de leur poche. Le laguiole était né. Longtemps fabriqué sur place, il fut ensuite entièrement usiné à Thiers (Puy-de-Dôme). Si bien que dans les années 1970, plus aucun couteau n'était fabriqué sur place. Étrange renversement des choses !

ATTENTION À L'ABEILLE

L'abeille du couteau de Laguiole est devenue un élément de décor. Le motif de l'abeille (signe impérial) fut introduit sous Napoléon III, qui octroya ce droit aux habitants de Laguiole afin de les remercier d'avoir vaillamment combattu dans ses armées. Contrefaite et imitée, l'abeille est à nouveau emblématique d'un vrai savoir-faire maintenant que Laguiole a récupéré sa marque. Le véritable Laguiole arbore un « L » majuscule sur la lame.

Pour faire revivre la production locale, une jeune association va se démener, animée par un seul objectif : créer une entreprise et relancer cette activité. Aujourd'hui, ce sont 200 000 couteaux par an qui sont produits à Laguiole par les deux fabricants en titre : *Coutellerie de Laguiole Honoré Durand* et *Forge de Laguiole* (et *Le Taureau,* récemment racheté par *Forge de Laguiole*) ! Le succès aidant, en ville, les vendeurs de couteaux pullulent au point que tout le monde vend la spécialité du pays.

– ***Quelques conseils :*** on le répète, évitez de laisser le couteau dans l'eau. Il suffit d'essuyer soigneusement la lame après chaque utilisation. Si vous recevez un couteau en cadeau, dans le même temps, offrez à la personne une petite pièce de monnaie en échange... « Pour ne pas couper l'amitié », dit-on !

– ***Important :*** abeille, fleur de lys, mouche, rosace ou trèfle posés sur le dos du manche ne prouvent rien. Ce d'autant que laguiole n'est pas une marque déposée, mais une forme de couteau. Les meilleures boutiques vendent aussi bien des couteaux fabriqués au Pakistan, au Portugal ou à Thiers. Mais quitte à s'offrir un laguiole, autant que ce soit un authentique, fabriqué avec des matériaux de qualité, de la lame aux ressorts, et que le montage soit garanti par un cahier des charges ultra-rigoureux. Soyez vigilant ! Prenez votre temps donc avant de faire votre choix, et faites-vous l'œil en visitant la forge au préalable (lire plus loin la rubrique « À voir »).

Adresse et info utiles

Office de tourisme Aubrac-Laguiole : *pl. de la Mairie. ☎ 05-65-44-35-94. • aubrac-laguiole.com • Ouv tte l'année, fermé dim sf juil-août.* Nombreuses brochures à disposition, fort bien faites, notamment sur la randonnée (topo fiches Aubrac-Laguiole 6 €). Personnel efficace et dévoué.

➢ ***Bus depuis Rodez :*** 1 A/R par jour en sem. *Rens :* ***transports Verdier,*** *☎ 05-65-77-10-55, ou auprès de la gare routière de Rodez, ☎ 05-65-68-11-13.*

Où dormir ? Où manger ?

Camping et gîte d'étape

⛺ ***Camping municipal Les Monts d'Aubrac :*** *ZA La Poujade. ☎ 05-65-44-39-72 (en saison) et 05-65-51-26-30 (hors saison). • mairie-laguiole@wanadoo.fr • campinglesmontsdaubraclaguiole.jimbo.com • ♿ Accès : par la D 921. Ouv de mi-mai à mi-sept. Emplacement tente 11 € en hte saison. 57 empl. Réduc de 10 % avec la carte de la FFCC.* Petit camping nature, tout simple, familial et très bien tenu. Emplacements séparés par des haies bien hautes qui constituent notamment un bon isolement contre les vents. Comme son nom l'indique, bien situé pour découvrir les monts d'Aubrac et, évidemment, la patrie des célèbres couteaux et fromages de Laguiole. Un petit chemin mène au village en 5 mn à pied. Accueil très aimable.

Gîte d'étape M. Germain Alaux : *le domaine du Vayssaire. ☎ 05-65-48-44-69. • domaine-duvayssaire-aubrac.com • Près du GR 416 PR (tour de l'Aubrac). Ouv tte l'année. Doubles 40-38 €, 15 €/pers en dortoir. Table d'hôtes : 16 €.* Une dizaine de lits. Offre 4 chambres individuelles (2 avec leur salle de bains) et assure la table d'hôtes (résa obligatoire) et le petit déj.

La belle-fille, Marie-Hélène, a également ouvert en 2014 son ***gîte d'étape*** et de séjour contemporain, à la même adresse que ses beaux-parents. *📱 06-33-54-04-34. Chambres 2 pers 42 €, 3 pers 21 €/pers et 18 €/pers en dortoir. Table d'hôtes, résa obligatoire, 16 € et petit déj 6 €.*

De bon marché à prix moyens

Gîte de Laguiole : *6, rue du Couvent. ☎ 05-65-48-42-55. 📱 06-82-21-30-43. • legitedelaguiole@yahoo.fr • legitedelaguiole.com • Congés : 20 nov-15 déc. Nuitée 17,50 €/pers en dortoir avec les draps, et 19-21 €/pers en chambre ; petit déj 6,50 €. Un petit déj/pers offert sur présentation de ce guide.* Après 3 ans de travaux, ce sont aujourd'hui 6 chambres et 2 dortoirs qui ont été aménagés dans l'ancien couvent du village. Un salon moderne et chaleureux où on peut rêvasser devant le feu de cheminée et une cuisine ouverte sur la salle à manger. L'ensemble est moderne, simple et gai. Panneaux solaires et chaudière à granulés de bois fournissent énergie et chaleur. Cuisine à disposition. Bertrand Raynal, propriétaire du gîte et natif de l'Aubrac, est aussi accompagnateur de moyenne montagne et propose des randonnées à la journée ou la demi-journée. Librairie attenante pour préparer son périple en Aubrac, par exemple.

La Ba : *4, rue Bardière. ☎ 05-65-51-68-30. • laba.laba@outlook.fr • Resto fermé mer-jeu midi. Congés : de mi-déc à mi-janv. Double 54 € ; petit déj 7 €. Formule 16 €, menu 21 €.* Au cœur du village, une maison verte qui nous en fait voir de toutes les couleurs ! Petit hôtel récemment repris de 4 chambres toute simples, toutes gaies, toutes pimpantes, pour une adresse tenue par un pâtissier auvergnat et une pâtissière argentine. C'est à la fois un petit hôtel, un resto et un bar à vins.

Chic

Hôtel-restaurant Gilles Moreau : *2, allée de l'Amicale. ☎ 05-65-44-31-11. • contact@gilles-moreau.fr • gilles-moreau.fr • ♿ En plein centre-ville. Tlj sf mar et mer hors saison. Congés : 11 nov-20 déc, 29 juin-6 juil et 6 janv-14 fév. Doubles 54-88 €. Petit déj 12 €, formidable ! Menus 30-61 €. Réduc de 10 % sur le prix des chambres (hors mai et août) sur présentation de ce guide.* Un établissement sérieux et assez chic, aux chambres impeccables, modernes et fonctionnelles. Demander celles aux boiseries cérusées « grand confort », un peu plus chères mais vraiment belles. À l'arrière, jolie vue sur l'élégante terrasse en teck et la piscine chauffée. Le restaurant est une table bien réputée, qui a su se faire une place à l'ombre de la famille Bras. Alors, pour peu qu'on ait une occasion à fêter, il faut absolument goûter la cuisine gastronomique de Gilles Moreau, un chef sincère qui porte un soin tout particulier au choix de ses produits. Cuisine généreuse, inventive juste ce qu'il faut pour surprendre, et un aligot à vider la marmite ! Superbe carte des vins et une très belle sélection servie au verre. Personnel en salle adorable et pro.

Où dormir ? Où manger dans les environs ?

Camping et gîtes

Camping à la ferme La Crestilie : *La Crestilie. ☎ et fax : 05-65-44-31-63. Accès : à 4 km de Laguiole ; venant de Laguiole, traverser le village, c'est à 500 m à droite (sur la D 70) ; bien indiqué. Ouv tte l'année. Emplacement tente 10 € en hte saison. Également 2 gîtes ruraux 200-350 €/sem, aménagés avec des meubles paysans authentiques. CB refusées. 25 empl.* Une agréable aire de camping. M. et Mme Capoulade sont adorables et ont le sens de l'hospitalité aveyronnaise. En outre, monsieur est un fana de vieilles guimbardes, de l'histoire des bois, et une mine de renseignements sur la région. Il vous montrera aussi son grenier, vraie caverne d'Ali Baba avec sa foultitude d'objets remis en état depuis de longues années.

De bon marché à prix moyens

Auberge du Combaïre : *le Combaïre, 12210 Laguiole. ☎ 05-65-44-33-26. • aubergelecombaire@wanadoo.fr • aubergeducombaire.fr • À 3 km au sud de Laguiole, par la D 42, direction Rodez puis château du Bousquet, c'est fléché sur la droite. Doubles 50-60 €. Familiales 70-80 €. ½ pens 52 €/pers (apéritif, vin et café compris). Menu 26 €. Réduc de 10 % sur le prix de la chambre sur présentation de ce guide.* Perdue en pleine campagne, une ancienne ferme-moulin avec du caractère. D'un calme olympien, seulement troublé par le glouglou de la petite rivière. Chambres toutes simples, presque monacales. Accueil très (très !) présent et bonne cuisine de terroir avec de l'idée, pour qui voudrait rester à dîner. Salon TV, coin bibliothèque et doc régionale à disposition.

Chez Colette : *le bourg, 12210* ***Cassuéjouls.*** *☎ 05-65-44-33-71. • colette.pastissier@laposte.net • À 10 km par la D 900 vers le barrage de Sarrans. Tlj sf mer soir hors saison. Résa conseillée. Menus 13,50 € (midi en sem), puis 16,50-22,50 €. Café offert sur présentation de ce guide.* Installé sur la place principale, un authentique resto de village où l'on mangera une cuisine régionale rustique et servie généreusement. Parmi les spécialités, les inévitables aligot et truffade, et le flan aux pleurotes.

L'Auberge du Moulin : *12210* ***Soulages-Bonneval.*** *☎ 05-65-44-32-36. • moulin12@orange.fr • À 5 km de Laguiole par la D 541. Tlj sf ven soir (plus soir des j. fériés hors saison). Menus 13 € tt compris en sem, jusqu'à 28 €. Café offert sur présentation de ce guide.* Cette auberge de campagne fait le plein chaque midi. Il faut dire que les habitués sont nombreux à avoir flairé la bonne affaire. Spécialités de viande fermière d'Aubrac et d'aligot maison. Tout simple mais tout bon.

Gîtes de l'Aubrac : *à Cabels, 12210* ***Soulages-Bonneval.*** *☎ 05-65-44-42-18. • gyselinck.michel@wanadoo.fr • gite-laguiole.com • À env 7 km de Laguiole, pas loin du GR 416. Ouv tte l'année sur résa. Nuitée 18-20,50 €/pers selon saison (draps compris) ; petit déj 9 €. ½ pens 44 €/pers.* Dans une solide maison en pierre typique du pays, gîte d'une trentaine de places, chambres pour 2 à 4 personnes avec sanitaires. En pleine campagne, un bon accueil, de gentils chevaux. Que demander de plus ?

De prix moyens à chic

Relais de la Vitarelle : *la Vitarelle, 12210* ***Montpeyroux.***

☎ *05-65-44-36-01. • relaisdelavitarelle@wanadoo.fr • À quelques km de Laguiole, sur la route d'Espalion. Ouv à midi slt tlj sf sam. Congés : 1 sem fin juin, 1 sem début oct, vac de Noël. Résa conseillée. Formule 12 € (en sem) et menus 16-30 €. Café offert sur présentation de ce guide.* Sympathique auberge de bord de route (assez présente, cela dit en passant). Cuisine dont la renommée s'étend loin. C'est une affaire de famille depuis longtemps, qui possède donc une longue tradition d'accueil. Goûter au chou farci maison, à l'aligot, au foie gras maison...

Chambres d'hôtes La Ferme de Moulhac : *lieu-dit Moulhac, 12210 Laguiole.* ☎ *05-65-44-33-25. • ferme.de.moulhac@gmail.com • fermedemoulhac.fr • À 2 km env de Laguiole en direction de Chaudes-Aigues. Compter 90-140 € suivant le confort. Boisson offerte sur présentation de ce guide.* Voilà une vraie ferme, dans un environnement authentique, avec ses 5 chambres (dont une suite) absolument épatantes, décorées de façon originale et fonctionnelle sans jamais trahir l'esprit de la région. Conçue avec intelligence, il fait bon s'y ressourcer. Ambiance « minérale » avec des tables de chevet en pierre brute du pays et « végétale » avec la quasi omniprésence du bois. Également un spa dans le même esprit. Côté accueil, c'est l'un des meilleurs de l'Aubrac.

Hôtel du golf de Mezeyrac : *golf de Mezeyrac, 12210* ***Soulages-Bonneval.*** ☎ *05-65-44-41-41. • domainedemezeyrac@gmail.com • hotel-laguiole.com • À 10 mn de Laguiole, en pleine nature. Suivre Soulages-Bonneval, c'est indiqué ensuite. Resto ouv slt sur résa. Congés : de début nov au 30 mars. Doubles 59-110 € selon confort et saison ; suites 100-180 €. Formule 19 €. Menus 19-22 €.* Dans un joli cadre avec vue sur le golf (9 trous de bon niveau), quelques chambres à la déco très gentleman-golfeur ainsi que 4 suites et quelques gîtes pour 4-6 personnes. Cuisine maison agréable. Clientèle du dimanche et golfeurs. Service aimable en terrasse ou dans la lumineuse salle. Beau club-house, piscine, tennis, pour un bien agréable site.

À voir

Le musée du Couteau de Laguiole et de l'Objet forgé : *ZA La Poujade (près du camping).* ☎ *05-65-51-23-47. Tte l'année, lun-dim 9h-12h, 14h-19h (sans interruption en juil-août). Entrée : 3,50 €.* Intéressante reconstitution d'ateliers d'époque et riches collections de couteaux de Laguiole, d'outils tranchants et forgés venant de nombreux corps de métier de jadis, quelques objets curieux... Visite gratuite des ateliers sur le même site.

L'église *(XVIe s)* ***:*** *située au sommet de l'esplanade du Fort, qui domine le village et les environs. Il faut y monter à pied par les vieilles ruelles en pente.* À l'horizon, on aperçoit les collines du Quercy, le Plomb du Cantal, le puy Mary et les monts d'Aubrac.

Forge de Laguiole : *sur le plateau, à 500 m du bourg, sur la route d'Aubrac (reconnaissable à sa lame géante – 18 m de haut ! – qui traverse le bâtiment).* ☎ *05-68-48-43-34. • forge-de-laguiole.com • Tlj sf dim 9h-12h, 13h30-18h. GRATUIT.* Cette manufacture tout en aluminium, dont le bâtiment futuriste a été dessiné par Philippe Starck, symbolise le renouveau de la production coutelière. Cent employés perpétuent la tradition. À l'intérieur, une grosse forge de 300 t sert à façonner les lames en acier (acier de l'Isère). À l'entrée, hall d'exposition et point de vente où l'on peut trouver d'authentiques laguioles, fabriqués ici, et quelques très belles pièces uniques ouvragées par des maîtres artisans et meilleurs ouvriers de France.

Artisan du Couteau : *route d'Aubrac, ZA direction « Camping ».* ☎ *05-65-51-50-14. Visites guidées, tlj tte l'année, 11h, 14h30, 15h45 et 17h. GRATUIT.*

L'autre grande coutellerie de Laguiole possède plusieurs points de vente au village... C'est un des endroits où vous êtes assuré de trouver des couteaux forgés, fabriqués et assemblés à Laguiole (environ sept entreprises dans la ville). Large choix, du simple couteau de poche à la somptueuse œuvre d'art (et prix tout aussi variés). Le personnel, totalement impliqué, vous parlera avec passion de ce noble métier... Vous pourrez même, sur réservation, participer à un stage de fabrication et repartir avec votre propre couteau, assemblé par vos soins, sous l'œil vigilant du meilleur ouvrier de France.

La coopérative fromagère Jeune Montagne : *à la sortie de la ville, route de Chaudes-Aigues. ☎ 05-65-44-35-54. Hors saison, lun-sam 8h-12h, 14h-18h et slt mat dim et j. fériés ; juil-août, lun-sam 8h-19h, et dim 9h-13h, 14h-18h. GRATUIT (entrée et dégustation).* Par le biais d'une visite guidée de 45 mn et d'une vidéo, découvrez la production du fromage de Laguiole AOP au lait cru entier et de la tomme fraîche de l'Aubrac. Venir de préférence le matin pour voir les fromagers en action au sein de ces installations modernes et découvrir les secrets de fabrication de ce fromage. Dégustation. Vente de Laguiole AOP, de tomme fraîche de l'Aubrac et d'aligot de l'Aubrac préparé en barquette.

DANS LES ENVIRONS DE LAGUIOLE

Le grenier des Capou : *12210* ***Soulages-Bonneval.*** *☎ 05-65-44-31-63. À 5 km à l'ouest de Laguiole, par la D 541. Ouv tlj sur rdv. Entrée : 5 € ; réduc.* Raymond Capoulade, l'une des grandes figures culturelles emblématiques de l'Aubrac (si, si !), a travaillé des années avec passion pour réunir dans cet immense grenier plus de 4 000 objets liés au bois ou à la vie rurale de l'Aubrac. Un joyeux désordre plein de poésie, télescopage d'objets insolites ou délicieusement ordinaires, une allure de caverne d'Ali Baba où les trésors seraient le produit précieux du travail et de l'imagination des hommes... Commenté nécessairement avec amour, pédagogie, passion et humour par Capou ou par ses fils qui perpétuent la tradition de la collecte. Prévoir assez de temps pour explorer ce véritable patrimoine culturel.

Le château du Bousquet : *au* ***Bousquet,*** *à 6 km au sud de Laguiole. ☎ 05-65-48-41-13. Tlj sf mar. Tél pour les horaires hors saison. Entrée : 7 €/adulte, 3 € 8-16 ans, gratuit moins de 8 ans. Compter 1h30 de visite.* Visite conviviale guidée par le propriétaire d'un superbe château comme on en décrit dans les contes, datant du XIVe s. Masse carrée flanquée de six tours, mâchicoulis, chemin de ronde et tout et tout. Exceptionnelle cuisine gothique avec tous ses accessoires, la *chambre du parquet* se révèle un vrai chef-d'œuvre, grande salle richement meublée, chapelle, etc. Pierre, le châtelain, est absolument adorable et sa mémoire regorge d'anecdotes insolites. Parc agrémenté de nombreuses variétés de roses et de beaux marronniers. Le Bousquet, comme St-Urcize, Laguiole et Entraygues, est sur l'itinéraire direct du Puy à Conques, chemin des moines de la Chaise-Dieu, dédié à Raymond Oursel dont le souvenir plane en ces lieux. Un rendez-vous avec l'histoire à ne pas manquer.

AUBRAC (12470) *Carte Aveyron, C1*

Ici, c'est le cœur des ténèbres... ***Alto braco*** **(ou « site élevé ») à 1 300 m d'altitude, c'est un site chargé d'histoire et une halte mythique pour les pèlerins sur les chemins de Saint-Jacques-de-Compostelle. Une grosse**

tour sombre surgit d'un paysage austère balayé par les vents. À côté, une église romane (classée Monument historique) et une maison forestière. Quelques maisons construites en pierre volcanique entourent la place, désertée dès la fin de l'été (huit habitants permanents à Aubrac...). Un hôtel, quelques burons, des chambres d'hôtes, un espace muséographique, et c'est tout. Si les « stars », depuis quelques années, semblent attirées par le village, il semble que celui-ci résiste et préserve son caractère sauvage et authentique. Combien de temps encore avant qu'il ne devienne le nouveau lieu chic tendance, un nouveau Luberon ? À suivre...

UN PEU D'HISTOIRE

Dès le XIIe s, l'hospice d'Aubrac devint le passage obligé des foules de pèlerins en route vers Saint-Jacques-de-Compostelle, un des hauts lieux de la chrétienté médiévale. Ils partaient du Puy-en-Velay (Auvergne) ou de Vézelay (Bourgogne), et arrivaient généralement exténués au sommet du plateau désert. Dans cette région sauvage décrite dans le *Guide du Pèlerin* comme le « séjour de l'horreur », ces « marcheurs de Dieu » pouvaient trouver un refuge gardé par 120 moines-soldats. En fait de refuge, il s'agissait d'une grande abbaye capable de recevoir 500 pèlerins. Ce sont ses vestiges que l'on voit aujourd'hui au village : l'église romane et cette tour des Anglais (XIVe s) construite pour défendre les routards à la coquille (les pèlerins) contre les routiers (les bandits à la solde de l'Angleterre, qui occupait alors le Rouergue).

Où dormir ? Où manger ?

De bon marché à prix moyens

Gîte d'étape La Tour des Anglais : *à Aubrac. ☎ 05-65-44-21-15 (office de tourisme) ou 27-08 (mairie). • david.mc@wanadoo.fr • stchelydaubrac.com • Congés : d'oct à mi-mai. Nuitée 10 €/pers.* 16 lits en 2 dortoirs. Douches, w-c et coin cuisine. Proche des GR de Pays : GR 6 « le Tour des Monts d'Aubrac » et GR 65 « Chemin de Compostelle ».

Chambres d'hôtes La Colonie : *à Aubrac. ☎ 05-65-51-64-79. • cyrilerisse@gmail.com • la-colonie.com • Compter 76-86 € pour 2 selon confort, petit déj inclus. Table d'hôtes 17 €.* Comme son nom l'indique, c'est une ancienne colonie de vacances de la ville d'Aulnay-sous-Bois. Un vaste bâtiment sans beaucoup de charme vu de l'extérieur, mais l'accueillant proprio (qui tient aussi ici brocante) lui en a apporté beaucoup plus à l'intérieur. De beaux volumes et des chambres pour tous les budgets : les plus modestes (avec lavabo seulement mais mignonnes comme tout) sont au 2e étage et accueillent souvent les pèlerins de Compostelle. Dégustation de champagne de la maison familiale (installée en Champagne, on n'en produit pas encore en Aubrac !).

Chez Germaine : *pl. des Fêtes. ☎ 05-65-44-28-47. Ouv à midi sf mar. Formule 25 € ; menus 29,80-35,80 € ; carte.* Très grande salle où flotte toujours une bonne odeur de cuisine. Quelques tables auprès de la grande cheminée pour déguster l'excellent aligot (sur commande) ou goûter à la cuisine familiale : aujourd'hui, c'est la fille de Germaine qui est en cuisine et l'établissement est dans la même famille depuis 1782 ! Spécialité de tartes maison, fouace et soupe au fromage. Une institution.

Le buron de la Sistre et le buron de Caméjane : *☎ 05-65-44-26-46 et 05-65-48-01-41. Mai-juin et sept, slt le w-e à midi ; juil ouv 5 j./7 (tél pour connaître le jour de fermeture qui dépend du temps !), 1er-3e dim d'août, tlj à midi.* 2 burons isolés, situés de part et d'autre du village d'Aubrac. *La Sistre* (en direction de Saint-Chély-d'Aubrac) est une sorte d'auberge, avec de « vrais » menus où l'on peut déjeuner certains jours seulement, toujours sur réservation. *Buron de Caméjane,* en direction de Nasbinals, est le buron où est confectionnée la tomme, à l'ancienne. On peut y déguster (mais là encore, il faut prévenir), un aligot mémorable au coin du feu. Quant au reste du repas, c'est à vous de vous en occuper... Vous apportez votre steak (de chez *Conquet* à Laguiole, par exemple !) et vous vous le faites griller. Dans les deux cas, on ne peut imaginer accueil plus simple, plus franc, plus authentique...

De prix moyens à chic

Hôtel-restaurant de la Dômerie : *dans le village. ☎ 05-65-44-28-42. • david.mc@wanadoo.fr • hoteldomerie.com • Tlj. Congés : 20 nov-20 déc. Doubles 72-100 €. ½ pens 144-166 € pour 2. Menus 24,50-35 € ; carte env 35 €. Formule table d'hôtes 22 € pour les randonneurs.* Les chambres, bien entretenues, sont rénovées au fil des années et, de fait, sont à même de satisfaire tout le monde. Toutes sont différentes ; seul point commun : une photo de fleurs dans chacune, pour montrer la variété de la flore de l'Aubrac. Cuisine régionale réputée avec tous les classiques, servie dans un décor traditionnel.

À voir

Le jardin botanique : *à côté de la Maison de l'Aubrac. 06-71-02-62-90. • aubrac-jardin.org • 15 mai-30 sept, tlj 10h-18h (selon météo). Entrée : 4 €.* Un jardin de 500 m², composé de plus de 600 plantes du massif de l'Aubrac, plantes patrimoniales, tourbière avec ses plantes insectivores... Sentez, touchez (mais pas trop), observez, et... contribuez à faire perdurer ce joli jardin de pays.

La maison de l'Aubrac : *à côté de l'église. ☎ 05-65-44-67-90. • maisondelaubrac.com • Ouv d'avr à mi-nov, tlj sf lun (tlj juil-août) : 10h-19h en juil-août, 18h30 en mai-juin et sept, 18h en avr ; 11h-17h30 oct-nov.* Surprenante architecture contemporaine à côté de tant d'histoire. Un espace audiovisuel et exposition pour découvrir l'Aubrac dans toute sa dimension, sa nature, sa culture, ses traditions et son économie, au fil des saisons : projection de films, diaporama, bornes audio, écrans vidéo. Puis un espace boutique et librairie régionale pour découvrir tous les produits emblématiques du plateau : le laguiole (le célèbre fromage), l'aligot, les miels de montagne, la gentiane, les confitures, les biscuits et, les grandes vedettes locales, les couteaux déclinés sous toutes les formes.

Espace gourmand pour se régaler de glaces originales, de boissons aux parfums de l'Aubrac et de délicieuses tartines... Idéal pour une petite grignote. Tables en terrasse extérieure et vue panoramique fantastique.

Manifestation

– ***La Vache Aubrac en transhumance :*** *le dim le plus proche du 25 mai (jour de la Saint-Urbain). Rens à l'office de tourisme de Aubrac-Laguiole (voir ci-dessous). • traditionsenaubrac.com •* C'est le moment où les troupeaux rejoignent le plateau de l'Aubrac pour y passer l'estive, de fin mai à mi-octobre. Foire, produits du terroir, passage et présentation des troupeaux de 10h30 à 17h, groupes folkloriques et dîner dansant « Nuit de l'Aubrac »...

DANS LES ENVIRONS D'AUBRAC

SAINT-CHÉLY-D'AUBRAC (12470)

Petit bourg pittoresque avec son église du XVe s et son pont des Pèlerins (classé Bien culturel à l'Unesco). Situé dans la vallée de la Boralde de Saint-Chély (altitude 800 m), à 8 km du plateau de l'Aubrac, c'est surtout le point de départ de nombreux parcours de randonnée. Il faut dire que l'on se trouve au cœur des chemins de Saint-Jacques, mais aussi sur le GR « le Tour des monts d'Aubrac » et l'ancienne voie romaine (ou *via Agrippa*).

LA CLOCHE DES PERDUS

L'église Notre-Dame-des-Pauvres de Saint-Chély-d'Aubrac se situe sur le chemin de Saint-Jacques-de-Compostelle. Le rude climat de l'Aubrac pouvait être fatal aux pèlerins. Voilà pourquoi, durant les nuits d'hiver ou par temps de brouillard, on actionnait une cloche pour les diriger vers le refuge.

Adresse et info utiles

Office de tourisme : *☎ 05-65-44-21-15. • aubrac-laguiole.com • Dans une petite rue à l'entrée du village en venant d'Espalion. Tte l'année, lun-sam en juil-août et lun-ven hors saison.* Dans une belle bâtisse du XVIIIe s entièrement restaurée, voici l'office qui couvre le pays d'Aubrac. Très complet et bien documenté (nombreux bouquins et DVD à consulter sur place). Intéressante exposition sur la vache d'Aubrac, et présentation d'un buron en miniature.

– ***Marché de producteurs de pays :*** *en nocturne, 20 juil-20 août, jeu 17h-22h.* Vente de produits fermiers. Animations musicales et dîner sur place, préparé par les producteurs. Animations pour les enfants pendant que les parents font le marché !

Où dormir ? Où manger ?

Camping et gîte d'étape

Camping municipal : *au bourg. ☎ 05-65-44-27-08 (mairie) ; ☎ 05-65-44-21-15 (office de tourisme). • accueil.stchelydaubrac@orange.fr • stchelydaubrac.com • Accès : dans le village de Saint-Chély-d'Aubrac, D 533. Ouv de début mai à fin août. Emplacement tente env 9 € en hte saison. CB refusées. 30 empl.* Petit camping municipal. Le chemin de Saint-Jacques-de-Compostelle et le GR 6 passent à proximité.

Gîte d'étape communal : *route d'Espalion. ☎ 05-65-44-21-15 (office de tourisme) ou 27-08 (mairie). • accueil.stchelydaubrac@orange.fr • stchelydaubrac.com • À l'entrée du village en venant d'Espalion, au-dessus de l'office de tourisme. Ouv tte l'année sur résa. Compter env 11,50-15,50 €/adulte selon saison. CB refusées.* Beau gîte, propre et confortable, refait à neuf, dans une maison ancienne. 26 lits répartis en 7 dortoirs, coin cuisine à disposition. Attention, pas de draps, même en location. Proche des GR 6 et GR 65, de l'itinéraire du tour de l'Aubrac et chemin de Saint-Guilhem, il est réservé aux pèlerins et randonneurs itinérants.

Prix moyens

La Tour des Chapelains : *rue de la Tour, 12470. ☎ 05-65-51-64-80. 📱 06-69-14-33-38. • tour-chapelains.fr • Compter 65-76 € pour 2. Repas le soir 12,50 €.* Dans cette ancienne tour de gardes du XVe s, au cœur du village, Christine et Jean-Claude Brunier

L'AUBRAC

ont aménagé 3 chambres d'hôtes desservies par un escalier à vis. Déco simple mais élégante, murs de pierre, poutres apparentes, parquets, TV dans chaque chambre et sanitaires neufs ! Chambres pouvant accueillir 3 personnes ou plus, notamment l'Aigremoine, sous les combles, ouverte aux pèlerins. Excellent petit déj.

Hôtel des Voyageurs : *av. d'Aubrac. ☎ 05-65-44-27-05. • brigitteamilhat@wanadoo.fr • hotel-conserverie-aubrac.com • À deux pas de l'office de tourisme. Resto fermé mer midi (plus soir hors saison). Congés : 15 oct-10 avr. Double 52 €. Menus 14,50 € (en sem), puis 18,50-27 €.* Chambres simples et bien tenues, comme celle avec vue sur les toits de lauzes du village, ou d'autres plus spacieuses avec vue sur la vallée. Ambiance calme et accueil plein d'amabilité. Maison familiale charmante, où vous dégusterez une excellente cuisine traditionnelle, dont l'un des meilleurs aligots de la région, tripoux maison, chou farci, tartine de fritons tièdes, etc.

Hôtel-restaurant Les Coudercous : *dans le bourg, sur la Grand-Place. ☎ 05-65-44-27-40. • lescoudercous@orange.fr • lescoudercous.fr • Fermé 15 j. à Noël. Doubles 58-64 € selon saison. Formule déj en sem 13 €. Menu 25 €.* Grande maison traditionnelle en pierre. Une petite quinzaine de chambres, fraîchement redécorées et confortables, et un excellent petit déjeuner. Au restaurant, fine cuisine régionale servie avec gentillesse et discrétion. Terrasse aux beaux jours.

À voir. À faire encore dans les environs d'Aubrac

De Saint-Geniez-d'Olt à Aubrac, une route à travers l'Aubrac : *compter env 1h en voiture.* De Saint-Geniez, monter sur le plateau de l'Aubrac par *Verlac*, d'où l'on a une des plus vertigineuses vues sur le département par beau temps. Continuer sur *Vieurals* à travers les bois, dans une nature sauvage où l'on croisera peut-être quelques renards en fin de journée. Une chose est sûre, plus on monte, plus c'est beau. Poursuivre vers *Born* et *Aubrac.* On traverse alors des paysages de prairies dignes de décors de cinéma américain, avec pour tout signe de vie (en été) la présence des vaches d'Aubrac ! Quelques étendues d'eau, parsemées ici et là, qui pourraient rappeler les causses... heu, l'Écosse ! Se procurer également, dans les offices de tourisme de la région, les dépliants « Trans'Aubrac », route touristique traversant l'Aubrac de Saint-Geniez-d'Olt à Laguiole, et « Le Puy, Aubrac, Conques », circuit automobile de 4 jours sur l'itinéraire des chemins vers Compostelle (voie du Puy-en-Velay).

L'espace nordique des monts d'Aubrac : à partir de quatre stations : Laguiole, Brameloup (en Aveyron), Nasbinals (en Lozère) et Saint-Urcize (en Cantal). *Rens à l'office de tourisme Aubrac-Laguiole (☎ 05-65-44-35-94) et à la station de ski de Laguiole (météo, ESF : ☎ 05-65-44-39-62).* En fonction de la météo (peu propice ces dernières années), ski de fond, raquettes, luge, ski alpin.

LA VALLÉE DE L'AVEYRON

SÉVÉRAC-LE-CHÂTEAU (12150) 2 460 hab. *Carte Aveyron C2-3*

Le site de Sévérac est avant tout connu pour sa cité médiévale. À 817 m d'altitude, esseulé dans la vallée, au sommet de sa colline, l'endroit impressionne

quand on arrive par le nord. On découvre aussi que de l'an 1000 à la Révolution française, seules trois familles ont occupé les lieux : les Séverac, les Armagnac et les Arpajon, qui contrôlèrent de leur château les allées et venues nord-sud. Réputée imprenable, la ville est dominée par son château, au pied duquel s'étend la cité médiévale. Les vestiges furent restaurés pour offrir aujourd'hui un site d'une grande beauté, surtout le soir, quand le château est éclairé.

Adresse utile

Office de tourisme : *5, rue des Douves. ☎ 05-65-47-67-31. • contact@tourisme-severaclechateau.fr • aveyron-tourisme.fr • Juil-août, tlj sf dim ap-midi ; hors saison, fermé dim (et sam ap-m en hiver).* Visite guidée du château (45 mn) en saison pour les individuels, et nombreuses animations.

Où dormir ? Où manger à Sévérac et dans les environs ?

Camping

Camping municipal Le Plô : *route de Lavernhe. 06-86-63-63-75. • campingleploaveyron@gmail.com • campingleplo.fr • Accès : par l'A 75 sortie Sévérac, puis 10 km en direction de Rodez. Ouv de mi-mai à mi-sept. Emplacements tente 11,50-19,50 € selon saison. Également loc chalets 191-483 €/sem selon modèle et saison. 30 empl.* Confortable et bien équipé. Rivière à proximité (pêche autorisée). Piscine.

Prix moyens

Chambre d'hôtes Les Causses : *38, av. Aristide-Briand (Sévérac-Gare). ☎ 05-65-70-23-00. • ebouscary@gmail.com • chambre-hote-severac.fr • À la sortie 42 de l'A 75, longer la ligne de chemin de fer après la gare de Sévérac. Congés : janv. Garage pour moto et vélo. Double 69 €. Table d'hôtes sur résa 23 €. Kir offert sur présentation de ce guide.* Ancien hôtel converti en chambres d'hôtes par la propriétaire. Chambres bien propres, cependant un tantinet vieillottes. Cela dit, certaines ont été rafraîchies. À la table d'hôtes, de la tradition et du terroir. Tout simple mais très bon. Accueil jovial.

L'Atelier du Goût : *RN 88, Le Four à Chaux, 12150 Sévérac-le-Château. ☎ 05-65-67-06-59. • ccobrecht@yahoo.fr • Ouv tlj sf lun soir en saison ; fermé le soir dim-mer et lun midi hors saison. Congés : 1er-28 janv. Menus 13,50 € (en sem), puis 19-29 €. Café offert sur présentation de ce guide.* Une bonne étape pour qui veut changer de l'aligot, ou tout simplement goûter à une bonne cuisine inventive : travers de porc au caramel d'agrumes, côte de veau de lait aux girolles, crème brûlée au pastis... Le cadre est sobre et contemporain, et le vert acidulé à l'honneur. Également une terrasse. L'environnement immédiat n'a, quant à lui, pas grand intérêt.

À voir

En été, nombreuses ***visites guidées*** dans la cité et animations médiévales. Demander aussi le programme des jeux pour les enfants, pour mieux découvrir la cité. Et sinon, tout simplement, un petit historique très bien fait, à récupérer à l'office ou au château : « Le château au fil de l'histoire et la cité médiévale de ruelle en ruelle. »

Le château : *début juil-fin août, visites libres (2,50 €) ou guidées (5 € ; réduc) tlj 10h-19h, animations médiévales ; le reste de l'année, accès libre et gratuit* *mais le château est fermé.* Ancienne place forte insaisissable des XIVe et XVe s, qui joua un grand rôle pendant les guerres de Religion avec les seigneurs d'Arpajon (protestants). Puis le vieux fort féodal fut aménagé en une agréable résidence de style Renaissance. Corps de bâtiment de quatre étages sur 85 m de long, cour d'honneur, haute tour carrée, porte fortifiée... Beau panorama depuis le sommet.

La cité médiévale : au pied du château, versant sud-est, on découvre un joli dédale de maisons anciennes turriculées à fenêtres à meneaux, de vieux escaliers, de tourelles... On se croirait revenu six siècles en arrière. On entre par l'une ou l'autre des deux anciennes portes fortifiées pour contempler tout particulièrement la *maison des Consuls* avec son plafond peint, le *Sestayral,* marché au grain couvert en voûtes, la *maison de Jeanne* (XIe s), une des plus anciennes du Rouergue, et la *fontaine romane* installée ici depuis l'Antiquité.

Le Musée archéologique : *5, rue des Douves. Ouv début juil-fin août, 15h-19h sf mer ; même billet que le château.* Dans de belles salles voûtées, un intéressant petit musée archéologique présentant quelques belles poteries dont le mystérieux vase au sorcier de Villeplaine, des silex et pièces anciennes découvertes dans la région.

Manifestation

– Son et lumière « Mémoires de Sévérac... ou la légende de Jean Le Fol » : *début août. 7 représentations, le soir à 22h. Résas : ☎ 05-65-47-71-91.* Un spectacle très prisé, avec près de 130 comédiens costumés, dans la cour du château, pour faire revivre 2 000 ans d'histoire de la région.

LE PAYS DES GRANDS CAUSSES

Avec pour « capitale » Millau, le pays des Grands Causses englobe quasiment un tiers de la surface du département. Sa délimitation, sur plus de 315 000 ha, est simple : elle correspond à celle du parc naturel régional du même nom, créé en 1995 et comportant le célèbre plateau du Larzac, les gorges du Tarn, une partie du Lévézou et le beau pays de Roquefort. Doté d'un climat des plus agréable, on y croise de riches flore et faune, allant des rapaces aux incontournables troupeaux de brebis. Et c'est justement la valeur de cet agropastoralisme que l'Unesco a reconnu en juin 2011, en décidant de classer les Causses et les Cévennes (qui en Aveyron, recoupent en partie le tracé du parc naturel). Quant à l'histoire, elle n'a pas oublié la région et l'a marquée avec le passage de l'ordre des Templiers et la présence de nombreux châteaux qui jalonnent le sud du département ou les bords du Tarn.

MILLAU (12100) 22 894 hab. *Carte Aveyron, C3*

▸ Pour le plan de Millau, se reporter au cahier couleur.

La deuxième ville du département mais la seule en France de plus de 20 000 habitants située au cœur d'un parc naturel régional. Loin de la rudesse de l'Aubrac, l'ambiance y est bien agréable et déjà méridionale.

C'est que, de Millau, on sillonne en amont comme en aval les gorges du Tarn, et on n'est jamais à plus de 30 mn d'un site touristique à découvrir (Roquefort, La Couvertoirade, les gorges de la Dourbie, Micropolis). La pratique du parapente, de l'escalade ou du kayak est possible à moins de 15 mn du centre-ville, et on y trouve même de bonnes tables. Par ailleurs, on parle aussi de Millau pour son célèbre fast-food qui a défrayé la chronique sous la houlette de l'Astérix José Bové, et surtout pour son colossal viaduc, le plus haut du monde. Le tablier s'élève jusqu'à 270 m au-dessus du Tarn, pour une longueur totale de 2 460 m. Le viaduc permet de désenclaver la région en reliant le causse Rouge à celui du Larzac sans descendre dans la vallée, disant ainsi adieu aux embouteillages.
Sinon, comme son voisin Roquefort, le pays de Millau produit aussi un petit fromage de brebis, le *pérail,* bien plaisant sur du bon pain ou associé à un côtes-de-millau, petit vin rouge qui commence à faire parler de lui.
Le soir, en été, Millau se pare d'un décor lumineux assez époustouflant : les falaises du causse Noir, à l'est, éclairées par-dessous, répondent, à l'ouest, aux fines aiguilles des piliers du viaduc, escadrille de fusées intergalactiques prêtes au décollage...

UN PEU D'HISTOIRE

La région fut habitée très tôt, comme en témoignent les nombreux dolmens découverts. À l'époque gallo-romaine, on y trouvait une grande ville, *Condatomagus,* célèbre pour ses poteries exportées dans tout l'Empire romain et identifiables grâce à un décor en tampon-signature (en latin *sigillum*), d'où le nom de « poterie sigillée ».
Au Moyen Âge, Millau devint une ville commerçante importante. Sel, épices, poisson provenant des ports de la Méditerranée y transitaient. Ensuite, la ville s'enrichit grâce au traitement et au commerce des peaux, favorisant ainsi la construction d'élégants hôtels particuliers à découvrir en centre-ville.
Contrairement au reste du Rouergue, Millau devint huguenote, et Louis XIII dut assiéger et prendre la ville. La révocation de l'édit de Nantes, en 1685, porta un coup très dur à la ganterie – principale industrie locale, dont Millau mit longtemps à se remettre.

MILLAU, CAPITALE DU GANT

Le travail des peaux et des cuirs remonte au XIe s et occupa rapidement une part prépondérante de l'industrie locale. À l'origine de cette activité, l'abattage d'agneaux très jeunes pour récupérer le lait des brebis destiné à la fabrication du fromage. On disposait alors de peaux d'une très grande finesse, adaptées à une production de luxe qui fit la réputation de la ville. L'âge d'or du travail du gant dura une grande partie du XIXe s et jusqu'aux années 1930. La crise économique, la Seconde Guerre mondiale et les changements de mode entraînèrent la chute de la production.
Aujourd'hui, face à la sauvage concurrence internationale, Millau a décidé de réorienter sa production sur le gant de luxe.

Arriver – Quitter

En car : *gare routière (plan couleur A1) ; pl. de la Gare.* ☎ *05-65-59-89-33.* Nombreux départs pour Rodez, Montpellier, Toulouse, Saint-Affrique, Meyrueis, Albi et Saint-Jean-du-Bruel. Le dimanche, trafic très réduit.

En train : *gare ferroviaire (plan couleur A1) ; pl. de la Gare.* Cars SNCF pour Saint-Affrique, Saint-Chély-d'Apcher, Marvejols et Montpellier.

Adresses et info utiles

Office de tourisme de Millau Grands Causses *(plan couleur B2, **1**) : 1, pl. du Beffroi. ☎ 05-65-60-02-42. • millau-viaduc-tourisme.fr • style millau.fr • Ouv tlj.* Grand bureau rempli de doc et d'animateurs compétents. Organise des animations, soirées musicales et des visites (contée, enfants, nocturne...).

Maison du Parc régional des Grands Causses *(plan couleur A2, **2**) : 71, bd de l'Ayrolle. ☎ 05-65-61-35-50. • parc-grands-causses.fr •* Pour toute interrogation ou information concernant le parc.

@ **Internet :** *à l'office de tourisme et à la maison des Grands Événements, place de la Capelle.*

– **Marchés :** *mer mat et surtout ven mat. Juil-août, le lun soir, animations et marché nocturne de produits du terroir et artisans d'art.*

Activités et sports en plein air

■ **Roc et Canyon** *(plan couleur B1) : 55, av. Jean-Jaurès et, en été, 155, av. de l'Aigoual, à 150 m après le pont de Cureplat en direction des gorges de la Dourbie. ☎ 05-65-61-17-77. • roc-et-canyon.com • Ouv tte l'année.* Un des spécialistes de sports en plein air : VTT, rafting, escalade, *via ferrata,* spéléo, rando aquatique, saut à l'élastique (en été, depuis le pont d'Alzon, hauteur 50 m), *stand up paddle...* Pour les canoës et les kayaks, la descente de la Dourbie se fait sur des tronçons de 5 à 17 km en amont de Millau ou en aval, sous le viaduc de Millau. Montée gratuite en camionnette jusqu'au point de départ. Location d'équipements (VTT, matériel *via ferrata*). Équipe jeune, pro et sympa.

■ **Horizon-Millau** *(plan couleur B2) : 6, pl. Lucien-Grégoire, pl. Foch. ☎ 05-65-59-78-60. 📱 06-72-77-62-39. • info@horizon-millau.com • horizon-millau.com • Ouv tte l'année.* Spécialisé dans le vol en parapente *(mars-nov)* mais fait aussi spéléo, canyoning, parcours acrobatique, parcours aventure, escalade, *via ferrata,* etc. Super pros, aimables de surcroît.

■ **Antipodes** *(plan couleur B1) : 39, av. Jean-Jaurès et, en été, base « Arbres et Cimes », route de Millau-Plage. ☎ 05-65-60-72-03. • antipo des.sport.nature@wanadoo.fr • anti podes-millau.com • Ouv tte l'année.* Comme les précédents, des jeunes, sympas et grands pros des activités en pleine nature. Spécialités : *via ferrata,* élastique, escalade, kayak, randonnée aquatique, spéléo et un parcours « arbres et cimes » avec plus de 1 km de tyroliennes.

■ **Aéro-club Millau-Larzac :** *12230 La Cavalerie. ☎ 05-65-62-72-91. • contact@aeroclub-millau.fr •* Pour un baptême de l'air au-dessus du viaduc, des gorges et des causses. Prix très attractifs à partir de 3 personnes.

Où dormir ?

Campings

Difficile de faire un choix de campings à Millau. On en dénombre pas moins de 8, dont quelques « usines ». Mieux vaut se renseigner auprès de l'office de tourisme selon le confort et les installations que l'on recherche, et selon les disponibilités, car ils sont très prisés.

De bon marché à prix moyens

Gîte des Grands Causses *(hors plan couleur par A2, **1**) : 425, rue Jean-Jacques-Rousseau. ☎ 05-65-61-43-00. • contact@gitedesgrand scausses.com • gitedesgrandscaus ses.com • Nuitée 15 €/pers. Doubles*

35-55 € selon confort (avec ou sans sanitaires privés) et saison. Dîner 15,50 €. Apéritif maison offert sur présentation de ce guide. Dans une grande maison récente et un quartier résidentiel tranquille sur les hauteurs de la ville (jolie vue sur les causses depuis la terrasse). Dortoirs et chambres dans le genre « propre et net ». Cuisine familiale et accueil amical.

De prix moyens à chic

Hôtel des Causses *(plan couleur B1,* ***2****) : 56, av. Jean-Jaurès. ☎ 05-65-60-03-19. • contact@hoteldescausses.com • hoteldescausses.com • Congés : 1er-5 janv. Doubles 59-99 € selon confort et saison. Formule 22 € (déj en sem). Menus 28-47 €. Digestif offert sur présentation de ce guide.* À peine à l'écart du centre, un petit hôtel traditionnel complètement repensé par ses propriétaires, avec un réel souci de déco, de l'agréable petite terrasse à la salle à manger, coloré et chaleureux. Les chambres sont plus sobrement contemporaines, plaisantes, et offrent un vrai confort même si les plus petites le sont vraiment (ce sont logiquement les moins chères). Au restaurant, *l'Ardoise,* bonne cuisine au gré du marché. Et accueil formidable. La meilleure adresse de la ville dans sa catégorie.

Hôtel Emma Calvé *(plan couleur B1,* ***3****) : 28, av. Jean-Jaurès. ☎ 05-65-60-13-49. • hotelemmacalve@yahoo.fr • millau-hotel-emmacalve.com • Doubles 58-78 € selon confort et saison.* Une belle demeure bourgeoise du XIXe s, où a vécu Emma Calvé, grande cantatrice de la fin du XIXe-début XXe s qui fit carrière outre-Atlantique. La maison a de l'allure, entre la réception avec son faux air de boudoir et les boiseries de la salle du petit déj. On aime bien aussi la chambre de la chapelle, avec ses vitraux et sa salle de bains rétro. L'accueil est un peu, comment dire, hésitant...

Où manger ?

De bon marché à prix moyens

La Mangeoire *(plan couleur B2,* ***10****) : 10, bd de la Capelle. ☎ 05-65-60-13-16. • contact@restaurantlamangeoire.com • Fermé lun (plus dim soir nov-avr). Formule 16 € ; menus 23-49 €.* Aménagé sous les voûtes des anciens remparts, le resto sert des viandes grillées au feu de bois devant vous, du gibier en saison, un curry d'agneau au lait de coco... Gardez de l'appétit pour la flaune ou le moelleux à la châtaigne ! Service parfois un peu long. Également des tables en terrasse.

Le Bouche à Oreille *(plan couleur B2,* ***11****) : 26, rue Droite. ☎ 05-65-47-69-86. • restaurantleboucheaoreille@gmail.com • Tlj sf dim (plus soir lun-mer hors saison). Formules 13-15 € (déj en sem), puis 16,50-26,90 €.* Salle au design d'aujourd'hui et grande terrasse côté rue (piétonne). Idéal pour un déjeuner pressé avec ses roboratives assiettes-repas au goût du pays et son service empressé. Moins convaincant le soir.

De prix moyens à chic

L'Ardoise *(plan couleur B1,* ***2****) : 56, av. Jean-Jaurès. Voir l'*Hôtel des Causses *dans la rubrique « Où dormir ? ». Également « menu à emporter » 25 €.*

Le Capion *(plan couleur B1,* ***13****) : 3, rue Jean-François-Alméras. ☎ 05-65-60-00-91. • restaurantcapion@wanadoo.fr • Tlj sf mar soir et mer. Congés : 2 sem mi-juil. Menus 16,50 € (déj en sem), puis 26,50-45 € et carte.* Dans une rue où il faut un peu aller le chercher, un resto au goût d'aujourd'hui de la salle, design, à la cuisine, d'un certain classicisme mais avec la touche du chef en plus.

Où dormir ? Où manger dans les environs ?

Château de Creissels : *pl. du Prieur, 12100* ***Creissels.*** *☎ 05-65-60-16-59. • chateau-de-creissels@wanadoo.fr •*

chateau-de-creissels.com • À 2 km du centre-ville de Millau. Dans le bourg, face à l'église. Resto tlj sf dim soir-lun midi. Doubles 82-158 € selon confort et saison. Formule déj 16 € et menus 19-46 €. Qui n'a jamais rêvé de dîner aux chandelles, au calme, dans un château, en extérieur mais à l'abri d'un chemin de ronde voûté, avec vue sur Millau et le cours du Tarn ? Tout est dit, et en plus, c'est délicieux, les chambres sont impeccables, et certaines viennent d'être entièrement refaites, de façon très contemporaine. Accueil attentionné et nouvelle piscine. Cuisine savoureuse, qui fait la part belle aux recettes régionales. Belle salle voûtée en pierre et petite terrasse qui surplombe les toits.

Le Diapason : *18, rue du Portalou, 12100* ***Creissels.*** *☎ 05-65-62-19-66. • loupiac.pierre@neuf.fr • À 3 km de Millau. Tlj sf dim soir-lun (plus mar soir hors saison). Formules déj en sem 11-14,50 €. Menus 22,50-29,50 € le soir et le w-e.* Sur la route qui mène au viaduc, une grande bâtisse couleur grenat au pied du rocher du château. Terrasse en bordure du trafic routier, ancienne grange aux murs de pierre, à la déco un peu baroque, dotée d'une grande cheminée et d'une mezzanine. Imposant piano pour les soirées musicales. Cuisine de produits essentiellement régionaux, garantis frais et carte assez éclectique. Bon rapport qualité-prix et vins de pays (tenter le marcillac) à prix raisonnables. Service efficace et souriant.

Salon de thé

Pâtisserie-salon de thé Zeste *(plan couleur B2,* ***20****) : 7-9, bd de l'Ayrolle. ☎ 05-65-58-16-88. Tlj sf lun jusqu'à 19h (20h la boutique).* D'emblée, on salive en franchissant la porte de cette pâtisserie design. Les gâteaux, alignés en ordre de bataille, sont très appétissants... et bons, ne perdons pas de vue l'essentiel ! Un thé et une pâtisserie, et nous voilà repartis à la découverte de la ville ! On peut aussi y déjeuner sur le pouce.

Où boire un verre ?

Café de la Perle *(plan couleur A2,* ***21****) : 18, bd de l'Ayrolle. ☎ 05-65-61-09-70. • bmdelon@gmail.com • Tlj sf dim hors saison.* Une adresse où l'on refait le monde. Forcément, c'est le Q.G. de la star locale, monsieur Bové. On peut l'y croiser, mais surtout ses potes qui sont toujours là pour le soutenir. Terrasse.

Achats

L'atelier du gantier *(plan couleur B2,* ***31****) : 21, rue Droite. ☎ 05-65-60-81-50. • atelierdugantier.fr •* C'est encore mieux si vous y passez après la visite du musée ; le travail du couple Canillac vous parlera bien mieux. Ce petit atelier est aujourd'hui le seul à Millau à fabriquer les gants de bout en bout, sans sous-traitance. Entre autres commandes exceptionnelles, les Canillac ont fourni les gants portés par la garde de la principauté de Monaco à l'occasion du mariage du prince Albert et de Charlène.

Causse *(hors plan couleur par B1,* ***32****) : 5, bd des Gantières. ☎ 05-65-60-03-05. • causse-gantier.fr • Lun-sam 9h30-12h, 14h-19h.* Fondée en 1892, c'est la plus ancienne manufacture de gants de la ville encore en activité. L'étonnant bâtiment contemporain signé de l'architecte Jean-Michel Wilmotte abrite une boutique, un petit espace muséographique (qui évoque, entre autres, les célébrissimes clients de la marque, dont Madonna qui est plusieurs fois venue à Millau choisir personnellement ses gants chez *Causse*) et l'atelier où l'on découvre les gantiers au travail.

À voir

La place Maréchal-Foch *(plan couleur B2)* **:** bordée d'arcades soutenues par des colonnes de pierre, elle offre un beau cachet, surtout le soir, avec sa fontaine Empire en plein milieu. À découvrir aussi le matin, le jour du marché.

Le musée de Millau - Archéologie, Peau et Gant *(plan couleur B2)* **:** *pl. Maréchal-Foch. ☎ 05-65-59-01-08. Mai-juin et sept, tlj 10h-12h, 14h-18h ; juil-août, tlj 10h-18h ; oct-avr, tlj sf dim et j. fériés 10h-12h, 14h-18h. Tarif : 5,50 € ; réduc. Billet jumelé avec le site archéologique de la Graufesenque et le beffroi de Millau : 7 €.*
Installé dans l'hôtel particulier du marquis de Pégayrolles, datant de 1738.
- ***Archéologie :*** on y découvre les splendides poteries rouges sigillées et d'autres, assez spectaculaires, à décor tournoyant. Plus de 600 potiers du quartier de la Graufesenque (voir « Dans les environs de Millau ») en fabriquèrent des millions. Dans les salles d'archéologie, tout sur la vie quotidienne des Ruthènes. Étonnant texte en langue gauloise, le plus long connu à ce jour.
- ***Paléontologie :*** squelette d'élasmosaure, reptile marin du Toarcien, long de 4 m et vieux de 180 millions d'années (et unique en France) ; impressionnante, la bestiole !
- ***Peau et gant :*** on y découvre tout sur les métiers du cuir et du gant. De quoi faire la différence entre un tanneur et un mégissier, et ne plus rien ignorer de la « main chaude », de la « locomotive » et du langage des gants... Amusant de voir que les peaux de poisson peuvent aussi être utilisées. Très surprenant : on importait de la crotte de chien de Constantinople pour la première macération des peaux (pour assouplir et éliminer la chaux). Exposition de vieilles machines, de réclames, et des plus belles productions locales, anciennes ou contemporaines, comme ces superbes créations haute couture. Atelier de gantier reconstitué, et film très bien fait qui permet de suivre le parcours de transformation d'une peau brute, qui subit une centaine de manipulations avant d'être transformée en gant.

L'église Notre-Dame-de-l'Espinasse *(plan couleur B2)* **:** *pl. Maréchal-Foch.* Les murs datent du XIIe s, mais elle fut reconstruite et revoûtée aux XVIe et XVIIe s. Clocher de type toulousain.

Le beffroi et la tour des rois d'Aragon *(plan couleur B2)* **:** *face à l'office de tourisme. Mai-juin et sept, tlj sf jeu 10h-12h, 14h-18h ; juil-août, tlj 10h-12h30, 14h30-19h. Entrée : 3,70 €. Billet jumelé avec le site archéologique de la Graufesenque et le musée de Millau : 7 €.* Pour bien visualiser la ville et le viaduc, monter dans cette tour-beffroi du XIIe s, haute de 42 m.

Le viaduc de Millau : dernier maillon de l'A 75 reliant Clermont-Ferrand à Béziers. Survolant la vallée du Tarn, sa concrétisation est une réussite totale en terme d'inscription discrète dans le paysage : finesse du tablier métallique, piles élancées, un ouvrage d'art exceptionnel ! *Tarif de la traversée : env 7,50 € hors saison ; env 9,40 € en juil-août ; env 4,70 € pour les motos.* Mais ce n'est pas la meilleure manière d'en profiter...

Les visites guidées
- Une des formules les plus insolites est sans doute l'approche du viaduc par le Tarn, en barque. ***Les Bateliers du viaduc*** empruntent

UN VIADUC QUI BAT TOUS LES RECORDS !

Conçu par l'architecte Norman Foster, le viaduc de Millau, à haubans multiples, est le plus haut du monde. Sept piliers seulement, pour une hauteur maximale de 343 m (plus haut que la tour Eiffel) et une longueur de 2 460 m. Il nécessita 206 000 t de béton pour sa réalisation (le tablier pèse à lui seul 36 000 t, soit 70 TGV !), et 36 mois de travaux. Sa structure lui permet de résister à des vents de plus de 250 km/h. Mais pas d'angoisse, il est garanti 120 ans !

un itinéraire allant de Creissels à Peyre et passent SOUS le viaduc *(compter quand même env 25 €/pers. ☎ 05-65-59-12-41).*

– Autre solution : suivre un guide de la Cie *Eiffage* dans le *Jardin des explorateurs (45 mn de visite, 6 €) ou, tlj à 14h, visite de la pile la plus haute du monde (P2) en complément du jardin (2h, 16 €). Infos et doc disponibles à l'office de tourisme mais aussi sur le site : • leviaducdemillau.com • ☎ 05-65-61-61-54.*

– Les plus aventuriers pourront suivre l'option ULM, autogyre, quad ou canoë-kayak...

– ***Viaduc espace Info :*** *Les Cazalous (direction Albi). Tlj 10h-19h en saison, 10h-17h le reste de l'année ; accès gratuit.* Au pied de l'une des piles, afin de mieux comprendre l'édification de l'ouvrage. Visite du *Jardin des explorateurs* avec un guide de la Cie *Eiffage* du viaduc de Millau. *Tarifs : 6 € ; réduc ; pass famille 13,50 €. Enfin, visite de la pile la plus haute du monde (P2) en complément du jardin (env 2h, 16 €, réduc ; résa ☎ 05-65-61-61-54).*

Les points de vue

– Pour admirer le viaduc au plus près, rendez-vous tout simplement au belvédère nord aménagé sur ***L'Aire du viaduc*** sur l'A 75 (et accessible à tous même sans emprunter l'autoroute). Très bien fléché depuis le centre-ville (« A 75 », puis « Aire du viaduc », tout simplement).

– Les photographes trouveront un point de vue incomparable depuis le village de ***Peyre.*** C'est l'occasion d'une balade dans ce joli village médiéval (voir plus loin « Dans les environs de Millau »).

– Beau point de vue également depuis le cap de Costes-Brunas. *Suivre la D 992 dir. Albi/Toulouse, puis la 1re à gauche (direction Brunas) après le village de Creissels.* C'est aussi l'aire d'envol et d'atterrissage des parapentes, alors avec un peu de chance...

En réalité, il est difficile de rater le viaduc, on le voit de partout !

Les animations autour du viaduc

– ***Espace Nature Halle Viaduc :*** *pl. de La Capelle. Dédié aux activités pleine nature. ☎ 05-65-60-95-05.*

– ***L'Aire du Viaduc :*** *accessible sans passer par l'autoroute ; de Millau, suivre « A 75 » puis « aire du Viaduc ».* En plus du belvédère, on trouve, aménagé dans une authentique bergerie caussenarde, tout un complexe touristique. Avec un *Point info-tourisme de l'Aveyron (juil-août tlj 9h-19h30, avr-oct 10h-18h, déc-mars 17h),* une vitrine du département en quelque sorte.

|●| Possibilité de se restaurer sur place à l'***Espace gourmand*** : *☎ 05-65-61-65-28. Fermeture 18h30, juil-août : 19h sam et 19h30 ven-dim. Congés : nov-mars. Café offert sur présentation de ce guide.* Michel Bras et son frère proposent une formule éminemment gourmande et ludique, le « Capucin gourmand » : des petits cornets fourrés de spécialités locales. Il y en a pour tous les goûts, salés ou sucrés, chauds ou froids, garnis de *trénels,* de chou farci, de charcuterie ou de glace divine. Vente de produits du terroir choisis pour leur excellence, comme il se doit (et tous pointés sur une carte !).

La rue de La Capelle *(plan couleur B1-2)* **:** boulevard populaire pour ses restos animés et bon marché.

La rue Droite *(plan couleur A-B2)* **:** c'était la principale artère de la vieille ville. Aujourd'hui, c'est la plus commerçante. À l'angle de la place Emma-Calvé (au n° 2), une des tentatives les plus significatives d'architecture du passé associée à une nouvelle esthétique urbaine.

À l'autre bout de la place, l'*église Saint-Martin* (fermée en dehors des célébrations). Au-dessus du maître-autel, très belle *Descente de croix* flamande, du XVIIe s.

La rue Peyrollerie *(plan couleur A2)* **:** on l'aime particulièrement. À arpenter surtout de nuit. Nombreuses belles demeures, passages et impasses mystérieux. Au n° 17, pilastres Renaissance encadrant la porte. Le n° 14 donne sur une étrange *impasse du Concierge.* Au n° 20, sous la voûte, une élégante porte laisse deviner un bel escalier à vis. Au n° 28, la voûte a retrouvé sa belle pierre apparente. *Rue des Cuirs,* vous pénétrez dans le vieux quartier populaire. Passages sombres, cours intérieures avec escaliers, portes vénérables.

La rue du Voultre *(plan couleur A-B2)* **:** cœur du quartier des mégissiers. *Porte du Voultre,* entrée fortifiée du XIIIe s de l'enceinte médiévale. La rue du Voultre se caractérise par ses passages voûtés particulièrement bas. *Traverse des Charbonnières* en forme de U. Arrivée *rue des Pénitents, pl. du Temple, rue Haute...*

Le quartier de la porte Saint-Antoine *(Portal Sant Antoni)* **:** avec sa mystérieuse rue Étroite, l'impasse Foch et une série de ruelles voûtées.

La place de l'Ancienne-Comédie *(plan couleur B2)* **:** l'une des tentatives d'aménagement urbain les plus controversées. Le nouveau pavage « moderne » des rues n'a pas que des fans. *Rue Saint-Antoine,* grand hall voûté et bel escalier de fer forgé. *Rue des Coloristes,* le pavé prend effectivement de la couleur. Cette rue ramène à la place Maréchal-Foch.

Le vieux lavoir (plan couleur A2) **:** *bd de l'Ayrolle. Sur la droite en redescendant le boulevard vers la rivière.* C'est le lavoir le plus monumental qu'on ait jamais vu. Portiques du XVIIIe s. On ne se moquait pas des mères Denis à l'époque !

Le vieux moulin (plan couleur A3) **:** *à côté du pont Lerouge.* L'une des photos les plus pittoresques de Millau. Vestiges du vieux pont du XIIe s, dont il subsiste deux arches. Il porte un moulin du XVe s.

Fêtes et manifestations

– ***Natural games :*** *fin juin à la Maladredie.* • *naturalgames.fr* • Festival international des sports « outdoor » (escalade, VTT, parapente, *slackline,* kayak).
– ***Festival de Jazz :*** *pdt 1 sem en juil. Résa à l'office de tourisme et infos sur le site* • *millauenjazz.org* • Depuis plus de 10 ans, la ville résonne aux airs de jazz éclectique, en organisant de nombreux concerts d'artistes de grande renommée et d'anonymes prometteurs (dont certains gratuits). Programmation musicale de grande qualité.
– ***Les Journées de l'Antique :*** *1re sem d'août, sur le site archéologique de la Graufesenque.* À la fois scientifiques et ludiques, de conférences en ateliers où apprendre, par exemple, à fabriquer des céramiques romaines, sans oublier les repas, comme à l'époque.
– ***Mondial de pétanque :*** *mi-août, au parc de la Victoire à Millau.* Et que ça pointe !
– ***Festival des Templiers :*** *fin oct.* • *festivaldestempliers.com* • Parmi les trois plus importants trails de France, dans un cadre naturel exceptionnel.

DANS LES ENVIRONS DE MILLAU

Le site archéologique de la Graufesenque : *à 2 km au sud, juste après le pont Lerouge.* ☎ *05-65-60-11-37. Fermé janv-fév. Tlj sf lun et j. fériés. Juil-août 10h-12h30, 14h30-19h ; oct-avr 10h-12h, 14h-17h (18h mai, juin et sept). Complément indispensable à la visite du Musée archéologique. Entrée : 4,40 €. Billet jumelé avec le musée de Millau et le beffroi : 7 €.* Les fouilles ont mis au jour les fondations du village des célèbres potiers qui inondèrent le monde de leur production pendant plus d'un siècle, au Ier s apr. J.-C. On a pu reconstituer les bacs à argile, les ateliers, le canal qui amenait l'eau, les énormes fours collectifs, où 30 000 pièces pouvaient être cuites à la fois. Plus de 600 maîtres potiers y travaillaient. Comme les autres industries gallo-romaines, la splendeur de ces ateliers n'a eu qu'un temps, relativement court d'ailleurs. La production s'est ralentie puis arrêtée, car la taille du marché intérieur, la concurrence et la crise ont fait obstacle à son écoulement.

Peyre : *à 5 km à l'ouest de Millau, route de la vallée du Tarn.* À l'entrée de la vallée, dans un méandre du Tarn, un superbe village, figurant d'ailleurs parmi les « Plus Beaux Villages de France », construit à flanc de falaise. Il faut dire qu'il a bien du charme avec ses maisons en tuf, ses vestiges de fortification, ses rues en escaliers et son église troglodytique. S'il est devenu aujourd'hui un site incontournable en Aveyron, c'est qu'il offre un point de vue unique sur le viaduc de Millau. Venez le matin si vous voulez profiter du village au soleil, plutôt en fin d'après-midi si vous voulez avant tout immortaliser le viaduc. De Peyre, on peut poursuivre vers les spectaculaires paysages de la vallée du Tarn. Avec un petit arrêt à ***Comprégnac*** pour visiter la ***maison de la Truffe*** *(☎ 05-65-63-31-00. Juin-sept. Tlj sf dim juin, tlj 15h-19h juil-août, mar et ven en sept. GRATUIT).* En quelques panneaux et grâce aux explications de sympathiques bénévoles, on apprend tout sur cet autre produit du terroir aveyronnais. Journée de la truffe le dernier dimanche avant Noël.

LES GORGES DU TARN

Dans cette vallée encaissée, à l'est de Millau, le Tarn adopte un rythme particulier, comme s'il voulait s'attarder malgré sa course folle. Suivant les failles du causse, il creuse son lit et tournicote en chemin... La vallée est riante, verdoyante, ensoleillée, propice à la culture des cerises.

Adresse utile

Antenne Gorges du Tarn : *12640* ***Rivière-sur-Tarn.*** *☎ 05-65-59-74-28. À 12 km de Millau par la D 809, D 907. • millau-viaduc-tourism.fr • Juil-août, tlj ; juin et sept, lun-sam ; oct-avr, lun-ven.* Vous y trouverez pour toute la zone la liste des hébergements et des sites à visiter mais aussi des innombrables balades et activités (canoë, sports en eaux vives, randonnées, équitation, etc.).

Où dormir ? Où manger dans le coin ?

Campings

Tout le long du Tarn se succèdent une infinité de campings, de bon confort et de prestations équivalentes (2 à 4-étoiles, avec une grosse majorité de 3-étoiles). Liste disponible à l'office de tourisme.

Prix moyens

Chambres d'hôtes La Bourguette : *Le Bourg, 12640* ***Rivière-sur-Tarn.*** *☎ 05-65-58-74-06. 06-22-57-69-38. • garciamarie13@yahoo.fr • labourguette.fr • À 8 km de Rivière-sur-Tarn par la D 907 direction « Gorges du Tarn », puis à gauche par la D 94 ; à l'entrée du village du Bourg. Fermé de mi-nov à fin fév. Compter 55-65 € pour 2 selon type de chambre. Table d'hôtes 25 €. Apéritif offert et 10 % sur le prix de la chambre sur présentation de ce guide.* Maison en pierre joyeusement rénovée avec des chambres toutes mignonnes et un agréable petit jardin en terrasses. On se régale à la table d'hôtes. Et pour l'accueil, on n'hésitera pas à employer « exceptionnel » !

🏠 🍽 ***Ferme-auberge de Quiers :*** *12520* ***Compeyre*** *(près d'Aguessac). ☎ 05-65-59-85-10. • quiers@wanadoo.fr • quiers.net • À 6 km de Millau, sur la D 809. Ouv ts les soirs sf lun (en saison, fermé dim soir et ouv le midi). Congés : de fin sept à début avr. Résa conseillée. Compter 68 € pour 2. Menu 25 €.* Chambres d'hôtes agréables et accueil sympa dans ce bien beau village. Bonne cuisine du terroir dans une belle salle rustique. Spécialités d'agneau et de volaille. Vaste panorama depuis la ferme.

🏠 ***Chambres d'hôtes Les Gargouilles :*** *route du Massegros, 12640* ***Boyne.*** *☎ 05-65-62-65-73. • patrick.boulouis@wanadoo.fr • lesgargouilles.fr • Congés : 11 nov-1er mars. Compter 70 € pour 2. Table d'hôtes 24 €. Apéritif offert sur présentation de ce guide.* Les Boulouis ont bien bougé et exercé différents métiers avant de revenir s'installer ici, dans cette belle grosse maison de village qui abrite aujourd'hui 5 chambres d'hôtes spacieuses et lumineuses. Piscine et terrasse à l'abri des regards. Accueil convivial.

🍽 ***L'Auberge du Terroir :*** *La Grave, 12720* ***Mostuéjouls.*** *☎ 05-65-72-22-56. Tlj juil-août, fermé mar soir le reste de l'année. Congés : nov-mars. Formule déj en sem 13,50 € et menu 18,50 €, carte env 18 €. Apéritif offert sur présentation de ce guide.* Dans une jolie maison au bord de la route, bien retapée, une bonne escale sur le chemin des gorges. À l'étage, une petite salle arrangée de façon simple et gaie, et une chouette terrasse abritée par une tonnelle ; le patron, très aimable, vous proposera gigot de brebis au jus de thym, pied de cochon pané, aligot (délicieux), soupe de melon au calistou (un alcool apéritif élaboré et vendu par son frère, pas loin de là ; n'hésitez pas à le goûter !)...

De chic à plus chic

🏠 🍽 ***Grand Hôtel de la Muse et du Rozier :*** *route des Gorges-du-Tarn, au hameau du Rozier, 12720* ***Peyreleau.*** *☎ 05-65-62-60-01. • info@hotel-delamuse.fr • hotel-delamuse.fr • Ouv de début avr à début nov ; resto ouv dim et ts les soirs. Doubles 120-190 € selon confort et saison. Menus 33-45 €. Carte env 40 €. Garage clos payant.* Une fois à l'intérieur du bâtiment, on oublie vite sa façade moderne et, osons le dire, assez austère. Splendide situation pour ce 4-étoiles rénové au goût du jour. Les chambres et les espaces communs sont entièrement tournés vers les gorges et le Tarn. La vue y est reposante. En prime, une piscine vous attend au fond du jardin, non loin de la rivière. Quant à la table, autrefois réputée, elle n'est plus vraiment en phase avec les prétentions et les prix qu'elle affiche. Le pain maison, les desserts et la carte des vins peuvent quant à eux encore convaincre.

À voir. À faire

★★ ***Compeyre*** *(12520)* **:** joli village médiéval. Visite possible du village et de ses caves en juillet et août. Visite des chais avec dégustation de vins et produits régionaux *(sur résa slt ☎ 05-65-59-84-11). GRATUIT.* On découvrira, sur le chemin, des caves à vin semi-troglodytiques. Voir aussi plus haut la *Ferme-auberge de Quiers* à la rubrique « Où dormir ? Où manger dans le coin ? ».

★ Une ***maison de la Cerise*** existe aussi à quelques kilomètres de là : *à* ***Paulhe.*** *☎ 05-65-59-00-98. • maison-de-la-cerise.asso.fr • De mai-sept, tlj sf lun mat 10h-12h30, 14h30-18h30 (slt l'ap-m jusqu'à début juin). GRATUIT. Rando accompagnée gratuite juin-sept jeu à 16h (résa indispensable).*

★ **Le château de Peyrelade :** *12640* ***Boyne.*** *☎ 05-65-59-74-28. • seigneurs-du-rouergue.fr • Mai, w-e et j. fériés 10h30-17h30, juin et sept tlj sf mar 10h30-17h30, juil-août tlj 10h-18h. Adulte : 4 € ; réduc. Animation lun, mar, mer ap-m (spécialisée enfants) en juil-août.* Cette forteresse médiévale agrippée à son rocher dominant la vallée du Tarn cache bien son jeu. Depuis la route, on ne croit voir qu'une ruine, certes impressionnante mais abandonnée à son triste sort. On ne devine en rien ce que l'on découvre si l'on fait l'effort de monter. Restauré, voire reconstitué (mais toujours ruiné, qu'on se rassure !), Peyrelade est ouvert à la visite.

LES GORGES DE LA DOURBIE

Coincée entre le causse Noir et le causse du Larzac, la Dourbie serpente de Saint-Jean-du-Bruel jusqu'à Millau avant de se jeter dans le Tarn. On peut attaquer les gorges par l'un ou l'autre bout.
Passé les ruines du *château d'Algues* et le village de *Saint-Jean-du-Bruel,* beau et paisible village avec son vieux pont en dos d'âne, la Dourbie pénètre dans une vallée encaissée. La route (D 341) prend alors de la hauteur, ne tardant pas à livrer de remarquables panoramas sur la montagne couverte d'épaisses forêts de châtaigniers. La Dourbie s'enfonce progressivement dans des gorges étroites creusées dans le schiste cévenol. Au bout de 7 km, *col de la Pierre Plantée* et plongée dans le *parc national des Cévennes.*
On peut aussi suivre la Dourbie le long de la route de Nant à Millau. Très beaux points de vue, dont certains sur des villages à flanc de colline comme le superbe village de *Cantobre* et, encore plus impressionnant, le hameau de *Saint-Véran,* une dizaine de kilomètres plus loin (y monter pour son panorama sur la vallée), d'où est originaire la famille de Montcalm, qui ira « coloniser » le Canada.

À voir. À faire

Le site de Montpellier-le-Vieux : *à 16 km de Millau, un fantastique chaos de roches qui fait irrésistiblement penser aux ruines d'une ville fantôme pétrifiée. ☎ 05-65-60-66-30. • montpellierlevieux.com • Depuis Millau, on s'y rend par la superbe D 110 à flanc de falaise, au panorama unique ; site bien indiqué ; une petite route y mène. Ouv début avr-début nov, tlj 9h30-17h30 (9h30-18h30 en juil-août). Accès payant (entrée : env 6,80 € ; tarif réduit sur présentation de ce guide) ; via ferrata supplément 28 € – résa indispensable plusieurs jours avt en saison ; réduc et possibilité de billet jumelé avec l'aven Armand (14,80 €) pour admirer ce site naturel, avec un plan complet proposant différentes balades. Petit train 10h-17h (18h juil-août), pour découvrir le site sans effort (A/R : 4,40 €).* Sur un promontoire escarpé du causse Noir, sur 120 ha environ, des milliers de roches étrangement déchiquetées dégringolent des pentes abruptes. Effet saisissant ! Leurs formes rappellent parfois des portes antiques ou des figures familières (humaines ou animales). À interpréter suivant son imagination. Au printemps, des myriades de fleurs, dont plusieurs variétés rares. Cinq itinéraires de 30 à 40 mn, à combiner entre eux. Autant dire qu'il y a de quoi y passer la journée. Prévoir le pique-nique et l'eau fraîche... De même qu'il vaut mieux éviter les tongs et les sandales ; pas de difficulté particulière, mais certains sentiers s'avèrent tout de même assez escarpés. Autre possibilité de découverte avec la *via ferrata,* d'abord souterraine puis aérienne avec quatre tyroliennes ; encadrement par les moniteurs du site.

➢ Si l'on veut rester à l'écart des touristes – et faire des économies –, possibilité de découvrir le site autrement. De Millau, prendre la D 991 vers Nant, puis la D 41 vers Saint-André-de-Vézines. Se garer au beau village de ***Montméjan*** (à l'entrée avant le pont, par exemple). Un sentier pédestre débute à la sortie du village sur la droite (sentier jaune). Suivre les balisages.

➢ ***Le chaos de Caoussou :*** petite randonnée pédestre (1h aller-retour) à faire à partir du hameau de Longuiers, situé à 5,5 km au sud-ouest de Montpellier-le-Vieux, en direction de Millau. De Longuiers, suivre le GR 62 jusqu'au chaos de Caoussou. Très peu de monde. Moins impressionnant que Montpellier-le-Vieux mais moins de monde en saison.

Roque Altes : *au sud de Saint-André-de-Vézines.* Par une route goudronnée, puis un chemin de terre, d'autres rochers pittoresques, dans une campagne désertique. En continuant plus loin, on arrive au *Rajol,* chaos rocheux vraiment spectaculaire.

La Roque-Sainte-Marguerite : petit village s'étageant sur une colline. De la D 110, la route qui y mène, sinueuse et très étroite, est de toute beauté. Elle suit sans cesse le ravin du Riou Sec. On arrive directement derrière les vestiges du *château* du XVIIe s, avec une tour à mâchicoulis (aujourd'hui, propriété privée). Vers Saint-Véran, ancien *moulin* et très vieux *pont* sur la Dourbie.

Saint-Véran : village littéralement accroché à la montagne (donc route d'accès un peu hasardeuse...). L'un des sites les plus beaux du coin. Quelques ruines du *château* de la famille Montcalm, dont l'un des membres les plus connus perdit le sien en 1759, lors de la défense de Québec. De la D 41, beau point de vue sur le village. Il y avait si peu de place là-haut qu'on construisit l'église dans la vallée.

Cantobre : village minuscule et mignon, perché au sommet d'une falaise, tel un nid d'aigle. Ancienne place forte, dont Richelieu fit raser le château. Pendant les guerres de Religion, le capitaine de Monbrun y trouva asile. Après la « porte de ville », quelques ruelles abruptes mènent à la charmante *église Saint-Étienne,* du XIIe s. Porte à volet comme dans une maison paysanne. Chœur roman harmonieux. Les deux chapelles latérales datent du XVIIe s.

– ***La descente de la Dourbie en canoë ou en kayak :*** départ de La Roque-Sainte-Marguerite. Superbes paysages moins spectaculaires que ceux du Tarn, mais parcours plus captivant en raison des nombreux rapides pour le parcours long (18 km). Balade facile, sans difficulté, à déconseiller toutefois aux enfants de moins de 11 ans. Renseignements *Roc et Canyon* (voir les « Adresses et info utiles » du chapitre Millau).

ATTENTION, FAUX AMIS !

On associe toujours canoë et kayak, alors que ce sont deux sports différents. Le canoë, inventé par les Indiens, se pratique à genoux et avec une pagaie simple. Le kayak, lui, fut d'abord utilisé par les Inuits. On le pilote assis et avec une pagaie double. Un point commun toutefois : leur instabilité !

NANT

(12230) 920 hab. *Carte Aveyron, D3*

Adorable village au milieu d'un large bassin fertile et riant, articulation entre le causse Bégon et celui du Larzac, aux portes des gorges de la Dourbie. En face, le roc Nantais, qui culmine à 808 m. Nant se révélera un délicieux lieu de villégiature pour quelques jours.

Adresse utile

Office de tourisme Larzac et Vallée : *pl. du Claux, dans le bâtiment de la mairie. ☎ 05-65-62-23-64. • tourisme-lazarc.com • Juil-août, ouv tlj ; pour le reste de l'année, voir le site.* Très serviable. Dans un beau site. Bonne doc, en particulier sur les circuits de randonnée et sur les églises romanes. Visites guidées gratuites de la ville dimanche matin en juillet-août.

Où dormir ? Où manger ?

Campings

8 campings sur la commune, du simplissime camping à la ferme jusqu'au très chic 4-étoiles ; renseignements auprès de l'office de tourisme.

Les Vernèdes : *chez Christophe Malzac, route du Durzon, Les Vernèdes. ☎ 05-65-62-15-19. 📱 06-74-23-98-67. • christophe.malzac@orange.fr • lesvernedes.fr.st • Accès : A 75 sortie « La Cavalerie », puis direction Nant ; à 500 m du village. Ouv mars-nov. Emplacement tente 10 €. CB refusées. 45 empl.* Au bord de l'eau, un peu avant le restaurant *Le Durzon*. Tranquille, ombragé (par des saules pleureurs et des noyers), calme et intime. Ping-pong sur place. Piscine et tennis à 800 m. Le GR 71D passe dans le coin. Bon accueil familial.

Camping Le Vialaret : *au Vialaret. ☎ 05-65-62-13-66 ou 05-65-62-25-66. 📱 06-88-62-81-75. • campinglevialaret@orange.fr • campinglevialaret.jimdo.com • Accès : A 75 sortie « La Cavalerie », puis D 999 jusqu'à Nant ; c'est à 500 m du village. Ouv avr-fin oct. Emplacements tente 12-16 € selon saison ; caravanes et mobile homes 112-350-400 €/sem. 50 empl.* Bien ombragé et correctement équipé.

Camping Les Deux Vallées : *route de l'Estrade-Basse. ☎ 05-65-62-26-89. • contact@lesdeuxvallees.com • lesdeuxvallees.com • Accès : A 75 sortie « La Cavalerie », puis D 999 jusqu'à Nant ; puis tourner à droite au panneau indiquant le camping et continuer sur 1 km. À 150 m de la piscine municipale. Ouv de mi-avr à mi-oct. Emplacements tente 13-19 € ; loc mobile homes 175-378 €/sem. 80 empl.* Bon confort. Emplacements ombragés et calmes, avec vue sur le Roc nantais. Piscine chauffée, espace fitness.

Prix moyens

Hôtel-restaurant Le Durzon : *à l'entrée du bourg. ☎ 05-65-62-25-53. • ledurzon@orange.fr • durzon.fr • En contrebas de la route, au bord d'une rivière. Congés : 1er-10 janv. Double 53 €. Menus 13,50-27 € selon saison. Apéritif offert sur présentation de ce guide.* Pour être au calme, dans des chambres refaites. Terrasse en été. Ambiance familiale.

Le Petit Nantais : *15, pl. du Claux. ☎ 05-65-62-25-11. • restaurant.lepetitnantais@orange.fr • Tlj sf mer hors saison. Congés : janv-fév. Menu 13,50 € (en sem), carte 30 €. Café offert sur présentation de ce guide.* 2 petites salles colorées et une agréable terrasse aux beaux jours. Cuisine très traditionnelle à prix plutôt sages. Carte assez courte, avec quelques plats simples et savoureux qui évoluent suivant les saisons, mais qui ne joue pas forcément le jeu de l'approvisionnement local. Accueil charmant.

Le Bar du Claux : *15, pl. du Claux. ☎ 05-65-58-16-41. Tlj sf lun soir, jeu soir et ven midi (hors juil-août). Congés : 1er déc-14 fév. Menus 13-25 €. Carte 20 €. Digestif offert sur présentation de ce guide.* Il ne paie pas de mine, derrière sa terrasse, ce petit snack-bar. Et pourtant, dans l'assiette, c'est de la vraie cuisine, de jolis produits du coin (truite bio, viande de l'Aubrac) et du « fait maison ». Une bonne surprise (jusqu'aux pizzas).

Où acheter de bons produits ?

Charcuterie Mazerand : *au bourg. ☎ 05-65-62-25-30. Fermé dim ap-m (plus mer hors saison).* Ce charcutier est connu, bien au-delà des limites du Sud-Aveyron, pour ses *trénels,* élaborés à l'ancienne. Il s'agit d'une variante locale des *tripoux,* confectionnée ici à partir de panse de mouton (au lieu de veau), cousue (et non ficelée)... Si vous voulez lester votre valise de quelques conserves, c'est ici qu'il faut venir.

À voir

L'église : ancienne abbatiale du XIIe s. Aspect extérieur assez sévère, genre forteresse dominée par un donjon avec clocher octogonal. Superbe narthex. Harmonieuse architecture intérieure romane. Du milieu du transept, impression totale d'équilibre, le plan parfait. On découvre plus de 100 chapiteaux, pour beaucoup remarquables, décorés d'entrelacs, damiers, feuilles d'acanthe, etc. De chaque côté du chœur, absides en cul-de-four ornées de colonnettes. Beaux vitraux dessinés par Jean Hugo, arrière-petit-fils du célèbre écrivain.

La halle : date du XIVe s, reconstruite au début du XVIIIe s, de style caussenard. Tout en longueur et reposant sur des arcades particulièrement trapues.

Balade, dite « des ***Cabirous*** », à la découverte des tours et des maisons-porches du village dans les pittoresques ruelles. « Cabirou » viendrait du vieux rouergat *capira,* qui veut dire « tourner sens dessus dessous ». Au passage, de jolies portes anciennes.

La mairie : élégant bâtiment, ancien hôtel particulier construit en 1760 par un capitaine de cavalerie de Louis XV.

Le pont de la Prade : du XIVe s et franchissant la Dourbie de deux belles arches.

La chapelle Saint-Martin-du-Vican : *à l'entrée de Nant, sur la D 178.* Isolée au milieu des champs. Le charme d'une chapelle romane de campagne. Ne se visite pas.

La chapelle Saint-Michel-de-Rouviac : *à 2 km de Nant, en direction de Saint-Jean-du-Bruel.* Route pour Saint-Michel, puis chemin de terre menant, là aussi, à un délicieux petit édifice roman du XIIe s, ancienne chapelle du prieuré. Retable du XVIIIe s.

La chapelle Notre-Dame des Cuns : *à 1 km de Nant, dans les gorges de la Dourbie.* Elle date du XIIe s.

AH, ÇA IRA, ÇA IRA, ÇA IRA !

Dans le hall de la mairie de Nant trône une bien étrange statue de Louis XVI, victime de trois décapitations au cours de sa longue vie : la première en 1811 après son inauguration, la deuxième en 1831, et la dernière en... 1989 ! Énigme, vengeance, rancœur, la tête disparaissait après chaque exposition de la statue sur la place du village. Tout au long du XIXe s, elle créa des incidents politiques au sein du village, pour finalement être laissée comme telle et protégée dans le hall de la mairie... mais sans sa tête !

SAINT-JEAN-DU-BRUEL (12230) 650 hab. *Carte Aveyron, D3*

À 6 km de Nant en remontant la Dourbie (voir plus haut le chapitre consacré aux gorges de la Dourbie, qui débutent ici). Sympathique bourgade sur la Dourbie, étape gastronomique reconnue et bon camp de base pour rayonner alentour. Huguenote, longtemps rivale de Nant la catholique, elle se convertit après la révocation de l'édit de Nantes mais conserva son temple. Quelques rues anciennes aux noms pittoresques : les Trois-Porches, la Coutellerie, la Planquette, les Chandelières, etc. À découvrir : le Pont-Vieux à une seule arche, du XIIIe s, le Pont-Neuf du XVIIIe, la chaussée, les halles reconstruites en 1845, les fours à potiers...

Adresse et infos utiles

Point d'accueil : *32, Grande-rue. ☎ 05-65-62-23-64. • tourisme-larzac.com • Juil-août. Documentation.*

– **Grand marché :** *jeu mat juil-août.*
– **Petit marché :** *dim mat hors saison.*

Où dormir ? Où manger à Saint-Jean-du-Bruel et dans le coin ?

Camping

Camping La Claparède : *route de Nant. ☎ 05-65-62-23-41. • contact@laclaparede.com • laclaparede.com • Accès : A 75 sortie n° 47 « La Cavalerie », puis D 999 jusqu'à Nant et encore 6 km le long de la Dourbie : à l'entrée du village Saint-Jean-du-Bruel à gauche. Ouv de mi-mars à fin oct. Emplacement tente 13 €. Beaucoup de caravanes et de mobile homes 238-427 €/sem ; caravane 77 €/sem. CB refusées. 52 empl.* Bon confort. Ombragé et calme. Dans le secteur, possibilité de pratiquer la pêche à la truite, le kayak, le tennis ou encore la spéléo et l'équitation. Piscine.

De bon marché à prix moyens

Hôtel-restaurant du Midi – Papillon : *pl. Du Manège. ☎ 05-65-62-26-04. • hoteldumidi.papillon@laposte.net • (accès au resto slt). À l'entrée du village. Congés 11 nov-26 mars. Résa conseillée (parfois plusieurs sem avt). Doubles 42,50-45,50 €. Formule 16 € (en sem), menus 26-31 €, carte env 30 €.* Ouverte en 1850, voilà l'institution du coin, à l'accueil et à la qualité immuables depuis maintenant 6 générations de Papillon. Une vingtaine de chambres très agréables (surtout celles avec terrasse qui donnent sur la Dourbie) et régulièrement rafraîchies. Jolie piscine et jacuzzi. Au resto, réputé dans toute la région, cuisine savoureuse et authentique, à base de produits frais et maison : fruits et légumes du jardin, volailles, champignons... Tradition et créativité sont les maîtres mots de cette maison. Grand choix de vins à prix modérés. Belle terrasse donnant sur la rivière, mais souvent complète. Accueil avenant, service discret et efficace.

Chambres d'hôtes de La Rougerie : *La Rougerie, 12230* ***Sauclières.*** *☎ 05-65-58-12-37. • morel@larougerie.fr • larougerie.fr • En venant de Saint-Jean-du-Bruel, passer sous le pont mais ne pas prendre la direction de Sauclières ; il faut tourner direction Le Vigan. Congés : janv. Compter 59 € pour 2, 24 €/ pers supplémentaire. Réduc de 10 % sur le prix de la chambre à partir de 2 nuits sur* *présentation de ce guide.* Cette ferme, datant du XVIIe s, est une vraie maison d'hôtes comme on les aime : jolie, chaleureuse, conviviale. Les chambres ont été décorées avec soin. L'accueil y est sincère et on goûte avec délices aux joies simples de la campagne.

Hôtel des Gorges : *pl. de la Borie. ☎ 05-65-62-07-99. • contact@hotel-des-gorges.com • hotel-des-gorges.com • Ouv d'avr à mi-nov. Double 41 €. Parking privé.* Au calme, dans le centre du village. Petit, intime, moderne et fonctionnel. Chambres plaisantes avec clim et balcon (dont 2 au rez-de-chaussée, qui donnent sur le jardin).

À voir

Noria, Maison de l'eau : *☎ 05-65-62-20-32. • contact@noria-maisondeleau.com • noria-maisondeleau.com • Juil-août, tlj 10h-19h ; sept-oct, tlj sf lun 14h-18h. Entrée : 6 € ; 5 € pour les 5-12 ans. Compter 1h30 de visite.* Situé dans un ancien moulin du XIIIe s offrant un beau panorama sur la Dourbie et le village, un musée bien intéressant pour mieux comprendre le rôle important et l'utilité de l'eau dans notre environnement et notre société. Pédagogique, il ravira vos enfants : moulin à foulon, microcentrale électrique, clepsydre, jeux, dégustation d'eau, maquettes animées... bref, l'eau dans tous ses états ! Près de 1 000 m² ludiques, interactifs et passionnants.

Bar, boutique, aire de pique-nique.

Manifestations

- ***Foire à la brocante :*** *le 1er dim d'août.*
- ***Fête du village :*** *le 2e w-e d'août.*
- ***Les Mange Castagnes :*** *le 1er w-e d'oct.* Fête de la Châtaigne.

DANS LES ENVIRONS DE SAINT-JEAN-DU-BRUEL

Sauclières et son musée des Automates : *☎ 05-65-62-11-56. • musee-automates-santons.fr • Avr-juin et sept tlj sf le mat sam-dim ; juil-août, tlj 10h-18h30 ; hors saison, voir le site. Entrée : 4,80 € ; réduc ; gratuit jusqu'à 4 ans.* Petit village aux confins de l'Aveyron, du Gard et de l'Hérault, avec son joli musée des Automates et ses scénographies. Plus de 500 personnages, retraçant la vie du village et ses activités d'antan.

LE CAUSSE DU LARZAC

C'est le plus grand de tous les causses, s'étendant de Millau à Lodève dans l'Hérault. La grande variété de ses paysages est liée aux natures très différentes des terrains. À 800 m d'altitude, ce plateau présente de nombreuses cassures où se nichent des vallées verdoyantes côtoyant des zones plus arides mais jamais désertiques. Parfois, le sol rouge argileux (autour de La Couvertoirade) permet certaines cultures de céréales. Non loin, pourtant, s'élèvent des roches déchiquetées, signe d'un relief karstique. Alors apparaissent des « poljés », vastes dépressions calcaires. Bref, le Larzac présente ainsi toutes les conditions requises pour plaire aux brebis. Celles-ci y vivent d'ailleurs depuis longtemps, et, depuis plusieurs siècles, elles fournissent avec bienveillance leur lait pour la fabrication du fameux roquefort.

Du fait du peu de résistance du Larzac aux vents glaciaux du nord et aux neiges s'échappant des monts d'Aubrac, l'habitat s'est adapté : maisons basses dites « caussenardes », murs très épais au nord. Un étage et un rez-de-chaussée, la bergerie. Le bois étant rare, les maisons sont généralement voûtées de pierre.

UN PEU D'HISTOIRE

Au XIIe s, **les Templiers** reçurent en donation une partie du Larzac et établirent une commanderie à Sainte-Eulalie-de-Cernon, ainsi qu'une cité templière à La Couvertoirade et une tour céréalière au Viala-du-Pas-de-Jaux. Au XIVe s, après la disparition de cet ordre, c'est celui des **Hospitaliers de Saint-Jean** qui lui succéda ; ils édifièrent les remparts de La Cavalerie, ceux de La Couvertoirade, de Sainte-Eulalie, ainsi que la tour refuge du Viala-du-Pas-de-Jaux. Plus tard, au début du XXe s, l'armée française, prétextant l'aridité du Larzac et sa faible rentabilité économique, priva les brebis de 3 500 ha de bonne herbe tendre pour en faire un camp d'entraînement militaire.

LE MOUTON POUR LES NULS

Un troupeau reste toujours soudé. Donc, il ne se déplace qu'à la vitesse du mouton le plus lent. Bien entendu, les loups attaquent toujours les moutons en queue de peloton. Donc, la vitesse moyenne du troupeau augmente au fur et à mesure que les derniers sont éliminés.

En 1970, s'en prenant encore aux brebis, l'armée décida de porter la superficie du camp à 17 000 ha. Pour cela, 103 paysans devaient être expulsés du plateau. Mais les paysans, avec leur caractère bien trempé de Caussenards, réagirent ! En 1972, les 103 se promirent de ne jamais vendre leurs terres, et débuta alors ce qui allait devenir un combat exemplaire. Pêle-mêle, agriculteurs, pacifistes, antimilitaristes, écolos, militants occitans non violents, élus, curés, membres de l'industrie fromagère, etc., se rassemblèrent. Au point de créer un mouvement de solidarité internationale qui regroupera même des Africains du Sahel, des Indiens d'Amérique, des nationalistes irlandais...

En 1973, plus de 100 000 personnes se rassemblent pour la cause, et une variété de moyens d'expression originaux et bien perçus par l'opinion publique apparaissent pour soutenir cette lutte : journaux, construction de la bergerie-témoin de La Blaquière, « labours » sauvages, une marche Larzac-Paris, un slogan devenu immortel : « Gardarem lou Larzac ! », etc. Exemplaires, enfin, les actions de solidarité : livrets militaires renvoyés, refus d'acquitter l'impôt 3 %, comités Larzac, etc. L'opération la plus géniale étant la vente des terres expropriables en milliers de parcelles de 1 m², histoire de créer un casse-tête juridique et administratif insoluble en cas d'expropriation définitive !

En 1981, le président Mitterrand, qui avait inscrit dans ses 110 propositions l'abandon du projet d'extension du camp, tint parole. La lutte du Larzac, comme celle de Plogoff en Bretagne, restera tout de même encore longtemps dans les mémoires pour son caractère exemplaire de ténacité, d'efficacité et de solidarité qui marqua toute une génération. Un documentaire, *Tous au Larzac,* de Christian Rouaud (2011), retrace l'histoire de la lutte des paysans du Larzac.

ET AUJOURD'HUI ?

Le « Vivre et rester au pays » trouve aujourd'hui tout son sens. Depuis l'abandon du projet d'extension du camp, les terres qui avaient déjà été achetées par l'armée ont été redistribuées à de jeunes agriculteurs. Une vingtaine d'exploitations ont ainsi été créées. Des producteurs se sont regroupés pour fabriquer des produits

de qualité, naturels à 100 %. Un renouveau agricole qui s'accompagne d'activités socioculturelles diverses. Création de l'écomusée, du Centre d'initiatives rurales, du Centre de recherches non violentes, etc. Malgré tout, on n'oublie pas de manifester et de soutenir les autres causes à travers le monde.
Mais les gens du Larzac ne cachent pas que les temps restent tout de même assez durs, et font campagne désormais pour affirmer que certes ce beau plateau a pour lui le dynamisme de ses hommes, mais que son atout premier, c'est la beauté de sa nature. Désormais, le message est clair : « Venez et découvrez, vous aussi, ce pays et ses habitants ! » On l'a fait et, oui, c'est beau, surprenant, et, en plus, on y trouve tout plein de bonnes petites adresses.
En 1995 est créé le parc naturel régional des Grands Causses. Il s'étend sur 327 000 ha et englobe 97 communes, depuis le causse de Séverac au nord jusqu'aux raspes du Tarn à l'ouest et au causse du Larzac au sud-est.

RANDONNÉES DANS LE LARZAC

➢ ***Les sentiers de pays :*** balisés en jaune, ils permettent des balades de quelques heures comme d'une semaine. Décrits dans les topoguides.
➢ ***Deux randonnées super :*** le *tour pédestre du Larzac,* circuit de 85 km (plusieurs variantes possibles) passant par Millau, Nant, La Couvertoirade, Sainte-Eulalie-de-Cernon. Le *tour du causse Noir,* circuit de 90 km (plus variantes). On part de Millau. Causse très boisé et superbe chaos rocheux (Montpellier-le-Vieux).

LA CARDABELLE, FIABLE BAROMÈTRE NATUREL

La cardabelle, une espèce protégée qui pousse sur les causses, est connue pour être un bon indicateur météo, à tel point qu'autrefois, les bergers des causses avaient l'habitude d'en clouer une sur leur porte pour connaître les prévisions météo. Son cœur qui se ferme annonce la pluie imminente, tandis que son capitule reste ouvert quand il fait beau.

Adresses et infos utiles

🅸 En plus des offices de La Couvertoirade, de La Cavalerie, etc., l'***office de tourisme Larzac et Vallées,*** le conservatoire Larzac Templier et Hospitalier (Point Accueil sur chacun des 5 sites ci-après mentionnés), s'avère un excellent relais.
– Un ***pass*** comprend les audioguides nécessaires à la visite des 5 villages du ***circuit Larzac Templier Hospitalier*** (La Couvertoirade, La Cavalerie, Le Viala-du-Pas-de-Jaux, Sainte-Eulalie-de-Cernon et Saint-Jean-d'Alcas). *Tarif : env 20 €. Visites et rens : ☎ 05-65-59-12-22, • conservatoire-larzac.fr • ou auprès des points d'accueil du circuit.*
– À disposition, un petit livret distribué gratuitement aux enfants pour leur permettre de découvrir l'histoire en s'amusant avec le « chevalier Hugues ». En été, ***activités enfants*** (7-12 ans) organisées dans les 5 villages templiers, avec diverses animations, sorties nature, goûters et surprises !
– ***Randofiches*** *(randonnées en boucle autour des sites templiers et hospitaliers) en vente (1,50 €) dans les Points Accueil.*
🅸 ***Maison du Parc régional des Grands Causses :*** *71, bd de l'Ayrolle, 12101* ***Millau.*** *☎ 05-65-61-35-50. • parc-grands-causses.fr • Ouv lun-ven 9h-12h, 14h-17h ; fermé 25 déc-1er janv.* Pour toute interrogation ou information concernant le parc.

LE PLATEAU DU CAUSSE

Le Larzac, le vrai, celui que l'on s'imagine avant de venir ici. Une lande sauvage, aride, où rien ne pousse, sauf les cailloux... et où paissent les brebis. Quelques hameaux disséminés sur le plateau. Sublime !

À voir. À faire

La maison du Larzac – La Jasse : *sur la N 9 entre Millau et La Cavalerie. 06-51-52-06-44. Ouv tlj en juil-août et mar-dim en mai-juin et sept : 10h-19h.* Cette ancienne bergerie est un des hauts lieux de pèlerinage sur le plateau du Larzac, car c'est ici que se déroulèrent les grands rassemblements des années 1970. C'est aujourd'hui un espace d'exposition (lutte du Larzac, vie du mouton), de vente et de promotion des produits locaux et d'artisanat. Salle hors sac pour casser la croûte.

La route des fermes et ateliers des Grands Causses : une route dans toute la région, menant chez différents artisans et producteurs locaux ; un vrai plaisir de découvrir un fabricant de pastis, un fromager de tommes de brebis du Larzac ou un potier. Brochure avec la carte du circuit auprès des offices de tourisme.

MONTREDON-DU-LARZAC (12230)

À une quinzaine de kilomètres de La Cavalerie, sur la route de Nant. Charmant hameau perdu sur le plateau où vivent huit familles, et où habite toujours M. José Bové. Ensemble architectural traditionnel caussenard intéressant. Une association très active assure la « remise en valeur et l'entretien du patrimoine collectif ». Elle organise de nombreuses animations en saison *(☎ 05-65-62-13-39),* à commencer par le célèbre marché paysan du mercredi *(18h-21h juil-août).* À proximité, jolie chapelle Saint-Sauveur du Larzac (XIIe s).

Où dormir ? Où manger dans les environs ?

Gîte d'étape et de séjour : *à Montredon, 12100* ***La Roque-Sainte-Marguerite.*** *☎ 05-65-62-27-65. • info@gitedemontredon.fr • gitedemontredon.fr • Nuitée 14 €/pers ; familiale pour 4 : 56 € ; petit déj 4,50 €. ½ pens 33-35 €/pers. Une chambre double 38 €. Café offert sur présentation de ce guide.* 15 lits dans une belle bâtisse au cœur du hameau. Chambres de 2 à 7 lits. Accueil sympa de Marie.

Ferme-auberge de Jassenove : *sur la route de Montredon, 12100* ***Jassenove.*** *☎ 05-65-60-71-80. • galtier.jassenove@gmail.com • Tlj sf mer. Congés : déc-fév. Sur résa slt. Menus 23,50-27,50 € (boisson en sus). CB refusées.* Pas beaucoup d'animation le soir aux alentours, mais qu'il est agréable de temps en temps d'avoir l'impression d'être tout seul ! Accueil très sympa. Dans une grande et belle salle rustique, cuisine traditionnelle et généreuse. Spécialité d'agneau et de bœuf.

LA BLAQUIÈRE (12100)

Hameau pittoresque qui a conservé pas mal de signes de son passé médiéval. On y arrive par une route aux paysages super sauvages, voire lunaires, et on trouve la bergerie historique construite par les « 103 du Larzac » en défi aux actes d'expropriation et symbole de la lutte (voir, plus haut, l'introduction au chapitre « Le causse du Larzac »). Belle restauration et quelques artisans.

LA COUVERTOIRADE (12230) 188 hab. *Carte Aveyron, D4*

Au cœur du parc naturel des Grands Causses, La Couvertoirade est l'un des « Plus Beaux Villages de France », et ce titre n'est nullement usurpé. Des routes pittoresques mènent à ce site préservé situé sur le plateau du Larzac, aux magnifiques paysages calcaires. Une petite cité fortifiée aux ruelles bordées de maisons à l'architecture caussenarde, où il fait bon flâner pour en découvrir tous les charmes...
Historiquement le village dépendit d'abord de l'abbaye de Nant, puis des Templiers, avant de passer entre les mains des Hospitaliers de Saint-Jean. Ces derniers élevèrent les remparts au XVe s, durant la guerre de Cent Ans, aujourd'hui admirablement conservés. Le village vit encore grâce à quelques derniers irréductibles qui préservent avec soin ce joli site (toutes les formes de câbles sont enterrées).
– Pour info, on dénombre plusieurs départs de randonnées pédestres ou VTT.

Adresses et info utiles

i *Point Accueil-Service tourisme et patrimoine :* *à l'entrée du village sur la droite, dans la maison de la Scipione. ☎ 05-65-58-55-59. • lacouvertoirade.com • Ouv 15 mars-11 nov, tlj.* Importante doc sur les environs, notamment sur le circuit culturel *Larzac Templier Hospitalier* (voir plus haut). Expo au 2e étage sur l'interprétation du patrimoine du village.

– Visites guidées du village médiéval : *min 6 adultes. Tarifs : 6 €. Visite libre de la* ***Maison de la Scipione et du chemin de ronde*** *: vidéo, expo et chemin de ronde env 45 mn (3 €, réduc). Pour les familles, jeu de piste 1 € (à partir de 8 ans).*

P *Parking :* *à l'entrée du village ; 3 € (pour contribuer à la restauration du village).*

Où manger ?

De bon marché à prix moyens

|●| *Le Médiéval :* *la Placette. ☎ 05-65-62-27-01. À l'intérieur des remparts. Tlj à midi sf lun. Menus 16,50-28 €.* Cuisine traditionnelle régionale et méditerranéenne. Copieuses assiettes à base de produits de saison, grand choix de salades composées, glaces et desserts. À déguster dans la salle rustique ou sur la petite terrasse dans l'enclos.

|●| *Crêperie Montés :* *rue Droite. ☎ 05-65-58-10-71. ♿ Dans le bourg. Tlj sf mer (hors vac scol). Service 12h-19h (23h juil-août). Congés : de mi-nov à Pâques. Formule déj 10 €. Menus 15 € (en sem), puis 18 €. CB refusées. Café offert sur présentation de ce guide.* Crêpes traditionnelles servies dans une belle salle voûtée, aux murs chargés d'histoire et d'outils de la ferme.

À voir

♥♥ *La porte nord et l'hôtel particulier La Scipione :* les remparts du XVe s admirablement conservés possèdent une tour carrée marquant l'entrée du village. *La Scipione,* belle demeure caussenarde de style Renaissance, abrite le point d'accueil installé dans une ancienne bergerie à la voûte remarquable. Accès aux *remparts* (200 m aller-retour) par l'escalier à vis intérieur. Belle vue sur le paysage typique du causse du Larzac.

Le four banal : un des signes de la présence hospitalière dans le village. Four à pain restauré par un artisan du village et aujourd'hui réutilisé (contacter l'office de tourisme pour connaître les jours de cuisson).

L'église Saint-Christol *(ou Saint-Christophe)* **:** du XIVe s. Le bas-côté gauche a été construit à même la roche. À remarquer, les vitraux contemporains signés Claude Baillon, maître verrier. Dans l'ancien cimetière, ces drôles de champignons sortis de terre sont en fait des stèles, dites « discoïdales », que l'on retrouve partout en Europe et plus particulièrement le long des chemins drainant les pèlerins sur le Larzac. C'est l'un des endroits les plus touchants, les plus fascinants de ce village qui ne manque pourtant pas de points de vue remarquables.

La lavogne : à la porte sud, grande mare pavée typique du causse, pour abreuver les troupeaux. Une des plus belles lavognes, de forme surprenante.

À voir encore, le **_moulin banal,_** restauré et daté du XIVe s, et la **_rue droite,_** très pittoresque, bordée de maisons caussenardes. Ensuite, la **_tour sud,_** jumelle de la tour nord et seconde entrée du village, tour carrée effondrée en 1912 et en partie reconstruite.

Manifestations

– **_Les Mascarades médiévales :_** *dernier mar de juil. ☎ 05-65-58-55-59.* Grande fête de village au Moyen Âge, troubadours, jongleurs, danseurs, acrobates...
– **_Festival international choral :_** *courant juil. ☎ 04-94-78-63-84. • epsud.fr •*

DANS LES ENVIRONS DE LA COUVERTOIRADE

Le musée des Traditions du Sud-Aveyron : *domaine de Gaillac, à 7 km de La Couvertoirade en direction de Nant. ☎ 05-65-62-26-85. • arnalgaillac.com • Juil-août, visites guidées sur résa. Entrée : 6 € ; réduc.* On découvre la vie d'un village sud-aveyronnais aux XVIIIe et XIXe s. Une visite grandeur nature. Spectacles équestres et musicaux (pour les groupes seulement et sur résa) parce qu'il y a un centre équestre sur le domaine.

LA CAVALERIE *(12230)*

Connue pour sa caserne, qui défraya la chronique dans les années 1970 (voir plus haut la rubrique « Un peu d'histoire » au début du chapitre « Le causse du Larzac »), La Cavalerie est avant tout une ancienne cité des Templiers, confiée ensuite à leurs successeurs, les Hospitaliers. Sa position stratégique très convoitée la fit pâtir des guerres de religion du XVIe s ; quelques vestiges bien restaurés : *rue du Pourtalou* et *rue des Remparts,* grosses tours rondes. *Place de l'Église,* belle maison d'époque avec tour. Restauration réussie. On peut aussi accéder au chemin de ronde.

Adresse et info utiles

Point accueil des remparts : *rue de la Ville. ☎ 05-65-62-78-73, ☎ 05-65-62-70-11 (mairie). • lacavalerie.fr • Juil-août, tlj ; sept-juin, tlj sf sam-dim. Loc d'audioguide (4 €) jusqu'à 1h avt la fermeture.*

– ***Visites guidées*** (*village et remparts*) **:** *en juil-août visite guidée mar, mer et jeu 10h30, 15h et 16h30. Tarif : 5 € ; moins de 12 ans 2 € (1h15 env). Visite libre des remparts 2,50 € ; réduc, gratuit moins 12 ans.*

Où manger ?

De bon marché à prix moyens

|●| *Le Bonheur est dans le Sud :* *☎ 05-65-60-94-63. • lebonheurest danslesud@orange.fr • À l'entrée de la ville, très facilement accessible depuis l'A 75 (sortie 47). Hors saison, ts les midis, plus sam soir ; en été, tlj midi et soir sf mar soir. Menus 18 (midi en sem)-28 € ; carte env 20 €. Kir à la châtaigne offert sur présentation de ce guide.* Cette ancienne jasse (comprendre bergerie), entièrement retapée et relookée, s'avère une bonne adresse malgré ses jolis airs branchouilles et dilettantes... Les patrons sont réellement motivés, et cela fait plaisir. Un accueil souriant, des horaires très larges (il suffit de prévenir) et surtout une viande d'Aubrac 1er choix.

SAINTE-EULALIE-DE-CERNON

(12230) 241 hab. *Carte Aveyron, C4*

La petite route sinueuse qui vous conduira dans l'ancienne capitale du Larzac traverse l'une des plus belles forêts de feuillus du causse. Au fond du vallon, on découvre avec étonnement l'enceinte hospitalière de la ville et ses quatre tours. Le site est vraiment agréable et le climat plus doux que sur le plateau.
Les Templiers arrivent dans le village en 1152 et l'abbaye de Saint-Bellone leur cède l'église contre une rente. En 1159, ils s'installent véritablement grâce à une donation du comte de Millau : le plateau du Larzac, avec l'autorisation de construire et de fortifier. Sainte-Eulalie-de-Cernon devient la capitale templière du Larzac.
En 1307, les Templiers sont arrêtés et emprisonnés au château de Najac. Leurs biens sont transférés à l'ordre des Hospitaliers, qui s'installent dans la commanderie en 1312. Ils apportent plusieurs transformations et édifient au XVe s des remparts. Malgré les vicissitudes des guerres de Religion et de la Révolution, le village est quasiment resté intact. Balade pleine de charme dans l'histoire et l'architecture médiévales.

Adresse utile

i *Syndicat d'initiative :* *☎ 05-65-62-79-98. • ste-eulalie-larzac.com • Ouv avr-oct, tlj 10h-12h, 14h-18h (10h-19h juil-août).*

Où dormir ?

De bon marché à prix moyens

Gîte de la Tour Garnier : *pl. du Sacré-Cœur. ☎ 05-65-62-79-00. • contact@latourgarnier.com • latourgarnier.com • Ouv tte l'année. Nuitée 15 €/pers (forfait draps 3 €) ; petit déj sur demande 5 € ; ½ pens 35 €/pers. Également 4 apparts 4-7 pers.* Au cœur de l'ancienne commanderie, 2 tours des remparts du XVe s, la tour Garnier (tour d'angle circulaire) et la tour Carrée abritent un gîte agréable, très sobre et respectant l'esprit du lieu. Une quarantaine de lits répartis en 13 chambres avec sanitaires privés dans la chambre ou à l'extérieur, dans lesquelles on se sent bien au calme. Cuisine équipée, salle à manger et deux salles d'activité à disposition des hôtes.

À voir. À faire à Sainte-Eulalie et dans les environs

La place de la Fontaine : délicieuse place ombragée au cœur des fortifications, avec sa fontaine du XVIIe s, face à l'église et à la commanderie, une des mieux préservées de France.

La commanderie : *au rdc, le syndicat d'initiative Point Accueil touristique et départ des visites guidées. ☎ 05-65-62-79-98. Juil-août, tlj 10h-19h ; le reste de l'année, tlj 10h-12h, 14h-18h. Visite libre avec fascicule (4 €) ou audioguide (5 €), ou visite guidée (6 €) en juil-août. Dernière visite et dernier audioguide 1h avt la fermeture.* Construite au XIIe s par les Templiers, elle fut transmise aux Hospitaliers qui l'occupèrent de 1312 à 1792. À découvrir, la cour intérieure, la salle des fresques, une partie des anciens appartements du commandeur, la chambre des capucins et l'échauguette, le dortoir des moines et la salle d'honneur avec ses peintures contemporaines.

L'église : édifiée au XIIe s par les Templiers, elle possède une rare particularité, on y pénètre par le chevet ! En effet, les Hospitaliers en inversèrent le sens en 1641, y adjoignant un beau portail baroque.

Le Reptilarium du Larzac : *juste en face du parking. ☎ 05-65-61-32-08. Juil-août, tlj 10h30-19h ; avr-juin, tlj sf lun ; reste de l'année, w-e, j. fériés et vac scol 14h-18h. Entrée : 9 € ; 7 € (3-12 ans).* À déconseiller à celles et à ceux qui souffrent d'opiophobie sinon d'herpétophobie (ils et elles se reconnaîtront !). Puisque cette collection de reptiles créée par un passionné est riche d'une bonne centaine de ces bestioles. Des plus connues (toujours aussi impressionnants pythons, alligator du Mississippi...) aux plus rares (pegoua nain ou scinque à langue bleue). Vivants, naturellement...

➢ ***Circuits de randonnée :*** 45 km et 7 sentiers balisés par des bénévoles du village, pour découvrir les richesses (botanique, patrimoine) de la vallée. Infos et fiches randos disponibles au *Point Accueil,* à la commanderie.

➢ ***Le train touristique et le vélorail du Larzac :*** *gare (rénovée) de Sainte-Eulalie-de-Cernon. ☎ 05-65-58-72-10. 📱 06-81-66-63-49. • veloraildularzac.com • Sur les hauteurs du village, à 2 km en direction de Roquefort. Ouv de Pâques à la Toussaint ; résa obligatoire. 3 formules au choix : A/R en vélorail à 16 € ; 6 € pour les 6-17 ans ; gratuit pour les moins de 6 ans ; descente en vélorail et retour en train à 18 €/adulte et à 6 € pour les 6-17 ans ; pour l'A/R en train, 12 €/adulte et 3 €/enfant. A/R en vélorail + A/R en train 25 €, 8 € pour les 6-17 ans.* Jean-Paul, l'instigateur de ce beau projet, est sympa, et en plus, la balade est très agréable, familiale et ne demande pas un entraînement spécifique, bien au contraire. À l'origine, une voie ferrée peu utilisée, abandonnée puis récupérée par l'armée avant que notre « chef de gare » suggère d'en racheter un tronçon pour en faire un « vélorail ». On peut donc, tout en pédalant à quatre par vélo, surplomber la vallée, traverser des viaducs et des tunnels ou découvrir un cirque ruiniforme (rochers sculptés). Simple et convivial. Départ à heure fixe ; compter 2h (prévoir une casquette et une bouteille d'eau). Le retour se fait désormais en petit train (et vous pouvez tout aussi bien, si vous ne souhaitez pas pédaler, effectuer l'ensemble du parcours dans ce même train). Possibilité de se restaurer sur place en juillet-août.

– ***Saut à l'élastique :*** *avec **Antipodes,** ☎ 05-65-60-72-03. ● saut-elastique-france.com ● antipodes-millau.com ● Juil-août, mer ap-m et sam ap-m ; mars-juin et sept-nov, certains sam (se rens). Tarif : 40 € le saut.* Pour les amateurs de sensations fortes... un saut de l'ange de 50 m depuis le viaduc de Sainte-Eulalie !

– ***Visite et goûter à la ferme du Frayssinet :*** *chez Martine Fabregues, Le Frayssinet, 12230 Sainte-Eulalie-de-Cernon. ☎ 05-65-62-76-19. Suivre la direction de Lapanouse-de-Cernon. En saison (15 juin-15 sept), mar-ven à 16h ; le reste de l'année, sur résa, groupe slt. Tarifs : 5,50-8 € ; enfant 3,50-4,50 €.* Fait partie du *circuit de découverte de fermes en pays de Roquefort.* Visite guidée de l'exploitation et discussion autour de tartines de roquefort et d'un verre de vin. Selon la formule choisie (« découverte » ou « goûter »), vous dégusterez toutes sortes de produits fermiers (spécialités et desserts au lait de brebis, gâteau et confitures maison, etc.).

Le Viala-du-Pas-de-Jaux : *village à 10 km au sud-ouest par la délicieuse D 561 et la D 23.* Encore un site templier hospitalier, donc une grande tour de 30 m, avec quelques bâtisses anciennes. Restaurée, elle abrite diverses expositions historiques et artistiques. Du haut de la tour, vaste panorama sur la campagne environnante.

Point info et accueil de la tour : *☎ 05-65-58-91-89 ; ● vialadupasdejaux.e-monsite.com ● Ouv Pâques-Toussaint, tlj 10h-12h, 14h-18h (10h-19h en juil-août).* Visite guidée possible et audioguide disponible. Départs de randonnées et un beau gîte d'une vingtaine de places *(tél avt 18h ; ouv tte l'année ; compter 15 €/pers).*

LE PAYS DE ROQUEFORT

Toujours dans le parc naturel régional des Grands Causses, c'est la région comprise entre le Tarn et les monts de Lacaune (qui bordent le département du Tarn). Paysages assez accidentés, livrant de belles échappées sur des vallées riantes, des cours d'eau pure et des forêts de châtaigniers dévalant les pentes. Une partie appelée « le pays des rougiers » est toute rouge en raison d'une terre richement chargée en fer. On le découvre du sol jusqu'aux grès des maisons. Terre des statues-menhirs, avec de nombreux villages médiévaux, sites religieux et témoignages d'une vie rurale ancienne.

ROQUEFORT-SUR-SOULZON

(12250) 680 hab. *Carte Aveyron, C4*

Capitale du célèbre fromage, ce village s'étire le long de la grande falaise du causse du Combalou, à la frontière du plateau du Larzac. Il y a très longtemps, un pan de la falaise s'effondra, provoquant un énorme éboulis avec, bien sûr, de nombreuses cavernes. La conjonction de cet événement géologique avec une banale tartine de caillé de brebis d'un petit berger allait donner naissance à la belle histoire du roquefort.

– D'un point de vue purement pratique, il est fortement recommandé d'utiliser le parking à l'entrée du village.

LA BELLE HISTOIRE DU ROQUEFORT

L'homme a toujours marqué sa présence dans la région, et la bonne herbe du plateau et le climat qui plaisaient aux moutons fixèrent les bergers. D'un côté, l'effondrement de la falaise leur fournissait des abris naturels, et de l'autre le mouton assurait le quotidien avec le cuir, la laine, la viande et le lait. On se mit donc à faire du fromage de brebis, auquel la fraîcheur des cavernes du Combalou garantissait une bonne conservation et un affinage parfait. À l'époque gallo-romaine, la région étant située sur l'axe principal Auvergne-Méditerranée, le fromage du causse se retrouva vite dans les banquets et les orgies romaines, où il était très apprécié. Sa réputation s'étendit encore.
Mais le roquefort lui-même doit sa naissance, paraît-il, à un petit berger tête en l'air, qui avait un jour oublié son repas (un modeste morceau de fromage sur un bout de pain) au fond d'une grotte. Quand il le retrouva, longtemps après, celui-ci présentait, bien sûr, des tas de taches vertes, mais il restait mangeable. Dès que l'on s'aperçut que le fromage, moisi à l'intérieur, était bien meilleur que celui qu'on produisait avant, on systématisa la méthode. Le fromage prit le nom de *ruppefortis* ou *rocafort*. Sa notoriété s'amplifia au fil du temps, et Charlemagne s'en serait fait livrer chaque Noël à Aix-la-Chapelle. Les moines en assurèrent largement la production et la promotion, au point que l'abbaye de Conques (au nord du département) possédait une cave dans la région. Le roquefort doit aussi son succès à sa longue et facile conservation et à ses richesses nutritives. Depuis 1925, le plus ancien des fromages est protégé par une AOC. Pour tout savoir sur la technique de fabrication, de maturation et d'affinage du roquefort, allez donc visiter les caves !

Adresse utile

Office de tourisme : *av. de Lauras. ☎ 05-65-58-56-00. • roquefort.fr • À l'entrée du village en venant de Millau et Saint-Affrique. Juil-août, tlj ; avr-juin et sept-oct, tlj sf dim ; nov-mars, lun-ven.* Grand office dynamique, très serviable et bien documenté (tout sur le roquefort !), avec un grand choix de dépliants pour les enfants. Nombreux circuits à la journée pour découvrir la région, les fermes en pays de Roquefort (sur les traces de la brebis), et excellent topoguide de randos. Également une borne d'accès Internet (utilisable aussi à l'extérieur). En dehors des horaires d'ouverture, une boîte extérieure reste accessible pour retirer les brochures.

Où manger dans les environs ?

L'Auberge des Orchidées : *3, av. Hippolyte-Puech, 12250* ***Tournemire.*** *☎ 05-65-62-80-42. • boutards@wanadoo.fr • À 4 km env au sud-est de Roquefort. Tlj sf dim soir et lun, plus mar hors saison. Congés : fév. Formule 14,50 € (déj en sem), menus 22-42 €. Café offert sur présentation de ce guide.* La bonne adresse, des kilomètres à la ronde ! En quelques mois, la maison s'est forgé une sacrée réputation et a su fidéliser une clientèle locale qui ne tarit pas d'éloges. Il faut dire que le cadre est agréable comme tout et que les assiettes sont joliment dressées. La carte, assez courte, propose aussi bien des recettes aveyronnaises que des spécialités plus exotiques. Il y en a pour tous les goûts, et on y vient en amoureux, en famille ou en touriste. On ne peut que saluer le remarquable rapport qualité-prix : cassolette d'escargots (hmm, la sauce !) ou terrine de canard ET foie gras, gigot d'agneau ou cuisse de canard rôti, fromage ET dessert, dont une divine crème brûlée... Remarquable, on vous dit...

À voir. À faire

La visite des caves de Roquefort : n'oubliez pas de vous munir d'une petite laine, la température sous terre oscille entre 8 et 12 °C ! Quelques fabricants assurent la visite (attention ! on ne voit les fromages dans les caves que de janvier à juin, en raison du cycle de production de lait des brebis):

– ***Société*** *: av. François-Galtier. ☎ 05-65-58-54-38. • visite-roquefort-societe.com • ♿ (accès partiel et sur résa). Visite tlj sf à Noël et le Jour de l'an. Entrée : 5 € ; réduc ; gratuit jusqu'à 10 ans. Compter 1h.* Maquette animée, vidéo, son et lumière, parcours dans le dédale des caves, explications en long, en large et en travers de la confection du fromage et dégustation finale (vous l'avez bien mérité). Possibilité de se restaurer à la *Cave des saveurs* *(de Pâques à fin oct).*

Autres possibilités de découverte du roquefort :

– ***Gabriel Coulet*** *: 5-7, av. de Lauras. ☎ 05-65-59-24-27. • gabriel-coulet.fr • ♿ (boutique slt). Tlj. Avr-sept 9h30-18h30 (9h-19h30 juil-août), reste de l'année 9h30-12h30, 13h30-17h30. GRATUIT (visite et dégustation). Réduc de 10 % sur un achat de roquefort et 2 cadeaux de bienvenue sur présentation de ce guide.* Le slogan de cette entreprise familiale depuis 5 générations : « la tendresse coulée dans un roc depuis 1906. » Médaille d'or au Concours général agricole en 2004, 2005, 2006 et 2010 à Paris, médaille d'argent en 2014.

– ***Combes « le Vieux Berger »*** *: av. du Combalou. ☎ 05-65-59-91-48. • le-vieux-berger.com • ♿ Visite libre des ateliers lun-ven 8h30-12h, 13h30-18h (17h ven).*

Voir également pour les salles de vente l'excellent **Carles** *(☎ 05-65-59-90-28 ; • roquefort-carles.com •)* dans le village, **Papillon** *(31, av. de Lauras. ☎ 05-65-58-50-00. • roquefort-papillon.com •)*, **Les Fromageries Occitanes** *(☎ 05-65-59-90-34)* et **Vernières Frères** *(☎ 05-65-59-90-23)* au village de Lauras (à 3 km de Roquefort).

➢ ***L'excursion au rocher Saint-Pierre*** **:** la balade classique à faire à pied, à partir du parking *Société* (indiqué). On monte jusqu'à la table d'orientation et son beau panorama. *Rocher Saint-Pierre* qui domine le village de ses 700 m, où l'on peut voir les vestiges d'une chapelle du XIe s.

➢ Pour les bons marcheurs, le ***sentier des Échelles*** permet l'exploration de l'éboulis. Long de 6 km, il comprend des parties escarpées, des passages assez raides, et il est glissant après les pluies, mais il offre un superbe paysage aux randonneurs. Voir aussi les ***sentiers du Menhir*** (3,5 km), ***des Trompettes*** (4 km) et ***Raconte-moi Roquefort : regard d'aujourd'hui et témoignages d'hier.*** Extraits d'entretiens et créations sonores accessibles via l'usage de QR Codes à flasher avec votre mobile sur les différents panneaux dans le village ou en téléchargement sur le site internet *• roquefort.fr •* (rubrique « Découvrir le village », onglet « Découvertes et balades »). Chaque sentier met un valeur l'un des 5 sens : ouïe, vue, toucher, odorat, goût ! Infos à l'office de tourisme.

DANS LES ENVIRONS DE ROQUEFORT-SUR-SOULZON

Le château de Mélac **:** *à 12 km au nord de Roquefort-sur-Soulzon, prendre la D 999 en passant par Saint-Rome-de-Cernon. ☎ 05-65-62-31-38. Juil-août, tlj sf ven 14h-20h ; juin et sept, sur rdv. Fermé hors saison. Entrée : 6 € ; réduc. Gratuit moins de 12 ans.* Construit entre le XIVe s et le XVIe s, ce château fait partie de « La route des Seigneurs de Rouergue », les Gozon, en l'occurrence. Vaste cour intérieure franchement superbe avec ses arcades, tour Renaissance haute de trois étages en coupole, salle des gardes du XIVe s sous une double travée de croisées d'ogives... le tout scrupuleusement restauré depuis le milieu des années 1980.

SAINT-JEAN-D'ALCAS (12250) *Carte Aveyron, C4*

Étape sur le circuit *Larzac Templier Hospitalier,* ce petit village du XVe s offre une totale homogénéité architecturale. L'église romane est enchâssée dans les remparts flanqués de tours. Il appartenait autrefois à l'abbesse cistercienne de Nonenque. À l'intérieur de l'enceinte, blotties les unes contre les autres, les demeures anciennes sont bien restaurées. Seulement deux entrées : la poterne, encadrée de deux tours rondes, et une petite porte à l'opposé (où l'on reconnaît l'ancien système d'ouverture à bascule).

Adresse utile

Syndicat d'initiative : *pl. de la Mairie. ☎ 05-65-97-61-07. Avr-oct, tlj 10h-19h (18h hors été). Visites guidées tlj juil-août 11h, 14h, 16h. Tarif : 4 €/pers, réduc (visite des remparts slt 2 €) ; audioguide du circuit* Larzac Templier Hospitalier. Documentation et quelques produits régionaux, des livres sur la nature et des objets d'artisanat.

Où dormir ? Où manger à Saint-Jean-d'Alcas et dans les environs ?

De bon marché à prix moyens

Hôtel-restaurant Baldy : *12540* ***Fondamente.*** *☎ 05-65-99-37-38. • contact@hotel-sorgues.com • hotel-sorgues.com • Resto tlj sf lun, mar soir et dim soir. Congés : hôtel fermé de fin sept à fin mars. Résa fortement conseillée. Double 55 €. Formule 18 € (déj en sem), menus 29-40 €.* Maison de pierre blanche bénéficiant d'une belle réputation dans la région pour sa cuisine « comme à la maison »... mais en mieux ! Les habitués affluent d'ailleurs le week-end pour venir se régaler. Bonnes pâtisseries. Quelques chambres simples et propres pour séjourner un petit moment. Certaines sont même un peu personnalisées, avec de belles armoires et des lits rétro (mais une bonne literie). Ambiance familiale (depuis 5 générations) et terroir pur jus. Prix serrés. Accueil chaleureux.

Chic

Chambres d'hôtes Le Moulin de Gauty : *12250 Saint-Jean-d'Alcas. ☎ 05-65-97-51-90. • moulindegauty@wanadoo.fr • moulindegauty.com • Compter 88-120 € pour 2 selon chambre, saison et nombre de nuits ; les plus grandes peuvent accueillir jusqu'à 5 pers. Un cadeau offert sur présentation de ce guide.* Pour ceux qui aspirent à concilier un séjour de charme et des préoccupations plus écologiques, 4 chambres d'hôtes (classées gîte Panda) magnifiques, décorées par nos hôtes décorateurs dans un esprit résolument contemporain. L'ancien moulin, entièrement et patiemment retapé, offre de vastes espaces et un calme absolu. Petit déj de terroir. Et à propos de repas, Jocelyne a eu la bonne idée d'aménager une cuisine pour se faire une salade ou réchauffer un bon petit plat acheté au marché ; parce que les restos ne sont pas légion dans les environs proches. Belle piscine, barbecue et VTT à disposition ; massage possible sur demande.

DANS LES ENVIRONS DE SAINT-JEAN-D'ALCAS

L'Espace botanique Hippolyte-Coste : *à* ***Saint-Paul-des-Fonts,*** *à 6 km à l'est de Saint-Jean-d'Alcas. Ouv de début avr à mi-nov tlj 10h-18h (19h juil-août). Visite guidée possible sur demande auprès du syndicat d'initiative de Saint-Jean-d'Alcas (☎ 05-65-97-61-07 ; 2 €/pers, gratuit moins de 12 ans).* Aménagé au rez-de-chaussée du presbytère, le petit espace botanique rend hommage à Hippolyte Coste, « curé des fleurs », qui, au début du XXe s, partageait son temps entre son ministère et sa passion pour la botanique, laquelle lui fit arpenter la campagne avoisinante et plus lointaine. Il fut reconnu par ses pairs en publiant sa « Flore illustrée de la France, de la Corse et des contrées limitrophes ». De façon plus pragmatique, on y découvre aussi comment réaliser un herbier. Dehors, un petit espace a été aménagé en jardin caussenard, où l'on retrouve certaines espèces endémiques.

SAINT-AFFRIQUE (12400) 5 510 hab. *Carte Aveyron, C4*

Rien à voir avec le continent noir. La ville doit son nom à saint Fric (ou Africanus), ancien évêque de Saint-Bertrand-de-Comminges, chassé de chez lui par les Wisigoths. Située sur la route royale Toulouse-Cévennes, ce fut jusqu'au XVIIIe s une grosse ville commerçante, spécialisée dans le négoce de la laine et de la toile. Loin du chemin de fer, Saint-Affrique périclita cependant au XIXe s. C'est à nouveau le petit pôle commerçant du Sud-Rouergue et, au pied d'un Larzac toujours un brin militant, Saint Aff', comme on dit ici, regorge de lieux alternatifs. Traversée par la Sorgues, Saint-Affrique ne se distingue pas pour ses grands monuments mais possède cependant une belle église monumentale, de jolies berges, un pont médiéval construit en vrai dos d'âne sur trois arches et un centre ancien plaisant pour une promenade.

Adresse et infos utiles

Office de tourisme du Saint-Affricain : *bd de Verdun. ☎ 05-65-98-12-40. • ot-dusaintaffricain.com • Sept-juin, lun-sam ; en été, tlj sf dim ap-m. Visite de la ville jeu 10h (2 €).*

Gare routière : cars pour Millau, Albi, Rodez et Toulouse. ***Kéolis :*** *☎ 05-65-61-30-88.* ***Verdier-Bel :*** *☎ 05-62-18-84-54.* ***Mouls :*** *☎ 05-65-99-05-87.*

– **Marchés :** *le sam mat tte l'année.* Une merveille de marché où se retrouvent les producteurs des alentours. Un autre, labellisé « marché de producteurs de Pays » : *le jeu soir 17h-21h en juil-août. (Attention, pas ts les jeu, consulter l'agenda sur le site de l'office de tourisme.)*

Où manger à Saint-Affrique et dans les environs ?

Bar de la Place : *13, bd Émile-Trémoulet. ☎ 05-65-99-03-72. • delmasrichard@orange.fr • À deux pas de l'office de tourisme. Tlj sf dim et j. fériés, le midi slt. Menu 12 € boissons comprises (déj en sem).* Alias « chez Richard et Martine », une de ces petites adresses pour déjeuner à des prix d'avant qui pullulent à Saint-Affrique. Ce bistrot fait la différence grâce à ses bons produits : viandes d'Aubrac et frites maison.

L'Oustalet : *aire du Seigneur, 12400* ***Montlaur.*** *☎ 05-65-49-75-47. • loustalet.montlaur@gmail.com • À 15 km au sud de Saint-Affrique par la D 999. Fermé lun. Congés : 15 déc-15 janv. Menus 12,50 € (déj en sem), puis 18,50-32 €. Kir offert sur présentation de ce guide.* Tenue par un jeune couple originaire du village, voilà une bonne petite escale pour se rassasier. La salle est sonore, mais on peut aussi s'installer en terrasse. À la carte, qui change régulièrement, on trouvera toujours les incontournables comme les tripoux ou les pieds de cochon. Service aimable et efficace.

Où boire un verre ? Où sortir ?

Beaucoup de lieux pour une aussi petite ville, comme ***le Lieu-Dit*** *(2, rue Michelet)*, sympatoche petit bar-resto (et café débat, librairie, etc.) associatif, la salle de concerts plutôt rock'n'roll, ***le Caveau*** *(sous la salle des fêtes, bd Aristide-Briand)* ou ***le Petit Carré d'Art,*** pour le théâtre.

À voir à Saint-Affrique et dans les environs

Balade dans le vieux quartier : près de l'*église* néogothique, dans laquelle on trouve une belle Vierge dorée du XVe s. Derrière le bâtiment, on atteint la place de la Mairie et sa *fontaine des Moutons.* Flâner dans les ruelles du Moyen Âge qui débouchent sur les *quais du pont Vieux.* Maisons hautes et étroites pour ce qui était le centre nerveux du bourg. Sur les quais, on découvre une tour et les deux ponts : le *pont Vieux* et le *pont du Centenaire,* du XIXe s.

Le rocher de Caylus : *à la sortie de Saint-Affrique, par la route de Saint-Rome-du-Tarn.* Gros bloc calcaire sur lequel l'érosion a accompli son œuvre de tailleur de pierre. Dominant la ville et ses alentours, c'était au Moyen Âge un point fortifié de choix, habité par le seigneur de Caylus, puis démantelé en 1238 par Raimond VII, comte de Toulouse. Petit *parcours botanique* pour accéder de terrasse en terrasse jusqu'au sommet du roc.

Pastoralia, le monde des brebis : *route de Bournac à Saint-Affrique. ☎ 05-65-98-10-23. • pastoralia.fr • De l'autre côté de la Sorgues ; indiqué à la sortie de la ville sur la droite, en direction d'Albi. Pâques-Toussaint, tlj sf sam en sept-oct : juil-août, 10h-18h ; le reste de la période, 10h-12h, 14h-18h ; sur résa le reste de l'année. Entrée : 4,90 € ; 3,50 € pour les 6-12 ans. Env 1h30 de visite.* Dans une bergerie à l'architecture moderne, découvrez le monde de la brebis : techniques d'élevage, la traite, les races, les produits qui découlent de son élevage (viande, peau, laine, lait). Les plus jeunes apprécieront aussi de nourrir les bêtes. Également chasse au trésor, parcours interactif... Conçu avant tout de façon extrêmement pédagogique et ludique, on sera conquis par les petites brebis et on dégustera sa part de roquefort en les regardant désormais d'un autre œil.

Le tourneur sur bois : ***Bruno Chartier,*** *à Saint-Caprazy, 12400* ***Saint-Félix-de-Sorgues.*** *☎ 05-65-97-54-37. Sur la droite à la sortie de Saint-Félix en direction de Sylvanès. Mai-sept, tlj 9h-20h ; mieux vaut téléphoner.* Superbe hameau en cul-de-sac, qui, aujourd'hui, constitue en fait une sorte de grosse et unique propriété. S'il est disponible, Bruno Chartier vous expliquera les différentes essences utilisées, et les étapes de façonnage. On peut bien sûr repartir avec un petit objet : toupie, bougeoir, stylo (joli travail !)... ou un plus gros (pied de lampe, saladier...).

CAMARÈS

(12360) 1 040 hab. *Carte Aveyron, C4*

Capitale du « pays des rougiers » avec son sol rouge chargé en fer si caractéristique, cette bourgade quelque peu excentrée est bien agréable avec son centre ancien, ses vieux ponts et son biscuitier (goûtez le *Biscotin du Camarès,* sablé au beurre et à la fleur d'oranger). On note une curieuse et ancestrale fête de village en septembre (3e week-end), la « Buffatière », où tous les gens du village se retrouvent en... bonnet et chemise de nuit à danser en se soufflant au derrière (à l'aide d'un soufflet, quand même !) à la queue leu leu. Ridicule ? Non, une simple tradition pour chasser les mauvais démons... et s'offrir une franche rigolade.

Adresse utile

i *Office de tourisme du rougier de Camarès :* *9, Grand-Rue. ☎ 05-65-49-53-76. • ot-camares.com • Sous la mairie. Juil-août, tlj sf dim ap-m ; le reste de l'année, lun-ven.* Plan de la ville disponible pour la visite. Propose une route pour découvrir les châteaux du pays de Roquefort, un plan pour localiser les dernières statues-menhirs et des fiches de randonnées pour découvrir la région à pied ou à VTT.

À faire

– **Visite de la ferme de Campalviès :** *chez* **Annie Bernat.** *☎ 05-65-99-51-33. Visite et dégustation de roquefort : de mi-juin à mi-sept, lun, mer et ven à 16h ; le reste de l'année, sur résa. Tarif : 5-8,50 € ; réduc enfants.* Membre du *circuit de découverte de fermes en pays de Roquefort.* Découverte de l'exploitation et dégustation de roquefort et de produits au lait de brebis.

DANS LES ENVIRONS DE CAMARÈS

Le château de Montaigut : *12360* **Gissac.** *☎ 05-65-99-81-50. • chateau-de-montaigut.com • De Camarès, rejoindre Montlaur (là encore, un joli petit village médiéval), puis prendre direction Gissac ; à 2 km sur la droite, on trouve la route pour le site ; prendre la D 10 en direction de Sylvanès. Au bout de 3 km, prendre à gauche direction Montlaur puis suivre la signalétique « château de Montaigut » (joli vue sur le Rougier, ses canyons). En venant de Saint-Affrique, la route est encore plus belle, tt en crête et plongeante sur le hameau de Montaigut. 1er nov-Pâques, tlj sf w-e 10h-12h, 14h30-18h30 (tlj en continu en juil-août 10h-18h30 ; Pâques-Toussaint tlj 10h-12h, 14h30-18h30). Entrée : 6 € ; 2 € pour les 6-12 ans ; réduc ; gratuit moins de 6 ans ; sur présentation de ce guide, 1 € de réduc.*

Voici l'un des plus impressionnants châteaux de la région. De son piton, il domine la vallée du Rougier. Paysages à perte de vue. Ce château du Xe s a connu des aménagements jusqu'au XVIIe. À l'intérieur, une intrigante nécropole superbement mise en valeur (le château a été construit dessus), une belle salle de garde, plusieurs étages qui mènent d'une cuisine d'époque à une salle archéologique, au cellier, etc. À découvrir en famille. Plusieurs animations (visites costumées) et jeux instructifs pour les enfants (« La Porte enchantée »). Festival de Théâtre début août. Trop souvent oubliée, une mention spéciale à l'association *Remparts,* qui restaure bénévolement de nombreux sites à travers la France et à laquelle est affiliée l'association de Montaigut. Un travail remarquable et de longue haleine. Près du château, reconstitution d'un intérieur rural du début du XXe s et *musée du Plâtre.*

L'ABBAYE DE SYLVANÈS (12360) *Carte Aveyron, C4*

Située à 9 km de Camarès, au sud du département, dans une belle vallée boisée. Le site est charmant. Cette abbaye cistercienne, encore en ruine il y a une trentaine d'années, est un bel exemple de résurrection grâce au travail acharné du père André Gouzes et de gens de bonne volonté. Aujourd'hui, on peut en admirer l'émouvante architecture, l'une des plus belles œuvres que nous aient laissées les cisterciens dans le Midi. Et participer aux nombreuses activités culturelles tout au long de l'année.

UN PEU D'HISTOIRE

L'abbaye fut édifiée au XIIe s par le chevalier Pons de Léras, ancien détrousseur de voyageurs. Contre toute attente, celui-ci fut un jour frappé par la grâce divine et de retour dans le Rouergue, il fonda le monastère cistercien de Sylvanès où il finit sa vie dans la prière et la pénitence. L'abbaye rayonna sur la région durant deux siècles. Elle fut heureusement épargnée par les guerres de Religion, mais la Révolution eut raison d'elle. Aujourd'hui, Sylvanès abrite les « Rencontres culturelles de l'Abbaye », un fameux festival de musique, des stages de formation musicale, conférences, etc. Vraiment l'endroit idéal pour travailler la musique.

Où dormir ? Où manger dans les environs ?

De bon marché à prix moyens

Chambres d'hôtes Auberge de la Vallée : *au bourg, 12400* **Saint-Félix-de-Sorgues.** ☎ *05-65-99-56-16.* • *laubergedelavallee@gmail.com* • *aubergedelavallee.fr* • *Sur la D 7, dans la vallée de la Sorgues, au sud de Roquefort. Compter 65 € pour 2. Dîner 22 €, boissons comprises. Boisson d'accueil offerte sur présentation de ce guide.* Un peu en retrait de la rue, 4 chambres fort simples mais bien tenues par un jeune couple sympathique, décorées de façon très chaleureuse, un peu petites pour certaines. On profite d'un salon d'été ou d'un salon d'hiver selon le temps, et à table, d'une gentille cuisine de famille. Une de ces petites adresses réjouissantes et chaleureuses qu'on aimerait trouver dans chaque village de France.

Chambres d'hôtes Le Mas de Bousquel : *Cenomes, 12360* **Montagnol.** ☎ *05-65-49-74-52.* • *masdebousquel@orange.fr* • *lemasdebousquel.fr* • *De Cenomes, suivre direction Lodève, puis tourner à la 1re à gauche au bout d'1 km. 3 chambres dont une familiale. Compter 55 € pour 2. Table d'hôtes 20 €. Apéritif et digestif offerts sur présentation de ce guide.* Jeanine, elle déménage ! « On s'est dit que si on continuait à travailler sans voir personne, on allait finir par bêler ! ». Effectivement, avec 200 naissances d'agneaux par an et toutes les bêtes à soigner, ici, on ne chôme pas. Alors, le charmant couple a aménagé, dans un corps de ferme, 3 chambres (dont 2 peuvent être réunies en chambre familiale) avec un salon et une grande salle à manger pour les repas. On vous rassure, Jeanine parle, avec une énergie communicative qui plus est. À la table d'hôtes, agneau bien sûr, mais aussi, provenant de la ferme, volaille, légumes et charcuterie maison. Les chiens, quant à eux, ne finiront pas dans la casserole ! Posée sur un vallon, la ferme offre une vue dégagée sur les alentours. Une adresse simple et conviviale.

Chambres d'hôtes La Treille : *12360* ***Tauriac-de-Camarès.*** *☎ 05-65-99-54-17. • latreilletauriac@gmail.com • latreilletauriac.com • Congés : nov-Pâques. Compter 55 € pour 2 pers. 3 chambres dont une familiale 4 pers 95 €. Table d'hôtes 20 €.* La maison fut construite par l'arrière-grand-père, ébéniste – tout comme le seront le grand-père puis le père de Jeanine –, et a abrité le café du village. L'ameublement est aussi personnel que la démarche qui a présidé à la création de ces chambres soignées : chacune est un hommage à une femme de la famille qui a compté pour la charmante Jeanine. Terrasse formidablement fleurie qui compense l'absence de jardin de cette maison de village...

Chambres d'hôtes Saint-Étienne : *Saint-Étienne, 12360* ***Gissac.*** *☎ 05-65-99-59-27. • st.etienne12@orange.fr • saintetiennebosc.fr • Attention, il ne s'agit pas de Saint-Étienne-de-Naucoules. À 7 km au nord-ouest de Sylvanès. Traverser Gissac vers Montlaur ; à la sortie, 1re petite route à droite ; c'est au bout. Congés : déc-janv. Compter 58 € pour 2 pers, 17 €/pers suppl. Dîner sur résa 21 € (boisson comprise). Réduc de 10 % sur le prix de la chambre à partir de 2 nuits consécutives (sf juil-août) sur présentation de ce guide.* Quelle belle surprise que cet intérieur raffiné, dépouillé, moderne mais qui a néanmoins conservé cette touche d'authentique ferme rouergate (voir le four extérieur, la cheminée, le système d'eau dans la cuisine). C'est que le fils des Bosc est un architecte plein de talent, et c'est lui qui a réaménagé l'ensemble de la bâtisse. À l'accueil, papa et maman Bosc, anciens agriculteurs, sont charmants. Pour accroître le raffinement, on dort dans de beaux draps de lin, et de jolies aquarelles ornent les murs sobrement chaulés des 4 chambres. Calme, jolie vue, confort et bon accueil : bienvenue dans l'Aveyron !

À voir

L'abbaye : *☎ 05-65-98-20-20. • sylvanes.com • Visite libre tte l'année sf de mi-déc à début janv ; juil-août, tlj 9h30-13h, 14h-19h ; le reste de l'année, tlj (sf w-e 15 nov-15 mars) 9h30-12h30, 14h-18h. Entrée : 2,50 € avec livret ; gratuit jusqu'à 12 ans, remise de 1 € sur présentation de ce guide. Livret-jeux enfants 2 €. Visite guidée (min 5 pers) : juil-août, à 10h30 et 16h ; le reste de l'année, sur résa (min 15 pers). Visite de 1h env (5 €). Pas de visite les ap-m de concert et durant les offices.*

On pénètre par l'*église.* De l'extérieur, elle fait penser à une grande ferme, et pourtant, voici le plus large édifice cistercien de France. À noter, en premier lieu, la remarquable façade est, avec son chevet plat ouvert de trois fenêtres hautes surmontées d'une rosace (symbole marial) et de trois occuli. Sur la façade ouest, celle de la porte d'entrée, belle fenêtre gothique en tiers-point tranchant avec les portes romanes. À l'intérieur, immense vaisseau sévère à voûte en berceau brisé, de 18 m de haut et 14,50 m de large.

Des bâtiments conventuels, il ne reste que la galerie est, avec l'ancienne sacristie ornée d'un tympan sculpté, la salle du chapitre avec fenêtres géminées et décors en stuc du XVIIIe s, et le très élégant *scriptorium* du XIIIe s avec double rangée de croisées d'ogives reposant sur des colonnes aux bases rappelant au moine le chemin de sa vie. Traces de la galerie nord le long du mur de l'église.

Manifestation

– ***Festival de Musiques sacrées et Musiques du monde :*** *en juil-août. Rens : ☎ 05-65-98-20-20. • sylvanes.com •* Nombreux concerts d'artistes venant du monde entier : chants et danses sacrés du monde. Très prisé.

DANS LES ENVIRONS DE L'ABBAYE DE SYLVANÈS

L'église (de style) orthodoxe russe : *au prieuré des Granges de Sylvanès, à 5 km de l'abbaye de Sylvanès. Rens pour les horaires d'ouverture : ☎ 05-65-49-52-32. Entrée : 3 €.* Une récente et curieuse chapelle œcuménique en bois tout droit venue de l'Est. Presque attenant à l'église, le ***musée Auguste-Zamoyski*** abrite des œuvres du sculpteur *(sur résa par tél).*

Le sac du Berger : *Layrolle, 12540* ***Latour-sur-Sorgues.*** *☎ 05-65-99-36-60. • info@lesacduberger.com • Fléchage depuis Latour. Boutique ouv lun-ven 9h-12h, 14h-18h, w-e et j. fériés 14h-18h. Visite guidée possible des ateliers : juil-août tlj à 15h30 (compter 1h).* D'emblée on est saisi par l'odeur du cuir et de la laine, les deux matières premières travaillées dans cet atelier – un bien beau bâtiment d'ailleurs, construit dans les règles de l'art – et la passion qui anime son fondateur Jean-Pierre Romiguier, qui a relancé la fabrication de l'authentique sac de berger. Aujourd'hui, l'entreprise est labellisée « entreprise patrimoine vivant ». À la boutique, vêtements, chaussures, bagages et petite maroquinerie ; du beau et du costaud.

LA VALLÉE DU TARN

Superbe vallée qui part de Millau, par les « Raspes », pour rejoindre le département du Tarn par des méandres sauvages traversant de vieux villages au charme ancien. La route (D 41) qui la longe est étroite mais délicieuse, et encore peu empruntée. À partir de Truel, elle devient moins sauvage mais rejoint Brousse-le-Château, surprenant village médiéval. La longer jusqu'au bout... vers Trébas, voire Albi, mais dans ce cas, se reporter plus loin à la partie du guide sur le Tarn.

LE PAYS DES RASPES

Carte Aveyron, B4

La partie la plus nature de la vallée du Tarn où seule la rivière est parvenue (en quelques millions d'années !) à se frayer un étroit chemin entre des falaises de schiste noir (voilà les raspes !). Paysage spectaculaire et cadre idéal pour de belles promenades au long des sentiers, une baignade « sauvage » ou un petit tour en bateau.

Où dormir ? Où manger ?

Auberge de la Combe : *à Melvieu, 12400* ***Saint-Victor-et-Melvieu.*** *☎ 05-65-42-43-28. • brigitte vidal0691@orange.fr • Tlj midi et soir en saison. Congés : 18 nov-31 janv. Menus 12,50 € (déj en sem), puis 19-27 €. Apéritif maison offert sur présentation de ce guide.* Une petite auberge à l'aspect banal. Volée d'escaliers pour accéder à une terrasse qui domine un paysage dont la vue porte loin vers le couchant. Solide cuisine de terroir, produits locaux servis en portions généreuses : assiette de charcuterie avec foie gras, filets de rouget, gambas flambées, ris d'agneau, pièce de bœuf. Repas de chasse en saison. Le chef, ancien boucher, sait ce que préparer une viande veut dire. De la simplicité à la bonne franquette à des prix d'avant-guerre.

Hôtel Les Raspes : *av. Denis-Affre, 12490* ***Saint-Rome-de-Tarn.*** *☎ 05-65-58-11-44. • lesraspes@wanadoo.fr • lesraspes-12.com • Resto ouv le soir (sf ven-dim fév-mi-avr). Congés : nov-janv. Doubles 70-99 €. Menus 18-38 €. Résa conseillée. Café offert sur présentation de ce guide.* Au creux de ce joli village, dans un coin tranquille (l'avenue de l'adresse est très loin d'en être une !). Accueil jeune et dynamique pour cette vieille maison, ancienne école religieuse. Chambres pas immenses mais plaisantes. Piscine (chauffée) sur l'arrière, dans le grand jardin. Resto.

À voir. À faire

Le village de ***Saint-Victor*** *(12400)* est à découvrir pour les fresques de Nicolaï Greschny, fresquiste contemporain en art byzantin. Et à ***Melvieu*** *(12400),* un village de grès rouge, voir son intéressante *église Notre-Dame-du-Désert.*

Balade en bateau-mouche : base nautique du mas de la Nauc, près de Viala *(rens : ☎ 05-65-62-52-49. 06-68-67-21-63).*

Le Jardin des Enclos (12490) **:** ***Ladepeyre,*** *sur la D 152, à 10 km du Viala-du-Tarn. ☎ 05-65-46-03-34. Ouv 10h-20h ; juin-juil et sept w-e et j. fériés et tlj en août. Entrée : 3 € ; enfants gratuit. • lejardindesenclos.com •* À flanc de colline, un étonnant jardin poétique aménagé en terrasses qui propose une promenade insolite au milieu des senteurs et des bosquets thématiques qui constituent de ravissants cabinets de curiosités végétales. Animations au cours de l'été.

BROUSSE-LE-CHÂTEAU (12480) 177 hab. *Carte Aveyron, B4*

L'un des « Plus Beaux Villages de France », qui domine la vallée sur un promontoire raide, sillonné de ruelles abruptes offrant à chaque instant des angles de vue saisissants. Un pont gothique plutôt pittoresque traverse l'Alrance. Attention, les jours de pluie, ça glisse ! Et ce, malgré les galets dressés en calade... La rivière est bordée de jolies maisons des XVIIe et XVIIIe s. Sans oublier une croquignolette église et un beau château. Un circuit patrimonial est balisé et permet de ne rien rater.

Où dormir ? Où manger ?

Le Relays du Chasteau : *☎ 05-65-99-40-15. • contact@le-relays-du-chasteau.com • le-relays-du-chasteau.com • Fermé ven soir-sam midi hors saison. Congés : 20 déc-1er mars. Doubles 48-52 € selon confort. Menus 19-30 €. Café offert sur présentation de ce guide.* Tenu par la même famille depuis 4 générations et construit dans le style des maisons de la région, voilà un endroit où savourer quelques très bonnes spécialités du terroir. On regrette quand même que la terrasse (une des plus belles d'Aveyron) soit réservée au bar, condamnant le gourmet à déjeuner ou dîner enfermé. Honnêtement, c'est rageant aux beaux jours ! Une douzaine de chambres très bien tenues pour qui veut dormir sur place ; bon petit déj.

Où dormir ? Où manger dans les environs ?

Chambres d'hôtes La Forge : *Lagarde, 12170* ***La Selve.*** *☎ 05-65-46-12-74. • jm.bonneau@orange.fr • laforge-aveyron.com • Entre La Selve et Réquista, à env 15 km de Brousse. Compter 45 € pour 2. Table d'hôtes 19 € tt compris. Apéritif offert sur présentation de ce guide.* Ce couple qui vous reçoit le fait avec tout son cœur. Ils mettront un point d'honneur à vous faire découvrir leur village, leur région... À table, ils vous régaleront tout simplement de charcuteries, de champignons, de légumes, de volailles... À la différence qu'ici, tout est fait maison. Les saucissons sèchent dans la cheminée de l'ancienne forge (aujourd'hui la cuisine) et les cèpes ont été cueillis dans les forêts voisines avant d'être mis en bocaux, tandis que les légumes viennent du potager familial. Le reste provient tout simplement des fermes alentour. Une adresse qui démontre une nouvelle fois que c'est souvent avec des petits riens que l'on vit des grands bonheurs...

À voir à Brousse-le-Château et le long de la vallée du Tarn

Le château de Brousse : *☎ 05-65-99-45-40. • brousselechateau.com • Mai, juin et sept, tlj 14h-18h ; juil-août, 10h-19h ; fév-mai et oct-nov, mer-dim 14h-18h (17h en fév et nov). Entrée : 5 € juil-août (4 € hors saison). Gratuit moins de 12 ans.* Fier vaisseau perché sur un roc dominant la vallée du Tarn. Ancienne propriété de la famille d'Arpajon pendant près de 500 ans, l'édifice invite à un voyage à travers le temps, du Moyen Âge à la Renaissance.

Saint-Izaire *(12480) : à 10 km à l'est de Brousse.* Un village méconnu sur les bords du Dourdou, avec son imposante église et son château épiscopal du XIVe s, aux teintes du pays des rougiers *(☎ 05-65-99-42-27. Tlj : juil-août, 10h-18h ; Pâques, j. fériés, mai-juin et sept w-e 14h-18h. Entrée : 5 € ; réduc. Gratuit moins de 18 ans).* Superbe cour intérieure, voûtes peintes datant du XIVe s dans la chapelle des évêques et intéressant musée de l'Archerie.

Le musée de Lincou : *au centre du village de Lincou, 12170* ***Réquista.*** *☎ 05-65-74-26-01. • savignyg@gmail.com • À 6,5 km à l'ouest de Brousse. Ouv juil-août, tlj 10h-17h (dernière visite), sinon sur résa. Compter 1h. Entrée : 5 € ; gratuit moins de 16 ans, remise de 1 € sur présentation de ce guide.* Adolescent déjà, Guy Savy se passionnait pour l'histoire ; celle de son pays, le Rouergue, mais aussi celle des civilisations. Un lieu indescriptible, bric-à-brac confus et hétéroclite pour les uns, passionnant voyage dans le temps de la préhistoire à nos jours en passant par le Moyen Âge pour les autres. Autant d'objets qui lui permettent d'évoquer la chasse aux oiseaux, l'alchimie, les Templiers, le saturnisme... Une vision très personnelle de l'univers, qui fait presque de Guy Savy un conteur, ou tout au moins un esprit original et touchant, non dénué d'humour. Un drôle d'endroit... pour une rencontre. Restauration possible sur place.

Le château de Coupiac *(12550) : ☎ 05-65-99-79-45 • chateaudecoupiac.com • Avr-Toussaint, dim-mar et j. fériés 14h-18h (tlj pdt vac scol) ; juin et sept tlj sf mer l'ap-m ; juil-août 10h-12h30, 13h30-19h. Visites nocturnes de mi-juil à fin août : lun à 21h45. Entrée : 5-6 € ; réduc. Expos sur la vie quotidienne au Moyen Âge, et animations médiévales (pdt les vac scol).* Au cœur du village, un impressionnant château communal, ancienne propriété des comtes de Rodez et de la famille de Panat.

Plaisance *(12550)* **:** là encore, un vieux village accroché à une colline. Voir surtout l'*église Saint-Martin* au sommet. Chœur et porche du XIIe s. À l'intérieur, d'intéressants chapiteaux sculptés. En dessous de l'église, tout petit calvaire, très ancien.

SAINT-SERNIN-SUR-RANCE

(12380) 820 hab. *Carte Aveyron, B4*

Le village n'a guère conservé de vestiges de ses remparts, mais la tour écrêtée du château s'est transformée en clocher de l'église, et le vieux centre abrite toujours de vénérables demeures à colombages et en encorbellement. De-ci, de-là, de jolies portes et fenêtres à meneaux balisent l'itinéraire. Mairie installée dans un hôtel du XVe s. Pittoresques rue Sainte-Barbe et ruelle de la Lotge menant à la collégiale gothique. Place du Fort, statue de l'enfant sauvage de l'Aveyron.

Adresse et info utiles

Office de tourisme : *av. d'Albi. ☎ 05-65-99-29-13. • info.st-sernin@roquefort.com • tourisme-saintsernin.com • Ouv tte l'année : juil-août, lun-sam et dim mat ; le reste de l'année, lun-ven.* Expos permanentes. Diffusion du film de Truffaut, *L'Enfant sauvage.* Vente de fiches randos. Visite guidée du village *(de mi-juil à mi-août, lun 10h).*
– Marché : *mer à 18h, en juil-août, pl du Fort.* Un marché de pays avec des producteurs locaux.

Où dormir ? Où manger ?

De prix moyens à chic

Hôtel Carayon : *pl. du Fort. ☎ 05-65-98-19-19. • contact@hotel-carayon.fr • hotel-carayon.com • Fermé dim soir-lun, et mardi midi (sf juil-août). Doubles 50-70 €, avec douche ou bains. Formule 14 € également servie le soir, menus 25-35 €.* Au cœur du village, LE petit complexe hôtelier de la région. Atmosphère assez touristique, bien sûr. Plus de 70 chambres confortables, dont une bonne moitié avec un balcon donnant sur le parc. 2 piscines et toboggan pour les enfants, tennis, sauna, jacuzzi, mini-golf, salle de remise en forme. Pas franchement intime mais parfait pour un séjour en famille. Évitez les chambres du rez-de-chaussée, surtout celles situées de part et d'autre de l'ascenseur car elles se trouvent en plein passage vers le « parc de loisirs ». Table tout à fait correcte, variée et soignée.

DANS LES ENVIRONS DE SAINT-SERNIN-SUR-RANCE

Toute la région au sud de Saint-Sernin propose son adorable lacis de petites routes semi-montagnardes et bien d'autres villages pittoresques. En chemin, les célèbres ***statues-menhirs*** que nous indiquons sur l'itinéraire. Il s'agit évidemment de copies, dans un but évident de conservation. Mais ces copies, en grès, plus vraies que nature, font totalement illusion. Et quel plaisir d'admirer ces chefs-d'œuvre dans leur environnement, à leur emplacement d'origine. Un panneau dispense tous les commentaires nécessaires. Déjà, en contrebas de Saint-Sernin, sur le sentier du Salès, voir la plus célèbre : la *Dame de Saint-Sernin.* Insolite visage en forme de triangle, yeux creusés, ni bouche ni oreilles, long nez... Au lieu-dit ***Boutaran,*** route des Lauzes-Hautes, une autre statue, une des plus grandes.

La chapelle de Notre-Dame-d'Orient : *toujours sur la D 91, peu avt le carrefour avec la D 33. Visite guidée en juil-août lun 15h avec l'office de tourisme, ☎ 05-65-99-29-13.* Son nom serait dérivé du mot occitan « auriens », provenant du latin « auris » signifiant « oreille » : la Vierge qui écoute. Ne pas rater cette merveilleuse chapelle, symbole de la Contre-Réforme triomphante. Après la victoire des catholiques, le triomphe ne fut pas vraiment modeste ! Lieu de pèlerinage construit au XVIIe s, avec un luxe inouï (rien que pour contrarier les huguenots !). Très beau retable baroque polychrome, en bois sculpté, qui glorifie la Vierge (au centre), les saints et les anges. Bref, tout ce que les protestants rejetaient est mis en évidence ici de façon ostensible ; curieux plafond dont le motif figure une natte en feuilles de fougères, peintures de prélats, et même un vieux cadran solaire. Dans la salle sur le côté, on peut, si l'on arrive pendant un office, entendre les voix cristallines de la poignée de bénédictines qui habitent le monastère.
Près du monastère, statue-menhir de saint Maurice en grès rouge. Face très usée, le décor n'apparaît qu'au dos de la statue.

Le musée Damien-Bec : *Saint-Crépin, 12380* ***Laval-Roquecézière.*** *Tlj juil-août ap-m. Sur résa slt le reste de l'année. Rens à l'office de tourisme ☎ 05-65-99-29-13. Libre contribution financière.* Un vrai petit musée du temps passé, où ont été minutieusement rassemblés et classés par thème des objets de la vie quotidienne des villageois et des artisans des années durant... Cordonnier, menuisier, bourrelier, vigneron. Mètre du boulanger qui fait crédit, contrat de sonneur de cloche de 1933, moule à hosties, illustrations en prévision de la mort d'un enfant, étonnantes aiguilles à tricoter en rond, broderies fin XIXe s, impressionnante paire de galoches... Très touchant et instructif. Ne pas oublier la visite de la salle des statues-menhirs sous le presbytère.

Roquecézière *(12380)* **:** perché sur une haute colline, minuscule village à la frontière du Tarn et des monts Lacaune. En l'an 54 av. J.-C., Jules César y campe et y laisse une garnison, vu l'emplacement stratégique (pour surveiller les Ruthènes). Construction d'un château au XIIe s. Au XIVe s, Roquecézière commande un bailliage de 98 paroisses. Prise et reprise pendant la guerre de Cent ans et les guerres de Religion. Son intérêt stratégique est tellement évident qu'en 1629, Richelieu fait démolir le château et le village (sauf une maison). En 1884, mise en place de la statue de la Vierge sur le rocher dominant le village. De là-haut, spectaculaire panorama.

Combret *(12370)* **:** *sur la D 91, au sud-est de Saint-Sernin. Visite guidée gratuite de mi-juil à mi-août ts les ven à 10h (office de tourisme de Saint-Sernin).*
Un bien beau village. Ici, tout est rouge : la terre, la route (après la pluie), la pierre du château et des remparts. Site pittoresque avec son pont médiéval. Vieilles demeures à double encorbellement. Beau chœur de style roman de l'église (XIe s), porte des anciens remparts, élégante salle de justice en pierre sur colonnes (puis halle aux grains), jolie croix de pierre sculptée du XVIe s, quelques vestiges des trois châteaux... Belle vue de la route de Saint-Sernin. C'est là qu'on mesure toute l'intelligence de l'architecture rurale : village construit sur la crête d'une colline située dans une boucle du Rance. Cultures en terrasses s'étageant harmonieusement. Au pied, les pâturages. Un peu partout dans le village, des panneaux d'explications bien faits jalonnent la balade, et un bon resto (ci-dessous) permet de la prolonger.
Près de Combret, possibilité de voir trois statues-menhirs. Sur la D 91, à *Saint-Léonce,* mais elle a perdu la tête. Au lieu-dit *Serres,* avec un côté féminin appuyé. Enfin, à *Lucante* (chez le potier), statue féminine à la poitrine arasée, avec un collier à cinq rangs.

L'Auberge de la Tour : *pl. du Château. ☎ 05-65-97-77-73. • auberge combret@yahoo.fr • Tlj sf mer en hte saison. Fermé le soir lun-jeu hors saison. Congés : 15 déc-15 mars. Résa demandée. Menu du jour 14 € (déj en sem), puis 25-36 €. Pas de carte, mais on peut choisir slt 1 plat au menu. Apéritif offert sur présentation de ce guide.* Un projet municipal à saluer ! La commune a fait rénover le bâtiment de fond en comble avant d'en confier la gérance à la souriante Brigitte Moeglin, qui s'affaire seule au piano, où elle fait tout elle-même, du pain aux meringues, à base de produits locaux. À l'intérieur, un cadre moderne tout de gris et de blanc vêtu, rafraîchissant les jours de grande chaleur. Également une terrasse, d'où l'on n'a – contrairement à l'intérieur – malheureusement pas de vue sur le village. Dans l'assiette, foie gras et chutney aux fruits de saison, truite aux amandes, moussaka... Évidemment, un petit tour dans le joli village s'impose ensuite, et ceux qui seraient tombés sous le charme pourront poser leur valise dans l'une des 3 chambres *(70 €, petit déj inclus, en hte saison)* que compte aussi l'auberge.

Belmont-sur-Rance *(12370) : sur la D 91.* Pour la magnifique *église* de 1515, de style gothique. Clocher de 75 m de haut. Porche monumental avec un joli tympan. Toujours étonnant de découvrir un tel édifice dans un si petit village, mais il faut dire qu'elle dépendait d'une importante abbaye. Nombreuses petites ruelles, avec quelques belles demeures, toutes rouges, bien fleuries en saison.

Office de tourisme du Pays belmontais : *☎ 05-65-99-93-66. Ouv tte l'année : juil-août, tlj ; le reste de l'année, tlj sf mer, sam et dim.* Organise des visites guidées de la collégiale en juillet-août *(mar et jeu ap-m à 15h et à 16h, rdv à l'office de tourisme).*

Le Val Fleuri : *imp. Raymond-Fournier ☎ 05-65-99-04-76. 06-88-42-28-78. • campingvalfleuri@orange.fr • campinglevalfleuri.com • Accès : D 999 Albi-Millau, entre Saint-Affrique et Saint-Sernin-sur-Rance, D 32 Belmont-sur-Rance ; dans le village, au bord de la Rance. Ouv 1er avr-15 oct. Emplacements tente 14-16 € ; hébergements locatifs 300-450 €/sem. CB refusées. 53 empl. Une boisson de bienvenue offerte sur présentation de ce guide.* Petit camping simple et familial au bord de la rivière, bien tenu par un couple franco-hollandais. Les emplacements sont séparés par de la végétation et bien ombragés. Ici, on est sensibilisé à la protection de la nature, et les proprios adhèrent à la charte de protection des oiseaux (LPO). Les animaux sont nombreux au camping : chien, chat, perroquet, âne et chèvre naine attendent l'attention et les caresses des amis des bêtes ! Un petit resto, quelques jeux pour les enfants, et piscine municipale voisine. Au resto, des plats à base de produits fermiers.

SAINT-SEVER-DU-MOUSTIER *(12370)*

À voir

Le musée des Arts buissonniers : *au centre du village. ☎ 05-65-99-97-97. • arts-buissonniers.com • Ouv Pâques-Toussaint ; juil-août, tlj 15h-19h ; hors saison, consulter le site. GRATUIT.* Le petit musée est en fait l'épicentre d'un centre culturel en milieu rural, qui compte aussi une fanfare et une troupe de théâtre. Le village est donc bien animé ! On y découvre des œuvres d'art brut d'artistes autodidactes pour la plupart, dans le cadre d'expos temporaires. Et si vous demandez, on vous emmènera voir, toujours dans le village, la « construction insolite »... qui porte bien son nom ! Une œuvre collective d'art brut qui mêle mosaïque, sculpture, architecture, peinture... en perpétuelle évolution depuis près de 10 ans, au rythme de ceux qui viennent y travailler quelques jours et laisser libre cours à leur créativité. Ne pas s'y rendre seul pour des raisons de sécurité.

LE LÉVÉZOU

À chaque pas, le Rouergue, tel le magicien sortant un lapin de son chapeau, ne cessera de vous étonner. Au sud-est de Rodez, entre le plateau de Lévézou et les causses, s'étend une région au relief accidenté, avec ses lacs et ses forêts, riche en villages pittoresques fort peu touristiques. Verdoyantes, certaines collines culminent à plus de 1 000 m. En été, on y campe fort bien pour des séjours en famille mêlant détente et découvertes.

LE PLATEAU DU LÉVÉZOU

À 800 m d'altitude, vaste plateau où s'étendent de grands lacs alimentés par les barrages de l'EDF. Avec ses 200 km de berges, ce sont les plus importants plans d'eau du Midi. On y trouve de nombreuses bases nautiques et de loisirs, et une grosse infrastructure de campings. Des cinq lacs, les plus importants sont ceux de *Pont-de-Salars,* de *Pareloup* et de *Villefranche-de-Panat* ; deux d'entre eux sont entièrement dévolus à la pêche.
À 800 m d'altitude, les vents favorables y permettent bien entendu la pratique du dériveur et de la planche à voile (pas étonnant qu'il y ait autant d'éoliennes !). Possibilité de pêche, baignade, randonnées pédestres et équestres. Visiter le village de *Salles-Curan* sur le lac de Pareloup. Église du XVe s, château des évêques de Rodez, ancien grenier aux dîmes.

Adresses utiles

ℹ ***Office de tourisme de Pareloup-Lévézou :*** *pl. de la Mairie, à* ***Pont-de-Salars.*** *☎ 05-65-46-89-90. • levezou-aveyron.com • Ouv lun-ven, plus sam en saison.* Propose de bons circuits en voiture dans les alentours, des parcours VTT et randonnées.

ℹ ***Syndicat d'initiative de Villefranche-de-Panat :*** *☎ 05-65-46-46-53. • villefranche-de-panat.fr • Juil-août, tlj 9h30-12h30, 17h-19h sf ap-m ven et dim ; hors saison, voir le site.*

ℹ En été, d'autres bureaux répartis dans tout le Lévézou : Arvieu, Salmiech et Salles-Curan, Cassagnes-Bégonhès.

Où dormir dans le coin ?

Campings

La région est dotée d'une multitude de campings qu'il serait long d'énumérer. Nous vous conseillons donc de prendre contact directement avec l'office de tourisme de Pont-de-Salars.

Prix moyens

Chambres d'hôtes du Mas Capel : *Le Mas Capel, 12410* ***Salles-Curan.*** *☎ 05-65-42-19-79. • joetbernard.creyssels@orange.fr • lemascapel.com • Du centre de Salles-Curan, suivre Curan sur 3 km puis tourner à gauche. Fermé nov-mars. Compter 61-69 € pour 2 selon saison. Apéritif offert sur présentation de ce guide.* Dans la maison familiale, 4 chambres très spacieuses, impeccables et contemporaines. Les couleurs sont soigneusement choisies et associées, et le chaleureux design est inattendu dans une maison de petit hameau. Une réussite, à un prix plus que raisonnable. On partage le salon et la salle à manger avec Jocelyne et Bernard, vraiment charmants. Cuisine extérieure, bien pratique, surtout en famille. Aucun bruit, la route s'arrête ici.

À voir

La Maison créative : *au bourg, 12290* ***Le Vibal.*** *☎ 05-65-46-85-82. À 6 km au nord de Pont-de-Salars. Juil-août, tlj 15h-18h ; hors saison, sur rdv. Entrée : 2,50 € ; gratuit moins de 15 ans. Compter 45 mn de visite libre.* Claude Villefranque est sculpteur-forgeron. Depuis 40 ans, il réalise des pièces à base de tôle forgée, soudée puis polie, pour donner naissance à des personnages ou exprimer sa vision du monde : on reconnaîtra Coluche, Renaud, Gainsbourg, mais aussi la victoire d'un taureau sur le matador. Avis aux amateurs.

SAINT-LÉONS

(12780) 300 hab. *Carte Aveyron, C3*

À 20 km au nord-ouest de Millau, en marge de la D 911. Petit village s'élevant dans un amphithéâtre de verdure (de plus en plus grignoté par les lotissements). Au-dessus, un château du XVe s. Saint-Léons est célèbre pour avoir donné naissance au grand entomologiste Jean-Henri Fabre en 1823. Il laissa 10 volumes de ses *Souvenirs entomologiques* qui traitent des mœurs et de l'instinct chez les insectes. Avant l'ouverture de la *Cité des Insectes,* l'œuvre de Jean-Henri Fabre était paradoxalement plus connue à l'étranger qu'en France, peut-être parce que ce génial autodidacte était jalousé par ses confrères français. Intéressante visite du village : le château, la chapelle Saint-Martin, le Fort-Bas, le tombeau de Léontius, etc.

Adresse utile

Bureau d'informations touristiques : *parking Micropolis. ☎ 05-65-61-80-52. • lesvezou-aveyron.com • Juil-août, lun-sam ; mar-sam en mi-saison et lun-ven en hiver.* Infos sur les activités et randonnées dans la région. Intéressant circuit de découverte du village, pour admirer de jolies fontaines, le château... Ne pas manquer non plus le *sentier botanique* et le *jardin des Insectes,* bien conçus et ludiques.

Où dormir dans les environs ?

Chambres d'hôtes le Mas de Clémany : *Boussac, 12780* ***Vézins-de-Lévézou.*** *📱 07-88-41-98-26. • mas-clemany.fr • À 11 km au nord de Saint-Léons ; fléché sur la droite, sur la D 654 entre Vézins et Gleysenove. Congés : nov-mars. Compter 60 € pour 2. Réduc de 10 % sur le prix de la chambre sur présentation de ce guide.* Une ancienne ferme, jolie maison de pierre, suffisamment à l'écart de ce tout petit village (avec son vieux château) pour être tout à fait tranquille. Mignonnes chambres d'une sobriété toute campagnarde : murs chaulés, poutres et pierre. Cuisine et salle à manger à dispo.

À voir

Micropolis – La Cité des Insectes : *☎ 05-65-58-50-50. • micropolis-aveyron.com • ♿ (parcours intérieur slt). Situé entre Millau et Rodez, sur la D 911 ; bien fléché. Ouv 13 fév-2 nov, 10h-17h (18h avr-juin ; 19h juil-août) ; avr-août et vac de la Toussaint et de février, tlj ; fév-mars et sept-nov, tlj sf lun-mar (fermeture des*

caisses 1h avt et à 17h30 en juil-août). Entrée (visite + audioguide + projection d'un film) : 13,80 € ; 9,50 € pour les 5-12 ans. Pass famille 41,60 €. Compter au moins 2h30 de visite. « Carnet du petit entomologiste » pour les enfants. Visite guidée le mat et animations pour les familles l'ap-m (2 € en sus). Espace pique-nique et restauration.
La grosse attraction du département, un véritable pôle qui attire une foule de touristes. Si vous pouvez commencer la visite dès l'ouverture, ce sera donc mieux. *Micropolis,* c'est un corps de bâtiments modernes, épousant l'environnement naturel.
À l'origine du projet, le département, qui a acheté les rushs (parties du film non utilisées et inédites) du film *Microcosmos.* De là, l'idée de réaliser un site dans l'esprit et la continuité du film. Et on y apprend plein de choses : il existe des fourmis esclavagistes ; le bourdon fait aussi du miel ; l'araignée, le mille-pattes ou le cloporte ne sont pas des insectes... Puis, on fait des rencontres : la ruche géante ; les abeilles qui frétillent en formant des sortes de 8 signalent ainsi à leurs congénères l'emplacement d'une source de pollen et la quantité ; différents types de fourmilières, conçues comme de grands vivariums, en passant par de nombreuses bornes interactives. Un petit bonjour aussi à la punaise des bois, appelée gendarme ; la voilà, la micropolice ! Et à propos de micropolice, toute une vitrine simule le déroulement d'un procès entre le drosera (plante carnivore) accusé – mais présumé innocent ! – d'avoir mangé le calliphore... Ruche à l'intérieur (ouverte sur l'extérieur), serre à papillons tropicaux (où l'on peut assister à la sortie de chrysalide des nouveaux papillons), 40 vivariums présentant des insectes tropicaux dans une salle voûtée en terre crue, ainsi qu'une fourmilière géante ; également un espace consacré aux insectes qui vivent dans les mares, et un autre qui présente les plantes carnivores dans une tourbière ; d'ailleurs, pourquoi certaines plantes sont-elles carnivores ? Quand la pauvreté de leur environnement ne leur permet pas de se nourrir par leurs racines, elles sont obligées de se nourrir en capturant des insectes.
Film en 3D sur les abeilles et un impressionnant mur géant, tactile et interactif pour explorer encore le monde de ces petites bêtes vivant en société.
À l'extérieur, « Le Carnaval des Insectes », un petit parcours poétique et ludique pour tous ceux qui ont gardé leur âme d'enfant. On s'étonne, on frissonne, on se passionne. Et vraiment, petits comme grands, on y apprend plein de choses de façon ludique et non dénuée d'humour : chercher donc l'intrus dans le défilé des insectes !

La maison natale de Jean-Henri Fabre : *☎ 05-65-58-50-50 (n° de Micropolis qui gère les deux sites). Juil-août, tlj 14h-19h. Entrée : 3 € ; enfants (5-12 ans) : 2 € ; réduc. Billet commun en saison avec Micropolis.* Très intéressante visite qui permet de comprendre en profondeur l'environnement du savant entomologiste et les origines de sa vocation. Présentation de ses innombrables travaux sur les insectes et les plantes et de certaines de ses – nombreuses – inventions. Expo d'insectes naturalisés.

La tourbière des Rauzes : *près de l'embranchement de la D 29 et la D 911.* Sentier d'interprétation de la tourbière et découverte de cet écosystème si particulier et si fragile. Renseignements et livret de visite disponibles au Monts du Lévézou et à l'office de tourisme de Pont-de-Salars.

SAINT-BEAUZÉLY

(12620) 525 hab. *Carte Aveyron, C3*

Sur la D 30, entre Millau et Rodez. Ancien village fortifié. Château du XIIIe s, modifié au XVIe s. Une grande arche traverse la rue principale. Belles tourelles en encorbellement. Intéressant musée de la Vie rurale.

À voir à Saint-Beauzély et dans les environs

Le musée des Métiers de la pierre et de la Vie rurale : *dans le château. ☎ 05-65-62-03-90. • saint-beauzely.fr • Juil-août, tlj 10h30-12h30, 14h30-18h30 ; avr-juin et sept-15 oct, slt l'ap-m sf jeu-ven. Entrée : 5 € ; réduc.* Riches collections d'objets et outils divers, liés à la vie quotidienne rurale. On visite à l'aide d'un support écrit. Au rez-de-chaussée, citerne du château, instruments agraires, vieilles barriques, antiques charrettes, etc. Forge reconstituée et petite étable. À l'étage, salle de la pierre. Outils des carriers, scies à pierre tendre, outils de la taille et de maçonnerie. Extraction de la lauze (ardoise en « écailles de poisson » ou lauze de calcaire). Mémoire de la vie rurale à travers les outils du sabotier et du cardeur. Jougs d'ânes, instruments agricoles, collection de lampes, reconstitution d'une salle de classe du début du XXe s... Mais aussi des meules extraites de carrières environnantes. Un beau musée dans son genre.

L'abbaye de Comberoumal : *à 2 km par la D 171 dans les bois en direction de Mauriac, sur la droite en haut d'une côte. GRATUIT.* Contourner ensuite la maison privée pour découvrir ce bel édifice de la fin du XIIe s, dans un décor bucolique. Grande pureté de l'ensemble, récemment restauré par un particulier. Église dépouillée à haute voûte en berceau. Cloître d'une grande sérénité avec son jardinet.

CASTELNAU-PÉGAYROLS

(12620) 285 hab. *Carte Aveyron, C3*

Voici un village médiéval – ancienne capitale du Lévézou – bien intéressant, d'autant plus qu'il est le seul dans le département à posséder cinq bâtiments classés Monuments historiques, même si le rude grès des maisons lui donne un côté assez austère. Voir l'*église* paroissiale, au centre du bourg, de taille imposante. Dans le chevet, une crypte, et au fond de la nef, une tribune avec une belle voûte d'ogives, une clef pendante et un retable de style flamboyant. Se balader dans le village pour les très vieilles demeures médiévales, les ruelles très étroites autour du château et les passages sous voûtes. Église des XIe-XIIIe s dans l'enceinte du cimetière.

À voir

Les cinq bâtiments classés Monuments historiques : le *château*, l'*église Notre-Dame*, le *prieuré roman bénédictin*, l'*abbatiale* et surtout l'*ancien réseau hydraulique à moulins* du Moyen Âge, unique au monde. Pour vous en parler, rien ne vaut une visite guidée organisée à la journée, avec halte au resto. *Rens au Point Accueil à l'entrée du village ou à l'association La Terrasse des Grands Causses. ☎ 05-65-62-00-06. • association@castelnau-pegayrols.fr • 4 visites au choix en juil-août. Compter 45 mn et 4 €. Hors saison, sur rdv. Sinon, visite du village possible grâce à un petit livret très bien fait (5 €).*

– **Le château :** *dans le village. ☎ 05-65-62-00-94. Juin-juil, tlj sf mar 14h30-18h30 (dernière entrée à 17h30). Attention min 4 pers pour la visite. Entrée : 5 €.* Château des XIe-XIIe s. Pour sa salle des Seigneurs, voûtée sur deux étages, et les grands appartements du marquis de Pégayrolles, datant du XVIIIe s.

LE TARN

ABC DU TARN

- *Nom :* il vient de la rivière Tarn, affluent de la Garonne qui prend sa source au mont Lozère.
- *Population :* 391 048 hab.
- *Superficie :* 5 758 km^2.
- *Densité :* 60 hab./km^2.
- *Taux de chômage :* env 10 %.
- *Préfecture :* Albi (51 510 hab.).
- *Sous-préfecture :* Castres.
- *Principaux secteurs d'activité :* 34 % dans les services et 20,2 % dans l'industrie, 6,1 % dans la construction et 7,6 % dans l'agriculture.
- *Signes* particuliers : le Tarn se distingue de ses deux voisins du nord Midi-Pyrénées par son engouement pour le ballon ovale. La première association de rugby dans le Tarn voit le jour en 1898.

Ancien territoire de la province du Languedoc, le Tarn est rattaché à la région Midi-Pyrénées, dans l'ombre de la riche Toulouse. Il conserve néanmoins des attaches avec son ancienne région (les cathares n'étaient-ils pas surnommés « albigeois » ?), partageant la Montagne Noire avec l'Aude et le parc naturel régional du Haut-Languedoc avec l'Hérault... Mais le Tarn se passe de toute considération géopolitique, il a son originalité pour lui (un pied dans le Midi, un autre dans la fraîcheur du Nord), ses forêts majestueuses, ses vallons romantiques, ses rochers fantastiques (Sidobre), ses vins bien sympathiques (gaillac), ses villages médiévaux et sa ville rouge, Albi, domptée par la cathédrale la plus hallucinante de France. En revanche, n'y cherchez pas les gorges du Tarn... elles sont en Lozère !

Nous avons découpé ce beau département tarnais en « pays » qui présentent chacun leur unité :

– *La vallée du Tarn :* qui contraste par sa douceur et sa nonchalance avec les gorges du même nom ; c'est là que se trouve la fameuse ville d'Albi, où l'on se laisse aller à tant d'effronteries gastronomiques.

– *Le Carmausin :* le pays de la mine, des gorges du Viaur et le bastion de Jaurès, qui tente aujourd'hui de se donner un nouveau destin.

– *Le pays de Cordes-Grésigne :* avec ses bastides albigeoises suspendues à des pitons rocheux.

– *Le val d'Agout :* un coin d'Occitanie qui s'est enrichi grâce au pastel, et que l'on a appelé le pays de cocagne.

– *Le Gaillacois :* avec ses rangées de vignes dévalant les pentes des collines ondulantes.

– *Mazamet et la Montagne Noire :* au sud du département, cette masse forestière est la ligne de partage des influences atlantique et méditerranéenne ; au pied de la Montagne Noire trône Mazamet, ville symbole de l'industrie du délainage et du cuir.
– *Le Sidobre :* où la nature a bravé les lois de l'équilibre et donné libre cours à des élans de fantasmagorie géologique ; non loin de là, Castres.
– *Les monts de Lacaune :* des sommets aux courbes adoucies et émoussées, parcourus par des fougères, des pâturages et des forêts, aux portes du Massif central.

LE PARC NATUREL RÉGIONAL DU HAUT-LANGUEDOC

Sur les derniers contreforts du Massif central, le parc naturel régional du Haut-Languedoc s'étend sur 93 communes également réparties sur deux départements, le Tarn et l'Hérault ; 47 communes, 64 000 habitants et 140 000 ha pour le premier, 46 communes, 18 000 habitants (eh oui !) et 120 000 ha pour le second.
Sa situation, à cheval sur la ligne de partage des eaux de l'Atlantique et de la Méditerranée, lui donne son originalité, et explique les ambiances très contrastées que vous rencontrerez. C'est une fabuleuse palette de couleurs et de senteurs, une véritable mosaïque de paysages et d'atmosphères qui s'étend, dans le Tarn, du Sidobre jusqu'aux monts de Lacaune.
Pour tt rens sur les possibilités de balades et de découverte du patrimoine local, s'adresser à la Maison du parc naturel régional du Haut-Languedoc, 34220 ***Saint-Pons-de-Thomières*** *(☎ 04-67-97-38-22 ; • parc-haut-languedoc.fr •) ou aux offices de tourisme.*

LES VINS DE GAILLAC

Un vignoble millénaire

Déjà présente à l'époque gallo-romaine quand les potiers de Montans fabriquaient des amphores vinaires, la viticulture gaillacoise connaît un essor important à compter de la fondation de l'abbaye Saint-Michel par les bénédictins en 972. Le vin de Gaillac se développe au XIIIe s, période à laquelle les consuls des villes de Gaillac, Lisle et Rabastens établirent les premières chartes connues : choix des terroirs, sélection des cépages, qualité des bois de fûts, dates des vendanges.

COCORICO

Le nom de Gaillac a été créé en 972 sur une déclinaison du mot latin gallus *qui signifie coq. Les fûts de vin qui quittaient la ville portaient l'effigie du volatile. C'était ainsi un moyen d'identifier leur provenance. Par la suite, les vins de Gaillac ont naturellement été surnommés les vins du coq. Aujourd'hui, le coq fait son come-back puisque les viticulteurs de l'AOC gaillac utilisent de nouveau ce symbole pour faire connaître leurs vins.*

La rivière a joué très tôt un rôle prépondérant dans le commerce et l'exportation du vin. Le port de Gaillac était alors très prospère. En descendant le Tarn vers la Garonne, et en rejoignant Bordeaux, les gabarres ont permis au gaillac de partir à la conquête de la France et des pays voisins. Les vins du coq (signification romaine de *gaillac*) étaient très prisés à la cour des rois d'Angleterre.
On peut découvrir ces terroirs le long de la route du vignoble grâce à une signalisation commune (très pratique pour s'orienter). Le mieux est de se procurer la

carte du vignoble à la ***Maison des vins de Gaillac*** pour se laisser porter à son gré, au fil du vignoble de Gaillac, encore nommé ***« Toscane française »*** par certains. Aujourd'hui, les vins de Gaillac permettent de se faire plaisir avec un bon rapport qualité-prix.

Adresses et infos utiles

i *Comité départemental de tourisme* *(plan couleur Albi B1,* ***4****)* ***:*** *41, rue Porta, Moulins albigeois, BP 225, 81006* ***Albi*** *Cedex. ☎ 05-63-77-32-10. • tourisme-tarn.com • Lun-ven 9h-12h, 14h-17h30.* Service de réservation des séjours en ligne. Propose, entre autres, une trentaine de fiches très bien faites pour parcourir la région à vélo, moto ou en voiture. Disponibles également dans les offices de tourisme. Propose un site internet mobile, le « guide touristique pratique » avec disponibilité des hébergements en temps réel, ainsi qu'une application iPhone gratuite « circuits touristiques du Tarn ». Antenne estivale à l'hôtel *Reynes* (voir plus loin).

■ ***Service Tarn-réservation-tourisme (Loisirs Accueil) :*** *41, rue Porta, BP 60336, 81027* ***Albi*** *Cedex 9. ☎ 05-63-77-32-30. • tarn-vacances.com •* Résa de meublés, campings, chalets, etc. Formules « idées de séjours ».

■ ***Gîtes de France – Association tarnaise de tourisme en espace rural (ATTER) :*** *Maison des agriculteurs, BP 80332, 81027* ***Albi*** *Cedex 9. ☎ 05-63-48-83-01. • gites-tarn.com •*

■ ***Comité départemental de la randonnée pédestre :*** *6, rue Saint-Clair, 81000* ***Albi.*** *☎ 05-63-47-33-70. • randonnee-tarn.com •*

– ***Tarn-Bus :*** le conseil général du Tarn a mis en place un réseau de bus entre les principales villes du département, à tarif fort intéressant : 2 € le trajet, avec une correspondance. Billets en vente auprès du conducteur. *Rens : ☎ 09-80-50-09-69 ou • tarnbus.tarn.fr •*

LA VALLÉE DU TARN

ALBI

(81000) 51 441 hab. *Carte Tarn, B2*

▸ Pour le plan d'Albi, se reporter au cahier couleur.

Albi, surnommée « Albi la Rouge » à cause de la couleur de sa brique, est certainement l'une des plus belles villes de la région. La cité épiscopale est d'ailleurs classée au Patrimoine mondial de l'Unesco depuis 2010. Elle n'a rien à envier à la Toscane italienne, avec son patrimoine architectural hors du commun. D'une apparence indolente, à l'image de ses sœurs italiennes, cette préfecture se développe autour d'une place, la *place du Vigan,* plus active que les pourtours de la cathédrale et de l'ancienne ville.

UN PEU D'HISTOIRE

Albi est rattachée au royaume de France au milieu du IXᵉ s. La question religieuse se complique à partir du XIᵉ s, avec l'apparition dans la région de la doctrine cathare, opposée aux incohérences et aux inégalités devenues l'apanage d'un catholicisme romain omnipotent.

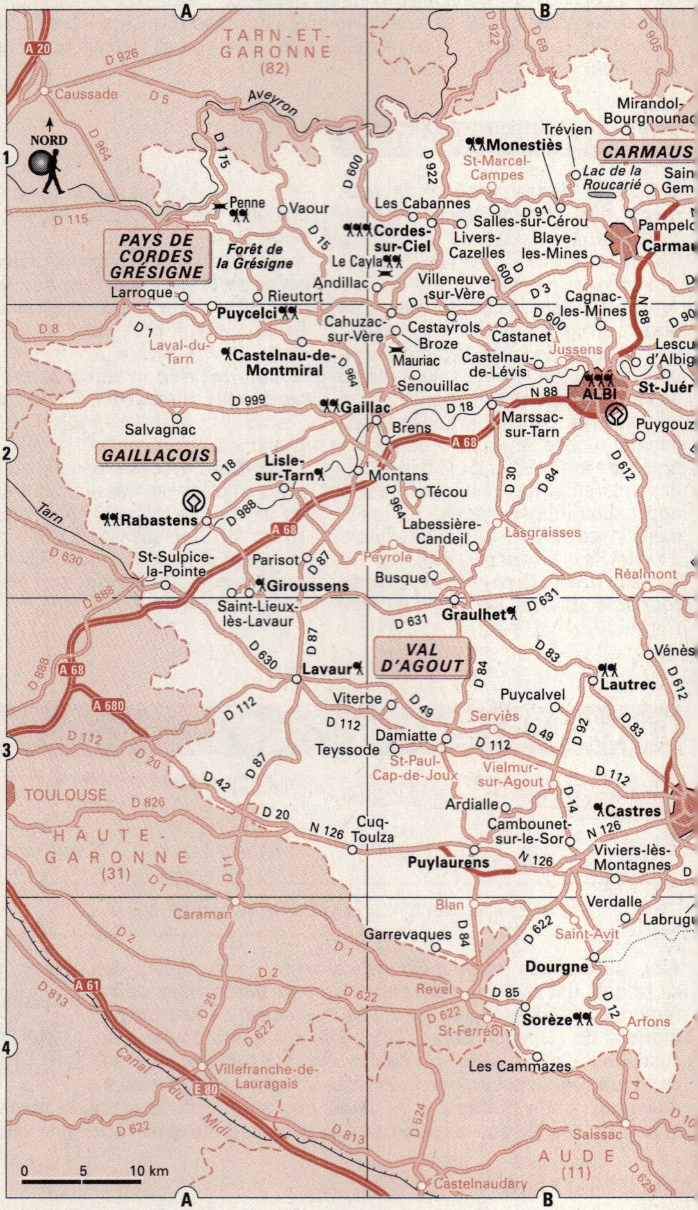
A
B
1
2
3
4
NORD
TARN-ET-GARONNE (82)
A 20
D 926
Caussade
D 5
Aveyron
D 964
D 115
D 175
Penne
Vaour
D 600
D 922
D 15
PAYS DE CORDES GRÉSIGNE
Forêt de la Grésigne
Cordes-sur-Ciel
Le Cayla
Andillac
Larroque
Rieutort
Puycelci
D 8
D 1
Laval-du-Tarn
Castelnau-de-Montmiral
D 964
D 999
Salvagnac
Gaillac
GAILLACOIS
D 18
Lisle-sur-Tarn
Montans
Tarn
Rabastens
D 988
A 68
D 630
St-Sulpice-la-Pointe
Parisot
D 87
Giroussens
Saint-Lieux-lès-Lavaur
D 888
D 630
Lavaur
A 680
D 112
D 20
D 42
TOULOUSE
D 826
HAUTE-GARONNE (31)
D 1
D 11
Caraman
D 2
A 61
D 813
D 25
D 622
Canal du Midi
Villefranche-de-Lauragais
E 80
D 622
D 813
0
5
10 km
Monestiès
St-Marcel-Campes
Trévien
Mirandol-Bourgnounac
CARMAUS
Lac de la Roucarié
Les Cabannes
Salles-sur-Cérou
D 91
Livers-Cazelles
Blaye-les-Mines
Carmaux
Pampelonne
D 600
Villeneuve-sur-Vère
D 3
Cagnac-les-Mines
N 88
Cahuzac-sur-Vère
Cestayrols
Broze
Castanet
D 600
Mauriac
Castelnau-de-Lévis
Jussens
Lescure-d'Albigeois
Senouillac
ALBI
St-Juéry
N 88
D 18
Marssac-sur-Tarn
Brens
Puygouzon
D 612
D 30
D 84
Técou
D 964
Labessière-Candeil
Lasgraisses
Peyrole
Busque
Réalmont
Graulhet
D 631
D 631
VAL D'AGOUT
D 84
D 83
Vénès
Lautrec
D 612
Viterbe
D 49
Puycalvel
D 83
D 112
Serviès
Damiatte
D 49
D 92
Teyssode
D 112
St-Paul-Cap-de-Joux
Vielmur-sur-Agout
D 112
D 87
Ardialle
D 14
Castres
Cuq-Toulza
N 126
Cambounet-sur-le-Sor
N 126
Puylaurens
N 126
Viviers-lès-Montagnes
Verdalle
Blan
Labruguière
D 84
D 622
Saint-Avit
Garrevaques
D 1
D 2
Dourgne
D 622
Revel
D 85
D 12
D 622
Sorèze
Arfons
St-Ferréol
Les Cammazes
D 4
D 524
Saissac
AUDE (11)
D 629
Castelnaudary

ALBI

C
D
1
2
3
4
AVEYRON
(12)
HÉRAULT
(34)
Tanus
Faussergues
Valence-d'Albigeois
Réquista
Saint-Cirgue
Ambialet
Trébas
Villeneuve-sur-Tarn
Tarn
St-Affrique
Alban
St-Sernin-sur-Rance
Montredon-Labessonnie
Lacaze
Lacaune-les-Bains
MONTS DE LACAUNE
Moulin-Mage
Murat-sur-Vèbre
Gijounet
Espérausses
Vabre
Nages
Rieumontagné
Lac du Laouzas
SIDOBRE
Peyro Clabado
Ferrières
Guyor-en-Sidobre
Lacrouzette
Burlats
Brassac
Le Bez
Lac de la Raviège
PARC
RÉGIONAL DU
HAUT-LANGUEDOC
Noailhac
Anglès
Bout-du-Pont-de-l'Arn
Mazamet
St-Amans-Soult
Labastide-Rouairoux
Hautpoul
Albine
Lacabarède
St-Pons-de-Thomières
Pic de Nore
1 209
Pradelles
Montagne Noire
Cascade de Cubserviès
Gouffre géant de Cabrespine
D 997
N 88
D 902
D 993
A 75
D 44
E 11
D 53
D 903
D 74
D 33
D 992
D 999
D 86
D 607
D 81
D 89
D 171
D 55
D 622
D 922
D 93
D 68
D 908
D 612
N 112
D 118
D 112
D 907
D 920
D 12
D 620
Puycelci
Lieux traités
Larroque
Adresses et lieux dans les environs
Noailhac
Repères
sites inscrits au Patrimoine mondial de l'Unesco

LE TARN

Remettons les choses à leur place : le nom d'« albigeois » donné par la suite aux adeptes de la religion cathare est trompeur, Albi n'ayant été ni le berceau ni un bastion important de ce contre-pouvoir religieux venu des Balkans et principalement implanté dans le Languedoc (les citadelles où se réfugièrent les « hérétiques » – terme également mal approprié – sont pour la plupart dans l'actuel département de l'Aude). Les habitants d'Albi se contentaient de témoigner beaucoup de sympathie aux très pieux cathares (épris de justice, pacifistes et désireux de revenir à un christianisme « pur », proche de celui des débuts). Ce phénomène inquiétait les puissants évêques d'Albi, qui entamèrent, au XIIIe s, de gigantesques travaux : le palais épiscopal de la Berbie (château qui les protégeait), mais surtout la cathédrale Sainte-Cécile, conçue comme une véritable « forteresse de Dieu » ! Il fallut deux siècles pour achever cet imposant édifice devant symboliser l'autorité de l'Église et une foi « retrouvée » après les massacres de la croisade menée par le pape et le royaume de France contre les cathares, dont la religion s'acheva, après les guerres et l'Inquisition, dans les flammes des bûchers...

Arriver – Quitter

Gare SNCF *(hors plan couleur par A3) : pl. Stalingrad. ☎ 36-35 (0,34 €/mn). À 10 mn à pied du vieil Albi.*

➢ *Depuis Paris :* env 7h avec une correspondance.

➢ *Depuis Toulouse :* env 1h de trajet.

Gare routière *(plan couleur B3) : pl. Jean-Jaurès. ☎ 05-63-54-58-61.* Liaisons du lundi au samedi avec Gaillac, Castres, Cordes, Rodez...

Adresses et infos utiles

Office de tourisme *(plan couleur A2) : pl. Sainte-Cécile. ☎ 05-63-36-36-00. ● albi-tourisme.fr ● À côté du musée Toulouse-Lautrec. Tte l'année, tlj sf certains j. fériés.* Propose des forfaits touristiques « Destination Albi » avec résa hôtelière, un *Albi City pass* pour découvrir la ville sans se ruiner (lire plus loin dans « À voir. À faire »). Belle doc et guides de découverte des principaux monuments de la ville. Application gratuite *Albi* pour iPhone et iPad, *● m.albi-tourisme.fr ●* pour tous les mobiles. Autre bureau : *pl. des Cordeliers, à l'intérieur du Grand Théâtre ; ouv tte l'année.*

■ ***Transports urbains : Espace Infos Mobilités,*** *16, av. du Général-de-Gaulle. ☎ 05-63-76-05-05.* Circulent dans l'agglomération.

■ ***Location de VTC*** *(hors plan couleur par B3,* ***1****) :* ***Basile,*** *28, av. du Maréchal-Foch. ☎ 05-63-38-43-09.*

■ ***Location de voitures : Hertz,*** *15, rue Jean-Monod. ☎ 05-63-60-89-89. ● hertz.fr ●* ***Avis,*** *☎ 05-63-54-76-54. ● avis.fr ●*

Stationnement : le parking de la cathédrale *(plan couleur A2),* à 5 mn de cette dernière, dispose de places gratuites (attention, les places du 1er niveau sont payantes). Le parking Teyssier *(plan couleur A1),* situé au nº 11, rue de la Madeleine, est gratuit. Sinon, plusieurs parkings payants au centre-ville.

– ***Marchés :*** *sam mat.* Marché aux légumes et produits fermiers *(pl. Fernand-Pelloutier, hors plan par B3 ; et bd de Strasbourg, hors plan par B1),* et marché forain *(jardin National ; plan couleur B3).* Le plus important de la ville. *Sinon, tlj sf lun 8h-14h, marché couvert sous les halles (plan couleur A2).*

– ***Marché bio :*** *mar 16h-20h, pl. Fernand-Pelloutier (hors plan couleur par B3).*

– ***Marché aux puces :*** *sam mat, pl. du Castelviel (hors plan couleur par A2).*

– ***Marché aux livres et aux artistes :*** *mer et sam tte la journée, rue Mariès.*

Où dormir ?

Camping

⛺ ***Albirondack Park*** *(hors plan couleur par B2,* ***10****) : 31, allée de la Piscine. ☎ 05-63-60-37-06. 📱 06-84-04-23-13. • albirondack@orange.fr • albirondack.fr • ♿ À 2 km env du centre-ville ; prendre la direction de Saint-Juéry (D 999), puis fléché. Possibilité de rejoindre le centre à pied par l'Échappée verte (30 mn), chemin piéton qui longe le ruisseau du Caussels et les berges du Tarn. Ouv d'avr à mi-oct (tte l'année pour les loc). Congés : 15 nov-15 déc. Emplacements tente 16-30 € selon saison. Hébergements locatifs 350-650 €/sem selon saison. 60 empl. Réduc de 5 % sur présentation de ce guide hors 14 juil-15 août.* Beau camping parfaitement ombragé et très bien équipé. Location de mobile homes et chalets pour 2-6 personnes, ainsi que de cabanes perchées pour 2 personnes (possibilité de location à la nuit hors saison). En été, piscine, miniclub pour les enfants, animations. Piscine chauffée toute l'année. Le tout dans une atmosphère qui rappelle le Grand Nord américain. Vraiment bien ! Accueil très irrégulier ; dommage.

De prix moyens à chic

🏠 ***Hôtel Saint-Clair*** *(plan couleur A2,* ***12****) : 8, rue Saint-Clair. ☎ 05-63-54-25-66. • hotel.saint-clair@orange.fr • hotel-albi-saintclair.com • ♿ Fermé à 21h le soir. Doubles 48-55 € selon confort ; familiale 90 €. Garage payant (3 places).* 📶 À 5 mn de la cathédrale, un hôtel d'une quinzaine de chambres quelque peu rénovées. Dans le bâtiment principal, elles ont conservé une atmosphère à l'ancienne. Dans l'annexe, juste en face, 4 chambres climatisées, de taille modeste, dans un esprit à la fois moderne et classique.

🏠 ***Hôtel Les Pasteliers*** *(hors plan couleur par B3,* ***13****) : 3, rue Balzac. ☎ 05-63-54-26-51. • contact@hotellespasteliers.com • hotellespasteliers.com • Doubles 60-70 € selon confort et saison ; familiales 80-120 €. Parking. 💻 📶 Réduc de 10 % sur le prix de la chambre sur présentation de ce guide.* L'ensemble a été aménagé selon un savant mélange et dosage de bourgeois, de traditionnel, de moderne et de douce excentricité comme ce lit circulaire posé au milieu de la chambre n° 215. De superbes meubles chinés côtoient du mobilier de facture contemporaine. Toutes les chambres sont personnalisées et disposent de la clim. En prime, un excellent accueil.

🏠 ***Hôtel Cantepau*** *(hors plan couleur par B1,* ***14****) : 9, rue Cantepau. ☎ 05-63-60-75-80. • contact@hotelcantepau.fr • hotelcantepau.fr • ♿ Ouv tlj. Congés : 23 déc-5 janv. Doubles 49-104 € selon confort et période. Parking. 💻 📶 Réduc de 10 % sur le prix de la chambre sur présentation de ce guide.* La façade du bâtiment n'est peut-être pas des plus engageante, on en convient. Mais une fois le pas de la porte franchi, surprise ! On découvre un hôtel rénové qui dégage une petite atmosphère coloniale (meubles en osier). L'accueil s'avère charmant, et les chambres sont simples mais confortables (double vitrage pour les plus exposées).

🏠 ***Hôtel d'Orléans*** *(hors plan couleur par A3,* ***15****) : pl. Stalingrad. ☎ 05-63-54-16-56. • hoteldorleans@wanadoo.fr • hotel-orleans-albi.com • ♿ (accès au resto slt). En face de la gare ferroviaire. Tte l'année. Doubles 85-92 € selon confort et saison ; familiales 109-122 €. Garage payant. Loc de vélos.* 💻 📶 Un hôtel tenu par la même famille depuis 1902, c'est dire si on connaît le métier ! La nouvelle génération arrivée, la soixantaine de chambres ont été rénovées dans un esprit contemporain (lignes sobres, couleurs sympas). Elles offrent aujourd'hui tout le confort nécessaire (clim, TV satellite). Piscine. La dynamique patronne conduit tout ça tambour battant en étoffant sa collection de whiskies de malt (quelques belles bouteilles). Quant à son mari, il est en cuisine au resto *Le Goulu* (voir « Où manger ? »).

Plus chic

🏠 🍴 ***Hôtel Mercure Albi, Cité épiscopale*** *(plan couleur B1, **16**)* **:** *moulins albigeois, 41, rue Porta. ☎ 05-63-47-66-66. • mercure.albi@wanadoo.fr • lavermicellerie-hotelmercure.fr • ♿ Resto fermé le midi sam-dim et j. fériés. Doubles 118-128 € selon confort, saison et vue. Petit déj 16 €. Formule 16,50 €. Menu 21 € ; carte 35 €. Parking gratuit. 💻 📶 1 entrée au musée Toulouse-Lautrec offerte sur présentation de ce guide.* Dans les murs de brique rouge d'un ancien moulin du XVIIIe s, l'hôtel 4 étoiles domine majestueusement les berges du Tarn, face à la cathédrale. Restauré, il a conservé sa façade de style et son porche monumental, ce qui contribue à faire oublier que l'on se trouve dans un hôtel de chaîne. Évidemment on paie le prix aussi bien du confort que du panorama, sans doute le plus beau d'Albi (vue sur la rivière et la cathédrale Sainte-Cécile pour les plus chères). Côté resto, la cuisine se déguste avec plaisir, avec le spectacle de la rivière et de la vieille ville. Personnel aimable et professionnel.

Où manger ?

Bon marché

🍴 ***Le Tournesol*** *(plan couleur B3, **20**)* **:** *11, rue de l'Ort-en-Salvy. ☎ 05-63-38-38-14. ♿ Ruelle donnant pl. du Vigan. Ouv lun-ven à midi slt. Plat du jour 10,80 €. Repas env 20 €. Café offert sur présentation de ce guide.* C'est LE resto végétarien d'Albi. Voici une bonne adresse pour prendre du plaisir sans se ruiner. Dans un cadre coloré, sobre, lumineux et aéré (salle climatisée), de la cuisine au naturel savoureuse. Terrasse en été.

🍴 ***Chez Yvette*** *(hors plan couleur par A3, **21**)* **:** *pl. Stalingrad. ☎ 05-63-38-67-67. • emmalachamp@hotmail.fr • Face à la gare. Tlj sf dim-lun. Formules déj en sem à partir de 11,50-13,50 € ; le soir, tastous dînatoires et planches 11,50-15 € ou plats 11-16 €. Menu le soir 23,50 €.* Imaginez un genre de cabane scandinave perdue dans le sud de la France, avec des murs bardés, des objets et des meubles de brocanteur en guise de déco ! Le cadre est chaleureux. Au menu, une cuisine familiale à midi ; le soir, on y grignote des assiettes remplies de bons produits de la région uniquement *(tastous)*, genre tapas du Sud-Ouest ! Un petit ballon de vin pour faire descendre le tout (nombreuses références), et le tour est joué ! Quant à Yvette, qui est-elle ? Que fait-elle ? Où est-elle ? Demandez donc ! C'est tout un poème (ou des poèmes...). Une adresse conviviale et à l'atmosphère joyeuse.

🍴 ***Le Solelhou*** *(plan couleur A3, **22**)* **:** *13, rue du Plancat. ☎ 05-63-49-03-51. Ouv à midi slt lun-ven. Congés : 1 sem à Pâques et vac de Noël. Repas 12 € env. CB refusées.* Un salon de thé-resto presque aussi grand qu'un mouchoir de poche, proposant salades, tartes salées, quiches, plats du jour. Du simple, du frais, du bon. Pâtisseries maison et thé à la menthe aux mille vertus. Petit *rainbow flag* à l'entrée, que les intéressés ne manqueront pas de remarquer... Accueil sympa.

De prix moyens à chic

🍴 ***Lou Sicret*** *(plan couleur B2, **23**)* **:** *1, rue Timbal. ☎ 05-63-38-26-40. • lousicret@gmail.com • ♿ Tlj sf dim-lun. Congés : 3 sem de mi-sept à début oct. Formule à midi en sem env 15 € ; le soir, à la carte slt, env 30 €. 📶* Un resto qui se cache au fond d'un passage presque secret et qui propose une franche cuisine traditionnelle. Magret de canard, tripoux, souris d'agneau et joue de bœuf sont à la fête. On ressort repu ! Robustes tables en bois et cour plaisante aux beaux jours, le tout dans une atmosphère conviviale.

🍴 ***Le Lautrec*** *(plan couleur A3, **24**)* **:** *13-15, rue Toulouse-Lautrec. ☎ 05-63-54-86-55. • restaurantlelautrec@wanadoo.fr • Tlj sf dim-lun, ouv dim soir hors saison. Formules déj en sem 16-18 € ; menus 25-42 €. Apéritif maison offert sur présentation de ce guide.* En face de la maison natale de Toulouse-Lautrec, un resto fort plaisant, tant par son cadre rustique que par sa cuisine. En été, petit patio calme, sous une tonnelle de glycine, qui réserve une certaine intimité. Plats régionaux particulièrement réussis, d'autres s'inspirant de saveurs méditerranéennes ou beaucoup plus lointaines.

La Table du Sommelier *(hors plan couleur par B1,* ***25****) : 20, rue Porta. ☎ 05-63-46-20-10. • latable dusommelier@orange.fr • latabledu sommelier.com • ♿ À 5 mn à pied du musée Lapérouse. Tlj sf dim-lun. Formule déj en sem 17 €, menus 25-35 € (48 € avec vins). Le 1er verre de vin facturé, le 2e verre offert sur présentation de ce guide.* Un resto-bar à vins qui n'a pas volé son enseigne, car la cave est particulièrement intéressante ! Rien d'étonnant, puisque Daniel Pestre a été consacré meilleur sommelier de France en 2004 ! Le décor de briques et poutres est autour des étiquettes et des bouchons. 2 belles terrasses dont une magnifique couverte, à l'arrière. Belle cuisine de marché aux menus régulièrement renouvelés. Ceux autour du vin sont servis avec dégustation de vins à l'aveugle : à vous d'en découvrir la provenance, c'est assez ludique ! Mais attention, les vins servis au verre sont parfois de contenance différente ; bien se le faire préciser à la commande pour éviter les déconvenues ! Daniel Pestre tient un autre établissement du même nom à Gaillac, à 25 km de là.

Restaurant Le Chistera *(plan couleur A2,* ***26****) : 10, pl. Monseigneur-Mignot. ☎ 05-63-43-62-41. • contact@chistera-albi.com • Ouv tlj avr-sept, fermé dim soir-mer le reste de l'année. Formule 14,50 €, menu 25 €. Café offert sur présentation de ce guide.* Contournez l'imposante cathédrale pour découvrir ce resto qui se dissimule dans une ancienne grange. Plats basques : *taloas* (galettes de maïs) au poisson ou au chorizo. Sinon, grand choix de tapas, bien sûr. Enfin, les *pintxos* qui sont des tapas posées sur des tranches de pain. Paisible terrasse ombragée à midi pour se sentir tout petit au pied de la cathédrale, et à l'écart de la circulation.

Le Clos Sainte-Cécile *(plan couleur A2,* ***27****) : 3, rue du Castelviel. ☎ 05-63-38-19-74. ♿ À deux pas de la cathédrale. Tlj sf mar-mer. Congés : vac fév et vac Toussaint. Menus 18-26 € ; carte 30 € env.* Dans cette ancienne école qui a fermé ses portes dans les années 1990 ne résonnent plus les cris des écoliers en culottes courtes, mais bien ceux des coups de fourchettes et de couteaux. Un resto au cadre sobre pour une cuisine fraîche, bien amenée et agrémentée d'un brin de fantaisie. En été, avec ses lauriers-roses, ses tilleuls et ses guirlandes de loupiotes multicolores, l'ancienne cour de récréation offre un cadre délicieusement champêtre.

Restaurant Le Goulu *(hors plan couleur par A3,* ***15****) : resto de l'Hôtel d'Orléans (voir « Où dormir ? »). Fermé ven soir, sam-dim et j. fériés nov-mars ; sam midi, dim soir et lun midi avr-oct. Formule et menus 18-35 € ; carte 38 €. Apéritif offert sur présentation de ce guide.* Cadre assez chicos mais pas guindé. Une cuisine qui fait honneur principalement aux produits régionaux, préparés avec doigté et finesse. Quelques plats aux saveurs méditerranéennes également. Excellents desserts. Les formules sont une bonne affaire ! Service attentif. Bref, une institution à Albi !

Chic

L'Épicurien *(plan couleur B3,* ***29****) : 42, pl. Jean-Jaurès. ☎ 05-63-53-10-70. • l-epicurien@orange.fr • ♿ Tlj sf dim-lun. Formule déj 21 € et menus 28-49 €. Café offert sur présentation de ce guide.* Derrière les larges baies vitrées, le design contemporain rappelle les origines suédoises du chef. Rikard Hult associe ses influences scandinaves aux produits régionaux avec une simplicité raffinée. Les assiettes épurées ignorent les « lourdeurs » locales pour provoquer de délicieuses surprises, sources d'émotions. Midi et soir, on peut combiner la carte bistrot et la carte gastronomique, alternant à l'envie recettes nobles et plats canailles... (bien regarder les assiettes des voisins pour éviter certaines déconvenues). Très belle carte des vins à prix tout à fait abordables, une bonne surprise dans un resto que l'on a vite fait de qualifier de chic.

Où dormir ? Où manger dans les environs ?

De prix moyens à plus chic

Chambres d'hôtes Le Pignié : *chemin des Pignès, 81380* **Lescure-d'Albigeois.** *☎ 05-63-60-44-31. 06-15-73-06-90. • lepignie@gmail.com • lepignie.com • À 5 km env du centre-ville. Ne pas aller à Lescure-d'Albigeois ; d'Albi, prendre la direction de Notre-Dame-de-la-Drèche ou Cagnac-les-Mines (D 90) ; laisser l'église de la Drèche sur la gauche, poursuivre la route principale sur 800 m, puis tourner à droite (fléché). Tte l'année. Compter 77-80 € pour 2 pers selon période et nombre de nuits et 20 €/pers suppl. Table d'hôtes 25 €.* Dans un paysage de collines, une belle propriété albigeoise où 3 corps de bâtiments entourent une jolie piscine. Chambres aux couleurs vives, vastes et indépendantes, avec salle de bains. Deux d'entre elles donnent sur une terrasse privée. Un petit faible pour l'Amaryllis, à l'étage, avec ses fenêtres offrant une belle vue dégagée. Cuisine à disposition et table d'hôtes sauf en semaine en période scolaire.

La Taverne : *rue Aubijoux, 81150* **Castelnau-de-Lévis.** *☎ 05-63-60-90-16. • contact@tavernebesson.com • tavernebesson.com • Prendre la route de Cordes (D 600), puis, à 4 km, la D 1 à gauche ; Castelnau est à 3 km et La Taverne se trouve sur la droite de la chaussée, au centre du village. Resto fermé lun et mar midi (plus dim soir hors saison). Congés : vac scol fév-mars. Doubles 78-98 € selon confort. Menus 20-54 €, carte env 40 €.* Amis épicuriens, venez vous régaler et trouver ici votre bonheur : veau fermier du Ségala, pigeon du Mont-Royal... et en guise d'ultime délice, un magnifique chariot de desserts et une carte des vins du feu de Dieu. Service à la hauteur, en salle comme en terrasse. Et pour prolonger l'étape dans cette belle auberge de village au cadre gentiment modernisé, une petite dizaine de chambres, classiques et climatisées. Profitez-en pour aller jeter un œil à l'église et aux ruines du château fort.

Gîte du Domaine d'Orancie : *8, chemin de Jussens, 81150* **Castelnau-de-Lévis.** *☎ 05-63-45-12-39. • domaine.orancie@gmail.com • domaine-orancie.com • À 5,6 km d'Albi par la D 10. Congés : janv. Gîte 8 pers 660 €/w-e ; 1 750-2 100 €/sem. Une bouteille de gaillac offerte sur présentation de ce guide.* Dans une belle maison du XIXe s, un gîte avec 3 chambres. Idéal pour ceux qui souhaitent profiter du calme de la campagne tout en étant aux portes d'Albi.

Où boire un verre ? Où sortir ?

Grand Café Le Pontié *(plan couleur B2,* ***30****) : pl. du Vigan. ☎ 05-63-54-16-34. Ouv jusqu'à 2h.* La terrasse la plus fréquentée d'Albi.

The O'Sullivans's *(plan couleur B3,* ***31****) : 44, pl. Jean-Jaurès. ☎ 05-63-43-46-12. Tlj jusqu'à 2h ; tapas à partir de 18h.* Faire venir d'Irlande de grands gaillards spécialisés dans la construction de pubs traditionnels avec 35 t de matériel dans leurs valises, fallait oser ! Un pari fou, certes, mais réussi ! Cadre rustique et authentique avant tout. Terrasse littéralement BON-DÉE en été !

L'Estabar *(hors plan couleur par A3,* ***32****) : 12, av. François-Verdier. ☎ 05-63-38-29-03. Tlj sf dim jusqu'à 2h. Congés : août.* Un bar-resto au cadre plutôt branché et connu des étudiants (normal, l'université est en face !) pour ses cocktails, tequila, rhums, etc. Le soir, ambiance festive et bon enfant. DJ le week-end.

ALBI

Achats

Michel Belin *(plan couleur B3, **40**) : 4, rue du Docteur-Camboulives. ☎ 05-63-54-18-46. Tlj sf dim-lun. Autre boutique : 8, pl. Lapérouse. ☎ 05-63-54-15-59. Tlj sf dim ap-m.* Une adresse pour les amateurs de chocolat. Achetez-le en vrac, surtout le noir amer, c'est comme ça qu'il est le meilleur (et en plus, il paraît que le tanin du cacao protège l'émail des dents contre les caries...). Dans la boutique de la pl. Lapérouse, également un salon de thé avec terrasse.

Alby Foie Gras *(plan couleur A2, **41**) : 29, rue Mariès. ☎ 05-63-38-21-33. Tlj sf dim-lun 9h30-12h30, 14h-19h.* Une institution familiale passée maître dans la transformation du canard et de l'oie : foie gras, magret, tournedos, cou de canard, pâté, fritons, etc. Tout est fait à la main, excellent, et les prix sont particulièrement raisonnables ! Et si vous voulez des produits frais, genre carcasses ou canards entiers, rendez-vous à la fabrique : *rue de Lévizac, route de Carmaux (hors plan couleur par B1). ☎ 05-63-60-74-82. Tlj sf dim 8h30-12h, 14h30-18h.*

L'Artisan Pastellier *(plan couleur A2, **42**) : 5, rue Puech-Bérenguier. ☎ 05-63-38-59-18. Juin-sept, tlj sf dim et lun mat 10h-12h, 14h-19h ; hors saison, mar-sam 14h-18h.* Jolie boutique pour se procurer du pastel. On y trouve surtout des pigments naturels ou organiques, des craies grasses, des peintures, bref, tout ce qui tourne autour de la cocagne. Mais vous pourrez y acheter également du linge teint, des foulards et même quelques vêtements. Excellent accueil.

Poterie d'Albi *(hors plan couleur par B1, **43**) : 112, av. Albert-Thomas. ☎ 05-63-60-71-00. Lun-ven 8h30-12h, 14h-18h. Fermé un mois en été.* Gardiens depuis 6 générations d'un savoir-faire bien albigeois, appelé le Jaspé, qui donne un aspect flammé unique à la poterie, ils proposent des modèles aux coloris tout à fait actuels.

Les Toiles de la Montagne Noire : *31, route de Castres. 81990 **Puygouzon**. ☎ 05-63-41-29-34. • lestoilesdelamontagnenoire.com • À 4 km au sud-est d'Albi. Mar-sam 10h-19h.* Le magasin de Graulhet est installé près d'Albi depuis l'été 2015. Création de linge de maison 100 % tarnais... Conception, ourdissage, tissage et confection, tout est fait ici, jusqu'aux matières premières (laine de race lacaune, lin, pastel et garance), produites sur place dans la mesure du possible. Motifs traditionnels et coloris au goût du jour. Autres boutiques à Mazamet et à Labastide-Rouairoux (en été seulement)... Pour des raisons de sécurité, on ne visite malheureusement plus les ateliers. Prix « usine ».

À voir

Avant d'entamer la visite, sachez qu'il existe un ***Albi City pass*** qui donne droit à de nombreuses réductions (collection permanente, site, commerçants partenaires, etc.) et comprend l'entrée au musée Toulouse-Lautrec et au chœur de la cathédrale. *Tarif : 12 €. Rens et vente à l'office de tourisme.* Également un audioguide pour visiter la cité épiscopale *(loc à l'office de tourisme ; 4 €).*

LA CITÉ ÉPISCOPALE : UN SITE UNIQUE AU MONDE

Le 31 juillet 2010, l'Unesco a inscrit la cité épiscopale sur la prestigieuse liste du Patrimoine mondial dans la catégorie des biens culturels. Structurée autour de la cathédrale et du palais-forteresse, elle date du XIIIe s. Elle a été inscrite pour son ensemble bâti, remarquablement préservé et représentation unique de ce type de développement urbain en Europe, allant du Moyen Âge à l'époque moderne

et contemporaine. L'empreinte urbaine épiscopale sur la cité constitue la spécificité d'Albi. Elle se singularise également par sa grande cohérence visuelle due à l'usage généralisé et durable de la brique foraine.
La cathédrale en constitue le symbole monumental le plus remarquable, dans un style architectural gothique méridional unique, complété aux XVe-XVIe s par un décor intérieur exceptionnel (peinture, chœur et statuaire). Sur 19,47 ha, la cité épiscopale regroupe quatre quartiers d'origine médiévale, des monuments historiques et sites majeurs : la cathédrale Sainte-Cécile, le palais de Berbie, la collégiale Saint-Salvi et son cloître, le Pont-Vieux et les berges du Tarn.

Autour de Sainte-Cécile

La cathédrale Sainte-Cécile (plan couleur A2) **:** *nov-avr, 9h-13h15, 14h-18h30 ; mai-oct, 9h-18h30. ♿ (par la rue de la Temporalité). Visite du chœur et du trésor (pas de visite pdt les offices) : mai-oct, lun-sam 9h30-18h15, dim 9h30-10h45, 14h-17h45 (dernière entrée 15 mn avt) ; nov-avr, lun-sam 9h30-13h, 14h-18h. Visites du chœur : 5 € (audioguide compris), avec le trésor 6 € ; gratuit moins de 12 ans. Entrée comprise dans l'Albi City pass. Tenue convenable exigée.*
Ceux qui n'ont jamais mis les pieds à Albi, ni même vu de photos, peuvent s'attendre à un sacré choc. Choc que l'on ressent, même après plusieurs visites... Tout a été dit sur cette plus grande cathédrale de brique du monde, « chef-d'œuvre de l'architecture gothique », « sobre et menaçante beauté »..., construite entre 1282 et 1480. On la comparerait plutôt à un énorme dragon : cou cambré du donjon (78 m de haut !), reins indestructibles des hautes murailles, écailles rouges de la brique... et entrailles féeriques ! Car après avoir gravi les escaliers et franchi le merveilleux porche-baldaquin foisonnant de sculptures (XVe s), on subit un deuxième choc provoqué par le contraste entre l'extérieur (austère) et la richesse inimaginable de l'intérieur.
Bon, quelques chiffres pour vous écraser un peu plus : nef de 100 m de long, grande voûte entièrement peinte à la Renaissance (peintures italiennes du début du XVIe s) de 30 m de haut, 178 statues dont 70 angelots dans le chœur... Le *jubé,* que l'on voit tout de suite à droite en entrant, est, de l'avis général, le plus beau de France. Summum de l'art flamboyant, il date de 1485 et déploie un nombre considérable de motifs ciselés dans du calcaire ! En pleine lumière et avec du recul, on jurerait des dentelles cousues dans le diamant !
On admire aussi les grandes orgues, incrustées dans la voûte. Réalisées au XVIIIe s, elles ne déparent pas la somptuosité des lieux. En dessous, le vrai trésor de cette cathédrale : l'une des plus grandes compositions picturales qui soient (18 m de large) : *Le Jugement dernier,* peint sur la paroi occidentale à la fin du XVe s. Encore un chef-d'œuvre du genre, illustré comme il se doit de visions infernales : les sept péchés capitaux punis des pires tourments. Détail amusant : celui de la Paresse a disparu ! La figure du Christ également, une partie de la peinture ayant dû laisser la place à une chapelle plus récente...
Dernier petit tour (on ne décrit pas tout !) pour visiter le *chœur,* caché par le jubé restauré. On y découvre – en temps ordinaire – de belles fresques des XVe et XVIe s, notamment dans les chapelles des Deux-Saint-Jean et de la Sainte-Croix. Importante statuaire polychrome dans les couloirs du déambulatoire, qui contourne le *grand chœur.*

SAINTE CÉCILE, PATRONNE DES MUSICIENS

Sainte Cécile, célèbre vierge romaine, dut épouser Valérien contre son gré, puis convertit mari et beau-frère au christianisme. Ce baptême ne leur porta pas chance : les deux hommes furent décapités. Quant à la sainte, elle n'échappa pas au martyre et fut ébouillantée (ou reçut des coups de hache, selon les versions), et survécut 3 jours à son supplice en chantant Dieu. Sainte Cécile est ainsi devenue patronne des musiciens.

Dans celui-ci, rangées de stalles sculptées. Leur austérité est compensée par la luxuriance inouïe des dais et de la clôture flamboyante. Pourquoi ce splendide ensemble est-il si bien conservé ? Quand Sainte-Cécile devint paroisse (et non plus seulement cathédrale) au XVIIe s, les Albigeois s'y ruèrent, et elle s'avéra trop petite. L'évêque décida alors de bâtir un nouvel autel de l'autre côté de la nef, pour célébrer la messe et ne pas toucher au chœur d'origine, qui ne pouvait recevoir que les chanoines. C'était pour le moins osé, à la limite du sacrilège, mais les sculptures sont encore là. Autre miracle : en 1792, le conventionnel Roland fit fermer la cathédrale afin d'en protéger l'intérieur.
La visite peut se compléter par celle du *trésor* situé dans une chapelle haute de la cathédrale *(forfait chœur et trésor : 6 € ; gratuit pour les moins de 12 ans).* Les travaux ont révélé la vocation initiale de ce lieu : celle d'une chambre forte destinée à abriter dès le XIIIe s les archives et des pièces de valeur. Il réunit des objets d'art sacré du XIIIe au XXe s, appartenant à la cathédrale ou à des églises du diocèse. À citer : la châsse de sainte Ursule du XIVe s, un polyptyque siennois de très belle qualité de la même époque...

Le musée Toulouse-Lautrec *(plan couleur A2)* **:** *dans l'ancien palais épiscopal de la Berbie. ☎ 05-63-49-48-70. • musee-toulouse-lautrec.com • 21 juin-30 sept, tlj 9h-18h ; avr-20 juin, tlj 10h (9h juin)-12h, 14h-18h ; oct-mars, tlj sf mar 10h-12h, 14h-17h30 (17h en janv ; 18h en oct). Fermé les 1er janv, 1er mai, 1er nov et 25 déc. Entrée collection permanente et exposition temporaire en cours (valable la journée) : 9 € (6 € pour 1 pers sur présentation de ce guide) ; gratuit pour les moins de 14 ans. Entrée comprise dans l'*Albi City pass*. Forfait famille. Expo temporaire seule : 5 €. Possibilité de louer un audioguide (4 €) : peu utile car excellentes cartes explicatives dans les salles. Propose également un programme d'activités culturelles tte l'année, dont des ateliers pour enfants en saison.*

Construit à partir du XIIIe s, le palais des évêques (*Berbie* signifiait « évêché » en langue d'oc), qui abrite le musée depuis 1922, a été maintes fois transformé ; il s'est doté en 2012 d'une nouvelle scénographie permettant une visite fluide, tout à la fois chronologique et thématique. Un vrai bonheur ! Ancienne forteresse, il a perdu une partie du sommet de son donjon. Le chemin de ronde a été abaissé et transformé en chemin de promenade.
Le musée détient la collection publique de Toulouse-Lautrec la plus importante au monde. Des œuvres sur l'ensemble de sa vie. Rien d'étonnant, puisque le musée a récupéré le fonds d'atelier de l'artiste : en gros, toutes les œuvres dont personne ne voulait à l'époque, car jugées trop subversives ! À ce propos, quelques jours après la mort de Toulouse-Lautrec, en septembre 1901, un journaliste peu visionnaire écrivait dans le *Courrier Français* : « Il est heureux pour l'humanité qu'il existe peu d'artistes de ce genre. »

PETIT PAR LA TAILLE... GRAND PAR LE TALENT !

Alors qu'il n'était qu'un enfant, Henri de Toulouse-Lautrec fut atteint de pycnodysostose, une maladie osseuse congénitale découlant de la consanguinité de ses parents. Deux fractures aux fémurs le condamnèrent à ne plus grandir et ce, en dépit de remèdes dignes de Frankenstein : décharges électriques, plombs disposés sur chacun de ses pieds... rien à faire ! Toulouse-Lautrec se réfugia alors dans la peinture, et son petit 1,52 m contribua à en faire un très grand artiste.

La visite débute dans des salles médiévales situées au rez-de-chaussée. Dans la première sont exposées ses œuvres de jeunesse et de nombreux dessins : crayon, fusain. Certains ont été réalisés alors qu'il n'avait que 16 ans ! À noter l'amusant dictionnaire de latin entièrement gribouillé ! Vient ensuite la salle des portraits, un thème cher à Toulouse-Lautrec. On se rend vite compte que Lautrec ne fut pas uniquement l'illustrateur populaire d'un french cancan caricatural, mais également

un portraitiste de premier ordre... Parmi nos coups de cœur : *Le Docteur Tapié de Céleyran* (le cousin de Toulouse-Lautrec). Le portrait de Maurice Joyant, l'ami et camarade de lycée de l'artiste, est particulièrement émouvant. Il fallut plus de 75 séances de pose à Toulouse-Lautrec pour en venir à bout (il ne pouvait jamais travailler longtemps). Dans la troisième salle, ne pas rater deux œuvres : *Au Salon de la rue des Moulins* (1894), fameuse scène observée avec autant de compassion que de lucidité féroce, et *Marcelle,* qui, pour la petite histoire, fut dérobée lors d'une exposition au Japon. Une fois retrouvé, le gardien du musée se sentant responsable du larcin se fit hara-kiri ! Cette salle aurait servi de prison pendant l'Inquisition. Dans la série sur les maisons closes, il peint les prostituées dans leur intimité, avec respect, tendresse et sans voyeurisme. La plupart de ces portraits sont peints sur carton.
La visite se poursuit au 1er étage avec la présentation de l'ensemble des 31 affiches universellement connues (Aristide Bruant, Jane Avril, La Goulue, May Milton...), études, dessins préparatoires et lithographies qui permettent d'appréhender le cheminement de Toulouse-Lautrec dans son travail (coup de cœur pour le tableau *Marcelle*). Quelques salles « historiques » méritent ici le coup d'œil : la chambre de l'évêque avec ses *vues de Rome,* très idéalisées voire imaginées. Un peu plus loin, deux autres salles aux magnifiques plafonds peints ; quelques œuvres de Georges de La Tour (voir ses *Apôtres*) ou de divers artistes des XVIIe et XVIIIe s ou encore cette magnifique *Lamentation de saint Salvi* (XVIe s). On poursuit dans la nouvelle aile du musée avec une salle consacrée aux affiches publicitaires, illustrations de périodiques et autres revues littéraires...

Au 2e étage, collection d'art moderne, avec des œuvres de différents courants artistiques et d'artistes contemporains de Toulouse-Lautrec : Van Dongen, Vlaminck, Degas, Matisse, Maurice Denis, Bourdelle, Émile Bernard, Vallotton, Sérusier, Vuillard, Bonnard, Gauguin... Même si les œuvres sont « mineures », la liste est longue et fort belle.
Au niveau -1, expos temporaires. Les inconditionnels de Toulouse-Lautrec pourront prolonger la visite par celle de sa maison de famille, le château du Bosc, à 40 mn de là dans l'Aveyron (voir ce chapitre).
Après la visite, ne pas manquer d'aller faire un tour sur les anciens remparts qui ceinturent le jardin de la Berbie (jardin remarquable, accès gratuit). La vue sur le Tarn est superbe.

Le musée de la Mode *(plan couleur A2)* **:** *17, rue de la Souque. ☎ 05-63-43-15-90. Ouv « Côté Jardin » 30 mars-30 déc, mar-dim 9h30-12h, 14h30-18h. Entrée : 6 €, 4 € sur présentation de ce guide ou 5 € avec l'Albi City pass ; gratuit moins de 10 ans ; réduc. Visite guidée le dim à 15h et 16h30.* Créé en 2012, c'est le bébé de Dominique Miraille, un irréductible collectionneur qui sévit depuis l'âge de 20 ans. Aujourd'hui propriétaire de quelque 2 000 costumes, il a choisi de partager sa passion en transformant l'ancien couvent des Annonciades en véritable temple de la mode. Au milieu d'éléments architecturaux du XIIIe et XVIIe s, il dévoile au fil de ses expositions quelques-unes de ses pièces. En 2015, avec « Noir et Blanc... », Dominique a présenté une centaine de vêtements blancs ou noirs et d'accessoires noir et blanc, mais aussi des écrits « noir sur blanc », de Guillaume Apollinaire à Émile Zola... Un abécédaire revisité ?

DANS LE « VIEIL ALBY »

Trois circuits (pourpre, or et azur) sillonnent le cœur de la ville (durée 1h30 chacun). Des panneaux explicatifs vous sont proposés, pour mieux découvrir les principaux quartiers et monuments du « Vieil Alby » (renseignements à l'office de tourisme).

La rue des Prêtres *(plan couleur A2)* **:** au no 1, la plus belle HLM de France (ne se visite pas). Deux pittoresques cours du XIIIe s, des vieux puits, des maisons mitoyennes à colombages, restaurées en 1989... Au bout de la rue, tourner dans la *rue Puech-Bérenguier,* ravissante, qui abrite galeries d'art et artisans.

La maison du Vieil-Alby *(plan couleur A2)* **:** *1, rue de la Croix-Blanche. ☎ 05-63-54-96-38. Tlj sf dim, lun mat et j. fériés ; juil-août, 10h30-12h30, 14h-18h ; sept-mai, 14h-17h30 (17h oct-mars) Entrée : 2 € ; gratuit moins de 14 ans et réduc avec l'*Albi City pass. Belle demeure médiévale en brique, à colombages. Expositions temporaires consacrées au patrimoine, documentation sur la ville, divers ouvrages sur l'architecture régionale, vidéo sur Albi et le Tarn. Au dernier étage, le *solelhou,* une galerie ouverte et aérée où l'on faisait sécher les feuilles de pastel.

La rue Henri-de-Toulouse-Lautrec *(plan couleur A2-3)* **:** au n° 14, *maison natale de Toulouse-Lautrec* (ne se visite pas), avec ses hautes persiennes, sa belle porte et sa façade couverte de vigne vierge. C'est dans cet *hôtel du Bosc* très bourgeois que le petit Henri, à l'âge de 14 ans, se fractura le fémur. Il était affecté de surcroît d'une maladie osseuse, qui entraîna un arrêt de croissance des jambes (voir plus haut l'encadré). D'où sa célèbre démarche...

Le cloître et la collégiale Saint-Salvy *(plan couleur A2)* **:** *cloître ouv tlj, tte l'année 7h-20h ; collégiale juin-sept lun-sam 10h-18h, dim 14h-18h (17h oct-mai). Ouv élargie certains j. de sem.* De la rue Toulouse-Lautrec, continuer dans la rue Saint-Clair et tourner à gauche dans la rue Sainte-Cécile. Sur la droite, un porche mène au charmant *cloître.* Colonnes romanes et gothiques. La collégiale, édifiée du XIe au XIIIe s, témoigne elle aussi de plusieurs périodes, calcaire blanc et brique rose s'entremêlant. Curieux clocher-donjon. À l'intérieur, tableau primitif en bois, statue également en bois (XIIe s) et *pietà* en pierre (XVe s).

L'hôtel de ville *(plan couleur B2)* **:** *16, rue de l'Hôtel-de-Ville. ☎ 05-63-49-10-10.* Beau bâtiment du XVIIe s, acquis par la ville en 1728. Entrer dans la cour de la mairie pour admirer les élégantes façades intérieures. Porche en pierre, avec fronton décoré d'amours et de cornes d'abondance. Belle fenêtre à meneaux sculptée. Demander s'il est possible de visiter la *salle des États albigeois* – utilisée aujourd'hui pour les mariages et les réunions du conseil municipal –, décorée d'armoiries et de fresques.

Le musée pour tous de Raphaël Cordoba *(plan couleur B2)* **:** *hôtel de Saunal, 38 rue de l'Hôtel-de-Ville. 📱 07-81-07-67-53. Mai-sept, mar-sam ainsi que le 1er et 3e dim du mois. Visites à 10h, 11h, et ttes les heure 14h-17h ; avr-oct sur rdv. Entrée : 5 € ; réduc. Gratuit moins de 7 ans.* Dans la tour de l'hôtel de Saunal (XVIe s), sont exposés 65 reproductions de toiles de maîtres du XIVe s au XXe s : Bruegel, Dürer, Botticelli, Van Gogh, Dali. Une visite vivante commentée par la fille de cet artiste autodidacte.

La maison Enjalbert *(plan couleur B2)* **:** *à l'angle de la rue des Pénitents et de la rue Timbal.* Superbe façade du XVIe s, à pans de bois, typiquement albigeoise. Entre ses quatre murs, un magasin de fringues...

L'hôtel Reynès *(plan couleur B2)* **:** *14, rue Timbal. 📱 06-77-16-60-33. Juil-août, tlj 10h-19h.* Riche hôtel particulier du XVIe s, à galeries superposées, ayant appartenu au plus riche producteur de pastel albigeois. C'est l'un des plus beaux d'Albi. Magnifiquement restauré, ce fleuron de l'architecture Renaissance abrite désormais une partie des bureaux du département dont ceux du comité départemental du tourisme qui accueille le public en saison et propose toutes sortes d'animations culturelles et autour du pastel.

La rue de la Grand-Côte *(plan couleur A-B2)* aligne de belles demeures à colombages et encorbellement. Au n° 1, l'*hôtel Delecouls* avec un portail bien usé. La *rue d'Engueysse,* ancienne artère commerçante médiévale qui descend jusqu'au Pont-Vieux, propose également pas mal de jolies demeures, notamment aux n°s 6, 12 et les suivants. Traverser la rue Émile-Grand jusqu'à la *rue Saint-Étienne* (perpendiculaire), pleine de charme. On y voit quelques maisons en brique et à colombages. À droite, on débouche sur la place du Marché. À l'angle de la place du Marché et de la rue Saint-Étienne, noter la maison romane du XIIe s (hôtel de Fenasse), c'est la plus ancienne maison d'Albi.

🎯 ***Le Castelviel*** *(plan couleur A2) : à proximité de la cathédrale.* Petit quartier considéré comme le berceau d'Albi. Ravissante *place Savène* bordée de maisons à colombages, joliment restaurées.

LES BERGES DU TARN

🎯🎯 ***Les anciens moulins albigeois*** *(plan couleur B1) : rive droite.* Dans un pittoresque quartier aux vétustes maisons roses surélevées pour éviter les crues. Les moulins abritent désormais l'hôtel de luxe *Mercure* (voir plus haut « Où dormir ? Plus chic »), le comité départemental du tourisme, le musée Lapérouse, ainsi que les salles d'expositions temporaires du ***Centre d'Art le LAIT*** *(☎ 05-63-38-35-91 ; ● centredartlelait.com ● ; d'avr à mi-juin et 5 juil-31 oct, mer-dim 14h-19h, 4,50 € ; 24 janv-9 mars et 22-31 mars, mer-dim 13h-18h, 1,50 € ; réduc notamment avec l'Albi City pass ; gratuit moins de 12 ans. Le LAIT, centre d'art, est également présent dans différents lieux du Tarn, voir le site).* L'endroit vaut le coup d'œil pour ses terrasses surplombant le Tarn, comme celle du square Botany-Bay (où se trouve le musée Lapérouse), et les œuvres exposées directement inspirées de l'histoire du lieu. Panorama de rêve sur les rives du fleuve, le superbe Pont-Vieux de la Berbie (XIe s), les vieux quartiers de la rive gauche, le palais et, bien sûr, la cathédrale vertigineuse...

ALBI

🎯🎯 👨‍👧 ***Le musée Lapérouse*** *(plan couleur B1) : sq. Botany-Bay ☎ 05-63-46-01-87. ● laperouse-france.fr ● Accès par la rue Porta, par le pont Vieux ou par le pont du 22-Août-1944, en venant du centre-ville. Tlj sf lun (sf juil-août) et certains j. fériés : mars-juin et sept-oct, 9h-12h, 14h-18h ; juil-août, mêmes horaires en sem et le w-e 10h-12h, 14h-19h ; nov-fév, 10h-12h, 14h-17h. Entrée : 3,50 € ; réduc avec l'Albi City pass ; gratuit moins de 12 ans.* Beau musée consacré aux aventures du grand navigateur-explorateur du Pacifique, né à Albi en 1741. Jean-François de Galaup, comte de Lapérouse, devient marin à l'âge de 15 ans et se bat longtemps contre les forces anglaises aux Indes et en Amérique, avant d'être promu capitaine de vaisseau. En 1785, il dirige l'expédition scientifique autour du monde, à la demande de Louis XVI, des célèbres frégates *La Boussole* et *L'Astrolabe.* Malheureusement, après une escale à Botany Bay (Australie) en mars 1788, l'équipage disparaît. En 1827, Peter Dillon, puis, un an plus tard, Dumont d'Urville, retrouvent sur l'île de Vanikoro (îles Salomon) les vestiges du naufrage et recueillent les récits des indigènes. Aujourd'hui encore, selon la tradition orale de l'île, on dit que leurs ancêtres se sont régalés de Blancs ! Sont exposés au musée des maquettes, dont celle de *La Boussole,* instruments de navigation, armes et uniformes, objets retrouvés sur les lieux du naufrage.

QUAND LE ROI SE SENT COUPABLE

En 1785, Louis XVI lança une expédition avec, à sa tête, le navigateur Lapérouse, dont l'objectif était de faire le tour du monde et d'en établir une cartographie. Un projet auquel tenait particulièrement le roi. À partir de 1788, l'expédition ne donna plus aucun signe de vie. Le roi décida alors d'envoyer une flotte pour partir à sa recherche. Là encore, plus de nouvelles de cette deuxième expédition. Puis, Louis XVI fut condamné à la guillotine. Avant de monter sur l'échafaud, la dernière phrase du roi sera : « A-t-on des nouvelles de M. Lapérouse ? ».

L'Académie des miniatures et des petits goûters *(plan couleur A1)* **:** *16, rue Rinaldi.* ☎ *05-63-79-00-98.* • *academiedesminiatures.fr* • *Avr-oct, tlj sf lun 10h-19h ; le reste de l'année, tlj sf lun 10h-18h. Fermé janv. Entrée : 5 € ; réduc.* Il aura fallu plus de 40 années à Annie Jaurès pour construire ces sublimes maisons miniatures. Reconstruire pourrait-on dire car, au départ, il s'agissait de restituer pas à pas, pièce par pièce, la maison de son enfance. Avec un soin maniaque, voire obsessionnel du détail, elle nous livre ici une œuvre fascinante qui fera chavirer le cœur des plus blasés. Autant le dire, nous avons eu pour ce musée (où nous venions à reculons) un total coup de cœur ! 40 ans de passion ! 40 ans d'amour... Voilà tout ce qu'on aime au *Routard.* On l'a dit, le sens du détail est poussé ici à son paroxysme ! Elle a minutieusement reconstitué au 1/7e le bureau de son père, la chambre d'enfant, les cuisines, la buanderie, les salons, la salle de bains, la chambre de bonne, l'atelier de peintre, la salle de billard, la cave (il y a en tout 55 vitrines !)... Sculptant, peignant les meubles, cousant, brodant le linge, marquetant les parquets, tissant les tapisseries... allant jusqu'à cacher des sachets de lavande dans les armoires ou des secrets dans les tiroirs de la commode... C'est unique... Et même pas kitsch ! Salon de thé sur place (pour de savoureux « petits goûters »).

Le pont du 22-Août-1944 *(plan couleur B1)* enjambe le Tarn et offre également de superbes points de vue.

Le Pont-Vieux *(plan couleur A1)* **:** ses parties les plus anciennes datent de 1035, ce qui en fait l'un des plus vieux ponts de France. Panorama privilégié sur le clocher de la cathédrale, les deux autres ponts, les anciens moulins, les fortifications du palais de la Berbie (actuel musée Toulouse-Lautrec) et l'imposant donjon.

➢ ***L'Échappée verte :*** sur 4 km environ, balade qui longe les berges du Tarn et celles du ruisseau du Caussels, jusqu'à la rue de Jarlard. Le sentier est balisé (panneaux) mais reste assez sauvage (prévoir des chaussures adaptées, inaccessible aux poussettes). Certains tronçons sont impraticables l'hiver. Départ au pied du parking de la cathédrale Sainte-Cécile *(plan couleur A2).*

ALBI

À faire

– ***Promenades en gabarre sur le Tarn :*** *rens au chalet* Albi Croisières *(sous le palais de la Berbie ; plan couleur A2),* ☎ *05-63-43-59-63,* • *albi-croisieres.com* •, *ou à l'office de tourisme. De mi-juin à fin sept, à Albi même, 2 départs/j. le mat, 8 l'ap-m (attention : le 1er départ le mat et les 3 derniers départs de la journée ne sont pas garantis hors juil-août). Tarifs : 7,50 € ; 4,50 € pour les 3-12 ans. En saison, propose également tlj des croisières de 18 km sur le Tarn (Albi-Aiguelèze ou Aiguelèze-Albi). Compter 2h aller, retour le soir. Tarif : 15 € aller (23 € A/R) ; pour les 3-12 ans : 12 € aller (18 € A/R).* Possibilité de rentrer en bus, mais c'est un peu plus cher. Propose également une balade pique-nique au fil de l'eau. *Durée : 1h30. Tarifs : 12 € ; 8 € pour les 3-12 ans (pique-nique non compris).* Location de bateaux.

➢ ***Le sentier du Train, « Chemin des Droits de l'homme » :*** c'est à la sortie d'Albi (direction Castres, sur l'aire de Ranteil) que débute le sentier du Train, une ancienne voie ferrée aujourd'hui transformée en voie verte et qui a reçu le prix européen des voies vertes en 2007. Un parcours à faire sur près de 45 km, jusqu'à Castres, à pied ou à vélo, pour découvrir paisiblement le cœur de la campagne tarnaise. Balisage jaune.

Fêtes et manifestations

Pas mal de fêtes et manifestations à Albi. Voici les principales :

– ***Carnaval :*** *en fév ou mars.*

– ***Acthéa :*** *1 sem en avr.* Festival universitaire européen de théâtre, musique et arts de rue.
– ***Tons Voisins :*** *fin juin-début juil.* Rencontre internationale de musique de chambre. Concerts gratuits.
– ***Pause Guitare :*** *4 j. début juil.* ● *pauseguitare.net* ● Festival de la chanson francophone. Plus de 40 artistes de renom autour de plusieurs scènes... Programmation de qualité.
– ***Concerts d'orgue gratuits :*** *en juil-août, à la cathédrale, mer 17h et dim 16h.*

SAINT-JUÉRY (81160) 6 881 hab. *Carte Tarn, B2*

Découvrez ici, au lieu-dit *Le Saut-de-Sabo,* le Tarn se frayant un chemin dans un chaos rocheux de plus de 500 m, avec, en point d'orgue (quand le débit est suffisant ou quand l'eau n'est pas détournée par EDF), une superbe chute d'eau de 20 m de haut. Du pont, point de vue assez spectaculaire. Sur ce site naturel, s'est implanté l'un des plus importants (et pittoresques) complexes industriels du Tarn : le *Saut-du-Tarn.*
Dès le Moyen Âge, on y trouvait des moulins de toutes sortes (à farine, à l'huile, à papier, etc.). Puis, au début du XIXᵉ s, une première usine métallurgique. En 1824, édification d'une unité de production de faux. Elle ne tarda pas à fournir la moitié de la France. Suivirent la fabrication des limes et l'installation, en 1882, d'un haut fourneau au coke pour la production de fonte. En 1898, construction de la première centrale hydroélectrique capable de fournir toute l'énergie nécessaire à l'usine et au village. En 1925, le site emploie 2 500 ouvriers. À partir de 1950, la production de faux et de limes est en perte de vitesse, remplacée par celle de machines-outils. L'effondrement du marché soviétique précipite la crise de l'usine, qui ferme en 1983. Aujourd'hui subsistent quelques ateliers employant encore près de 250 personnes.

À voir

🚶🚶 ***Le musée du Saut-du-Tarn :*** *2, impasse des Aciéries.* ☎ *05-63-45-91-01.* ● *musee-saut-du-tarn.com* ● ♿ *Du 1er avr à mi-nov, tlj sf sam 14h-18h (19h en juil-août ; visites guidées à 14h30) ; Congés : 1er mai, 1er nov et 16 nov-fin mars. Entrée : 4 ou 5 € (juil-août, visite guidée) ; réduc.* Aménagé dans les murs de l'ancien site industriel, ce musée restitue la mémoire et l'histoire de l'usine. Les maquettes animées et les automates ont été réalisés par les anciens ouvriers. Parmi les points forts, citons les maquettes du haut fourneau, du martinet (sorte de marteau-pilon), d'une machine à forger les limes et un atelier de taille de lime manuelle. La visite est animée par différentes démonstrations. Au sous-sol, l'ancienne turbine et une grande maquette du site avec son et lumière (et même des simulations de crues !). Au bord de l'un des anciens canaux d'arrivée d'eau, un espace paysagé a été aménagé pour prendre un verre. On adore !

🚶 ***VOA, la Verrerie ouvrière d'Albi :*** *rue François-Arago.* ☎ *05-63-78-10-10 ou 05-63-49-48-80 (office de tourisme). 1 visite/sem en juil-août. Résa obligatoire à l'office de tourisme d'Albi. Tarif : env 6 € ; gratuit moins de 14 ans ; visite interdite au moins de 9 ans.* Une vieille institution d'Albi. La fabrication du verre fascine toujours, et la tradition se maintient depuis plus d'un siècle.

AMBIALET

(81430) 463 hab. *Carte Tarn, C2*

Pour bien comprendre la singulière situation du village, il faudrait voir les photos prises d'avion. Ambialet est en effet construit dans un méandre du Tarn, boucle de 3 km se resserrant pour former un isthme étroit d'à peine 20 m ! Presqu'île sur un continent, le village a déjà de quoi séduire... Mais ce n'est pas tout, il y a aussi le vieux prieuré dominant le village du haut de son rocher, d'où la vue sur l'incroyable méandre, les collines voisines et les falaises boisées vaut également le déplacement.

Adresses utiles

Syndicat d'initiative de la haute vallée du Tarn : *dans le bourg, 81250 **Trébas.** ☎ 05-63-55-88-92. 06-41-96-47-70 ou ☎ 05-63-55-85-47 (mairie). Ouv en juil-août, tlj 10h-13h, 16h-19h (sf dim ap-m), de fin avr à début oct en libre service.* Beaucoup de brochures.

Syndicat d'initiative d'Ambialet : *☎ 05-63-55-39-14. • si-ambialet.fr • Ouv slt juil-août, tlj 10h-12h30, 15h30-19h ; ouv en libre-service le reste du temps.* Location de vélos.

Où dormir ? Où manger ?

Camping et gîte d'étape

Camping du Pont d'Ambialet : *au lieu-dit La Moulinquié. ☎ 05-63-56-43-53 ou 05-63-55-39-57. 06-84-75-51-01 • dominiquedelpoux@orange.fr • À la sortie d'Ambialet (rive droite), après l'Auberge du Pont, prendre la 1re à gauche ; le camping est à 300 m sur la gauche. Camping mai-sept. Env 13 € l'emplacement pour 2. Prix caravane : 210 €/sem. 25 empl. Loc de draps 8 € la paire.* Une aire naturelle comme on les aime, très calme pour un petit camping aux emplacements ombragés et bien situés au bord de l'eau. Quelques sanitaires en nombre restreint. Activités possibles : pêche, badminton, canoë-kayak, tennis (à 500 m).

De prix moyens à chic

Hôtel du Pont : *au lieu-dit La Moulinquié. ☎ 05-63-55-32-07. • hotel.restaurantdupont@orange.fr • hotel-du-pont.com • Prendre le 1er pont à gauche en arrivant dans le village. Tlj sf dim soir, lun midi et ven de mi-fév à Pâques. Congés : 11 nov-13 fév. Résa recommandée hors saison. Doubles 60-75 € selon saison ; familiales 76-89 €. Formule 16 € (déj en sem), menus 22-50 € ; carte 39-59 €. Loc de vélos.* Tenue par la même famille depuis 7 générations, une grosse maison avec piscine et jardin au bord du Tarn. Bon accueil. Chambres classiques, confortables et soignées. Belle vue sur le fleuve et le prieuré. Super pratiques pour les familles : quatre bungalows avec mezzanine et petit balcon, de l'autre côté de la route ; mêmes tarifs que les chambres (mais sans charme particulier). Au resto, cuisine classique mais souffrant d'irrégularité ; service parfois longuet. Mieux vaut donc opter pour la simplicité...

Où dormir ? Où manger dans les environs ?

Camping

Le Camping L'Amitié : *81340 **Trébas.** ☎ 05-63-55-84-07. 06-72-61-64-96. • amitie@trebas.net • trebas.net • Accès : au cœur du village. Ouv de fin avr à mi-sept. Compter 10-15 € pour 2 pers* *en tente selon saison. Hébergements locatifs 147-529 €/sem (possibilité de loc à la nuitée). 60 empl. Réduc de 10 % hors juil-août + apéritif offert si repas au restaurant, sur présentation de ce guide.* Avec un nom pareil, on ne s'étonnera pas que les proprios aient misé sur la convivialité (60 emplacements seulement) ! Barbecue à disposition. Animations pour les enfants et pour les plus grands qui pourront ainsi jouer à la pétanque ou taquiner la truite en toute quiétude. Petite piscine mais surtout possibilité de se baigner dans le Tarn qui longe le camping (baignade surveillée). À louer, caravanes, bungalows toilés et quelques mobile homes. Commerce à proximité et un resto-guinguette sur place, franchement sympa (concert gratuit le vendredi soir en été). Bref, un vrai camping !

Bon marché

Chambres d'hôtes Apis Vinaegria : *La Borde, 81340* ***Trébas.*** *☎ 05-63-55-91-42. • fournil.marietta@wanadoo.fr • fournilmarietta.com • À Trébas, prendre la direction de Cadix, puis c'est fléché. Compter 40-47 € pour 2. Table d'hôtes 15 €. Apéritif offert et visite de la vinaigrerie sur présentation de ce guide.* Dans la vieille maison, 2 chambres. Mais si l'on vient dans ce bout du monde, c'est surtout pour l'accueil et la personnalité de Geneviève et Richard. Ils sont apiculteurs et surtout producteurs de vinaigre de miel et de moutardes à l'ancienne. Inutile de dire que le petit déj est prétexte à dégustation de miels et de pains d'épice maison. Avec le jardin (bio, bien entendu) et les produits de la basse-cour, il ne manque rien. Il ne vous reste qu'à vivre comme eux, au calme et presque en autarcie.

Prix moyens

Hostellerie des Lauriers : *dans le bourg, 81250* ***Villeneuve-sur-Tarn.*** *☎ 05-63-55-84-23. • leslauriers@orange.fr • leslauriers.net • ♿ (accès au resto slt). À 11 km env d'Ambialet. Resto ouv tlj le soir slt. Fermé de mi-oct à mi-mars. Doubles 66-79 € selon saison et vue. Menus 20 € en sem, puis 26-35 €.* Un petit hôtel de village comme on les aime. Juste à côté de l'église (les cloches ne sonnent pas la nuit), avec de la verdure jusqu'à la rivière. Bien tenu par un couple dynamique, fort sympathique et qui a le souci des choses bien faites. Une petite dizaine de chambres de bon confort. Excellente cuisine préparée par madame et servie par monsieur, en terrasse ou dans une agréable salle à manger. Très beau petit déjeuner de terroir. Le patron, féru de randonnée, connaît très bien la région. Jacuzzi et piscine couverte et chauffée pour les clients de l'hôtel. Jeux pour les enfants. Et le bar, pour socialiser avec les autochtones.

Chambres d'hôtes Lamartco : *Saint-Marcel-de-Padiès, 81340* ***Valence-d'Albigeois.*** *☎ 05-63-76-38-47. • lamartco@wanadoo.fr • lamartco.com • À 17 km env d'Ambialet. À Valence-d'Albigeois, prendre la direction de Tanus (D 53) sur 5,5 km, puis encore à gauche vers Saint-Marcel-de-Padiès ; c'est au bout de la route, presque face à l'église de Saint-Marcel. Compter 60 € pour 2. Table d'hôtes 25 €, tt compris.* Jolie petite ferme entourée d'un jardin fleuri et à la façade couverte de glycine. Déco et mobilier rustiques, avec petits rideaux, vaisselier ancien et poêle en fonte. Pas moyen d'oublier qu'on est à la campagne ! Accueil adorable, calme, charme et authenticité assurés. Piscine. La totale !

Le Hameau de Taur : *lieu-dit Taur, 81430* ***Villefranche-d'Albigeois.*** *☎ 05-63-55-26 73. 📱 06-09-71-08-85. • hameaudetaur@neuf.fr • hameaudetaur.com • À 13 km d'Ambialet par la D 74. Fermé de mi-déc à mi-fév. Compter 67 € pour 2. Assiette-repas 15 € sur résa (juin-août).* La souriante Salima Cebula vous accueille dans sa jolie ferme du XVIIIe s qu'elle ne cesse de décorer et de redécorer. Les 3 chambres n'échappent évidemment pas à la règle. Elle en a fait un lieu accueillant, charmant et douillet. Au fond du jardin, belle piscine extérieure avec vue panoramique qui n'encourage pas à faire du tourisme.

La Placette Albigeoise : *chemin de Taur n° 1626, 81430* ***Villefranche-d'Albigeois.*** *06-29-59-74-04. • contact@laplacettealbigeoise.fr • laplacettealbigeoise.com • À 100 m de l'adresse précédente. Compter 65-80 € pour 2 suivant la saison. Table d'hôtes 21 € (tout compris).* Une drôle de maison d'hôtes aménagée comme une place de village théâtralisée avec ses petits commerces d'opérette dans la cour intérieure. La déco pseudo-rustique des chambres et des parties communes est elle aussi un peu décalée. Dans l'une des dépendances, une belle piscine couverte et tout autour la campagne à perte de vue. Une adresse pour se mettre au vert.

À voir

Le prieuré et la chapelle romane Notre-Dame-de-l'Auder : *au sommet de la presqu'île. Visite slt en juil-août lors des visites guidées de la presqu'île (mer 10h, jour du marché, 2 €). Sinon, seule la chapelle se visite (en principe, ouv tlj).*

Pour s'y rendre, sentier pédestre partant du village (ça grimpe) ou petite route de 2 km, qui contourne la colline. Ancien monastère du XIe s, restauré par des franciscains au XIXe s. La vue de là est évidemment plongeante et ravissante mais la petite chapelle, jouxtant le prieuré, mérite elle aussi un coup d'œil. Lorsqu'on la voit d'en bas, rien d'impressionnant ; l'édifice semble même quelconque. Mais prenez la peine de la visiter : bâtie au XIe s, cette église est la plus ancienne de la région qui soit entièrement d'origine. Nulle modification, ajout ou détérioration, mais des lignes pures et dépouillées : de toute beauté. Superbe exemple d'art roman primitif. À l'intérieur, pierre nue et harmonie. En observant bien, on remarque que le chœur et la nef sont légèrement désaxés ; ce trait d'architecture, commun à nombre d'églises et cathédrales, reste inexpliqué. En effet, pourquoi cette brisure quand la ligne droite eût été plus simple ? L'un des frères du prieuré nous a fait part de son point de vue : il a constaté qu'au solstice d'été, au lever du soleil et durant quelques minutes, la lumière pénétrant par l'oculus éclaire directement l'intérieur de l'église ; à cet instant, et à cet instant seulement, lorsqu'on se place à l'entrée de l'église (sous l'oculus), il n'y a plus aucune ombre visible – pas un millimètre d'ombre, chaque pilier, chaque pierre baignant dans la lumière du jour. Ainsi, ce serait pour obtenir ce moment de perfection que les bâtisseurs auraient légèrement désaxé le chœur. Séduisante hypothèse...

La terrasse de la chapelle forme, on l'a dit, un merveilleux ***belvédère.*** Vue sur le village, son isthme et les forêts autour.

Sur l'isthme, deux autres petites ***collines*** : l'une surmontée de l'*église Notre-Dame-de-la-Capelle,* l'autre des *ruines du château fort Saint-Raphaël* (des marches y conduisent depuis la route). En saison, quelques expos dans la chapelle Saint-Gilles *(GRATUIT).*

Au centre de l'isthme, l'espèce de château moderne n'est en fait qu'une usine EDF ! Elle se visite en saison *(mar et jeu à 11h en juil-août, en lien avec le musée du Saut-du-Tarn à Saint-Juéry, GRATUIT).*

Manifestation

– ***Son et Lumière :*** *ts les jeu soir à 22h en juil-août.*

LE CARMAUSIN

CARMAUX

(81400) 10 196 hab. *Carte Tarn, B1*

Au nord d'Albi, Carmaux vécut principalement, depuis le XVIIIe s, grâce à son important bassin houiller. Depuis la fermeture de l'exploitation minière en 1987, la ville cherche un nouveau souffle économique. Célèbre depuis les graves crises sociales qui agitèrent toute la région à la fin du XIXe s, Carmaux garde un souvenir ému de Jean Jaurès qui prit fait et cause pour ses mineurs dans les premières années de son combat politique. Jeter un coup d'œil à la gare Belle Époque, tout en brique et en céramique.

UN PEU D'HISTOIRE

Professeur de philosophie à Albi et Toulouse, le Tarnais Jean Jaurès s'intéresse dès 1889 aux thèses socialistes. Le contexte politico-social de l'époque est des plus tendu : revendications, manifestations de masse, grèves générales, répression policière dans toute la France. En août 1892, les mineurs de Carmaux se mettent en grève pour soutenir leur délégué syndical Calvignac, licencié par le marquis de Solages, patron des mines. L'affaire prend des proportions nationales et Jaurès défend les ouvriers dans ses éditoriaux de *La Dépêche.* Forcé de s'enfuir devant la pression de la rue, Solages démissionne de son poste de député. Jaurès, remercié par ses nouveaux alliés de la classe ouvrière, est alors élu député de la circonscription de Carmaux (cette fois-ci sur une liste socialiste) en 1893...
Réélu par la suite avec une forte majorité, il continuera à soutenir le prolétariat contre le patronat, défendant notamment les verriers de Carmaux en 1895. Battu aux élections par une conspiration politique, il sera réélu à chaque suffrage suivant à partir de 1902, preuve que les ouvriers de Carmaux et de la région en avaient fait leur porte-parole privilégié... Mais sa carrière fut tragiquement interrompue : il fut assassiné peu avant le début de la Première Guerre mondiale, le 31 juillet 1914. Voir le monument qui lui est consacré.

Adresse et info utiles

Point d'accueil de Carmaux : *pl. Gambetta. ☎ 05-63-76-76-67. • carmaux.fr • Tte l'année ; de mi-juin à mi-sept lun-sam, 9h-12h, 14h-18h, dim 9h-13h, hors saison fermé dim.* – **Marchés :** *ven mat. De mi-juin à début sept, le mer, marché nocturne à partir de 18h30.*

Où dormir ? Où manger ?

Un conseil, évitez de vous retrouver à Carmaux un dimanche, vous ne trouverez pas grand-chose à vous mettre sous la dent ! Le reste de la semaine n'est guère plus gai... Voici quand même quelques adresses pour dépanner.

De très bon marché à prix moyens

Hôtel Le Gambetta : *pl. Gambetta. ☎ 05-63-76-51-21. • contact@hotelgambetta.info • hotelgambetta.*

info • ♿ *Doubles 65-69 € ; familiales 95-111 €.* 💻 📶 Face au parking de la place, un hôtel tenu par un couple de Ch'tis. Les chambres jouent dans un registre classique et la déco est du style passe-partout. Mais elles sont fonctionnelles (TV, clim, double vitrage...), et il n'y a pas moult hôtels à Carmaux... Au rez-de-chaussée, bar-PMU où se retrouvent les habitués autour d'un demi.

Chez Martine : *16, pl. Jean-Jaurès. ☎ 05-63-76-51-08. Ouv midi slt, lun-ven. Congés : 3 sem en août et 1 sem à Noël. Formule déj 10,90 € ; menus 12,50-16,10 €.* L'adresse économique par excellence, où l'on propose une bonne tambouille traditionnelle ! Tout est fait maison (à l'exception des charcuteries, fromages et glaces) et toute la famille met la main à la pâte pour faire mijoter le plat du jour. Assiettes estivales en saison pour les faims plus modestes. Ici, ni chichis ni courbettes obséquieuses, mais un accueil simple et des plus chaleureux.

Café-restaurant de la Poste, Le Jean-Jaurès : *13, pl. Jean-Jaurès. ☎ 05-63-76-50-39. • mimieetbernard@gmail.com • ♿ Fermé dim et le soir sf ven. Congés : la sem du 14 juil et celle du 15 août, une sem entre Noël et le Nouvel An. Formule 11 € (déj en sem), menu 21 € ; carte 16-43 €. Kir ou anisé offert sur présentation de ce guide.* Bar-resto-brasserie dans la grande salle à l'arrière, aux couleurs pimpantes, ou sur la terrasse posée au bord du grand parking. Pas mal pour un petit repas sur le pouce à des prix compétitifs. Vu le monde, le service n'est pas toujours d'une rapidité extrême.

Où dormir ? Où manger ? Où prendre un verre dans les environs ?

Campings

Camping Domaine Les Clots : *81190* ***Mirandol-Bourgnounac.*** *☎ 05-63-76-92-78. • domaineles clots@orange.fr • domainelesclots.com • ♿ À 18 km env au nord de Carmaux. Suivre la direction de Mirandol, puis fléché, à 5 km du bourg. Ouv de juin au 1er sept. Emplacements tente 18-33 € selon saison ; hébergements locatifs 300-895 €/sem selon confort et saison. CB refusées. 20 empl. Réduc de 10 % sur le tarif journalier en juin et pdt la 2de quinzaine d'août sur présentation de ce guide.* Tenu par un couple de Néerlandais, un adorable camping en terrasse sur 3 ha, qui se cache sur le versant boisé de la vallée du Viaur (la petite route par laquelle on y accède est déjà tout un poème !). Certains emplacements sont particulièrement spacieux et complètement isolés. Location de chalets en bois et de bungalows. Sentier bucolique pour accéder à la rivière. Piscine, aire de jeux pour les enfants. Même les blocs sanitaires ont du charme ! Petite épicerie en dépannage, pain sur commande. Idéal pour un séjour au calme et très nature. Un coup de cœur ! Piscine.

Camping de Thuriès : *pont de Thuriès, 81190* ***Pampelonne.*** *☎ 05-63-76-44-01. • camping-de-thuries@orange.fr • camping-de-thuries.fr • ♿ Ouv 15 juin-15 sept. Compter 16 € pour 2 ; tentes safari équipées, bungalows, « roulottes » et chalets 380-490 €/sem selon saison et capacité (4-5 pers). 35 empl.* 💻 📶 Au bord d'une rivière (accès direct), un petit camping de 35 emplacements, sympa comme tout et arboré. Piscine, snack-bar et départs pour des randos dans la vallée du Viaur, canoë... Idéal pour les familles.

De bon marché à prix moyens

Le Relais des Farguettes : *aux Farguettes, 81190* ***Sainte-Gemme*** *(au bord de la route principale). ☎ 05-63-76-66-97. À 6 km de Carmaux, sur la route de Rodez. Tte l'année, lun-ven. Congés : 1 sem autour du 15 août et 1 sem pour les fêtes de fin d'année. Menu 13,30 € midi et soir (buffet de* *hors-d'œuvre, plat, fromage et dessert !) ; carte 7,80-16 €.* Un routier tout simple avec une salle proprette qui bourdonne à midi. Blanquette de veau, rôti de porc, etc. Au choix, tables collectives ou individuelles. Petite terrasse. Pratique si vous êtes dans le coin, pour vous rassasier sans vous ruiner !

Hôtel-restaurant des Voyageurs : *11, av. Paul-Bodin, 81190* ***Tanus.*** *☎ 05-63-76-30-06. • ddelpous@wanadoo.fr • hoteldesvoyageurs-tarn.com • À 16 km de Carmaux, en direction de Rodez. Resto fermé lun, dim soir et ven soir. Congés : nov et fév. Doubles 47-58 € selon saison et confort. Menu 18 € (déj sf dim) ; autres menus 25 €, 32 € le dim.* Aux portes de l'Aveyron, un hôtel familial des années 1970, avec une quinzaine de chambres sympathiquement rafraîchies et agréables. Les plus chères disposent de la clim. Tenu par un jeune couple aimable. Cuisine de bon aloi, qui s'inscrit dans la pure tradition régionale.

Manifestations

- ***Festival à Fleur de Peau :*** *1 sem fin juin-début juil.* Découverte d'une contrée du monde à travers sa musique et ses danses.
- ***Le National de pétanque :*** *4 j. début août, au parc du Candou.* Ce tournoi, qui est l'un des plus importants de France, attire les champions du monde entier.
- ***La Saint-Privat :*** *la 2de quinzaine d'août, pdt 1 sem.* Fiesta et *bodegas.*

DANS LES ENVIRONS DE CARMAUX

Noter qu'il existe un ***pass musées*** (pour la chapelle Saint-Jacques et le musée Bajen-Vega à Monestiès, les musées du Verre à Blaye-les-Mines et du Musée-Mine à Cagnac-les-Mines) : *env 10,50 € ; 7 € pour les 6-13 ans.*

CAGNAC-LES-MINES *(81130)*

Musée-mine départemental : *2, av. de Saint-Sernin. ☎ 05-63-53-91-70. • musee-mine.tarn.fr • Nov-avr, tlj sf lun 10h-12h, 14h-17h (18h dim) ; mai-oct, tlj 10h-12h, 14h-18h ; juil-août, tlj 10h-19h ; visite guidée à horaires variables (contacter le musée avt) et dernier départ 1h avt la fermeture. Entrée : 7 € ; 4 € étudiant/enfant ; réduc ; gratuit moins de 5 ans.* Un site qui vaut vraiment le détour. Ce sont d'anciens mineurs de fond qui ont tout reconstitué, pendant 5 ans, pour que soit transmise de manière fidèle la mémoire de leur dur labeur. On déambule dans des galeries en découvrant les conditions de vie et de travail au fond de la mine, l'évolution des techniques d'exploitation. Le tout sur fond de documents sonores bien choisis. Il y a même une reconstitution de coup de grisou. Pour prolonger la visite, un espace muséographique avec vidéos et expos permanente et temporaire. Une visite émouvante et un beau travail de mémoire.

PAMPELONNE *(81190)*

À 15 km de Carmaux, en suivant la D 78. Ancienne bastide où il fait bon vivre et où l'on a gardé le sens de la fête et de la convivialité villageoise. Un circuit d'environ 1 km, au départ de la place du Foirail, permet d'admirer une quinzaine d'oustalous. Il s'agit d'adorables refuges au cœur des vignes et des champs ; restaurés, ce sont des témoins précieux de la vie rurale et locale. Un sentier botanique au départ du château (en ruine) permet de découvrir une flore exceptionnelle car le méandre et le dénivelé important présentent plusieurs écosystèmes sur une centaine de mètres ! Juste avant d'arriver au camping, on peut aussi voir une belle usine hydroélectrique. Sur la place du Foirail, face au café, une photo rend hommage à un grand banquet qui accueillit Jean Jaurès qui battait alors la campagne... nous sommes ici en terre jaurésienne à n'en pas douter !

L'espace Jean-Jaurès : *dans l'enceinte de la mairie. Rens et horaires : ☎ 05-63-76-32-09 (mairie). GRATUIT.* Ce nouvel espace propose de découvrir le célèbre tribun tarnais sous ses facettes les moins connues, autour de divers documents historiques : souvenirs personnels, officiels, photos, lettres manuscrites, ouvrages, films... Vous saurez tout sur le fameux banquet dont le village célébra dignement le centenaire, allant jusqu'à ressortir la vaisselle d'époque.

Manifestation

– **_La fête du Livre et de la Gourmandise :_** *1 w-e de juil. • fetedulivrepampelonne.fr •* Auteurs, éditeurs, dessinateurs et libraires se rassemblent sur la place du Foirail autour d'un marché gourmand. Expo-vente de livres et de produits du terroir. Lectures, promenades littéraires et repas.

BLAYE-LES-MINES *(81400)*

Le musée et le centre d'art du Verre : *domaine de la Verrerie. ☎ 05-63-80-52-90. • museeverre-tarn.com • Depuis Carmaux, prendre la route de Saint-Benoît-de-Carmaux ; c'est à 800 m sur la gauche après avoir traversé la voie ferrée. Ouv en 2016 juil-nov, tlj sf mar 10h-12h, 14h-18h ; juil-août, tlj jusqu'à 19h. Entrée : 6 € ; réduc moins de 12 ans. Visite gratuite de l'atelier de souffleurs de verre, aménagé dans l'ancienne chapelle du domaine : démonstrations tlj l'ap-m sf mar.*
Dans les anciennes demeures de la famille de Solages (c'est elle qui fonda la société des mines de Carmaux et la première verrerie royale), ce superbe espace muséographique est dédié au verre et à l'art contemporain verrier. Il accueille de remarquables expositions d'artistes principalement européens, reconnus ou en devenir. Des artistes qui subliment la matière, tout en donnant parfois une dimension plastique aux objets de récup'. Une partie des créations est exposée au sous-sol, dans les anciennes salles voûtées où brûlaient autrefois les fours. Ne pas manquer d'admirer *La Fleur de Lotus*, une œuvre de Sandrine Isambert, avec ses petits cœurs rouges incrustés dans le mur qui battent la chamade. Un hommage à la fois kitsch, attachant et émouvant, à la mémoire des verriers qui ont transpiré dans ces lieux. La visite s'achève avec une expo sur l'histoire du verre, l'évolution de la fabrication des bouteilles, ainsi que sur les deux verreries de Carmaux (la dernière ferma ses portes en 1931).
– **_Biennale du Verre :_** *3 j. début oct (années impaires).* Près de 50 verriers venus des quatre coins de la France se retrouvent sur le domaine : expos-vente, démonstrations pour se familiariser avec les différentes techniques de travail du verre. Ateliers pour petits et grands.

Cap' Découverte : *☎ 05-63-80-15-15. • cap-decouverte.net • ♿ À env 5 km de Carmaux et 10 km d'Albi. Bien fléché depuis Carmaux et Blaye-les-Mines. Avr-juin et sept-oct, slt w-e et vac scol 11h-18h30 ; juil-août, tlj 10h-20h. Forfait journée 20,50-24,50 € selon âge et saison, famille à partir de 44 € ; le billet d'entrée donne accès à ttes les activités disponibles sur le site, avec fourniture du matériel. Ne pas oublier les chaussures fermées et une pièce d'identité.*
L'ex-mine à ciel ouvert de Carmaux a été reconvertie en station multi-loisirs, plus spécifiquement axée sur les sports de glisse. Dans un site impressionnant, sur les flancs d'un cratère artificiel à la forme d'un vaste amphithéâtre, le plus grand d'Europe (230 m de profondeur et 1 300 m de diamètre), on peut pratiquer une vingtaine de disciplines. À vous de choisir : luge sur rail (950 m de

descente à 40 km/h), piste de ski synthétique, la plus grande d'Europe (combinaison fournie), *paintball,* etc.
Au fond du cratère, auquel on accède par un télésiège ou une navette, un lac avec une petite plage de sable et quelques paillotes permet de se baigner, mais aussi de faire de l'aquaglisse, du minikart pour les petits, du ski nautique, des balades en embarcations à pédales... Mais l'attraction vedette du parc est sans aucun doute la tyrolienne de 1 200 m de long qui vous propulse à 100 km/h (en solo ou à trois maximum), suspendu à un câble à 60 m au-dessus du lac. Frissons garantis ! Autre atout de Cap' Découverte : 35 km de pistes cyclables (prêt de vélos et de rollers sur place). Une multitude d'autres activités, on ne peut pas tout citer !
– Pour autant, la mémoire du site n'a pas été oubliée. Dans le ***parc des Titans*** sont exposées les gigantesques machines qui ont creusé la mine à ciel ouvert. Promenade libre et gratuite. Sans oublier le *musée de la Mine* (voir plus haut « Cagnac-les-Mines »).
– Sur le site de Cap' Découverte se trouve également la ***Maison de la Musique*** *☎ 05-63-80-29-01* • *smad-capdecouverte.com* • : un espace qui accueille de grandes manifestations estivales, des concerts, et un théâtre de verdure aménagé pour des spectacles son et lumière.
Même si l'ensemble du site manque encore un peu d'ombre, il y a de quoi passer une agréable journée en famille ! Un coup de chapeau à cet exemple de reconversion tout à fait original.

Sur place, un ***snack-bar*** au bord du lac et une ***auberge*** *(ouv tlj juil-août, w-e slt Pâques-sept ; le reste de l'année, sur résa slt) : ☎ 05-63-80-21-35.* • *auberge.capdecouverte@vert-marine.com* • *vert-marine.com* • *Doubles 46-58 €, petit déj inclus. Assiettes 9,50-13 €.*

LE CARMAUSIN

LES GORGES DU VIAUR *(81130)*

À voir

Depuis le viaduc du même nom jusqu'à Saint-Martin-Laguépie, les gorges du Viaur recèlent de nombreux petits villages et sites à la beauté sauvage. On y trouve notamment l'ancien village de *Las Planques,* accessible uniquement à pied (superbe église romane), *Pampelonne,* ancienne bastide du XIIIe s, et village typique du Ségala, *Mirandol-le-Vieux,* avec son ancienne chapelle et le moulin de la Calquière, ou encore l'ancien village fortifié de *Lagarde-Viaur,* fier résistant au moment de la croisade contre les cathares...

UNE COMÉDIE HUMAINE

En 1766, un dénommé Bernard-François Balssa, jeune paysan du coin, fut emprisonné au château de Lagarde-Viaur pour avoir refusé d'épouser une jeune fille devant laquelle il s'était dénudé et qui était tombée enceinte. Libéré après avoir payé une somme d'argent, il s'installa à Paris. Nouvelle vie, et un honneur à retrouver. Il remplaça Balssa par Balzac, de consonance plus noble. En 1799, il eut un fils, un certain Honoré, qui ajouta une particule au nom pour frimer et devint l'un des plus grands écrivains français du XIXe s.

Le viaduc du Viaur à Tanus : jusqu'au début du XXe s, l'Aveyron était séparé du Tarn par l'impressionnante et profonde vallée du Viaur. Œuvre de Paul Bodin, qui fut élève de Gustave Eiffel, ce viaduc est un petit chef-d'œuvre de l'industrie française de la fin du XIXe s. Le viaduc franchit la gorge du Viaur et domine la rivière à 116 m de hauteur, avec une immense arche de 220 m. Réservé aux trains reliant Toulouse à Rodez (par Albi et Carmaux), il mesure 460 m de long.

MONESTIÈS

(81640) 1 433 hab. *Carte Tarn, B1*

Un magnifique petit bourg blotti au fond de la vallée du Cérou, sur la route de Carmaux, à 13 km de Cordes. Vous ne regretterez pas de vous arrêter un moment dans ce petit village classé parmi l'un des « Plus Beaux Villages de France » et de vous perdre dans ses ruelles. C'est en quelque sorte un résumé de l'architecture tarnaise traditionnelle. En juillet-août, une galerie d'art contemporain ouvre ses portes et accueille une expo collective.

Adresses utiles

Point d'accueil touristique : *pl. de la Mairie. ☎ 05-63-76-19-17. • tourisme-monesties.fr • De début avr à mi-juin, tlj 10h-12h, 14h-18h ; de mi-juin à mi-sept, tlj 10h-12h30, 14h-18h30 ; de mi-sept à fin oct, tlj 10h-12h, 14h-18h.* Dispose d'un plan du village.

Le Marché de Juliette : *19, pl. du Foirail. 06-47-54-67-25. Dim et jeu 8h30-12h30 ; mar-mer, ven-sam 8h30-12h30, 15h30-18h30.* La jolie épicerie multiservice du village propose toutes sortes de produits du terroir (des vrais !) et en profite pour concocter des paniers pique-nique à emporter... Encore mieux qu'au supermarché !

Où dormir ? Où manger à Monestiès et dans les environs ?

Camping municipal Les Prunettes : *au bourg. ☎ 05-63-76-19-17. • monesties@orange.fr • tourisme-monesties.fr • Accès : dans le village. Ouv de mi-juin à mi-sept. Emplacement tente 9 € pour 2 pers. CB refusées. Tarif réduit (3,50 €) pour la visite de la chapelle Saint-Jacques et l'entrée du musée Bajen-Vega sur présentation de ce guide. 22 empl.* Très bien situé. Une vingtaine d'emplacements (oui, c'est petit !) noyés dans la verdure et rafraîchis par le Cérou. S'il n'y a personne à l'accueil, signalez votre arrivée à l'office de tourisme ou bien faites comme chez vous et plantez la tente, la responsable passera plus tard. Tennis pas très loin.

Prix moyens

L'Auberge Occitane : *au bourg. ☎ 05-63-80-73-41. • auberge.occitane@orange.fr • En été, ouv tlj midi et soir ; hors saison, se renseigner pour les groupes. Menu du jour (entré, plat, dessert) à midi 13,90 € (vin compris). Menus soir : 18-30 €. Carte 20 € env.* Grande terrasse pour déjeuner aux beaux jours ; intérieur plus rustique. Honnête cuisine de terroir concoctée à base de produits locaux et servie avec le sourire.

Chic

Chambres d'hôtes Les Planquettes : *81190* ***Trévien****. ☎ 05-63-76-44-32. • contact@lesplanquettes.com • lesplanquettes.com • À 8 km de Monestiès. Prendre la direction Almayrac-Carmaux ; 2 km plus loin, bifurquer à gauche, direction Trévien (D 73) ; laisser ensuite Trévien sur la droite, continuer sur la D 73 ; 3 km après, au carrefour, prendre à droite, c'est la 1re maison sur la droite, 500 m plus loin. Congés : 1er-20 janv. Compter 70-85 € pour 2 selon confort et saison, 115-120 € pour 4. Table d'hôtes sur résa 24 €.* C'est dans le Ségala tarnais que Stéphanie, André et le petit Sacha (né à l'ouverture des chambres) ont créé leur petit nid douillet. Aménagées dans un ancien corps de ferme joliment restauré, au milieu des champs (bio) et avec une vue imprenable sur la campagne vallonnée, les 2 chambres (« Tilleul », « Olivier ») et la suite familiale (« Arbousier » et « Figuier ») invitent au calme et au repos. Toutes différentes, elles ont en commun de beaux lits en fer forgé.

À voir. À faire

Le point accueil touristique propose un ***pass découverte*** *(4 € ; 3,50 € sur présentation de ce guide ; gratuit moins de 14 ans).* Comprend la visite de la chapelle Saint-Jacques et du musée Bajen-Vega. Également un ***pass musées*** pour la chapelle Saint-Jacques, le musée Bajen-Vega, les musées du Verre à Blaye-les-Mines et de la Mine à Cagnac-les-Mines *(de mi-avr à mi-oct ; 10,50 € ; 7 € pour les 6-13 ans).*

La chapelle Saint-Jacques : *mêmes horaires que le point accueil touristique. Entrée : 3 € (2,50 € sur présentation de ce guide).* Ancien hôpital pour les pèlerins en route pour Saint-Jacques-de-Compostelle, la chapelle abrite une collection de 20 statues, grandeur nature, en calcaire polychrome du XVe s : un christ en croix, une *pietà* et la célèbre *Mise au tombeau,* une œuvre remarquable par l'impression de vie et le réalisme émanant des visages et costumes des dix personnages qui constituent le cortège. Elles se situaient à l'origine dans la chapelle du château. Sans nul doute, un des plus beaux ensembles de sculptures du début de la Renaissance en Europe. Les amateurs seront bluffés !

Le musée Bajen-Vega : *pl. de la Mairie, dans le même bâtiment que le point accueil touristique (mêmes horaires). ☎ 05-63-76-19-17. Entrée : 3 € (2,50 € sur présentation de ce guide).* Expose par roulement plus de 130 toiles du peintre Francisco Bajen et de son épouse Martine Vega, qui ont fui l'Espagne basque en 1939 et se sont réfugiés à Albi. À ses débuts, Francisco Bajen fut très inspiré par le cubisme. Sa femme a été plutôt influencée par le fauvisme. Une passion partagée pour la couleur. Expo temporaire inédite chaque année.

Balade dans le bourg : en face de la mairie, belle demeure avec couvert sur colonnes de pierre et de bois. *Église Saint-Pierre* de style gothique méridional, jolies demeures en encorbellement et rues étroites menant à la porte de Candèze. Vers le camping, *pont de Candèze,* à bec et dos-d'âne, des XIIe-XIIIe s. Pour prolonger la balade, sentier botanique balisé de 2 km, « Les Secrets de la rivière », qui suit le cours de la rivière.

– ***La base nautique de la Roucarié :*** *au barrage de la Roucarié. Contact :* ***US Carmaux Voile,*** *base de loisirs de la Roucarié, 81640 Monestiès. ☎ 05-63-36-71-14. • uscvoile.com • Juil-août.* Baignade surveillée en été. Bien équipée : dériveurs, planches à voile et engins à rames (canoës, kayaks). Stages animés par des moniteurs diplômés : initiation, perfectionnement. Balade agréable autour du barrage.

Manifestations

– ***Puces de la couturière :*** *1er dim de juin.* Vide-greniers sur le thème de la couture, du patchwork, de la broderie et des travaux d'aiguille.
– ***Fête de l'Âne :*** *2e dim de juin.* Balades à dos d'âne et en calèche dans le village. Nombreux producteurs locaux. Une journée qui plaît beaucoup aux enfants.
– ***Exposition d'Arts :*** *en juil-août.* Des artistes exposent dans le village tout l'été.
– ***Fête du Cheval :*** *1 dim en sept.* Sur le même principe que la fête de l'Âne, mais avec des chevaux.

DANS LES ENVIRONS DE MONESTIÈS

La ferme animalière de Bellevue : *sur la commune de* ***Salles-sur-Cérou.*** *☎ 05-63-76-11-77.* • *fermebellevue.fr* • *Bien indiqué depuis la route reliant Cordes à Monestiès, sur la D 27. Tlj. Entrée : env 6 € ; 5 € moins de 10 ans. Cochon à la broche dim et j. fériés ou sur résa.* Quelques espèces étonnantes : mouton à quatre cornes, cochon laineux du Vietnam, chèvre angora, Highland écossais, kangourou, wallaby, lama, paon blanc, etc. À découvrir en famille avec de jeunes enfants.

LE PAYS DE CORDES-GRÉSIGNE

CORDES-SUR-CIEL (81170) 1 041 hab. *Carte Tarn, B1*

« À Cordes, tout est beau même le regret. »

Albert Camus

Un beau village médiéval, admirablement conservé et perché sur un promontoire qui offre un point de vue remarquable. De belles façades à admirer, moult galeries d'art à explorer, une imposante halle du XIIIe s autour de laquelle se concentre l'activité, une balade dans le *jardin des Paradis* à ne pas manquer. À Cordes, en été, vous ne serez pas seul. Mais sachez que le flot de touristes n'envahit le village qu'en fin de matinée (avis aux lève-tôt !). Le soir, à la fraîche, les ruelles redeviennent délicieusement calmes. Cordes est alors d'une poésie rare.

UN PEU D'HISTOIRE

La bastide de Cordes a été créée par le comte de Toulouse, Raimond VII, pour protéger les frontières de son territoire, à une date que les petits Cordais n'ont pas de mal à retenir : 1222. Seule l'Inquisition y causa quelques ravages, les cathares s'y étant réfugiés en nombre, protégés par le fondateur de la ville et attirés par une charte de privilèges. La peste noire de 1348, la guerre de Cent Ans et les guerres de Religion amorcèrent son déclin.
Après les longs troubles religieux, Cordes connut un **véritable âge d'or grâce à l'artisanat** (tannerie, teinturerie, draperie...). Deuxième époque prospère bien plus tard, au XIXe s, grâce à l'introduction d'un des premiers métiers à broder à Cordes, qui relança l'artisanat. Enfin, dernière vogue, plus proche de nous, le tourisme, lancé par les artistes des années 1940 : le peintre Yves Brayer et Albert Camus, qui y écrivit ses derniers livres.
En 1993, Cordes devint officiellement par décret « Cordes-sur-Ciel ».

Arriver – Quitter

➢ ***Par la route :*** Cordes-sur-Ciel est à 25 km au nord-ouest d'Albi, par la D 600.
➢ ***En car :*** liaison du lundi au samedi d'Albi. Bus ligne n° 707.

➢ ***En train :*** la gare se trouve à Vindrac (5 km) sur la ligne Toulouse-Aurillac. De là, taxis *cordais* (📱 *06-22-42-72-11)* ou taxi *Gilles* (📱 *06-16-30-14-90)* ; téléphonez la veille de votre arrivée.

Adresses et infos utiles

Office de tourisme : *38-42, grand-rue Raimond-VII – Maison Gaugiran (en haut de la cité). ☎ 05-63-56-00-52. • cordessurciel.fr • En juil-août, tlj 9h30-13h, 14h-18h30 (dim et j. fériés 10h-13h, 14h-18h) ; avr-juin et sept-oct, tlj 10h30-12h30, 14h-18h (dim et j. fériés 10h30-12h30, 14h-17h) ; nov-déc et janv-mars, lun-sam 10h30-12h30, 14h-16h (17h sam et j. fériés). Pdt les vac scol de fév (zone A), de la Toussaint et de Noël, 10h30-12h30, 14h-17h.* Très compétent. Propose à la vente un guide de visites de Cordes sur différents thèmes, deux jeux de piste pour les enfants, ainsi que différents ouvrages et souvenirs. De mi-juillet à fin août, le jeudi à 20h30, visite théâtralisée « à la lueur des flambeaux » ou commentée *(6 € ; réduc)* ; visite guidée en été.

La Maison du Pays Cordais : *8, pl. Jeanne-Ramels-Cals ; Point de diffusion. Mai, juin et sept, lundi 14h-17h ; mar-ven 10h30-12h30, 14h-17h ; sam 10h30-12h30. Juil-août, tlj sf sam et mer mat 10h-13h et 14h30-18h et mer 14h30-18h. En été, tlj 9h30-18h30.* Une vitrine pour les producteurs avec de bons produits locaux (croquants, truffes, mohair, vins de Gaillac, etc.).

Stationnement : on vous déconseille de tenter de vous garer en ville ! De mars à novembre, plusieurs parkings payants au pied de la cité. Un seul est gratuit (P1). Ne vous laissez pas impressionner par la distance parcourue en voiture pour l'atteindre ; il n'est en fait qu'à une centaine de mètres au pied de Cordes (10-15 mn par un sentier piéton).

Location de vélos : ***Joël Guibert,*** *La Vaurelle. ☎ 05-63-56-08-68. À 2 km de Cordes-sur-Ciel ; rejoindre le village Les Cabannes, le traverser, puis fléché. Mieux vaut appeler avt de s'y rendre.* Location de vélos électriques pour les moins sportifs. Également vente *(neuf, occasion)* et réparation de vélos.

Taxis : *voir plus haut « arriver-quitter ».*

– **Marché :** *sam mat.*

– **Marchés nocturnes et de pays :** *4 dans l'été, mardi, avec les producteurs de pays. En musique et avec restauration.*

Où dormir ? Où manger ?

De prix moyens à plus chic

Hostellerie du Vieux Cordes : *21, rue Saint-Michel. ☎ 05-63-53-79-20. • vieux.cordes@thuries.fr • hostellerievhc.com • ♿ (accès au resto slt). Dans le centre de la vieille ville. Réception fermée à 17h lun nov-avr. Resto fermé dim soir et lun hors juil-août. Congés : 1er janv-13 fév. Doubles 68-144 € selon taille, vue et période ; familiales 144-154 € ; petit déj-buffet 12,50 €. Formules déj en sem 18 € ; menus 23,50-32 € ; carte 33 €. Verre de vin blanc doux offert sur présentation de ce guide avec votre dessert.* Un établissement au cœur de Cordes, installé dans une belle vieille demeure médiévale. Les chambres les plus chères sont vraiment coquettes et offrent un confort sans faille. L'accueil est pro. Au choix : patio recouvert de glycine, salle à l'atmosphère bourgeoise ou terrasse avec vue imprenable sur la vallée pour déguster une cuisine soignée. Accueil et service impeccables. Une hôtellerie de charme qui tourne parfaitement rond.

Chambres d'hôtes Le secret du Chat : *16, Le Planol. ☎ 05-63-53-26-73. • lesecretduchat@orange.fr • lesecretduchat.com • Fermé de nov à Pâques. Compter 140-180 € pour 2 selon chambre et saison. Table d'hôtes sur résa 29-40 €.* Oh la jolie adresse que voilà ! Cet ancien atelier de broderie a de quoi séduire avec ses multiples accès et entrées, ses escaliers farceurs et son atmosphère particulière... Jusqu'au passage secret qui permet d'accéder à un jardin suspendu et dominant la vallée... Les 4 chambres à la déco éclectique invitent au repos : Le Passeur d'étoiles, Écoute s'il pleut,

Loin de l'œil (un cépage gaillacois, on vous le rappelle), Le Sirop du jardin... Un peu cher quand même mais à Cordes-sur-Ciel, que voulez-vous, les prix ont tendance à prendre de l'altitude... Dégustation de vins de Gaillac dans la cave aménagée à cet effet.

L'Escuelle des Chevaliers : *87, grand-rue Raimond-VII. ☎ 05-63-53-14-40. • michelarquey@msn.com • lescuelledeschevaliers.fr • De mi-juil à août, ouv le soir lun-sam et dim midi ; le reste de l'année, ouv ven soir-dim midi. Congés : nov-janv. Résa vivement conseillée. Menus 20-24 € ; carte 20-25 €. Café offert sur présentation de ce guide.* Oyez, oyez, gente dame, seigneur, damoiselle et damoiseau ! Attablez-vous dans cette taverne, en lieu et place des nobles chevaliers du XIIIe s. Pour votre ripaille, la fourchette est bannie. Usez d'une simple cuillère pour les liquides, d'un couteau pour les solides. Dans l'escuelle, dégustez bonne frigousse de cerf, boussac de conin en porée de girouilles, chaudin de pourcel en porée de favioles et autres victuailles tout droit venues du Moyen Âge. Une table originale pour festoyer au son de l'olifant et en costumes d'époque (à disposition à l'entrée pour ceux qui le veulent) !

Où dormir ? Où manger dans les environs ?

Camping

Camping Le Garissou : *81170 **Les Cabannes.** ☎ 05-63-56-27-14 ou 05-81-63-05-35. • contact@legarissou.fr • ou • marketing@legarissou.fr • legarissou.fr • À env 2,5 km de Cordes. Ouv Pâques-Toussaint. Compter 13,90 € pour 2 pers en tente. Hébergements locatifs 271-655 €/sem selon saison. 60 empl.* Camping bien situé sur une colline qui offre un beau panorama. Loue également des chalets en bois. Espace aquatique, minigolf, terrain de sport, animations en été, *paintball.* Pour les randonneurs, le GR 46 passe à 300-400 m. Piscine.

Camping Le Moulin de Julien : *route de Gaillac (D 922), **Livers-Cazelles.** ☎ 05-63-56-11-10. 📱 06-06-47-70-19. • contact@campingmoulindejulien.com • campingmoulindejulien.com • Ouv mai-sept. Emplacements tente 17-21 € pour 2 selon saison. Hébergements locatifs 200-600 €/sem selon saison. 130 empl.* Très bien situé. Parfaitement paysagé et très ombragé, presque luxueux. Des huttes pour 2 personnes, ainsi que des mobile homes et des chalets pour 5 personnes. En prime, vous pourrez disposer du minigolf, entouré de vieilles pierres. Ambiance familiale, très agréable et bon accueil. Piscine avec toboggan.

Très bon marché

Le Petit Café : *23, promenade de l'Antan, **Les Cabannes,** à l'entrée du village. ☎ 05-63-56-02-51. • petitcaferesto@gmail.com • Tte l'année ; resto à midi slt sf w-e et j. fériés. Formules 9,50-11 € et menu 12,60 €.* Au resto, service mécanique pour repas boulimique. Ambiance « routier » dans un décor campagnard, mais on en a pour son argent. Chaque 1er mardi du mois soirée *fish & chips.* Apéro-concert le mercredi en juillet-août, qui se transforme en petite fête de quartier avec la rue semi-barrée.

De prix moyens à chic

Chambres d'hôtes Le Cayrols : *81170 **Livers-Cazelles.** ☎ 05-63-56-22-46. • lecayrols@gmail.com • lecayrols.com • À env 3,5 km de Cordes. Prendre la route d'Albi ; 700 m env après l'église (sur la gauche), tourner à gauche (fléché). Congés : 12 nov-1er mars. Compter 75-100 € pour 2 selon saison. Resto dans le corps de ferme 24-30 €. Café offert sur présentation de ce guide.* En pleine campagne, très jolie ferme restaurée et décorée avec goût dans le respect du lieu et de l'environnement (chauffage solaire). 5 belles chambres. Parfaitement au calme. Piscine. Également des gîtes. Resto récemment ouvert sur le lieu, cuisine légère, un peu sophistiquée, avec des mélanges de saveurs intéressants.

Restaurant Lou Cantoun : *4, route d'Albi, 81150* ***Cestayrols.*** *☎ 05-63-53-28-39. • contact@loucantoun.fr • À 11 km de Cordes ; prendre la direction de Cahuzac-sur-Vère par la D 922, puis Noailles ; dans le village. Fermé mar-mer. Le midi en sem, formule 16,50 €, menu 19,50 € puis 29 €, carte en 45 €.* Un nom occitan des plus traditionnel pour une cuisine de chef qui ne l'est pourtant pas. Bernard Gisquet a du talent ! Certes, dans les assiettes, on retrouve des produits du terroir, mais préparés avec une touche très personnelle et imaginative. Le choix de plats n'est peut-être pas très large, mais quand on sait que c'est pour avoir des produits plus frais et mieux travaillés, on ne s'en plaindra pas. On approche l'excellence en matière de desserts... Aux beaux jours, agréable terrasse donnant sur une pelouse et le clocher de l'église. Une belle trouvaille !

Où acheter des spiritueux ?

Distillerie artisanale Laurent Cazottes : *Le Carlus, 81130* ***Villeneuve-sur-Vère.*** *☎ 05-63-56-85-39. À 12 km env de Cordes ; prendre la direction d'Albi, puis bifurquer sur la droite à 10 km (direction Villeneuve) ; traverser le village, direction Gaillac ; c'est à 1 km env sur la droite. Ouv lun-ven (w-e sur rdv).* Si vous deviez faire une halte dans une seule distillerie, c'est ici ! Laurent Cazottes a la passion des spiritueux. Pas de filtration ni d'adjonction artificielle et conservatrice, juste une approche respectueuse de l'environnement et l'utilisation d'une technique unique en France, qu'il n'hésitera pas à vous expliquer en détail. Ses eaux-de-vie (poire, raisin et prune), apéritifs et liqueurs sont prisés par les plus grands restaurants de France. Laurent Cazottes produit également des huiles essentielles et des eaux florales. Boutique de dégustation-vente sur place.

À voir

La « ville aux cent ogives » a su conserver de ravissantes maisons gothiques, des ruelles entièrement pavées, souvent en pente, des murailles fortifiées et de pittoresques échoppes.

Il existe deux manières d'accéder au cœur de la cité médiévale : par une rampe rapide pour voitures (on vous le déconseille !) ou, mieux, par la *grand-rue* qui part de la ville basse. Celle-ci passe d'abord par la très belle *porte en pierre de l'Horloge.* Au pied, un pittoresque *escalier* dévoré par les herbes, appelé *du Pater noster,* ses marches étant aussi nombreuses que les mots de la prière ! Après la *Barbacane* et l'imposante *porte du Portail peint,* on pénètre dans l'enceinte. On peut également remonter le chemin de ronde sur la gauche pour contourner la cité et s'offrir quelques panoramas de choix sur la campagne.

Le musée Charles-Portal, Histoire d'une cité : *porte des Ormeaux. ☎ 05-63-80-51-72. • musee-charles-portal.asso-web.com • Juil-août, tlj sf mar 14h30-18h30 ; Pâques-juin et sept-Toussaint, w-e et j. fériés 14h30-18h ; fermé le reste de l'année (sf groupes). Entrée : 2,50 € ; réduc.* Ce musée, dont le nom rend hommage à un historien local, expose différents objets de la préhistoire au XIXᵉ s, en passant par les époques gallo-romaine et mérovingienne : monnaies, poteries, belle collection d'ex-voto. Noter le surprenant sarcophage double mérovingien (il n'en reste plus que la moitié) avec une paroi centrale percée de trous afin que les âmes puissent communiquer. À l'étage, intéressante vidéo qui dit tout (ou presque !) sur le fameux puits de la halle (113 m de profondeur). Également une expo sur l'exceptionnelle architecture de Cordes.

La porte des Ormeaux : au bout de la Grand-rue. Imposantes tours de la première enceinte de la ville, où l'on trouve le musée Charles-Portal (voir plus haut).

La porte de la Jane : derrière la précédente. Belle pierre grise. Du nom de la fille du comte de Toulouse, cette porte était un leurre destiné à tromper d'éventuels assaillants, afin qu'ils s'échinent dessus, avant de tomber sur la véritable enceinte... Un vrai traquenard.

Historama : *20, grand-rue Raimond-VII. ☎ 05-63-56-25-33. • tourisme3281.com • De juin à mi-sept, tlj 11h-13h, 14h30-19h ; en mai, de mi-sept à mi-oct et vac scol, tlj 14h-18h ; le reste de l'année, w-e ap-m slt. Fermé 25 déc-1er avr. Entrée : 4,50 € ; forfait famille (2 adultes, 2 enfants) 12 € ; gratuit moins de 6 ans ; réduc. Compter 25 mn.* Un musée de cire qui propose un plaisant petit voyage pédagogique au cœur du Moyen Âge à travers différentes scènes et ambiances (vie quotidienne, jour de marché, festin donné en l'honneur de la visite du Dauphin, futur Louis XI, etc.). Belle maquette de Cordes au Moyen Âge.

La maison du Grand Fauconnier – musée d'Art moderne et contemporain : *37, grand-rue Raimond-VII. ☎ 05-63-56-14-79. Ouv de mi-mars à mi-nov slt, tlj sf mar 10h30-12h30, 14h-18h. Entrée : 4 € ; réduc ; gratuit jusqu'à 14 ans. Expos temporaires en accès libre.*
Les faucons qui lui donnèrent son nom ne sont plus sur le toit, et pour cause, cette vénérable demeure date du XIVe s. Reste le superbe encorbellement, avec ses oiseaux et ses animaux fantastiques. Au rez-de-chaussée (accès gratuit), très bel espace lumineux qui accueille des expos temporaires (les différentes salles s'appuient sur les premiers remparts de Cordes). Par un étroit escalier à vis, on accède à l'espace André-Verdet et Francis-Meunier. Sont exposées ici quelques œuvres aux signatures prestigieuses (Picasso, Klee, Prévert, Miró, etc.) ayant appartenu à André Verdet, un poète, philosophe, peintre, musicien (et on en passe...), qui séjourna à Cordes dans les années 1960 et fit don d'une partie de sa collection à la municipalité. Quelques œuvres également de Francis Meunier, peintre surréaliste, né à Cordes en 1924. En face, c'est l'espace *Yves-Brayer,* l'un des peintres figuratifs les plus importants du XXe s. Une volée de marches plus haut, une salle expose des sculptures et toiles de Maurice Baskine. Le sous-sol est consacré à la broderie, activité traditionnelle du village de 1880 à 1930.
– ***Salle des artistes et artisans d'art de Cordes-sur-Ciel :*** *en face du bureau d'accueil, entre la cour d'entrée et la rue. Accès gratuit.*

Le musée les Arts du sucre et du chocolat Yves-Thuriès : *maison Prunet, 33, grand-rue Raimond-VII. ☎ 05-63-56-02-40. • artdusucre.fr • Ouv de mi-mars à déc slt, horaires à voir sur le site. Entrée : 4 € ; 3 € 6-14 ans.* Une réussite (les gourmands affluent en été), bien que certains y voient avant tout un coup de pub... Sculptures bien kitsch en sucre représentant des personnages, des animaux. En tout cas, la maison est superbe (style gothique du XIIIe s), sur trois étages.

L'atelier du Laguiole : *26, grand-rue Raimond-VII. ☎ 05-63-56-10-83. Congés : janv. En saison, ouv tlj (appeler hors saison).* Magasin de vente, mais on peut y voir travailler le coutelier et lui commander des laguioles personnalisés.

La place centrale : immense *halle* du XIIIe s, aux 24 piliers de grès octogonaux. Ça a de l'allure, c'est sûr. En dessous, vieux *puits* d'une profondeur de 114 m, dont 34 m creusés dans le roc. Il aurait été construit lors de la fondation de Cordes, entre le XIIIe et le XIVe s.

La Bride : terrasse dominant la cité, d'où le panorama est, comme on s'en doute, superbe.

L'église paroissiale Saint-Michel : près de la place. Édifiée au XIIIe s et plusieurs fois remaniée jusqu'au XIXe s. Nef de grès rose sans transept, de belle ampleur. Voir le curieux clocher, le grand retable (XVIe s) aux colonnes torses, les peintures de la voûte (inspirées de celles de la cathédrale d'Albi), ainsi que l'orgue de dix jeux, de facture romantique, qui provient de Notre-Dame de Paris. Ouverte lorsque des bénévoles sont présents pour l'ouvrir.

★★ ***La maison du Grand Veneur :*** l'une des plus connues de la grand-rue Raimond-VII, également à façade gothique. Remarquer le haut-relief. Amusante scène de chasse, avec un chien poursuivant un sanglier, un lièvre aux abois, etc.

★★ ***La maison du Grand Écuyer :*** dans l'alignement des précédentes. Encore des animaux sculptés en frise, dont un cheval (d'où le nom). Très belle façade gothique également.

★★ ***Le jardin des Paradis :*** *pl. du Théron, aménagé sur les terrasses de la ville basse. ☎ 05-63-56-29-77. • jardindesparadis.eu • De mai à oct, ven-dim et j. fériés 14h-18h ; juil-août, tlj 11h (14h sam)-19h. Entrée : 5 € ; réduc et forfait famille.* Deux architectes-paysagistes qui ont beaucoup voyagé en Orient ont voulu inventer un jardin où rêve, poésie, création contemporaine fusionneraient allègrement. Pari réussi. Plaisir immense qui peut durer 1h sans problème. Dans ce lieu magique et « solidaire », tous les sens sont sollicités. Le cloître végétal à l'entrée invite à la méditation. Plus loin, c'est l'exubérance de la bananeraie qui surprend. Clapotis de la « cascade des seaux », tapis de fleurs qui évoquent les tapis d'Orient, parfum envoûtant des essences, ballets de papillons, bassins tapissés de plantes aquatiques (nénuphars, jacinthes, etc.)... L'espace musée, au cœur du jardin, accueille chaque année de nouveaux artistes pour des expositions. Une seconde pièce est entièrement consacrée aux graines et à des curiosités végétales. Et en plus, un jardin naturel vous apprend à devenir un écocitoyen, en refusant les pesticides et en proposant des produits artisanaux locaux. Un endroit pour flâner, pour rêver... Bienvenue au Paradis ! Demandez le livret pour le jeune public. Organise plusieurs manifestations, tout au long de la saison : apéros-concerts, jardin de jeux, ou encore fête de la paresse !

Fêtes et manifestations

- ***Fête du Grand Fauconnier :*** *pdt 2 ou 3 j. autour du 14 juil.* Fête médiévale la plus ancienne de France et l'événement majeur de l'année dans la cité. Gratuit si l'on s'y rend costumé !
- ***Musique sur Ciel :*** *5 à 7 j. pdt les 2 dernières sem de juil. ☎ 05-63-56-00-75.* Festival de musique de chambre et de voix, grands concerts commentés (payant) et impromptus musicaux (gratuit)...

DANS LES ENVIRONS DE CORDES-SUR-CIEL

★★ ***Le château du Cayla :*** *à 12 km de Cordes, direction Gaillac, puis bien fléché à partir de Cahuzac-sur-Vère. ☎ 05-63-33-90-30. Juil-août, tlj 10h-12h30, 14h-19h ; mai-juin, sept-oct, tlj sf mar 10h-12h, 14h-18h ; mars-avr, nov-déc, mer-dim 14h-17h ; janv-fév, w-e ap-m slt. Fermé certains j. fériés. Visite guidée slt (compter 45 mn) : 3 € ; réduc ; gratuit moins de 18 ans et pour ts le 1er dim du mois oct-avr.* Dans ce petit château-musée, souvenirs de Maurice et d'Eugénie de Guérin (sa sœur). Prosateur et poète romantique du XIXe s, ami de George Sand et de Barbey d'Aurevilly, Maurice de Guérin est l'auteur, entre autres, du *Centaure* et de *La Bacchante.* Le château est un ancien rendez-vous de chasse du XVe s. Même si vous ignorez tout de l'œuvre de Maurice de Guérin, vous vous laisserez plaisamment guider dans ces lieux chargés d'une atmosphère un brin romantique. Cuisine dans la partie la plus ancienne, restée quasiment en l'état. On y voit les vieux « potagers », le gendarme pour chauffer les fers, etc. Un assez rare escalier à vis en bois. Au 1er étage : grande salle de billard, cheminée monumentale en stuc, chambre des parents reconstituée selon l'acte notarié, livres de Maurice de Guérin et d'autres le concernant, œuvres d'Eugénie, objets personnels, etc. Les lieux semblent encore habités. Promenade délicieuse dans le grand parc et trois circuits littéraires autour du château. Également des expos temporaires.

Le château de Penne : *le bourg, 81140* ***Penne.*** *☎ 05-63-55-71-09. • contact@chateaudepenne.com • À 25 km de Cordes-sur-Ciel, en suivant la D 91 direction Vaour, puis D 9. Des vac de fév à mi-avr, w-e et j. fériés 14h-18h ; de mi-avr à fin mai, lun-ven 14h-18h30, w-e et j. fériés 10h30-12h30, 14h-18h30 ; juin, tlj 10h30-12h30, 14h-19h ; juil-août, 10h30-19h30 ; sept tlj 14h-18h ; 1er oct-11 nov mer-dim 14h-18h. Hors saison, même quand c'est fermé, l'accueil reste possible sur le site (il y a généralement quelqu'un). Entrée : 5 € adulte (tarif réduit appliqué sur présentation de ce guide), 3 € enfant ; gratuit moins de 7 ans ; famille 14 €. Possibilité de visite guidée l'ap-m en saison.* Après plus de 450 années d'oubli, l'accès aux vestiges du château est un véritable voyage dans le temps. Ce site, classé Monument historique depuis 1902, est en rénovation permanente, ce qui est l'occasion de découvrir un chantier médiéval vivant, ainsi que des parcours d'interprétation illustrés et ludiques, des démonstrations de combats et d'armement ou encore des troupes spécialisées dans la reconstitution historique. Très belle vue de là-haut.

Manifestation

– ***L'été de Vaour :*** *1 sem début août, à* ***Vaour,*** *village à 15 km de Cordes en direction de Penne. Rens : ☎ 05-63-56-36-87. • etedevaour.org •* S'y déroule le *festival burlesque.* Alors là, tous les rires : les jaunes, les gras, les fous, etc. Les représentations s'enchaînent : théâtre, mimes, spectacles de rue, etc. La vraie fête ; très sympa. Apéro-concert, tous les soirs à partir de 18h30.

CASTELNAU-DE-MONTMIRAL

(81140) 1 002 hab. *Carte Tarn, A2*

À une dizaine de kilomètres au nord de Gaillac. Castelnau est une ancienne bastide, fondée la même année que Cordes pour surveiller le bassin de la Vère. Sur son mamelon, entouré de collines et de vignes, le village fortifié coule des jours paisibles, nettement moins dérangé que sa grande sœur... Magnifiques maisons à colombages et jolie place à couvert, typique de la région.

Adresse utile

Office de tourisme : *pl. des Arcades. ☎ 05-63-33-15-11. Avr-sept, tlj, juil-août, 10h-12h30, 14h30-18h30 ; fermé lun en oct, mar et 1 dim sur 2 de nov à début avr. • tourisme-vignoble-bastides.com •* Petite expo gratuite consacrée à l'histoire du village et, à l'étage, un espace accueillant des expos temporaires et une vidéo sur la bastide et les alentours. Visite guidée de la ville le mardi *(3 € ; gratuit moins de 12 ans).* Borne tactile à l'extérieur.

Où dormir ?

De prix moyens à chic

Hôtel des Consuls : *pl. des Arcades. ☎ 05-63-33-17-44. • info@hoteldesconsuls.com • hoteldesconsuls.com • Fermé de mi-déc à mi-mars. Doubles 63-117 € selon confort et saison.* Dans cette maison de maître de 1630, avec une

LE PAYS DE CORDES-GRÉSIGNE

remarquable cheminée d'origine ornée d'un médaillon peint, une quinzaine de chambres charmantes avec douche ou bains, poutres et pierres apparentes. Les moins chères sont assez étroites, les plus onéreuses disposent d'une baignoire balnéo. Belle terrasse sur l'arrière, en plein soleil. Tout est réuni pour en faire un petit hôtel de charme parfaitement intégré dans le village.

Où dormir ? Où manger dans les environs ?

Campings

Camping Soleil des Bastides : *route de Cordes, 81140* ***Cahuzac-sur-Vère.*** *☎ 05-63-33-91-94. 06-86-84-09-40. • info@le-soleil-des-bastides.fr • le-soleil-des-bastides.fr • À 9 km de Castelnau. À la sortie du village en direction de Cordes. Ouv 15 avr-30 sept. Emplacement tente 14 € pour 2. Hébergement locatif en hte saison : 580 €/sem. Caravane 30 €/nuit avec draps. 46 empl.* Tout simple, bien entretenu, et à proximité du tennis municipal, d'une aire de pique-nique, d'un restaurant, d'une épicerie... Snack et piscine sur place. Location de *lodges et* mobile home.

Camping du Chêne Vert : *81140* ***Rieutort.*** *☎ 05-63-33-16-10. 06-15-71-14-05 ou 06-78-32-56-30. • contact@campingduchenevert.fr • campingduchenevert.com • À 3 km de Castelnau. Prendre la direction de Caussade ; après la base de loisirs de Vère-Grésigne, 1re à droite ; fléché ensuite. Ouv juin-sept. Emplacements tente 19-24 € selon saison. Hébergements locatifs 168-714 €/sem selon saison. Caravanes 133-168 €/sem. 119 empl. Réduc de 10 % sur les emplacements et les locatifs (tte l'année) sur présentation de ce guide.* Dans un cadre calme, parfaitement ombragé et très propre, un camping tenu par une équipe dynamique. Location de chalets, de mobile homes et de bungalows de toile (possibilité de location à la nuit hors saison). Piscine. Location de salle. Accueil de groupes.

De bon marché à prix moyens

Dôme de Montmiral : *Côte Rouge, commune de Castelnau-de-Montmiral. ☎ 05-63-57-26-78. 06-81-39-61-74. • domedemontmiral@gmail.com • À 6,5 km du village ; prendre la direction de Caussade ; après la base de loisirs de Vère-Grésigne, 1re à droite, puis 1re à gauche (direction Vaour) ; fléché 2,5 km env plus loin, sur la droite. Repas 42 € (sur résa slt et 48h à l'avance). CB refusées. Parking.* Après de nombreux voyages à travers la planète Terre, Valérie et Raymond ont posé leur soucoupe volante au sommet d'un versant, au cœur d'une nature isolée. Une adresse originale qui fait immanquablement penser à un OVNI en bois, et capable de pivoter pour mieux capter la lumière ou la fraîcheur. Intérieur spacieux et plutôt contemporain. Valérie cuisine essentiellement des produits bio et s'inspire au quotidien de saveurs culinaires d'horizons très lointains.

La Bonne Auberge : *1, rue de l'Église, 81140* ***Cahuzac-sur-Vère.*** *☎ 05-63-33-90-17. À 9 km env de Castelnau. Tlj sf sam et j. fériés, à midi slt. Congés : 27 mai-6 juin et 16 déc-4 janv. Formule 11,50 €, puis menus 13-18 €.* Dans ce village tranquille, un resto tout de simplicité, à la solide cuisine familiale. Petite terrasse ombragée par une treille de glycine. Spécialités de charcuteries, d'omelette aux cèpes, confit de canard, etc.

De chic à beaucoup plus chic

Chambres d'hôtes Le Château de Mayragues : *commune de Castelnau-de-Montmiral. ☎ 05-63-33-94-08. • geddes@chateau-de-mayragues.com • chateau-de-mayragues.com • À 7,5 km env du village ; prendre la direction de Gaillac (D 964), puis, à 4,5 km, bifurquer à gauche (direction Le Verdier par la D 15) ; c'est à 3 km (fléché sur la gauche). Fermé de fin nov* *à fin mars. Compter 125 € pour 2. CB acceptées. Réduc de 10 % sur le prix de la chambre (hors juil-août) sur présentation de ce guide.* Une superbe adresse pour jouer au châtelain à prix somme toute raisonnables ? Ne cherchez plus ! Au milieu d'un domaine viticole spécialisé en biodynamique et d'une nature préservée, ce remarquable château restauré des XIIIe-XVIe s propose deux chambres s'ouvrant sur l'ancien chemin de ronde. Perchées tout là-haut, sous les toits, elles sont d'un romantisme un tantinet british, d'un charme assurément débordant. Vieux meubles, murs recouverts de chanvre. Vous ne rêvez pas, le plancher en bois penche quelque peu, mais ça fait plusieurs siècles que ça dure ! Une vraie belle adresse !

Château de Salettes : *81140 Cahuzac-sur-Vère. ☎ 05-63-33-60-60. • salettes@chateaudesalettes.com • chateaudesalettes.com • Non loin du château de Mauriac (fléché). Juin-sept, resto tlj mar soir-dim ; Pâques-oct, tlj sf dim soir-mar midi. Congés : 3 sem début janv. Doubles 145-360 € selon saison et confort ; familiales 315-360 €. Petit déj 21 €. Menus 46-90 € ; carte 88 €. Un verre de vin de la propriété offert sur présentation de ce guide.* Soyons clairs : ce n'est pas bon marché, mais le cadre est exceptionnel. Jolie vue sur les vignes alentour et belle piscine en contrebas. Le château du XIIIe s a été rénové avec beaucoup de goût dans un harmonieux mélange de classicisme et de design scandinave. Pas mal de sculptures contemporaines ornent les tables du resto gastronomique et les parties communes. L'adresse est aussi élégante que l'accueil est adorable. Tout cela a un prix...

À voir. À faire

La place centrale : place à couverts de styles différents (deux arcades sont gothiques). Maisons des XVIe et XVIIe s.

L'église : du XVe s. À l'intérieur, beau retable baroque, statue du Christ et *pietà* du XVe s. Ne manquez pas également la *croix reliquaire,* bijou incrusté de 210 pierres précieuses (144 ont disparu au cours des siècles...), joyau de l'église. Exécutée au XIIIe s, elle fut offerte à l'église au XVe s par le dernier comte d'Armagnac. La légende dit même que, cachée sous terre pendant la Révolution, elle aurait été dénichée par un cochon !

Les rues médiévales : demander à l'office de tourisme le dépliant avec un itinéraire pour une petite balade à la découverte des maisons historiques et des portes vestiges des murailles anciennes.

– ***Base de loisirs de Vère-Grésigne :*** *à 3 km de Castelnau, en bordure de la D 964 (direction Caussade). ☎ 05-63-33-16-00. • baseveregresigne.com • Pâques-juin, slt l'ap-m des dim et j. fériés (plus mer ap-m à partir de mi-juin) ; juil-août, tlj. Tarif : près de 3 € ; réduc pour les 3-12 ans.* Plans d'eau bien aménagés avec toboggan aquatique (baignade surveillée l'ap-m en saison). Canoë-kayak, pêche... Tennis, ping-pong, terrain de foot, minigolf. Possibilité de pique-niquer ou de grignoter au snack *(ouv en juil-août, 10h-19h).*

Manifestations

– ***Les Musicales :*** *fin juil-début août. • estivalesdemontmiral.com •* Différents groupes de musiques festives.
– ***Foire au miel et aux produits du terroir :*** *le 15 août, tte la journée.*

PUYCELCI ET LA FORÊT DE LA GRÉSIGNE

(81140) 494 hab. *Carte Tarn, A1-2*

Au nord-ouest de Castelnau-de-Montmiral et déjà visible de la bastide, la belle forêt domaniale de chênes et de charmes s'étend sur près de 4 000 ha, délimitée au nord par l'Aveyron, au sud par la Vère, et traversée par le GR 46. En suivant la très belle route conduisant à Bruniquel (D 964, puis D 8, 10 km après Castelnau), on aperçoit tout à coup le village perché de Puycelci, au sommet d'une crête rocheuse dominant la vallée. Le village est tout petit et plein de charme (le classement parmi les « Plus beaux villages de France » est mérité). Les fortifications du XIIIe s ont conservé deux grosses portes, de belles murailles et quelques tours de guet.

Adresse utile

Point accueil : *300 m avt d'arriver au village (dans les locaux du Conservatoire d'espèces fruitières et de vignes anciennes). ☎ 05-63-33-19-25. • tourisme-vignoble-bastides.com • Juil-août, tlj 10h30-13h, 15h-18h ; juin et sept jeu-dim ap-m ; le reste de l'année, se renseigner.*

Où manger ?

Au Cabanon : *dans le village (là où s'arrête la route !). ☎ 05-63-33-11-33. Ouv mai-oct slt. Mai, slt le w-e (et ponts) et pdt les vac ; 25 juin-22 août, ouv tlj sf lun midi ; juin et sept, ouv ts les midis sf mer et le soir ven-sam. Formule 14,50 € ; menu 17,50 €.* Un petit coup de cœur... le genre d'adresse, locavore et gourmande, que l'on est toujours heureux de dénicher. Une toute petite cuisine et une grande terrasse (abritée et chauffée)... pas de salle ! Autant dire que ça n'ouvre qu'aux beaux jours, et ferme quand le thermomètre affiche moins de 15 °C. Le couple qui vous reçoit dans ce « bistrot tarnais » le fait avec son cœur et ça se ressent dans l'assiette. Les produits sont 100 % fermiers et la cuisine 90 % maison (ben oui, le fromage, le pain et le vin viennent des producteurs et artisans voisins). La carte est volontairement très courte (avec quelques alternatives végétariennes).

Où dormir ? Où manger dans les environs ?

Prix moyens

Ferme-auberge Les Chênes : *à Peyre-Blanque, 81140* ***Larroque.*** *☎ 05-63-33-10-92. • contact@les-chenes.fr • les-chenes.fr • À 15 km de Puycelci, près des Abriols. Prendre la direction Bruniquel ; juste à la sortie du hameau de Payssel (5 km après Larroque), bifurquer à droite (fléché) ; accès par une route qui grimpe sur le causse. En saison, le soir mar-dim et j. fériés ; le midi sam, dim et j. fériés ; hors saison, ouv slt ven soir, sam, et midi dim et j. fériés. Résa indispensable. Compter 65 € pour 2. Menus 22-31 €. Café offert sur présentation de ce guide.* Calme et nature sauvage garantis. Serge et Cécile accueillent chaleureusement dans leurs 5 chambres aux couleurs pimpantes, à l'écart de la bâtisse principale. Chacune d'elles dispose d'une terrasse. Ils vous attendent aussi pour une halte prolongée à leur ferme-auberge. Une grande partie des produits vient de la ferme, où sont élevés volailles et cochons gascons.

À voir

L'église Sainte-Corneille : du XIVe s, à l'exception de son clocher fortifié (XVIIIe s). Superbes fresques recouvrant le plafond ogival. Retable baroque de 1689, belles colonnes torses chargées de pampres, fruits et guirlandes. Intéressants chapiteaux romans, *pietà* du XVe s. Stalles et table de communion Renaissance.

Quelques magnifiques ***maisons*** en encorbellement et à colombages, notamment près de la rue de l'*Ancienne Auberge.* Pittoresque ***mairie*** du XVIe s en encorbellement (sûrement une des plus petites de France). Dans la rue principale, faites une halte à ***Lo C.A.P.*** *(ouv tlj en saison),* une galerie qui expose les œuvres d'un collectif d'artistes du coin.

La maison Feral : ravissant portail et fenêtres à meneaux (XVe s).

Le château des gouverneurs royaux *(gouverneurs de la forêt)* **:** reconnaissable à ses deux tours et ses fenêtres géminées. Également du XVe s.

Le Conservatoire d'espèces fruitières et de vignes anciennes : *à 300 m avt d'arriver au village. ☎ 05-63-33-19-41 ou 19-25. De mi-avr à mi-nov, visite guidée gratuite mer 14h, compter 1h30.* Le conservatoire a pour vocation de préserver les variétés anciennes régionales, dont de nombreuses sont menacées de disparition. Sur 7 ha, il abrite ainsi près de 550 variétés de pommiers et autres poiriers, pruniers, cerisiers, pêchers, et environ 110 cépages. Visite intéressante, suivie d'une dégustation.

Manifestation

– ***Festival de Puycelci-Grésigne :*** *10 j. fin juil.* Musique, chants, diverses animations dans le village et alentour.

LE GAILLACOIS

Avec ses collines ondulantes où alternent vignes, cultures et prairies, avec Gaillac et sa forêt de toits aux tuiles rouges, avec cette lumière du coin si particulière, c'est une région qui prend par moments des allures et des couleurs toscanes. À consommer sans modération.

GAILLAC

(81600) 13 908 hab. *Carte Tarn, B2*

La ville aux airs provençaux est au cœur d'un des plus vieux vignobles de France, longtemps exploité par sa belle abbaye. Son nom provient de Gallus, un riche Romain qui vécut au IVe s et dont la maison s'élevait à l'emplacement de l'abbaye fondée au Xe s. La ville offre quelques curiosités, parmi lesquelles ses vieux quartiers et les jardins du parc Foucaud. Gaillac fut un port très prospère jusqu'à l'avènement du chemin de fer, le Tarn se jetant dans la Garonne à Saint-Nicolas-de-la-Grave (Tarn-et-Garonne). En descendant vers Bordeaux, les gabarres ont permis au vin de Gaillac de partir dès le Moyen Âge à la conquête de la France et des pays voisins. Les amateurs d'orgue seront ravis d'apprendre que Gaillac est le berceau de la famille Cavaillé-Coll.

Adresses et infos utiles

Office de tourisme *(plan A2) : abbaye Saint-Michel, pl. Saint-Michel. ☎ 05-63-57-14-65. • tourisme-vignoble-bastides.com • Avr-mai et oct-nov, tlj 10h-12h et 14h-18h ; juin et sept, tlj 10h-12h30 et 14h-18h30 ; juil-août, tlj 10h-13h et 14h-19h ; déc-fév lun 14h-17h, mar-dim 10h-12h et 14h-17h ; mars lun-ven 10h-12h et 14h-17h, w-e 10h-12h et 14h-18h.* Personnel amical. En été, visite historique de la ville le jeudi matin *(tarif : 3 € ; gratuit moins de 15 ans).* Plan historique gratuit et (entre autres docs) liste des chambres en ville.

■ **Caveau de la Maison des vins** *(plan A2, **2**) :* voir un peu plus loin dans le chapitre consacré au vignoble. *Juste en face de l'entrée de l'office de tourisme.*

Gare SNCF *(hors plan par B1) : av. Georges-Clemenceau. ☎ 36-35 (0,34 €/mn).* Trains pour Toulouse et Albi.

Gare routière : parking de la Clavelle ED5. Bus pour Albi, Castres, Graulhet, Lavaur et Saint-Sulpice.

– **Marchés :** *dim mat, pl. du Griffoul (plan A2) ; mar en fin d'ap-m (produits bio), pl. du Griffoul (plan A2) ; ven mat, partout en centre-ville ; brocante ts les 2ᵉ dim du mois.*

Où dormir ?

De prix moyens à chic

Hôtel L'Occitan *(hors plan par B1, **10**) : 41, av. Georges-Clemenceau. ☎ 05-63-57-11-52. • hoteloccitangaillac@orange.fr • hoteloccitangaillac.com • À 50 m de la gare. Fermé de mi-déc à début janv. Doubles 56-67 € selon saison, avec 1 ou 2 lits.* Rue calme, mais de toute façon, l'établissement est doté de double vitrage. Un hôtel joliment restauré et très bien tenu, des couleurs pimpantes dans les parties communes, plus pastel dans les chambres. Confortable, agréable et d'un rapport qualité-prix très honorable.

Chambres d'hôtes chez M. et Mme Pinon *(plan A2, **11**) : 8, pl. Saint-Michel. ☎ 05-63-57-61-48. • contact@combettesgaillac.com • combettesgaillac.com • Compter 80 € pour 2.* Au cœur du vieux Gaillac, face à l'abbaye, un bel hôtel particulier du XVIIᵉ s. On accède aux chambres par un vénérable et majestueux escalier de pierre. Meublées à l'ancienne, elles évoquent immanquablement celles d'une maison de famille... Impression renforcée par l'accueil chaleureux de Mme Pinon.

Chambres d'hôtes Hôtel Delga *(plan B1, **12**) : 28, rue des Frères-Delga. 06-77-24-65-66. • mariehantisse@free.fr • hoteldelga.free.fr • Congés : vac Toussaint et Noël. Compter 80-95 € pour 2 selon confort, familiale (32 m²) 140 € pour 3 (20 €/pers supplémentaire). Réduc de 10 % sur le prix de la chambre sur présentation de ce guide.* Au cœur de la ville, on distingue assez mal depuis la rue ce magnifique hôtel particulier du XVIIIᵉ s. Une fois passé la lourde porte, on découvre émerveillé l'escalier, la cour intérieure (avec piscine !) et l'enfilade de pièces... L'ensemble a été entièrement restauré dans l'air du temps. La déco marie tons doux, matériaux nobles et confort moderne. Pâtisseries maison au petit déjeuner.

Chambres d'hôtes Bleu Pastel *(hors plan par B1, **13**) : 15, rue Aristide-Briand. ☎ 05-63-41-71-19. 06-09-77-86-03. • chris.langlois@yahoo.fr • bleupastel.org • Congés : 24 déc-2 janv. Compter 65-75 € pour 2 selon confort ; 85-115 € pour 3-4 ; résa de 2 nuits min en juil-août. Clim.* À deux pas du centre-ville, Christine Langlois vous ouvre les portes de sa demeure bourgeoise construite à la fin du Second Empire. Elle

LE GAILLACOIS

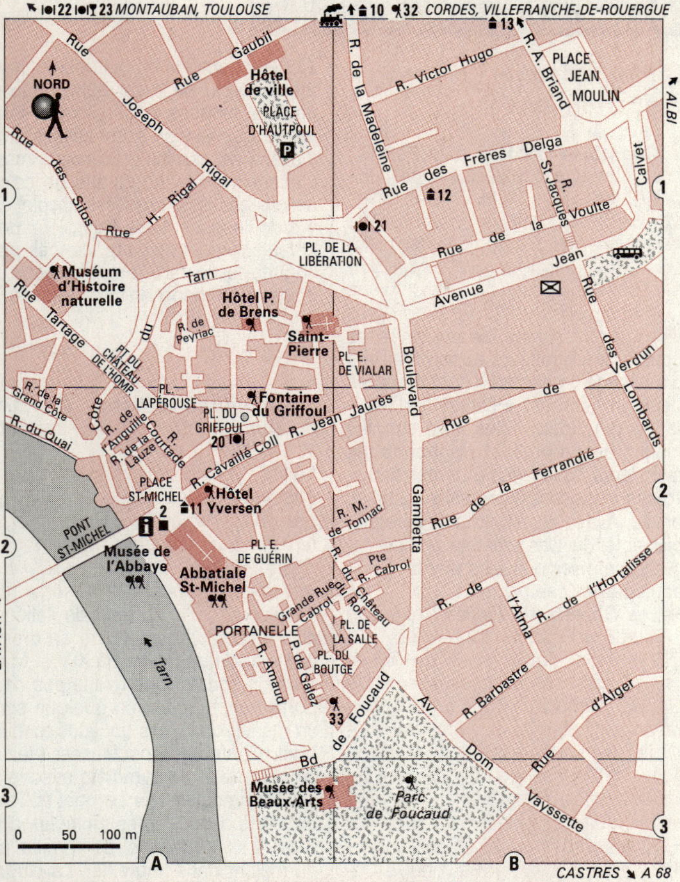

GAILLAC

Adresses utiles	**Où manger ? Où boire un verre ?**
Office de tourisme	**20** La Table du Sommelier
2 Caveau de la Maison des vins	**21** Vigne en Foule
	22 L'Ispiens Port
Où dormir ?	**23** Les Ailes
10 Hôtel L'Occitan	
11 Chambres d'hôtes chez M. et Mme Pinon	**À voir**
12 Chambres d'hôtes Hôtel Delga	**32** TMG (train miniature gaillacois)
13 Chambres d'hôtes Bleu Pastel	**33** Petit train de la Portanelle

propose 2 chambres confortables et empreintes d'une douce atmosphère romantique. De l'élégance, du charme et du caractère. Une petite précision, la chambre Bleu Pastel est éclairée seulement par un Velux. À l'arrière, superbe jardin pour se relaxer.

Où dormir dans les environs ?

De bon marché à prix moyens

☗ ***Chambres d'hôtes à la Ferme :*** *chez Catherine et Jean-Michel Malbreil, Naussens, 81150* ***Castanet.*** *☎ 05-63-55-22-56. ● chambresdhotescastanet.blogspot.fr ● À 15 km env de Gaillac, entre les villages de Bernac et de Castanet. Ouv 15 avr-15 oct. Compter 50 € pour 2. Table d'hôtes 17 € sur résa.* Au sein de leur ferme, ce couple de viticulteurs et de céréaliers a aménagé 5 chambres dont 3 situées dans un bâtiment à l'écart de l'habitation principale. Elles sont simples mais très propres et mignonnettes avec leurs tapisseries à petites fleurs. Toutes disposent d'une salle de bains privée. À la table, produits de la ferme, bien entendu. Des adresses comme ça, avec une piscine et à ce prix-là, ça ne court pas les campagnes !

☗ ***Les Chalets de Fiolles :*** *route de Lavaur, 81600* ***Brens.*** *☎ 05-63-57-69-67. ● reservation@chalets-de-fiolles.com ● chalets-de-fiolles.com ● De Gaillac, prendre la D 87 en direction de Lavaur ; à moins de 3 km, tourner à droite (bien indiqué). Par l'A 68 (Albi-Toulouse), sortie nº 9. Tte l'année. En juil-août, résa de préférence à la sem, mais n'hésitez pas à tenter votre chance. En chalet, compter 85 €/nuit (jusqu'à 4 pers), réduc à partir de la 2e nuit ; 300-720 €/sem. En lodge (ouv mai-sept), prévoir env 80 €/nuit (jusqu'à 4 pers) ; 360-660 €/sem. Réduc de 10 % sur la chambre à la nuitée hors saison, sur présentation de ce guide.* Dans une campagne verdoyante, au bord du Tarn, 22 beaux chalets en bois comprenant 2 chambres, salle de bains, cuisine équipée, terrasse, etc. Également 4 tentes *(lodge)*, version safari africain, avec 2 chambres, cuisine et grande terrasse. L'accueil est sympathique, le calme assuré (ancienne propriété viticole) et il y a de l'espace. Lave-linge, jeux pour enfants, piscine, jacuzzi, canoës pour voguer sur le Tarn, etc. Les bambins peuvent gambader en toute sécurité.

Plus chic

☗ ***Chambres d'hôtes Domaine du Buc :*** *81150* ***Marssac-sur-Tarn.*** *☎ 05-63-55-40-06. 📱 06-70-14-96-47. ● contact@domainedubuc.com ● domainedubuc.com ● À 13 km env de Gaillac et à 1,5 km de Marsac (en direction de Lagrave). Congés : 1er nov-1er avr. Compter 110-140 € pour 2 selon confort et saison ; 150-160 € pour 3.* Au bout de l'allée et au milieu d'un vaste parc se dresse une maison de maître du XIXe s. Mais, divine surprise ! Une fois le pas de la porte franchi, c'est en quelque sorte un manoir du XVIIe s qui vous tend les bras. Chambres spacieuses, pleines de charme et de caractère avec leurs solides meubles, leur parquet ou leurs tomettes cirées, et les multiples clins d'œil aux souvenirs de famille qui dormaient dans le grenier. La plupart disposent d'une salle de bains privée. Cuisine à disposition. Piscine au calme parfait. Très bon accueil de Brigitte. Idéal pour se mettre au vert et jouer au châtelain, mais attention, en toute simplicité.

Où manger ?

Prix moyens

|●| ***La Table du Sommelier*** *(plan A2,* ***20****) :* *34, pl. du Griffoul. ☎ 05-63-81-20-10. ● latabledusommeliergaillac@orange.fr ● Fermé dim-lun. Congés : 1re sem de janv, 1re de sept. Formules déj 15-20 € ; le soir, menus 24-47 €. Café offert sur présentation de ce guide.* Un resto bien situé sur l'une des plus belles places de Gaillac, où il est agréable de se poser le soir, en terrasse, lorsque les lumières éclairent les arcades. Cuisine correcte, quelques irrégularités parfois, mais les prix sont raisonnables et les formules du midi sont une bonne affaire

(assiettes copieuses). Ne manquez pas de vous pencher sur la carte des vins, qui propose quelques formules au verre intéressantes.

Vigne en Foule (plan B1, **21**) : *80, pl. de la Libération. ☎ 05-63-41-79-08. • contact@vigneenfoule.fr • Tlj sf dim. Le midi, formule 14 € et menu 17 € ; le soir, menu 31 € ; carte 35-40 €.* Un resto-bar à tapas des temps modernes, dans un cadre sobre et épuré. Belle cuisine qui met en fête les produits régionaux avec une touche sympathique dans la présentation des plats (hmm, les petites croquettes de pieds de porc !). C'est aussi une cave et un bar à vins qui propose plus de 250 références. Parmi elles, les valeurs sûres du vignoble gaillacois, comme les étoiles montantes. Terrasse. Organise des soirées gastronomiques à thème.

Où manger ?
Où boire un verre dans les environs (proches) ?

L'Ispiens Port (hors plan par A1, **22**) : *Les Brisses, route de Saurs. ☎ 05-63-33-56-81. • lispiensport@orange.fr • Suivre la direction Montauban, puis Lisle-sur-Tarn ; traverser la zone commerciale ; au rond-point du* McDo, *prendre tt droit ; puis le petit chemin sur la droite, 80 m plus loin. Tlj sf dim soir et lun. Formules déj en sem 13 €, menus 18-30 € ; carte env 30 €.* Dans une salle qui s'est mise au diapason de son époque (banquette vert acidulé), un resto tout en longueur qui tourne rond ! Terrasse agréable avec un petit bassin et un beau pigeonnier en brique. Mais ici, on ne vous prend pas pour un pigeon ! Cuisine régionale particulièrement généreuse. Bonnes entrecôtes XXL accompagnées de frites à l'ancienne servies sur une plancha. Les prix sont tenus, et le week-end, une grande partie de Gaillac s'y retrouve !

Les Ailes (hors plan par A1, **23**) : *au bord de l'aérodrome de Longueville. ☎ 05-63-42-66-10. • restaurantlesailes@gmail.com • À 2,5 km env du centre-ville ; suivre la direction de Montauban, puis de Lisle-sur-Tarn ; au rond-point à la sortie de la ville, suivre le panneau « Aéroport de Longueville ». Ouv tlj sf le midi sam-dim ; hors saison fermé le soir lun-mer et sam midi. Déj 15 € en sem ; le soir, tapas env 15-25 €.* Une ancienne adresse bien connue des Gaillacois. À l'heure du déjeuner, on y sert de bons petits plats espagnols accompagnés de frites maison. L'endroit est aussi idéal pour un apéro accompagné de tapas, surtout lorsqu'il fait beau. Difficile alors de décoller de la terrasse ombragée posée au bord des champs et des vignes. Quelques concerts le samedi soir (blues, jazz ou parfois rock) ou animations (théâtre, danse...).

À voir

Noter qu'il existe un ***pass*** à 5 € pour les trois musées municipaux : les musées de l'Abbaye, des Beaux-Arts et d'Histoire naturelle.

L'abbatiale Saint-Michel (plan A2) : *dans le centre, tt près de la rivière. Visites dans le cadre de la visite de la ville, avec l'office de tourisme slt. Dans les jardins sont organisés des apéritifs-concerts le ven à 19h pdt l'été. Entrée : 5 €.* L'imposante bâtisse ocre qui domine la berge commença à être édifiée au Xe s, parallèlement à l'importance grandissante prise par le monastère. La construction se poursuivit jusqu'au XIVe s, ce qui explique ses airs gothiques. Endommagée par les protestants, elle fut en partie reconstruite au XVIIe s. À l'intérieur, une *Vierge à l'Enfant* en bois polychrome qui n'est en fait qu'une copie : l'original, reconnu comme l'un des importants trésors religieux du Midi et qui fait la fierté des habitants de Gaillac, se trouve au musée de l'Abbaye. Certains la font remonter au XIIIe s, voire au XIIe s, mais son beau bois peint daterait plus probablement du

XIVe s. À voir également : un orgue Cavaillé-Coll impressionnant, le bénitier de marbre (XIIIe s) et une chaire monumentale.

Le musée de l'Abbaye *(plan A2) : à côté de l'abbatiale (entrée par l'office de tourisme). ☎ 05-63-57-14-65. Juil-août, tlj 10h-13h, 14h-19h ; le reste de l'année, 10h-12h, 14h-18h. Fermé 1er mai, 1er nov, Noël et Jour de l'an. Entrée : 2,50 € ; réduc ; gratuit moins de 12 ans.* Installé dans les anciennes caves de l'abbaye. Remarquable travail de rénovation et de mise en valeur (beaux éclairages, ambiances joliment reconstituées, visite « sonorisée »). Et n'oubliez pas de lever le nez en l'air pour admirer les superbes voûtes en brique. Le musée abrite une petite section archéologique : pierres avec inscriptions, chapiteaux, etc. Une importante section sur la vigne et le vin : présentation du vignoble, outils du vigneron, du tonnelier, etc. Expo sur les traditions populaires, la navigation sur le Tarn, le compagnonnage également (chefs-d'œuvre de compagnons, différents travaux de forgerons, cloutiers, serruriers). Art religieux (belle Vierge du XIIIe s, orfèvrerie, chasubles en soie brodées de fils d'argent et d'or) et film de présentation sur la cité et le Gaillacois. Également des expos temporaires.

L'hôtel Yversen *(plan A2) : rue Cavaillé-Coll, entre la pl. du Griffoul et l'abbatiale Saint-Michel. On ne peut admirer que la façade extérieure.* Habitée par la même famille depuis le XVe s, c'est l'une des plus belles maisons particulières de Gaillac. Ne pas manquer le portail en bois du XVIIe s, magnifiquement sculpté *(au 17, rue des Pénitents-Blancs).*

La place du Griffoul *(plan A2) :* le cœur de la vieille ville. Pas mal de charme avec ses arcades, ses quelques maisons à pans de bois et sa tour à colombages. Au centre, la *fontaine du Griffoul* : bassin en marbre et personnages en bronze crachant l'eau. On reconnaît Silène portant Bacchus. Et le coq, emblème de la ville.

Tout autour de l'église Saint-Pierre et de la place du Griffoul, se promener dans les ***vieux quartiers,*** dont certaines habitations réservent de belles surprises.

L'église Saint-Pierre *(plan A-B1) : derrière la pl. de la Libération.* Construite et reconstruite aux mêmes périodes que sa sœur l'église Saint-Michel, elle s'en rapproche également par l'apparence. À noter, le portail gothique à colonnettes, bien beau. Le clocher abrite la « Candelho », une grosse cloche du XVe s qui sonnait à heure fixe. Quand elle retentissait, c'était la pause ou la fin de la journée dans les vignes. Notez qu'elle sonne toujours à 8h, 12h et 19h.

L'hôtel Pierre-de-Brens *(plan A1) : rue Peyriac. Là encore, à admirer slt de l'extérieur.* De l'ancienne maison du XIIIe s subsiste une belle tour en brique et en pierre.

Le quartier de la Portanelle *(plan A-B2) :* derrière l'abbatiale s'étend un quartier ancien qui a été restauré en grande partie. Vagabonder, là aussi, à la recherche de détails insolites, de clins d'œil architecturaux au long de la rue Cabrol, des places Maurice-et-Eugénie-de-Guérin, du Boutge, etc. Rue Pech-de-Galez, cohabitation de demeures restaurées et d'autres qui attendent pathétiquement leur tour mais qui possèdent bien du charme avec la patine des ans... Ruelles coupe-feu et vieilles boutiques définitivement closes complètent le tableau.

Le petit train de la Portanelle *(plan A-B2,* ***33****) : 4, rue du Boutge, près du parc de Foucaud. 06-82-40-13-01. Juil-sept et vac scol, tlj 15h-17h ; sur résa le reste de l'année. Entrée : 2 €.* Un réseau de modélisme ferroviaire avec gare, figurines animées, créé de toute pièce par un retraité des chemins de fer qui vous commentera son œuvre avec une véritable passion communicative.

Le parc et le château de Foucaud *(plan A-B3) : au sud du centre-ville, non loin de l'abbatiale. Accès libre, tlj 8h-19h (21h en été).* Superbes parc et jardins en terrasses à la française et à l'italienne, avec ses douces fontaines, ses pavillons et ses rampes qui dévalent vers le Tarn. Construit au XVIIe s pour le conseiller Jacques de Foucaud, le château présente une élégante façade en brique, assortie d'un escalier à double révolution. Il abrite le musée des Beaux-Arts (voir ci-après). Le parc possède également un arboretum et une roseraie où s'épanouissent moult variétés anciennes.

Le musée des Beaux-Arts *(plan A-B3)* **:** *dans le château du parc de Foucaud. ☎ 05-63-57-18-25. Pâques-Toussaint, tlj sf mar 10h-12h, 14h-18h ; le reste de l'année slt ven-dim aux mêmes horaires. Entrée : 2,50 € (supplément pour l'expo estivale) ; réduc.* Œuvres d'artistes régionaux, principalement du XIXe s. Belles sculptures de Pendariès (façon Rodin) et toiles de Firmin Salabert, élève d'Ingres méconnu mais doué. Puis des paysages ou portraits locaux intéressants, dont ceux d'un certain Loubat, qui n'était pas manchot... Quelques œuvres également de Tournon, père et fils, originaires de Gaillac. Régulièrement de belles expos temporaires.

Le muséum d'Histoire naturelle *(plan A1)* **:** *2, pl. Philadelphe-Thomas. ☎ 05-63-57-36-31. Mal indiqué : pour y aller, du centre de Gaillac prendre la direction Graulhet-Toulouse ; à peine sorti de la vieille ville, on franchit un pont : le musée se trouve à 100 m de ce pont, sur la droite de la chaussée, près de la salle des fêtes. Pâques-Toussaint, tlj sf mar 10h-12h, 14h-18h ; le reste de l'année, ven-dim aux mêmes horaires. Entrée : 2,50 € ; réduc ; gratuit moins de 12 ans. Expos temporaires gratuites au rdc.* Le docteur Philadelphe Thomas légua en 1911 sa collection à la ville de Gaillac. Dans cette bâtisse à l'atmosphère fantastique, des milliers d'éléments (oiseaux, œufs, crustacés, minéraux, fossiles, etc.) sont exposés, classifiés et étiquetés de la main même du docteur. Charme désuet des noms latins... Possibilité de se balader dans le jardin botanique (accès gratuit) et y admirer plantes aromatiques, tinctoriales, avec un beau point de vue sur la ville.

Le TMG *(train miniature gaillacois ; hors plan par B1,* ***32****)* **:** *3283, chemin de Toulze. ☎ 05-63-41-00-93. • train-miniature-gaillacois.fr • Direction Cordes, puis à 2,5 km à gauche (fléché). Du 2e dim de juil au dernier dim d'août, tlj 14h-18h ; de mai au 2e dim de juil, slt w-e et j. fériés ; le reste de l'année, dim slt (mêmes horaires). Entrée : 4 € ; 2 € pour les 4-11 ans.* Vous connaissiez le TGV, eh bien, voici le *TMG* ! Des amoureux du rail ont reproduit 6 gares et voies ferrées régionales sur un plateau d'environ 16 m x 9 m. Au total, 1 000 m de voies, près de 30 locos et 100 wagons ou voitures, et toute la technique ferroviaire pour faire fonctionner le tout.

Fêtes et manifestations

– ***Les P'tits Bouchons :*** *en avr.* Festival de concerts, doublé de ***Vignoble en Chanson*** proposant des concerts chez les vignerons du territoire.
– ***Festival Cinéfeuille :*** *4 j. fin mai-début juin.* Festival international du film environnement et paysage. Documentaires, conférences, etc.
– ***Fête des Vins :*** *en principe, le 2e w-e d'août. Entrée 7 € (10h-minuit), gratuit jusqu'à 17 ans.* Une soixantaine de vignerons, des dégustations gratuites, village gourmand, concerts et, bien sûr, embrasement du château (feu d'artifice) dans le parc de Foucaud !
– ***Salon du livre :*** *le 1er w-e d'oct.* Dans l'abbatiale Saint-Michel, différents écrivains présentent leurs livres : conférences, débats, ateliers, etc.
– ***La sortie du vin primeur :*** *le 3e jeu de nov.* De nombreux producteurs ouvrent les portes de leurs exploitations. Animations en soirée sur plusieurs jours. Le vignoble gaillacois est en pleine effervescence !

À faire autour de Gaillac

Les caves de gaillac

Avant de vous aventurer dans le vignoble, on vous conseille de passer par la maison des Vins à Gaillac, vous pourrez y recueillir carte, conseils et infos utiles. Et même y acheter du vin !

■ ***Caveau de la maison des Vins** (plan A2, **2**) :* ☎ *05-63-57-15-40.* • *vins-gaillac.com* • *Juste en face de l'entrée de l'office de tourisme. En été, tlj 10h-12h45, 14h-18h45 ; le reste de l'année, tlj sf certains j. fériés 10h-12h, 14h-18h.* Véritable vitrine d'une centaine de producteurs de vins de Gaillac. Caveau de dégustation (gratuite) et vente. Organise des stages d'initiation *(dernier ven du mois 18h30, ou en été mer 10h30, résa conseillée ; tarif : 13 €).*

■ ***Vinovalie Cave de Técou :** à l'entrée du village de **Técou** (81600).* ☎ *05-63-33-00-80.* • *cavedetecou.fr* • *Lun-sam 8h-12h, 14h-18h (8h30-12h30, 14h-19h et dim 10h30-12h30 juil-août).* Première cave à avoir développé le vieillissement en barrique avec sa cuvée Passion. Prix intéressants.

■ ***Vinovalie Vignerons de Rabastens :** 33, route d'Albi, 81800 **Rabastens.*** ☎ *05-63-33-66-95.* • *cavederabastens.com* • *Lun-sam 10h-12h30, 14h30-19h ; dim et j. fériés 10h-12h30.* Cave très dynamique avec des cuvées conceptuelles spéciales piscine, à boire avec des glaçons !

■ ***Cave de Labastide de Lévis :** 81150 **Marssac-sur-Tarn.*** ☎ *05-63-53-73-63.* • *cave-labastide.com* • *Lun-sam 9h-12h, 14h-18h ; en juil-août, 9h-13h, 14h-19h.* C'est la 1re cave coopérative qui a ouvert ses portes dans le vignoble. Spécialisée dans le gaillac perlé (vin légèrement pétillant) qu'elle a lancé en 1958. Une référence pour les amateurs de ce vin.

■ ***Domaine Plageoles :** domaine des Très Cantous, 81140 **Cahuzac-sur-Vère.*** ☎ *05-63-33-90-40.* • *vins-plageoles.com* • *À 2 km du village, sur la route de Gaillac. Tlj sf dim (sam sur rdv de préférence) 8h-12h, 15h-18h30.* Une des références de l'appellation. Leur travail sur les cépages autochtones vous permettra de goûter des monocépages de duras, syrah pour les rouges, muscadelle, mauzac roux pour les blancs. Et on en passe !

■ ***Domaine La Croix des Marchands et château Palvié :** Jérôme Bezios (et fils), av. des Potiers, 81600 **Montans.*** ☎ *05-63-57-19-71.* • *croix-des-marchands.com* • *Tlj sf dim et j. fériés 9h-12h, 14h-19h.* La Croix des Marchands, c'est le lieu d'une histoire d'amour vieille de 2 000 ans entre la terre et la vigne. Le carrefour des potiers de l'époque gallo-romaine, dont le nom, « La Croix des Marchands », a su si bien traverser les siècles, prouve que ce lieu était depuis toujours prédestiné à la vigne.

■ ***Domaine des Cailloutis :** Bernard Fabre, 81140 **Andillac.*** ☎ *05-63-33-97-63. Juil-août, tlj 14h-19h (mar sur rdv) ; le reste de l'année, slt sur rdv.* Partez à la découverte d'un vigneron passionné qui vous expliquera son travail en viticulture biologique.

■ ***Domaine Labarthe :** Jean et Jean-Paul Albert, 81150 **Castanet.*** ☎ *05-63-56-80-14.* • *vinlabarthe.com* • *Tlj sf dim et j. fériés 9h-12h, 14h-19h.* Une histoire de famille depuis le XVIe s. Un des fleurons de l'appellation, qui travaille encore majoritairement avec la bouteille gaillacoise (forme élancée plutôt féminine). Jean Albert fait partie des vignerons à l'initiative du gaillac primeur.

■ ***Domaine de La Ramaye :** Michel Issaly, Sainte-Cécile-d'Avès, 81600 Gaillac.* ☎ *05-63-57-06-64.* • *michelissaly.com* • *Lun-sam 10h-12h, 14h-18h ; visite l'ap-m ou sur rdv slt.* Michel Issaly est un passionné du terroir et du vin en général. Président des Vignerons indépendants de France depuis 2008, il produit des vins raffinés.

■ ***Château de Terride :** Alix et Xavier David, route des Barrières, 81140 **Puycelci.*** ☎ *05-63-33-26-63.* • *chateau-de-terride.com* • *Lun-sam 9h-12h, 14h-19h.* Alix est une vigneronne qui a participé à la relance de la méthode gaillacoise (vin effervescent très aromatique aux arômes de pomme-poire). Elle réussit ce breuvage particulièrement bien !

■ ***Château de Saurs :*** *81310* ***Lisle-sur-Tarn.*** *☎ 05-63-57-09-79. • chateau-de-saurs.com • À 4,5 km de Gaillac ; du centre-ville, prendre la direction Montauban, puis, au rond-point de Sainte-Cécile, direction Saurs-Rabastens, c'est 1,5 km plus loin. Lun-sam 10h-12h30, 15h-18h, visite guidée jeu 10h30.* Superbe domaine avec une cave installée dans une ferme de 1666 et un remarquable jardin. Vaut le détour pour le site.

■ ***Domaine Vaysette :*** *2738, chemin des Crêtes, 81600 Gaillac. ☎ 05-63-57-31-95. • vins-gaillac-vayssette.com • À 5,5 km de Gaillac ; prendre la direction Castelnau-de-Montmiral, puis, à 5 km env, fléché sur la droite. Lun-sam 9h-12h, 14h-19h ; dim sur rdv, en été, visite jeu 10h30.* Intéressante balade le long de deux sentiers botaniques (1,5 km et 2,5 km) qui sillonnent les vignes du domaine. Panneaux explicatifs sur le vignoble et les plantes que l'on y trouve.

DANS LES ENVIRONS DE GAILLAC

L'archéosite de Montans : *dans le village de* ***Montans*** *(81600), à 5 km au sud de Gaillac. ☎ 05-63-57-59-16. • archeosite.ted.fr • Ouv tte l'année : avr-oct, lun-ven 9h-12h, 14h-18h, w-e et j. fériés 14h-18h ; nov-mars, lun-ven 9h-12h, 13h-17h. Entrée : 4 € ; 2,80 € moins de 26 ans ; gratuit moins de 6 ans ; réduc.*
Dès le Ier s av. J.-C., le site de Montans fut l'un des plus grands centres de production « industrielle » de poterie. Ce petit musée expose des céramiques antiques et différentes pièces d'archéologie, mises au jour par de récentes fouilles. Mais le clou de la visite est incontestablement le trésor constitué de 40 pièces d'or, en parfait état de conservation, découvert lors de la réfection de la chaussée en 1992. Sur les pièces, on distingue les effigies des empereurs romains Auguste, Tibère, Caligula, Claude, et d'Antonia, la mère de Claude. Également une reconstitution d'une maison gallo-romaine et d'une rue, avec une boutique de potier, un boulanger, une taverne, etc. À l'arrière du musée, balade agréable dans le parc comprenant un four gallo-romain et un atelier de potier.
Ateliers pédagogiques (poterie, mosaïques, fresques, cuisine romaine, etc.) et reconstitutions historiques!

Le château de Mauriac *(maison du peintre Bistes)* ***:*** *81600* ***Senouillac.*** *☎ 05-63-41-71-18. • chateaudemauriac.com • À 7 km de Gaillac direction Cordes ; la route qui mène au château est indiquée ensuite sur la droite. Mai-Toussaint, tlj 15h-18h ; le reste de l'année, dim et j. fériés et sur rdv (téléphoner pdt les vac scol). Entrée : 7 € (6 € sur présentation de ce guide) ; réduc. Visite guidée slt de 1h env.* Ancien château fortifié des XIVe et XVe s, transformé par la suite en maison de maître et où le peintre Bistes s'est installé en 1962 à la suite d'un « choc esthétique ». Le château tombait littéralement en ruine, et Bernard Bistes a tout retapé, s'attachant à rendre ou à donner à chaque pièce caractère et originalité. L'ensemble est harmonieux. Beau mobilier divers, cheminée Renaissance, plafonds à caissons... Derrière ça, près de 50 ans de travail ! Remarquable salle de bains (avec ciel en trompe l'œil) et la chambre d'enfant, où tout un paysage champêtre et poétique décore les cloisons, ainsi que la pièce de l'herbier avec ses 400 plantes peintes sur le plafond... Le château sert aussi d'atelier et de salle d'exposition permanente ; belle technique du nu et motifs floraux pleins d'énergie et de spontanéité. Profitez également des jardins surplombant le vignoble Gaillac.

Invincible vigneron : *Tres Cantous, 81600* ***Broze.*** *☎ 05-81-02-44-89. • assocvv.canalblog.com • À 8 km au nord de Gaillac. Avr-sept, ouv du 10 au 20 de chaque mois 14h30-18h30 (dernière entrée 17h30) ; le reste de l'année, slt sur rdv ou lors de la nocturne proposée chaque 3e ven du mois sur inscription*

(18h30-22h avec visite guidée – fortement conseillée –, dégustation de vin et buffet froid). Entrée : 8 € (17 € lors de la nocturne) ; réduc. Cette collection, constituée par Theo Elzinga, un ancien vigneron (d'origine hollandaise), aussi invincible que passionné est la plus importante qui soit consacrée aux outils et au monde viti/vinicoles. Pour affronter et apprécier les milliers d'objets entreposés par thème, on ne peut que vous encourager à suivre une visite guidée (attention, Theo est intarissable !)... Plantation, greffe, vendanges, tonnellerie, confréries, art populaire, distillation, traitement... Un musée-conservatoire du vin plutôt exhaustif !

LISLE-SUR-TARN (81310) 4 385 hab. *Carte Tarn, A2*

À 10 km de Gaillac, une ancienne bastide du XIIIe s, fière de sa place à couverts. Avec une superficie avoisinant les 4 500 m², c'est l'une des plus grandes places médiévales du Sud-Ouest. Au centre, le *Griffoul,* une fontaine circulaire en plomb de 8 m de circonférence. Rues aux beaux encorbellements et *pontets* qui permettaient de relier une maison à l'autre. Lisle-sur-Tarn était une bastide-port. Les vins étaient embarqués sur le Tarn pour rejoindre Bordeaux. On peut d'ailleurs voir les vestiges de la rampe du port, au bout de la rue qui part de la place principale, à droite de l'office de tourisme. Juste avant la rampe du port, noter la petite statue de Lapérouse, grand navigateur-explorateur du XVIIIe s, né à Albi, et dont la famille avait des terres ici même.

Adresse et info utiles

Office de tourisme : *pl. Paul-Saissac. ☎ 05-63-40-31-85. • tourisme-vignoble-bastides.com • Juil-août, tlj 10h-12h30, 14h30-18h.* Expos temporaires.

– **Marché :** *dim mat.*

Où manger ?

Le Romuald : *6, rue du Port. ☎ 05-63-33-38-85. Tlj sf dim soir, lun et mar soir. Le midi, formule 13,90 €, puis menus 20,50-34 €. Café offert sur présentation de ce guide.* Dans une petite rue cachée par la place à couverts, une belle maison où le chef régale son monde en toute discrétion. Tout maison, tout bon, la formule est imparable et le rapport qualité-prix excellent. Cuisine du marché, soignée, comme on aime, qui plus est, servie avec le sourire. En été, on se battra pour les quelques places installées dans le patio fleuri tandis que les jours moins cléments, on se rapprochera du feu de cheminée où grillent de belles pièces de viande, la spécialité maison.

À voir

Le musée Art du Chocolat : *13, pl. Paul-Saissac. ☎ 05-63-33-69-79. • musee-art-chocolat.com • Tlj sf lun 10h-12h30, 14h-19h (18h oct-mai) ; visite guidée de 45 mn (dernier départ : 1h avt fermeture). Entrée : 3,50 € ; 2,50 € moins de 12 ans. Climatisé à 18 °C, prenez une petite laine.* Michel Thomaso-Défos est un maître chocolatier, mais aussi un véritable artiste ! Voici une sympathique exposition de ses œuvres en chocolat, à dévorer des yeux uniquement. Certaines sont remarquables, comme ce pèlerin de Saint-Jacques-de-Compostelle (qui pèse 100 kg). Petite dégustation en fin de visite, histoire de ne pas repartir frustré.

***Le musée Lafage :** 10, rue Victor-Maziès. ☎ 05-63-40-45-45. • museeraymondlafage.wifeo.com • Ouv tlj sf mar 10h-12h, 15h-18h. Entrée : 4 € ; réduc ; gratuit moins de 12 ans. Expos et ateliers pédagogiques.* Dessins de Raymond Lafage, né à Lisle-sur-Tarn en 1656, peintures de Victor Maziès, Jean-Paul Laurens et Henri Loubat, expo sur l'histoire de la bastide et sur la production verrière de la Grésigne. Trois expos selon la saison : au printemps, dessins et gravures ; en été, expo patrimoniale associée à une expo de dessins de presse ; à l'automne, expo d'art contemporain.

RABASTENS

(81800) 5 216 hab. *Carte Tarn, A2*

À équidistance de Toulouse et d'Albi (40 km), Rabastens se présente comme une bourgade tranquille. Sur la promenade, vieux boulistes et jeunes gens font bon ménage. La ville connut de riches heures dès le Moyen Âge (une voie romaine Lyon-Toulouse la traversait, que pouvaient emprunter les pèlerins en chemin pour Saint-Jacques-de-Compostelle), et fut aussi le séjour d'élection des *capitouls,* notables toulousains, avec plus d'une cinquantaine d'hôtels particuliers au XIXe s... Il en reste de superbes, ainsi que de beaux remparts surplombant le Tarn.

Adresse utile

***Bureau d'information touristique :** 8, pl. Guillaume-de-Cunh. ☎ 05-63-40-65-65. • tourisme-vignoble-bastides.com • Juin-sept, lun-ven 10h-12h, 14h-18h et w-e 14h-18h (ouv sam et dim mat en juil-août) ; janv-mai et oct-nov mar-ven 10h-12h, 14h-18h et w-e 15h-18h ; déc mar-ven 10h-12h, 14h-17h.* Dynamique et entreprenant.

Où dormir ? Où manger à Rabastens et dans les environs ?

Ne pas oublier de jeter un coup d'œil, plus loin, à notre adresse de Saint-Lieux-lès-Lavaur, notamment, dans « Le val d'Agout. Dans les environs de Giroussens ».

De prix moyens à chic

***Le Relais des Deux Vallées :** Grand-Rue, 81630 **Salvagnac.** ☎ 05-63-33-61-90. • lerelaisdesdeuxvallees@orange.fr • hotel-tarn.com • ♿ À 12 km de Rabastens. Fermé 1 sem début juin et fin oct. Resto fermé lun (plus dim hors saison). Doubles 53-63 €. Menus 12,50 € (en sem), puis 20-27 €. Apéro offert sur présentation de ce guide.* La traditionnelle hôtellerie de village qui propose des chambres restaurées, propres, confortables (clim), classiques et sans mauvaise surprise. Restauration dans la même veine, axée sur les valeurs sûres de la région. Un sacré bon point pour sa terrasse panoramique donnant sur la campagne environnante.

***Chambres d'hôtes Le Phénix :** La Rivière, commune de Rabastens. ☎ 05-63-33-86-64. • info@lephenixfrance.com • lephenixfrance.com • Par la D 2, à 5 km de Rabastens, bifurquer à droite direction Grazac, c'est à 200 m sur la droite. Ouv tte l'année. Compter 85 € pour 2 ; 110-160 € pour 3-6 ; min 2 nuits en saison. Table d'hôtes 25 €.* De l'ancienne ferme cachée derrière un petit bois, il ne restait que les 4 murs. Les dynamiques propriétaires l'ont joliment retapée pour en faire un nid douillet de 5 chambres. Murs peints à la chaux et teintes douces. Dans le jardin, jeux pour enfants, piscine et calme. Accueil charmant d'Alexandra, qui arrive tout droit du Canada.

À voir

L'église Notre-Dame-du-Bourg : élevée aux XIIIe et XIVe s. Elle est inscrite au Patrimoine mondial de l'Unesco au titre de jalon majeur sur les chemins de Saint-Jacques-de-Compostelle. Spacieuse, élancée et remarquable pour ses peintures murales médiévales. Réalisées vers 1260 pour les plus anciennes, elles avaient été par la suite recouvertes d'un badigeon – ce qui les préserva. Ce n'est qu'au XIXe s qu'on les découvrit. Aujourd'hui restaurées, elles offrent de belles scènes bibliques du XIVe s *(Annonciation, Présentation de la Vierge)* aux coloris vifs (notamment le bleu, le fameux bleu de cocagne) et de superbes motifs géométriques. Dans la nef, sur le mur de droite, au-dessus de la 2e chapelle, notez la *Nativité,* iconographie très rare dans le monde médiéval. À voir aussi, le clocher fortifié et les chapiteaux sculptés du portail.

Le musée du Pays rabastinois : *2, rue Amédée-Clausade. ☎ 05-63-40-65-65. Ouv 15 janv-15 déc, mar-ven 10h-12h, 14h-18h, w-e et j. fériés 14h-18h. Entrée : 2,50 € ; gratuit moins de 15 ans.*
Dans ce bel hôtel particulier du XVIIe s classé au Patrimoine historique, de très intéressantes expositions. Plusieurs thèmes : l'archéologie, avec notamment la mosaïque rapportée d'une riche villa gallo-romaine, superbe ; l'art sacré avec des peintures et sculptures du XIVe au XVIIIe s (très jolies pièces naïves), dont une statue de l'apôtre saint Jacques du XVIe s ; la peinture régionale des XIXe et XXe s, avec par exemple des œuvres de Paul Prouho *(La Petite Marchande de violettes)* et de Joseph-Marie Boissière ; ou encore les céramiques de Leonardi (un ami de Picasso) ; et la haute couture avec la donation de René Bégué, dit « Rébé », brodeur parisien de premier ordre qui travailla avec les plus grands (somptueuse robe de Farah Diba – 1959 – et autres merveilles). Également une belle collection de terres cuites vernissées et rarissimes de Giroussens, des XVIIe et XVIIIe s.
Quelques œuvres d'artistes régionaux comme Giovanni Leonardi (peintre et sculpteur), Luce Boyals et Georges Gaudion (peintres), Mireille Lobligeois (sculpteur en médailles pour la Monnaie de Paris) et Jeanne Atché (peintre et affichiste).
Au rez-de-chaussée, chefs-d'œuvre du compagnon charpentier Roger Bellegarde, dit « Albigeois l'Ami du Trait ». Les chefs-d'œuvre en question, pièces d'environ 1,50 m de hauteur, ont été réalisés à l'occasion de concours et dans le seul but de la performance et de la perfection. Structures captivantes, travail inouï. À ne pas manquer.

LE VAL D'AGOUT

GIROUSSENS

(81500) 1 430 hab. *Carte Tarn, A2*

Charmant petit village qui fut, du XVe s à la Révolution, un important centre de poterie : jusqu'à 80 familles de potiers y vécurent. D'ailleurs, une importante exposition de terres vernissées, ainsi qu'un grand *marché de potiers* y ont lieu chaque année, le dernier week-end d'avril. Allez jeter un coup d'œil à son église du XIIIe s (Saint-Salvy), qui a connu les péripéties des guerres de Religion et de la Révolution. Et surtout, Giroussens offre un fantastique point de vue panoramique sur le val d'Agout.

Où dormir ? Où manger à Giroussens et dans les environs ?

De bon marché à prix moyens

Chambres d'hôtes La Tuilerie : *La Tuilerie, 81310* **Parisot.** *☎ 05-63-33-33-72. • latuilerie.81310parisot@orange.fr • À 9 km env de Giroussens ; 3 km env après le village de Parisot, tourner à gauche, c'est 1 km env plus loin. Congés : sem de Noël. Compter 50 € pour 2 pers. Table d'hôtes sur résa 20 €.* Chantal et Didier, céréaliers et viticulteurs, habitent une élégante demeure de 1855 dans laquelle ils ont aménagé 3 chambres, bien proprettes. Restaurées de manière standard avec parquet flottant, elles disposent toutes d'une salle de bains et d'un accès indépendant. Pas mal pour se mettre au vert à budget tassé.

Chambres d'hôtes Au Mas des Calmettes : *Les Calmettes, 81310* **Parisot.** *☎ 05-63-40-55-98. 06-82-16-90-84. • frederic.rojat123@orange.fr • aumasdescalmettes.com • À 9 km env de Giroussens ; 2,5 km après le village de Parisot, prendre à droite direction Briatexte, c'est 2 km plus loin. Compter 68-78 € pour 2 pers. Également un gîte 6 pers 525-890 €/sem. Dîner sur résa 23 € (vin compris). Réduc de 10 % sur le prix de la chambre à partir de 3 nuits sur présentation de ce guide.* De l'ancienne maison de maître qui tombait en ruine, Christiane et Frédéric ont fait, à grand renfort de travaux, une adresse que l'on a bien du mal à quitter. Avec énergie, patience et beaucoup de goût, ils ont su redonner une véritable âme à cette demeure du XVIIIe s qui veille sur un environnement de douces collines. 4 chambres aux teintes apaisantes, aux matériaux nobles (chaux sur les murs, tomettes, brique) et 3 maîtres mots : confort, sobriété et calme. Agréable jardin et magnifique piscine au milieu des vignes.

L'Échauguette : *Grande-Rue, à Giroussens. ☎ 05-67-67-45-84. • contact@echauguette.fr • Fermé le soir lun-mer (plus jeu hors saison). Formules et menus 12,50-30 €. Apéritif offert sur présentation de ce guide.* Cette adresse a presque tout bon, prouvant qu'il est possible de proposer à bas prix du vrai fait maison. Et le premier menu est à ce titre tout à fait réjouissant. La cuisine du marché, sans prétention, est à base de produits frais, locaux et de saison. Si la vue est superbe depuis la salle panoramique ou depuis la terrasse (dominée par son échauguette !), des efforts pourraient être faits sur le cadre et le service, gentil mais confus.

Voir également notre adresse de restaurant à Saint-Lieux-Lès-Lavaur ci-après, rubrique « Dans les environs ».

À voir

Les jardins des Martels : *Les Martels. ☎ 05-63-41-61-42. • jardinsdesmartels.com • À 1 km du village, direction Lavaur (fléché). Accessible par la route ou par le petit train touristique à vapeur qui s'arrête devant les portes du jardin (voir plus loin la rubrique « À faire » à Saint-Lieux-lès-Lavaur, dans les environs de Giroussens). Mai-août, tlj 10h-18h ; avr et sept, tlj 13h-18h ; oct ouv (selon météo) w-e et mer 13h30-18h. Entrée : 7,80 € ; réduc enfants ; gratuit moins de 4 ans ; réduc sur présentation du ticket du petit train touristique à vapeur (voir plus bas).* Un très beau jardin planté il y a 20 ans, ayant eu le temps de s'épanouir et proposant aujourd'hui 2 500 variétés de plantes et de fleurs. Plans d'eau qui font rêver, avec nénuphars et véritable rivière de lotus. Floraison quasiment toute l'année, mais pour les lotus, la meilleure période est de juin à fin août. Pour les enfants, miniferme avec poneys, chèvres naines, daims, lamas, canards, etc. Aire de pique-nique. Également un labyrinthe de bambous et la reconstitution d'un temple balinais !

Centre céramique de Giroussens : pl. Lucie-Bouniol. ☎ 05-63-41-68-22. • centre-ceramique-giroussens.com • ♿ Juin-août, tlj 10h-12h30, 14h-19h ; sinon mar-dim, 10h-12h et 14h-18h. Fermé de janv à mi-fév. Entrée : 3 € ; gratuit moins de 16 ans. Un musée pour une vieille tradition ; installé dans l'ancien atelier de Lucie Bouniol, une peintre-sculpteur du début du XXe s. Comme il se doit, expos de céramiques de Giroussens et de quelques œuvres de Lucie Bouniol. Également de très belles expositions-ventes de créateurs contemporains internationaux, qui changent régulièrement. Boutique.

DANS LES ENVIRONS DE GIROUSSENS

SAINT-LIEUX-LÈS-LAVAUR (81500)

Où manger ?

Le Colvert : *dans le village. ☎ 05-63-41-32-47. • colvert.old@wanadoo.fr • ♿ Fermé sam midi, dim soir et lun. Congés : 1er-10 janv, 16-23 fév. Formules déj 13,50-15,50 € (en sem), menus 25-45 €.* Un resto au cadre très agréable, tant à l'intérieur, avec ses poutres et ses murs de brique, qu'à l'extérieur, avec sa terrasse ombragée par un vénérable marronnier et quelques arbres fruitiers. En parcourant la carte, on imagine une cuisine régionale de saison jouant dans un registre assez classique. Pourtant, dans les assiettes, on découvre de belles trouvailles, des touches d'originalité réussies. Et, en saison de chasse, du colvert, bien sûr ! Une adresse qui bénéficie d'une réputation méritée.

À faire

– ***Le petit train touristique à vapeur :*** *rens et résas, ACOVA-gare CFTT, dans le bourg. ☎ 05-61-47-44-52. • cftt.org • Jours de circulation : avr-juin, dim et j. fériés ; juil-août, tlj ; sept-oct, dim slt. Départs de la gare de Saint-Lieux-lès-Lavaur, ttes les heures, 14h30-17h30. Tarifs : 7 € ; 5,50 € pour les 4-10 ans ; gratuit moins de 4 ans.* Amusant petit chemin de fer reconstruit par des bénévoles sur ce qui restait de l'ancienne ligne des tramways à vapeur du Tarn. Quatre locomotives à vapeur sont classées Monuments historiques. Le train suit d'abord un chemin qui aboutit à un viaduc de 130 m de long et 20 m de haut au-dessus de l'Agout. Il se perd ensuite à travers champs et petits bois. La promenade dure environ 50 mn et le parcours est de 7 km. Une manière originale pour se rendre aux jardins des Martels (lire plus haut dans « À voir » à Giroussens). Sur présentation des billets du train, réduction pour le ticket d'entrée aux jardins. Sympa !

SAINT-SULPICE-LA-POINTE (81370)

Adresse et infos utiles

Office de tourisme : *rue du 3-Mars-1930. ☎ 05-63-41-89-50. • bastidecocagne-tarn.com • De mi-juin à mi-sept, tlj sf dim mat ; le reste de l'année, voir le site. Espace des vieux Métiers au sous-sol (lire « À voir » ci-après).* Propose aussi des expos temporaires et un nouvel espace dédié à l'histoire du Pastel.

Gare SNCF : *☎ 36-35 (0,34 €/mn).* Trains pour Castres, Albi, Toulouse, Mazamet et Gaillac ; près de 90 allers-retours/j., un record !

– **Marché :** *mer mat, tte l'année.* L'un des plus beaux marchés de la région, avec beaucoup de producteurs.

À voir

Le souterrain du Castela : *à 100 m de l'office de tourisme. ☎ 05-63-41-89-50 (office de tourisme). Visite guidée slt : en été, tlj 14h30, 15h30, 16h30 et 17h30 ; hors saison, mar-dim, 15h et 17h. Entrée : 4,50 € ; 2,50 € pour les moins de 10 ans. Site illuminé 2 ou 3 soirs en juil-août.* Le plus ancien souterrain-refuge du Tarn, en parfait état de conservation. Entre les IXᵉ et XIIIᵉ s, il servait de refuge à la population locale. C'est un minilabyrinthe de près de 150 m, une sorte de village souterrain dans lequel on pénétrait grâce à un système de mot de passe. Subsistent encore silos à grains, latrines, puits et bassins aménagés et même une petite chapelle. Surprenant ! Après la visite, faites un tour sur la butte féodale, où se dressent quelques vestiges du château du XIIIᵉ s.

FAIRE BOUILLIR LA MARMITE

Au XVᵉ s, le souterrain du Castela fut la planque de faux-monnayeurs menés par Jeanne de Boulogne, propriétaire du château de Saint-Sulpice. Après la mort de son premier mari Jean du Berry, frère du roi Charles V, son immense fortune attira les convoitises. En secondes noces, elle convola avec le baron Georges de La Trémille. Très vite, son nouvel époux lui confisqua ses biens. Sans ressources, elle se réfugia à Saint-Sulpice et installa alors un atelier de fausse monnaie dans le souterrain. Dénoncée, elle échappa de peu à son arrestation et à la sanction réservée aux faussaires de l'époque : être ébouillanté dans la marmite !

L'espace des vieux Métiers : *dans l'enceinte de l'office de tourisme. ☎ 05-63-41-89-50. Ouv tte l'année aux horaires de l'office de tourisme. GRATUIT.* Un musée consacré aux vieux métiers, avec un zoom sur la fabrication de selles de cheval et de brosses, les deux activités principales du village au XIXᵉ s et au début du XXᵉ s. Ancien salon de coiffure remarquable.

LAVAUR

(81500) 10 671 hab. *Carte Tarn, A3*

Lavaur est une vieille bourgade qui ne manque pas de charme et qui mérite à bien des égards un petit détour. Pas seulement pour son fameux jacquemart. Dominant la rive gauche de l'Agout, elle est naturellement devenue une place forte contrôlant un nœud de communications. Elle doit également une partie de son importance à la fonction de siège épiscopal qu'elle exerça de 1318 à 1790. Mais l'événement majeur de son histoire fut sa prise par Simon de Montfort, en mai 1211. La résistance à l'envahisseur ayant été très vive, les croisés se livrèrent à des actes d'une rare barbarie. Dame Guiraude, l'âme de la défense, fut d'abord livrée en pâture aux soudards, puis jetée dans un puits et lapidée. Ses principaux compagnons, consuls, chevaliers et simples bourgeois furent pendus ou brûlés : ce fut l'un des plus grands bûchers de l'histoire ! Comme dans les autres cités cathares, le triomphe de l'Église et la monarchie francilienne se sont exprimés de manière architecturale par la construction d'une église gothique, aux allures étranges de forteresse.

À deux pas de Lavaur, à Marzens, se trouve l'un des plus importants centres tibétains d'Europe ; d'où la présence en ville de quelques bouddhistes.

Adresses et infos utiles

Office de tourisme : *Tour-des-Rondes. ☎ 05-63-58-02-00. • tourisme-lavaur.fr • Avr-sept, mar-sam (plus lun en juil-août) 10h-12h et 14h-18h ; oct-mars, tlj sf dim-lun et jeu, mêmes horaires.* Efficace et sympa. Expos temporaires (gratuites). Un petit mot tout de même sur la Tour-des-Rondes. Elle fut construite au XIVe s et participait au système défensif de la ville. Au cours des siècles, elle abrita de nombreuses activités (abattoir, écurie, etc.). C'est le seul vestige des anciennes fortifications de Lavaur.

Point info tourisme : *devant le porche de la cathédrale. Juil-août slt, tlj sf dim mat 10h-12h30, 15h-18h30.*

@ **Internet :** ***Médiathèque,*** *1, rue Jouxaygues. ☎ 05-63-58-03-42. Mar, mer, ven et sam (sf sam ap-m juil-août) 13h30-18h, plus sam 9h-12h15.*

Gare SNCF : *av. de la Gare. ☎ 36-35 (0,34 €/mn).* Trains (ou bus) pour Castres, Albi, Toulouse, Mazamet et Gaillac.

– **Marché :** *sam mat et mer mat (petits producteurs).*

Où dormir ?

Chambres d'hôtes Domaine de la Buissardière : *1, rue Castel-Florit. ☎ 05-63-58-58-26. • buissardiere@free.fr • buissardiere.free.fr • Compter 79 € pour 2 pers, 110-131 € pour 3-4. Réduc de 10 % sur présentation de ce guide.* Une belle et solide demeure en pierre et en brique, bordée par un agréable jardin avec piscine, où il est fort plaisant de lézarder aux beaux jours. « Comtesse de Ségur », « Jean de La Fontaine », « Victor Hugo », 3 noms pour des chambres à la déco soignée et élégante. C'est France qui a presque tout fait ! Son petit côté artiste nous a séduits, notamment les tasses qu'elle a peintes elle-même.

Où dormir ? Où manger dans les environs ?

Camping

Camping Le Plan d'Eau de Saint-Charles : *81220* ***Damiatte.*** *☎ 05-63-70-66-07. 06-13-30-82-57. • accueil@campingplandeau.com • campingplandeau.com • Accès : à égale distance de Lavaur, Graulhet et Lautrec, et à 1 km du village de Damiatte. Ouv avr-oct. 14,50-20 € pour 2 selon saison ; tentes équipées, bungalows et mobile homes 210-800 €/sem selon saison et capacité (4-6 pers). 90 empl.* Dans un parc de 6 ha, au bord des champs et de 2 étangs de 3 000 m^2 (baignade), avec plage et toboggan. Petite épicerie et resto. Animations durant l'été. Pêche.

De prix moyens à chic

Chambres d'hôtes Domaine d'En Naudet : *81220* ***Teyssode.*** *☎ 05-63-70-50-59. 06-07-17-66-08. • contact@domainenaudet.com • domainenaudet.com • Direction Castres (D 112), puis, à 10 km env, prendre à droite direction Pratviel (fléché). Compter 98 € pour 2. Également un gîte de caractère pouvant accueillir 10 pers 1 450-2 150 €/sem selon saison.* Voilà une ancienne ferme superbement retapée, qui surplombe les vallons du Lauraguais. Dans les anciennes écuries et la grange, 5 chambres spacieuses et d'un goût très sûr. Pour les amateurs d'insolite, une chambre a été aménagée dans une ancienne tour de guet de 1645 ! Rien à redire ! Accueil simple et chaleureux d'Éliane, qui ne manquera pas de vous conseiller sur les bonnes tables du coin. Pour couronner le tout, aire de jeux prisée par les enfants, salle de musculation et piscine.

Les Marronniers : *2, Grand-Rue, 81220* ***Viterbe.*** *☎ 05-63-70-64-96. • viala.marronniers@wanadoo.fr • les-marronniers-viterbe.com • À 10 km de Lavaur et à 10 km env de Graulhet. Tlj sf mar soir et mer, plus lun soir hors saison. Congés : 1 sem début sept, 15 j. début nov. Formule déj 12,50 € (en sem) ; menus 20-46,50 €.* Une bâtisse moderne aux teintes douces, mais, pour être francs, on a préféré la terrasse à l'arrière, qui donne sur un agréable jardin au bord des champs. Cuisine suivant les saisons et d'inspiration régionale, teintée d'un certain classicisme et bien travaillée. Les produits sont frais et la qualité est constante. Accueil aimable et service tiré à quatre épingles. Une adresse cotée pour les repas endimanchés.

À voir

La cathédrale Saint-Alain : *• cathedrale-lavaur.fr • Juil-août, tlj sf sam mat et dim mat 10h-12h30, 14h30-18h30. En raison des travaux de restauration intérieure, les visites libres ne sont pas possibles hors saison. Toutefois, des visites guidées sont proposées par l'office de tourisme (sur résa).*

Datant de la seconde moitié du XIIIe s, elle a remplacé l'ancienne église détruite lors de la prise de la ville par les croisés, mais dont certains éléments ont été conservés et intégrés dans l'édifice actuel. Construite en brique et de style gothique méridional, elle est ornée d'un portail flamboyant (du XVe s) que surmonte une tour de façade qui rappelle celle de la cathédrale Sainte-Cécile d'Albi. Son édification s'explique par la rivalité qui existait alors entre l'évêque de Lavaur, Jean Vigier, et l'archevêque d'Albi, Louis d'Amboise.

Une seconde petite tour abrite le fameux *jacquemart,* refait au XVIIe s mais dont le mécanisme et la cloche datent de 1523. Il est unique dans le sud-ouest de la France. Une terrasse permet de découvrir le chevet qui forme un à-pic au-dessus de l'Agout.

À l'intérieur, une nef unique, où l'on notera les chapiteaux des colonnettes (décorées de scènes de l'enfance de Jésus). Dans le chœur, *Mise en Croix* de Subleyras (XVIIIe s), avec quatre autres belles peintures. *Pietà* en bois peint du XVIIe s (troisième chapelle à droite à partir de la petite porte d'entrée). Face sud de l'abside, sépulture (enfeu) de Simon de Beausoleil (influence de la Renaissance italienne). Au fond de la nef, voir le portail de la chapelle. Profondes voussures richement sculptées et Vierge sous baldaquin. Évêques martelés ou décapités sous la Révolution. *Grand orgue,* le plus ancien de la région Midi-Pyrénées (1524), attribué à Nicolas Bachelier. Remarquable décor sculpté. Personnages à l'antique chantant pour rendre grâce à Dieu (minuterie sur la colonne face à la chaire).

TROIS PETITS COUPS ET PUIS S'EN VA...

La légende raconte qu'au temps des guerres de Religion, un prisonnier nommé Jacques-Marc aurait eu l'obligation de sonner la cloche à la place du sonneur. Étant plutôt bricoleur, il imagina un mécanisme capable de sonner les heures à peu près régulièrement. Le prisonnier put alors s'enfuir sans que ses geôliers ne se doutent de rien.

À côté de la cathédrale, beau jardin de l'Évêché et remarquable jardin à la française.

L'église Saint-François : *dans la rue principale (Grand-Rue).* Fin XIIIe au XVe s et de style languedocien à nef unique. Vestiges du flanc ouest du cloître. Beau porche en pierre à multiples voussures sur fines colonnettes. Au-dessus, une véranda à balustrade. L'ensemble s'intègre parfaitement aux belles demeures en brique environnantes. Nef d'une grande ampleur, qu'on ne devine pas de l'extérieur.

La Halle aux Grains : *route de Castres.* Construite en 1880, elle comporte 16 côtés (c'est une halle hexadécagonale !). Sa forme quasi circulaire facilitait le déplacement des marchandises et des personnes. Elle accueille aujourd'hui des spectacles.

Fêtes et manifestations

– ***Vide-greniers :*** *le 1er dim de juil.* Un des plus importants du département, précédé la veille d'un grand marché nocturne.
– ***Les Jeudis au Jardin :*** *le jeu en juil.* Concerts gratuits au jardin de l'Évêché à partir de 20h30.
– ***Les Estivales :*** *en juil-août.* Nombreux concerts, danses et pièces de théâtre dans différents lieux de la ville.
– ***Les Jeudis sur la Plô :*** *les jeu en août à partir de 20h.* Animations et concerts sur l'Esplanade du Plô.

DANS LES ENVIRONS DE LAVAUR

➢ À partir de Lavaur, possibilité de parcourir la ***route historique du Pastel.*** Le pastel est une plante dont les feuilles donnent un bleu exceptionnel en teinture. Au XVIe s, le pastel a enrichi toute la région, qu'on appelait le Triangle bleu (Albi-Carcassonne-Toulouse). Il était exporté dans toute l'Europe. Tout au long de cette route, on découvre les châteaux magnifiques du pays de cocagne. *Brochure disponible auprès de l'office de tourisme de Lavaur : ☎ 05-63-58-02-00.*

GRAULHET (81300) 12 508 hab. *Carte Tarn, B2-3*

À une vingtaine de kilomètres au sud de Gaillac, la ville de Graulhet est moins connue, malgré une population plus importante. Cette ancienne place forte conserve pourtant quelques souvenirs de son passé médiéval : le magnifique pont Vieux du XIIIe s (classé Monument historique) sous lequel coule le Dadou, l'*Hostellerie du Lyon d'Or* (juste en face de l'église) où fit étape Henri de Navarre, le futur roi Henri IV, le quartier médiéval de Panessac, etc.
Graulhet fut aussi la capitale mondiale du cuir, en particulier de la basane. On y trouve encore des produits de maroquinerie et des vêtements en cuir, exportés dans le monde entier. Aujourd'hui, malgré la crise que connaît l'industrie du cuir et sa lente reconversion industrielle, Graulhet reste encore la cité du cuir. Ne pas manquer d'aller visiter la maison des Métiers du cuir, miroir du riche patrimoine humain de la ville.

Adresse et info utiles

Office de tourisme : *33, rue Saint-Jean. ☎ 05-63-42-87-27. ● tourisme-vignoble-bastides.com ● Juil-août, lun ap-m-sam ; avr-juin et sept-oct,* *lun-ven ; janv-mars et nov-déc, tlj sf jeu ap-m et w-e.* Dépliant sur les circuits thématiques qui parcourent la ville.

– **Marchés :** *mar mat, pl. Bosquet ; jeu et dim mat, pl. du Jourdain.*

Où dormir ?

Camping

Camping du lac de Nabeillou : *route de Cabanès.* ☎ *05-63-34-60-04.* • *camping@nabeillou.com* • *camping-graulhet.fr* • *À 1 km du centre-ville. De Graulhet, prendre la D 87 en direction de Toulouse ; puis à gauche après le rond-point d'Intermarché. Ouv avr-oct, tte l'année pour les loc. Emplacements tente 9,10-11 € selon saison ; chalets et mobile homes 175-580 €/sem selon saison et capacité (4-8 pers). 25 empl.* Un camping bien équipé et très propre. À proximité d'un lac très agréable, auquel on accède par un sentier. Mais pour se baigner, on piquera une tête dans la piscine (le lac étant réservé à la pêche).

Où dormir ? Où manger dans les environs ?

De prix moyens à chic

Hôtel-resto Chez Pito : *3, le Bourg, 81300* ***Busque.*** ☎ *05-63-58-37-82.* • *contact@chezpito.com* • *chezpito.com* • *À 4 km de Graulhet ; par la D 10, direction Lisle-sur-Tarn. Double 66 €. Formules déj 11-13 € ; menus 19-28 €.* Au cœur de ce petit village, *Chez Pito* propose une dizaine de chambres récentes et confortables. Déco plaisante qui colle à l'air du temps. De plain-pied et dotées d'une terrasse, elles font face à un jardin paysagé et coquet. Piscine de poche. Et ce n'est pas tout ! On a bien aimé aussi le resto à l'atmosphère décontractée et au cadre rustique qui ne manque pas de cachet. Pour l'été, super jardin champêtre, parsemé d'authentiques objets agraires. Cuisine honorable qui n'a d'autre prétention que de bien caler, dans la convivialité. À signaler que le service peut parfois perdre pied face à l'affluence.

Le Pigeonnier : *La Ginestarie, 81300* ***Labessière-Candeil.*** ☎ *05-63-42-08-04.* • *marc.ferrand3@wanadoo.fr* • *À 9 km au nord de Graulhet par la D 964 direction Gaillac, puis la D 84 vers Albi et Lasgraisses ; ne pas monter dans le village, suivre la route principale ; c'est indiqué en pleine campagne sur la droite. Fermé dim soir-lun, plus mar-mer en nov-mars. Sur résa. Menus 17 € (déj en sem), puis 24,50-58 €. Apéritif offert sur présentation de ce guide.* Perdu dans une campagne vallonnée se dresse un beau pigeonnier du XVIIe s, reconverti en restaurant. À l'intérieur, déco simple et élégante, où la pierre apparente domine. Quand le soleil pointe son nez, c'est en terrasse qu'on profite du calme et d'une bonne cuisine de terroir sobre et revisitée. Les légumes vapeur trônent près d'un carré d'agneau parfaitement cuit ou près d'un filet de poisson du jour. Le chef mise sur les produits de la région et sur une présentation impeccable, des entrées aux desserts (macarons maison). Bons vins de pays et accueil empressé.

Achats

La Brasserie des Vignes : *9, av. Marcel-Pagnol.* *06-69-99-30-04.* • *brasseriedesvignes.fr* • *(autres rens sur la page Facebook). Ouv sept-juin : mar 18h-20h, et sam 14h-18h, juill-août : mer 18h-20h et sam 14h-18h et sinon, sur rdv.* Une drôle de microbrasserie, clandestine ou presque, installée dans une ancienne mégisserie. Le brasseur, un ancien prof de physique-chimie, teste, expérimente et invente sans cesse de nouvelles recettes, plus ou moins aromatisées, vieillies en fût, mais toujours originales... Se renseigner quant aux séances de *biérologie* et aux journées de brassage auxquelles vous pourrez participer. Petit musée de la bière sur place (gratuit mais assez anecdotique).

À voir. À faire

La maison des Métiers du cuir : *33, rue Saint-Jean. ☎ 05-63-42-16-04. Visite guidée slt l'été, à horaires variables ; se renseigner. Entrée : 5 € ; 6-12 ans : 2,50 €. Ateliers enfants sur résa (tarif : 6,50 €).* Véritable culture locale depuis des siècles, le travail du cuir a fait de Graulhet la capitale de la basane, cuir essentiellement utilisé pour la doublure des chaussures. La ville est encore aujourd'hui le plus grand centre français de la mégisserie, le « tannage des petites peaux ». Dans une ancienne usine sur les rives du Dadou, présentation des métiers de la mégisserie et de la maroquinerie. Une visite intéressante pour tout comprendre sur le processus de transformation de la peau de bête en cuir, et au-delà, pour découvrir la variété des métiers liés à cette activité, et admirer le savoir-faire de toute une région.

– ***Circuits aériens :*** *rens au ☎ 05-63-34-51-07. • aeroclub-graulhet.com •* L'aéroclub propose des baptêmes de l'air.

Fêtes et manifestations

– ***Biocybèle :*** *à la Pentecôte (dim-lun).* Grande foire agrobiologique réunissant plus de 200 exposants. Conférences, débats, animations, concerts... La plus grande foire bio du Sud-Ouest.
– ***Ciné dans le Pré :*** *juil. GRATUIT.* Projections de films en plein air sur les communes du Graulhetois précédés d'un repas (chacun apporte son panier pique-nique). Ambiance conviviale.
– ***Rues d'été :*** *le w-e avt le 14 juil. • ruesdete.fr •* Un festival des arts de la rue. Spectacles gratuits.
– ***Grand spectacle historique :*** *le 3e w-e de juil.* L'histoire de Graulhet sur fond de mise en scène équestre.

LAUTREC

(81440) 1 814 hab. *Carte Tarn, B3*

Berceau de la famille d'Henri de Toulouse-Lautrec, à 15 km au nord-ouest de Castres et au cœur d'une belle région agricole vallonnée. L'ancienne place forte est un ravissant village, classé parmi les « Plus beaux villages de France », aux nombreuses maisons à colombages serties de brique, perché sur sa colline. Les vicomtes de Lautrec furent au Moyen Âge des seigneurs fort puissants, jouissant des rivalités entre le comte de Toulouse et le vicomte d'Albi.
La ville, construite sur une butte, offre au regard un des plus beaux paysages du Tarn. Les jours clairs, le panorama permet d'embrasser à la fois les monts de Lacaune, la Montagne Noire et la plaine de l'Agout...
Après la visite de Lautrec, ne manquez pas de vous rendre au *calvaire de la Salette* par un sentier botanique, où se trouvait autrefois le château. Il ne reste rien de ce château établi sur un monticule calcaire très abrupt. Il était entouré d'une double enceinte, et les murs de la ville se développaient sur plus de 1 km. Le rempart en pierre taillée subsiste toujours sur la partie

orientale percée de la *porte de la Caussade,* haute d'une dizaine de mètres et munie d'archères et d'une meurtrière.
Les gourmets doivent savoir que Lautrec, également « Site remarquable du goût », est la capitale de l'*ail rose* (Label Rouge et IGP), beaucoup plus goûteux et qui se conserve plus longtemps que le blanc. Et certains habitants nous ont même affirmé qu'il parfumait agréablement l'haleine ! Signalons enfin que le *sentier du Train,* l'ancienne voie de chemin de fer reliant Albi à Castres, aujourd'hui aménagée en voie verte, est praticable à pied ou à vélo et passe à 1 km environ de Lautrec.

Adresse et info utiles

Office de tourisme : *rue du Mercadial, à côté de la mairie. ☎ 05-63-75-31-40. • lautrec.fr • Juil-août, tlj 9h30-12h30, 14h-18h30 ; le reste de l'année, tlj sf lun, mar mat et dim mat 9h30-12h30, 14h-18h (fermé 3 sem en janv).*
– **Marché :** *ven mat.*
– **Marché de l'ail rose :** *de mi-juil à déc.* Nombreux producteurs d'ail.

Où dormir ? Où manger à Lautrec et dans les environs ?

De prix moyens à chic

Chambres d'hôtes de la Caussade : *1, rue de La Caussade. ☎ 05-63-75-33-21. • brigitteormiere@wanadoo.fr • En plein centre. Compter 59 € pour 2 pers. Table d'hôtes 20 €.* Une adresse toute simple, tenue par une hôtesse dynamique qui vous accueille chez elle sans chichis. Confort modeste mais une adresse authentique et conviviale.

Chambres d'hôtes Les Terrasses de Lautrec : *9, rue de l'Église. ☎ 05-63-75-84-22. • info@laterrassedelautrec.com • laterrassedelautrec.com • Fermé 1er nov-15 avr. Compter 85-140 € pour 2 pers selon saison et 20 €/pers suppl.* Une demeure historique, et des chambres de charme où mener la vie de château. Le salon de cette ancienne demeure pastellière est classé à l'inventaire des Monuments historiques. Il faut dire que les somptueux papiers peints qui en couvrent les murs datent de 1810 ! La déco des 4 chambres ne saurait évidemment pas être aussi précieuse mais elles possèdent beaucoup de cachet. De la terrasse, on domine la campagne tout en étant au cœur de Lautrec. Des jardins à la française (dessinés par Le Nôtre !) et une belle piscine chauffée complètent le tableau. Accueil assez réservé...

Chambres d'hôtes Chez Mimi : *à Plaisance, 81440* ***Puycalvel.*** *☎ 05-63-75-94-59. • christelle.baby@gmail.com • chambreplaisance.wix.com/chambre-plaisance • Au niveau de Puycalvel, continuer en direction de Brousse ; c'est à 2 km env, sur la gauche. Mars-oct. Compter 45-60 € pour 2 pers et 80 € pour 4. Table d'hôtes sur résa, 20 € tt compris.* Dans une ancienne ferme, 3 chambres qui donnent sur une véranda en bois bien fleurie. On ne peut pas dire qu'elles soient très grandes ni très lumineuses, mais on a bien aimé l'atmosphère du lieu. C'est calme, l'accueil sans chichis de Mimi, également productrice d'ail rose, est plaisant et les prix sont honnêtes.

Chambres d'hôtes de Cadalen : *à 3 km env du village. ☎ 05-63-75-30-02. • info@cadalen81.com • cadalen81.com • Suivre la direction Roquecourbe et Vénès, puis fléché. Compter 95-115 € pour 2.* En pleine nature, un beau corps de ferme flanqué d'un double pigeonnier, tenu par Hugo et Alain. 3 chambres décorées de meubles anciens, cosy-kitsch et romantiques à souhait (genre toile de Jouy), aux salles de bains spacieuses. À l'extérieur, c'est un peu l'arche de Noé : pigeons, oies et poules. Une adresse au charme certain et à l'atmosphère « bourgeois bohème » qui n'a rien de surfait. Une vraie belle chambre d'hôtes à 200 m de la voie verte qui relie Albi à Castres.

Le Clos d'Adèle : *6, pl. du Monument. ☎ 05-81-43-61-91. • le_clos_d_adele@sfr.fr • Tlj sf dim soir en saison, plus mer et jeu midi hors saison. Congés : 18 janv-11 fév et 22-29 déc. Menus 19-34 € env. Café offert sur présentation de ce guide.* Au cœur de Lautrec, un resto au cadre ravissant, tant en salle qu'en terrasse. Honnête cuisine de terroir et de marché mettant, c'est bien la moindre des choses, l'ail de Lautrec à l'honneur. Bons produits, bons vins, prix doux et bon accueil. Bonne pioche !

Où sortir ? Où boire un verre ?

Café Plùm : *rue de Lengouzy. ☎ 05-63-70-83-30. • lautrec.plum@gmail.com • cafeplum.over-blog.com • Ouv mer-dim. Petite restauration 10-15 €.* Un lieu atypique, chaleureux et militant comme on les aime. Au cœur de Lautrec, ce café-resto-librairie-cabaret est source de vie et de lien social et, ce, tout au long de l'année. Dans l'assiette, des produits frais, locaux, voire bio. Incontournable à l'heure de l'apéro, souvent assorti d'un concert... Dans la journée, il fait bon venir y bouquiner en buvant un thé. Et sinon, donc, rencontres, concerts, spectacles proposés régulièrement (participation libre le plus souvent). Cadre hyper sympa, ce qui ne gâche rien, et service dans la cour aux beaux jours.

Où acheter de bonnes gelées et confitures ?

Les Plantes de la Lorien : *Le Grès, 81440 **Vénès**. ☎ 05-63-75-30-34. • lalorien.com • Au bord de la D 92, à mi-distance entre Lautrec et Réalmont. Avr-sept, visite sur résa.* Éric, un amoureux de la nature, cultive moult espèces de plantes aromatiques et médicinales dans son jardin d'Éden. Et il a eu la bonne idée de les transformer en gelées aux multiples saveurs (romarin, thym, menthe, sauge, cardamome, coriandre, etc.), qui accompagnent à merveille les viandes, fromages, poissons ou parfument les pâtisseries. On peut aussi acheter les plantes.

À voir. À faire

La collégiale Saint-Rémy : sa construction par étapes s'est échelonnée du XIVe au XVIIIe s. Nef unique au beau plafond peint, souligné par du bleu pastel, qui nous rappelle que nous sommes en pays de cocagne. Dans le chœur, plusieurs œuvres classées, dont un baldaquin Louis XV, 40 stalles en chêne et les tables de marbre des fonts baptismaux. Il est orné de marbre de Caunes-Minervois (que l'on retrouve à Versailles). Remarquer le lutrin : on en voit rarement de cette taille ! Admirer aussi la voûte en

« PAYS DE COCAGNE »

Cette célèbre expression désignait, au XVe s, le territoire situé dans le triangle Albi, Toulouse, Carcassonne. Elle provient des coques (ou galettes) que l'on confectionnait avec les feuilles de pastel afin de le commercialiser. L'expression évoque aussi toute la prospérité d'une région que la culture et le commerce de « l'or bleu » a considérablement enrichie, avant que l'indigo, plus facile à travailler, ne supplante le pastel.

trompe l'œil au-dessus du baldaquin. On ne soupçonne pas tous ces trésors de l'extérieur, tant la façade est neutre...

Le village : il date en grande partie du Moyen Âge. Belles maisons à colombages et en encorbellement rue de l'Église, superbes couverts du XVIIe s (place centrale), quelques vestiges des anciens remparts restaurés, comme la *porte de la Caussade* (XIIIe s). Une curiosité : le village compte près de 160 *puits*, de 15 à 25 m de profondeur (chaque maison abrite au moins un puits) ; on peut en voir une quinzaine en se promenant dans la village. Jetez également un coup d'œil aux ***silos souterrains*** (à deux pas de la porte de la Caussade) que l'on discerne à travers une grille (passer la main de l'autre côté de la grille et appuyer sur l'interrupteur pour que lumière soit, enfin, lorsqu'elle marche...). De la porte de la Caussade, à 5 mn à pied par un petit chemin, on arrive au vieux lavoir restauré. Dans la rue de la Rode, belles portes ouvragées. Dévalez les pentes des ruelles étroites du *quartier de Mallegou,* qui possède beaucoup de charme. À voir encore, la ***maquette en pierre*** de Lautrec au Moyen Âge (sous le porche qui conduit à l'office de tourisme) et, juste en face, le ***fournil et le jardin de l'ancien couvent.*** Rue de Lengouzy, ***joli pigeonnier*** de village. Voir le circuit des « Pigeonniers et châteaux » (1 700 pigeonniers dans le Tarn) à l'office de tourisme.

Très intéressante visite du ***moulin*** : ☎ *05-63-75-31-40 (office de tourisme). En principe, avr-oct, mer-sam 10h-12h30, 14h-18h et dim 14h-18h ; en juil-août, également ouv lun-mar et dim mat. Entrée : 2 €, visite commentée ; gratuit moins de 6 ans.* Un des rares moulins de la région Midi-Pyrénées à moudre encore le grain (lorsqu'il y a assez de vent pour faire tourner les ailes). Malgré son grand âge, il est dans un état remarquable.

L'atelier du sabotier : *rue Saint-Esprit. De mi-avr à mi-juin, w-e et j. fériés 14h30-18h30 ; de mi-juin à mi-oct, tlj sf lun 14h30-18h30. GRATUIT.* Un ancien atelier dont l'activité s'est arrêtée en 1960. On y voit tout l'outillage et de nombreux vieux outils. Expo d'artisans créateurs locaux.

Les boutiques « pastels » : ***La Compagnie du Pastel,*** *rue du Mercadial.* ☎ *05-63-74-83-86.* *06-85-62-26-78.* Dans la cour de l'ancienne maison commune, découverte des plantes tinctoriales, produits de peinture, teinture et cosmétique au pastel. ***La petite maison du Pastel :*** *rue de l'Église.* *06-20-62-95-26.* Produits teints à la teinture végétale (vêtements, lingerie femme et enfant, cosmétiques, linge de maison, bijoux, etc.).

UNE GUERRE DE RELIGION CACHÉE

La culture du pastel, tenue par les protestants, enrichit les alentours de Toulouse et d'Albi. C'était le fabuleux pays de cocagne. Au XVIIIe s, cette plante fut détrônée par l'indigo, provenant d'un arbuste des Antilles bien moins cher à produire que le pastel. Cette guerre économique fut d'autant plus violente que les planteurs des îles étaient catholiques.

– ***Base nautique d'Aquaval :*** *à 1 km du village, route de Vielmur.* ☎ *05-63-70-52-32. De mi-juin à fin août, entrée : 6 € adulte ; réduc enfants.* Baignade surveillée en saison, toboggans, minigolf, pêche, etc. Chemin pédestre de 700 m par la route de Castres.

Fêtes locales

– ***Fête du Sabot et des Vieux métiers :*** *le 3e dim de juil.* Marché de l'artisanat et de producteurs de la région.

– **Fête de l'Ail rose :** *le 1er ven et sam d'août.* Concours de compositions artistiques et de manouilles, défilé des confréries de l'ail, etc. Soupe à l'ail gratuite pour tous à midi. La journée s'achève par une fabounade (un cassoulet géant !).
– **Fête du Pain et du Goût :** *le 15 août.* Marché aux pains, ateliers enfants... Grand rassemblement de producteurs du coin.
– **Festivaoût :** *autour du 15 août.* 3 soirs de concerts gratuits au théâtre en plein air de la Caussade (programmation éclectique).
– **Festival des arts en pays de Cocagne :** *le 1er w-e de sept.* Grand concours de peinture dans les rues du village.

PUYLAURENS (81700) 3 330 hab. *Carte Tarn, B3*

Gros bourg agricole sans intérêt touristique majeur. Alors, pourquoi en parler ? Tout simplement parce que c'est la patrie de Marianne. En 1792, un cordonnier-troubadour patriote, Guillaume Lavabre, écrit à Puylaurens la *Garisou de Marianno,* jolie chanson patriotique où il appelle pour la première fois la République du nom de Marianne. La chanson a du succès en Occitanie, est traduite, conquiert la France, et le surnom resta à la République. Grâce à quoi nos mairies sont toutes ornées de bustes de cette fille de Puylaurens qui, du coup, mérite de figurer dans ce guide.

Où dormir ? Où manger ?

De chic à beaucoup plus chic

Cap de Castel : *36, rue du Cap-de-Castel. ☎ 05-63-70-21-76. • contact@capdecastel.com • capdecastel.com • Congés : janv. Selon confort et saison, doubles 96-168 €, suites familiales 180-240 € ; petit déj 15 €. Resto ouv tlj le soir sf dim, menus 33-40 €, sinon à la carte env 50 €.* Aménagé dans les anciens communs du château, qui date de 1258, un hôtel de charme proposant une dizaine de chambres rénovées, toutes avec une grande salle de bains. Piscine sur une terrasse dominant la vallée. Déco intelligente, de très bon goût et respectueuse de l'architecture du bâtiment (certaines chambres ont conservé leurs anciennes tomettes), couleurs chaudes. Cuisine savoureuse. Très bon accueil. Si votre budget vous le permet, pas d'hésitation !

Où dormir ? Où manger dans les environs ?

Plus chic

Hôtel Cuq-en-Terrasses : *Cuq-le-Château, 81470* **Cuq-Toulza.** *☎ 05-63-82-54-00. • info@cuqenterrasses.com • cuqenterrasses.com • À 2 km de Cuq-Toulza par la D 45 (direction Revel). Ouv 15 avr-15 oct ; resto le soir slt sf mer en été. Doubles 75-160 € selon confort et saison ; familiales 160-220 € ; petit déj-buffet 15 €. Menu unique 38 € pour les résidents slt. Apéritif offert sur présentation de ce guide.* Dans le petit hameau perché de Cuq-le-Château, un établissement plein de charme à mi-chemin entre l'hôtel et la chambre d'hôtes. 8 chambres, toutes différentes, à l'atmosphère pleine de douceur, vraiment superbes. Elles ont été décorées par le designer de Paul McCartney ! L'accueil simple et sincère d'Andonis et de Philippe nous a séduits. Cuisine régionale aux saveurs méditerranéennes, et particulièrement hellènes, flatte les papilles. Pour parfaire le tout, piscine et terrasse avec belle vue sur les environs. Une adresse qui fait honneur à ce pays de cocagne !

DANS LES ENVIRONS DE PUYLAURENS

Angolaine : *81700* ***Ardialle.*** *☎ 05-63-70-21-99. 06-88-33-56-63. • angolaine.net • À 4,5 km env de Puylaurens (bien fléché). Juil-août, mar et jeu ap-m, visite guidée à 15h sur rdv ; hors saison, sur rdv également. Entrée : 3,50 € ; 3 € moins de 12 ans.* Si la chèvre angora donne le mohair, la laine angora vient du lapin. On peut visiter cet élevage en compagnie d'Isabelle, et même brosser les lapins pour récupérer les délicates fibres (ben oui, un lapin, ça ne se tond pas) avant d'apprendre comment on arrive à faire une laine à la fois chaude, douce et solide à partir de ces poils super fins. On vous parlera aussi des autres fibres (végétales, artificielles et synthétiques). Cette exploitation a intégré la filière bio et propose des articles en teinture végétale, en vente à la boutique (pulls, écharpes, etc.).

➢ Et aussi un *jardin botanique* de plantes colorantes *(tlj sur rdv). Entrée (brochure explicative fournie) : 3,50 € ; gratuit moins de 12 ans.*

– ***Le Cri de Tarzan :*** *à 5 km de Puylaurens. ☎ 05-63-70-81-44. • info@lecridetarzan.com • À la sortie de Puylaurens en direction de Toulouse, fléché depuis le feu. Juin-août, tlj 9h-19h ; le reste de l'année, mer, w-e, vac scol et j. fériés 10h-18h. Fermé de mi-nov à mi-fév. Tarifs : 10-20 € (enfant à partir de 2 ans); tarif famille à partir de 5 pers.* Dans une forêt de chênes de 4 ha, plus de 130 jeux suspendus (passerelles, filets, lianes, ponts de singe, etc.) et 13 parcours pour que petits et grands se prennent pour Tarzan. Possibilité de passer la nuit dans des cabanes dans les arbres *(90-120 € pour 2 pers, petit déj compris ; dîner 15 €) ou dans des chalets en bois (6 pers maxi).* Aire de pique-nique, snack sur place.

MAZAMET ET LA MONTAGNE NOIRE

MAZAMET

(81200) 10 557 hab. *Carte Tarn, C4*

Située à moins de 20 km de Castres, Mazamet en dépend assez peu. Sans vestiges historiques ni monuments très remarquables, son histoire reste à liée à celle du village de Hautpoul et au catharisme. La ville doit aussi son renom à l'industrie du délainage, créée et développée au XIXe s. Il en résulte un paysage industriel particulier, surtout aux abords de la nationale. Mais le centre-ville, en retrait, vit à un rythme provincial calme et dans une ambiance de gros village fleuri. Enfin, retenons que le champion cycliste Laurent Jalabert, enfant du pays, s'est formé les mollets dans cette belle région dominée au sud par la Montagne Noire...

Arriver – Quitter

Gare ferroviaire : *av. Charles-Sabatié.* Trains pour Toulouse et Castres.

Gare routière : *pl. Maréchal-Joffre. À proximité de la poste.*

Adresses et infos utiles

Office de tourisme : *maison des Mémoires, rue des Casernes. ☎ 05-63-61-27-07. • tourisme-mazamet.com • Avr-juin et sept-oct,* *lun-sam 10h-12h et 14h-18h ; juil-août, lun-sam 9h30-12h, 14h-18h et dim 14h30-18h30 (ouv dim mat 14 juil-15 août) ; le reste de l'année, tlj sf dim et jeu 10h-12h, 14h-18h. Fermé certains j. fériés.* Très compétent. Toutes les infos sur les horaires de bus. Topoguides ou fiches (en vente) pour randonner dans le coin. Expos temporaires également.

■ ***Transport pour l'aéroport Toulouse-Blagnac :*** ***Inter Ligne,*** *☎ 05-34-50-89-00.*

■ ***Location de VTT :*** ***2 x 2 Roues,*** *au départ de la voie verte, rond-point La Richarde, 81660* ***Bout-du-Pont-de-l'Arn.*** *☎ 05-63-97-16-27. À 2 km du centre-ville, direction Béziers. Ainsi qu'au centre commercial Leclerc.*

– ***Marchés :*** *mar, sam et dim mat dans le centre-ville.*

– ***Marchés au gras :*** *dim mat fin nov-début mars, sq. Tournier.* Les plus importants ont lieu en décembre.

– ***Marchés de producteurs de pays :*** *juil-août, lun soir.* Le plus important du Tarn.

Où dormir ? Où manger à Mazamet et dans les environs ?

Camping

⛺ ***Camping municipal de la Lauze :*** *chemin de la Lauze. ☎ 05-63-61-24-69. 📱 06-23-69-70-82. • contact@camping-mazamet.com • camping-mazamet.com • ♿ À 2 km du centre-ville, direction Béziers ; fléché à partir du centre. Mai-sept. Forfait 14-16 € comprenant l'accès à la piscine et aux courts de tennis situés à proximité ; mobile homes tte l'année 300-500 €/sem selon saison et capacité (4-6 pers). Prix caravanes : 98-112 €/sem. 48 empl.* Près de 50 emplacements dans un beau parc. Assez confortable et ombragé. Piscine. Les GR 7 et 36 passent dans le coin.

De bon marché à prix moyens

🏠 ***Le Boulevard :*** *24, bd Soult. ☎ 05-63-61-16-08. • leboulevardsarlfargues@orange.fr • hotel-restaurant-mazamet.com • Congés : 25-31 déc. Doubles 54-60 €, 1 ou 2 lits ; familiale 75 €.* Au centre-ville, sympathique petit hôtel d'une quinzaine de chambres, tenu par un couple qui lui donne un souffle nouveau. Salles de bains restaurées, chambres rafraîchies. Celles qui donnent à l'arrière sont forcément plus calmes. Néanmoins, côté boulevard, elles sont équipées de double vitrage et la circulation se calme vite en soirée. À noter que certaines ne sont pas bien grandes. Une adresse pratique pour ceux qui ont besoin d'une chambre en ville. Fait aussi resto.

🍽🍷 ***La Taverne d'Hautpoul :*** *chez* ***Maria Calamote.*** *☎ 05-63-97-00-86. Tlj juin-nov 10h-23h, sinon sur résa. Repas 15-20 € env. Café offert sur présentation de ce guide.* Après avoir grimpé au sommet du village cathare d'Hautpoul, vous serez bien content de ne pas avoir à redescendre sur Mazamet si par mégarde la faim se faisait sentir. Cette adresse toute simple où vous serez accueilli avec dévouement et gentillesse saura bien vous dépanner. Vous pourrez aussi y boire un verre en terrasse. Spécialités portugaises sur réservation.

🍽 ***Le Grand Balcon :*** *sq. Gaston-Tournier. ☎ 05-63-61-01-02. ♿ Tlj sf dim. Formules déj à partir de 9,90 €, puis 11-27 €. Apéritif offert sur présentation de ce guide.* Une grande brasserie mazamétaine composée de 3 salles modernes qui s'harmonisent avec la cuisine proposée. Service dynamique et souriant. Une agréable adresse dans ce lieu mythique où ont fait halte Fernandel, Montand, Brassens, Brel, le général de Gaulle, Claude François...

Chic

🏠 ***Chambres d'hôtes Les Jardins de Mazamet :*** *6, rue Henri-Gardet. ☎ 05-63-61-26-97. • contact@*

jardinsdemazamet.fr • jardinsdemazamet.fr • ♿ En plein centre, juste derrière l'office de tourisme. Compter 93-125 € pour 2 selon chambre et 30 € pour la 3e pers. Table d'hôtes 29 € (tt compris) sur résa. Une belle maison de ville avec jardin et piscine accueillant les voyageurs recherchant charme et confort. Les chambres thématiques (et desservies par un ascenseur !) sont meublées au goût du jour, dans un esprit « déco ». Le confort est optimum et l'accueil épatant. Excellent petit déjeuner. Pour parfaire le séjour, un espace bien-être avec salle de fitness, sauna, hammam et jacuzzi.

À voir à Mazamet et dans les environs

Le musée du Catharisme : *la maison des Mémoires de Mazamet, rue des Casernes (dans l'enceinte de l'office de tourisme). ☎ 05-63-61-56-56. • maison-memoires.com • ♿ Juil-août : en sem, 10h-12h et 14h-18h ; le w-e et j. fériés 14h30-18h30 (possibilité de visite guidée) ; avr-juin et sept-oct, mar-sam 10h-12h et 14h. Se renseigner le reste de l'année. Entrée : 3 € (4 € avec visite guidée) ; réduc.*
Au rez-de-chaussée, deux salons représentatifs d'une maison bourgeoise mazamétaine du XIXe s (accès libre).
Au 1er étage, musée du Catharisme, à partir des traces laissées dans le village d'Hautpoul. Ambiances sonores et courtes vidéos. On retrouve la vie quotidienne des cathares pendant trois siècles, au rythme de la société féodale, de la croisade et des persécutions dont ils furent victimes.

La ville : il existe deux sentiers pédestres « Au fil de la laine », qui permettent de découvrir l'histoire et l'architecture de la ville du XIXe s. Un 3e circuit semi-urbain offre une promenade « au fil de l'eau ». Demander les petites brochures (payantes) à l'office de tourisme. Sinon, allez jeter un coup d'œil au ***temple Saint-Jacques,*** une ancienne église édifiée en 1522, qui servit de prison lors des conflits entre catholiques et protestants au XVIe s. On retiendra le clocher d'origine.

Hautpoul *(81200) : prendre la direction Pradelles-Cabardes ; dans le hameau de Castaunouze, bifurquer à droite (fléché). On peut aussi y accéder par la D 118, direction Carcassonne (sf pour les camping-cars).*
Joli petit village perché qui fut à l'origine de Mazamet. Charmantes ruelles (très !) pentues et maisons fleuries. Mais vous ne regretterez pas l'ascension car, du promontoire, on découvre une superbe vue sur Mazamet et ses environs.
Depuis quelques années, Hautpoul s'est réinventé une tradition artisanale. Quelques artisans se sont installés dans le village pour y travailler le bois, abondant dans la région. Dans les boutiques, on trouve de fort beaux jeux en bois, mais aussi des objets de la vie quotidienne : boîtes, articles de bureau, lampes... qui témoignent d'un réel souci de qualité et de créativité. Un très joli jardin médiéval y a été recréé.
– Autour de cette renaissance, deux manifestations intéressantes : le *Festival Optimômes* le dernier week-end de mai (en principe) et les *fêtes médiévales* fin juillet-début août. En été, également, visites guidées du village aux flambeaux (réservation auprès de l'office de tourisme).
– En contrebas du village, ruines d'une église, qui date du Xe s.
Pour se restaurer au cœur du village, il existe un resto (voir « Où dormir ? Où manger à Mazamet et dans les environs ? De bon marché à prix moyens »).

La maison du Bois et du Jouet : *au lieu-dit* ***Moulin-de-l'Oule,*** *à 4 km de Mazamet par la D 54 (fléché depuis Mazamet). ☎ 05-63-61-42-70. • hautpoul.org • ♿ (accès partiel). Tte l'année 14h-18h et juil-août 19h (ouv le mat sur résa). Fermé 1er mai, 25 déc et 1er janv. Entrée : 6 € (musée et salle de jeux) ; 4 € pour les 4-14 ans ; tarifs réduits 5 €/pers et 3,50 €/enfant sur présentation de ce guide.*
Vous découvrirez les richesses naturelles de la Montagne Noire et l'importance de

la filière bois dans la région (expos et jeux sur les essences de bois, les arbres et les arbustes de la forêt, l'exploitation forestière, les métiers du bois, etc.). Petite histoire pour enfants mettant en scène les êtres de légende qui peuplent la forêt. Malgré une présentation « à l'ancienne », cet espace reste éminemment ludique et pédagogique. Plusieurs vitrines avec des jouets d'antan et une collection de 31 maisons de poupée. Le clou de la visite reste la grande salle de jeux, où l'on vient s'éclater en famille et redécouvrir les joies des jeux traditionnels et de société : des billards comme vous n'en avez jamais vus... En extérieur, aménagement de l'arboretum, le « bois des contes » et le « bois des fables » ainsi que les nichoirs à oiseaux et insectes pour découvrir les contes de notre enfance sous forme de jeu de piste. Propose des ateliers d'initiation au travail du bois *(vac scol)*. À Noël, exposition intérieure et extérieure de décors.

Manifestations

– ***Les Floriales :*** *1 w-e mi-avr.* Conférences, jardins éphémères au jardin des promenades, défilés robes en fleurs, troc plantes...
– ***Les jeudis en ville :*** *en été.* Avec animations musicales.
– ***Le festival de Fanfare :*** *4 j. la 2e sem de juil.* Parades en centre ville, concerts sur trois jours.
– ***La Cyclosportive Jalabert :*** *3e dim d'août.* Course cycliste.

LA MONTAGNE NOIRE

Immédiatement au sud de Mazamet, et sur plus de 40 km (d'ouest en est), s'élève la Montagne Noire, comprise dans le parc naturel régional du Haut-Languedoc. On se trouve aux confins du Tarn, dans une région riche en promenades, randos, activités sportives et touristiques diverses... Nous avons divisé ce secteur en deux parties : d'une part, le sud et l'est de Mazamet (où se trouve le point culminant de la Montagne Noire) ; d'autre part, l'ouest jusqu'à Sorèze, zone où le relief s'adoucit régulièrement en partant de Mazamet...

LA MONTAGNE NOIRE À L'OUEST DE MAZAMET

DOURGNE (81110) 1 348 hab. *Carte Tarn, B4*

Un village détruit par Simon de Montfort au XIIIe s pendant la croisade contre les albigeois et reconstruit en bastide par le roi Philippe le Bel en 1303.
Voir l'*église* du XVIe s. Sur le côté, portail en anse de panier bien usé. De l'entrée en façade, on accède à la nef en contrebas. Bénitier au milieu, contrairement à l'habitude. Sur la place, fontaine monumentale. Dourgne compte aussi deux *abbayes* jumelles de 1890, *Saint-Benoît-d'En-Calcat* et *Sainte-Scholastique* (saint Benoît et sainte Scholastique étaient eux aussi jumeaux !). La première abrite une soixantaine de moines, la deuxième, près de 70 bénédictines. Elles ne se visitent pas, mais vous aurez peut-être la chance d'entendre de superbes chants grégoriens lors des offices

à l'abbaye d'En-Calcat. Possibilité de découvrir leur production monastique dans leurs boutiques.

Où dormir ? Où manger ?

De bon marché à prix moyens

Hôtel-restaurant de la Montagne Noire : _15, pl. des Promenades. ☎ 05-63-50-31-12. • hotel.restaurant.montagne.noire@wanadoo.fr • Resto fermé dim soir et lun. Congés : 2 sem fin août-début sept. Double 64 €. Menu 16,50 €, puis 25,50-35 €._ Sur cette longue place de village, ombragée par de grands platanes, une agréable terrasse, où vous verrez débarquer une cuisine d'inspiration régionale, inventive et savoureuse. Plats goûteux, généreusement servis. Beaux desserts. Une petite dizaine de chambres classiques et de tenue très correcte.

Où acheter de la bonne charcuterie ?

Ferme de la Bonicarde : _La Bonicarde, 81290 **Viviers-lès-Montagnes.** ☎ 05-63-74-77-95. Sur la route qui relie Viviers-lès-Montagnes à Verdalle (fléché). Boutique : ven et sam 9h-12h, 14h-19h ; dim 10h-12h._ D'excellentes charcuteries sèches et fraîches, à partir de porcs élevés en plein air, sur l'exploitation : melsat, pâté aux châtaignes, mousse de foie au roquefort, jarret aux noix, etc. Ni colorant ni conservateur, que du naturel ! Également des conserves.

À faire

– **_La Ferme d'En Gout :_** _route de Saint-Avit. ☎ 05-63-50-13-23. • contact@roulottes-engout.com • Résa indispensable._ Propose plusieurs activités très sympas. Des randonnées avec un âne bâté qui porte les sacs et les enfants de moins de 30 kg _(selon saison, 42-55 €/j. pour un âne),_ organisées autour de circuits à thème (les pigeonniers, le petit patrimoine, randonnées botaniques etc.). Séjours à la carte, sur devis personnalisés, avec les ânes, avec nuit en chambre d'hôtes, camping, hôtel. Également des balades de plusieurs jours à une semaine en roulotte tirée par un cheval de trait : pas beaucoup plus cher qu'un gîte, et on change d'environnement tous les jours. Également des balades d'une journée en chariot bâché avec un animateur _(249-309 €/j. pour 15 pers selon saison)._ Grand professionnalisme de Florence et Jean-Luc.

– **_Éveil-Ânes :_** _Frédérique Eveillard, La Pouzaque 81110 **Verdalle.** 06-14-12-60-48. • eveil-anes.fr • Avr-oct._ Propose là encore des balades à dos d'âne (1h, demi-journée, journée ou sur plusieurs jours ; à partir de 12 €) ; le centre pratique également la « médiation animale » en faisant découvrir le monde des ânes et le bien-être qu'ils peuvent apporter à chacun.

SORÈZE

(81540) 2 750 hab. _Carte Tarn, B4_

À 35 km au sud-ouest de Mazamet. Un pittoresque petit village et une réjouissante balade dans l'histoire, au long de charmantes ruelles médiévales bordées de belles demeures restaurées. Sorèze fut le siège d'une abbaye des

bénédictins de Saint-Maur, fondé par Pépin le Bref, puis d'une importante école royale militaire et enfin d'un collège dominicain qui accueillait de nombreux étudiants étrangers. Aujourd'hui, au cœur du village, de nombreux artistes (peintres, sculpteurs, etc.) trouvent l'inspiration et ouvrent leurs ateliers à la visite.

Adresse utile

ℹ ***Office de tourisme intercommunal « Aux sources du Canal du Midi » :*** *Tour Ronde, 3, rue Pierre-Fabre. ☎ 05-63-74-16-28. • auxsourcesducanaldumidi.com • Ouv tlj 9h30-12h30, 14h-18h (sf dim nov-mars).* Plan gratuit du parcours-découverte de la cité à disposition (une trentaine de panneaux au total).

Où dormir ? Où manger ?

Camping

⛺ ***Camping Saint-Martin :*** *rue du 19-Mars-1962. ☎ 05-63-50-20-19. • campingssaintmartin@gmail.com • campingsaintmartin.com • À 150 m env derrière la mairie (prendre la rue qui longe le bâtiment sur la droite). Ouv avr-sept. Compter 14,30-18 € selon saison ; mobile homes, lodges, roulottes (4 pers) et chalets (6 pers) 342-700 €/sem selon saison.* Camping de taille modeste (une cinquantaine d'emplacements), aux portes du village, dans un environnement calme, verdoyant et ombragé par de beaux tilleuls. Piscine. Bar-snack. Terrain de volley, tennis. Un camping bien tenu et pas mal du tout.

De bon marché à prix moyens

Chambres d'hôtes Le Moulin du Chapitre : *moulin du Chapitre. ☎ 05-63-74-18-18. • moulin.chapitre@wanadoo.fr • moulinduchapitre.com • À 2 km env de Sorèze ; prendre la direction de Revel ; fléché sur la gauche à la sortie du village. Ouv tte l'année. Compter 46-56 € pour 2 pers, 91 € pour 4. Également un gîte pour 3 pers. 10 % de réduc sur le prix de la chambre à partir de 3 j. hors saison, sur présentation de ce guide.* Véronique et Bernard vous accueillent dans un ancien moulin construit jadis par les moines de l'abbaye, et patiné aujourd'hui par le poids des années. Le système hydraulique a été conservé et donne un charme indéniable. À l'extérieur, les attraits ne sont pas moindres : petite terrasse au bord de l'eau où l'on peut prendre son petit déj en compagnie des canards qui barbotent. Les chambres les moins chères se partagent une salle de bains. Cuisine à disposition. Excellent accueil de ce couple à la fibre artistique. Propose des activités pour laisser s'exprimer toute la créativité qui se cache en nous.

De prix moyens à plus chic

Hôtellerie et spa Abbaye-école : *rue Lacordaire. ☎ 05-63-74-44-80. • contact.soreze@hotels-patrimoine.fr • abbaye-soreze.fr • ♿ Resto tlj sf dim soir ; résa recommandée. Au* Pavillon des Hôtes, *doubles 59-85 €, familiales 75-95 € ; au* Logis des Pères, *doubles 79-139 €, familiales 89-159 € ; petit déj 14 €. Formule déj 15 € ; menus 21-35 € ; carte 30-44 €. Parking gratuit. Café offert sur présentation de ce guide.* Deux hôtels en un ! D'un côté, le *Pavillon des Hôtes* avec des chambres d'un confort 2-étoiles tout à fait correct, qui permettent de loger à moindre coût dans ce bâtiment aussi historique que magnifique. De l'autre, le *Logis des Pères,* classé 3-étoiles. Les anciennes cellules des pères dominicains ont été magnifiquement arrangées tout en préservant l'atmosphère monacale, à la fois austère et charmante. Au resto, cuisine aux accents régionaux. Petit déjeuner-buffet, mettant là aussi le terroir à l'honneur. Pour parfaire le séjour, piscine couverte chauffée, sauna. Accueil professionnel mais en aucun cas guindé...

Le Tournesol : *26, rue du Maquis. ☎ 05-63-74-11-10. ● info@restaurant-tournesol.com ● Près de la pl. du vieux village. Tlj sf lun soir et mar. Congés : janv. Menus 17 € (déj en sem), puis 27-48 €.* Intérieur avec deux salles à l'atmosphère rustique et élégante, une verrière et salons privés. Terrasse à l'arrière. Une adresse constante en plein centre-ville, où l'on est assuré de faire un bon repas. Les spécialités de la maison : le cassoulet et le confit de canard, à déguster tout en contemplant peintures et sculptures d'artistes locaux.

Où dormir ? Où manger dans les environs ?

De bon marché à prix moyens

Gîte d'étape et chambres d'hôtes Les Sentiers du Lac : *13, rue Auguste-de-Paleville, 81540* ***Sorèze.*** *☎ 05-62-18-03-77. 06-22-00-19-77. ● contact@les-sentiers-du-lac.fr ● les-sentiers-du-lac.fr ● À 5 km env de Sorèze ; direction lac de Saint-Ferréol ; arrivé au lac, direction Les Cammazes, puis, env 500 m plus loin, tourner à gauche au panneau « Lotissement Bonnafous-Pallard ». Ouv tlj. Pour 2 pers, compter 48 € en formule gîte (avec sdb ; petit déj 11 €) et 80 € en chambre d'hôtes. Menus 18-25 € (boissons comprises). CB acceptées. Sur présentation de ce guide, une séance de hammam ou de jacuzzi offerte.* Dans un écobâtiment récent (structure en bois, toit minéral) situé à la lisière de la forêt, des chambres assez étroites mais agréables et à l'atmosphère quelque peu nordique. Cuisine à disposition. Hammam, jacuzzi (avec supplément), piscine couverte et chauffée toute l'année et espace fitness. Très bien pour un séjour nature. L'endroit est parfois réservé pour des séminaires.

Le salon de Vauban : *1, chemin d'en Bosc, 81540* ***Les Cammazes.*** *☎ 05-63-74-26-34. ● lesalondevauban@gmail.com ● lesalondevauban.fr ● À 9 km env de Sorèze ; prendre la direction de Revel, puis Les Cammazes. En été, tlj sf mar 11h-19h ; fermé mar-jeu le reste de l'année. Assiette autour de 20 € ; repas env 15-40 €. Mignardises accompagnant le café offertes sur présentation de ce guide.* Un salon de thé et de lecture, à l'atmosphère reposante. Monique prépare des assiettes gourmandes, aux belles saveurs, à partir de produits du coin qu'elle a elle-même sélectionnés. La priorité est donnée aux produits bio. Comme elle est seule en cuisine et que tout est préparé minute, une galerie d'art vous attend au 1er étage pour patienter intelligemment. Gâteaux faits maison. Accueil franc et sincère. Une adresse pour faire le plein d'énergie positive. À 50 m de là, ne pas manquer de jeter un coup d'œil à la voûte de Vauban, construite pour améliorer l'alimentation en eau du canal du Midi.

De chic à plus chic

Le Château de Garrevaques : *81700* ***Garrevaques.*** *☎ 05-63-75-04-54. ● contact@garrevaques.com ● garrevaques.com ● À 10 km env de Sorèze. Tte l'année. Résa obligatoire. Doubles 110-250 € selon standing et saison ; parfois des promos intéressantes sur le site ; petit déj 14 €. Menus-carte 25-45 €.* Un vaste domaine de 7 ha qui a fière allure avec son superbe château reconstruit au début du XXIe s et qui appartient à la même famille depuis 16 générations. À l'intérieur, 5 chambres de charme, admirablement meublées. Dans le salon, les murs sont couverts de grisailles de Zuber, de véritables œuvres de collection ! Un peu à l'écart, le *Pavillon du Château* propose une quinzaine de chambres spacieuses et dotées de grands lits *king size.* Elles ont été restaurées dans un esprit contemporain et sur le thème du voyage. Il faut dire que Marie-Christine, ancienne hôtesse de l'air, n'a pas ménagé sa peine pour rapporter de nombreux meubles et objets de ses voyages lointains : soie de Bangkok, bois laqué du Vietnam, etc. Resto avec terrasse au bord d'un bosquet où l'on déguste une cuisine régionale revisitée. Piscine. Spa très bien équipé, hammam et de nombreux soins pour le corps.

Où boire un verre ?

Restaurant-pub Saint-Martin : *4, rue Saint-Martin. ☎ 05-63-50-85-93. • stmartin3@orange.fr • En face de l'Abbaye-école. Tous les midis, soir ven-sam. Congés : de mi-déc à début janv.* Ancienne demeure, haute de plafond, avec murs de pierres sèches et poutres bleues. Fait également resto.

À voir. À faire

Flâner le long de la ***rue du Maquis*** et des ruelles environnantes pour leurs pittoresques demeures à pan de bois et en encorbellement. Au nº 11, rue du Maquis, *Au Pain d'Antan* fabrique un bon pain au feu de bois (fermé lundi). ***Rue Lacordaire,*** jolies maisons aussi.

Le clocher Saint-Martin : *possibilité de grimper au sommet. Rens à l'office de tourisme. Tarif : 2 € ; gratuit moins de 12 ans.* Imposant vestige de l'ancienne église du XVe s, détruite lors des guerres de Religion. De forme octogonale, avec créneaux et mâchicoulis. Abside du chœur en voûte d'ogives retombant sur d'exquis petits chapiteaux. Baies étroites flamboyantes.

Le musée du Verre : *42, allées de la Libération. ☎ 05-63-37-52-66. Juil-sept, tlj sf mar 14h30-18h30 ; le reste de l'année, w-e 14h-18h. Jeu pour les groupes sur résa. Tarif : 3 € ; réduc.* Petit musée qui expose près de 1 600 pièces de verre. Nombre d'entre elles ont été produites par les verreries forestières du Languedoc entre 1450 et 1850. Quelques pièces également de l'époque gallo-romaine.

L'Abbaye-école de Sorèze / Musée Dom Robert et de la tapisserie du XXe siècle : *rue Saint-Martin. ☎ 05-63-50-86-38. • abbayeecoledesoreze.com • À côté du clocher Saint-Martin. Avr-sept, tlj sf 1er mai 10h-12h30, 14h-18h ; le reste de l'année, tlj 14h-17h30. Fermé mar sf juill-août. Fermé vac scol de Noël et janv. Tarifs pour les 2 musées : 7 €, réduc 5 €, gratuit moins de 12 ans (audioguide pour 3 €), visite min 2h. Sur résa slt, visite guidée (on visite en plus le parc) et visites pédagogiques destinées aux enfants.*

Ce fut, sous Louis XVI, l'une des douze écoles royales militaires de France, titre qu'elle perdit pendant la Révolution. Dès le XVIIIe s, elle accueillit des élèves du monde entier. Au milieu du XIXe s, reprise en main par le père Henri-Dominique Lacordaire, restaurateur de l'ordre dominicain en France, elle devient une école privée dominicaine ; elle le restera jusqu'en 1978. L'enseignement y était strict mais se voulait novateur. Ce n'est qu'en 1991 qu'elle ferma ses portes ! Très bien fréquentée, des généraux Marbot et Caffarelli à Julien Lepers, en passant par les chanteurs Claude Nougaro, Hugues Auffray et les jumeaux Bogdanoff (Igor et Grichka, bien sûr !).

Aujourd'hui, c'est un espace restauré où chaque pièce et chaque mur conservent les rires, les joies et les pleurs des 20 000 élèves qui ont posé leurs fesses sur les bancs de l'école. La façade XVIIIe s, visible dans la cour des Rouges, est d'ailleurs couverte de « tags » version XIXe s ! Dans le hall d'accueil, maquette présentant les grandes lignes de l'histoire du lieu. Une vitrine expose de manière chronologique les uniformes des élèves. Plus loin, la salle des gardes (ou des pas perdus) dans laquelle les élèves se réunissaient pour échanger et se distraire.

L'une des plus belles et prestigieuses salles est la *salle des Illustres*. Entre ces quatre murs, les élèves les plus brillants recevaient les félicitations selon un protocole dont les grandes universités américaines se sont inspirées par la suite... Remarquablement restaurée, elle abrite les bustes des élèves les plus célèbres. Signalons tout de même un intrus : celui de Simon Bolívar (un des rares qui placèrent l'art militaire au service de la liberté). Ce dernier n'est venu ici qu'en simple hôte. Levez le nez jusqu'au plafond pour admirer les couleurs de la République, censées insuffler un élan patriotique aux jeunes esprits. Sur l'un des murs, la devise de l'école : « Religioni, Scientis, Artibus et Azmis ». Plus loin, la chapelle restaurée à l'identique. Notez son dôme à l'influence byzantine, au niveau duquel on peut observer Dieu tenant le livre de la Création. C'est ici que reposa Lacordaire jusqu'en 1991.
Au 1er étage, visite émouvante des anciennes chambres spartiates des élèves. Il s'agit en fait d'une restitution, mais l'atmosphère est parfaitement reproduite et très touchante. La visite s'achève par les appartements de Lacordaire.
Depuis peu l'abbaye abrite aussi un musée consacré aux tapisseries de Dom Robert et à la tapisserie moderne du XXe s. Moine à l'abbaye d'En Calcat, voisine de Sorèze, Dom Robert se tourne vers l'art de la tapisserie dès 1941 et crée des pièces monumentales dont la poésie est puisée dans la nature. Du dessin préparatoire à la tapisserie, le musée rend aussi hommage au savoir-faire des lissiers d'Aubusson, classé par l'UNESCO depuis 2009.
– L'abbaye-école propose également des expos temporaires et, en juillet, un festival « Musiques des Lumières » (voir « Manifestation » ci-après).
Après la visite, ne manquez pas d'aller admirer la longue liste des élèves de l'ancienne abbaye-école, accrochée sur le mur du couloir (passer par la réception de l'*Hôtellerie de l'Abbaye-école*). En tout, près de 23 000 noms sont répertoriés, de 1682 jusqu'à 1991. Amusant, impressionnant et... émouvant. Avec un peu de perspicacité, vous trouverez probablement des noms qui vous disent quelque chose.

Manifestation

– ***Festival Musiques des Lumières :*** *en juil. Rens et résas à l'Abbaye-école, voir ci-dessus.* Une série de représentations et concerts payants (musique baroque, récitals, opéra, symphonique, etc.) au cœur de l'abbaye. Programmation de grande qualité.

LA MONTAGNE NOIRE AU SUD ET À L'EST DE MAZAMET

Où dormir ? Où manger ?

Camping

⛺ ***Camping de l'Estap :*** *81240* ***Albine.*** *☎ 05-63-98-34-74. 📱 06-06-60-57-22. • campinglestap@orange.fr • campinglestap.com • ♿ À 15 km de Mazamet ; bien fléché depuis le village. Ouv avr-oct. Forfait 2 adultes 10-20 € selon saison. 6 mobile homes (4-6 pers) 185-640€/sem. Tarif w-e (ven soir, sam, départ dim 14h) à partir de 60 €. 36 empl.* 📶 En pleine nature et au calme, un chouette camping familial d'une quarantaine d'emplacements, à deux pas d'un lac où l'on peut pêcher des truites peu farouches. Piscine. Plein d'activités sportives à faire dans le coin (canoë, randonnée à cheval, spéléologie, etc.) et un accueil formidable.

Prix moyens

🏠 🍴 ***Auberge de la Souque :*** *lieu-dit La Souque, 81260* ***Anglès.***

☎ 05-63-50-83-52. • aubergedelasouque@orange.fr • aubergedelasouque.com • À 16 km au nord de Labastide-Rouairoux. Resto fermé mar et dim soir. Double 50 € (avec ou sans sdb), petit déj compris. Formule déj en sem 15 €. Menus 20-30 €. Il est prudent de tél pour réserver. Café offert sur présentation de ce guide. Cette auberge perdue au milieu de nulle part (mais finalement assez proche de tout) s'avère un excellent point de chute. L'accueil souriant, la cuisine fraîche et maison, les chambres à prix doux sont évidemment d'excellents atouts.

À voir

Le musée départemental du Textile : *81270* ***Labastide-Rouairoux.*** *☎ 05-63-98-08-60. • musee-textile.tarn.fr • Juil-août, tlj 10h-12h30 et 14h-19h ; mai-juin et sept-oct, tlj sf mar 10h-12h et 14h-18h ; mars-avr et de nov à mi-déc, mer-dim 14h-17h. Fermé de mi-déc à fév. Entrée : 5 € ; gratuit moins de 18 ans ; réduc. Visite guidée slt, effectuée parfois par des anciens du métier (compter 1h30-2h). Propose des ateliers créatifs pour les enfants et des stages pour adultes (tissage, teinture, soie, pastel, etc. ; sur résa) pour petits et grands (tarifs : 3 € l'atelier, 35 € la journée).*
Un coup de cœur que ce super petit musée industriel (encore un ! c'est la spécialité locale) qui présente toutes les étapes de la création d'un tissu (32 en tout). L'usine, déjà, est superbe. Ouverte en 1860, son activité cesse en 1967. Ce musée, joliment scénographié, lui redonne vie. La visite commence par la salle de filature. Suit celle de la teinture. Ensuite, c'est l'étape du tissage avec la salle des métiers dans laquelle sont exposées d'impressionnantes machines qui fonctionnent encore. Puis ce sont les apprêts (la finition). La visite, ponctuée par de nombreuses démonstrations, s'avère vivante et passionnante.
Le 1er étage est consacré au travail de la maille : vidéos, différents objets relatifs au tricotage, remarquable série de registres dont les plus anciens datent de la fin du XIXe s et dans lesquels sont soigneusement consignés des bouts d'étoffes de centaines de collections. La visite s'achève par un zoom sur les nouvelles matières textiles et les nouvelles technologies.
Également des expos temporaires axées sur... le textile, bien évidemment, la mode et la création.

Le pic de Nore : point culminant de la Montagne Noire (1 209 m), à 23 km au sud de Mazamet par la D 54. Le belvédère offre une vue imprenable sur le Carcassonnais et les Pyrénées.

La cascade de Cubserviès : *suivre la route de Carcassonne sur 10 km, prendre ensuite la D 109 à gauche sur 8 km env, puis la 1re à droite. Accès gratuit.* À l'orée de ce hameau perdu, l'une des plus hautes cascades d'Europe : 90 m. Moins bruyante tout de même que les chutes du Niagara...

Le gouffre géant de Cabrespine : *☎ 04-68-26-14-22. • grottes-de-france.com • Prendre au sud la D 54 jusqu'à Pradelles (10 km), puis la D 112 jusqu'à Cabrespine (15 km). Ouv du 1er jour des vac de fév au 10 déc : juil-août, tlj 10h-18h (dernier départ) ; avr-juin et sept-oct, tlj, départs à 10h30, 11h30, puis ttes les heures 14h30-17h30 ; fév-mars et nov-déc, visite libre avec système interactif 14h-17h30. Tarifs : 9,90 € ; 6,20 € pour les 5-12 ans.* Gouffre de 250 m. Depuis les Balcons du Diable, vue impressionnante sur le néant du gouffre. Visite guidée de 45 mn ou possibilité d'en explorer pendant 3h les entrailles avec le safari spéléo.

Le lac et la base de loisirs des Montagnès : *à 8 km de Mazamet, sur la route de Carcassonne.* Un lac de plus de 4 ha dont on peut faire le tour (ça paraît idiot, mais ils sont rares ceux dont les berges sont entretenues et praticables entièrement). Promenade agréable et baignade surveillée (en été). L'accès à la base de

loisirs est gratuit : plage aménagée, jeux pour les enfants, circuits balisés VTT, etc., mais pas de navigation. Beaucoup de monde en été.
Possibilité de se rassasier au restaurant *Les Montagnès,* posé au bord du lac.

CASTRES ET LE SIDOBRE

CASTRES (81100) 44 642 hab. *Carte Tarn, B3*

Avec son alignement de charmantes façades jaunes, vertes, bleues, roses ou beiges, construites au ras de l'eau et s'y reflétant, Castres ne manque pas de charme... Étape sur le chemin de Saint-Jacques-de-Compostelle, Castres se développe au IXe s autour de l'abbaye de saint Benoît. Sous-préfecture du Tarn et ville natale de Jean Jaurès, elle offre bien des trésors, comme ceux de ses musées ou de ses vieux hôtels particuliers, vestiges du XVIIe s.

Arriver – Quitter

En avion : *aéroport Castres-Mazamet, à 6 km de Castres.* ☎ *05-63-70-34-77.* Vols directs pour Paris-Orly et Ajaccio (le sam de fin avr à mi-sept) ; vol le dim soir pour Paris avec *HOP !* Sinon, taxi-bus pour l'aéroport de Toulouse-Blagnac avec ***Éco-Navette*** : ☎ *05-67-33-93-23* ; ou ***Executive Roadlines*** : *06-95-71-08-84.* Pas d'horaires réguliers ; transfert sur demande.

Gare routière – Boutique Tarn Bus *(plan B2)* ***:*** *pl. Soult.* ☎ *05-63-51-25-69.* Dessert Albi, Gaillac, Lavaur, Mazamet, Béziers (l'été), Lacaune, Toulouse. Bus gratuits entre Castres et Mazamet avec *Libellus (plan B2,* ***1****),* voir « Adresses et infos utiles ».

Gare SNCF *(hors plan par A3)* ***:*** *av. Albert-Ier.* ☎ *36-35 (0,34 €/mn).* Trains pour Toulouse (trajet en 1h).

Adresses et infos utiles

Office de tourisme *(plan A2)* ***:*** *2, pl. de la République.* ☎ *05-63-62-63-62.* • *tourisme-castres.fr* • *Juil-août, lun-sam 9h30-18h30, dim et j. fériés 10h30-12h, 14h30-17h ; le reste de l'année, lun-sam, dim et j. fériés l'ap-m ; nov-janv : fermé dim sf manifestation importante.* On vous donne tous les renseignements avec le sourire. Organise des visites guidées en juillet-août *(5 € ; réduc)* et des visites à thèmes hors saison. Guide d'accueil indiquant les principales curiosités de la ville. Jeux de piste pour découvrir Castres de manière ludique et en famille *(2 formules : 2 et 7,50 €).* Fiches de rando dans le coin.
– Le ***Pass Tourisme en ville*** pour les adultes permet la visite libre des *musées Goya, Jaurès,* et de bénéficier de réductions auprès de différents prestataires d'activités culturelles et de loisirs. *Tarif : 6,50 €.*

Transports urbains – Libellus *(plan B2,* ***1****)* ***:*** *3, allée Alphonse-Juin.* ☎ *05-63-71-80-00. Tte l'année : lun-ven 8h30-12h, 13h30-17h. Navette gratuite* ***Libellus Chrono*** *depuis la pl. Gérard-Philipe – grand parking gratuit – (hors plan par B2) jusqu'au centre-ville, lun-sam, 6h45-19h45. Départs ttes les 15 mn (arrêt à la demande sur le parcours).*

Taxis radio : ☎ *05-63-59-99-25.* ***Allô Taxi Castres :*** ☎ *05-81-12-71-27.*

– ***Marché place Jean-Jaurès*** *(plan A-B2)* ***:*** *mar mat et jeu-sam mat, pl. Jean-Jaurès.* Celui du samedi est le plus important. Pendant le festival Les Extravadanses début juillet et pendant

le marché de Noël, le marché est déplacé pl. Soult *(plan B2)*.
– ***Marché couvert de l'Albinque*** *(plan A1)* **:** *pl. Pierre-Fabre, ts les mat (j. fériés compris) sf lun.* Marché alimentaire.
– ***Marché au gras*** *(plan A1)* **:** *quai Tourcaudière, nov-mars, sam mat.*
– ***Marché biologique Noctambio*** *(plan B2)* **:** *pl. Soult, jeu 16h-20h.*
– ***Marché des producteurs de pays*** **:** *pl. Pierre-Fabre, de mi-juin à fin août, mar 18h-22h.*
– ***Dimanche de la Brocante*** *(plan A-B2)* **:** *pl. Jean-Jaurès, 1 fois par trimestre.*

Où dormir ?

Camping

▲ ***Camping de Gourjade*** *(hors plan par B1,* ***10****)* **:** *sur la route de Roquecourbe. ☎ 05-63-59-33-51. 📱 06-26-75-79-02. • contact@campingdegourjade.net • campingdegourjade.net • ♿ Dans le parc de loisirs de Gourjade, au nord de la ville. Bus n° 3 depuis le centre-ville (gratuit) ; arrêt « Gourjade ». Ouv avr-sept. Près de 11,50-15,50 € selon saison ; bungalows toilés et mobile homes 290-520 €/sem selon saison. Caravanes 98-126 €/sem. 100 empl.* Un 3-étoiles très propre et parfaitement ombragé. Essayez d'avoir un emplacement sur les berges verdoyantes de l'Agout. Golf, pêche et piscine (à tarif préférentiel) à portée de main.

De bon marché à prix moyens

▲ ***Hôtel Rivière*** *(plan B1,* ***11****)* **:** *10, quai Tourcaudière. ☎ 05-63-59-04-53. • hotelriviere@orange.fr • perso.orange.fr/hotelriviere • Fermé dim ap-m. Congés : 2 sem en déc. Doubles 30-58 € selon confort ; familiale 85 €. Petit déj 7 €. Parking payant mais offert sur présentation de ce guide.* Au cœur de la ville, des chambres toutes simples, idéales pour les petits budgets. Les moins chères ont leur w-c sur le palier. Si vous préférez la tranquillité à la vue, évitez les chambres donnant sur le quai, qui peuvent être bruyantes malgré le double vitrage. Réception au 1er étage.

▲ ***Chambres d'hôtes Plein Ciel*** *(hors plan par B1,* ***12****)* **:** *101, chemin des Fontaines. ☎ 05-63-35-60-40. • info@centrepleinciel.com • centrepleinciel.com • À 2,5 km env du centre-ville ; suivre direction Brassac ; après le parc des expos, 3e feu à droite, puis fléché. Compter 22-54 € pour 2 selon saison et confort. Également un dortoir de 4 lits avec sanitaires communs 20-22 €/pers. 💻 10 % de réduc sf juil-août sur présentation de ce guide.* Au bord du chemin des Fontaines qui fait office de voie verte, Evelyne et Pierre proposent 3 chambres simples, spécial petit budget. L'une, située dans un bâtiment indépendant, est très bien en famille, cuisine à disposition. La moins chère a sa salle de bains et les w-c sur le palier. Agréable jardin pour se détendre. Evelyne organise des stages de yoga.

De prix moyens à chic

▲ ***Europe Hôtel*** *(plan A2,* ***13****)* **:** *5, rue Victor-Hugo. ☎ 05-63-59-00-33. • contact@europe-hotel-castres.fr • hotel-europe-castres.fr • Au cœur de la vieille ville. Ouv tte l'année, 24h/24. Double 77 € ; familiale 99 €. Petit déj 11 €. Garage payant. Réduc de 10 % sur la chambre pour une résa directement par tél sur présentation de ce guide.* Très belle maison du XVIIIe s au charme certain, qui propose des chambres thématiques et élégantes, à la literie toute neuve et bien équipées. La plupart rénovées, toutes impeccablement tenues car la direction mène l'établissement avec dynamisme. Petit patio verdoyant qui dégage une atmosphère baroque hispanisante.

▲ ***Hôtel Le Miredames*** *(plan B1,* ***14****)* **:** *1, pl. Roger-Salengro. ☎ 05-63-71-38-18. • hotellemiredames@gmail.com • hotel-le-miredames.com • ♿ Doubles 60-130 € ; triples 80-150 € ; petit déj 11 €. Forfait avantageux au parking en face. Réduc de 10 % sur le petit déj sur présentation de ce guide.* Au

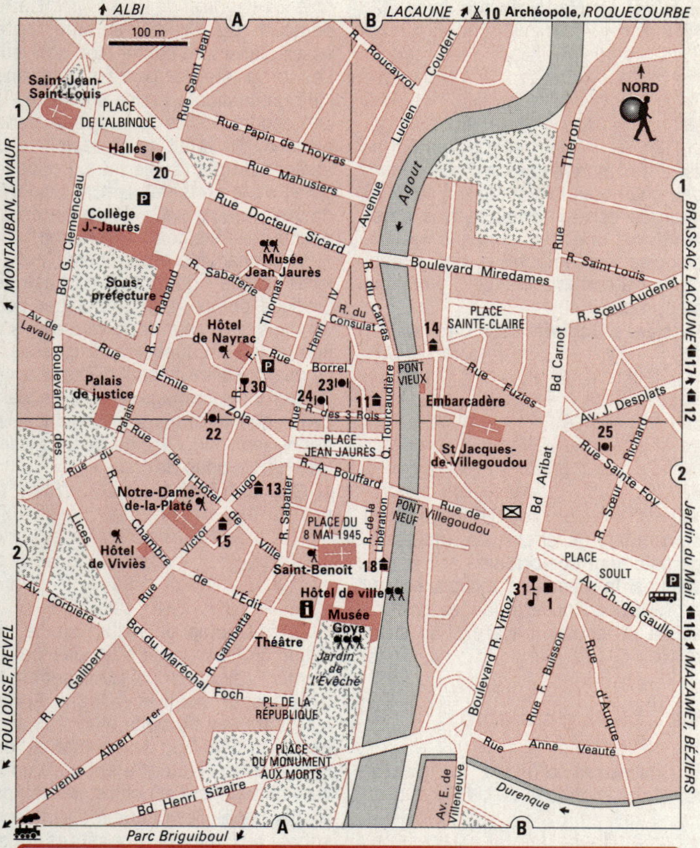

CASTRES

■ **Adresses utiles**

- ℹ Office de tourisme
- 1 Transports urbains – Libellus

Où dormir ?

- 10 Camping de Gourjade
- 11 Hôtel Rivière
- 12 Chambres d'hôtes Plein Ciel
- 13 Europe Hôtel
- 14 Hôtel Le Miredames
- 15 Hôtel La Renaissance
- 16 Hôtel L'Occitan
- 17 Chambres d'hôtes Le Castelet
- 18 Grand Hôtel

Où manger ?

- 20 Resto des Halles
- 22 Comme à la Maison
- 23 L'Eau à la Bouche
- 24 Le Pescadou
- 25 Bistrot Saveurs

Où boire un verre ?
Où écouter de la musique ?

- 30 The Quay
- 31 Le Quartier Latin

bord de l'Agout où peuvent se mirer les dames, en plein centre donc. Récemment rénové et relooké, ce petit 3-étoiles joue la carte de la déco décalée et offre un bon rapport qualité-prix. Accueil décontracté.

Hôtel La Renaissance (plan A2, **15**) : *17, rue Victor-Hugo. ☎ 05-63-59-30-42. • contact@hotel-renaissance.fr • hotel-renaissance.fr • Au cœur de la vieille ville. Doubles 78-190 € selon confort. Petit déj 12 €. Garage payant.* Une réception théâtralisée, des murs en pierre ou en brique, des chambres climatisées, à la déco chargée et aux tonalités très différentes les unes des autres (coloniale, chinoise, contemporaine, etc.). Beau, rigolo ou carrément kitsch, à chacun d'apprécier !

Hôtel L'Occitan (hors plan par B2, **16**) : *201, av. Charles-de-Gaulle. ☎ 05-63-35-34-20. • info@hotel-occitan.com • hotel-restaurant-l-occitan.fr • À 1,5 km env du centre en direction de Mazamet. Doubles 81-93 € selon confort. Petit déj 11 €. Parking. Réduc de 10 % sur présentation de ce guide.* Un hôtel d'une soixantaine de chambres agréables, parfaitement confortables et très prisées par la clientèle d'affaires. Accueil pro. Piscine couverte (accès gratuit), sauna et jacuzzi (payant). Fait aussi resto.

De chic à plus chic

Chambres d'hôtes Le Castelet (hors plan par B1, **17**) : *lieu-dit Le Castelet. ☎ 05-63-35-96-27. • contact@lecastelet.fr • lecastelet.fr • À 7 km env du centre-ville par la D 622 et le chemin de Bel Air. Compter 90-130 € pour 2 selon chambre et saison, 130-180 € pour 3-4 pers (en juil-août, 2 nuits min). Table d'hôtes sur résa 26 € (boissons en sus).* Cette demeure du XVIIIe s, somme toute assez classique, cache bien son jeu. Les propriétaires ont eu la bonne idée de confier la « mise en scène » à une décoratrice et de lui laisser carte blanche. Elle a fait de ce castelet une adresse de grand charme où chaque détail a été pensé et semble évident, naturel, intemporel... Coup de cœur pour la chambre des Herbiers, romantique à souhait. À la table d'hôtes, excellente cuisine « du monde » à base de produits locaux sinon du potager, servie dans une magnifique vaisselle, sur une table somptueusement dressée... Le rêve continue au petit déjeuner avec jambon local, fromage de la ferme, pain perdu, confitures maison, jusqu'au miel butiné maison... Piscine dans le parc de 8 ha. Un coup de cœur.

Grand Hôtel (plan B2, **18**) : *11, rue de la Libération. ☎ 05-63-37-82-20. • reservation@grandhoteldecastres.com • grandhoteldecastres.com • Doubles 92-97 € selon taille et vue ; petit déj 13 €. Parking.* Depuis plus d'un siècle, le *Grand Hôtel* regarde s'écouler paisiblement l'Agout sous ses fenêtres et a vu passer moult voyageurs. Après tant d'années de bons et loyaux services, il a bénéficié d'une restauration bien méritée. Nouvelle époque, nouvelle atmosphère et confort des temps modernes. Belles chambres à la déco sobre, aux teintes reposantes (gris, marron, beige), rideaux de lin, excellente literie. Très agréable terrasse qui surplombe la rivière pour prendre le petit déj (succinct pour le prix) face au soleil levant.

Où manger ?

De bon marché à prix moyens

Resto des Halles (plan A1, **20**) : *pl. de l'Albinque. ☎ 05-63-62-70-70. • hamaquay@hamaquays.fr • Au 1er étage de la halle Baltard. Tlj sf dim. Formules déj en sem 10-13 €, menu 35 €, carte env 30 €. Apéritif offert sur présentation de ce guide.* La bonne brasserie de Castres ! Spécialisée dans la viande, choisie avec soin et accommodée avec goût. Fraîcheur garantie puisque les produits viennent du marché juste en dessous ! De plus, on est bien accueilli, même si on arrive un peu tard, et les vins sont à des prix très corrects. Bref, de quoi se faire plaisir sans se ruiner.

Comme à la Maison (plan A1-2, **22**) : *5, rue de Brettes. ☎ 05-63-*

51-96-25. • g.commealamaison@orange.fr • Ouv le midi mar-sam et jeu-ven soir (slt jeu soir hors saison). Congés : 1er-7 janv et 1er-15 août. Formules déj 13-14 € ; carte 25 € env. Café offert sur présentation de ce guide. Un resto bio et végétarien, au bord d'une place et à l'écart de la circulation. En été, la terrasse est particulièrement paisible. C'est vrai qu'on se sent un peu comme à la maison, avec une cuisine ouverte sur la salle, des tables dépareillées, des chaises en paille et une déco aux tons chauds. Pour se restaurer, quelques plats du jour ou des assiettes complètes à base de légumineuses, céréales et légumes, élaborées pour un repas sain et équilibré. Une adresse prisée par une clientèle essentiellement féminine. Également des cours de cuisine.

L'Eau à la Bouche *(plan A1, **23**) : 6, rue Malpas. ☎ 05-63-72-28-33. • andy.81@hotmail.fr • Tlj sf dim-lun. Congés : 1 sem en fév. Formule 14 € café compris (déj en sem), menus 23-35 €. Apéritif offert sur présentation de ce guide.* Une gentille salle coquette qui se cache dans une ruelle calme du vieux Castres. On y sert une cuisine régionale aux accents méditerranéens, de bon aloi. Excellent ris de veau aux cèpes, filet de bœuf aux morilles, notamment, pour vous mettre l'eau à la bouche. Quelques tables posées au bord de la rue calme.

Le Pescadou *(plan A1, **24**) : 18-20, rue des Trois-Rois. ☎ 05-63-72-32-22. • nathalie.albina@hotmail.fr • Tlj sf dim-lun et j. fériés. Congés : 3 sem en août. Formules 13,90-24 € (déj en sem), menus 27-33 € ; carte env 47 €.* Quand le resto est plein, on dresse des tables dans la poissonnerie, située juste à côté. Parce que le patron est d'abord poissonnier et ouvre son magasin tous les matins très tôt pour recevoir la marée du jour. Le seul plat fixe, c'est la bouillabaisse ou la soupe de poisson (pour le reste, ça dépend des arrivages). C'est simple et frais. Terrasse en été.

De chic à plus chic

Bistrot Saveurs *(plan B2, **25**) : 5, rue Sainte-Foy. ☎ 05-63-50-11-45.. Tlj sf w-e. Congés : 1 sem en mars, 3 premières sem d'août. Formule midi en sem env 26 € et menu 38-85 €. Café offert sur présentation de ce guide.* Simon Scott s'est affranchi du corset doré des grandes tables londoniennes où il a officié, préférant rencontrer les petits producteurs locaux à la recherche du meilleur produit, bio à fortiori. Il sublime les saveurs par un subtil jeu d'équilibre avec les épices, mêlant salé et sucré. Ça, c'est son côté anglais, assure-t-il ! *Final touch :* la déco contemporaine qui reflète au mieux sa créativité (le menu change quasiment tous les jours). « Agitateur de goût » à n'en pas douter, il s'inscrit bel et bien dans la dynamique des jeunes chefs tarnais.

Où boire un verre ? Où écouter de la musique ?

The Quay *(plan A1, **30**) : 23, rue Frédéric-Thomas. ☎ 05-63-71-91-80. Tlj 16h-2h.* Un pub irlandais, un vrai de vrai puisqu'il paraît que c'est la copie conforme d'un pub traditionnel près de Cork. Bon, on n'est pas allé jusque là-bas pour vérifier, mais on confirme qu'on tient là une adresse très sympa, à l'ambiance chaleureuse, surtout les jeudi et samedi soir l'hiver, lors des concerts (gratuits). Terrasse sur une placette pour qui voudrait prendre une bouffée d'air frais ou s'en griller une.

Le Quartier Latin *(plan B2, **31**) : 6, pl. Soult. ☎ 05-63-35-69-04. Jeu-sam 21h-2h et la veille des j. fériés. Entrée gratuite, conso obligatoire. Réduc de 10 % sur un cocktail sur présentation de ce guide.* L'endroit à l'ambiance latino qui frappe fort et bien à Castres. Plusieurs salons pour se poser tranquillement, place latine aux accents sud-américains très sympa pour prendre le frais en été, ou bars à l'ambiance plus vitaminée. L'adresse tendance et gentiment branchée, où l'on vient aussi bien pour voir que pour être vu. Super cocktails.

À voir

Le ***Pass Tourisme en ville*** pour les adultes permet la visite libre des *musées Goya, Jean-Jaurès,* et de bénéficier de réductions auprès de différents prestataires, d'activités culturelles et de loisirs. *Tarif : 6,50 €.*

Les maisons sur l'Agout *(plan B2)* **:** la romantique rivière est souvent surnommée « la plus grande avenue de Castres ». Une sorte de Grand Canal, qui a souvent fait comparer la ville à la cité des Doges. Car quoi de plus beau que cet alignement d'anciennes maisons de tanneurs, de teinturiers, de tisserands, avec leurs charmants balcons, leurs façades en bois peint, leurs encorbellements, leurs soubassements en pierre du Moyen Âge et leurs porches donnant directement sur l'eau ? Grâce à une restauration parfaite, le site a préservé son âme en se parant d'un nouvel éclat qui brille entre ciel et eau...

➢ Aujourd'hui, un coche d'eau, ***Le Miredames,*** conçu sur le modèle de ceux qui sillonnaient les canaux du pays aux XVIIe et XVIIIe s, remonte l'Agout, du centre historique de la ville jusqu'au parc de loisirs de Gourjade. Ne pas hésiter à faire une balade, malgré le petit côté touristique. *Rens : ☎ 05-63-71-58-58 ou auprès de l'office de tourisme. Tarif : 6 € ; réduc. Compter 20 mn pour le trajet aller, départ du centre-ville (quai Miredames, près du pont Vieux ; plan B2). Fonctionne mai-oct. Juil-août, jusqu'à 7 départs/j. Possibilité d'embarquer également au parc de loisirs de Gourjade (sf oct, même fréquence). Également un départ du centre-ville le jeu à 20h30 en juil-août. Une navette entre les 2 embarcadères dure env 20 mn. Compter 1h A/R.*

La vieille ville : c'est également le centre-ville, traversé par l'Agout et délimité par huit boulevards formant un écusson, surnom donné à ces vieux quartiers. Il faut se perdre dans ces ruelles pour rebondir de surprise en surprise : les styles architecturaux s'entrecroisent, qu'ils soient roman, gothique, Empire, baroque, moderne, Renaissance ou Grand Siècle... À voir notamment : la place du 8-Mai-1945 pour ses maisons à colombages, l'hôtel de Nayrac, l'hôtel de Viviès, l'hôtel de Poncet (XVIIe s), les patios, balcons, portails, façades de bien d'autres hôtels particuliers et maisons des petites rues...

Le musée Jean-Jaurès *(plan A1)* **:** *2, pl. Pélisson. ☎ 05-63-62-41-83. • amis-musees-castres.asso.fr • ♿ Ouv 10h-12h, 14h-17h (18h mai-sept) ; fermé lun (sf juil-août), dim oct-avr, ainsi que certains j. fériés. Entrée : 3 € ; réduc ; gratuit moins de 18 ans, demandeurs d'emploi.* Pass Tourisme 6,50 €.
Inauguré en 1988 par François Mitterrand, ce musée donne une vision historique et chronologique de la vie et de l'œuvre de Jaurès. Né à Castres en 1859, ce normalien devient prof de philo à Albi en 1881, avant d'être élu plus jeune député de France, à l'âge de 26 ans ! Réélu après la fameuse grève des mineurs de Carmaux en 1892, le brillant collaborateur de *La Dépêche* (dès 1887) se fait remarquer par ses engagements dans les luttes ouvrières, la défense du monde paysan, et en prenant position pour le capitaine Dreyfus dans la non moins fameuse affaire qui divisa la France entière, obtenant finalement la révision de son procès. Tribun puissant, outre ses discours et conférences (France, Europe et Amérique latine), il écrivit de très nombreux textes et articles, depuis sa participation à « L'Histoire socialiste de la Révolution française » jusqu'à la défense de Dreyfus (« Les Preuves »), ou encore défendant ses idées pacifistes et sa conception de l'institution militaire (« L'Armée nouvelle »). Il publia également un grand nombre d'articles (éditoriaux, chroniques...) dans différents journaux dont *L'Humanité,* qu'il fonda en 1904.
Parallèlement, les problèmes internationaux préoccupent de plus en plus Jaurès, qui s'avère être un pacifiste éclairé, opposé aux abus de la colonisation, aux nationalismes stériles et à la peine de mort. Dérangeant autant les conservateurs que les extrémistes de tout poil par ses discours enflammés recevant l'approbation d'une grande partie du peuple, alors qu'il se bat bec et ongles depuis l'attentat de

Sarajevo pour éviter la déflagration générale, il est assassiné le 31 juillet 1914 au *Café du Croissant,* dans le 2e arrondissement de Paris, par un dénommé... Villain.
Le parcours muséographique retrace de façon didactique et très imagée (Jaurès fut l'un des hommes les plus caricaturés de son temps) l'évolution de sa pensée, ses luttes tant pour la justice sociale que pour l'unité du parti socialiste, sa rupture progressive avec les radicaux, son soutien aux syndicats et la force de son idéal humain. Des vitrines présentent quelques objets lui ayant appartenu (chaussures, chapeau...), divers ouvrages à sa mémoire, ou encore des objets (médailles, sculptures, peintures, dessins, timbres, etc.) réalisés depuis sa mort jusqu'à nos jours. Au rez-de-chaussée, expos temporaires gratuites.

IMPUNITÉ POUR L'ASSASSIN DE JAURÈS

Raoul Villain, l'assassin de Jaurès, resta en détention préventive jusqu'en 1919. En prison, il fut donc épargné des horreurs de la Grande Guerre. Plus tard, il fut acquitté par un jury à 12 voix contre 11. L'un des membres du jury considérait même qu'il avait rendu un fier service à la nation puisque Jaurès dénonçait la guerre. Sa veuve fut condamnée aux dépens et dut payer les frais du procès.

L'hôtel de Nayrac (plan A1) **:** *12, rue Frédéric-Thomas. Ne se visite pas, mais on peut pénétrer dans la cour (le dim, le portail reste souvent fermé).* Construit par Jean Houlès, un riche marchand drapier, en 1620. Style Renaissance, avec porche monumental et deux ailes enserrant la cour intérieure. Oculus utilisés comme points de fuite. La tour carrée exprime la puissance de la famille. On notera surtout l'harmonieuse alliance de la pierre et de la brique. Au niveau du no 16, rue Frédéric-Thomas, pittoresque *ruelle médiévale.*

L'église Notre-Dame-de-la-Platé (plan A2) **:** *rue Victor-Hugo. En cours de rénovation. Accès libre au carillon par la porte verte située à l'opposé de l'entrée principale de l'église. Concert gratuit de 1h le 1er dim du mois à 11h et pdt les concerts du Nadalet du 17 au 23 déc, ts les soirs à 18h30.* Discrète construction baroque du XVIIIe s, qui rappelle l'église du Gesù à Rome. Noter son campanile florentin, les tuiles aux couleurs chaudes de son toit et son carillon musical de 33 cloches actionné par un bénévole depuis 1847 (on parle du carillon, pas du bénévole !). N'hésitez pas, d'ailleurs, à grimper les 120 marches un peu raides lorsqu'il chante (là encore, on parle du carillon !).

Le musée Goya (plan A-B2) **:** *dans l'hôtel de ville ; entrée par les jardins de l'Évêché. ☎ 05-63-71-59-27. • amis-musees-castres.asso.fr • ville-castres.fr • Hors saison, mar-dim sf certains j. fériés 9h (10h dim)-12h, 14h-17h (18h avr-juin et sept) ; juil-août, tlj (sf 14 juil) 10h-18h. Entrée : 5 € ; gratuit moins de 18 ans, demandeurs d'emploi et pour ts le 1er dim du mois oct-mai ;* Pass Tourisme *6,50 € et entrée + guide papier : 6,50 €.*
Ancien palais épiscopal, belle bâtisse du XVIIe s, dont les plans ont été dessinés par Mansart et les jardins par Le Nôtre.
Autour de trois chefs-d'œuvre de Goya (dont l'*Autoportrait aux lunettes* et l'*Assemblée de la Junte des Philippines*) et de ses gravures (que l'on peut admirer pendant les expositions), le musée s'est spécialisé dans l'art hispanique, de l'Antiquité au XXe s, ce qui le rend unique en France. L'occasion de (re)découvrir les maîtres de la péninsule Ibérique, notamment ceux du Siècle d'or comme Velázquez, Ribera, Zurbarán, Murillo ou encore Pacheco, moins connu mais qui fut tout de même l'un des maîtres de Velázquez... Notez dans son *Christ servi par les Anges*, la table qui change de sens quand on change de perspective ! Pour le XIXe s, citons Santiago Rusiñol y Prats, Hermen Anglada Camarasa, et, pour le XXe s, Corredoira (regards saisissants de son *Bienheureux soit le peuple*) ou Javier Bueno (splendide *Combattant espagnol*). Parmi les pièces majeures du musée,

signalons des frises en bois exceptionnelles du XVIe s, provenant du château de Velez Blanco en Andalousie. Également un remarquable retable de Saint-Martin du Maître de Riofrío (vers 1500), qui reflète parfaitement les courants flamands et italiens, assimilés par l'école castillane de l'époque. Enfin, notez la peinture de Sébastien Muñoz : il s'agit de l'unique œuvre de l'artiste exposée au sein d'une collection publique en France. Une dernière salle est consacrée à la peinture moderne espagnole : Botero, Picasso...

L'hôtel de Viviès *(plan A2) : 35, rue Chambre-de-l'Édit.* Date de la fin du XVIe s. Décor Renaissance française des façades. Fenêtres à meneaux, lucarnes ouvragées, tour à la toulousaine avec oculus. Portail en pierre qui accuse malheureusement le poids des siècles...
À côté, au n° 31, l'*hôtel Jean-Leroy,* du XVIIe s, a fière allure aussi. Jolie tourelle d'angle en brique.

L'ancien évêché *(plan A2) : face au théâtre municipal.* Bel édifice de style classique du XVIIe s, dessiné par Mansart, l'ancien palais épiscopal abrite désormais l'hôtel de ville et le superbe musée Goya (voir plus haut). Le clocher du XIIe s qui domine le tout est le seul vestige du monastère roman de Saint-Benoît. Cependant, les arcatures lombardes du dernier étage furent rajoutées au XVIIe s. Face à l'évêché, beaux jardins dessinés par Le Nôtre, avec des buis taillés en forme de fleurs de lys. Classé Jardin remarquable depuis 2004.

La cathédrale Saint-Benoît *(plan A-B2) : pl. du 8-Mai.* Très large, sans transept. Quatre statues à l'entrée du chœur assez expressives, imposant baldaquin et stalles sculptées du XVIIe s. Quelques peintures intéressantes de l'école toulousaine du XVIIe au XIXe s (œuvres de Despax notamment). Noter, dans la chapelle à gauche du chœur, le beau confessionnal sculpté.

À faire

➢ ***Le sentier du Train, « Chemin des Droits de l'homme » :*** une ancienne voie ferrée, aujourd'hui transformée en voie verte reliant Albi à Castres (voir la rubrique « À faire » à Albi).

– ***L'Archéopole*** *(hors plan par B1) : centre d'Études et de Recherches archéologiques du Castrais, domaine de Gourjade. ☎ 05-63-59-56-41. • cerac.archeopole.free.fr • Lun-sam 14h-18h sf j. fériés. GRATUIT.* Expos temporaires et centre de documentation pour s'initier ou se perfectionner à l'archéologie.

Manifestations

Retrouvez tous les spectacles de juillet et août dans la brochure « L'Été à Castres » disponible à l'office de tourisme (près de 40 spectacles gratuits !).

– ***Le carnaval vénitien :*** *mi-mars.* Animations, déambulation, parade, etc.
– ***Festival Les Extravadanses :*** *pdt env 10 j. début juil. Rens : ☎ 05-63-71-56-57. Résa : ☎ 05-63-71-56-58. GRATUIT.* Chanson, danse, musique en liberté, théâtre de rue ; des spectacles de très grande qualité.
– ***Festival « À portée de rue » :*** *mi-juil, pdt 4 j. GRATUIT.* Concerts de musique classique dans divers lieux du centre-ville.
– ***Festival Couleurs du Monde :*** *en août. Rens au service tourisme et manifestations : ☎ 05-63-62-42-05. GRATUIT.* Spectacles folkloriques du monde entier.

DANS LES ENVIRONS DE CASTRES

L'espace de la photographie Arthur-Batut, la photographie par cerf-volant : *pl. de l'Europe, 81290* ***Labruguière*** *; dans le centre culturel Le Rond-Point. ☎ 05-63-82-10-60. • espacebatut.fr • ♿ À 9 km de Castres, direction Mazamet. Tlj sf dim 9h-12h, 14h-18h (17h sam). GRATUIT ou visite guidée (sur rdv) : 5 €.*

On voit ici les premiers clichés, puis un historique de la prise de vue aérienne inventée par Arthur Batut, jusqu'à son dernier développement : l'image satellite. Responsable de ce petit musée, Serge Nègre, bourlingueur-photographe (avec notamment des photos en cerf-volant de la place Tian'Anmen et de l'Antarctique), est équipé d'un ordinateur relié à différents satellites. « Il suffit de savoir bidouiller », lâche-t-il, et, bidouillant, il part en Antarctique avec Jean-Louis Étienne, autre Tarnais.

Autre invention d'Arthur Batut, la superposition de portraits pour obtenir un portrait type. L'idée était de fixer la physionomie de telle ou telle population. Ainsi de l'Arlésienne : 10 jeunes Arlésiennes composent le portrait de l'Arlésienne type, enfin retrouvée. Idem pour les habitants de Labruguière... Les Américains, toujours à l'affût de nouveautés, reprirent le concept à leur manière : ainsi, superposant les portraits d'assassins, ils obtinrent la tête de l'assassin type ; de même, celle du médecin type. Bientôt, selon votre figure, on vous mettrait en prison ! Ce détournement mit en rage le pauvre Batut, que ces classifications simplistes et dangereuses choquaient profondément... Expos temporaires également (de photos, bien sûr !). Festival à ciel ouvert, des images dans la ville de mai à octobre.

UN PRÉCURSEUR DANS LE VENT

En 1888, Arthur Batut eut l'ingénieuse idée d'installer un appareil photo sous un cerf-volant ; par la même occasion, il inventa le déclenchement à retardement. C'est ainsi que fut prise la première photographie aérienne. Le procédé avait l'avantage d'être peu coûteux et accessible à tous, contrairement à la photographie en ballon, réservée à une élite. La photo aérienne était née.

La réserve ornithologique de Cambounet-sur-le-Sor : *81580 ; sur la route de Cambounet en venant de Soual, fléché sur la droite. ☎ 05-63-35-65-07. Point infos (ouv en été).* Zone humide abritant les sept espèces de hérons qui vivent en France et une foultitude d'autres volatiles. Un cheminement piéton et quatre observatoires ont été aménagés (accès libre).

Le parc animalier des 3 Vallées : *à 20 km de Castres (avec la D 89 ou la D 612), sur la route du val d'Agout, 81360* ***Montredon-Labessonnie.*** *☎ 05-63-75-11-11. • zoodes3vallees.com • Mai-oct, tlj 10h-17h (19h juin-août), hors saison, dim, j. fériés et vac 10h-16h. Tarif adulte 16 € ; réduc, gratuit moins de 3 ans. Pass famille (2 adultes-2 enfants) 48 €.* Un vaste espace protégé divisé en neuf zones permettant de découvrir plus de 1 200 animaux, de la chèvre naine à la panthère nébuleuse, en passant par les cacatoès, les lémuriens et les girafes. L'aménagement du parc a dû s'adapter au territoire sauvage sur lequel il est implanté, pas d'enclos restreints ou de fosse, les animaux bénéficient de larges étendues et les visiteurs peuvent profiter d'un sentier pédestre de plus de 4 km pour apprécier le site parsemé de petits lacs, de cours d'eau et de forêts. Le lieu est divertissant et agréable certes, mais il se veut également engagé dans la sauvegarde des espèces et la préservation de la biodiversité du site. Étant donné l'étendue du parc, mieux vaut y consacrer toute une après-midi pour apprécier la visite.

LE SIDOBRE

Prolongement naturel du Massif central, à quelques kilomètres seulement de la plaine industrielle de Castres, la sauvage forêt montagneuse du Sidobre (alt. 650 m), sillonnée de petites routes tortueuses et ombragées, cache de sensationnelles curiosités géologiques. Constellé sur 100 km² de monumentaux blocs de granit, ce site où jouent les forces naturelles est devenu le théâtre d'un phénomène d'érosion modelant durant des millénaires les rocs en silhouettes fantastiques... Nombreux circuits de randonnée ou VTT. Le promeneur découvre, au hasard des sentiers, ici un petit éléphant, là une oie démesurée, puis des fromages superposés, une rivière de rochers, un œuf de 800 t en équilibre sur un socle, d'autres blocs tremblants et, partout, une multitude de chaos à donner le vertige ! Le tout dans un écrin de bouleaux, de chênes et de châtaigniers. Et c'est le plus grand centre français de travail du granit... Fait partie du parc naturel régional du Haut-Languedoc.

➢ Pour s'y rendre, prendre la D 89 au nord-est de Castres, direction Roquecourbe. En continuant tout droit (traverser Les Salvages), on débouche sur la D 58 ; l'emprunter jusqu'à Burlats (8 km de Castres) et suivre « Rochers du Sidobre ».

Adresse utile

i ***Maison du Sidobre :*** *route du Lac-du-Merle, Vialavert, 81260* **Le Bez.** *☎ 05-63-74-63-38. • sidobre.tourisme-tarn.com • Depuis Castres, suivre la D 622 direction Brassac ; au lieu-dit Vialavert (env 10 km avt Brassac), prendre à gauche la D 30, direction Lacrouzette ; c'est à 300 m env sur la droite. Tte l'année sf pour les fêtes de Noël ; en juil-août, tlj 10h-18h.* Très compétent. Vend des cartes, topoguides de randonnées et plein de petits livres intéressants. Petit sentier d'interprétation de 15 mn sur la géographie et géologie des lieux. En juillet-août, sur résa, organise des visites guidées de carrières et d'ateliers de granitiers le mercredi à 15h et le jeudi à 15h selon l'ouverture des ateliers. En 1h45 et pour 6 € (4 € enfants), vous saurez tout sur la genèse, l'exploitation et la sculpture de cette noble pierre. Et le jeudi en juillet-août, balades nocturnes avec Jo, le petit géologue (voir plus loin, à Lacrouzette).

BURLATS (81100) 1 984 hab. *Carte Tarn, C3*

Un village ancien, plein de charme. Situé dans la vallée de l'Agout, sympathique halte dans l'histoire. C'est ici qu'au XIIe s se réfugia l'épouse répudiée du comte Raimond V de Toulouse (et fille du roi de France Louis VI le Gros). Sa fille Adélaïde y naquit et se maria par la suite avec Roger II Trencavel, protecteur des cathares. Le village abrita aussi une brillante cour de troubadours et une collégiale qui fut ruinée par les guerres de Religion. Il en subsiste aujourd'hui des vestiges significatifs. Une aile restaurée abrite d'ailleurs la mairie.
À deux pas, le pavillon d'Adélaïde, chef-d'œuvre de l'architecture romane, qui a superbement traversé les siècles. Admirer ses fenêtres géminées aux chapiteaux sculptés. C'est aujourd'hui un lieu d'exposition, ouvert seulement l'après-midi en juillet-août. Non loin de là, au bord de la rivière Agout, la belle *maison d'Adam,* autre vestige roman. Des anciens remparts de la cité défunte, seule reste la *tour de la Bistouré.*

LE SIDOBRE

Où manger dans les environs ?

La Chaumière : *14, allée du Général-de-Gaulle, 81210* ***Roquecourbe.*** *☎ 05-63-75-60-88. À 10 km env au nord de Castres et à 7 km env de Burlats. Au centre du village, au bord d'une petite place. Fermé dim soir-lun et mar soir. Menus 13 € midi en sem, puis 18-45 €. Apéro maison offert sur présentation de ce guide.* Le bon resto du coin, aux allures de petite auberge de campagne coquette. Bonne cuisine, à forte coloration régionale : escargots à la tarnaise et « assiette du village » avec tous les produits fabriqués ou cultivés sur Roquecourbe. Vaste salle à l'arrière. Accueil très aimable. Une valeur sûre, où l'on se retrouve le dimanche en famille.

À faire

– ***Descente de l'Agout en canoë-kayak :*** ***Castres Burlats Canoë Kayak,*** *base Maynadier, route de Castres, et base Adélaïde, à côté de la mairie. ☎ 05-63-51-27-74. • cdck.fr • Résa indispensable la veille. 15 € la descente de 2h30 ; 8 € pour les moins de 10 ans.*

LACROUZETTE (81210) 1 752 hab. *Carte Tarn, C3*

« Capitale » du Sidobre, cette petite ville vit, en grande partie, d'une activité particulière due à sa forêt caillouteuse : l'exploitation du granitier. Plusieurs monuments font l'éloge du travail de ces tailleurs de pierre, à commencer par le rond-point du village, surmonté d'une sculpture de granit représentant l'un des ces artistes au travail. Ne pas manquer d'admirer la surprenante *église Notre-Dame-du-Granit* (!), du XIXᵉ s.

Où dormir ? Où manger dans le coin ?

Camping

Camping Le Plô : *81260* ***Le Bez.*** *☎ 05-63-74-00-82. • info@leplo.com • leplo.com • À 800 m du village, sur la D 30 (fléché). Ouv mai-sept. Forfait 2 pers 13,50-25 € selon saison. Loc de grandes tentes 300-585 €/sem selon taille (4-6 pers) et saison. CB refusées.* Un camping d'une cinquantaine d'emplacements, au cœur d'une belle nature et tenu par un jeune couple néerlandais sympathique. Pas de bungalows ni de chalets, juste de grandes tentes en location, équipées d'une cuisine. Salle et aire de jeux pour les enfants, piscine. Les emplacements avec électricité sont bien ombragés, les autres un peu moins. Bonne atmosphère familiale.

De bon marché à prix moyens

Le Café de Paris : *8, pl. de l'Hôtel-de-Ville, 81260* ***Brassac.*** *☎ 05-63-74-00-31. • arnaud.care@orange.fr • Au cœur du village. Tlj sf lun, au déj plus ven soir et sam soir. Double avec bains et TV 55 €, familiales 65-70 €. Formule 14 € en sem et 25 € w-e ; carte 20-31 €.* Charmant petit hôtel, couvert de vigne vierge et à l'atmosphère rustique. Un escalier en bois qui craque doucement conduit à une dizaine de chambres dont la plupart ont conservé leur charme désuet. En cuisine, même chose... L'esprit est resté, intemporel et authentique avec de bons produits et des recettes de toujours qui suivent le fil des saisons. Accueil toujours aussi sympa.

L'Auberge du Tilleul : *81260* ***Guyor.*** *☎ 05-63-74-01-84. Dans le village. Tlj, à midi slt. Congés : 15 j. début août et 1 sem à Noël. Double 42 €. Menu unique à midi en sem 14 € ; menu « poule au pot » le 1er dim du mois ; carte env 25 €. Apéritif maison offert sur présentation de ce guide.* Mention spéciale pour ce petit restaurant de village, sans prétention, où l'on sert une cuisine régionale, bien traditionnelle. Ici, on ne se moque pas du client ! Le menu du midi, avec soupe, buffet d'entrées, plat, fromage et dessert (ouf !), viendra à bout des estomacs les plus pantagruéliques ! Et l'accueil de Jacques, le patron plein de bonhomie communicative, un tantinet clownesque, vous fera passer un excellent moment de convivialité ! Les habitués sont légion. Petite terrasse. Une adresse où bien manger et bien vivre ont un vrai sens. Quelques chambres également, très simples, à prix tassés.

À voir. À faire à Lacrouzette et dans ses environs

L'église Notre-Dame-du-Granit : *dans le village. Entrée par la petite porte de droite ou celle de gauche.* À ne pas rater pour ses fabuleux bas-reliefs réalisés en 1994 par le sculpteur Jacques Bourges. Ce sont de grandes plaques de granit découpées en damier. Sur le mur de gauche, cinq panneaux illustrent la communion des hommes pour un idéal commun. Sur le mur de droite, quatre panneaux représentent la Cène.

➢ **Les balades à Jo :** *en été, le jeu soir sur résa. Tarifs : 4 € ; 2,50 € pour les 5-12 ans. S'inscrire à la maison du Sidobre. ☎ 05-63-74-63-38.* Jo est un fabuleux conteur qui vous emmène de nuit dans le Sidobre et vous raconte les pierres, les hommes, les légendes anciennes. L'environnement fantasmagorique et les mimiques de Jo vous entraînent dans un monde merveilleux. Les itinéraires changent chaque semaine, la durée aussi : 2h minimum, parfois 3h, parfois plus, tout dépend de l'humeur de Jo et de l'auditoire.

LA PEYRO CLABADO

De Lacrouzette, suivre la direction Vabre sur 1 km environ, puis bifurquer à droite (direction Brassac) ; poursuivre sur 500 m environ et prendre à gauche *(rochers du Sidobre)* ; 500 m plus loin, la route de droite mène à la *Peyro Clabado,* le chemin de gauche au *roc de l'Oie* et aux *Trois Fromages.*
La Peyro Clabado (« la pierre fermée à clef ») est l'un des blocs les plus étonnants du Sidobre : près de 800 t reposant, dans un équilibre tenant de la magie, sur un socle d'à peine 1 m ! En poursuivant, petite grimpette pas méchante pour admirer un superbe point de vue (avec table d'orientation) sur la région.
On y trouve le pittoresque *espace Jean-Cros,* à gauche du parking *(contribution modeste à l'entrée ; pas d'horaires d'ouverture fixes ; ☎ 05-63-50-64-75),* sorte de musée, véritable capharnaüm de pierres, dalles et blocs de toutes les teintes possibles du granit, de tous les pays du monde et de toutes les formes imaginables, sculptées ou non (sphinx, croix, cercueils, trophées, etc.). Chaque fois, une petite notice rigolote, empreinte d'une gentille mégalo naïve. On ne manquera pas non plus de rendre visite à l'atelier-expo de Jacques Bourges, à droite du parking (horaires variables). C'est lui qui a sculpté les bas-reliefs de l'église de Lacrouzette et le *Tailleur de pierre* en granit du rond-point du village.

– En poussant vers Burlats, vous trouverez au hameau de Sept-Faux, un autre rocher remarquable, le *rocher tremblant.*

FERRIÈRES *(81260)*

Le musée du Protestantisme, de la Réforme à la Laïcité : *La Ramade. ☎ 05-63-74-05-49. • mprl.fr • Fermé 15 déc-15 mars (sf sur résa pour les groupes). Juil-sept, tlj 10h-12h, 14h30-18h30 (visites guidées à 10h30, 15h et 16h30) ; mar et dim 14h30-18h30 (visites guidées à 15h et 16h30). Hors saison, lun-sam 14h-17h ; dim et j. fériés 14h-18h (visites guidées à 14h30 et 16h). Entrée : 4 € ; réduc.* Un beau musée, aménagé dans un bâtiment moderne à l'architecture très réussie et pensée avec sobriété pour s'intégrer parfaitement dans ce petit vallon boisé. Il est consacré à l'histoire du protestantisme, très répandu au XVIe s dans le Tarn, et plus particulièrement sur ces terres reculées du Sidobre. Mais au-delà des faits historiques, des dates-clefs et des objets religieux, cet espace muséographique met l'accent sur la marche souvent douloureuse – mais indispensable – vers la tolérance et le pluralisme des pensées. À noter que le musée possède une bibliothèque riche de 15 000 ouvrages dont certains datent du XVIe s ! Également des expos temporaires et des animations régulières (marches, conférences, concerts...).

Manifestation

– **_Pâques en Sidobre :_** _le dim de Pâques._ Les habitants cachent de vrais œufs autour des rochers pour que les enfants les trouvent. On confectionne alors une omelette géante (3 000 œufs), partagée ensuite dans la plus franche convivialité.

LA VALLÉE DU GIJOU

Un petit bijou presque secret, un trait d'union quasiment oublié entre le massif du Sidobre et les monts de Lacaune ! Entre Vabre et Gijounet, sur près de 30 km, la route serpente en suivant le cours de la rivière, laissant échapper des panoramas tantôt impressionnants, tantôt intimes, mais toujours de toute beauté. Dans un savant dosage de générosité et de parcimonie, de falaises abruptes et de versants boisés, de méandres et de courses apaisées, dame nature a réussi son œuvre. Le long de la vallée se succèdent de petits bourgs qui ne font pas de bruit et se laissent découvrir au cours d'une escapade hors des sentiers battus. Faire notamment une halte dans le village de _Gijounet,_ véritable image d'Épinal. Les amoureux de la nature ne manqueront pas d'arpenter l'un des nombreux sentiers pédestres qui sillonnent le coin. Sachez enfin que l'ancienne voie ferrée qui permettait de relier Castres à Lacaune en passant par la vallée du Gijou a été partiellement réaménagée en voie verte.

Adresse utile

La Maison de la vallée du Gijou : _pont de Sénégats, 81330_ **_Lacaze._** _☎ 05-63-74-54-05. • perso.nordnet.fr/associationvalleedugijou • En principe, tte l'année ; horaires variables selon disponibilité des bénévoles._ Infos et vente de fiches techniques sur les randos. Expos axées sur la protection de l'environnement. Sentier botanique au départ de la maison.

Où dormir ? Où manger dans le coin ?

Campings

Camping Le Jardin : _81330_ **_Lacaze._** _☎ 05-63-37-17-08. • camping.lejardin@gmail.com • campinglejardin-tarn.com • Accès : au cœur du village, par la D 81 depuis Lacaune et la D 171 depuis Vabre, Montredon, Castres. Ouv tte l'année. En hte saison, compter 8,75-11 € pour 2 selon saison ; hébergement locatif : 111-441 €/sem selon saison. 15 empl._ Dans le village et à proximité de la rivière, un joli camping très bien tenu. Une quinzaine d'emplacements parfaitement délimités par d'épaisses haies qui préservent l'intimité de chacun. Atmosphère familiale. Piscine modeste. Petite aire de jeux municipale tout près.

Camping La Vallée de Roussy : _81330_ **_Vabre._** _☎ 05-63-73-05-44. • campinglavalleederoussy@hotmail.com • campinglavalleederoussy.com • À 5,5 km de Vabre en direction de Roquecourbe (D 55). Ouv avr-sept, compter 9,30-12,10 € le forfait pour 2 selon saison ; une poignée de tentes bungalows avec cuisine équipée 25-30 €/nuit selon saison. Hébergement locatif : 175-210 € selon saison. Pas de mobile homes. 47 empl._ Au cœur de la vallée de l'Agout, un camping tout en longueur auquel on accède par un petit chemin qui s'enfonce dans les bois. Une adresse très nature, avec la rivière pour se baigner ou pour pêcher, et des sentiers tout autour pour se balader. Pas d'animation en soirée (le calme est assuré !), ni d'aire de jeux pour les enfants. Tenu par un couple de Belges.

Prix moyens

Chambres d'hôtes La Maison de Jeanne : *dans le village d'***Espérausses** *(81260). ☎ 05-63-73-02-77. • contact@maison-jeanne.fr • maison-jeanne.fr • Ouv mars-oct. Compter 62 € pour 2 pers, 72 € pour 3. Repas 23 €. Réduc de 10 % sur le prix de la chambre sur présentation de ce guide.* *La Maison de Jeanne,* c'est l'ancien café-restaurant du village, installé dans une maison tout en pierre, vieille de plus de 3 siècles. Florence et René l'ont admirablement restaurée. À l'étage, 4 chambres personnalisées avec sanitaires privés. C'est René qui est derrière les fourneaux, et sa cuisine vaut le détour (pâté au roquefort, filet de bœuf et sa compote aux cèpes, etc.) ! Agréable séjour et salon avec billard. Petite terrasse qui permet d'admirer le vieux lavoir alimenté par un petit ruisseau. Jacuzzi. Calme assuré. Un très bon rapport qualité-prix-convivialité.

LES MONTS DE LACAUNE

À l'est du massif du Sidobre, par la D 622. En retrait par rapport aux principaux axes de communication du Tarn, les monts de Lacaune constituent une terre de prédilection pour les amoureux de nature et les randonneurs avides d'espaces sauvages et préservés : plateau drapé de landes à fougères et de genêts à balai, tourbières, dômes robustes recouverts de résineux et de hêtraies, nombreuses crêtes gratifiant le promeneur de panoramas saisissants, cours d'eau dévalant de discrètes vallées pour alimenter généreusement quelques lacs. Oscillant entre 600 et 1 267 m d'altitude, les monts de Lacaune (sept au total : Montalet, Montgrand, mont Roucous, Montgros, Montaigut, Montrode et Montfrech) offrent un avant-goût du Massif central tout en conservant un œil tourné vers les rivages de la Méditerranée, que l'on peut apercevoir d'ailleurs par temps clair. L'hiver, l'enneigement permet la pratique du ski de fond.

Vous aurez tout le loisir de compter... les brebis, le soir en vous endormant. De nombreux troupeaux moutonnent les paysages, surtout aux alentours de Murat-sur-Vèbre. C'est d'ailleurs à Lacaune que le comte Ludovic de Naurois a sélectionné la fameuse brebis de Lacaune, au XIXe s, en croisant trois races. Un véritable généticien avant l'heure ! Aujourd'hui, seul le lait produit par cette race est utilisé pour l'élaboration du roquefort.

Les statues-menhirs, nombreuses sur ce territoire, témoignent de la présence humaine il y a plus de 4 500 ans. C'est aussi sur ces terres que l'on trouva l'enfant sauvage dans les bois de La Bassine, près de Lacaune.

VICTOR DE L'AVEYRON

Début 1800, un jeune garçon muet fut découvert à la lisière du Tarn et de l'Aveyron. Il était nu et semblait sauvage. L'enfant devint rapidement un objet de curiosité. Pris en charge, il fut suivi et étudié par le célèbre docteur Itard. Mais devant l'impossibilité de rééduquer socialement le jeune garçon (qui souffrait, au vu de la médecine actuelle, d'autisme, maladie alors inconnue), il fut laissé à la garde de sa nourrice et mourut dans l'oubli vers l'âge de 40 ans. François Truffaut lui consacra un film émouvant en 1969, L'Enfant sauvage, *dans lequel le cinéaste incarnait le docteur Itard.*

LACAUNE-LES-BAINS (81230) 2 567 hab. *Carte Tarn, D3*

Cette ancienne station thermale conserve peu de souvenirs de ce passé, hormis le droit d'avoir son casino. Mais l'eau minérale naturelle du mont Roucous (à déguster) reste omniprésente et « l'espace des sources chaudes », récemment ouvert, utilise... l'eau de source ! Petite ville de montagne, Lacaune-les-Bains possède quelques belles maisons bâties au XIVe s pour les riches commerçants qui tiraient profit de la charcuterie, très renommée. Aujourd'hui, la production est encore présente et de nombreuses salaisons ont remplacé les *maseliers* qui passaient de ferme en ferme tuer le cochon ou faire le *masèl.*

Adresses utiles

Bureau d'information touristique : *pl. du Général-de-Gaulle. ☎ 05-63-37-04-98. • tourisme-montsdelacaune.com • De mi-juin à mi-sept, lun-ven 9h-12h30, 14h-18h30 ; sam 10h-12h, 14h-18h30 et dim 10h-12h. Le reste de l'année, fermé dim et lun.* Visites (payantes) à thème organisées durant l'été : « Il était une fois la laine » (visite de la filature *Ramond* adaptée aux enfants), « Salaisons de Lacaune » (visite de la *maison de la Charcuterie*) et « Sur les traces de l'enfant sauvage » (visite du musée du Vieux-Lacaune et du sentier de découverte, activités ludiques). Vente de topoguides et de fiches pour les nombreuses randonnées à faire dans la région. Enfin, si vous désirez faire le plein de bons produits, demandez la brochure avec la liste des fermes qui pratiquent la vente directe.

■ ***Location de VTT :*** *au bureau d'information touristique.* Nombreux circuits, de niveau très facile à très difficile, pour se faire les mollets, des monts de Lacaune jusqu'au Sidobre.

■ ***Location de skis de fond, raquettes et luges :*** *chalet de Picotalen. ☎ 05-63-37-15-95. 06-22-58-87-34. Un peu à l'écart du village. Sinon, rens au bureau d'information touristique. Pour connaître l'état d'enneigement • facebook.com/tourisme.montsdelacaune •*

Où dormir ? Où manger ?

Campings

Domaine Le Clôt : *Les Vidals, 81230 Lacaune-les-Bains. ☎ 05-63-37-03-59. 06-77-70-81-12. • campingleclot@orange.fr • domaineleclot.com • À 4 km de Lacaune, direction Murat-sur-Vèbre. Ouv de mi-avr à début oct. Tente : 14,20-18,40 € selon saison. Hébergements locatifs 305-350 € selon saison.* Au pied du Montalet, un 2-étoiles d'une trentaine d'emplacements en pleine nature, tout proche des sentiers de randonnée (pédestre, nordique et pour vététistes). Camping en terrasses (certains emplacements bénéficient d'une très belle vue), tout simple (pas de piscine, pas de bungalows ni de mobile homes) mais parfaitement tenu et à l'accueil très convivial. Location de vélos.

Camping des Sources Chaudes : *domaine de Saint-Michel. ☎ 05-63-37-22-39. 06-62-35-58-10. • contact@campinglacaune.fr • campinglacaune.fr • À la sortie de Lacaune, en direction de Murat. Tte l'année pour les loc ; mai-sept pour le camping. Forfait pour 2 pers 10-15 € en tente selon saison. Hébergement locatif 200 €/sem en basse saison et 580 €/sem en hte saison. Caravane à partir de 10 €/nuit. 32 empl.* Camping assez coquet et récent, avec de jolis chalets en bois adossés à la lisière de la forêt. Il faudra attendre encore quelques années pour que les arbres fassent suffisamment d'ombre et que les haies délimitent les emplacements. Salle de jeux, minigolf, et espace des Sources chaudes (lire plus loin « À voir. À faire ») avec piscine juste à côté (accès à tarif préférentiel en camping ; gratuit si logement en chalet). Bon accueil.

De bon marché à chic

Le Relais de Fusiès : *2, rue de la République. ☎ 05-63-37-02-03. • contact@hotelfusies.fr • hotelfusies.fr • Tlj sf lun midi (tte l'année), plus dim soir de la Toussaint à Pâques. Congés : 1re sem de janv. Doubles 75-85 € selon saison, familiales 85-95 €. Petit déj 10 €. Résa préférable au resto. Formule 15 € midi en sem ; menus 18-36 € et carte env 35 €. Loc de vélos. Réduc de 10 % sur le prix de la chambre sur présentation de ce guide.* Cet ancien relais de diligence ouvert en 1690 sur la ligne postale Béziers-Castres est devenu, au fil des siècles, une institution incontournable de la ville remise au goût du jour. Dans la coquette véranda décorée de panneaux peints en trompe l'œil, il flotte toujours un doux parfum un peu désuet d'établissement de station thermale. Au restaurant, carte soignée honorant les produits des monts de Lacaune et joli choix de vins au verre. À l'étage, une trentaine de chambres restaurées et bien confortables. De l'autre côté du jardin, *Au Pavillon du Frêne* appartient aux mêmes propriétaires (voir ci-dessous).

Au Pavillon du Frêne : *17, rue de la Mairie. ☎ 05-63-37-81-91. • contact@pavillondufrene.fr • pavillondufrene.fr • Fermé le dim de la Toussaint à Pâques. Congés : 1re quinzaine de janv. Selon saison, doubles 45-55 €, familiales 55-65 € ; petit déj 10 €. Loc de vélos. Réduc de 10 % sur le prix de la chambre sur présentation de ce guide.* Une dizaine de chambres plus économiques qu'au *Relais de Fusiès*, à l'atmosphère plus ancienne mais pouvant accueillir jusqu'à 6 personnes en famille. Terrasse arborée près de la piscine... Salons de lecture aux étages. Accueil très aimable de Renaud et de son équipe.

Hôtel-restaurant Calas : *4, pl. de la Vierge. ☎ 05-63-37-03-28. • hotelcalas@wanadoo.fr • pageloisirs.com/calas • Fermé ven soir et sam midi oct-avr. Doubles 45-55 €. Petit déj 9 €. Menus 13 € (déj en sem), puis 23-40 €. Café offert sur présentation de ce guide.* Une adresse tenue de main de maître par un artisan cuisinier passionné des belles choses. En semaine, le menu du jour rassasie à moindres frais avec de bons plats du terroir revisités, ou on opte pour l'un des menus gastronomiques, véritable festival de goûts et de couleurs ! Les familles s'y pressent le week-end pour le « menu des amis du dimanche », où le chef laisse libre cours à son inspiration en fonction du marché. Une cuisine élaborée mais pas prétentieuse, un hommage aux produits du cru, mais aussi quelques envolées exotiques... Et pour ceux qui n'arrivent plus à quitter les lieux, l'établissement dispose d'une quinzaine de chambres agréables, avec vue sur la petite place ou le jardin avec piscine. Atmosphère et accueil chaleureux.

Où acheter de bonnes charcuteries ?

Voir ci-dessous, ***La salaison Oberti*** et ***La maison de la Charcuterie.***

À voir. À faire

La fontaine des Pisseurs : *pl. du Griffoul.* « La Font dels Pissaïres » glorifie les vertus diurétiques des eaux de Lacaune-les-Bains, connues depuis l'Antiquité. Les consuls de Lacaune eurent l'autorisation d'ériger la fontaine en bronze en 1399, mais elle ne fut terminée qu'en 1559.

La salaison Oberti : *chemin de Granisse (fléché). ☎ 05-63-50-82-04. • oberti.fr • Visite à 10h30 et 15h : tlj en juil-août, lun-sam le reste l'année. Tarif : 3 € ; gratuit moins de 12 ans ; remise de 1 € sur présentation de ce guide. Boutique aux horaires évidemment beaucoup plus larges.* Intéressante visite commentée au sein de l'une des salaisons les plus réputées de Lacaune. Entreprise familiale fondée en 1956. Près de 2 000 jambons par semaine sortent de la maison ! À son palmarès, saucisse sèche, saucisson, jambon (dont un délicieux 18 mois), régulièrement primés au salon de l'Agriculture de Paris. À travers de grandes vitres, on comprend tout le processus de production du jambon : salage au sel de mer, phase de maturation, séchage. Également un espace musée. En fin de visite, vidéo, démonstration de la découpe d'un jambon sec, dégustation gratuite et boutique où l'on peut acheter les spécialités de la maison à prix intéressants.

Le musée du Vieux-Lacaune : *pl. du Griffoul, en face de la fontaine des Pisseurs. ☎ 05-63-37-25-38. Ouv juil-août, tlj sf lun mat 10h30-12h30, 14h30-18h ; mai-juin et sept, tlj sf dim-lun 15h-18h ; le reste de l'année, pour les groupes slt, sur rdv. Entrée : 2 € (audioguide compris). Jeu de piste pour les enfants.* Installé dans une maison bourgeoise du XVIe s, qui fut longtemps une école pour jeunes filles tenue par des religieuses. Un charmant petit musée plein d'atmosphère, qui garde la mémoire de la vie quotidienne locale du XVIIIe s jusqu'en 1940. Toute une série de salles dans lesquelles de nombreuses scènes ont été reconstituées : une salle de classe, les métiers et activités d'autrefois, les thermes... Bien entendu, l'enfant sauvage n'a pas été oublié.

La maison de la Charcuterie : *3, rue Biarnès. ☎ 05-63-37-46-31 (en saison) ou 05-63-37-04-98 (bureau d'information touristique). Ouv au public de mi-juin à mi-sept, tlj sf dim et lun mat 11h-13h, 14h30-18h. Entrée : 3 € (audioguide compris) ; ticket combiné avec la filature Ramond : env 4 € ; gratuit moins de 12 ans. Jeu de piste pour les enfants.* Avec près de 35 000 t produites par an dans le coin, la charcuterie méritait bien son espace muséographique ! Dans cette maison du XVIIe s très bien aménagée, on découvre donc les origines de la charcuterie dans les monts de Lacaune, l'élevage et l'abattage du cochon. Une tradition locale faite de rites et de savoir-faire ancestraux. Saviez-vous par exemple qu'il vaut mieux tuer le cochon lorsque la lune est en phase descendante pour une meilleure conservation des produits ? La prise au sel s'effectue également dans de meilleures conditions à cette période. L'histoire singulière de cette petite ville de montagne et de ses environs est aussi évoquée. Nombreuses photos noir et blanc. Hommage au petit train mis en service en 1902, et qui, pendant 60 ans, permit de rejoindre Castres et de désenclaver ainsi la ville. Le dernier convoi s'ébranla en 1962. Zoom également sur les différentes activités qui ont marqué l'histoire locale (filature, thermalisme, métallurgie) et sur le comte Ludovic de Naurois qui mit au point la brebis de race lacaune. Dégustation et boutique. Galerie d'art Frézouls (artistes locaux) au 1er étage.

La filature Ramond : *rue Rhin-et-Danube, dans le village. ☎ 05-63-37-04-98. Visite commentée lun-ven à 14h30 de mi-juin à mi-sept, sur rdv au bureau d'information touristique le reste de l'année : 3 €. Ticket combiné avec la maison de la Charcuterie : 4 € ; gratuit moins de 12 ans.* Dans une haute bâtisse au toit d'ardoises, un ensemble de cardes, de métiers à filer, de poulies et de courroies s'entrelacent depuis 1841. Rien n'a changé ; les machines que l'on actionne devant vous et les pavés sombres, polis par le temps, ont gardé la même place. Même les toiles d'araignées sont là ! Et à l'époque, il n'était d'ailleurs pas question de les enlever, car elles piégeaient les sales p'tites bêtes qui grignotaient la laine ! Une visite passionnante.

L'espace des Sources chaudes : *sur le site des anciens thermes. ☎ 05-63-37-69-90. Tte l'année. Nocturnes en juil-août. Téléphoner avt pour connaître les horaires, assez complexes. Entrée : adultes 3,90 € (3,10 € hors saison) ; enfants*

2,90 € (2,10 € hors saison) ; gratuit jusqu'à 9 ans. Alimentés par les anciennes sources thermales : bassin intérieur avec pataugeoire et bains bouillonnants, bassin extérieur avec toboggan, rivière à courants, etc. ; et un espace balnéo avec jacuzzi et sauna, salle de sport. Snack en été.

Fêtes et manifestations

– ***Les Musicales de Lacaune :*** *en juil-août.* Concerts dans l'église Notre-Dame (gospels, chants basques, orgue, trompette, etc.).
– ***Trail du pic du Montalet :*** *le 1er dim de sept.* Courses pédestres pour débutants et confirmés, randos. Buffet autour des produits du terroir.
– ***Fête de la Randonnée :*** *début sept, rens au bureau d'information touristique.* Les habitants de Lacaune consacrent une journée complète à la randonnée sous toutes ses formes, pédestre, équestre, VTT et moto de route (mais pas les tout-terrain, car ils tiennent à leurs sentiers !).
– ***Journée mycologique :*** *2 j. en oct.* Sortie en compagnie d'un mycologue. Expos.

DANS LES ENVIRONS DE LACAUNE-LES-BAINS

Le sentier « Sur les traces de l'enfant sauvage » : *à 6 km env de Lacaune en direction de Castres (par la D 622) ; départ du sentier 1 km env avt le hameau de La Bassine. Accès libre. Brochures (dont une destinée aux enfants) et kit pour faire les différentes activités ludiques en vente au bureau d'information touristique (4 €), sans oublier la visite guidée proposée par l'office de tourisme.* Un parcours en boucle de 3 km, plus vrai que nature, pour s'aventurer dans l'univers mystérieux de cet enfant retrouvé tout près de là, au début du XIXe s. Panneaux explicatifs et, surtout, plusieurs activités amusantes pour les enfants : atelier de prise d'empreintes, petits parcours à faire pieds nus ou les yeux bandés, reconstitution d'un abri, et un parcours sur rondins et un nid d'oiseau géant pour le repos et l'observation. Il y a même un rocher qui parle !

➢ ***Randonnées :*** avec une nature aussi généreuse et de superbes panoramas en perspective, les randos sont nombreuses dans le coin ! Topoguides et fiches en vente au bureau d'information touristique. Une incontournable : celle du roc du Montalet. Près de 400 m de dénivelée et 19 km (soit près de 6h de marche...) pour atteindre 1 259 m d'altitude, le plus haut sommet accessible du Tarn. Le point culminant du département étant en fait le Montgrand (logique !) avec ses 1 267 m d'altitude. Mais il abrite une base militaire... On peut également accéder au pied du Montalet en véhicule par la superbe route touristique qui rejoint Les Vidals à Nages. Sinon, possibilité de faire une rando de 3 j. et 2 nuits « En suivant l'enfant sauvage » (rien à voir avec le sentier « Sur les traces de l'enfant sauvage », décrit précédemment). Il s'agit d'un chemin en boucle de 55 km qui présente, à certains endroits, une dénivelée assez importante (on passe par le col du Montalet). Trois lieux de départ possible : Lacaune, la maison de Payrac (voir plus loin) et La Salvetat-sur-Agoût dans l'Hérault.

LE PLATEAU DES LACS ET LE LAOUZAS

S'il est un espace déconcertant dans le Tarn, c'est bien le plateau des lacs, entre Mazamet et Nages, proche de Lacaune et de Murat-sur-Vèbre. En empruntant la D 126 depuis Mazamet, on arrive au *lac des Saint-Peyres.* Son barrage de 60 m de haut forme une immense retenue artificielle et le paysage donne vraiment l'impression d'être au fin fond du Canada ! Plus loin, on arrive

sur le *lac de la Raviège* (par la D 52), pour aboutir enfin au *lac du Laouzas,* dans les monts de Lacaune. Le lac forme une vaste base de loisirs, avec possibilité de baignade surveillée (en été), de randonnées à cheval, à pied, à vélo, etc. Ce circuit reprend le chemin des pèlerins en route vers Saint-Jacques-de-Compostelle (la voie d'Arles), et le paysage n'a pas changé au fil des siècles... Ne pas manquer non plus la visite de Murat-sur-Vèbre, village étape sur l'un des chemins de Saint-Jacques, le chemin d'Arles ou *via Tolosane.* Murat-sur-Vèbre abrite quatre églises et les ruines de deux châteaux féodaux, à Canac et à Boissezon.

NAGES (81320)

Petit village tranquille au pied du Montalet. À 4 km environ de Nages, on peut faire une halte ou un séjour rafraîchissant au hameau de Rieumontagné, situé au bord du lac du Laouzas avec sa base de loisirs très prisée, l'été, par les familles.

Adresses utiles

Bureau d'information touristique Nages-Laouzas : ***Rieumontagné*** *(au bord du lac), commune de Nages. ☎ 05-63-37-06-01. • laouzas.com • Ouv avr-oct tlj.* Topoguides payants sur les randos du coin, projections de films.

Location de vélos : *à la base de loisirs du Laouzas.* Lire « À voir. À faire », plus loin.

Où dormir ? Où manger dans le coin ?

Renseignements auprès du syndicat d'initiative du lac du Laouzas pour des informations sur toutes les formules d'hébergement au bord du lac : campings, gîtes, hôtels, chambres d'hôtes, location de chalets, villages vacances...

Camping

Aire naturelle Les Rives du Lac : *à* ***Rieumontagné,*** *commune de Nages. ☎ 05-63-37-45-76. 06-30-34-03-44. • vacances@lesrivesdulac.com • lesrivesdulac.com • Ouv tte l'année. Compter 11 €/pers (tente ou caravane). Hébergements locatifs 280-560 € selon saison. CB refusées. 10 empl. Réduc : 1h d'activité nautique par semaine louée. Salle de jeux gratuite, lot de bienvenue.* Une dizaine d'emplacements sur un terrain ombragé qui donne directement au bord du lac de Laouzas. Barbecue collectif. Une bonne option pour des vacances économiques.

De très bon marché à prix moyens

Lou Castel : *av. du Château, à Nages. ☎ 05-63-37-06-12. • loucastelnages@aol.com • Tlj sf ven et dim soir hors saison. Double 47 €. Menus 14,80 € (sf soir, dim et j. fériés), puis 20,80-30,60 €.* La bonne auberge de village avec sa salle rustique aux murs de pierre. Terrasse qui surplombe la vallée. On y sert une cuisine qui s'inscrit dans la pure tradition régionale. Pour ceux qui souhaiteraient faire une halte plus longue, l'établissement dispose d'une poignée de chambres simples mais agréables et à prix raisonnables.

Les Rives du Lac : *à* ***Rieumontagné,*** *commune de Nages. ☎ 05-63-37-45-76. • vacances@lesrivesdulac.com • lesrivesdulac.com • Ouv tte l'année. Selon saison et emplacement, chalets 280-560 €/sem ; nuitée 70 € (en principe, hors saison slt, mais tt dépend des disponibilités ; tentez votre chance). CB refusées. Prêt de vélo. Produits du terroir offert à l'arrivée sur présentation de ce guide.* Une quinzaine de chalets en bois pouvant recevoir jusqu'à 4 personnes et équipés chacun de terrasse, barbecue, transats et d'un bout de jardin. 2 types de chalets : ceux « du lac », qui surplombent l'étendue d'eau, et « les alpins », situés dans la vallée, au bord d'un bosquet.

Ces derniers sont moins chers.
Voir aussi ***La maison de Payrac,*** ci-après. ☎ *05-63-37-12-29 (musée). Ouv mai-juin et sept dim et j. fériés (ou sur résa) ; tlj en juil-août. Nuitée (10 €/ pers) en formule refuge, lampes à gaz et bougies fournies (pas d'électricité sur place).* Une douzaine de couchages dont certains sont aménagés dans l'ancien four à pain ; les autres dans une maison avec cheminée qui fonctionne. Douche chaude au gaz. Idéal pour un retour aux sources et se couper du monde.

À voir. À faire à Nages et dans les environs

L'église de Nages : *dans le village.* C'est l'ancienne chapelle du château. À voir pour les remarquables fresques réalisées en 2005-2006 par Michaël Greschny et inspirées par les techniques iconographiques orientales.

La tour du Château : *dans le village.* ☎ *05-63-37-06-01. Juil-août, tlj 17h30-19h30. GRATUIT.* Le château de Nages a été construit au XIIe s, puis agrandi au XVe s. Le corps central abrite aujourd'hui un hôtel-restaurant. Seule la tour Carrée se visite (la tour Ronde ayant été détruite pour élargir la route). Elle abrite quelques meubles des XVI-XVIIe s et des expos temporaires. Dans l'escalier en pierre, noter au niveau des marches les deux sortes de mâchicoulis, par lesquels on versait de la sève bouillante pour faire reculer l'assaillant.

La maison de Payrac : *à 7 km de la base de loisirs de Rieumontagné (5 km à pied).* ☎ *05-63-37-12-29. • payrac.com • Juil-août, tlj 11h30-18h30 ; mai-juin et sept, dim et j. fériés 12h30-18h30. GRATUIT. En été, le lun le ven et parfois mer, les agriculteurs du coin proposent leurs produits et des grillades (assiette 8-12 €) ; le mer, vente de croustades.* Malgré d'importants travaux de restauration, cette ferme du XIXe s, posée en lisière de forêt dans un cadre particulièrement champêtre, a préservé tout son cachet. Il s'y passe plein de choses. Elle accueille des expositions temporaires. Les anciennes caves abritent de nombreux produits du coin à prix intéressants. Idéal pour faire le plein de confits et conserves de canard, cèpes secs, charcuterie, vins, fromages, pains de montagne, confitures, biscuits, miel, etc. On peut pique-niquer sur place. En été, le mercredi, moult activités pour revivre les vieux métiers autour du pain, du bois, de la laine, du feu, de la terre, etc., mais aussi des veillées occitanes, des barbecues géants, des balades nocturnes et on en passe. Autour de la maison, sentier de découverte des espaces naturels. Procurez-vous le livret explicatif (un jeu de piste pour les enfants). À ne pas rater.

Le musée de la Vie paysanne en Haut-Languedoc : *à* ***Rieumontagné,*** *commune de Nages, près du lac du Laouzas.* ☎ *05-63-37-12-29. Mai-juin et sept, tlj 14h-18h ; juil-août, tlj 15h-19h ; le reste de l'année, sur rdv. Entrée : 3 € ; gratuit moins de 18 ans.* Un musée qui a pris place dans une ancienne ferme du XIXe s. De nombreuses informations sur la région, de la géologie au barrage du Laouzas, en passant par les machines agricoles de 1900 à 1950 et les traditions locales comme la *masellerie,* les anciens métiers (cordonnier, sabotier, ardoisier, bourrelier, etc.). Également une salle de classe des années 1960 et un bureau de poste reconstitués. On a même pensé aux enfants avec de petites questions ludiques au cours de la visite. Bref, très complet !

– ***La base de loisirs du Laouzas :*** *à* ***Rieumontagné,*** *commune de Nages.* ☎ *05-63-37-48-60 (en été) ;* ☎ *05-63-37-12-29 (hors saison). • laouzas.com •* Plage enherbée (accès gratuit). Baignade surveillée en été (13h30-18h30). De mi-juin à mi-septembre, nombreuses activités sur terre ou sur l'eau : planche à voile, dériveur, canaoë-kayak, pêche, embarcation à pédales, tir à l'arc, etc. Également un centre équestre.

MURAT-SUR-VÈBRE (81320)

À la limite du département, là encore, un bourg où la vie s'écoule de manière paisible.

Adresse utile

Bureau d'information touristique de Murat : *pl. de la Mairie. ☎ 05-63-37-47-47 ou 05-63-37-41-16 (mairie). • tourisme-montsdelacaune.com • Juil-août, lun-sam mat 9h15-12h15, 15h-18h ; sinon lun-ven le mat slt. Propose le ven (et le mar pour les enfants) des circuits guidés en voiture pour partir à la découverte des statues-menhirs.* Accueille l'agence postale communale (mêmes horaires).

Où dormir ?

Chambres d'hôtes chez André et Christiane Roque : *à Félines, 81320 Murat-sur-Vèbre. ☎ 05-63-37-43-17. • andre.roque265@orange.fr • Depuis Murat, suivre la direction La Salvetat (D 162) ; à 1,5 km, bifurquer à droite (panneau « le causse Félines ») ; continuer la route sur 2 km env ; Félines est le 2e hameau. Compter 45 € pour 2. Réduc de 10 % sur la chambre à partir de 3 nuits (sf en été), sur présentation de ce guide.* Ce couple d'éleveurs de brebis propose 4 chambres avec salle de bains dans sa maison familiale. C'est très simple, mais les chambres sont correctement tenues, et franchement, difficile de dénicher moins cher. Pour le petit déj, vous trouverez tout à disposition (pain, confiture, thé, café, cuisine), mais chacun se le prépare. Normal, le matin, il y a la traite des brebis.

Où acheter de bonnes charcuteries ?

Salaisons du Castellas : *av. de l'Albigeois. ☎ 05-63-37-41-12. Juil-août, tlj sf dim et lun ap-m ; reste de l'année, tlj sf lun tte la journée, dim et mer ap-m, 8h30-12h30 et 15h30-19h.* Une des meilleures adresses du coin pour la charcuterie artisanale. Les gens font un détour pour faire emplette de ses salaisons de montagne (saucisses sèches, rosette, pâtés, boudin, etc.) et surtout de son jambon sec d'une finesse remarquable.

À voir à Murat-sur-Vèbre et dans les environs

Les statues-menhirs : le territoire des monts de Lacaune est jalonné de mystérieux mégalithes. On en a recensé près de 150, jusqu'aux départements voisins de l'Aveyron et de l'Hérault. Si les archéologues s'accordent pour les dater de la fin de l'époque néolithique ou de l'âge du cuivre (3 300 à 2 200 ans av. J.-C.), en revanche, leur symbolique et leur signification restent une énigme. Pas évident de les admirer au cours d'une rando pédestre (aucune signalétique ne les indique, afin de les protéger des dégradations). Le plus beau menhir (le mieux préservé) est accessible en voiture, il se situe au hameau de Paillemalbiau, à 7 km environ au nord de Murat.

– ***Le centre d'Exposition et d'Interprétation des statues-menhirs :*** *dans les locaux du bureau d'information touristique. Entrée : 3 € ; gratuit moins de 12 ans.* Plusieurs de ces étranges menhirs sont exposés ici (originaux ou copies). Certains sont gravés, sculptés, et présentent une iconographie parfaitement visible. Le musée abrite également une collection d'objets datant du Néolithique (lames de hache, flèches, etc.).

Le musée des Battages et des Anciens Tracteurs : *à la sortie du village, direction Béziers. Slt sur rdv auprès de M. Cros, ☎ 05-63-37-47-91. 06-81-06-69-00. • musee-du-battage.perso.neuf.fr • Entrée : 2 €.* Collection de plus de 100 tracteurs, machines à vapeur... qui témoignent de l'histoire agricole du terroir régional de 1900 à 1960. On peut prolonger la visite par une balade dans un arboretum.

La charcuterie de Millas : *81230* ***Moulin-Mage.*** *☎ 05-63-37-14-72. • charcuterie-millas.fr • Tlj sf dim 9h-12h, 15h-19h. Visite de la charcuterie en juil-août à 10h30 et 15h30. Fermé dernière sem de déc.* Akim et Marie-Hélène Zerouali ont créé la filière « apalhat » (porcs élevés sur paille), qui regroupe deux éleveurs d'Aveyron (limitrophe), un éleveur et un charcutier du Tarn. C'est une toute petite filière, qui produit de la charcuterie de montagne de très grande qualité. À découvrir parmi les saucissons, saucisses sèches et autres jambons, la « Bougnette » (boule à base de pain, d'œufs et de viande cuisinée), typique des monts de Lacaune, ou le confit de museau de porc. Un circuit de visite permet de découvrir la fabrication des produits élaborés sur place.

les ROUTARDS sur la FRANCE 2016-2017

(dates de parution sur • *routard.com* •)

Découpage de la FRANCE par le ROUTARD

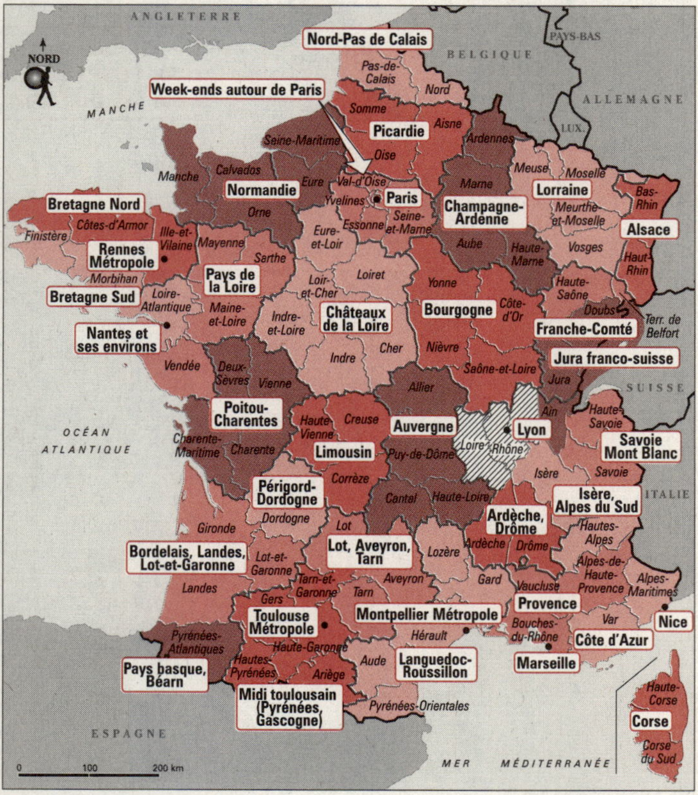

Autres guides nationaux

- La Loire à Vélo
- La Vélodyssée (Roscoff-Hendaye ; avril 2016)
- Nos meilleurs campings en France
- Nos meilleures chambres d'hôtes en France
- Nos meilleurs restos en France
- Nos meilleurs sites pour observer les oiseaux en France
- Tourisme responsable

Autres guides sur Paris

- Paris
- Paris à vélo
- Paris balades
- Restos et bistrots de Paris
- Le Routard des amoureux à Paris
- Week-ends autour de Paris

les ROUTARDS sur l'ÉTRANGER 2016-2017

(dates de parution sur • **routard.com** •)

Découpage de l'ESPAGNE par le ROUTARD

Découpage de l'ITALIE par le ROUTARD

Autres pays européens

- Allemagne
- Angleterre, Pays de Galles
- Autriche
- Belgique
- Budapest, Hongrie
- Crète
- Croatie
- Danemark, Suède
- Écosse
- Finlande
- Grèce continentale
- Îles grecques et Athènes
- Irlande
- Islande
- Madère
- Malte
- Norvège
- Pologne
- Portugal
- République tchèque, Slovaquie
- Roumanie, Bulgarie
- Suisse

Villes européennes

- Amsterdam et ses environs
- Berlin
- Bruxelles
- Copenhague
- Dublin
- Lisbonne
- Londres
- Moscou
- Prague
- Saint-Pétersbourg
- Stockholm
- Vienne

les ROUTARDS sur l'ÉTRANGER 2016-2017

(dates de parution sur • *routard.com* •)

Découpage des ÉTATS-UNIS par le ROUTARD

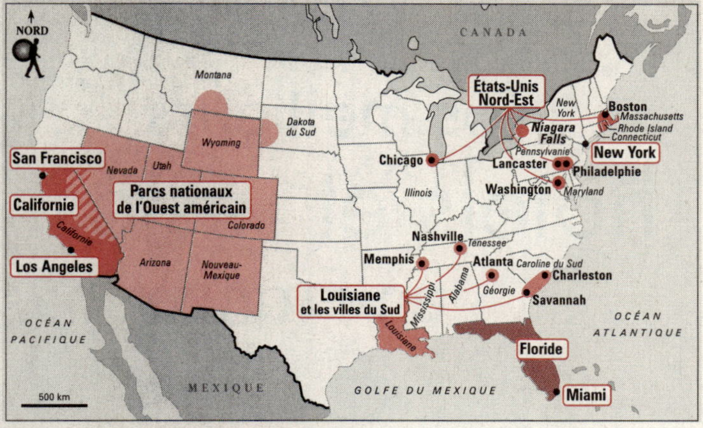

Autres pays d'Amérique

- Argentine
- Brésil
- Canada Ouest
- Chili et île de Pâques
- Équateur et les îles Galápagos
- Guatemala, Yucatán et Chiapas
- Mexique
- Montréal
- Pérou, Bolivie
- Québec, Ontario et Provinces maritimes

Asie et Océanie

- Australie côte est + Ayers Rock (mai 2016)
- Bali, Lombok
- Bangkok
- Birmanie (Myanmar)
- Cambodge, Laos
- Chine
- Hong-Kong, Macao, Canton
- Inde du Nord
- Inde du Sud
- Israël et Palestine
- Istanbul
- Jordanie
- Malaisie, Singapour
- Népal
- Shanghai
- Sri Lanka (Ceylan)
- Thaïlande
- Tokyo, Kyoto et environs
- Turquie
- Vietnam

Afrique

- Afrique de l'Ouest
- Afrique du Sud
- Égypte
- Kenya, Tanzanie et Zanzibar
- Maroc
- Marrakech
- Sénégal
- Tunisie

Îles Caraïbes et océan Indien

- Cuba
- Guadeloupe, Saint-Martin, Saint-Barth
- Île Maurice, Rodrigues
- Madagascar
- Martinique
- République dominicaine (Saint-Domingue)
- Réunion

Guides de conversation

- Allemand
- Anglais
- Arabe du Maghreb
- Arabe du Proche-Orient
- Chinois
- Croate
- Espagnol
- Grec
- Italien
- Japonais
- Portugais
- Russe
- G'palémo (conversation par l'image)

Les Routards Express

Amsterdam, Barcelone, Berlin, Bruxelles, Budapest (nouveauté), Dublin (nouveauté), Florence, Istanbul, Lisbonne, Londres, Madrid, Marrakech, New York, Prague, Rome, Venise.

Nos coups de cœur

- Nos 52 week-ends dans les plus belles villes d'Europe (nouveauté)
- France
- Monde

PETITS TRUCS ET ASTUCES POUR ÉVITER LES ARNAQUES !

Un routard informé en vaut deux ! Pour éviter les arnaques en tous genres, il est bon de les connaître. Voici un petit vade-mecum destiné à parer aux coûts et aux coups de bambous. À commencer par **l'affichage des prix** : dans les hôtels comme dans les restos, il est **obligatoire** et doit être situé à l'extérieur de l'établissement, de manière visible. Vous ne pouvez donc contester des prix exorbitants que s'ils ne sont pas clairement affichés.

À L'HÔTEL

1 - Arrhes ou acompte ? : au moment de réserver votre chambre par téléphone – par précaution, toujours confirmer par écrit (ou mail) – il n'est pas rare que l'hôtelier vous demande de verser à l'avance une certaine somme, celle-ci faisant office de garantie. Il est d'usage de parler d'arrhes et non d'acompte (en fait, la loi dispose que « sauf stipulation contraire du contrat, les sommes versées d'avance sont des arrhes »). Légalement, aucune règle n'en précise le montant. Toutefois, ne versez que des arrhes raisonnables : 25 à 30 % du prix total, sachant qu'il s'agit d'un engagement définitif sur la réservation de la chambre. Cette somme ne pourra donc pas être remboursée en cas d'annulation de la réservation, sauf cas de force majeure qu'il vous faudra justifier (maladie ou accident) ou en accord avec l'hôtelier si l'annulation est faite dans des délais jugés raisonnables. Si, au contraire, l'annulation est le fait de l'hôtelier, il doit vous rembourser le double des arrhes versées. À l'inverse, l'acompte engage définitivement client et hôtelier.

2 - Subordination de vente : comme les restaurateurs, les hôteliers ont interdiction de pratiquer la subordination de vente. C'est-à-dire qu'ils ne peuvent pas vous obliger à réserver plusieurs nuits d'hôtel si vous n'en souhaitez qu'une. Dans le même ordre d'idées, on ne peut vous obliger à prendre votre petit déjeuner ou vos repas dans l'hôtel ; ce principe, illégal, est néanmoins répandu dans la profession, toléré en pratique, surtout en haute saison... notamment dans les zones touristiques, où la demande est bien plus importante que l'offre ! Bien se renseigner.

> **« QUI DORT DÎNE ! »**
>
> *Cet adage, venu du Moyen Âge, signifie que les hôteliers imposaient le couvert aux clients qui prenaient une chambre. Déjà de la vente forcée !*

3 - Les réservations en ligne : elles se sont généralisées. Par l'intermédiaire de sites commerciaux ou en direct sur les sites des hôtels, elles sont simples et rapides. Mais voilà, les promesses ne sont pas toujours tenues et l'on constate parfois des dérives, notamment via les centrales de résa telles que promos bidons, descriptifs exagérés, avis d'internautes truqués... Des hôteliers s'estiment étranglés par les commissions abusives. N'hésitez pas à contacter l'hôtel sur son site pour vous faire préciser le type de chambre que l'on vous a réservé (sur rue, sur jardin ?).

4 - Responsabilité en cas de vol : un hôtelier ne peut en aucun cas dégager sa responsabilité pour des objets qui auraient été volés dans la chambre d'un de ses clients, même si ces objets n'ont pas été mis au coffre. En d'autres termes, les éventuels panonceaux dégageant la responsabilité de l'hôtelier n'ont aucun fondement juridique.

5 - En cas d'annulation : si vous avez réservé une chambre (sans avoir rien versé) et que vous avez un empêchement, passez un coup de téléphone pour annuler, c'est la moindre des politesses. Trop peu de gens le font, ce qui rend les hôteliers méfiants.

AU RESTO

1 - Menus : très souvent, les premiers menus (les moins chers) ne sont servis qu'en semaine ou que le midi, et avant certaines heures (12h30 et 20h30 généralement). C'est parfaitement légal, à condition que ce soit clairement indiqué sur le panneau extérieur : à vous d'être vigilant et d'arriver dans les bons créneaux horaires ! Il peut arriver que ce soit écrit en tout petit. Par ailleurs, bien vérifier que le « menu d'appel », le moins cher donc, est toujours présent dans la carte qu'on vous donne une fois installé. Il arrive qu'il disparaisse comme par enchantement. N'hésitez pas à le réclamer si vous êtes entré pour ce menu précis.

2 - Le « fait maison » : cette grande « tendance culinaire » de ces dernières années s'oppose aux plats sous-vide ou congelés achetés par les restaurateurs, réchauffés sur place et « agrémentés » d'une petite touche personnelle pour noyer le poisson (ou la souris d'agneau). Depuis 2013, le label « fait maison » permet de vérifier si les plats sont réellement préparés ou non sur place.

3 - Commande insuffisante : il arrive que certains restos refusent de servir une commande jugée insuffisante. Sachez, toutefois, qu'il est illégal de pousser le client à la consommation. Mais l'on peut également comprendre que commander un seul plat pour 3 personnes peut agacer un tantinet le restaurateur. Tout est une question de juste équilibre.

4 - Eau : une banale carafe d'eau du robinet est gratuite – à condition qu'elle accompagne un repas – sauf si son prix est affiché. On ne peut pas vous la refuser, sauf si elle est jugée impropre à la consommation par décret. La bouteille d'eau minérale quant à elle doit, comme le vin, être ouverte devant vous. L'arnaque dans certains restos « pousse-conso » consiste à proposer d'emblée une eau minérale et de la facturer 7 €, voire plus… À la question du serveur : « …et pour l'eau, Badoit ou Vittel ? » vous êtes en droit de répondre « une carafe ! ».

5 - Vins : les cartes des vins ne sont pas toujours très claires. Exemple : vous commandez un bourgogne à 16 € la bouteille. On vous la facture 32 €. En vérifiant sur la carte, vous découvrez que 16 € correspondent au prix d'une demi-bouteille. Mais c'était écrit en petits caractères illisibles. Attention au prix parfois exorbitant des vins au verre. Abus bien courant, l'année de référence n'est plus disponible : on vous sert un millésime plus récent mais au même tarif ! Vous devez obligatoirement en être informé avant le débouchage de la bouteille.

6 - Couvert enfant : le restaurateur peut tout à fait compter un couvert par enfant, même s'il ne consomme pas, à condition que ce soit spécifié sur la carte. Parfois il est libellé « Enfant ne mangeant pas », tant d'euros ! Cela dit, ce n'est quand même pas courant et ça donne une petite idée de la générosité du restaurateur !

7 - Sous-marin : après le coup de bambou et le coup de fusil, celui du sous-marin. Le procédé consiste à rendre la monnaie en plaçant dans la soucoupe (de bas en haut) : les pièces, l'addition puis les billets. Si l'on est pressé, on récupère les billets en oubliant les pièces cachées sous l'addition. Malin !

N'oublions pas que l'hôtellerie et la restauration sont des métiers de service, qui ne souffrent ni l'approximation, ni les (mauvais) écarts. Nous supprimons de nos guides tous les établissements qui abusent. Mais la réciproque est aussi valable : tout est question de respect mutuel.

Bonne route !

INDEX GÉNÉRAL

A

B

C

D-E-F

G-H-I-J

L

M

N

O-P

Q-R

S

INDEX GÉNÉRAL

T

V

OÙ TROUVER LES CARTES ET LES PLANS ?

Les **Routards** *parlent aux* **Routards**

Faites-nous part de vos expériences, de vos découvertes, de vos tuyaux. Indiquez-nous les renseignements périmés. Aidez-nous à remettre l'ouvrage à jour. Faites profiter les autres de vos adresses nouvelles, combines géniales... On adresse un exemplaire gratuit de la prochaine édition à ceux qui nous envoient les lettres les meilleures, pour la qualité et la pertinence des informations. Quelques conseils cependant:

– Envoyez-nous votre courrier le plus tôt possible afin que l'on puisse insérer vos tuyaux sur la prochaine édition.
– N'oubliez pas de préciser l'ouvrage que vous désirez recevoir.
– Vérifiez que vos remarques concernent l'édition en cours et notez les pages du guide concernées par vos observations.
– Quand vous indiquez des hôtels ou des restaurants, pensez à signaler leur adresse précise et, pour les grandes villes, les moyens de transport pour y aller. Si vous le pouvez, joignez la carte de visite de l'hôtel ou du resto décrit.
– N'écrivez si possible que d'un côté de la lettre (et non recto verso).
– Bien sûr, on s'arrache moins les yeux sur les lettres dactylographiées ou correctement écrites!

En tout état de cause, merci pour vos nombreuses lettres.

Les Routards parlent aux Routards:
122, rue du Moulin-des-Prés, 75013 Paris

e-mail: • *guide@routard.com* •
Internet: • *routard.com* •

Routard Assurance *2016*

Née du partenariat entre *AVI International* et le *Routard, Routard Assurance* est une assurance voyage complète qui offre toutes les prestations d'assistance indispensables à l'étranger : dépenses médicales, pharmacie, frais d'hôpital, rapatriement médical, caution et défense pénale, responsabilité civile vie privée et bagages. Présent dans le monde entier, le plateau d'assistance d'*AVI International* donne accès à un vaste réseau de médecins et d'hôpitaux. Pas besoin d'avancer les frais d'hospitalisation ou de rapatriement. Numéro d'appel gratuit, disponible 24h/24. *AVI International* dispose par ailleurs d'une filiale aux États-Unis qui permet d'intervenir plus rapidement auprès des hôpitaux locaux. À noter, *Routard Assurance Famille* couvre jusqu'à 7 personnes, et *Routard Assurance Longue Durée Marco Polo* couvre les voyages de plus de 2 mois dans le monde entier. *AVI International* est une équipe d'experts qui répondra à toutes vos questions par téléphone : ☎ 01-44-63-51-00 ou par mail • *routard@avi-international.com* •
Conditions et souscription sur • *avi-international.com* •

Édité par Hachette Livre (58, rue Jean-Bleuzen, CS 70007 92178 Vanves Cedex, France)
Photocomposé par Jouve (45770 Saran, France)
Imprimé par Jouve 2 (Quai n° 2, 733, rue Saint-Léonard, BP 3, 53101 Mayenne Cedex, France)
Achevé d'imprimer le 22 janvier 2016
Collection n° 13 - Édition n° 01
89/5023/2
I.S.B.N. 978-2-01-912438-0
Dépôt légal: janvier 2016

PAPIER À BASE DE FIBRES CERTIFIÉES

hachette s'engage pour l'environnement en réduisant l'empreinte carbone de ses livres. Celle de cet exemplaire est de :
300 g éq. CO_2
Rendez-vous sur www.hachette-durable.fr